存在與虛無
（新版）
L'être et le néant

尚－保羅・沙特（Jean-Paul Sartre）著

陳宣良等 譯
杜小真 校

目次

導讀　挑戰生命勇氣的書

楊照

閱讀、理解沙特的作品，把一件事放在心上，應該會有幫助。

那就是記得沙特是受法國極其特殊的菁英教育成長的。每個社會都有其菁英教育，但除了法國之外，很難找到別的地方，菁英教育的核心是哲學。鑑別是否具備接受菁英教育資格，看的是你的哲學能力；衡量教育成就高度，看的也是你的哲學本事。

一直到今天，法國的大學入學考試，仍然必考哲學。今年最新的大學入學哲學科考題，要求高中畢業生回答的，是「人們通過勞動獲得什麼？」、「所有信仰都與理性相悖嗎？」或者就考卷上給的一段選文解釋，那段選文出自斯賓諾莎的《神學政治論》。

這樣的題目，我們看得瞠目結舌，然而比起沙特那個時代，卻又已經不曉得簡單多少倍了。在法國，答不出這樣的問題，是擠不進菁英行列的。

沙特是菁英中的菁英，他考的是那個時代（現在也還是）法國最頂尖的大學——高等師範學校，他是他們那一屆的榜首，意味著，他擁有最強悍又最敏銳的哲學思辨心靈。

每個社會、每個時代，總有一些接受菁英教育的人，會產生反抗菁英教育價值的態度，提出質疑菁英教育意義的主張。正因為他們自己是菁英教育的受惠者，他們提出的批判、質疑，格外引人注目。

吳祥輝當年「拒絕聯考」為什麼那麼轟動？因為他是建中學生，按道理應該通得過聯考，可以順利取得大學生的資格，他已經是那套菁英教育體制裡的寵兒，竟然自願放棄參加聯考，反對聯考，才讓人那麼驚訝。王尚義怎麼能成為刺激台灣反省醫學教育的力量？怎麼能成為彰顯台灣教育黑暗的象徵？因為他考上了人人羨慕的台大醫學系，卻極度厭惡醫學，熱愛文學。

用這樣的例子比對，我們比較容易理解沙特的立場以及他在那個時代的特殊地位。他是毫無疑義的哲學菁英人才，卻起而帶頭批判、反對法國學院裡所教的哲學內容。

和沙特名字密切連接在一起的「存在主義」，其起源第一義，實則是法國哲學菁英青年對既有哲學傳統的反擊。「存在主義」始於尖銳地點出傳統哲學最嚴重的問題——努力解釋生命，尋索生命背後的抽象原理原則，卻對於解決人活著的實質困擾，無能為力。

「存在主義」有時又被譯成「實存主義」，就是為了凸顯「existence」這個字含藏的反叛、挑釁意味。「existence」指涉的是個人的、現實的、當下的存在，對比對照於作為長遠哲學課題的「being」，隱藏在後面、並管轄個別生命存在的存在道理。存在道理，或說關於存在的知識，源自於現實的存在，或說存在的現象，然而經過哲理智慧的歸納、衍發後，形成了深奧、漂亮的哲學體系，卻對解決現實存在問題無能為力，這豈不是一大諷刺？

沙特及其同代的哲學菁英們，從胡賽爾那裡得來翻轉哲學對象的自信，否定哲學應該探討現象背後的通則，進而否定多變、不定現象背後必有不變、貫通本體規則的假設，直接以現象，在時間之中，具備個體差異性的現象，作為思考的起點。他們還從齊克果那裡借來了一套悖論——唯有當我們放棄了自己可能掌握真理的傲慢態度，躲在角落恐懼、顫抖地面對令人暈眩的現實力量，我們才有機會接近真理——來和過去的哲學探究劃清界線。

哲學非但不幫助人武裝正視存在，還提供了各種方便的藉口，讓人遠離存在。他們如是指控哲學。也因而他們追求一條脫離舊式哲學的道路。

不過也跟很多這種菁英發動的反菁英價值運動一樣，這些人畢竟無法徹底離開自己原有的背景，不管是出於殘存的虛榮，或出於熟悉的習慣，他們的反對，往往還是只能在原有的菁英教育、文化架構下表達。例如中國最早的白話文運動主張，出於一些熟讀古典、甚至擁有科考功名的文人，他們看到了文言文的種種缺點，認為廢除文言文、改用白話文才是對的，然而他們鼓吹運用白話文的文章，卻幾乎都是用文言文寫的！

程度上不一樣，但本質上很相近的，像沙特這樣的哲學菁英，他拿來反叛過去的哲學的方式，畢竟還是要回到哲學上，用新的、不同的、叛逆的前提與推論，建構一套完整的新世代哲學。他們沒有辦法真正揚棄哲學，就是簡單地回到一種不需要哲學、不需要思辨的「存在態度」，就是主張用不需要哲學、不探究主義的方式存在著。

沙特不是不知道有這條道路、這種可能性的。他寫過一部精采的傳記作品，比他寫波特萊爾、福樓拜等詩人、文豪的傳記都要更精采，傳主是尚・惹內（Jean Genet）。惹內是個流浪漢，是個慣竊，因為當小偷而被判刑關在牢裡。沙特為他寫傳，不只是因為惹內後來在牢中自修讀了普魯斯特，並開始寫作獲得相當的成就，更重要的是，惹內那段游離在體制邊緣、乃至遭受體制懲罰的生活，最接近沙特概念中的一種存在主義式的生活。惹內不需要了解存在主義，就能身體力行一個存在主義者的生活，讓沙特感動，更讓沙特羨慕吧！

然而，沙特畢竟無法換去過惹內那樣的竊賊生活，卡繆也不可能化身為《異鄉人》小說中的莫爾索，他們能做的，他們擅長於做的，是解釋這種生活的來歷，賦予這種生活意義——源自一套完整哲學思辨而來的意義。

很早就有人看穿了沙特、卡繆他們的矛盾，也很快就有人以一種更合理、更簡捷的方式來曝顯他們的矛盾。這種人，通常是他們的信徒，而不是他們的敵人、反對者。作為存在主義的信徒，只需要了解沙特他們推翻舊哲學的理由，參與他們從舊哲學家枷鎖中衝絕出來的氣魄，下定決心過一種新的、存在主義式的生活，不就好了？哪有需要去一字一字、一行一行研讀他們那些充滿菁英氣息的艱深著作呢？

從一個意義上，六八年學運中的法國學生，六〇年代延續到七〇年代的美國嬉皮，甚至整整一個世代的搖滾樂風潮，都是這種沙特的信徒。他們接受了存在主義的啟發，領悟了沙特哲學中幾個最容易掌握的概念，就勇敢地發動了他們的生活革命，他們當然沒有、也不覺得需要了解沙特的整套存在主義哲學。

在他們眼中，沙特很了不起，卻又很可笑。了不起在於他啟動了這龐大的青年反叛浪潮，可笑之處則在於他無法坦然接受自己思想的結果，遲遲拋不開沉重、而且已經被他自己證明為無用錯誤的哲學，一直困在裡面，編造著一套推翻哲學的存在主義哲學。

一度看來，他們好像是對的。真正改變世界的，不是沙特的哲學系統，剛好相反，是那些不讀沙特哲學著作，用行動來實踐存在主義信條的人。不過時間拉長一點，當二十世紀都過完了，回頭看，唉，他們似乎也沒有那麼對。

最大的問題在：不讀沙特哲學，不弄清楚沙特的哲學系統，那麼存在主義的反叛，就來得太容易了。立即喪失了存在主義內在千死萬難而來的嚴肅性。存在主義不是空想出來的，存在主義不是先有了一個推翻舊哲學的空洞、虛榮的衝動，然後就很氣魄地提出自己一套不一樣的想法。不管是沙特或卡繆，或他們溯源納入存在主義系譜中的前代人物——杜斯妥也夫斯基、尼采、叔本華、齊克果、胡塞爾、柏格森……都是經歷過存在上的痛苦，乞靈於既有的神學或哲學的解脫而不可得，才不得不離開舊道路，在荒僻沒有人的地方，獨自辛苦地披荊斬棘。

存在主義不是遊戲，不是鬧著玩的。存在主義如果可以鬧著玩的，那就失去了它和對手之間平起平坐的地位，也就失去了它自稱的建立理由。要批判過去的哲學不能處理存在的困擾與痛苦，那麼存在主義當然就得證明：第一、這種困擾與痛苦之所在；第二、存在主義的確能對這種困擾與痛苦提出解決。

很多存在主義的信徒，不曾正視、更不曾經歷那根源性的困擾與痛苦，他們輕輕鬆鬆跳過了困擾與痛苦，直觀地、方便地追隨沙特、卡繆，否定了原本用來對治困擾與痛苦的哲學，舉著存在主義的旗幟，事實上過著逃避困擾與痛苦的生活。

招來這樣的信徒，沙特必須負不小的責任。一方面他在哲學方面講得最多、走得最深最遠，另一方面，他顯現在外的生活樣態，卻又絕少有令人一眼看去就能和困擾、痛苦連結得上的部分。他的名士風格，他不虞匱乏的物質生活，他多采多姿的感情經驗，他擁有的超高人氣擁護，要說他的哲學也是在困擾、痛苦中得來的，誰信？

然而，不得不信。光是看看《存在與虛無》的出版時間，就能對我們有所提醒。那是一九四三年，第二次世界大戰打得昏天暗地的時候。若是將卡繆的經典名著《異鄉人》一起放進來考慮，訊息就更清楚了。《異鄉人》比《存在與虛無》早一年出版，一九四二年，同樣是在第二次世界大戰，法國羞辱地對德國投降，被德國占領的年代。

奇特得讓我們不能放過、不能不追究的是，《異鄉人》和《存在與虛無》兩本書中都找不到一點戰爭的影子。沒有關於戰爭的描述，也沒有關於戰爭的討論。這絕對不能解釋為沙特和卡繆不在意戰爭、不思考戰爭，恰巧相反，那是因為他們的存在主義，根本就是以戰爭世代的遭遇作為其龐大且普遍困擾、痛苦的背景。

沙特出生於一九〇五年，卡繆出生於一九一三年，他們都不只是經歷了第二次世界大戰，還都對第一次世界大戰留有印象。第一次世界大戰徹底改變了歐洲，徹底摧毀了歐洲原本的樂觀與自信。幾項前所未有的因素，堆疊在第一次世界大戰上。第一是戰爭的殺傷力大幅增加。第二是膠著、殘酷、令人絕望的壕溝戰形式。第三是死在戰場上的，不是傭兵，是被動員而來的各國青年。

不只是在四年中死了一千萬人，而且這一千萬人大部分都是在僵持的壕溝戰當中喪命的。雙方長期對壘，誰都沒有辦法攻入對方的壕溝，只能一而再、再而三輪番發動無望的攻擊，讓兵力損耗在壕溝間的幾百公尺內，然後再從後方補給新的兵力，準備下回的無望攻擊。那簡直變成了一種死亡的儀式，人們忘了為什麼要打仗，但壕溝與壕溝間的土地上，死屍卻確確實實地愈來愈多。

而且死去的，是仍然眼睛看著前程、胸中懷抱著夢想的青年。在此之前，參與十九世紀戰爭的大多是傭兵，打仗是他們的職業，面對死亡的風險本來就是他們生活中的一部分。第一次世界大戰不一樣了，國家動員機制建立起來，傭兵制度落伍了，換成是每個國家最充滿活力的青年去上戰場了。他們死的時候，手上也許還有沒完成的詩稿，腦中或許還留著解開宇宙奧祕的物理公式，當然他們心底必定都藏著豐沛的愛。然而所有這一切，生命中的美好與期待，突然就終止、結束了。

這是第一次世界大戰帶來的特殊震撼，受到震撼最烈的，就包括了沙特和卡繆他們這一代。而當沙特和卡繆他們成長進入青年、壯年時期，竟然又來了另外一場戰爭，看起來比第一次世界大戰更可怕的戰爭。

戰爭及戰爭帶來的巨大陰影，突出了「無常」，更讓所有的「日常」、「正常」看起來如此蒼白無力。人要如何夢想未來，當死亡隨時會降臨？甚至連思考、安排明年、下個月都會在心中刺激出荒唐之感——我要如何確定自己明年、下個月還在呢？

所有的計畫，隨時可能被死亡打斷，死亡無所不在，才逼迫沙特、卡繆他們看穿了傳統哲學的無能為力。傳統哲學都是以人的繼續存活，探索剝離了時空限制之後的抽象真理為依歸的。沒有一種哲學，是以人被取消了對於未來的信心為條件，而進行推論的。如果沒有死後的靈魂作為安慰，我們怎麼活下去？如果甚至連下一刻的繼續存在都被放入問號中，我們又該如何活著？

存在主義是要回答這樣嚴肅嚴重的問題。回到當下片刻，誠實地去除所有不能被證明的藉口和自我欺瞞，我們還能怎麼活下去？不再拿上帝作藉口，將上帝的現象還原為人依靠意識建立起來，讓自己相信的對象，我們的生活會產生什麼變化？就連明天我會活著，我和身邊親人的關係會維持不變，這些都不是可以被證明、也就不是在生活上可以被依賴的前提，如果勇敢地拿掉了這些，我們還能用什麼態度活下去？

沙特在《存在與虛無》書中要做的，就是回到原點，從只有人的瞬間意識可以被把握的絕對起始上，只靠這樣的意識現象關係，重新建立一套不一樣的哲學。一套面對活著沒有活著這件事以外的任何其他保障的條件的哲學。一套勇敢拿掉各式各樣幻覺枴杖，單只憑著人自己的意識與意義站起來的哲學。

用卡繆的話說，就是如何「誠實」活著的哲學。卡繆的「誠實」意謂著在承認活著沒有什麼固定的、既有的意義的情況下，仍然不畏懼不懷疑地活下去。他質疑那些覺得生命沒意義因而去自殺的人，視他們為懦弱的自欺者，就是因為他們原本騙自己活著是有固定意義的，所以才會在找不到抓不到那意義時，就失志自殺。存在主義是要盯著事實的大空洞用力地凝視，看穿生命本來就沒有那些意義，勇敢地一直看穿絕不逃避，也就是勇敢地一直活著，才能一直不懈地凝視著。

《存在與虛無》是沙特對我們的「挑戰之書」，但別弄錯了，他的挑戰不在於你讀得懂讀不懂，而在於敢不敢認真讀到生命裡去，敢不敢接受這樣意圖消滅所有讓我們活得舒服的藉口、騙局的哲學思辨，敢不敢跟他走一趟從虛無的灰燼中再生重生的旅程。

導言　對存在的探索

一、現象的觀念

近代思想把存在物還原為一系列顯露存在物的顯象，這是一個很大的進步。這樣做的目的是為消除某些使哲學家們陷入困境的二元論，並且用現象的一元論來取代它們。這種嘗試成功了嗎？

首先，這樣人們確實擺脫了那把存在物中的內部和外表對立起來的二元論。如果人們真是那樣把存在物的外表理解為一層掩蓋對象真正本性的表皮，那就無所謂外表了。另一方面，如果這種真正的本性果真是事物的祕密實在，而由於它是被考察對象的「內部」，我們能夠預感或假定它，但是永遠不能達到它，那麼，這種本性則同樣不再存在了。顯露存在物的那些顯象，既不是內部也不是外表，它們是同等的，都返回到另一些顯象，無一例外。例如，「力」不是掩藏在它的各種效應（加速度、偏差數等）背後的未知的形而上學的自然傾向，而是這些效應總體。同樣，電流也沒有隱祕的背面：它無非是顯露它的許多物理—化學作用（電解、碳絲的白熾化，電流計指針的移動等）的總體。這些作用中的任何一種都不足以單獨地揭示電流。但是它也不表明**它自己背後**有什麼東西：它只表明它自身和整個系列。因此，存在和顯現的二元論在哲學中顯然不再有任何合法的地位。顯象返回到整個顯象系列，而不是返回到某個把存在物的整個**存在**吸收到自身中的隱藏著的實在。並且顯象本身也不是與這個存在不一致的顯露。只要人們相信本體的實在性，就已表明了顯象是純粹否定的東西。它已是「不是存在的東西」；

它已只不過是幻覺和錯誤的存在。但是這個存在本身也是借來的，它本身已是一個虛假外表，而且，人們所面臨的最大困難，就是在顯象中保持足夠的凝聚力和存在，以使它本身不致被吸收到存在中去。但是如果我們一旦擺脫了尼采所謂的「景象背後的世界這幻覺」，如果我們不再相信「顯象背後的存在」，那麼顯象就成了完全的肯定性，它的本質就是這樣一種「顯現」，它不再與存在對立，反而成為存在的尺度。因為存在物的存在，恰恰是**它之所顯現**。於是我們獲得了現象的觀念，諸如人們在胡塞爾或海德格的「現象學」中所遇到的那種**現象**或「相對—絕對者」的觀念。現象仍然是相對的，因為「顯現」這種說法在本質上假設了有某個接受這種顯現的人。但是它沒有康德的現象（Erscheinung）概念所包含的雙重相對性。它並不表明它背後有一個真實的，對它來說是絕對的存在。現象是什麼，就絕對是什麼，因為它就是**像它所是的那樣**的自身揭示。我們能對現象做這樣的研究和描述，是因為它是**它自身的絕對**的表達。

在此同時，潛能與活動的二元性也消失了。活動就是一切。在活動背後，既沒有潛能，也沒有「潛在的持久性質」（exis）[1]和效力（vertu）。例如，我們拒絕在說普魯斯特「有天才」或「是」天才的意義下把「天才」理解為創作某些作品的特殊能力，而在創作中，這種能力又並未完全耗盡。普魯斯特的天才，既不是孤立地被考察的作品，也不是產生作品的主觀能力，而是做為人的各種顯露之總和的作品。最終，我們同樣能否認顯象和本質的二元論。顯象並不掩蓋本質，它揭示本質，它**就是**本質。存在物的本質不再是深藏在這個存在物內部的特性，而是支配著存在物的顯象序列的顯露法則。這就是系列的原則。彭加勒的唯名論把物理的實在（例如電流）定義為它的各種顯露的**總和**。杜恆有理由把他自己的理論和這種唯名論對立起來，他把這實在概念看成這些顯露的**綜合統一**。當然，現象學完全不是唯名論。然而，做為系列原則的本質顯然只是諸顯象的聯繫，就是說，本質自身就是一種顯象。這正說明何以有對本質的直觀（例如胡塞爾的本質直觀〔Wesenschau〕）。於是，現象的存在顯露其自身，它就像顯露它的存在一樣顯露它的本質。它無非是把這些顯露緊密聯繫起來的系列而已。

這是不是說，把存在物還原為它的各種顯露，我們就成功地消滅了一**切**二元論呢？看來倒不如說我們把一切二元論都轉化為一種新的二元論：有限和無限的二元論。事實上，存在物不可能還原為顯露的一個有限系列，因為任何顯露都是對一個處在經常變動之中的主體的關係。儘管一個**對象**只是通過一個單一的**漸次顯現**（abschattung）揭示自身，然而只要有一個**主體**存在，這一事實便意謂著可能出現**對**這個**漸次顯現**的多種看法。這就足以把被考察的**漸次顯現**的數目增多到無限。此外，如果顯現的系列是有限的，這就意謂著最初的那些顯現沒有**再度顯現**的可能性，這是很荒謬的；或者意謂著這些顯現可以同時全部出現，這就更加荒謬。我們應懂得，事實上，我們的現象理論以現象的**客觀性**取代了事物的**實在性**，並且是求助於無限性來建立這種客觀性的。這只杯子的實在性在於：它**在**那裡，它**不是我**。我們可以這樣說明這一點，它的顯現系列是由一個不以我的好惡為轉移的原則聯結起來的。但是當顯現還原為其自身，並且毋須它所屬的那個系列時，它便只能是一種充實直觀和主觀的東西，一種影響主體的方式。如果現象必須顯示為**超越的**，那麼主體本身就必須超越顯現而趨向顯現所屬的整個系列。主體應該通過他對紅色的印象去把握紅本身。紅本身就是所說的系列原則；還應當通過電解等去把握電流本身。但是如果對象的超越性的基礎是顯現必須始終使自己被超越，那麼結果便是：一個對象原則上是把它的顯現系列假定為無限的。因此，**有限的**顯現是在它的有限性中表明自身的，但是為了把它當作「顯現的東西的顯現」，它同時要求被超越而走向無限。這種新的對立，「有限和無限」，或者不如說「有限中的無限」，便取代了存在和顯現的二元論：顯現的東西，其實只是對象的一個**側面**，而且對象整個地**在**這個側面**之中**，又整個地在這個側面之外。所謂整個地**在其中**是指它在這個側面**之中**將自己顯露出來，它表明自身是顯現的結構，這結構同時又是那系列的原則。對象整個地在其外，是因為這個系列本身永遠不顯現，也不可能顯現。於是，外表與內部，不顯現的存在與顯現又重新對立起來。同樣，某種

「潛能」復又占據了現象，甚至把自己的超越性賦予現象：這是一種被擴展為一個實在的，或可能的顯現系列的潛能。普魯斯特的天才，即使還原為已產生的作品，也仍然不等於人們對這部作品所能取的，以及稱為普魯斯特作品的「不可窮盡性」的那無限可能的觀點。但是，這不是那種包含著超越性和關涉著無限性的不可窮盡性，當人們在對象中把握它的時候，這不就是一種「潛在的持久性質」（exis）嗎？本質最終與顯露它的個別顯象根本分離了，因為本質原本就是那個應該能用那些個別顯露物的無限系列顯露的東西。

這樣用一個做為一切二元論基礎的二元論來取代各式各樣的對立，我們是有所得還是有所失？我們馬上就會討論這一點。現在可以說，「現象理論」的第一個結論就是，顯現並不像康德的現象返回到本體那樣返回到存在。因為顯現背後什麼也沒有，它只表明它自身（和整個顯現系列），它只能被它自己的存在，而不能被別的存在所支持，它不可能成為一層將「主體存在」和「絕對存在」隔開了的虛無薄膜。如果顯現的本質就是一種不再與任何**存在**對立的「顯現」，那自然就產生了關於**這個顯現的存在**的問題。我們這裡研究的正是這個問題，它將是我們探索存在與虛無的出發點。

二、存在的現象和現象的存在

顯現不是由任何與它不同的存在物來支持的，它有自己特有的**存在**。因此我們在探討本體論時遇到的第一個存在，就是顯現的存在。它本身是一種顯現嗎？初看似乎是的。現象是自身顯露的東西，而存在則以某種方式在所有事物中表現出來，因為我們能夠談論存在，並且對它有某種領會。因此應該有一種**存在的現象**，也可以寫成存在的顯現。存在將以某種直接激發的方式（如厭煩、噁心等）向我們揭示出來，而且本體論將把存在的現象描述成它自身顯露的那樣，也就是說不需要任何中介。然而，對一切本體論事先應提出這樣一個問題：這樣達到的存在的現象與現象的存在是同一的嗎？就是說，向我揭示和**顯現**出來的存在，其本性與向我顯現的存在物的存在是一樣的嗎？問題似乎不難解決：胡塞爾曾指出本質的還原如何始終是可能的，就是說如何始終能夠超越具體的現象走向現象的本質。海德格也認為「人的實在」（réalité humaine）是「本體狀—本體論的」（ontico-ontologique）[2]，就是說「人的實在」總能超越現象走向它的存在。但是從單個對象到本質的過渡是從同質物到同質物的過渡。這和從存在物到存在的現象的過渡是一回事嗎？超越存在物走向存在的現象，是否就是走向**它的**存在，就像人們超越特殊的紅色走向它的**本質**一樣？讓我們進一步考察一下。

在一個單個的對象中，我們總能區別出諸如顏色、氣味等性質來。從這些性質出發，人們總能確定它們包含的本質，正像符號包含意義那樣。「對象—本質」總體構成一個有機的整體：本質不在對象**中**，而是對象的意義，是把它揭示出來的那個顯現系列的原則。但是存在既不是對象的一種可以把握的性質，也不是對象的一種意義。對象並不像返回到意義那樣返回到存在：例如，不能把存在定義為**在場**（présence）——因為**不在場**（absence）也揭示存在，因為不在**那裡**仍然是存在。對象不**擁有**存在，它的實存既不是對存在的分有，也不是完全另外一類關係。它**存在**，這是定義它的存在方式的唯一方法；因為對象既不掩蓋存在，也並不揭示存在：它不掩蓋存在，是因為試圖撇開存在物的某些性質去尋找它們背後的存在是徒勞的，存在同等地是一切性質的存在；它不揭示存在，是因為求助對象來領會它的存在是徒勞的。存在物是現象，就是說它表明自身是諸性質的有機總體。存在物是其本身，而非它的存在。存在只是一切揭示的條件：它是為揭示的存在而非被揭示的存在。那麼，海德格所說的那種向本體論的東西的超越又是什麼意思呢？當然，我們能夠超越這張桌子或這把椅子走向它的存在，並且能提出「桌子—存在」或「椅子—存在」之類的問題。但是，這時我的視線就從「桌子—現象」上移開，去確定「存在—現象」。而這個「存在—現象」便不再是所有揭示的條件——它本身就是一個被揭示者，就是一個顯現，而做為這樣一種顯現，它反過來又需要一個它能據以被揭示出來的存在。

如果現象的存在不轉化為存在的現象，而我們又只有通過考察這種存在的現象才能對存在**說**點什麼，那麼，首先就應該建立那種使存在的現象和現象的存在統一的確定關係。如果我們考慮到，以上所說的一切都直接受到對存在的現象的揭示性的直觀的啟示，建立二者之間的這種關係可能就容易得多了。倘若**不**把**存在**看成揭示的條件，而是把存在看成能以概念來確定的顯現，我們一開始就懂得了，單靠認識不能為存在提供理由，就是說，現象的存在不能還原為存在的現象。總之，在安瑟倫和笛卡兒所謂**本體論**證明意義上存在的現象才是「本體論的」。它是對存在的呼喚。做為現象，它要求一種超現象的基礎。存在的現象要求存在的超現象性。這並不意謂著存在是隱藏在現象背後的（我們已經看到現象不可能掩藏存在），也不意謂著現象是一種返回到獨特的存在的顯象（現象只**做爲顯象**存在，就是說，現象在存在的基礎上表達自身）。言下之意，雖然現象的存在與現象外延相同，卻不能歸為現象條件——這種條件只就其自身揭示而言才存在——因此，現象的存在超出了人們對它的認識，並為這種認識提供基礎。

三、反思前的我思和感知的存在

人們也許會說，上述困難均與某種關於存在的概念有關，均與某種同**顯現**的概念完全不相容的本體論的實在論方式有關。顯現存在的尺度，事實上就是顯現**顯現**。由於我們一直把實在囿於現象，我們就可以說現象按它顯現的樣子**存在**著。為什麼不把這看法推到極端，說顯現的存在就是它的顯現呢？因為那只是貝克萊的「存在就是被感知」這句老話的改頭換面而已。事實上，胡塞爾正是這樣做的，完成現象學的還原之後，他把「做為對象的意識」（noèma）當作**非實在的**，並且宣稱它的**存在**就是**被感知**。

貝克萊的著名公式似乎不能令人滿意。這是因為兩個根本的理由，一個是關於**被感知**的本性，另一個則是關於**感知**的本性。

「感知」的本性——如果說所有形而上學事實上都假設一種認識理論，那麼反過來，所有認識理論也都假設著一種形而上學。這至少包含著這樣一層意思，就是一種汲汲於把存在還原為關於存在的認識的唯心主義，應該事先以某種方式保證認識存在。反之，倘若誰一開始就把認識做為既定的，而不曾想為認識的存在奠一基礎，並就此斷言「存在就是被感知」，則「被感知—感知」總體就會由於缺少牢固的存在的支持，而分崩離析落入虛無。因此，認識的存在不能以認識為尺度，也不歸為「被感知」[3]。因此，**感知**和**被感知**的「存在—基礎」本身不能歸為被感知：它應該是超現象的。於是我們回到了我們的出發點。儘管如此，我們總可以同意說，被感知返回到顯現法則所不可企及的存在，但我們仍堅持說這個超現象存在是主體的存在。因此，**被感知**會返回到**感知者**——被認識的東西會返回到認識，而認識會返回到那個做為存在，而非做為被認識的進行認識的存在，就是說會返回到意識。胡塞爾就是這樣理解的。因為，如果「做為對象的意識」在他看來是「做為活動的意識」（noése）的非實在對應物，事情就是如此；但如果做為對象的意識的本體論法則就是**被感知**，則相反。做為活動的意識在他看來就是**實在**，它的主要特徵就是對**認識**它的反思表現為「先已在此」的。因為認識主體存在的法則，即「**是有意識的**」。意識不是一種被稱作內感覺或自我認識的特殊認識方式，而是主體中的超現象存在的一維。

讓我們盡力深入理解存在的這一維。我說，意識是做為**存在**，而非做為被認識的進行認識的存在。這意思是說，如果建立這種認識，就應該放棄認識的第一性。無疑，意識能進行認識和認識自己。但是它本身和反躬自認不是一回事。

胡塞爾曾指出，一切意識都是**對**某物的意識。這意謂著，意識是一個超越的對象的位置

（position），或者可以說，意識是沒有「內容」的。必須拋棄那些按選定的參照系構成「世界」或「心理」的中性「與料」。一張桌子，即使是做為表象，也不在意識**中**。桌子**在**空間**中**，在窗戶旁邊，如此等等。事實上桌子的存在對意識來說是不透明的中心；清點一事物的全部內容需要一個無限的過程。把這種不透明性引入意識，就會把意識自己可以列出的清單推向無限，就會把意識變成一個物件，並且否定我思。因此，哲學的第一步應該把事物從意識中逐出。恢復意識與世界的真實關係，這就是指，意識是**對**世界的位置性意識。所有意識在超越自身以圖達到對象時都是位置的，毋寧說它乾脆就是這個位置。我的現實意識中所有的意向，都是指向外面，指向桌子的；我的所有判斷或實踐活動，我此刻的所有情感，都超越自身，指向桌子，並被它所吸引。並非所有意識都是認識（例如，還有情感性的意識），但是任何認識意識都只能是對它的對象的認識。

然而，使認識意識成為**對**它的對象的認識的充分必要條件是：它意識到自身是這個認識。說這是必要條件，是因為如果我的意識沒有意識到是對桌子的意識，那麼它就會意識到這張桌子，而沒有意識到是這種意識，換言之，它是對自我無知的意識，一種無意識的意識——這是荒謬的。說這是充分的條件，是因為我意識到有對這桌子的意識，這對我事實上意識到它已經足夠了。這當然不足以讓我肯定這張桌子**自在地**存在——但也足以肯定它**爲我地**存在。

這種意識的意識是什麼呢？我們太受認識至上幻覺的影響，以至立即就把意識的意識當作斯賓諾莎式的觀念的觀念，就是當作認識的認識。阿蘭由於不得不解釋「知，就是意識到在知」這種自明性，才用這樣的話來表述它：「知，就是知人在知。」這樣，我們就給**反思**或對意識的位置性意識下了定義，甚至早給**對意識的認識**下了定義。這將是一個完整的意識，它指向非它的某物，就是說指向被反思的意識。因此，它將超越自身，並且，做為**對**世界的位置性意識，它將完完全全投入對其對象的追求之中。不過這個對象本身就是一個意識。

看來，我們無法同意這樣來解釋意識的意識。把意識還原為認識，事實上意謂著把主體—對象的二元論引入意識，這種二元論是認識的典型形態。但是，如果我們接受認識者—被認識者成對的法則，就必須要有第三項，以便使認識者反過來成為被認識者，而我們就將面臨這樣一個兩難推理：要麼我們在「被認識者—被認識的認識者—認識者的被認識的認識者—……」的系列中的任意一項上停下來。那時，現象總體就成為未知者，就是說，我們總是遇到一種非自我意識的反思和一個末項——要麼必須肯定一種無限的後退（觀念的觀念的觀念……），這是荒謬的。因此，這裡在本體論上確立意識的必要性時又增加了一個新的必要性：必須在認識論上確立意識。這不是必須把成對法則引入意識嗎？自我意識不是成對的。如果要避免無窮後退，意識就必須是自我與自我之間一種直接的，而非認識的關係。

此外，反思的意識將設定被反思的意識為自己的對象：在反思活動中，我對被反思的意識做出一些判斷：我為它感到羞恥，我為它感到驕傲，我希望它、我否認它，等等。我對感知活動的直接意識既不能使我做出判斷，也不能使我有所希望或感到羞恥。它不**認識**我的感知，也不**設定**它：我的現實意識中的所有意向都是指向外面，指向世界的。反過來，對我的感知的這種自發的意識是我的感知意識的**構成成分**。換句話說，所有對對象的位置性意識同時又是對自身的非位置性意識（conscience non positionnlle）。如果我數一下這個盒子裡的香菸，我便有了揭示這堆香菸的客觀性質的印象：**它們是一打**。這種屬性對我的意識顯現為存在於世界中的性質。對數它們，我完全可能根本沒有一種位置性意識。那我就沒有「認識到我在數」。這種情況可以從下述事實得到證明：孩子們能夠自發地做出加法，事後卻不能**解釋**他們怎麼會做的：皮亞杰的試驗證明了這一點，它是對阿蘭的「知，就是知人在知」公式極好的反駁。然而，當我發現香菸是一打時，我對我的相加活動有一種非正題的意識。事實上，如果有人問我：「你在那裡做什麼？」我會立即回答：「我在數。」這個回答，不僅針對我通過反思所能達到的這瞬間的意識，而且針對未經反思到而發生著的意識，針對我剛剛過去的永遠不被反思的意識。

因此，反思一點也不比被反思的意識更優越：並非反思向自己揭示出被反思的意識。恰恰相反，正是非反思的意識使反思成為可能：有一個反思前的我思做為笛卡兒我思的條件。同時，恰恰是對計數的非正題意識才是我的相加活動的真正條件。如其不然，相加活動如何會是我的諸意識的統一主題呢？這個主題要想先於統一和認識的整個綜合系列，它對自身呈現時，就不能做為一個物件，而只能是像海德格所說的做為一種「揭示—被揭示」來存在的活動意向。那麼，為了計數，就要對計數有所意識。

也許有人會說，這是在兜圈子。因為，難道不應該是我**事實上**在計數才使我能有**對**計數的意識嗎？這是對的。然而，這不是兜圈子，或者不如說，存在於「圈子中」正是意識的本性。我們能夠這樣表達上述意思：一切有意識的存在都是做為存在著的意識存在的。我們現在懂得了為什麼對意識的原初意識不是位置性的：因為它與它意識到的那個意識是同一個東西。它同時規定自己是對知覺的意識和知覺。為了符合語法要求，我們至此還不得不說「**對自我的**非位置性意識」。但是，由於「**對自我的**」這種表述仍然暗示著認識性觀念，我們不能再用它了。（以後我們將把那個「**對……的**」放在括號裡，以便表明這只是為了符合語法要求。）

不應把這種（對）自我（的）意識看成一種新的意識，而應看成**使對某物的意識成爲可能的唯一存在方式**。正如廣延對象不得不按空間三維存在一樣，意向、快樂、痛苦都只能做為（對）自身（的）直接意識而存在。意向的存在只能是意識，否則意向就會成為意識中的物件。因此，這裡不應該理解為：一方面，某種外在的原因（機體的痛苦、無意識的衝動，以及其他體驗）能夠決定一個心理事件（例如決定一種快樂）的產生；另一方面，在其物質結構中被這樣決定的那個事件將不得不做為（對）自我（的）意識產生。這將使非正題的意識變成位置性意識的一種**性質**——在知覺，即對這張桌子的位置性意識會附帶有（對）自我（的）意識的性質的意義下，而且會因此重新陷入認識理論至上的幻想。這會使心理事件成為一個物件，並且就像我能以玫瑰色來質定這張吸墨紙那樣，我也能以「有意識的」來質定這心理事件。快樂即使在邏輯上也不能區別於對快樂的意識。(對)快樂(的)意識做為快樂自己存在的真正的方式，做為構成快樂的質料，而並非做為那種事後強加在享樂主義質料上的形式，它對快樂是構成性的。快樂不可能在意識到快樂「之前」存在——即使以潛在性或潛能的形式也不行。潛在的快樂只能做為(對)潛在的存在(的)意識而存在，意識的潛在性只有做為對潛在性的意識而存在。

如前所示，與此相應，應該避免用我對快樂的意識來定義快樂。這會落入一種意識的唯心主義，它會通過迂迴的道路又把我們引回到認識至上那裡去。快樂不應該消失在它(對)自身(的)意識背後：它不是表象，而是具體、充實而絕對的事件。它不是(對)自我(的)意識的一種性質，(對)自我(的)意識也不是快樂的一種性質。並不是**先**有一種(無意識的或心理的)快樂，**然後**這種快樂接受了意識這種性質，就像射進一道光芒似的；也不是**先**有一種意識，**然後**這種意識接受了「快樂」這一感受，就像在水裡加了顏料似的，而是有一個不可分割的、不可分解的存在——這個存在根本不是支撐著各種碎片的實體，而是一個通體都為實存的存在。快樂是(對)自我(的)意識的存在，而(對)自我(的)意識是就快樂的存在之法則。海德格在這一點上說得好，他寫道(真正說來，他是在談論此在〔Dasein〕而非談論意識時)：「就一般可能談論的而言，這個存在的『如何』(essentia本質)應該從它的存在(existentia實存)出發來設想。」這意謂著意識並非做為某種抽象可能性的個別例證而產生，而是在從存在內部湧現出來時，意識創造並保持著它的本質，就是說調配著它的各種可能性。

這也就是說，意識的存在和本體論證明向我們揭示的存在是相反類型的：因為意識不可能先於存在，它的存在是一切可能性的來源和條件，正是它的存在包含著它的本質。胡塞爾在談到意識的「事實必然性」時對這點表述得很妙。要有快樂的本質，應該首先有(對)這個快樂(的)意識這個事實。企圖求助於所謂意識的**法則**是徒勞的，這些法則聯結起來的總體構成意識的本質：一個法則是意識的一個超越的對象；可以有對某個法則的意識而不能有某個意識的法則。根據同樣的理由，也不可能賦予意識異於它本身的動因。否則就必須設想，意識，就其是一個結果而言，是非自我（的）意識的。從某個方面說，它就必須存在而又沒有意識到自己存在。我們將落入一種經常發生的臆向中，即總認為意識是半意識的或被動的。但意識就是完完全全的意識，因此它只能被它自身所限制。

不應該設想意識的這種自我規定是一種本原，是一種生成，因為那就必須假設意識先於它自己的存在。同樣不應該設想這種自我創造是一種活動，否則，意識事實上就會是（對）做為活動的自我（的）意識，這是沒有的事。意識是充實的存在，而且這種自己對自己的決定是一種本質特徵。不濫用「自因」的表述是完全明智的，因為自因總是假設一種進展，一種「自因」對「自果」的關係。乾脆說意識是自己存在的，這會更準確些。然而也毋須據此把意識理解為「出自虛無」。意識**之前**不可能有「意識的虛無」。在意識**之前**，只能設想充實的存在，其中任何成分都不能歸結到一個不在場的意識。要有「意識的虛無」，就必須有一個曾經存在而且不再存在的意識，以及一個做為見證的意識提出第一個意識的虛無以便進行認識的綜合。意識先於虛無且「出於」存在。

人們在接受這些結論時可能會有些困難。但是如果再仔細地考慮一下，這些結論便將顯得十分清楚：奇怪的不是有依賴自己的實存，而是沒有這類實存。被動的實存才是真正不可思議的，也就是說一種既沒有力量產生自己，也沒有力量自我保存，然而又永久繼續下去的實存才是不可能的。根據這個觀點，再沒有什麼比慣性原則更不可理解的了。確實，如果意識能「來自」某種事物的話，那它會「來自」何處呢？是來自無意識的或生理的混沌狀態嗎？但是如果人們反過來問，這種混沌又如何能存在，它從哪裡獲得它的實存，我們就會發現自己又面臨著被動實存的概念，就是說我們絕對無法理解，這些非意識的與料，既然不是從自身中獲得它們的實存的，怎麼又竟然能使意識延續下去，並且甚至能找到力量來產生一個意識。正是這一點充分說明了「世界偶然性」的證明為什麼曾風行一時。

這樣，由於放棄了認識的至上性，我們發現了進行認識的**存在**，並發現了絕對，也就是十七世紀理性主義者給予定義並用邏輯構成的認識對象的絕對，因而不會被下述著名的非難所駁倒：一個被認識的絕對不再是絕對，因為它成了相對於人們從它那裡獲得的知識的。事實上，這裡的絕對不是在認識的基礎上邏輯地構成的結果，而是經驗的最具體的主體。它完全不**相對於**這種經驗，因為它就**是**這種經驗。因此這是一種非實體的絕對。笛卡兒唯理論本體論的錯誤，就是沒有看到，如果以實存先於本質來定義絕對，就不可能設想絕對是實體。意識沒有實體性，它只就自己顯現而言才存在，在這種意義下，它是純粹的「顯象」。但是恰恰因為它是純粹的顯象，是完全的虛空（既然整個世界都在它之外），它才能由於自身中顯象和存在的那種同一性而被看成絕對。

四、被感知物的存在

我們的探索似乎已經到了盡頭。我們曾把事物還原為由它們的顯象結合而成的整體，然後我們證實了這些顯象要求一個本身不再是顯象的存在。「被感知物」使我們回溯到一個「感知者」，對我們來說他的存在表現為意識。於是，我們達到了認識的本體論基礎，達到了所有其他顯象都對之顯現的第一存在，那個絕對——對他而言一切現象都是相對的。這不是康德理解的那種主體，而是主觀性本身，是自我對自我的內在性。從這時起，我們避開了唯心主義：對唯心主義來說，存在是由認識衡量的，這使它受二元性法則的支配。只有**被認識**的存在，關鍵的是思想本身。思想只有通過它自己的產物顯現出來，也就是說，我們總是只把思想當作已產生的那些思想的涵義；探索思想的哲學家應當考察那些既定的科學，從中獲得做為使這些科學成為可能的條件的思想。我們則相反，我們已把握了一種脫離認識，並且為認識奠定基礎的存在，已把握了一種根本不是做為已被表達出來的那些思想的表象或涵義，而是直接按其本來面目被把握的思想——「把握」這種方式不是一種認識現象，而是存在的結構。此時我們是處在胡塞爾現象學的地基上，儘管胡塞爾本人並不總是忠於他最初的直覺的。我們滿意了嗎？我們雖然已經遇到了一個超現象的存在，但它是否實際上是那個可將存在的現象回溯到其身上的存在？它確實是現象的存在嗎？換句話說，意識的存在是否足以為那個做為顯象的顯象的存在提供基礎？我們已經把顯象的存在從現象中抽取出來，以便把它交給意識，並且指望意識隨後會把這存在歸還給現象。意識能做到這點嗎？當我們考察**被感知物**的本體論要求時，就會找到答案。

首先要指出，既然事物被感知，就有一種被感知的事物的存在。即使我想把這張桌子還原為各種主觀印象的綜合，也至少應該指出，它是通過這種綜合揭示自身為一張桌子的，桌子是這個綜合的超越極限，是它的根據和目的。桌子在認識之前，並不能與關於桌子的認識等同，否則它就成了意識，就成為純粹的內在性，就**不成其爲**桌子了。同樣，即使根據純粹的理性劃分方法，也應該把桌子與把握它的主觀印象的綜合區分開來，至少不能認為桌子就是這個綜合；因為這會把桌子還原為一種綜合聯結活動。因此，既然被認識物不能吸收到認識中去，我們就應該承認它是一個存在。人們會對我們說，這個存在就是**被感知**。我們首先要承認：**被感知物**的存在不能還原為**感知者**的存在，就是說不能還原為意識，正如桌子不能還原為各種表象的聯繫一樣。我們至多只能說，被感知的存在是**相對於**感知者的存在的。但是這種**相對性**並不必然就放棄對**被感知物**的存在的考察。

然而，**被感知**的方式就是**被動**。因此，如果現象的存在寓於它的被感知之中，這個存在就是被動性。既然這個存在被還原為被感知，相對性和被動性就是這個**存在所**特有的結構。什麼是被動性呢？當我經歷了一種變化而又不是這種變化的根源——就是說既不是這變化的基礎，又不是它的創造者時，我是被動的。於是，我的存在支撐著一種不是來源於我的存在的存在方式。不過，為了做這樣的支撐，我必須實存，並且，因此，我的實存總是處於被動性的另一面。例如，「被動地支撐」是我的一個行為，它像「堅決地拒絕」一樣顯示了我的自由。如果我確實總是「已被觸犯的人」，我就必須堅持我的存在，即對我本身的實存感到痛苦。但是正因為如此，我就以某種方式復活了，我承擔起對我的觸犯，面對觸犯我不再是被動的了。因此，我面臨的是兩者必居其一的選擇：或者是我在我的實存中不是被動的，那麼我就成了我的各種感受的基礎，儘管我最初不是它們的根源；或者是連我自己的存在也受到被動性的影響，我的存在是一個被接受的存在，那麼，一切就都落入虛無了。因而被動性是一種雙重相對的現象：既相對於行動者的觸動性，又相對於受動者的存在。這意謂著被動性不可能涉及被動的存在者的存在本身：它是一種存在對另一種存在的關係，而不是存在對虛無的關係。感知不可能影響存在的**感知作用**，因為要受影響，感知必須以某種方式已被給定，因此必須在獲得存在以前就存在。我們可以在下述條件下設想一種創造：被創造的存在復活了，脫離了創造者，以便立即自我封閉起來，並承擔起自己的存在：正是在這個意義下，一本書與它的作者相對立而存在。但是如果這種創造活動必須無止境地繼續下去，如果這種被創造的存在的最細小部分都需要被支撐，如果它沒有任何真正的獨立性，如果它**本身**只是虛無，那麼這種創造物便與它的創造者沒有任何區別，它同化於創造者了；我們這裡談的是一種虛假的超越性，這個創造者甚至不能幻想脫離他的主觀性。[4]

此外，受動者的被動性，要求施動者具有相等的被動性——這正是作用與反作用的原理。正因為我的手能夠被別人的手抓住、擊傷，我的手才能去抓住和擊傷別人的手。我們能賦予感知或認識以一些什麼樣的被動因素呢？感知和認識是完全的能動性，自發性。這正是因為意識是純粹的自發性，因為沒有什麼東西能侵蝕它，它也不能對任何東西起作用。因而，**存在就是被感知**（esse est percipi）的原則要求意識這種不能對任何東西起**作用**的純粹自發性把存在給予一個超越的虛無，在此同時卻又保持它於虛無狀態中。這簡直是荒唐！胡塞爾曾試圖通過把被動性引入「做為活動的意識」來應付這些責難，認為這是經驗的材料（hylé）或純粹的經驗流和被動綜合的質料。但是他這樣做，只是在上述困難之上又加了一層困難。其實，他又引入了那些中性與料，那種我們剛才指出的不可能性。它們肯定不是意識的「內容」，而只能使它們自身顯得更加不可理解。事實上，「材料」不可能是意識，否則它就會消散於一種半透明性中，也不能提供那種印象的反抗著的基礎，這基礎應向著對象而被超越。但是如果「材料」不屬於意識，它又從哪裡獲得其存在和不透明性呢？它如何能同時保持事物不透明的反抗和思想的主觀性呢？它的**存在**（esse）不可能來自**被感知**（percipi），因為它甚至沒有被感知，因為意識超越它而走向對象。但是如果它只是從其自身獲得存在，我們就會再一次遇見意識與獨立於它的存在物之間的關係這一無法解決的難題。而且即使我們同意胡塞爾的說法，承認「做為活動的意識」有一個材料層，也無法設想意識如何能超越這種主觀的東西走向客觀性。胡塞爾以為把物的特性和意識的特性給予了這種「材料」，會有助於兩者的彼此過渡。但是他只不過創造了一個雜交的存在，這種存在既遭到了意識的否定，又不能做為世界的一部分。

但是，這樣看來，被感知還意謂著感知作用（perceptum）的存在法則是一種相對性。能不能設想被認識物的存在是相對於認識的呢？對一個存在物來說，存在的相對性意謂著什麼呢？只不過意謂著這個存在物既在別的事物中，就是說**在一個它所不是的存在物中**有其存在；又在它自身中有其存在。認為一個存在外在於它自己當然是不可思議的，即使有人據此說這個存在是它**自己的**外在性也不行。但是這裡的情況並非如此。被知覺的存在是在意識之前，意識不可能達到這個存在，這個存在也不可能滲入意識，而且因為這個存在是與意識隔絕的，它也就與它自己的實存相隔絕地存在著。按照胡塞爾的方式，把被感知的存在當作一個非實在的東西，也是毫無用處的；即使做為非實在的東西，它仍應存在。

因此，**相對性**和**被動性**這兩個規定能夠與存在方式有關，但卻無論如何不能應用於存在。現象的**存在**不能是它的**被感知**。意識的超現象存在不能為現象的超現象存在奠定基礎。這裡我們看到了現象學者的錯誤：他們正確地把對象還原為它的各種顯象的結合起來的系列，然而他們卻相信這樣一來就已經把對象的存在還原為它的存在方式的序列了。因為他們正是指出已經存在著的許多存在之間的關係，所以他們才用只適用於存在方式的概念來解釋存在。

五、本體論證明

存在還沒有得到應有的估價。我們相信，因為發現了意識存在的超現象性，所以不必把超現象性給予現象的存在。我們將看到，事情完全相反，正是這種超現象性要求現象的存在有超現象性。有一種不是從反思的我思，而是從**感知者反思前的**存在獲得的「本體論證明」。這就是現在要討論的問題。

任何意識都是**對某物的**意識。意識的這個定義可以從兩種非常不同的意義上來理解：可以理解為意識是其對象的存在的構成成分，也可以理解為意識在其最深刻的本性中是與一個超越的存在的關係。但是，第一種理解是不攻自破的：**對**某物有所意識，就是面對著一個非意識的、具體而充實的在場。當然，一個人也能對不在場有所意識。但是這個不在場說到底必然做為在場來顯現。我們看到，意識是一種實在的主觀性，而印象則是主觀的充實物。但是這種主觀性不可能脫離其自身並以此方式來設定一個超越的對象並將印象的充實物賦予一個超越的對象。既然人們不顧一切地要使現象的存在依賴於意識，那麼對象與意識所以有區別就應該是由於它的**不在場**，而不是由於它的**在場**，應該由於它的虛無，而不是由於它的充實。如果存在屬於意識，那麼對象就不是意識，這不是就它是另一個存在而言，而是就它是一個非存在而言的。這就是本書第一節中討論過的對無限的求助。例如，對胡塞爾來說，材料的核心中只由意向（這些意向能在這種材料中得到實現〔Erfüllung〕）而產生的活力，不足以使我們脫離主觀性。真正客觀化的意向，是空洞的意向，它們的目標超出了當下的主觀顯現，而是無限的顯現系列的整體。還必須懂得，做為這些意向目標的那些顯現是永遠不可能同時被給出的。一個無限系列的各項同時在意識面前存在，而且所有這些項，除那個做為客觀性基礎的之外，同時都確實不在場，這原則上是不可能的。這些在場的印象，即使其數量是無限的，也會化為主觀的東西，正是它們的不在場，才賦予它們以客觀的存在。因此，對象的存在是純粹的非存在。它被定義為一種**欠缺**。這是一種會自己迴避、原則上不會被給出、以不斷流逝的形象顯示出來的東西。但是，非存在怎麼能成為存在的基礎呢？這種不在場的、**被期待**的主觀的東西如何由此而變得客觀呢？我承認，我所期望的快樂，我所害怕的痛苦，從這個事實中獲得了某種超越性。但是這種內在性中的超越性並沒有使我們脫離主觀的東西。確實，事物是在形象中或者乾脆說是通過顯現給出自身的。而且確實，每個顯現都回溯到其他一些顯現。但是這些顯現中的每一個都已經單獨成為一個**超越的存在**，而不是一種印象的主觀質料，它是一**個存在的充實**，而不是一種欠缺，是一個**在場**，而不是一個不在場。企圖把對象的**實在**建立在印象的主觀充實物之上，把它的**客觀性**建立在非存在之上，玩弄這種花招是徒勞的：客觀的東西絕不會出自主觀的東西，超越的東西不會出自內在性，存在也不會出自非存在。但是人們會說，胡塞爾嚴格地把意識定義為超越性。他確實是這樣認為的，而這是他最重要的發現。但是他把「做為對象的意識」看成一個**非實在**，一個「做為活動的意識」的相關物，而且它的**存在**就是**被感知**，從這時起他就完全背棄了他自己的原則。

意識是**對某物的**意識，這意謂著超越性是意識的構成結構；也就是說，意識生來就被一個不是自身的存在**支撐著**。這就是所謂的本體論證明。人們也許會反駁說，意識有某種要求並不證明這要求就應該得到滿足。但是這種反駁並不能駁倒對胡塞爾稱為意向性而又誤解其本質特徵的那種東西的分析。所謂意識是對某物的意識，是指意識的存在只體現在對某物、即對某個超越的存在的揭示性直觀上。如果純粹主觀性一開始就被給定，它就不僅不再超越自身來建立客觀的東西，而且一種「純粹的」主觀性也就消失了。能夠恰當地稱為主觀性的東西，就是（對）意識（的）意識。但是必須以某種方式來質定這種（對做為）意識（的）意識，並且只能把它質定為進行揭示的直觀，否則它就什麼也不是。然而進行揭示的直觀意謂著有某種被揭示的東西存在。絕對的主觀性只能面對一個被揭示的東西才能成立，內在性只能在對一個超越的東西的把握中來定義。有人會認為，這裡又聽到了康德對成問題的唯心主義批駁的回聲。但是我們毋寧更應該想到笛卡兒。在這裡我們是在存在的地基上，而不是在認識的地基上。問題不在於指出，內感官的現象暗指著客觀的空間現象的實存；而在於指出，意識在其存在中暗指著一種非意識的、超現象的存在。說事實上主觀性暗指著客觀性，它在構成客觀的東西時構成了它自己，這種回答尤其無意義：因為我們已看到，主觀性無力構成客觀的東西。說意識是**對**某物的意識，就是指意識應該做為對不是它的那個存在的被揭示—揭示而產生，而且在揭示它時已經存在著。

於是，我們離開了純粹的顯象達到了充實的存在。意識是一種由實存設定其本質的存在，而且，反過來說，意識是對一個其本質意謂著實存的存在的意識，就是說，其中顯象呼喚著存在。存在是無處不在的。當然，我們可以把海德格給「此在」下的定義應用於意識，把意識看成這樣一種存在，對這個存在來說，它在它的存在中關心的正是它自己的存在。但是還應該這樣來補充和表述這個定義：**意識是這樣一種存在，只要這個存在暗指著一個異於其自身的存在，它在它的存在中關心的就是它自己的存在**。

當然，這個存在只不過是現象的超現象存在，而不是隱藏在現象背後的本體的存在。意識所暗指的，正是這張桌子的存在，這包菸草的存在，這盞燈的存在，更一般地說是世界的存在。意識只要求**顯現**者的存在不**僅**因為它顯現而實存。**爲意識**而存在的超現象存在本身是自在的。

六、自在的存在

現在能對為確立上述看法而考察的**存在的現象**得出幾點明確的結論了。意識是存在物的「被揭示—

揭示」，而存在物是在自己的存在基礎上顯現在意識面前的。然而存在物的存在的基本特性就是，其**本身**是不向意識顯露的。存在物不能脫離它的存在，存在是存在物不可須臾離開的基礎，存在對存在物來說無處不在，但又無處可尋。沒有一種存在不是某種存在方式的存在，沒有一種存在不是通過既顯露存在，又掩蓋存在這樣的存在方式被把握的。然而，意識永遠能夠超越存在物，但不是走向它的存在，而是走向**這存在的意義**。因此，我們可以稱意識為「本體狀—本體論的」，因為他的超越性的一個基本特徵，就是超越存在物走向本體論。存在物的存在的意義就是存在的現象，因為它向意識揭示自身。這個意義本身有存在，它在這個存在的基礎上表露出來。正是從這個觀點出發，才能理解經院哲學的一個著名論證，這個論證指出，在所有關於存在的命題中都有惡性循環，因為所有關於存在的判斷都已蘊涵了存在。但是事實上並不存在這種惡性循環，因為沒有必要重新超越這個意義上的存在走向它的意義：存在的意義，既然其中包含了它固有的存在，就相當於一切現象的存在。我們已經指出過，現象的存在不是存在。但是它指示存在並要求存在——儘管真正說來，前面所提出的本體論證明對它既不是**特別**也不是**唯**一有效的：有一**個**對整個意識領域都有效的本體論證明。但是這個證明足以證實從存在的現象中所能獲得的一切知識的合理性。存在的現象，做為最原始的現象，是直接向意識揭示出來的。我們每時每刻對此都有海德格所說的那種本體論前的領會，就是說，不含有確定的概念和明晰的解釋的領會。因此，我現在還不打算討論這種現象並努力以這種方式來確定什麼是存在的意義。必須始終注意的是：

（一）對存在的意義的說明只對現象的存在有效。意識的存在完全是另一種存在，它的意義必須從另一類型的存在——自為的存在——的「被揭示—揭示」做出特有的解釋，這種自為的存在是與現象的自在存在相對立的，我們後面再給它下定義。

（二）我這裡試圖對自在的存在的意義做出的說明，只能是暫時性的。我們要揭示的那些方面包含著我們以後必須把握和確定的其他一些意義。尤其是，根據我們前面所做的思考，可以把存在分為兩個絕對獨立的領域：反思前的我思的存在和現象的存在。但是，儘管存在的概念因此具有被分割為兩個不可交流的領域的特徵，我還是必須說明，這兩個領域怎麼能置於同一標題之下。這就需要考察這兩種類型的存在，並且顯然，只有在能確定它們與一般存在的真正關係，而且是統一了它們的各種關係時，才能真正把握它們各自的意義。事實上，通過考察非位置的（對）自我（的）意識，我們已確定，現象的存在無論如何不能作用於意識。我們據此而取消了現象與意識關係的實在論的概念。但是通過考察非反思的我思的自生性，我也曾指出，如果最初就已經把主觀性給予意識，意識就不可能超出他的主觀性，而且意識也不可能作用於超越的存在或無矛盾地包含各種必要的被動性因素，以便能從它們出發構成一個超越的存在：因此也就避免了對這問題所下的唯心主義結論。我們似乎向自己關閉了所有的大門，我們似乎注定要把超越的存在和意識看作兩個封閉的、不可能互相交流的整體。然而應該指出，在實在論與唯心論之外，這個問題還可能有另外一種解決辦法。

有某些特性是能夠立即確定的，因為它們絕大部分可從我們剛才談到的東西中推論出來。

有一種非常普遍的偏見，常常把清楚的看法弄糊塗了。這種偏見就是「創世論」。由於人們認定是上帝把存在給了世界，存在就總顯得沾染上了某種被動性。但是始於虛無的創造解釋不了存在的湧現，因為如果設想存在孕育在一種主觀性中，哪怕是一種神聖的主觀性，它仍然是一種內在的存在方式。這種主觀性中甚至不可能有客觀性的表象，因此這種主觀性甚至也無法受到創造客觀物的**意志**的影響。此外，即使存在通過萊布尼茨所說的閃電（fulguration）突然被置於主觀之外，它也只有使自己與創造者相脫離、相對立，才能確定自己是存在。否則，它將消融在創造者之中：連續創造的理論從存在中除去了德國人稱為「自立性」（Selbstständigkeit）的東西，使它消失在神聖的主觀性中。存在之所以面對上帝存在，是因為它是它自己的支柱，它沒有保留任何一點上帝創造的痕跡。總之，即使存在是被創造的，自在的存在也無法用創造來解釋，因為它在創造之外重獲它的存在。這等於說存在是非創造的。但也不應該因而得出存在創造自身的結果，這會假定它是先於它自己的。存在不可能按意識的方式而是**自因的**。存在是**它自身**。這意謂著它既不是被動性也不是能動性。這兩個概念都是**人的**，並且表示人的行為或人行為的工具。一個有意識的存在為了某個觀察目的而運用某些手段時，就有了能動性。而我們說那些受到我們能動性作用的對象是被動的，因為它們不是自發地趨赴我們使它們服從的目的的。總之，人是能動的，而人使用的手段則是所謂被動的。把這些概念引向絕對，它們就失去了意義。尤其是，存在不是能動的：為了有目的和手段，就必須有存在。存在也不是被動的，這是有更充分理由的：因為為了是被動的，就必須先存在。存在的「自在如一性」超乎於能動的與被動的之外。它也同樣超乎於肯定與否定之外。肯定總是**對**某個事物**的**肯定，就是說，肯定活動有別於被肯定的事物。但是如果我們假設一種肯定，其中，被肯定物占滿了肯定者，並且與之混在一起，這種肯定就不可能被肯定，這是因為對「做為活動的意識」來說「做為對象的意識」過分充實，並且後者太過於直接為前者所固有了。如果我們更清楚地表達這些觀念，相對於意識來定義存在，那麼存在就是「做為活動的意識」中的「做為對象的意識」，就是說與自己沒有一點距離地結成一體。從這個觀點出發，不應該把存在稱為「內在性」，因為儘管內在性是與自己的**關係**，但依然是自己與自己之間所能進行的最小退卻。但是存在並不是與自己的關係，它就是它自己。它是不能自己實現的內在性，是不能肯定自己的肯定，不能活動的能動性，因為它是自身充實的。這一切似乎表明，為了使**對**存在**的**肯定從存在內部解放出來，存在必須減壓。此外，不要認為存在是對未分化的自己的某種肯定：自在的未分化是超乎於自我肯定的無限性之外的。可以這樣概括以上初步的結論，即**存在是自在的**。

但是如果存在是自在的，這意謂著它不像（對）自我（的）意識那樣返回到自身，它就是那個自身。它就是它自身，結果使得構成這個自身的永恆反省融化在一種同一性中。所以從根本上講，存在是超乎於這個**自身**之外的，本書開頭的表述由於語言的限制只能是近似的。事實上，存在本身是不透明的，這恰恰因為它是自身充實的。更好的表達是：**存在是其所是**。表面看來，這個表述純屬分析的。其實它根本不歸結為同一性原則，因為同一性原則是一切分析判斷的無條件原則。這種表述首先是指出一個特殊的存在範疇：自在的存在的範疇。我們將看到，與之相反，自為的存在被定義為是其所不是且不是其所是。因此這裡涉及的是局部的原則，因此是綜合的原則。另外，應該把「自在的存在是其所是」這個公式與意識的存在的公式對立起來：事實上可以看到，意識**應是**其所是。這就要求必須賦予「存在是其所是」這句話中的「是」以特殊的含義。在應是其所是的各種存在的時候，是其所是這一事實絕不是一種純然公理式的特徵，它是自在的存在的一個偶然原則。在這個意義下，同一性原則，分析判斷的原則，也就是存在的局部綜合原則。它指明了「自在的存在」的不透明性。這種不透明性與我們相對於自在的位置有關，在這個意義下我們將被迫**了解**及**觀察**自在，因為我們「在外面」。自在的存在沒有能對立於「在外」的「在內」，沒有能類似於一個判斷、一條法則、一個自我意識的「在內」。自在沒有奧祕，它是**實心的**。在某種意義下可以把它指定為一個綜合。但這是一切綜合中最不能分解的綜合：自己與自己的綜合。從中自明地得出的結論是：存在在其存在中是孤立的，而它與異於它的東西沒有任何聯繫。過渡、變化，以及所有那些使人能說存在還不是其所將是和它已是其所不是的東西，原則上都與它無緣。因為存在是生成的存在，並且它因此是超乎於生成之外的。它是其所是，這意謂著，它本身甚至不能是其所不是；事實上我們已看到，它不包含任何否定。它是完全的肯定性。因此它不知道「相異性」，它永遠不把自身當作異於其他存在的存在。它不能支持與其他存在的任何關係。它無定限地是它自身，並且消融在存在中。根據這個觀點，我們以後還會看到，存在脫離了時間性。它存在著，當它崩潰的時候甚至不能說它不再存在了。或者，至少可以說，正是一個意識能意識到它不再存在，正因為意識是時間性的。但是存在本身不是做為一種欠缺存在於它曾在的那個地方：存在的完全肯定性在它崩潰的廢墟上面重新形成。他曾經存在，而現在則是別的一些存在存在著：如此而已。

最後，第三個特點是，自在的存在**存在**。這意謂著存在既不能派生於可能，也不能歸併到必然。必然性涉及理想命題之間的關係，而不涉及存在物的關係。一個存在的現象永遠不可能派生於另一個存在物，因為它是存在物。這正是我們所謂的自在的存在的**偶然性**。但是自在的存在同樣不能派生於一種**可能**。可能是自為的結構，就是說，它屬於另一個存在領域。自在的存在永遠既不能是可能的，也不能是不可能的，它**存在**。當意識說存在是**多餘**的（de trop），就是說意識絕對不能從**任何東西**中派生出存在，既不能從另一個存在，也不能從一種可能，也不能從一種必然法則中派生出存在的時候，它用人類形態的術語表明的正是這點。自在的存在是非創造的，它沒有存在的理由，它與別的存在沒有任何關係，它永遠是多餘的。

存在存在。存在是自在的。存在是其所是。這是在初步考察存在的現象之後，能給現象的存在規定的三個特點。現在，還不可能使這種考察更進一步。對自在——它只不過是其所是——的考察還不允許我們確立並說明它與自為的關係。因此，我們從「顯現」出發，繼而提出了兩種類型的存在：自在和自為，我們對它們還只有一些膚淺和片面的了解。還有許多問題沒有解決：這兩種存在的深刻的含義是什麼？為什麼這兩種存在都屬於一般的存在？這種自身中包含著截然分立的存在領域的存在的意義是什麼？如果唯心主義和實在論都無法解釋那些事實上用來統一那些確實無法溝通的那些領域的關係，我們能給這個問題提出別的解決辦法嗎？現象的存在怎麼能是超現象的呢？

正是為了回答這些問題我寫了本書。

注釋

1 源於古希臘語 êζls，應為 hexis，沙特可能忽略了磨擦音而寫成 exis。——譯注

2 Ontico-ontologique，是用希臘文 ontons（實在，本體）造的接頭形容詞。——譯注

3 無疑，一切以從人的實在得來的另一種態度來取代「感知」的努力都同樣沒有效果。如果誰認為存在是在「作為」中被揭示於人，那麼，他就必須保證活動之外的作為的存在。——原注

4 正是由於這個理由，笛卡兒的實體學說才在斯賓諾莎主義中得到邏輯的完成。——原注

第一卷

虛無的問題

第一章 否定的起源

一、考問

前面的探索把我們引到了存在的內部。但是這些探索也已走投無路了，因為我們沒有能夠建立起已發現的兩個存在領域之間的聯繫。也許是因為我們沒有選好一個合適的途徑來指導這些探索。當笛卡兒不得不致力於研究身心關係問題的時候，他面臨著類似的問題。當時他主張在思想實體和廣延實體的統一業已發生的基礎上來尋求解決這個問題，也就是憑藉想像力。這種主張是有價值的：當然我們與笛卡兒關注的東西並不相同，我們對想像力的看法也與他不同。但是值得考慮的是：不應當先把兩個關係項分開，隨後再把它們結合起來：關係即是綜合。因此分析造成的**結果**不可能與這個綜合的諸環節正好相合。拉波爾特說，當人們以一種孤立狀態來設想並不孤立存在的狀態時，就已是在進行抽象。與此相反，具體物是能夠單獨依靠自身存在的整體。胡塞爾也是這樣認為的：在他看來，紅顏色是一種抽象物，因為顏色不可能沒有形狀而存在。相反，時空「事物」連同它的所有規定，是一具體物。根據這個觀點，意識是一種抽象物，因為其中隱含著趨向自在的本體論起源，反之亦然，現象也是一種抽象物，因為它必須對意識「顯現」。具體物只能是一個綜合整體，意識和現象都只構成其環節。具體物，就是世界上的人在人與世界的那種特殊統一之中，例如海德格稱之為「在世」（être-dans-le-monde）。像康德那樣考問「經驗」在什麼條件下它有可能性，像胡塞爾那樣實行現象學還原，即把世界還原為意識的「做為對象的意識」的（noèmatique）互相關聯的狀態，這些都是武斷地從抽象物開始。但是，正是在斯賓諾莎的體系中，實體樣式的無限總和達不到實體，從具體物中抽象出來的諸環節的總和或組織也無法再恢復具體物。諸存在領域之間的關係是一種原始的噴射，並且就是這些存在結構本身的成分。然而，我們一開始考察就發現了這種關係。睜開眼睛並且完全素樸地考問在世的人這個整體就夠了。正是通過描述這個整體才能夠回答下面兩個問題：（一）所謂「在世」的綜合關係是什麼？（二）為了使人和世界的關係成為可能，人和世界應該是什麼？真正說來，這兩個問題是互相滲透的，我們不能指望分別回答它們。但是人的任何行為既然都是在世的人的行為，它就能同時向我們提供出什麼是人、世界和統一它們的關係，只要把這些行為看成能客觀地把握的實在，而不看成只在反思中被發現的主觀情感。

我們將不限於研究一個單獨的行為。相反要努力描述多個行為，並從一個行為深入到另一個行為，直至「人—世界」關係的深刻涵義。但是應該首先選擇能在探索中充當導引的第一個行為。

然而這種探討本身提供了我們所需要的行為：**我**這個人，如果我把他看成是此刻在世的，我就發現他面對存在採取了一種考問的態度。正當我問「有沒有能向我揭示人與世界關係的行為？」時，我提出了一個問題。我能以一種客觀的方式來考察這個問題，因為提問者是我本人還是讀者或與我一起提問的人是無關緊要的。然而另一方面，問題並不簡單地是在這頁紙上所寫的一系列詞的客觀總和：它與表述它的各種符號無關。總之，它是人的一種具有意義的態度。這種態度向我們揭示了什麼呢？

在所有問題中我們都面對著一個被考問的存在。因此任何問題都假設了一個提問的存在和一個被提問的存在。它並不是人與自在存在的原始關係，而是相反，它受這關係限制並以之為前提。另一方面，向被考問的存在考問某件事情。我向存在考問的這件事情參與存在的超越性：我向存在考問它的存在方式或它的存在。根據這個觀點，問題即各種期待：我期待被考問存在的回答。就是說，我根據對這個存在考問前的熟悉、我期望從這個存在中揭示它的存在或它的存在方式。回答可能是一個「是的」或一個「不」。正是這樣兩種同樣客觀而又相互矛盾的可能性的存在，原則上將問題區分為肯定的和否定的。有些問題表面看來並不包含否定的回答，例如，上面提出過的那個問題：「這種態度向我們揭示了什麼呢？」但事實上人們看到，總可能用「沒有什麼東西」，或「沒有任何人」，或「從未」來回答這類問題。因此，當我問「有沒有能向我揭示人與世界的關係的行為？」時，我**原則上**承認了如下否定回答的可能性：「不，這樣一種原則是不存在的。」這意謂著我們承認我們面對的是不存在這種行為這個超越的事實。人們也許不願相信一個非存在的客觀存在；人們會直接說，在這種情況下，事實把我推回到我的主觀性。我從超越的存在中能了解到的是，我們所尋求的行為是一個純粹的虛構。但是，首先，把這個行為稱作純粹的虛構，正是掩蓋，而不是取消否定。「是純粹的虛構」在這裡相當於「只是一個虛構」。其次，摧毀否定的實在性，就是取消回答的實在性。事實上，這個回答正是給我回答的存在本身，因此正是向我揭示了否定的存在本身。因此，對提問者來說，存在著一種否定回答的永恆的、客觀的可能性。由於這種可能性，提問者正因其在提問，而處於一種未決狀態：他**不知道**回答會是肯定的還是否定的。於是問題就成為架在兩個非存在之間的橋樑：在人身上是知的非存在，在超越的存在中是非存在的可能性。最後，問題意謂著有真理存在。通過問題本身，提問者肯定他期待著客觀的回答，就像人們能說：「是這樣而不是那樣。」總之，真理，做為對存在的區分，使第三種非存在表現為對問題的規定：限制的非存在。這三重非存在制約著一切考問，特別是形而上學的考問——也就是**我們的**考問。

我們已經開始了對存在的探討，通過一系列考問，我們似乎已被引到存在內部。然而，正是投向考問本身的一瞥，在我們認為已達到目的時，突然向我們指明，我們被虛無包圍著。正是在我們之外，又在我們之中非存在的永恆可能性制約著我們對存在提出的問題。非存在甚至還將對存在進行限制：存在**將要成爲**的那個東西將必然地隱沒在它**現在不是**的東西的基質中。無論這回答是什麼，它都可以這樣來表述：「存在就是**這個**，除此之外，它什麼也不是。」

於是，我們剛才發現了實在物的一種新成分：非存在。問題變得複雜起來，因為不僅要討論人的存在和自在的存在之間的關係，而且還要討論存在與非存在的關係，以及人的非存在與超越的非存在之間的關係。那就讓我們做進一步的考察吧。

二、否定

有人會反駁說，自在的存在不可能提供否定的回答。我們自己不是說過它是在肯定和否定之外的嗎？此外，把普通經驗還原為它本身，似乎也沒有向我們揭示非存在。我以為我的皮夾裡有一千五百法郎，而我實際上只找到一千三百法郎：有人會說，這絲毫不意謂著經驗向我揭示了一千五百法郎的非存在，而僅僅是意謂著我有十三張一百法郎的鈔票。所謂真正的否定是歸因於我的，它只是在一個判斷行為的水平上顯現出來，我能通過這個判斷行為在預期的結果和實際的結果之間做出比較。因此，否定是判斷的一種性質，而提問者的期待是對判斷—回答的期待。至於虛無，可能是來源於否定判斷的，可能是一個確立了所有這些判斷的超越統一的概念，是「X不是」一類命題的函數。人們看到這種理論趨向何處了：有人使您注意到，自在的存在是充實的肯定性，它本身不包含任何否定。另一方面，這種否定判斷，做為一種主觀活動，是和肯定判斷完全相同的：人們沒有看到，例如，康德按內在結構對否定判斷活動和肯定判斷活動做了區分；在兩種情況下，人們都進行了概念的綜合；這種綜合是心理活動的具體而充實的事件，它在肯定判斷中只通過繫詞「是」，在否定判斷中只通過繫詞「不是」起作用；這方式相同於手工摘選（分離）活動和手工收集（統一）活動是兩種具有同樣事實實在性的客觀行為。因此，否定將在判斷行為的「終點」而不在存在「之中」。它像夾在兩個充實的實在之間的一個非實在物，而這兩個實在都不要它：被考問著否定的自在的存在把它推給判斷，因為自在的存在只是其所是，而判斷做為完全的心理肯定性則把它推給存在，因為判斷表述的是一個與存在相關，因而是超越的否定。否定是具體心理活動的結果，其實存由這些活動本身支持著，沒有能力自己存在，它有一種與「做為對象的意識」相應的實存，它的**存在**恰恰在於它的**被感知**。而虛無是否定判斷的概念性統一，它不可能有哪怕一點點的實在性，除非是斯多葛派賦予他們的「陳述的東西」（Lecton）的那種實在性。這種看法能夠被接受嗎？

問題可以這樣表述：是做為判斷命題結構的否定是虛無的起源呢，還是相反，是做為實在物結構的虛無是否定的起源和基礎呢？於是存在的難題把我們推回到做為人的態度的問題這一難題，而問題是這一難題又把我們推回到否定的存在這一難題。

顯然，非存在總是在人的期待的範圍內顯現出來的。正因為我期望找到一千五百法郎，我才只找到一千三百法郎。正因為物理學家**期待**他的假設得到證實，自然才能對他說「不」。因此，否認否定是在人與世界關係的原始基礎上顯現出來是徒勞的；對於不首先把非存在看作可能性的人，世界並不顯露它的非存在。但是這是不是說這些非存在應該歸結為純粹的主觀性呢？這是不是說應該重視這些非存在，把它們視同為那類斯多葛派的「陳述的東西」（Lecton）和胡塞爾的「做為對象的意識」的實存呢？我們並不這樣認為。

首先，說否定只是判斷的一種性質是不對的：問題是用一個疑問判斷來表述的，但它不是判斷：它是判斷前的行為；我能以目光、手勢來發問；我通過考問而以某種方式面對存在，而且與存在的這種關係是一種存在關係，判斷只是它的並非必須如此的表達。同樣，提問題並不是必須向人考問存在：對問題的這種看法，由於把它變成一種主體間的現象，而使它脫離了它所依附的存在，任憑它做為一種純粹對話模式懸游空中。應該反過來設想，以對話提出的問題是「考問」類中特殊的種，被考問的存在並不首先是一個思想的存在：如果我的汽車拋錨了，我考問汽化器、火星塞，等等；如果我的錶停了，我可以向鐘錶匠考問它停擺的原因，而鐘錶匠則向鐘錶的不同部件提出問題。我期望從汽化器得到的，鐘錶匠期望從鐘錶齒輪得到的，不是判斷，而是人們能據以進行判斷的存在的顯露。**我**之所以**期望**存在的顯露，是因為我同時就對非存在的顯露的或然性做好了準備。我之所以考問汽化器，是因為我考慮到可能「什麼毛病都沒有」。因此，我的問題從根本上包含了對非存在的某種判斷前的理解；它本身就是一種在原始超越性的基礎上，即在存在與存在的關係中的存在與非存在的關係。

此外，如果由於問題經常是由一個人向另外的人提出的而使考問的真正本性變得模糊了，那就應該在這裡指出，有許多非判斷的行為，以其原始的純潔性表現了對基於存在的非存在的那種直接理解。例如，如果我們考察毀滅，我們就必須承認，這是一種**能動性**，它也許能把判斷做為工具來使用，但不能被定義為唯一甚至原則上用於判斷的。然而，毀滅表現出與考問一樣的結構。從某種意義上講，人當然是唯一使毀滅得以發生的存在。地震和風暴並不造成毀滅，或至少不**直接地**毀滅：它們只是改變存在物團的分布。存在在風暴後並沒有比風暴前有所**減少**。有別的東西。甚至連這樣的表述也是不適當的，因為為了提出相異性，需要有一位見證者，他能夠以某種方式挽留過去，並且在「不再」的形式下把過去和現在相比較。這個見證者不在場時，存在在風暴前和風暴後都是一樣，如此而已。而且即使一場旋風能夠造成某些生物的死亡，這種死亡也只有做為死亡被體驗到時才成為毀滅。為了有毀滅，首先需要有人和存在的關係，即一種超越性。人應該在這種關係的範圍內將一**個**存在當作可以毀滅的。這就假設了將一個存在從存在本身中限制性地區劃出來，正如我們在談論真理時看到的，這已經是虛無化。被考察的存在是「這個」，此外，只是烏有（rien）。給砲手指定一個目標，他朝著這個方向調準他的大砲，不顧一切其他方向。但是如果存在不被揭示為易碎裂的東西，這就可能仍然是烏有。對一個處於被決定狀況中的被給定的存在來說，易碎裂性如果不是非存在的某種或然性，又是什麼呢？一個存在，如果它在其存在中帶有非存在的確定可能性，它就是易碎裂的。但是，再說一遍，這種易碎裂性是通過人**到達**存在的，因為剛才提到的個體化限定是這種易碎裂性的條件：易碎裂的是一**個**存在，而不是**全部**存在，**全部**存在是超乎任何可能的毀滅之外的。因此，人在他與存在的關係這一原始基礎上保持著的與一**個**存在的那種個體化限定的關係，使這種易碎裂性做為非存在的永恆可能性的顯現而進入這個存在，但這還不是全部。為了有可毀滅性，人必須下決心或是積極地，或是消極地面對這種非存在的可能性，他應該採取必要的措施去實現這種可能性（即本來意義下所說的毀滅）或通過對非存在的否定，把毀滅永遠保持在單純可能性的水平上（採取保護性措施）。由此可見，正是人使得城市變得可以毀滅，這恰恰是因為人把它們看作易碎裂和嬌貴的東西，因為人對它們採取了一整套保護性措施。正是由於這一整套措施，地震或火山爆發才能夠**毀滅**這些城市或人類的建築群。戰爭的最初方向和目標就在於這些低級建築群。因此的確應該承認，毀滅本質上是人的事情，**正是人**通過地震間接地、或直接地毀滅了這些城市，通過風暴間接地，或直接地毀滅了船隻。但同時還應該承認，毀滅假設了對做為虛無的虛無的判斷前的理解和面對虛無的行為。而且儘管毀滅是通過人達到存在的，它卻是一個**客觀事實**而非一種思想。易碎裂性已被銘刻在這個花瓶的存在中，它的毀滅是一個不可逆轉的事件，我僅僅能夠證實它。非存在與存在一樣有超現象性。因此，對「毀滅」行為的考察給我們帶來的結論，與對考問的考察的結論是同樣的。

但是如果要有把握地做出決定，只需考察一個否定判斷，並自問，否定判斷是使非存在在存在內部顯現呢，還是它只限於確定以前的發現。我和皮埃爾在四點鐘有約會。我遲到了一刻鐘：皮埃爾總是準時的；他會等我嗎？我環顧大廳、顧客，並說：「他不在這裡。」這裡是一種對皮埃爾的不在場的直觀呢，還是否定只是隨著判斷出現？初看起來，在這裡談直觀似乎是荒謬的，因為恰好不可能有對「烏有」的直觀，而皮埃爾的不在場就是這種「烏有」。然而常識卻證明有這種直觀。例如人們不是說：「我一下子就發現了他不在」嗎？問題只出在對否定的誤用嗎？讓我們更仔細地考察一下。

確實，這座咖啡館本身，以及它的顧客、桌子、椅子、杯子、光線、煙霧和說話聲、茶盤碰撞聲、紛亂的腳步聲，構成一個存在的充實（**un plein d'être**）。我所能夠擁有的一切細微的直觀都充滿了這些氣味、聲音、顏色，也就是充滿了一切具有超現象存在的現象。同樣地，皮埃爾在一個我所不知道的地點的現實在場，也是一個存在的充實體。似乎我們到處都遇到充實。但是應該注意，在感知中，總有一個基質上的形式構成。沒有一個對象，沒有一組對象是特別指定用來構成基質或形式的：一切都取決於我注意力的方向。當我走進這座咖啡館去找皮埃爾時，咖啡館裡所有對象綜合組織為基質，皮埃爾被給定為即將在這個基質上顯現的。而這樣將咖啡館組織為基質是第一次虛無化。這屋子裡的每一樣東西，人、桌子、椅子都力圖要獨立出來，力圖升到由其他對象的總體構成的基質之上，結果卻重新落入了這個基質的未分化狀態，消融在這個基質中。因為這個基質是被捎帶看到的東西，僅僅是附帶地注意到的對象。於是，所有那些顯現出來並淹沒在一個完全中性基質中的形式的第一次虛無化就成了主要形式顯現的必要條件，這個主要形式在這裡就是皮埃爾這個人。我直觀到這種虛無化，我親睹了所有對象的相繼消逝，尤其是一些人的面孔，這些面孔在一瞬間吸引了我（「是不是皮埃爾？」），並且正因為它們「不是」皮埃爾的臉，才立即消逝了。但是，如果我終於發現了皮埃爾，我的直觀就會被一個固定的成分充滿，我會一下子執著於他的臉，而整個咖啡館將在他周圍組成不引人注意的在場物。但是現在皮埃爾剛好不在這裡。這並不意謂著我發現他在這座建築物內某一確定的地點不在場。整個咖啡館事實上都沒有皮埃爾；他的不在場使咖啡館始終在漸次消逝，咖啡館依然是**基質**，它一直做為未分化的整體附帶地引起我的注意之中，它漸漸地隱退，進行著它的虛無化。它只是使自己由基質成為一個被規定的形式，它處處在前面帶領這形式，它處處向我展現這個形式。這個在我的注視與咖啡館裡那些固定而實在的諸對象之間不斷滑動的形式，才是個不斷漸次消逝著的東西，這就是皮埃爾，他做為虛無消失到咖啡館的虛無化這基質中。因而呈現於直觀的正是虛無的閃光，是基質的虛無，是那召喚和要求形式的顯現·的基質的虛無化。而正是這個形式——虛無，做為一種**烏有**在這個基質的表面滑動。它做為「皮埃爾不在這裡」這個判斷的基礎，因此正好是對雙重虛無化的直觀把握。當然，皮埃爾的不在場假設了我和這咖啡館之間的原始關係，無數其他的人由於缺乏確定他們不在場的那種實在的期望，與這座咖啡館沒有任何關係。但是，正是我自己期待看見皮埃爾，於是我的期待使皮埃爾的不在場**成爲**與這座咖啡館相關的實在事件。現在，我**發現**了這種不在場是一個客觀事實，而這種不在場表現為皮埃爾和我尋找他的那所房子之間的綜合關係：不在場的皮埃爾總是**糾纏著**這座咖啡館，而且他是虛無化地把自己組織為基質的條件。然而我可以開玩笑地做出的如下一些判斷，如「惠靈頓不在這座咖啡館裡」，「保爾·瓦萊里不再在這裡」等等，這類判斷只具有抽象的意義，它們只是純粹地運用了否定的原則而沒有實在和有效的基礎，也不能在咖啡館和惠靈頓或瓦萊里之間建立**實在**的關係：在這裡，「不是」這種關係僅僅是**思想**。這足以說明非存在不是通過否定判斷進入事物之中的；相反，正是否定判斷受到非存在的制約及支持。

事情怎麼才能是另外一番景象呢？如果一切都是存在的充實體和肯定性，我們怎麼能這樣設想判斷的否定形式呢？我們有一刻曾相信，否定能從那在期望的結果和得到的結果之間進行的比較中湧現出來。但是看看這種比較吧：這裡是第一個判斷，是具體和肯定的心理活動，它指出一個事實：「我的皮夾裡有一千三百法郎。」這裡還有另一個判斷，它同樣僅僅是指出一個事實和做出一種肯定：「我曾期望找到一千五百法郎。」這樣一來，這裡有的是一些實在的客觀事實，一些肯定的心理事件，一些肯定判斷。否定能找到地位嗎？人們會相信這只是一個範疇的單純應用嗎？人們硬要說精神自在地擁有

「不」做為分類及分離的形式嗎？在這種情況下，哪怕是少許一點點對否定性的懷疑也被人們從否定中取消了。如果人們承認「不」這個範疇，這個**事實上**存在於精神中，做為處理我們的知識並使之系統化的肯定而具體的手段的範疇，是由於某些肯定判斷在我們之中出現而突然產生的，如果承認它突然把它的印記打在從這些判斷中產生的某些思想上，人們就會出於這些想法而小心地把否定具有的否定作用統統去掉。因為否定是對存在的拒絕。一個存在（或一種存在方式）通過否定被提出來，然後被拋向虛無。如果否定只是一個範疇，如果它只是隨意地印在某些判斷上的印記，那麼如何解釋它能使一個存在虛無化，使存在突然湧現出來，並給它命名以便把它拋向非存在呢？如果先前的判斷指出的是事實，就像我們舉例說明的那些判斷一樣，那否定就應該像一種自由的發明，它應該幫助我們突破束縛我們的肯定性這一障礙：否定是一個連續性的突然中斷，它在任何情況下都不可能是先前肯定的**結果**，它是一個原初的不可還原的事件。但是我們這裡是在意識的範圍內。意識除了採取否定性意識的形式外不可能產生否定。任何一個範疇都不可能「居於」意識中並且以物的方式居留其中。「不」（non）做為直觀的突然發現，顯現為（對存在的）意識，對「不」的意識。總之，如果到處都有存在，那麼就不僅僅是虛無像柏格森所認為的那樣是不可想像的，因為否定永遠不會從存在中產生出來。能夠說聲「不」的必要條件就是，非存在永遠在我們之中和我們之外出現，就是虛無**糾纏著**存在。

但是虛無來自何處呢？如果它是考問行為的首要條件，更一般地說，如果它是所有哲學或科學研究的首要條件，那麼人的存在與虛無的最初關係是什麼？最初的虛無化行為又是什麼？

三、虛無的辯證法概念

說我們現在就能去清理上述考問使我們面對的那種虛無的意義，還為時尚早。不過，現在我們還是可以提出某些確切的看法的。尤其是也許值得去確定一下存在與糾纏著它的非存在之間的各種關係。事實上我們已經看到了人面對存在的行為和人面對虛無所採取的行為之間的某種平行關係；這使我們希望立即把存在與非存在看作實在物的兩種相輔相成的成分，就像黑暗和光明那樣：總之，這是兩個完全同時性的概念，它們在存在物的產生中是以某種方式結合在一起的，因此單獨地考察它們是徒勞無益的。純粹的存在和純粹的非存在是兩個抽象，它們只有在具體實在的基礎上才能重新結合起來。

這當然是黑格爾的觀點。事實上在《邏輯學》中，他研究了存在和非存在的關係。他稱這種邏輯學為「純粹思維規定的體系」。他明確提出他的定義：「就思想的通常意義來說，我們所表象的東西，總不僅僅是純粹的思想，因為我們總以為思想的內容必定是經驗的東西。而邏輯學中所理解的思想則不然，除了屬於思想本身和通過思維所產生的東西之外，它不能有別的內容。[1]」當然這些規定是：「[2]諸事物中存在的更深刻的東西，但是同時，當人們「自在自為」地來考察這些事物時，人們就從思想本身中推出它們，並在它們本身中發現了它們的真理。儘管如此，黑格爾邏輯學的目的可能是「闡明（它）逐個考察的那些概念的不全面性，以及為了領會這些概念將每一個這樣的概念提高成更全面概念的必要性，這個更全面的概念是在將諸概念結合成一體時超越原來這些概念的。[3]」可以把勒塞納所說的關於哈梅林哲學的東西應用於黑格爾：「任何一個較低級的項（termes）都依附於一個較高級的項，就像抽象依附於具體，而這個具體是抽象要實現自身所必不可少的。」對黑格爾來說，真正的具體是存在物連同它的本質，是所有抽象環節的綜合整體化而產生的整體，這些環節因為要求變得全面而超越自身進入整體。在這個意義下，如果我們就存在本身，也就是離開它向「本質」的超越來考察它的話，存在就是最抽象、最貧乏的抽象化。事實上，「存在與本質有關係正像直接性與間接性有關係一樣。一般說來，事物『存在』，但是它們的存在在於表現它們的本質。存在過渡到本質，對此人們可以這樣來解釋：『存在預設本質。』儘管相對存在而言本質顯現為間接的，然而本質卻是真正的起源。存在返回到它的基礎；存在超越自身過渡到本質。[4]」

於是，存在脫離了做為其基礎的本質後，變成了「空洞的單純直接性」。《精神現象學》正是這樣給存在下定義的，它「按真理的觀點」把純存在定義為直接的東西。如果邏輯的起點應該是直接的東西，那麼我們將在「存在」中發現起點，存在是「先於一切規定的無規定，做為絕對出發點的不被規定的東西」。

但是被這樣規定的存在立即「過渡」到它的反面。黑格爾在《小邏輯》中寫道：「這純存在是純粹的抽象，因此是絕對的否定，這種否定，直接地說，也就是非存在。[5]」虛無事實上難道不是與它本身的單純同一性，難道不是完全空洞的、沒有規定和內容的嗎？因此，純存在和純虛無是同一個東西。或者不如說，真正說來它們是有差異的，但是「在這裡差異還沒有成為已被規定的差異，因為存在和非存在構成直接的環節，就好像這差異就在它們中，所以這種差異不可言說，它只是一種純粹的意見。[6]」這具體的含義是指「**天地萬物無不在自身內兼含存在與虛無兩者。**[7]」

現在討論黑格爾的概念本身還為時過早。我們須得出探索的全部結論以使我們能夠採取和它對立的立場。這裡應該引起注意的只是，存在被黑格爾還原為存在物的一種意義。存在被本質所囊括，本質是存在的基礎和起源。黑格爾的整個理論基於這樣一個觀念，即需要一種哲學進展，以便在邏輯的起點上重新發現從間接性出發的直接物，從做為抽象物之基礎的具體物出發的抽象物。但是，我們已經使讀者注意到：存在與現象的關係並不同於抽象與具體的關係。存在不是「眾多結構中的一個結構」，也不是對象的某個環節，而是一切結構和一切環節的條件本身，它是現象的各種特性賴以表現的基礎。同樣，不能認為事物的存在「在於表露它們的本質」。因為如果是這樣，就還需要有一個存在。此外，如果事物的存在「在於」表露，就很難看出黑格爾如何能確定存在這一純粹的環節，我們在其中甚至找不到這種原始結構的痕跡。真正說來，純存在是被理智確定的，被孤立、禁錮在它的規定本身中的。但是如果向著本質的超越構成了存在的原始特性，如果理智侷限於「規定以及保持這些規定」，那麼就看不出理智為何不把存在規定為「在於表露」。人們會說，對黑格爾來說，一切規定都是否定。但是在這種意義下，理智就被限於因它的對象而否認它是它所不是的他物。這一點大概足以阻止所有的辯證法進程，但還不會足以取消超越的萌芽。因為存在超越自身過渡到別的事物中，所以它不受理智的規定，但是因為它超越**自身**，也就是說，它歸根結柢是它自己的超越的起源，它應該反過來向理智顯現它是什麼，而理智是把它禁錮在自己的規定中的。肯定存在只是其所是，這至少在存在就是它的超越的範圍內保存了原封未動的存在。這正是黑格爾的「超越」概念的模糊之處，超越時而似乎是被考察的存在發自最深處的噴射，時而似乎是帶動這個存在的外部運動。肯定理智只在存在中發現存在是什麼是不夠的，還應該解釋是其所是的存在如何能夠只是其所是。這樣一個解釋的合理性只能由於將存在的現象就認作其自身，而不能出自理智的否定過程。

但是這裡應該考察的尤其是黑格爾的斷言，即認為存在和虛無構成兩個對立面，從抽象的水平上考慮，它們之間的區別只是單純的「意見」。

按黑格爾式的理智把存在和虛無做為正題和反題對立起來，就是假設這兩者是邏輯同格的。於是，對立的兩面同時做為一個邏輯系列的兩極（deux termes-limites）而湧現。但是這裡應該注意，這些單獨的對立面所以能夠具有這種同時性，是因為它們同樣是肯定的（或同樣是否定的）。可是非存在不是存在的對立面，而是它的矛盾。這意謂著在邏輯上虛無是後於存在的，因為它先是被假定為存在，然後被否定。因此存在和非存在不可能是有同樣內容的概念，因為正相反，非存在假設了一種不可還原的精神進程。儘管存在具有原始的未分化性，非存在具有同樣的**被否定**的未分化性，那使得黑格爾能夠「使」存在「過渡」到虛無的，恰恰仍是他對存在的定義本身暗含著的否定。這是不言而喻的，因為定義是否定的，因為黑格爾重複著斯賓諾莎的公式對我們說：一切規定都是否定。他不是認為：「把存在與其他事物相區別的、把內容置於存在中的任何規定或內容無論如何都無法使存在保持其純潔性。存在是純粹的無規定性和虛空。人們從它那裡理解不到**任何東西**……。」無論什麼人當他把否定從外部引入存在時就會發現他使存在過渡到了非存在。不過這裡有一個關於否定這一概念本身的文字遊戲。因為我如果否定存在具有任何規定和任何內容，我就只能承認，至少存在**存在**。於是，即使有人否認他所希望的存在，而正因為他否認了它是這個或那個，就不能使它**不存在**。否定不可能達到絕對充實和完全肯定的存在的存在核心。相反，非存在正是對這完全不透明的核心本身的否定。非存在正是在存在的中心被否定的。當黑格爾寫道：「（存在和虛無）是同樣虛空的抽象[8]」時，他忘記了虛空是某種事物**的**虛空[9]。然而存在除與自身同一外，還是所有規定**的**虛空。但是，非存在則是存在的虛空。一句話，應該在這裡與黑格爾針鋒相對地提出的是：存在**存在**而虛無**不存在**。因此，即使存在不能是任何已分化的性質的支柱，虛無從邏輯上說仍是後於存在的，因為虛無假設了存在以便否定它，因為**不**（non）的不可還原性將加到那團未分化的存在上以便把它提供出來。這不僅意謂著我們應拒絕把存在和非存在相提並論，而且還意謂著我們永遠不應把虛無看作產生存在的原始虛空。虛無概念的通常用法總是假定對存在事先有了詳細說明。很明顯，在這種情況下，語言為我們提供了物的虛無（「rien」〈沒有任何東西〉）和人的存在的虛無（「Personne」〈沒有任何人〉）這樣兩種說法。但是在多數情況下這種詳細說明更明顯：人們指著一堆特殊的對象說：「**什麼都別**碰」，這就非常明確地說別碰這一堆中的任何東西。同樣，當我們問及某人的私生活或社會生活中某個十分確定的事件時，他回答說：「我**什麼都**不知道。」而這個「什麼都不」包括了我們向他考問的全部事實。蘇格拉底有一句名言「我知道我什麼都不知道（自知其無知）」，他正是用這個「**什麼都不**」來表示做為真理被考察的存在的整體。如果我們暫且採用樸素的宇宙起源論觀點自問道：在一個世界存在之前「曾有過」什麼，假如我們回答「**什麼都沒有**」，我們就不得不承認，這個「之前」和這個「什麼都沒有」一樣實際上是可回溯至無窮的。**我們**這些處在存在中的人，今天所要否認的是：在這個存在之前還有過存在。在這裡否定出自一個向著起源回歸的意識。如果我們從這個做為起源的空洞中去掉它是**這個世界**的空洞這一特性，也去掉它是採取了世界形式的一個整體的空洞這一特徵，就好像也去掉它「之前」的特性，這「之前」假設一個「之後」，我相對於這「之後」把「之前」構成為「之前」，那麼這種否定本身會因其成為一種不可設想的完全的無規定而消失，甚至於會做為一種虛無而消失。於是，可以把斯賓諾莎的公式倒過來說，任何否定都是規定。這意謂著存在先於虛無並且為虛無奠定了基礎。因此應該懂得不僅從邏輯上說存在是先於虛無的，而且正是由於存在，虛無才具體地發揮了作用。這就是我們說「**虛無糾纏著存在**」的意思。這意謂著存在根本不需要通過虛無而被設想，人們能透徹地考察存在的概念，而從中找不到一點虛無的痕跡。但是相反，**不存在**的虛無，只可能有一個借來的實存，它只是從存在中獲得其存在的；它的存在的虛無只是處在存在的範圍中，而存在的完全消失並不是非存在統治的降臨，相反是虛無的同時消失。**非存在只存在於存在的表面**。

四、虛無的現象學概念

其實，能夠以另一種方式把存在和虛無設想成互補的。可以將它們看成是實在物具有的兩個同樣必要的成分，而不必像黑格爾那樣「使」存在「過渡」到虛無，或像我們試圖做的那樣強調虛無後於存在：相反我們或許要強調存在和非存在相互排斥的力量，從某種意義上講實在物是由這些互相對立的力造成的緊張狀態。海德格正是傾向於這個新概念[10]。

要發現海德格的虛無理論比黑格爾的理論的進步之處，是不用花多少時間的。首先，存在和非存在不再是空洞的抽象。海德格在他的主要著作中已經指出了考問存在的合理性。這個存在不再具有黑格爾還保持著的一般經院哲學的特性；存在有一種意義應該弄清；在每一種屬於「人的實在」的行為中，也就是說，在人的實在的任何謀劃中都包含著對存在的一種「前本體論的領會」。這樣一來，當一個哲學家一觸及虛無問題時人們就習慣地提出來的疑難問題就顯得沒有根據了：這些疑難問題只因為限制了理智的功能才有價值，它們僅僅指出虛無的難題並不屬於理智的**範圍**。相反，存在著許多暗含了對虛無的「領會」的「人的實在」的態度，如仇恨、辯解、懊悔等等。對「此在」來說，甚至有與虛無「面對面」而存在，並發現虛無是一種現象這樣的永恆可能性：這就是焦慮（angoisse）。然而海德格正因為建立了具體把握虛無的可能性而從未犯黑格爾的錯誤，他不為非存在保留一個存在，哪怕是一個抽象的存在：虛無不存在，它**自我虛無化**。它被超越性所支持，所制約。我們知道，海德格把人的實在的存在定義為「在世」。世界是諸工具性實在的綜合複合體，因為這些工具性實在是按越來越大的範圍互相指示的，並且因為人是從這個複合體出發顯示他是什麼的。這就同時意謂著「人的實在」做為被存在**包圍**的而湧現出來，他「處在」（sich befinden）存在中，而且正是人的實在使包圍著他的這個存在以世界這一形式安置在他的周圍。但是人的實在只能在超越存在時使存在顯現成被組織為世界的那種整體。對海德格來說，任何規定都是**超越**，因為規定假設後退以獲得觀點。這種對世界的超越，正是世界做為世界出現的條件，此在使這種超越**向著他本身**。自我性（selbstheit）的特點事實上就是人總是與他所是的東西分離，而這種分離是由他所不是的存在的無限廣度造成的。他從世界的另一面對其自身表明他自己，並且他又從這地平線向自身望去以恢復他內在的存在：人是「一個遙遠的存在」（unêtre des lointains）。正是在滲透了整個存在的內化運動中，存在湧現出來並構成世界，既不是運動先於世界，也不是世界先於運動。而是自我這超乎世界之外的顯現，即超乎實在物的整體的顯現，就是「人的實在」在虛無中的顯露。只有在虛無中，存在才能夠被超越。同時，正是根據這種世界的彼岸的觀點，存在才組織成世界。這一方面是指「人的實在」是做為存在在非存在中的顯露而湧現的，另一方面則是指世界是「懸擱」(en suspens)於虛無中的。焦慮是對這雙重的和不斷的虛無化的發現。正是從對世界的這種超越出發，「此在」將實現世界的偶然性，也就是說提出這樣的問題：「怎麼會有某種事物而不是什麼也沒有呢？」因此當人的實在在虛無中確立起來以把握世界的偶然性時，世界的偶然性就向人的實在顯現出來。

因此這就是從各方面包圍了存在、同時又從存在中被驅逐出來的虛無；正是虛無表現為使世界獲得一個輪廓的東西。這個結論能令人滿意嗎？

當然，不能否認的是，把世界理解為世界，這是一種虛無化。世界剛一顯現為世界，就表現為**只是那個**。因此這種理解與「人的實在」在虛無中顯露這一事實是必然對立的。但是「人的實在」在非存在中顯露的能力是從哪裡來的？毫無疑問，海德格強調否定從虛無中獲得基礎，這是言之有理的。但是虛無之所以能成為否定的基礎，是因為它已把**不**包含在做為它的本質結構的否定中。換言之，虛無不是做為未分化的空洞或做為將不被當作相異性的相異性[11]而成為否定的基礎的。它是否定判斷的起源，因為它本身就是否定。它奠定了做為**行爲**的否定的基礎，因為它是做為**存在**的否定。虛無只有在被明確地虛無化為世界的虛無時才能成為虛無；即，只有當它在虛無化中明確地指向這個世界以把自己確立為對這個世界的否認時，才能成為虛無。虛無把存在帶到它的內心中。但是顯露如何來說明這種虛無化的否認呢？做為「超乎……之外的自我的謀劃」的超越性不但不能夠奠定虛無的基礎，相反虛無在超越性的內部而且制約著它。然而海德格哲學的特點正是使用全部掩蓋著暗含的否定的肯定術語來描繪「此在」。此在是「在自我之外，在世界之中」，它是「一個遙遠的存在」，它是「憂慮」，它是「它自己的可能性」等等。所有這些都等於說此在「不是」在自身之中的，它與它自身「不是」直接貼近的。它「**超越**」了世界，因為它把本身看作不在自身之中，又不是世界。在這個意義下，當黑格爾宣稱精神是否定的東西時，正確的應是他而不是海德格。其實我們可以向他們兩人提出同樣的問題，只是措詞略有不同。應對黑格爾說：「把精神做為間接性和否定的東西是不夠的，應該指出否定性是精神存在的結構。精神為了能使自己成為否定的，它應該是什麼呢？」對海德格可以這樣問：「如果否定是超越性的原始結構，那麼『人的實在』的原始結構要想能超越世界，它應該是什麼呢？」在這兩種情況下，我們面前都有一種否定的能動性，而這又並不關係到要把這能動性建立在一個否定的存在的基礎上的問題。此外海德格使虛無成為一種超越性的意向的對應物，而沒有看到他實際上已把虛無做為超越性的原始結構置入超越性之中了。

但是，此外，如果只是為了隨後形成一個根據假說把虛無和任何具體的否定割裂開來的非存在的理論，才肯定虛無是否定的基礎，這種肯定有什麼用處呢？如果我在世界之外的虛無中顯露，這種物質世界之外的虛無如何能夠成為我們每時每刻在存在深處遇到的那些非存在的小湖泊的根據呢？我說「皮埃爾不在那裡」，「我沒有錢了」等。為了給這些日常判斷提供一個基礎，難道真的必須超越這個世界走向虛無然後又回到存在中嗎？這個過程如何能夠進行呢？問題完全不在於使世界滑入虛無，而只是處在存在的範圍內拒絕將一種屬性給予一個主體。是否有人會說任何一個被拒絕的屬性、任何一個被否認的存在都是被物質世界外的一個絕無僅有的虛無咬住的嗎？或說非存在被不存在的東西充滿了嗎？可以說世界懸置在非存在中，就像實在物懸置在各種可能中嗎？在這種情況下，任何一個否定都起源於一種特殊的超越：存在向著另一個存在的超越。但是，這種超越如果不是黑格爾的間接性又是什麼呢？我們不是曾經徒勞地在黑格爾那裡尋找這種間接性的虛無化基礎嗎？此外，即使這種解釋對於下述徹底的、單純的否定是有價值的——這些否定否認一種被規定的對象在存在內部的各類在場（例如「半人半馬的怪物**不存在**」，「他的遲到是**沒有**理由的」；「古希臘人**不實行**多偶制」），並且在必要時也能有助於使虛無成為所有失敗的計畫、所有不精確的表象、所有消失著的或只有虛構觀念的存在的某類幾何軌跡——這種對非存在的說明對於某種事實上是最常見的實在來說也不再是有效的，這些實在把非存在包括在它們的存在中。事實上，怎麼能夠認為這些實在部分地在宇宙之中而同時又部分地在物質世界之外的虛無之中呢？

讓我們舉一個關於距離概念的例子，這個概念制約著場所的規定、點的確定。很容易看出它含有否定的環節：兩個點因為被一段長度**分開**而相互保持著距離。這就是說，做為線段的一個肯定屬性的長度，在這裡做為一種對絕對的未分化的接近的否定而介於其間。有人也許希望把距離還原為只是以被考察的兩點A和B為界限的線段的長度。但是他沒有看到，在這種情況下，他已經改變了注意力的方向，而且在同一個詞的名義下把另一個對象給了直觀。由線段以及它的兩端構成的有機複合物，確能向認識提供兩個不同的對象。事實上，能把**線段**設定為直觀的直接對象；在這種情況下這線段表示一種充實和具體的緊張狀態，而長度是其肯定的屬性，A、B兩點只是做為這總體的一個環節而顯現，即它們做為線段的極限被線段本身所包含：那麼從線段和它的長度中被排除的否定就隱藏在這兩個**限制**中：說點B是線段的限制，就是說線段**不延伸**到這一點之外。否定在這裡是對象的次要結構。如果相反把注意力集中到A、B兩點上，它們則會做為直觀的直接對象在空間這基質中突現出來。這個線段做為充實的、具體的對象消失了，它從這兩點出發，被當作空洞、當作把兩點分開的否定物、否定脫離了這些不再是限制的點以填滿做為**距離**的線段的長度本身。於是由線段和它的兩端以及它的內在否定結構構成的整個形式能夠以兩種方式來把握。或者不如說有兩種形式，其中一個形式顯現的條件是另一個形式的瓦解。確切地說就像在感知中，把這樣一個對象構造成一個**形式**是通過排斥另一個對象甚至把它做為一種**基質**來達到的，反之亦然。在這兩種情況下，我們都發現有同樣多的否定，它時而進入限制的概念，時而進入距離的概念，無論在哪一種情況下，這種否定都不能被取消。是否可以說距離的觀念是心理的，它只是指出為了從A點走到B點而必須**越過**的廣延呢？我們要回答說，同樣的否定就包含在這種「越過」中，因為這個概念恰恰表示了對離開的消極反抗。我們願意同海德格一起承認「人的實在」是「拒絕離開」（déséloignante），即，它做為創造了距離（ent-fernend）同時又使距離消逝的東西湧現於世界。但是這種「拒絕離開」即使是一般說來「或許有」（il y ait）一種離開的必要條件，它在它**本身中**也包含著做為應該被克服的否定結構的離開。企圖把距離還原為一種**量度**的單純結果是徒勞的：前面所討論的內容中很清楚的一點是：兩個點和連接它們的線段具有德國人稱為「格式塔」（Gestalt）的那種不可分割的統一。否定是實現這種統一的紐帶。它把聯結這兩點並使它們呈現於直觀的直接關係明確定義為距離的不可分割的統一。如果要求把距離還原為一段長度的量度，那就只是掩蓋了否定，因為否定正是這個量度**存在的理由**。

以上通過對**距離**的考察指出的東西，也能通過把實在描述為不在場、蛻變、相異、相斥、懊悔、消散等顯示出來。有無數這樣的實在：它們不僅是判斷的對象而且被人的存在體驗、克服、懼怕，並且否定就像它們實存（existence）的必要條件那樣包含在它們的內在結構中。我們稱這些實在為**否定性**。康德在談及**限制性的**概念（如靈魂的不朽）時，略微覺察到了它們的意義，這是一類否定的東西和肯定的東西之間的綜合，其中否定是肯定的條件。否定的作用根據被考察對象的本性而發生變化：在完全肯定的實在（然而它們把否定做為使自己界限分明的條件、從而確定為是其所是）和那些其肯定性只是做為掩蓋虛無洞孔之顯象的實在之間，一切中介物都是可能的。在任何情況下，都不可能把這些否定擲到物質世界之外的虛無中去，因為它們散布在存在中，被存在所支持並且是實在的條件。世界之外的虛無表明絕對的否定；但是我們剛才發現許多世界之外的存在，它們和別的存在具有同等的實在和效用，但是它們之中包含著非存在。它們要求有一種限於實在物範圍內的說明。虛無如果不被存在所支持，就會**做為虛無**而消逝，而我們就會重新陷入存在。虛無只有在存在的基質中才可能虛無化；如果一些虛無能被給出，它就既不在存在之前也不在它之後，按一般說法，也不在存在之外，而是像**蛔蟲**一樣在存在的內部，在它的核心中。

五、虛無的起源

現在應該回顧一下前面走過的路。首先我們提出了存在的問題。接著在返回這問題本身，把它設定為一種人類行為的類型時，我們又反過來考問了問題。那時我們理應認為，如果否定不存在，那任何問題都不可能被提出來，尤其是存在的問題。但是，在進一步考察否定本身時，它使我們回到了做為它的起源和基礎的虛無：為了使世界上有否定，為了使我們得以對存在提出問題，就應該以某種方式來給出虛無。這樣我們就認識到，不能設想虛無在存在之外，既不能把它設想為互補的和抽象的概念，也不能設想為一個存在懸置於其中的無限地帶。虛無應該在存在的內部被給定，以使我們能夠把握我們稱之為否定性的這種特殊類型的實在。但是自在的存在不可能產生這種塵世中的虛無：做為充滿肯定性的存在概念並沒有把虛無做為它的結構之一包含在自身中。甚至也不能說這概念排斥虛無：它與虛無沒有任何關係。因此下述問題現在特別急迫地擺在我們面前：如果既不可能把虛無設想為在存在之外，也不能從存在出發來設想虛無，另一方面，如果做為非存在，它又不能從自身中獲得必要的力量使自己虛無化，那麼**虛無來自何處**？

要想把這個問題深入研究下去，就首先應該認識到，我們不能把「自我虛無化」（se néantiser）的性質賦予虛無。因為，儘管動詞「自我虛無化」已被認為是消除虛無中的最後一點與存在相像的東西，還是應該承認，唯有**存在**才能自我虛無化。因為，無論如何，為了自我虛無化，就必須存在。然而，虛無**不存在**。我們之所以能談論虛無，是因為它僅僅有一種存在的顯象，有一種借來的存在，這一點我們在前面已經注意到了。虛無不存在，虛無「**被存在**」（est été）；虛無不自我虛無化，虛無「**被虛無化**」（est néantisé）。因此無論如何應該有一種存在（它不可能是「自在」），它具有一種性質，能使虛無虛無化、能以其存在承擔虛無，並以它的生存不斷地支撐著虛無，**通過這種存在，虛無來到事物中**。但是這個「存在」相對虛無應該如何存在才能使虛無通過它來到事物中呢？首先應該看到，上述的存在相對於虛無而言不能是被動的：它不可能接納虛無；虛無如果不通過另一個存在也不可能進入這種存在——這將把我們推至無限。但是另一方面，虛無由之來到世界上的存在不可能產生虛無而對這種產生活動漠不關心，就像斯多葛式的原因產生其結果而不改變自己那樣。一個完全肯定性的存在在其自身之外維持並且創造一個超越的存在或虛無，這是不可思議的，因為在使存在能超越自身走向非存在的存在中什麼也不會有。虛無由之來到世界上的存在應該在其存在中使虛無虛無化，即使如此，如果它不在自己的存在中相關於它的存在而使虛無虛無化，它還是冒著把虛無確立為一種位於內在性核心中的超越物的風險的。虛無由之來到世界上的「存在」是這樣一種存在，在它的存在中，其「存在」的虛無成為問題：**虛無由之來到世界上的存在應該是它自己的虛無**。因此要理解的不是有一種虛無化的、反過來要求以存在為基礎的活動，而是一種所要求的**存在**的本體論特性。有待於認識的是在哪一個敏感而微妙的存在領域裡會遇到那種是其自身虛無的存在。

對做為出發點的行為的更全面的考察將有助於我們的探討。因此必須回到考問上去。人們或許還記得，任何問題本質上都假定有一種否定回答的可能性。在問題中人們向存在考問的是它的存在或它的存在方式。這種存在方式或這種存在是被掩蓋著的：一種可能性始終開放著以便存在被揭示為虛無。但是正是由於人們認為，一個存在物總是可能被揭示為**什麼也不是**，一切問題才都假設實現了一種相對給定物而言的虛無化著的隱退，這種隱退成為一種動搖於存在和虛無之間的單純**表象**。因此重要的是，提問者永遠可能脫離那種構成存在並只能從存在中產生的因果系列。如果我們事實上承認，問題在提問者那裡是被普遍決定論決定的，那它就不僅不再是可理解的，而且不再是可想像的。事實上，實在的原因產生出實在的結果，而且這個產生出來的存在完全被原因控制在肯定性之中：就它在其存在中依賴原因而言，它自身內部不可能有任何一點虛無的萌芽，既然提問者應該能夠就被問者而言進行一種虛無化著的隱退，他就不受世界因果秩序的限制，他就游離出存在。這意謂著，通過雙重的虛無化運動，提問者通過把與他相關的被問者置於存在和非存在之間的**中立狀態**而使之虛無化——這還意謂著他通過脫離存在以達到從自我中引出一個非存在的可能性，而使與被問者有關的自身虛無化。於是，通過問題，把某種否定的因素引入了這個世界：我們看到虛無使世界五彩繽紛，使事物絢麗多彩。但是同時，問題來自這樣一個提問者，他在脫離存在時在自己的存在中證明自己是提問者。因此就定義而言，這種脫離是一種人的過程。至少在這種情況下人表現為一種使虛無出現在世界上的存在，因為他自身受到向此目的的非存在的攪擾。

以上意見能夠引導我們考察前邊談及的那些否定性。毫無疑問，它們是些超越的實在：例如，距離就是我們面臨的某種必須考慮的和需要花費力氣才能逾越的東西。然而這些實在卻有一種非常特殊的本性，它們全都直接地標誌著人的實在與世界的本質關係。它們起源於人的存在的某種活動、某種期望、某種謀劃，它們全都標誌著存在的一個方面，因為這個方面對介入世界的人的存在顯現出來。由否定性指示出的人與世界的各種關係，與從我們的經驗活動中產生的**後天的**關係毫無共同之處。問題同樣不在於那些**工具性**的關係，在海德格看來，世界上的對象通過這些關係暴露在「人的實在」面前。每個否定性毋寧是做為這工具性關係的本質條件之一而顯現的。為了把存在的整體做為工具安排在我們周圍，為了使這個整體分成互相關聯和能被**使用**的不同的複合物，否定就不應該做為許多事物中的一個事物，而是做為支配著那做為事物的大塊存在的排列與分布的某類範疇而湧現。於是，人在「包圍著他」的存在中間突現而使世界被發現。但是這種突現的本質和最初的環節就是否定。於是我們達到了這個研究的第一步：人是虛無由之來到世界上的存在。但是這個問題隨即引起了另一個問題：為了使虛無通過人而來到存在中，人在他的存在中應該是什麼呢？

存在只能產生存在，如果人也屬於這個生產過程，他只有超出存在才能超出這個過程。如果他應該能考問這個過程，就是說使它處在問題中，他就必須能在他的觀點下把它看成一個總體，就是說使他本身置於**存在之外**，並同時削弱存在之存在的結構。然而「人的實在」不能——哪怕是暫時地——消除置於他面前的存在團塊。人的實在所能改變的，是他與這個存在的**關係**。對人的實在來說，把一個特殊的存在物置於圈外，也就是把他自己置於相對於這個存在物的圈外。在這種情況下，他逃離了這存在物，他處於不可觸及的地位，存在物不可能作用於他，他已經退而超乎**虛無之外**。人的實在分泌出一種使自己獨立出來的虛無，對於這種可能性，笛卡兒繼斯多葛派之後，把它稱作**自由**。但是自由在這裡只是一個詞。如果我們想更進一步研究這個問題，就不應該滿足於這個問題，那現在就應該問：如果虛無是由於人的自由而出現在世界上的，人的自由應該是什麼？

我們還不可能全面地討論自由的問題[12]。事實上，我們至此完成的分析清楚地表明自由不是能被孤立地考察及描繪的人的靈魂的性能。我們試圖定義的東西，就是人的存在，因為他制約著虛無的顯現，而且這個存在已對我們顯現為自由。因此，自由，做為虛無的虛無化所需要的條件，不是突出地屬於人的存在本質的一種**屬性**。此外，我們已經指出在人那裡，實存（existence）與本質的關係不同於在世間事物那裡的存在與本質的關係。人的自由先於人的本質並且使人的本質成為可能，人的存在的本質懸置在人的自由之中。因此我們稱為自由的東西是不可能區別於「人的實在」之**存在**（être）的。人並不是**首先**存在以便**後來**成為自由的，人的存在和他「是自由的」這兩者之間沒有區別。現在對一個只有在嚴格清楚地闡述人的存在之後才能透徹分析的問題進行止面進攻，還不是時候：我們應該聯繫虛無問題來討論自由，並嚴格地在自由制約其顯現的範圍內來討論。

首先自明地表現出來的是，人的實在只有從根本上掙脫了他自身，才能通過提問題、方法論的懷疑，懷疑論的懷疑，懸擱（ἐποχή）等等來掙脫世界。笛卡兒也曾認識到這一點，當他要求那種中斷判斷的可能性時，他便把懷疑建立在自由的基礎上——阿蘭也是這樣認為的。也正是在這個意義下，黑格爾在精神是間接性——即否定物——的意義下肯定了精神的自由。此外，在人的意識中發現一種自我逃避正是當代哲學的一個方向：這也正是海德格的超越性的意義；胡塞爾和布倫坦諾的意向性概念的主要內容也具有這種自我脫離的特性。但是我們目前還沒有把自由看成意識的內在結構：我們暫時還缺少成功地進行這項研究工作的工具和技術。現在引起我們興趣的是時間的活動，因為考問正如懷疑一樣，是一個行為：它假設人的存在首先居於存在內部，然後通過虛無化的後退掙脫存在。因此，我們在這裡正是把時間過程中的這種對自我的關係看作虛無化的條件。我們只是想要指出，通過把意識與連續的無定限因果序列看成相似的東西，因而把意識移交給存在的充實體，由此使他進入存在的無窮整體，心理決定論為擺脫普遍決定論並使自己構成一個單獨的系統的努力最後歸於落空，這一事實就是很好的說明。不在場者的房間，他翻看過的書，他觸摸過的物件，這些東西本身只是書，物件，也就是說，它們是完全的現實性：他留下的那些痕跡本身只有在把他看作不在場者的環境內才能被辨認為他的痕跡；這本折了角的，書頁磨損了的書本身不是皮埃爾曾翻看過、現已不再翻看的書：如果把它看作是我的知覺的當下和超越的觸動作用，或者甚至看作是由我的感覺印象支配的綜合之流，那它就只能是一冊書頁起縐和磨損的書。它只能歸結為它自己，或者歸結為在場的物件，照著它的光線以及承擔著它的桌子。柏拉圖在《斐多篇》中使不在場者的形象在對他曾經觸摸過的豎琴或齊特拉琴的知覺的空白處顯現出來，像他這樣，根據相近來喚起聯想是毫無用處的。如果按這個形象本身，以古典理論的精神來考察它，它就是某種充實物，就是一個具體而肯定的心理事實。因此應該在它之上建立一個兩面的否定判斷：從主觀方面須指出形象**不是**一個知覺，從客觀方面要否認，我對之形成了形象的那個皮埃爾現在在**這裡**。這正是從丹納直到斯拜爾如此多的心理學家所關心的著名的真實形象特性問題。我們看到，聯想並沒有消除這個難題而是把它推回到反思的水平。但是無論如何聯想都需要一個否定，就是說，至少需要一種針對做為主觀現象被把握的形象的意識的虛無化著的隱退，以便明確地把這個形象看作只是一個主觀現象。然而我在另一個地方曾試圖指出[13]，如果我們首先把形象看作是再生的知覺，那麼**後來**就根本不可能把它和現實的知覺相區別。形象應在它的結構本身中包含一個虛無化的正題。它因把它的對象看作存在於**別處**的或**不存在**的東西而使自己成為形象。它自身包含著雙重的否定：首先它是世界的虛無化（因為這個世界並不做為知覺的現實對象現時提出的形象中涉及的對象），其次是形象對象的虛無化（因為該對象被看作不現實的），它同時又是它本身的虛無化（因為它不是一個具體而充實的心理過程）。在說明我如何理解皮埃爾不在屋裡時，求助於胡塞爾那個著名的、在很大程度上是構成知覺成分的「虛空意向」是徒勞的。確實，在不同的知覺性意向之間存在著**動機**的關係（但是動機不是原因），而在這些意向中，有些是充實的，即充滿了它們所追求的東西，有些是虛空的。但是恰恰由於應該充實這些虛空意向的材料**不存在**，材料才不能在這些意向的結構中引動它們。而由於另一些意向是充實的，它們同樣不能引動虛空的意向，因為後者是虛空的。此外，這些意向本是心理的，要是按物的方式看待它們，即把它們看作是最初就已給定的容器，可根據情況來排空或填滿，並且其本性上與這種空的或滿的狀態根本無關，這是錯誤的。胡塞爾似乎總也沒有擺脫這種物性幻象。一個意向要成為空洞的就應該意識到自己是空洞的，而且恰恰是它追求的確切材料的空洞。一個虛空的意向是在把它的材料看作不存在或不在場的意義下而成其為虛空的。總之，虛空的意向是一種否定的意識，它超越自身而趨向一個被看作不在場或不存在的對象。因此，不管我們怎樣解釋皮埃爾的不在場，為了觀察或感覺，它要求有一個否定的環節，通過這個環節，意識由於所有先前的規定都不在場而將自身構成為否定。當我從對他待過的這個房間的知覺出發設想他不再在這房間裡時，我必定會被迫產生一種不受先前的狀態規定或引發的思想活動，簡言之，會在我本身中造成與存在的決裂。而因為我連續使用否定性來孤立並規定存在物，即用否定性來思考它們，我的諸「意識」的序列就永遠脫離那種相對原因而言的結果，因為所有虛無化過程都要求只從它自身獲得來源。因為要是我現在的狀態是我先前的狀態的延續，否定能溜走的漏洞就都完全被堵住了。因此，虛無化的任何心理過程都意謂著剛過去的心理狀態和現在的心理狀態之間有一條裂縫。這裂縫正是虛無。至少可以說，蘊涵在虛無化的諸過程之間還有可能延續下去。但是我對皮埃爾不在場的看法還能以因我沒有看見他而感到遺憾來規定；你們沒有從虛無化中排除掉決定論的可能性。可是除掉這個系列的第一個虛無化必然地應該脫離以前的肯定過程，那由虛無引動的虛無的動機又能意謂著什麼？一個存在確實能夠永遠地自我**虛無化**，但在它自我虛無化的範圍內，它不再是另一個現象的起源，即使後者是第二次虛無化。

還要解釋的是制約著任何否定的諸意識的這種分離、這種脫落是什麼。如果我們把被考察的在先的意識看作動機，我們馬上很清楚地看到**沒有任何東西**在那種狀態和現在的狀態之間滑動。在時間的進展流駛中沒有過中斷點：否則我們就要回過來接受一種無法接受的觀點，即時間是無限可分的，而時間的點或瞬間則是分割的極限。同樣，不可能突然插入一個不透明的成分，它像刀切水果一樣把在前和在後分開。也沒有削弱在先的意識的動機的力量：它總保持是其所是，沒有失去它的急迫。把在前和在後的東西分開的恰恰就是烏有，這個烏有是絕對不可逾越的，這正是因為它什麼也不是；因為在任何要超越的障礙中都有某種做為將要被超越的東西的肯定因素。但是在這種引起我們注意的情況下，人們徒勞地尋找要打破的阻力、要越過的障礙。先前的意識總是**在那裡**（儘管被修改為「過去性」）。它總是和當下的意識保持著一種解釋關係，但是在這種存在關係的基礎上，它是處在越位的位置上，是在圈外的，它被置於括號之中，這恰好就像在一個實行現象學的懸擱（ἐποχή）的人眼中，世界既在他之內，又在他之外。於是，人的實在能全部或部分地否認世界的條件就是，他把自身包含的虛無當作那種將他的現在和他的全部過去分割開來的**烏有**。但是這還不是一切，因為被考察的這個「烏有」還沒有虛無的意義：存在的懸擱還無法命名，還不可能是對懸擱存在的意識，它來自意識之外並且通過把黑暗引進這種絕對的光明之中而將意識切成兩半[14]。而且，這個烏有絕不可能是否定的。我們前面考察過，虛無是否定的基礎，因為它在自身中包含了否定，因為它是做為存在的否定。因此有意識的存在應該相對它的過去來構成自身，就像它被一個虛無與這過去分開了那樣；它應該是對這個存在的裂縫的意識，但不是做為它承受的現象，而是做為它所是的一種意識結構。自由正是通過分泌出他自己的虛無而把他的過去放在越位位置上的人的存在。讓我們好好地領會一下，這成為自己的虛無的原始必然性並非間斷地並因為獨特的否定而對意識顯現：它也不是在做為第二級結構的否定或考問行為顯現時的心理生活的一個特殊瞬間發生的；意識做為他過去存在的虛無化，本身是不間斷的。

但是也許有人相信，他能在這裡利用我們經常向自己提出的問題來反對我們：如果虛無化的意識只做為對虛無化的意識而存在，就應能對意識的永恆樣式下定義並進行描述，這永恆樣式表現為意識，這意識就是對虛無化的意識。這種意識存在嗎？這在此已經提出了一個新問題：如果自由是意識的存在，意識則似應是對自由的意識。這種對自由的意識採取的形式是什麼呢？在自由中人的存在是虛無化形式下他自己的過去（同樣做為他自己的將來）。如果我們的分析沒有使我們誤入歧途的話，那麼，當人的存在意識到存在的時候，他應該具有某種面對過去和將來並做為既同時是過去和將來，又不是過去和將來的方式。我們能為這個問題提供一個直接的回答：正是在焦慮中人獲得了對他自由的意識，如果人們願意的話，還可以說焦慮是自由這存在著的意識的存在方式，正是在焦慮中自由在其存在裡對自身提出問題。

齊克果在描述失誤之前的焦慮時，把焦慮的特徵表示為在自由面前的焦慮。但海德格——人們知道他曾受齊克果多麼大的影響[15]——則相反，他把焦慮看作是對虛無的把握。對焦慮的這兩種描述在我看來並不矛盾：相反它們互相包含在對方之中。

首先應該認為齊克果有道理：焦慮和恐懼的區別是，恐懼是對世界上的存在的恐懼，而焦慮是在

「我」面前的焦慮。暈眩所以成為焦慮不是因為我畏懼落入懸崖而是因為我畏懼我自投懸崖。處境引起恐懼是因為它很可能從外面使我的生活發生變化，而我的存在引起焦慮是因為我對我自己對這種處境的反應產生了懷疑。開砲前的準備能在遭砲轟的士兵中引起恐懼，但是焦慮則是當他試圖預見他應付砲擊的行動的時候，當他問自己是否能把持住的時候開始產生的。同樣，當應徵入伍的人把他的兵站與戰爭的開始聯繫起來時，在某種情況下，他可能會害怕死亡；但更經常發生的是，他有「對恐懼的恐懼」，即他面對他本身而感到焦慮。在大部分時間裡危險或可怕的處境是多面的：它們通過對恐懼的體驗或對焦慮的體驗被領悟，而這種領悟又是根據我們認為是處境作用於人還是人作用於處境而定的。一個剛遭到「沉重打擊」的人，比如因為股票暴跌而失去一大批資財，會對貧困的威脅產生恐懼。他用力絞著雙手（這是人面臨必須採取但又還未確定的行動時的象徵性反應）大喊：「我該怎麼辦？可我該怎麼辦？」這是他在為將來的某個時候焦慮。在這個意義下恐懼和焦慮是互相排斥的，因為恐懼是對超越的東西的非反思的領會，而焦慮則是對自我的反思的領會，一方產生於另一方的解體。在我剛才提及的情況下，正常的過程是從一方到另一方的不斷過渡。但是也存在著焦慮顯得純粹的情況，即在它之前之後都沒有恐懼相伴隨。例如，當把我提昇到一個新的地位並交給我一項棘手而令人得意的使命時，我想到自己或許不能勝任它而感到焦慮，而對我可能的失敗將引起的後果這樣一個世界卻一點也不感到恐懼。

在我剛才舉出的各種例子中，焦慮意謂著什麼呢？應再看看暈眩的例子。暈眩是通過恐懼顯示出來的：我走在懸崖邊的一條沒有護欄的狹窄小路上。對我來說，這懸崖是要躲避的東西，它代表死亡的危險。同時我想到一些屬於普遍決定論範圍的原因，它們能把這種死亡的威脅變成現實：我可能在石頭上滑倒並掉進深淵，小路上疏鬆的土可能在我腳下崩塌。通過各種這樣的預測，我把自己看作一個物，相對這些可能性而言我是被動的，它們是從外面來到我這裡的，因為我**也是**世界上的一個對象，服從萬有引力，這些不是**我的**可能性。在這個時候，**恐懼**顯現出來了，我從處境出發把它把握為諸超越物中的可破壞的超越物，把握為對象，在自身中並不擁有它的未來消逝的起源。我的反應將在反思範圍內：我要「留心」路上的石頭，我要盡可能遠離路的邊緣。我因為竭盡全力排除危險的處境而自我實現，我在自己面前設想了一些將來的行為，意在使我脫離世界的種種威脅。這些行為是**我的**可能性。我擺脫了恐懼正是由於我使自己處在一個以**我的**可能性取代了超越的或然性的水平上，在超越的或然性中，人的能動性沒有任何地位。但是這些行為，正因為它們是**我的**可能性，因而並不對我顯現為是被外來的原因決定的。我們不僅不能嚴格地肯定它們有功效，而且尤其不能嚴格地肯定它們將被採取，因為它們不是自足的存在；若改變一下貝克萊的術語，我可以說它們的「存在是被採取（être-tenu）」，它們的「存在的可能性只是應該被採取（devoir-être-tenu）」[16]。因此它們的可能性是以否定性行為的可能性（**不注**意路上的石頭、奔跑、想別的事情）和相反行為的可能性（我自己跳進懸崖）做為必要條件的。我使之成為**我的**具體可能的那種可能只有在處境包括的諸種邏輯可能的總體的基礎上突出出來才能顯現為我的可能。但是那些被排斥的可能，反過來除了「被採取」的存在之外沒有別的存在，正是我使它們保持為存在，反之，它們現實的非存在是「不應該被採取」。將沒有任何外部原因來排除它們。只有我才是它們的非存在的永久來源。我介入到它們中間；為了使**我的**可能顯現出來，我提出別的可能以使它們虛無化。如果我能在我同這些可能性的諸關係中把自己看作是產生其結果的原因，那就不會產生焦慮。在這種情況下被定義為我的可能的結果將是被嚴格規定的。但到那時它將不再是**可能**，**而直接變成將來**。因此，如果我想躲避焦慮和暈眩，只要能以一個被給定的物團所規定的點上的在場物決定其他物團的隨後的進程的方式，認為使我拒絕面臨的處境的動機（保留的本能、先前的恐懼等）是**決定**我以前的行為的，這就夠了：我應該在自身中把握一種嚴格的心理決定論。但是，我感到焦慮正是因為我的行為只是一些**可能**，而這恰恰意謂著，在我構成摒棄這個處境的全部動機時，我同時把這些動機當作不夠充分有效的。在我把自己當作是畏懼懸崖的那一時刻，我意識到就我的可能的行為而言，這恐懼**不是決**

定性的。在某種意義下，這恐懼喚起一個謹慎的行為，它本身就是這個行為的開始。在另一種意義下，它只是把這個行為以後的發展看作是可能的，這恰恰是因為我不把它認作是這以後發展的**原因**，而認作是：要求、召喚、等待、等等。然而，我們已經看到，存在的意識就是意識的存在。因此這裡的問題不在於我在已經形成的恐懼打擊之後所能進行的凝思：恰恰是凝思自身顯現為**不是**它所喚出的那個行為的原因，它就是恐懼的存在本身。總之，為了避免那種向我展示一個直接被規定的超越的將來的恐懼，我逃遁於反思中，但是反思只能給我一個未規定的將來。這意思是說在把某種行為構成可能時，正因為它是**我的**可能，我才認識到，**沒有任何東西**能夠迫使我採取這個行為。然而我恰恰在那裡，在將來，我正是趨向將來，竭盡全力立即走向小路的拐角處，從這個意義上講，我將來的存在和我現在的存在之間已經有了某種聯繫。但是在這個聯繫中，虛無溜了進來：我現在不是我將來是的那個人。我不是將來的那個人的原因首先在於，時間把我同他分開了；其次在於我現在所是的人不是我將來要是的那個人的基礎；最後在於沒有任何一個現實的存在物能夠嚴格規定我即將是什麼。然而因為我已是我將來所是的人（否則我不會關心成為這樣還是那樣），所以**我以不是他的方式是**我將是的那個人。我正是通過我的恐懼而被帶向將來，這種恐懼由於把將來變成可能而自我虛無化。以不是的方式是他自己的將來的意識正是我們所謂的焦慮。恰恰，做為動機的恐懼的虛無化的結果是加強了做為**狀態**的恐懼，它的肯定的對立面是別的行為（特別是自己跳進懸崖的行為）顯現為可能的**我的可能**。如果**沒有任何東西**強迫我去自救，就沒有任何東西可阻止我跳下深淵。決定性的行為來源於一個我目前還不是的我。於是，在我還不是的那個我不依賴於我正是的這個我的嚴格意義下，我正是的這個我本身依賴於我還不是的那個我。眩暈則顯現為對這種依賴的把握。我走近懸崖，我的目光在它的深處尋找的正是我。從這一刻出發，我玩弄我的可能。我的眼睛從上到下掃視了深淵，模擬了我可能的跌落並象徵性地實現了它；同時，自殺的行為由於變成了可能的「我的可能」，反過來使採取這種行為的可能動機顯現出來（自殺中止了焦慮）。幸而這些動機只因是些體現某種可能的動機，反過來顯示為是沒有動因的，非決定的：它們不再能**引起**自殺，就像我對跌入懸崖的恐懼不可能**決定**我躲避它那樣。正是這種反焦慮，通過把焦慮變成猶豫不決而在一般意義上使焦慮停止。猶豫不決反過來要求決斷：突然離開懸崖的邊緣重新上路。

上述例子指出了可稱為「面對未來的焦慮」。還有另一種焦慮：面對過去的焦慮。一個賭徒自由地、真誠地下決心不再賭博了，而當他一走近賭桌，立即發現所有的決心都「融化」了，這個賭徒的焦慮就是面對過去的焦慮。人們經常描述這種現象，好像看見賭桌就會在我們心中喚醒一種與我們以前的決心相衝突的意向，並最終使我們不顧決心而捲了進去。除非這樣一種描述使用的是物化的詞句，除非人的心中充滿著敵對力量（最有名的例子是道學家的「理智與情感的鬥爭」），這種描述是不能說明事實的。實際上——杜斯妥也夫斯基的書信即可證明，——我們沒有任何類似內心衝突的東西，就好像在我們下決心之前應該掂量我們的動機和動力一樣。「不再賭博」這以前下的決心總是在那裡，在大部分情況下，面對賭桌時賭徒總是回想起自己下過的決心以求得到救助。因為他不想賭，或不如說，前一天他已經下了決心，他現在仍然認為自己不想再賭了，他相信這個決心是有效的。但是他在焦慮中體驗到的東西恰恰說明過去的決心是完全無效的。也許決心還在，但是僵化了，無效了，由於我有**對**它們**的**意識而**被超越**了。就我通過時間流不斷地實現與我本身的同一而言，這決心還是**我**，但由於它是**為**我的意識而存在的，它又不再是**我**。我逃避了它，它未履行我交給它的使命。在此，我仍然以不是的方式是它。那個賭徒在這一時刻把握到的東西，仍是決定論的永遠破產，是把他同他本身分割開來的虛無：我曾經那樣希望不再賭；甚至昨天我還將處境（破產的威脅、親友的失望）綜合體會為**禁止我**去賭博。我似乎因此在賭博和我之間建立了一個**實在的障礙**，我現在突然意識到，這種綜合體也許只不過是一種觀念的回憶，一種感情的回憶：為了讓這種綜合體會再一次來幫助我，我應該通過虛無（ex nihilo）自由地**重新面對它**；它只不過是我的一種可能，恰好像賭博這一事實是我的另一種可能那樣。**我**應該**重新**

發現給我的家庭帶來痛苦的那種恐懼，我應該把它再現為被體驗著的恐懼，它像一個無骨幽靈在我背後總不離去，我是否把我的肉體給它只取決於我。我像面對誘惑的夜班警衛一樣孤單無助。並且，我在耐心地築起種種障礙和圍牆後，在我把自己圈進決心的神奇圈子裡以後，卻焦慮地發現**沒有任何東西**阻止我去賭博。焦慮**正是我**，因為我僅由於聽任自己做為存在的意識存在著，就使自己**不是**那個**我所是的**下過堅定決心的過去了。

人們也許會反駁說，這種焦慮是以對某種潛在的心理決定論的無知為唯一條件的：我之所以惶惶不安是因為我對在冥冥的潛意識中決定我的行動的實在和有效的動機一無所知。這樣說是徒勞的。我們首先回答說：焦慮並不對我們顯現為人的自由的一個**明證**：自由是做為考問的必要條件給予我們的。我們只想指出存在著一種對自由的特殊意識，並且我們曾指出這種意識就是焦慮。這意謂著我們曾想從焦慮的本質結構上把它確立為對自由的意識。然而，根據這個觀點，一種心理決定論的存在不能使我們描述的結論喪失價值：或者說事實上焦慮就是對這種決定論的無知的無知——那麼它事實上恰恰被理解為自由。或者聲稱焦慮是對我們活動的實在原因的無知的意識。焦慮在這裡來自我們可能預感到的東西，來自我們內心深處的賭桌，可能會引起犯罪行為的極可怕的動機。但是，在這種情況下，我們自己將突然顯現為世界上的物，我們對自己來講就是我們自己的超越的處境。那時，焦慮將消失而讓位於**恐懼**，因為正是恐懼把超越的東西綜合體會為可怕的。

我們在焦慮中發現的這種自由是能以滲入動機和行為之間的這個「烏有」的存在為特徵的。並不**因爲**我是自由的，我的活動才逃避了動機的決定，相反，使動機成為無效的才是我的自由的條件。如果問這個做為自由的基礎的「烏有」是什麼，我們將回答說，不可能描繪，因為它**不存在**，但是至少能提供它的意義，即這個「烏有」通過人在他與自身的關係中的存在而被存在。這裡烏有是做為與**對**動機**的**意識的相互關聯而符合那種使動機顯現為動機的必要性的。總之，當我們一旦放棄了關於意識內容的假說，就應承認在意識**中**從來沒有什麼動機，動機只是**相對**意識而言的。這正是由於動機只能做為顯現而湧現，它把自身確定為無效的。當然，動機並沒有時空事物的外在性，它總是屬於主觀性的，總被理解為**我的**動機，但從根本上說，它是內在性中的超越性，意識正由於設定了它而不歸於它，因為現在正是應該由意識去賦予它意義和重要性。於是，將動機和意識分離開的烏有使自己具有了內在性中的超越性的特徵；正是通過表現為內在性，意識將這個使意識做為超越性而為他自己存在的烏有虛無化了。但是，虛無做為所有超越的否定條件，只能從另外兩種原始的虛無化出發來解釋清楚：（一）意識**不是**他自己的動機，因為他沒有任何內容。這就把我們推到一個反思前的**我思**的虛無化結構中；（二）意識面對他的過去和將來正如面對一個他按不是的方式所是的自我一樣。這又回到一種時間性的虛無化結構。

要解釋清楚這兩種形式的虛無化，現在還不到時候：因為眼下還缺少必要的技術。這裡只需指出下述一點就夠了：若是沒有對自我意識和時間性的描述就無法對否定做明確的解釋。

這裡應該注意的是，通過焦慮表現出來的自由的特徵表現在它是一種對標明自由存在的「我」進行再造的不斷更新的義務。事實上，當我們剛才指出，我的可能是焦慮，是因為只有靠**我**才能支持它們的存在，這並不是說它們來自一個至少能首先被給出、並且在時間之流中從一個意識過渡到另一個意識的「我」。那個賭徒應該對禁止他去賭博的**處境**重新進行綜合理解，同時重新創造能夠體驗這種處境的、「位於處境中」的**我**。這個**我**，及其先驗的和歷史的內容，就是人的**本質**。在自我面前做為自由表現的焦慮則意謂著虛無總是將人和他的本質分隔開。這裡應該重新援引黑格爾的話：「本質，就是已經是的東西。」本質，就是能用「那是」這樣的詞在人的存在中所能指出的一切東西。因此，本質就是那些**解釋**這種活動的諸特性的整體。但是活動總是超出這個本質，它只有超越對它的所有解釋才成為人的活動，這恰恰是因為一切東西之所以在人那裡可用「那是」的公式指明，正由於它「**已經是**」。人用這個公式不斷地奪走了對本質的判斷前的理解，但是他也因此通過虛無而與本質相分離。本質，是人的實在在自身中做為**已經是**的東西來把握的一切。正是在這裡焦慮顯現為對自我的把握，因為自我以不斷從存在的東西中脫離的方式存在；更確切地說，因為自我使自己如此存在。因為我們永遠不可能把「體驗」當作這種是我們的**本質**的生動結果。我們意識的流動逐漸建立了這種本質，然而它總是停留在我們背後，做為對往昔的理解的永久對象糾纏著我們。正因為這種本質是一種要求而不是依靠，它才被看作是焦慮的。

在焦慮中，自由面對它本身而感到焦慮，因為烏有絕不激起也不阻礙自由。另外有人會說，自由剛才被定義為人的存在的永恆結構：如果焦慮表現了自由，它就應是我的情感的永恆狀態。然而相反，它是非常罕見的。如何解釋焦慮現象的稀有呢？

首先應該指出，我們在生活中最經常遇到的處境，即我們在能動地實現我們的可能時，並通過這種實現把這些可能當作可能的那些處境，這些處境並不通過焦慮展現在我們面前，因為它們的結構本身是與焦慮的體會不相容的。焦慮事實上是對做為**我的**可能性的那種可能性的確認，就是說，它是在意識發現自己被虛無與其本質相割離、或被其自由本身與將來相分離時形成的。這意謂著，一個虛無化的「烏有」使我毫無辯解的理由，同時，我所謀劃的做為我將來存在的東西總被虛無化並且還原於一系列單純的可能性，因為我所是的那個將來總是我不可企及的。但是應當指出，在這些不同的情況下，我們是在與一種時間形式打交道，我根據這種時間形式在未來等待著自己，我「在未來的某月、某日或某時與自己約會」。焦慮是擔心在這種未來的約會時刻找不到我自己，擔心自己甚至沒有希望去赴約了。但我還是能夠發現自己介入了在實現我的可能性的同時向我揭示了這些可能性的那些活動。我在點燃這支菸的時候，我得知了我的具體可能性，如果願意的話，也可以說是得知了我抽菸的欲望；正是通過給我帶來這張紙和這支筆的活動本身，我自己把致力於這部著作的寫作活動認定為我的最直接的可能性：我介入這個活動，並且在我已投身其中的時刻發現了這種可能性。當然在這時，這種可能性仍然是我的可能性，因為我每時每刻都可能撇開我手頭的工作，推開本子，套上鋼筆套。但是打斷寫作活動的這種可能性被置於次要地位上，因為這種通過我的活動而顯露的活動總要凝聚成超越的和相對獨立的形式。人在活動中的意識是非反思的意識。它是對某物的意識，而對它顯露的超越物具有一種特殊的本性：正是一種**要求**世界**的結構**在其中相應地顯露了複雜的工具性關係。在我寫字母的活動中，這整個尚未寫完的句子表現為一種被寫出來的被動要求。完整的句子正是我用這些字母所構成的定義，它的要求是毋庸置疑的，因為正是我不能在書寫這些詞的同時不超越它們走向完整的句子，我發現它是表達書寫的那些詞的意義的必要條件。與此同時，在整個活動的範圍內，一種工具指示性的複合體出現並組織起來（即由筆—墨水—紙—行文—空白等構成的複合體）。這種複合體對它本身來說是不能被把握的，但它在超越性之中湧現出來，這種超越性把我要寫的句子顯示為一種被動的要求。於是，我幾乎介入全部日常活動，我在其中冒險，並在這些活動時，把它們實現為要求，實現為刻不容緩的事情和工具性，發現我的這些可能。也許在所有這一類活動中，仍然有對這個活動提出疑問的可能性，因為它追溯到更加遙遠，更加基本的目的，猶如追溯到它的最終意義和我的本質可能性一樣。例如，我所寫的句子正是我所寫的那些字母的意義，而我要完成的這整部著作則是這個句子的意義。這部著作是我能對之感到焦慮的一種可能性：它真正是**我的**可能，我不知道明天是否仍使這種可能繼續下去；明天，我的自由能對我的可能實行其虛無化的權力。只是，這焦慮意謂著對這做為**我的**可能性的著作本身的把握：我應該直接面對它，實現我與它的關係。這意謂著我不應僅僅向它的主體提出「有必要寫這部著作嗎？」這類的客觀問題，因為這些問題簡單地把我推到更廣泛的客觀意義上去，諸如：「在這一**時刻**寫是適當的嗎？」「又寫一本這樣的書不是多餘的嗎？」「它的內容能引起興趣嗎？」「它是否經過足夠的思考？」等等，所有這些意義仍然都是超越的，都表現為世界的眾多需要。要使我的自由為我寫的這本書感到焦慮，這本書應該在它與我的關係中顯現出來，即我一方面應該發現我的本質是我**已經是的東西**（我已經「打算寫這本書」，我已經構思過它，我已經相信寫這本書是有意義的，我已經用這樣的方法來確定自己：如果不認識到這本**書已經成爲**我的本質可能，人們就不再能**理解我**）；另一方面，我應該揭示把我的自由和這種本質（**我已經**打算「寫這本書」，但是**沒有任何東西**，甚至沒有我曾是的什麼東西，能夠強迫我去寫它）分割開來的虛無；應該揭示把我同我將來所要是的東西（我發現放棄寫這本書的永久可能性是寫作這本書的可能性的真正條件，而且是我的自由的真正含義）分割開的虛無。我應該在這部做為我的可能的書的構成過程中把握我的自由，因為我的自由無論現在或將來，都是我現在所是的那些東西的可能的破壞者。這就是說我應該處在反思的水平上。只要我仍然在活動的水平上，我所要寫的這本書就只是將我的可能揭示給我的那個活動所具有的遙遠和預先假定的意義：這本書只是這種活動所隱含的東西，它並不被主題化也不被自為地提出，它並沒有「引起問題」，它既不被設想為必然的，也不被設想為偶然的，它只是一種永久的、遙遠的意義，從這意義出發，我能夠理解我現在所寫的東西，因此，它被設想為存在，即，只有把這本書看成是我的句子賴以出現並存在的**存在基質**，我才能給我的句子某種確定的意義。然而，我每時每刻都被投入到這個世界之中並被干預。這意謂著我們在設定我們的可能之前就行動了，而且意謂著那些顯然已實現或正實現的可能所涉及的那些為被置於問題中的某些特殊活動所必需的意義。早晨響鈴的鬧鐘涉及到我要去上班的可能性，這是**我的可能性**。但是把鬧鐘的呼喚當作呼喚來把握，那就是起床。因此起床這活動本身令人安心，因為它迴避了「上班是**我的**可能性嗎？」這個問題。因此它並未使我能把握那種清淨無為、拒絕工作的可能，最終也未使我把握那種拒絕這個世界的可能和死亡的可能。總之，就把握鈴聲的意義而言，在鈴聲的呼喚中，我已經起來了；這樣一種把握，確保我與那種令人焦慮的直覺相抗衡，這種直覺就是：授與鬧鐘以呼喚使命的不是別人，而是我，而且只是我。同理，我們稱作日常道德的東西是排除倫理性焦慮的。當我在那種與原始價值的關係中考察自己時就會有倫理的焦慮。價值事實上是一些需要有個基礎的要求。但是這個基礎在任何情況下也不可能是**存在**，因為如果每一種價值都將其理想的本性建築在其存在的基礎上，就會因此而不成其為價值，就會實現我的意志的規律。價值是從其要求中獲得其存在的，而不是從其存在中獲得其要求的。因此它不把自己交付給一種凝思的直覺，後者認為它**是**價值，並甚至因此剝奪它對我的自由的權利。相反，它只能向著一種能動的自由而被揭示，這自由只是通過承認價值是價值而使它做為價值來存在。因此，我的自由是各種價值的唯一基礎，**沒有任何東西**，絕對沒有任何東西能證明我應接受這種或那種價值，接受這種或那種特殊標準的價值。我做為諸價值賴以存在的存在，是無可辯解的。我的自由之感到焦慮是因為它成為諸價值的基礎而自己卻沒有基礎。它之感到焦慮還因為，諸價值由於本質上是對一種自由揭示出來的，它們不可能在被揭示出來的同時不「處在問題中」，因為推翻價值標準的可能性補充地顯現為**我的**可能性。面對價值的焦慮正是承認價值的理想性。

但是通常，我對價值的態度是完全令人放心的。因為事實上，我介入了價值世界。對那些依賴我的自由而存在的價值的那種焦慮的統覺是一種後天的和間接的現象。直接的東西就是這個具有緊迫性的世界，在我介入的這個世界中，我的活動就像驅使山鶉出巢那樣促使價值顯露出來。我的義憤使我得到了反面價值「卑下」，我的欣悅使我得到了正面價值「高尚」。尤其是，我對大量實在的戒律的順從表明我認為這些戒律是事實上存在著的。那些自稱「可敬的公民」的市民們並不是因為思考了道德價值之後才成為可尊敬的，而是他們一從這個世界中湧現出來就被拋進其意義為可尊敬的那種行為規範之中了。於是，可尊敬性獲得了一種存在，我們現在還不討論可尊敬性的問題；價值就像禁止踐踏草坪的告示之類一樣化為成千上萬實在的細小的要求，布滿了我面前的道路。

因而，在我們所謂對我們的未被反思的意識呈現的直接性的世界裡，我們並非**首先**顯現出來**繼而**又被拋進諸多舉動之中。而是我們的存在直接「在處境中」，即它在這些舉動中**湧現**，並且首先認識了自己，因為它反映在這些舉動中。我們於是在一個充滿要求的世界中，在一個「實現過程」的謀劃內部發現了自己：我寫作，我打算抽菸，我今晚同皮埃爾有約會，我不該忘記給西蒙回信，我無權再對克洛德隱瞞真情。所有這些對實在物的不足道的被動期望，所有這些平凡的日常價值，其實都是從做為我在世界中對自己的選擇的第一次謀劃中獲得意義的。但是確切地說，我這趨向於一個原始可能性的謀劃雖然使各種價值、要求、期待以及一個一般意義上的世界得以存在，但是對於我，它只是顯現為我的舉動的意義和抽象的、邏輯的含義而超乎這個世界之外。至於其他，還具體有鬧鐘、告示、稅單、警察等如此多的防範焦慮的東西。然而這種舉動一旦離開了我，一旦因為我應該在將來等待自己而被歸結於我自己，我就忽然發現自己是那個賦予鬧鐘意義的人，是那個從看到告示牌而禁止自己踐踏花壇或草坪的人，是那個火速執行上級命令的人，是那個決定他的著作的意義的人，是那個為了通過價值的要求而規定自己行動的，最終使各種價值得以存在的人。我孤獨地出現，並且是面對唯一的和構成我的存在的最初謀劃而焦慮地出現，所有的障礙，所有的柵欄都崩潰了，都因意識到我的自由而虛無化了、我沒有也不可能求助於任何價值來對抗這樣一個事實，即是我支持了諸價值的存在。沒有什麼東西支持我來對抗我自己，在我所**是**的這個虛無把世界和我的本質割裂開來之後，我不得不實現世界的和我的本質的意義，我單獨地做出決定，無可辯解，也毫無託辭。

因此焦慮是自由本身對自由的反思的把握，從這個意義上講，它是間接的，因為，儘管他是對它本身的直接意識，它還是從對世界召喚的否定中湧現出來，我只要一擺脫原來介入的那個世界，它就顯現出來以便把我自己理解為一種意識，這種意識對焦慮的本質擁有本體論的領悟並對它的諸多可能擁有前判斷的體驗。它是與嚴肅精神（l'esprit de sérieux）相對立的，這種嚴肅的精神從世界出發來把握價值並且處於使令人心安的、物化的價值實體化過程中。在這種嚴肅精神中，我從對象出發確定自我，我**先驗地**把所有眼下未介入的不可能的事業擱在一邊，把我的自由賦予世界的意義理解為是來自世界且構成我的義務與我的存在的。在焦慮中，我既覺得自己是完全自由的，又覺得不能不使世界的意義通過我而到達世界。

然而，不應認為，只要在反思的水平上，只要考察了遠近的各種可能，就足以在**純粹**的焦慮中自我把握了。在每一反思中，焦慮都做為一種反思意識的結構出現，只要後者把意識做為反思的對象。但我仍可堅持採取針對我的焦慮的各種行為，尤其是逃避的行為。事實上，一切事物的發生都似乎說明我們針對焦慮的基本和直接的行為就是逃避。心理決定論在成為一個理論概念以前首先是一種辯解行為，或者，可以說是所有辯解行為的基礎。它是針對焦慮的一種反思行為，它斷言我們身上有著相對抗的力量，這些力量的存在類型是與物的存在類型相似的，它試圖填滿包圍著我們的虛空，重新建立過去和現在、現在和將來之間的聯繫，它賦予我們以產生活動的**本性**，並使這些活動本身成為超越的，它賦予這些活動一種惰性和外在性，這些性質把與其本身不同的基礎給予這些活動，並且完全令人心安，因為這些活動不斷起著**辯解**的作用。心理決定論否認那種使人的實在超乎自己的本質而在焦慮中浮現的人的實在的超越性；同時，它通過把我們還原為**只不過是其所是**而把自在存在的絕對肯定性送回我們之中，並以此使我們回到存在內部。

但是這種做為對焦慮的反思防禦的決定論不是做為一種反思的**直觀**提出來的。它完全無能反對自由的**自明性**，因此它是做為對庇護者的篤信，做為我們能朝著它逃避焦慮的理想終點提出的。這一點在哲學領域中通過心理決定論者拒絕將其論點建立在純粹內省的材料上體現出來的。他們把決定論看作是一種令人滿意的假設，認為它的價值體現在它解釋了那些事實——或者把它看作是建立所有心理學所必需的公設。心理決定論者承認對自由的直接意識的存在，他們的反對者就是在「內感直觀的證明」的名義下反對他們的。他們只是將爭論集中在內在啟示的**價值**問題上。因而，沒有任何人討論過我們把自己理解為我們的狀態和活動的最初原因的那個直觀。無論如何，我們每個人都能夠通過超出焦慮，通過把焦慮**判定**為一種幻覺使焦慮成為間接的，這種幻覺出於我們不知道我們是我們活動的實在原因。隨之而來的問題是對這種間接物的相信程度。被判定的焦慮是一種被消除的焦慮嗎？顯然不是；然而，一種新的現象在這裡出現了，那就是對於焦慮的一種排解過程，這種焦慮，再重複一遍，就是指假設自身中有一種虛無化能力。

決定論僅僅依靠自己不足以建立這種排解，因為它只是一種公設或假說。這種逃避的進程是一種更具體的，而且是在反思中發生的逃避的努力。就與**我的**可能相對立的那些可能而言，它首先是一種排解的企圖。當我認定自己領悟到有一種可能是我的可能時，我應該承認它在我的謀劃的終點處存在，並且把它理解為就是我自己，它在將來那裡等著我，並用虛無與我隔開。在這個意義下，我把自己看作是我的可能的原始起源，人們通常就把這稱之為對自由的意識，自由意志的信徒們在談及內在體驗的直觀時指的正是，而且僅僅是意識的這種結構。但有時我又同時力求排解那種與**我的**可能相反的其他可能的建立。真正說來，我無法避免通過將那些被選擇的可能做為我的可能的運動來假定這些其他的可能的存在，我禁不住要把它們當成是**活生生**的可能，即當成是**有可能成為我的可能的**。但是，我盡力把它們看作是具有一種超越的、純粹邏輯的存在的東西，總之，看作是一些事物。如果我在反思的水平上把寫這本書的可能性看作**我的**可能性，那我就在這種可能性和我的意識之間使一種存在的虛無湧現出來，這存在的虛無使可能性成為可能性，而我恰好在不寫這本書的可能性是**我的**可能性這樣一種永恆可能性中把握了這種存在的虛無。但是我企圖像對待一種可觀察對象那樣來對待不寫作該書的這種可能性，使自己處於它的對立面，而且深信我在其中想要看到的東西：我試圖將這種不寫作的可能性做為僅因備忘而需提醒的東西，而不是做為與我相關的東西。相對我而言，它應該是外在的可能性，正如相對於不動的彈子而言的運動一樣。如果我能成功地做到這一點，與我的可能相對抗的那些可能就成為邏輯的實體，就會失去它們的效力；它們不再是可怕的，因為它們是在外面的，因為它們做為一些純粹**可以設想**的或然性，即從根本上說，可被另一個人設想的或然性，或做為可以**在同樣情況下發現自己的一個別人的可能**

包圍著我的可能。這些可能做為一種超越的結構是屬於客觀處境的：或者，如果願意使用海德格的專門用語，還可以說：我將寫這本書，但是有人也能不去寫它。於是，我不承認它們是**我本身**，也不承認它們是我的可能的可能性的直接條件。它們正好保持了足夠的存在以便為我的可能保留其無價值性和自由存在的自由的可能性，但是，它們可怕的特性將被消除：它們與我**無關**，被選定的可能由於這種選擇而顯現為我唯一的具體可能，隨後，把我同這可能分開並實際上賦予它以可能性的虛無被填滿了。

但是，面對焦慮的逃避不只是面對將來排解的努力：它還企圖消除過去的威脅。在這裡，我企圖逃避的，就是我的超越性本身，因為它支持並超越了我的本質。我斷言我以自在的存在的方式是我的本質。不過，同時，我拒絕把這種本質看作歷史地構成的東西，而且拒絕把它看作是像圓包含它的屬性一樣包含我的活動的。我認為或至少試圖認為它是我的可能的最初開端，我一點也不承認它本身有一個開端；那時我肯定，當一個活動準確地反映我的本質時，它是自由的。但是，此外，這種自由如果是面對著「自我」的自由，它就會使我不安，我就會試圖把它送回到我的本質中去，就是說，送回到我的「自我」中去。關鍵在於把這個「自我」看作能居於我之中的小上帝，這個上帝能像占有形而上學的德性那樣占有我的自由。不再是我的存在能做為存在是自由的，而是我的「自我」在我的意識內部是自由的。這是個使人完全寧靜的虛構，因為自由已深入到不透明的存在內部：正是就我的本質不是半透明的而言，就它在內心中是超越的而言，自由才成為本質的屬性之一。總之，關鍵在於把我在我的「自我」中的自由當作**他人**的[17]自由。人們看到了這種虛構的基本主題：我的「自我」做為一個業已構成的人格，是自己活動的起源，就像他人是他人活動的起源一樣。當然，他活著並自我變化著，人們甚至設想他的任何一個活動都能有助於他的變化。但是這些和諧而連續的變化是按生物學的那種類型被設想的。它們類似於我與我的朋友皮埃爾久別重逢時所看到的他身上的那種變化。柏格森在設想他的深層自我理論時，明確地要滿足的正是這些使人心安的要求，這種深層的自我綿延著並自己生長，它總是與我對他的意識同時存在，並且不可能被意識所超越，它在我們的活動一開始時就不是一種激變能力，而是像父親繁衍孩子那樣，以致不是做為一個嚴格的結果從本質中產生的，甚至是不可預見的，活動與意識保持著一種寧靜的關係，一種家族的相似：活動比意識走得更遠，但是卻走在同一道路上，可以肯定，它保持著某種確定的不可還原性，但是我們在活動中認識自己，熟悉自己，就像一位父親在繼承他的事業的兒子身上能認出自己和熟悉自己一樣。於是，由於我們在自身中把握的在「自我」這樣一個心理對象中自由的噴發，柏格森幫助我們掩蓋起我們的焦慮，但是這卻損害了意識本身。他這樣確立並描述的並不是我們的自由，因為我們的自由是對自身顯現的，**這是他人的自由**。

那麼，我們藉以試圖逃避焦慮的整個過程就是如此：我們通過逃避考察我們使其成為一個與他人的可能不相干的那些別的可能來把握我們的可能：我們不願意把這種可能看作是由一種純粹虛無化的自由支持其存在的，而是試圖把它看作是由一個已經確立的對象引起的，這個對象就是我們的「自我」，他被看作並描述為彷彿是另一個人。我們很願意從原始的直觀那裡保留它提供給我們的那些做為我們的獨立性與責任的東西，但是對我們來說，關鍵在於使在直觀中做為原始虛無化的一切變弱一些；此外，如果這個自由使我們不悅或者我們需要辯解的話，我們總是準備退避於決定論的信仰中去。於是，我們通過**從外面**把自己認作**他人**或一**個事物**來逃避焦慮。習慣上稱作內在體驗的啟示或者對我們的自由的原始直觀的那些東西是沒有任何起源的：這是一個已形成的，特意要向我們掩蓋焦慮的過程，這是我們的自由的真實的「直接材料」。

能夠通過這些不同的結構抑制或掩飾焦慮嗎？當然，我們不可能消除焦慮，因為我們就是焦慮。至於掩蓋它，除了意識的本性本身及它的半透明性不允許我們用文字表達之外，應該注意它所指的那種特殊類型的行為：我們能掩蓋一個外部對象，因為它是獨立於我們而存在的；由於同樣的理由，我們能轉移對它們的視線和關注，就是說，僅僅注視另外某個對象；從這時起，任何一個實在——我的實在和對象的實在——重新獲得了自己的生命，而連接意識和物的偶然關係消逝了，它並沒有因此而改變任何一種存在。但是如果我**是**我想掩蓋的東西，問題就完全是另一種樣子：只有在我恰好是了解我所不願看見的那個方面時，我才能在事實上希望「不看見」我的存在的某個方面。這意謂著我要想脫離它就必須在我的存在中指出它，或者不如說，要想不去想它，就必須經常想它。因此，應該懂得，我不僅必須永遠將我想逃避的東西攜帶在「我」身上，而且同樣，為了逃避我害怕的對象，我應該追隨它。這意謂著：焦慮、焦慮的意向目標，以及從焦慮向著寧靜的假話的逃避應該在同一個意識的統一中被給定。總之，我的逃避是為了不知，但是我不能不知道我正在逃避，而且對焦慮的逃避只是獲得焦慮的意識的一種方式。於是，嚴格說來，焦慮既不可能被掩蓋，也不可能被消除。然而，逃避焦慮和是焦慮，完全不可能是同一回事：如果我為了逃避焦慮而成為我的焦慮，那就假設了我能就我所是的東西而言使我自己的中心偏移，我能在「不是焦慮」的形式下是焦慮，我能有在焦慮內部虛無化的能力。這種虛無化的能力在我逃避焦慮時使焦慮虛無化，在我為了逃避焦慮而成為焦慮時，這種能力本身化為烏有。這正是所謂「自欺」（mauvaise foi）[18]。因此問題不在於從意識中驅逐焦慮，也不在於把意識確立為潛意識的心理現象：而僅僅在於我能在感知到我所是的焦慮時，使自己成為自欺的，而且這注定要填滿我在與我本身的關係中所是的虛無的自欺，它恰恰包含著它所取消的那個虛無。

至此，我們已經對虛無做了最初的描述。對否定的考察不可能把我們引得更遠了。它為我們揭示了一種特殊類型的行為的存在：面對非存在的行為，這種行為假設了一種應該單獨研究的特殊超越性。因此我們面前有兩種人類的出神（ek-stase）：即把我們拋進自在的存在的出神和使我們介入非存在的出神。我們最初的、僅僅涉及人與存在的關係的難題似乎因此而變得異常複雜了；但是，若把我們對於向非存在的超越的分析進行到底，那麼，要獲得一些理解一切超越性的寶貴材料也不是不可能的。此外，如果人的行為是面對自在的存在的——我們的哲學考問就是這樣一種行為——虛無的難題就不能被排除在我們的考察之外，因為它不**是**這種存在。因此，我們又一次發現非存在是向存在超越的條件。應該緊抓住虛無的問題不放，直到完全把它弄清為止。

不過，對考問和否定的考察已完全盡其所能了。這種考察使我們認識了一種經驗的自由，這種自由是在時間性內部人的虛無化，是對否定性超越地理解的必要條件。這種經驗的自由的基礎有待於奠定。它不可能既是最初的虛無化又是一切虛無化的基礎。它事實上有助於構成制約所有否定的超越性的內在性中的諸超越性。但是經驗自由的超越性被內在地構成為超越性，這一事實本身向我們表明，關鍵在於那些假定有原始虛無的存在的次級虛無化：這些虛無化只是我們從所謂「否定性」的超越性向著那種是其自身虛無的存在來進行回溯性分析的一個階段。顯然應該在虛無化中找到一切否定的基礎，這種虛無化是在**內在性之中**進行的。我們必須在絕對的內在性中，在即時的**我思**純粹主觀性中發現人賴以成為其自身虛無的那種原始活動。為了使人在意識中，並從意識出發，來做為其自己的虛無的存在，做為虛無由之來到世界上的存在而在這個世界上湧現，意識在他的存在中應該是什麼呢？

我們現在似乎缺少解決這個新問題的手段：否定直接保證的只是自由。應該在自由本身中找到能促使我們對問題更深入研究的行為。然而，我們已經遇到的是這樣一種行為，它將把我們引至內在性的入口處，並保持充分的客觀性使我們能客觀地提出它的可能性的條件。我們剛才不是指出，在自欺中，我們是在同一種意識的統一中「為逃避焦慮而成為焦慮」嗎？如果自欺應該是可能的，那麼我們就應該能在同一個意識中遇到存在與非存在的統一，即為了不存在而存在（**l'être-pour-n'être-pas**）。因此，自欺將要成為下一步考問的對象。人為了能夠提問，就應該能是他自己的虛無，這就是說：只有當他的存在從虛無，通過他本身而躍過為他本身時，他才能在存在中的非存在的起源處。於是，過去的和將來的超越性在人的實在的時間存在中顯現出來。但是自欺是即刻的。如果人應能是自欺的，那麼在反思前的我思的即刻之中，意識應該是什麼呢？

注釋

1 黑格爾《小邏輯》導言第二十四節。——原注

2 原文如此，引號只有前半闕。——譯注

3 拉波爾特，《抽象的問題》第二十五頁（大學出版物，一九四〇年版）。——原注

4 黑格爾，《邏輯學綱要》（1808-1811），做為在紐倫堡中學授課的基礎。——原注

5 參見《小邏輯》第八十七節。——譯注

6 黑格爾 P. C. -E988。——原注

7 黑格爾《大邏輯》第一章。——原注

8 參見《小邏輯》第八十七節。——原注

9 更奇怪的是，他是第一個指出了「一切否定都是被規定的否定」的，即依賴一個內容的。——原注

10 海德格：《什麼是形而上學？》（考爾邦譯，N. R. F. 叢書，一九三八年版）。——原注

11 黑格爾稱為「直接相異性」的東西。——原注

12 見第四卷第一章。——原注

13 《想像》，阿爾岡出版社，一九三六年版。——原注

14 參見導言第三部分。——原注

15 讓．華爾：《齊克果研究：齊克果與海德格》。——原注

16 本書第二卷還要談及可能性的問題。——原注

17 參見第三卷第一章。——原注

18 **mauvaise foi** 一詞姑且譯為「自欺」。參見下一章的內容。這個詞組直譯為「壞的相信」。「自欺」是意譯。這是一種特殊的心理狀態，希望不要理解為「自我欺騙」。——譯注

第二章　自欺

一、自欺和說謊

人的存在不僅僅是否定由之在世界上表現出來的存在，也是能針對自我採取否定態度的存在。我們在導言中曾這樣給意識下定義的：「它是一個存在，對它來說，它在它的存在中是與它的存在有關的，因為這存在包含一個異於它的存在。」但是，在解釋清楚了考問行為之後，現在我們看到，這個定義也可以這樣表述：「意識是一個存在，對它來說，它在它的存在中是對它的存在的虛無的意識。」例如，在辯解或否決中，人的存在否認將來的超越性。但是這個否定不是觀察到的。我的意識不限於面對一個否定性。它在其肉體中自我構成為一種可能性的虛無化，這種可能性的虛無化是另一個人的實在把它當作自己的可能性投射出來的。因此意識應該做為一個「不」字在世界中湧現出來，正如奴隸首先把主人領悟為一個「不」字，或試圖越獄的囚犯把監視他的哨兵領悟為一個「不」字。甚至還有些人（看守、監察人、獄卒等），他們的社會實在只是「不」的實在，他們在世上從生到死都只不過意謂著一個「不」字。另一些人為了把「不」帶進他們的主觀性本身之中，他們做為人類一員，仍然把自己構成為永恆的否定：舍勒稱之為「怨恨的人」的意義和職能，正是這個「不」字。但是有一些更微妙的行為，對它們的描述將使我們更深入地理解意識的意義：諷刺就是這樣的行為。在諷刺時，人在同一行為的統一中消除他提出的東西，他提供要人相信的東西為的是不被人相信，他的肯定是為了否定而他的否定則是為了肯定，他確立了一個肯定的對象但是這對象只不過是它的虛無。於是，自我否定的態度使我們能夠提出這樣一個新問題：人在他的存在中應該是什麼，才能使自我否定成為可能？但是問題是不可能在其普遍性中採取「自我否定」的態度。能安排在這個名目下的行為是太多樣了，以致我們有可能只抓住了它的抽象形式。應該選擇並考察一種被規定的態度，這種態度本質上是屬於人的實在的，而同時又像意識一樣不是把它的否定引向外部，而是把它轉向自身。這態度在我們看來就應該是**自欺**。

人們經常把它與謊言相比。人們把一個人表現出來的自欺與他對自己說謊混為一談，在直接區別對自己說謊和僅僅是說謊的條件下，我們將樂於承認自欺就是對自己說謊。說謊是一種否定的態度，人們會同意這種說法。但是這種否定不是關於意識本身的，它針對的只是超越的東西。事實上，說謊的本質在於：說謊者完全了解他所掩蓋的真情。人們不會拿他們不了解的事情來說謊，當人們散布自己也受其騙的謬見時，他們沒有說謊，當人們被欺騙時，他們沒有說謊。因此，說謊者的典型是一種犬儒主義的意識，他在自身中肯定真情，而在說話時又否認它，並且為了自己否認這個否定。然而，這雙重的否定態度是針對超越的東西的：被陳述的事情既然是不存在的，那它就是超越的，第一個否定是針對於一個**眞情**的，就是說針對於一個特殊類型的超越。至於我為自己而對於真情所做的內心的否定，則是針對言**語**的，即針對世界的事件的。而且，說謊者的內心安排是肯定的：這安排將能成為肯定判斷的對象：說謊者有欺騙的意向，他既不企圖隱瞞這個意向也不企圖掩飾意識的半透明性；相反，在涉及決定下一步的行為時，他正是參照這個意向，這個意向對所有的態度明確地實行調節控制。至於要說真情（「我不想欺騙您，我發誓這是真的」，等等）這被宣布出來的意向，也許是一個內心否定的對象，但是說謊者同樣不承認它是他的意向。這意向被表演、模仿出來，這是說謊者在他的對話者眼中所扮演的角色的意向，但是這個角色，顯然因為他**不存在**，而是一個超越的東西。於是說謊不牽涉現時意識的內在結構，構成說謊的所有否定都是針對那些根據這個事實從意識中產生出來的對象的。說謊不需要特殊的本體論基礎，而一般的否定存在所要求的那些解釋在欺騙的情況下總是有效的。也許我們已給典型的說謊下了定義；也許說謊者相當經常地會或多或少成為他的謊言的犧牲品，他對它半信半疑；但是說謊的那些通常的和普遍的形式同樣是一些蛻化了的狀態，它們代表一些說謊和自欺之間的中介物。說謊是一個超越性的行為。

但是說謊就是海德格所謂「共在」（mit-sein）的正常現象。它設定我的實存，**別人**的實存，我的**爲**他的實存和別人的**爲**我的實存。於是，設想說謊者應該完全清醒地謀劃謊言，以及他應該對謊言和被他篡改了的真情有完全的理解，應該是沒有任何困難的。這只要一種不透明性從原則上向別人掩蓋他的意圖就夠了，只需他人能夠把謊言看作真情就夠了。通過說謊，意識肯定了意識的存在從根本上講是**對他人隱藏著**的；它為自己的利益而運用了我和他人之我這本體論的二元性。

如果自欺像我們說過的那樣，就是對自己說謊，那麼說謊對自欺而言情況就不可能是相同的了。當然，對實行自欺的人而言，關鍵恰恰在於掩蓋一個令人不快的真情或把令人愉快的錯誤表述為真情。因此自欺外表看來有說謊的結構。不過，根本不同的是，在自欺中，我正是對我自己掩蓋真情。於是這裡不存在欺騙者和被欺騙者的二元性。相反自欺本質上包含一**個**意識**的**單一性。這並不意謂著自欺不能被「共在」制約，就像人的實在的一切現象那樣，但是「共在」只能在被表現為一個自欺允許超越的**處境**時才能夠誘發自欺；自欺不是從外面進入人的實在的。人們不承受自己的自欺，人們不受它的感染，它不是一個**狀態**。但是意識本身對自欺感到不安。需要有一個自欺的原始意向和謀劃；這謀劃意謂著如前那樣理解自欺並且意謂著（對）意識（的）反思前的把握就是在進行自欺。因此，首先是被欺騙的和欺騙的是同一個人，這意謂著做為欺騙者，我應該知道在我被欺騙時對我掩蓋著的真情。更確切地說，我應該很清楚地知道這真情**以便**我更加仔細地把這真情隱瞞起來——這二者並不是發生在時間性的兩個不同瞬間——這從嚴格意義上講是允許恢復二元性外表的——然而是在同一個謀劃的統一結構中。那麼如果制約著說謊的二元性被取消了，說謊如何能繼續存在呢？在這個難題中又加進了一個從意識的整個半透明性中派生出來的另一個困難。既然意識的存在就是對存在的意識，體驗到自欺的人就應該有（對）自欺（的）意識，因此，似乎至少在我意識到我的自欺這點上，我應該是真誠的（bonne foi）。但是那時整個這種心理體系都消失了。事實上，人們會承認，如果我毫不猶豫地，犬儒主義式地試圖欺騙我自己，我的這個活動會完全失敗，說謊在注視之下就後退並潰敗了；欺騙我的意識在做為其條件的我的謀劃的內部被無情地確立起來，這就**從後面**破壞了說謊。那裡有一個**逐漸消失的**現象，它只在它自己的區別中並通過這區別而存在。當然，這些現象是常見的，我們將看到事實上有一種自欺的「漸趨消失」，顯然，自欺永遠搖擺於真誠和犬儒主義之間。儘管如此，如果自欺的實存（existence）是非常不可靠的，如果自欺屬於人們能夠稱之為「可以轉移的」那類心理結構，它就仍然表現為一種自治的、持久的形式；它對很大一部分人來說就甚至能夠是生活的正常面貌。人們能在自欺中**生活**，這不是說人們就不會有突然被犬儒主義或真誠喚醒的可能，而是說這意謂著一種穩定而特殊的生活風格。既然我們既不能否認也不能承認自欺，我們似乎走到了極端窘迫的地步。

為了逃避這些困難，人們很自然地求助於潛意識。例如在精神分析法的解釋中，人們運用潛意識壓抑力的假說，這潛意識壓抑力被設想為一條像驗證護照，檢查外匯等的海關分界線一樣的東西，以便恢復欺騙者和被欺騙者的二元性。本能——或可以說，被我們個體的歷史構成的原始的意向和意向的情結——在這裡代表**實在**。本能既不是**眞**的也不是**假**的，因為它不是**自爲地**存在的。它簡單地**存在**，正如這桌子既不**自在地**是真的或假的，而只是**實在**的一樣。至於本能的意識象徵化，我們不應該把它們看作表象而應看作實在的心理事實。恐怖症、口誤、夢幻都是做為具體的意識事實而真實地存在的，同理類推，說謊者的言語和態度是具體的真實存在著的行為。主體僅僅面對這些現象，正如被欺騙者面對欺騙者的行為一樣。主體在這些行為的實在中看見這些現象，並且應該解釋它們。存在著欺騙者的行為的真情：如果被騙者能把這些行為同欺騙者所處的處境及他說謊的謀劃聯繫起來，這些行為做為說謊行為成為這真情的組成部分。與此同時，還有一種象徵性活動的真情：當精神分析者把這種活動同病人的歷史環境、他們表現出來的潛意識情結、對潛意識壓抑力的阻擋聯繫起來時，他發現的正是這種真情。於是，主體弄錯了他的行為意義，他在這些行為的具體存在而不是在它們的「真情」中把握它們，這是由於沒能從一個原始處境和對他總是陌生的心理結構中派生出這些行為。因為，事實上，通過「這個」（ça）和「我」（moi）的原則區別，佛洛伊德才把心理分成了兩大塊。我**是**我，但是我不是**這個**（ça）。我對我的無意識的心理而言沒有絲毫的特權地位。我**是**我自己的諸心理現象，因為我在它們的意識實在中看到了它們：例如，我就是在這個商攤上偷這本或那本書的那種癖好，我與這癖好結為一體，我說明了這癖好並且根據它來自我規定。但是我不**是**這些心理行為，因為我是被動地接受它們的，我是被迫做出關於它們的起源和它們的真正意義的假說的，正如學者對外界現象的本性和本質做出的猜測一樣：例如，我把偷盜解釋為由於稀有、利益、或我要偷的書的價值所決定的一種直接刺激，偷盜**眞正說來**是一個來源於或多或少直接與伊底帕斯情結有聯繫的自我懲戒的過程。因此有一個刺激偷盜的真理，它只能通過多少有點兒或然性的假說被達到。這種真理的標準解釋的正是有意識的心理行為的範圍；按更實用主義的觀點，這標準能獲得的也正是精神病治療的成功。最後，精神分析者的幫助對這真理的發現是必不可少的，他做為我的潛意識意向和我的意識生活的**中介**顯現出來。**他人**做為唯一能實行無意識的正題和有意識的反題間的綜合的人顯現出來。我只能藉助他人為媒介而認識我自己，這就是說我就**我的「這個」**（ça）而言是處在**他人**的地位上的。如果我有某種精神分析法的概念，在特別有利的情況下，我就能試著對我自己進行精神分析。但這樣的嘗試只有在我各類直觀表示懷疑、在我**從外面**把一些抽象模式和所學到的規則應用於我的情況時才有可能獲得成功。至於那些成果，無論是依靠我個人的努力還是由於有技術人員幫助而獲得的，它們都絕不會有直覺給予的那種可靠性；它們僅擁有科學假說的總是增長著的或然性。伊底帕斯情結的假說像原子的假說一樣，只不過是「經驗的觀念」，正如皮爾士所說，它與它能實現的經驗的總體及它能預見到的結果的總體沒有區別。於是，精神分析法用一個沒有說謊者的說謊的觀念代替了自欺的概念，這種觀念可以說明我如何不能夠自欺但卻能**被欺騙**，因為它使我就我本身而言處在面對著我的他人的環境中，它用「這個」和「我」的二元性取代了欺騙者和被欺騙者的二元性——這個說謊的根本條件，它把「共在」的主體之間的結構引入我的主觀性最深處之中。對這種解釋我們能滿意嗎？

若更進一步地考察精神分析法的理論，我們就會看到它並不像乍看起來那麼簡單。就精神分析法的假說而言，把「這個」（ça）表述為一個事物是不準確的，因為事物同人們對它所做的猜測毫無關係，而「這個」則相反，它在這些猜測接近事實時則被這些猜測觸及。佛洛伊德確實在第一階段的結束時，當這醫生接近了真理時指出了反抗。這些反抗是客觀的、從外面把握的行為：病人表現出懷疑、拒絕說話、交待一些荒誕不經的夢、有時甚至完全逃避精神分析法的治療。儘管如此，最好還是允許病人問他本身的什麼部分能夠這樣反抗。這不能被認為是意識的行為的心理整體的「我」：事實上，不能想像這精神病醫生接近了目的，因為這「我」與他自己的反應的**意義**之間的關係，嚴格說來是精神病醫生本人。充其量他能客觀地估價發布出來的假說的或然性程度，正像精神分析法的目擊者所能做的而且是根據這些假說所解釋的主觀行為的程度所能做的那樣。此外，這種或然性對他來說似乎接近了確實性，他不可能受到它的損害，因為通常，正是他通過一種**有意識**的決定走上了精神分析法的治療道路。人們會不會說病人被精神分析者每天向他做出的啟示所攪擾，在精神分析者眼中他裝作要繼續治療而實際上是在企圖逃避這些啟示呢？在這種情況下，他不再可能求助於潛意識來解釋自欺；自欺連同它的所有矛盾存在著，它充滿著意識。但是此外，精神分析者並不希望這樣來解釋這些反抗：對他來說，這些反抗是諳啞昏暗的，它們來自遠處，它們是扎根在人們想解釋清楚的事件本身之中的。

然而，它們也不能來源於應該弄明白的情結。因此，這情結毋寧是這精神分析者的協作者，因為它的目的是在清醒的意識中表述自己，因為它用潛意識壓抑力來施詭計並力圖逃避潛意識壓抑力。我們能夠在其中樹立起對主體的否定的唯一範圍那就是壓抑力的範圍。唯有這潛意識壓抑力能夠理解精神分析者的問題或啟示，或多或少接近了用它來壓抑的實在意向，這是因為唯有它**知道**它所壓抑的東西。

如果我們事實上拒絕精神分析法物化的語言和神話，我們就會發覺，潛意識壓抑力為了發揮它的識別的主動性，就應該認識它所壓抑的東西。如果我們確實放棄了所有把這種壓抑力表述為盲目力量的衝突的隱喻，力量就恰恰要承認潛意識壓抑力應該**選擇**，而且為了選擇要再次出現。否則它為什麼放過了合法的性刺激呢？為什麼容忍需求（飢餓、口渴、睏倦）在清醒的意識中表現出來呢？如何解釋它能**放鬆**它的監視，它甚至能被本能的掩飾所欺騙呢？但是它僅能分辨出那些可詛咒的意向是不夠的，它還應該把這些意向看作是要壓抑的東西，它在壓抑力那裡至少是包含著代表它自己的能動性的東西。總之，潛意識壓抑力沒有對識別可壓抑的刺激的意識，它如何能識別它們呢？人們能設想對自我無知的知嗎？阿蘭說過，知，就是人們知其在知。我們毋寧說：一切知都是對知的意識。於是，病人的反抗在潛意識壓抑力的範圍內意謂著被壓抑的東西的一種表現，意謂著對精神分析者的問題所追求的目標的理解，以及一種綜合聯繫的活動，潛意識壓抑力用這種綜合聯繫活動來對照被壓抑的情結的**眞理**和針對著這種情結的精神分析假說。這些不同的作用反過來又意謂著潛意識壓抑力意識到自我。但是潛意識壓抑力的（對）自我（的）意識是什麼類型的呢？它應該是（對）要成為去壓抑的意向的意識（的）意識，但這恰恰是為了**不成爲對它的意識**。那除了說潛意識壓抑力應該是自欺外我們還能說什麼呢？精神分析法完全沒有使我們獲勝，因為為了消除自欺，它又在潛意識和意識之間建立了一個自主的自欺的意識。因為他致力要確立一個真正的二元性——而甚至一個三位一體（用潛意識壓抑力來解釋的超個人的本我〈Es〉、自我〈Ich〉、超自我〈Ueberich〉）只是得到了一種字面上的專門術語。對某物「佯作不見」的反思觀念的本質本身，包含著同一心理的統一，並且因此包含這統一內部的雙重能動性，一方面傾向於保持及發現隱藏的事物；另一方面又傾向於拒絕並掩蓋這些事物。這種能動性的兩方面的任何一面都是另一面的補充，就是說它把對方包含在它的存在中。精神分析法用潛意識壓抑力把意識和潛意識分開，但卻未能夠把活動的兩個階段分開，因為性慾（libido）是一種趨向有意識表達的盲目欲求（conatus），而且意識現象是被動和弄虛作假的結果：性慾僅僅是把排斥力和吸引力這雙重能動性限定在壓抑力的範圍內。此外，還要建立整體現象統一的不同環節間的可領悟的聯繫，為的是分析這個統一體（對在象徵的形式下喬裝改扮和「通過」的意向的壓抑）。被壓抑的意向如果不包括（一）對被壓抑的意識，（二）對因為意識是其所是而被拒絕的意識，（三）喬裝改扮的謀劃，它如何能「自我喬裝改扮」呢？沒有任何一種凝聚或移情的機械理論能夠解釋其意向本身體驗到的那些變化，因為對喬裝改扮過程的描述意謂著隱晦地求助於合目的性。而同時，如果在壓抑力之外，意識並不包括對於那種同時被欲望和被禁止的、它所要達到的目的的模糊理解，又如何分析伴隨有意向的象徵性及意識性的滿足所帶來的快意或煩惱呢？由於否定心理的意識統一性，佛洛伊德被迫處處暗示一種神奇的統一，這種統一越過種種障礙把一些互相間隔的現象聯繫在一起，正如原始人的參與統一了被魘魔法迷惑的人和根據這個人的形象製做出來的蠟人一樣。潛意識的「情慾」（Trieb）受到：「被壓抑的」或「可詛咒」的參與的影響，這種參與完全通過這情慾而擴展開來，給這情慾塗上色彩並不可思議地促使它象徵化。同樣，意識現象完全染上了象徵的意義的色調，儘管它本身不可能以清醒的意識領會這意義。但是除了他的原則的低下外，通過魔術來解釋也消除不了這兩種矛盾而互補的結構的並存——在潛意識等級，在壓抑力等級和意識等級上——它們互相包含又互相抵消。人們使自欺實體化和「物化」，人們並沒有避開它。正是這點促使一個維也納的精神病醫生斯特克爾背叛了精神分析法的信仰並在《冷漠的女人》[1]中寫道：「每當我能把我的研究推到足夠遠時，我都觀察到精神病的癥結是有意識的。」此外，他的著作中援引的情況證明了佛洛伊德主義所不可能分析的病理性的自欺。例如，有一些對夫婦生活失望而性慾冷淡的婦女，就是說，她們終於掩蓋了性活動帶給她們的樂趣。首先人們會注意到，對她們來說，關鍵不是在於否認陷在半生理的黑暗中的根深情結，而在於可客觀覺察的行為，她們在把握這些行為時不能不記下的東西：事實上，常常是丈夫向斯特克爾披露，他的妻子曾經顯示出了對象的快樂，而被詢問的婦女卻粗暴地否認這些快樂的表現。這裡涉及到一種排解的活動。同樣，斯特克爾會導引出的一些坦白使我們得知這些患病理的性冷淡症的婦女努力在她們害怕的快意來到之前排解它們，例如，許多人在性活動時把她們的思想轉向日常的工作，做她們家務的流水帳。誰會說這是無意識的？然而，如果患性冷淡症的婦女也排解她對體會到的愉快的意識，這一點不是犬儒主義的而完全是與她本身一致的：這正是為了向她自己證明她是性冷淡症患者。我們剛才探討了自欺的現象，因為，為不眷戀於體驗到的快樂所盡的努力意謂著承認快樂是被體驗到了，並且顯然，這些努力承認它是爲了否認它。但是我們不再立足於精神分析法的地基上了。於是，一方面，運用無意識的解釋，由於它打破了心理的統一，不可能分析初看起來似乎是來自這種解釋的那些行為。另一方面，存在著無數明顯地排斥了這類解釋的自欺的行為，因為它們的本質意謂著它們只能在意識的半透明性中顯現出來。我們又遇到了我們曾試圖逃避的難題，它並沒有被解決。

二、自欺的行為

如果我們想擺脫困境，就應該更仔細地考察自欺的行為並試著去描述它。這種描述也許能使我們更直截了當地確立自欺的可能性的條件，就是說，回答我們開始時提出的問題：如果人應該能夠是自欺的，那他在他的存在中應該是什麼？

例如，這是一位初次赴約的女子。她很清楚地知道與她說話的人對她抱有的意圖。她也知道她或早或遲要做出決定。但是她不想對此顯得急迫：她只是迷戀於她的對手恭謙、謹慎的態度對她顯示出來的東西。她不把這種行為當作實現人們稱之為「最初接近」的企圖來把握，就是說，她不想看到這種行為表示的時間性發展的可能性：她把這種舉止限定在它現在所是的範圍內，她不想理解人家對她說的話中間的言外之意，如果人家對她說：「我如此欽慕您」，她消除了這句話深處的性的含義，她把被它認作是客觀品質的直接意義賦予她的對話者的話語和行為。與她說話的人在她看來似乎是真誠的和恭敬的，就和桌子是圓的或方的，壁紙是藍的或灰的一樣。同樣，附屬於與她說話的那個人的諸種品質被凝固在一種物化的永恆性中，這種永恆性只不過是這些品質的精確現時在時間之流中的投影。因為她不了解她希望的事情：她深深地感受到她激起的情慾，但是粗野的和赤裸裸的情慾會使她受辱並使她恐懼。然而，她不會感到只是單純的尊敬的任何魅力。為了滿足她，需要有一種完全是向她這個人表示的感情，就是說，向著她的全部自由表示的並承認她的自由的感情。但是同時，這種感情應該完全是情慾，就是說，這種感情藉助於她的做為對象的身體。因此，這次她拒絕領會是其所是的情慾，她甚至不給它名稱，她只是在欲望向仰慕、尊重、尊敬自我超越的範圍內在它完全消失在它造成的更高的形式中的時候才承認它，以致不再只是把欲望想像為一種熱情和親密。但是這時人家抓住她的手。她的對話者的這種活動很可能因喚起一個直接決定而改變境況：任憑他抓住這隻手，這本身就是贊同了調情，就是參與。收回這隻手，就是打斷了造成這個時刻的魅力的曖昧而不穩定的和諧。關鍵在於把決定的時刻儘可能地向後延遲。人們知道那時的結果是：年輕的女子不管她的手，但是她沒有察覺到這一點。她沒有察覺到它，因為她碰巧在此刻完全成為精神。她把她的對話者一直帶到愛情思辨的最高境界，她談論生活、她的生活，她按她的本質面目顯示出自己：一個人，一個意識。在這個時刻，身體和心靈的分離就完成了；她的手毫無活力地停留在她的夥伴的溫暖的手之間；既不贊成也不反對——像一個物件一樣。

我們可以說，這女子是自欺的。但是我們立即發現她使用不同的方法來維持這種自欺。她把她的同伴的行為歸結為僅僅是其所是，就是說，歸結為以自在的方式存在，從而解除了她的同伴的行為的危險性。但是，當她把情慾理解為不是其所是的時候，也就是說，承認它是超越性的時候，她是能夠享受自己的情慾的。最後，正是由於沉湎在她自己的身體的存在之中——直到也許是心煩意亂的程度——她實現了**不是**她自己的身體，她從她的高度把它看作事件能**作用到**的被動對象，但是這被動的對象既不可能刺激起這些事件也不可能避開它們，因為所有這些可能都是在對象之外的。我們在自欺的這些不同的表現中發現的是什麼樣的統一呢？是以某種手段構成一些矛盾概念，就是說把一個觀念和對這個觀念的否定統一在自身之中的概念。因此而產生的基礎的概念，這種概念利用了人存在的雙重性質：人為性和超越性。人的實在的這兩個方面真正說來是而且應該是能夠有效地調和的。但是自欺既不想以綜合來調合它們也不可能以此來克服它們。對自欺來說，關鍵在於以保存它們的區別來肯定它們的同一。應該肯定做為超越性的人為性並肯定做為人為性的超越性，以至人們在把握其中一個時刻會突然面處另外一個。表述自欺的典型公式是用某些恰好是在自欺的精神中設想的某些名言向我們提出的，為的是製造出它們的全部結果。例如，眾所周知雅克・沙爾多那一本書的書名：《愛情，要比愛情本身意謂得更多》（*L'amour, c'est beaucoup plus que l'amour*），人們看到，在這裡，在其人為性中的現時的愛情，「兩人皮膚的接觸」、肉慾、自我中心主義，嫉妒的普魯斯特機制、阿德勒式的性之間的鬥爭，等——和做為超越性的愛情——莫里亞克的「火之河」、無限的召喚、柏拉圖式的性愛、勞倫斯的宇宙的模糊直覺等——之間的統一是如何造成的。在這裡人們正是從人為性出發，以便越過現在和人的行為的條件，越過心理的東西，突然置身在形而上學中。相反，薩爾芒有一齣劇名為《我對我來說是太偉大了》（*Je* *suis trop grand pour moi*），這同樣表現了自欺的特性，它首先把我們拋入超越性中間為的是一下子把我們限制在我們的行為的本質的窄小範圍內。人們在「他變成其曾經是的東西」這句名言中或在同樣有名的「正如永恆性最終改變了他本身」這句相反的話中又發現了這些結構。當然，這些不同的公式只有自欺的外表，它們顯然是在這種相似的形式下被設想來以一種謎語打擊精神使其窘困的。但是恰恰是這種外表引起我們的重視。這裡重要的是這些公式並沒有新的有穩固結構的概念，相反，它們被建立起來是為了便於停留在永遠的瓦解中，是為了永遠可能從自然狀態的現在滑向超越性，反之亦然。事實上，人們看到，自欺是能夠用這些判斷的，所有這些判斷都是為著確立我不是我所是的判斷的公式。如果我只是我所是，我就能，例如，認真地面對人們對我的指責，嚴格地考問自己，並且也許我會被迫承認其真理性。但是顯然，由於超越性，我完全逃過了我所是的東西，蘇珊娜對費加洛說：「證明我有理就將意謂著我可能是錯了」，從這個意義上講，我甚至不應該去討論指責的理由。我處在一個任何指責也觸及不到我的地位上，因為我真正所是的正是我的超越性；我逃避，我逃離，我聽任我的一些無關緊要的東西留在指責者手中。不過，自欺的必然的模棱兩可來自人們在這裡肯定的東西，那就是：我按事物存在的樣式成為我的超越性。事實上，我也僅僅因此而感受到對所有這些指責的逃避。正是在這個意義下，我們的青年女子要把性慾只看作是純粹的超越性，因此淨化令人丟臉的性慾，她甚至避免給情慾命名。但是，反之亦然，「我對我來說是太偉大的」這句話由於向我們指出了那變成了人為性的超越性，就成為對我們的失敗和我們的虛弱無數辯解的來源。同樣，這賣弄風情的青年女子，在她的求愛者的行為表露出的愛慕、敬重已經是在超越性的東西的水平上的時候，她保持著超越性。但是她使這超越性在那裡中斷了，她用全部現時的人為性把它填滿了：尊敬不多不少正好是尊敬，它是一種凝固的超越，它不再向任何東西超越。

但是可轉化的「超越性—人為性」概念，如果是自欺的基本手段之一，在這一類概念中就不是唯一的。人們同樣會使用人的實在的另一二元性，即我們在說話中粗略表述的：他的自為的存在與一個為他的存在的互相包含。對我來講把我的和他人的兩種目光匯聚到我的任何一個行為上，總是可能的。然而顯然這行為在一種或另一種情況下不代表同樣的結構。但是正如我們後邊將看到的，正如人人可感到的，我的存在的這兩個方面之間沒有顯象與存在的區別，就好像我本身就是我自己的真理，而他人只擁有我的一個歪曲了的形象那樣。我的為他的存在的和我的為我本身的存在擁有的是同等尊嚴的存在，它允許有一種永遠瓦解著的合題和從自為到他為以及從他為到自為的永恆變換。人們也看到我們的青年女子應用了我們的「沒於世界的存在」（l'être-au-millieu-du-monde），即我們在其他諸對象中間的做為被動對象的惰性在場，為的是一下子取消她的「在世的存在」（l'être-dans-le-monde）的諸種職能，即取消那種以超乎這個世界而向著她自己的可能性謀劃來使一個世界存在的存在。最後讓我們指出精神錯亂的綜合，這種綜合玩弄了時間三維虛無化的模棱兩可性，同時斷言我是我曾經是的（一個斷然停留在他的生活的某一階段並拒絕注意以後的變化的人）又斷言了我不是我曾經是（一個面對指責或仇恨的人，他強調他的自由和他永恆的**再**創造而完全脫離他的過去）。所有這些概念，只具有推理中的傳遞作用並且在結論中被消除了，它們就像物理學家計算中的想像因素，我們在所有這些概念中又發現了同樣的結構：關鍵在於把人的實在確立為一種是其所不是又不是其所是的存在。

但是，即使是在漸趨消失的過程中，甚至為了這些分裂的概念能包含一個存在的虛假外表，為了它們能在瞬間向意識顯現，究竟應該怎樣做呢？對做為自欺的反題的真誠這一觀念的簡要考察，將對此是非常有益的。事實上，真誠表現為一種要求，因此它不是一種**狀態**。然而，這種情況下要達到的典範是什麼樣的呢？人**對他本身來說**應該只是其所是，總之他完全地唯一地是其所是。但是這不恰恰就是自在的定義——或人們喜歡的話，不就是同一性原則嗎？把事物的存在做為典範提出，不就是同時承認這個存在不屬於人的實在而且也承認同一性原則遠不是一種宇宙的普遍公理，它只是一種僅享有局部的普遍性的綜合原則嗎？於是，為了自欺的概念至少在一瞬間能造成我們的幻覺，為了「純粹內心」（紀德、克賽勒）的坦率能對做為典範的人的實在有價值，同一性原則就不應該表現為人的實在的構成原則，人的實在就不應該必然是其所是，而應該是其所不是。這意謂著什麼呢？

如果人是其所是，自欺就是絕對不可能的，為了成為人的存在，坦率就不再是他的理念。但是人是其所是嗎？而且按一般的方式，當人是做為對存在的意識的時候，人怎麼能是其所是呢？如果坦率或真誠是一種普遍的價值，不言而喻，它的箴言「人應該是其所是」對我用以表述我所是的判斷和概念來說就不僅僅是提出認識的理念而且提出了一個**存在**的理念，它為我們提出了存在與做為存在原型的它本身的絕對同一。在這個意義下應該**使**我們**是**我們所是。但是如果我們永遠應該使我們是我們所是，如果我們按存在的樣式應該是我們所是，**我們因此會是什麼呢**？讓我們來考察一下咖啡館的侍者。他有靈活的和過分的、過分準確、過分敏捷的姿態，他以過分靈活的步子來到顧客身邊，他過分慇懃地鞠躬，他的嗓音，他的眼睛表示出對顧客的要求過分關心，最後，他返回來，他試圖在他的行動中模仿只會被認作是某種自動機的準確嚴格，他像走鋼絲演員那樣以驚險的動作托舉著他的盤子，使盤子處於永遠不穩定、不斷被破壞的、但又被他總是用手臂的輕巧運動重新建立起來的平衡之中。他的整個行為對我們似乎都是一種遊戲。他專心地把他的種種動作連接得如同是互相制約著的機械，他的手勢，他的嗓音都似乎是機械的；他顯示出了一種物的無情的敏捷和速度。他表演，他自娛。但是那時他演什麼呢？無需很長時間的觀察我們就可了解到：他扮演的**是**咖啡館侍者。這沒有什麼使我們吃驚的：遊戲是一種測定和調查。孩子在做身體遊戲時是為著探索身體，是為著認清身體的各器官；咖啡館的侍者用他的身分表演為的是**實現這身分**。這種義務同強加給所有商人的義務沒有區別：他們的身分完全是一套禮儀，公眾與論要求他們把它做為禮儀來實現，食品雜貨店主、裁縫店主、拍賣估價人都有自己的舞蹈，通過舞蹈，他們努力想說服顧客們把他們只看成是一個食品雜貨店主、裁縫店主、拍賣估價人，而不是其他什麼人。一個雜貨店主在沉思，這對顧客就是一種冒犯，因為他不再完全是一個店主了。禮儀要求他自制於店主的職責中，這就像立正的士兵，他眼睛直視前方，像個木頭兵，但他什麼也沒有看見，他的目光不再是為了去看，因為正是規章制度而不是眼前的興趣規定了他應該注視著的這個點（目光「盯在十步遠之處」）。這些恰好就是為把人禁錮在其所是之中的婉轉措詞。我們就好像生活在一種永恆的、人要逃避的恐懼之中，我們恐怕人會忽然一下超出和迴避他的身分。但是因為，同樣，這咖啡館侍者，不能像這墨水瓶是墨水瓶，這玻璃杯是玻璃杯那樣乾脆就是個咖啡館侍者。這完全不是說他不能構成反思的判斷或對他的身分的概念。他清楚地知道這身分「意謂著」：必須在五點鐘起床，在開門前打掃店堂，把大咖啡壺排列整齊等等。他知道這身分允給的權利：收小費的權利，參加行會的權利等。但是所有這些概念，所有這些判斷都歸結於超越的東西。關鍵在於抽象的可能性、權利和賦予「權利的主體」的責任。這恰恰是我**應該是**的而我又完全不是的主體。這不是因為我不願意是這主體，也不是因為這個主體是另外一個人。而毋寧說是他的存在和我的存在之間沒有共同的尺度。對別的人和對我本身來說他是一個「表象」，這意謂著我只能**在表象中**是這個主體。但是顯然，如果我代表這主體，我全然不是他，我與他分離，正如主體和對象被烏有分離一樣，但是這烏有把我從這主體中孤立出來，我不能是他，我只能**扮演是他**，就是說，只能想像我是他。而也是由此，我使他帶有了虛無。儘管我圓通地盡到咖啡館侍者的職責，我也只能像一個扮演哈姆雷特的演員那樣按中立化的方式是他，我機械地做出我的身分所應有的**標準動作**，我力求使自己達到想像中的咖啡館侍者「類似」[2]的動作。我試圖實現的，是咖啡館侍者的自在的存在，就好像我恰恰沒有力量把這些手勢的價值和它們的急迫性給予我的職責和我的職權，就好像我不能自由選擇每天早晨是五點鐘起床還是冒著被解僱的危險臥床不起一樣。似乎由於支持了這角色的存在，我在什麼地方都超越不了他，我不把自己確立為我的身分之外的一個人。然而我並不否認我在一種意義下**是**咖啡館侍者——否則，我不是也能自稱為外交官或記者嗎？但是如果我是咖啡館侍者，就不能按自在的存在的方式是他。我按**我所不是**的方式是他。此外，問題不僅僅在於社會地位；我從來不是我的任何一種態度、任何一種行為。能言善辯的人是**玩弄**口才的人，因為他不能**是**善於說話的：一個專心的學生希望自己專心，眼睛盯著先生，豎起耳朵，為扮演出專心的樣子最終筋疲力盡，以致到了什麼也聽不見的程度。儘管我本身是瓦萊里說的那種「神的不在場」，我對我的身體、對我的活動來說也永遠是不在場者。在我們說「這火柴盒是**在**桌子上」的這種意義上講，我既不能說我**在這裡**也不能說我不在這裡：這會混淆了我的「在世的存在」和一個「沒於世界的存在」。我同樣不能說我站著，也不能說我是坐著：這會混淆了我的身體和身體只是其結構之一的特有體質的（idiosyncrasique）整體。我到處避開存在，然而我存在。

但是這是一種只涉及我的存在方式：我是悲傷的。我這不是按是我所是的方式是我所是的這種悲傷嗎？然而，這悲傷如果不是把我的行為總體聚合起來並賦予它活力的意向性統一的話，它是什麼呢？它是我投向世界的昏暗目光所包含的意義，是這雙拱起的肩膀，我這低下的頭，我的整個身體的怠惰的意義。但是在我進行上述任何一種行為的時候，我難道不知道我能不做它嗎？一個陌生人突然出現，我又抬起頭，我的步子又輕快起來，我的悲傷中止了。而後，除了我在來訪者離開後又樂意地立即與後來者約會之外，我仍在悲傷。此外這悲傷不正是一種行為嗎？不正是意識本身感受到這悲傷是對抗過於急迫的環境的神奇手段嗎[3]？在這種情況下，難道我們不該說傷感，首先意謂著使自己悲傷嗎？也許人們會說，這可能的，但是表現出悲傷的**存在**，不管怎樣不正是接受了這存在嗎？我從何處接受這存在畢竟是無關緊要的。事實是，恰恰是由於這個原因，感受到悲傷的意識才是悲傷的。但是，這樣理解意識本性是不正確的，「悲傷的存在」不是我給予自己的現成的存在，就像我能把這書給我的朋友那樣。我沒有資格**感受**存在。如果我變為悲傷的，我就應該在我的悲傷的自始至終使自己悲傷，如果我不能重新建立，也不承擔我的悲傷，我就不能夠以那種在最初的打擊後繼續其運動的惰性的身體的方式利用既得的衝動並使我的悲傷消逝：意識中沒有任何惰性的東西。如果我變得悲傷，那是因為我不**是**悲傷的；悲傷的存在通過並在使我感受到悲傷的活動中脫離了我。「悲傷」的自在的存在永遠出沒於我的（對）悲傷的存在（的）意識，但是這就像一種我不能實現的價值，像一種調節我的悲傷的意義，而不像它的構成模式。

人們是否會說不管我的意識變成什麼對象與狀態的意識，它至少還是**存在著**呢？但是如何區別悲傷和我（對）悲傷的存在（的）意識呢？它們不是完全一回事嗎？按某種方式說，確實，如果人們據此要使這意識對他人來說是屬於那個諸多判斷賴以成立的存在整體的一部分話，那我的意識是**存在著的**。但是應該指出，正如胡塞爾清楚看到的，我的意識起初是做為不在場來對他人顯現的。這正是做為我的所有態度和我的所有行為的**意義**而永遠出現的對象——又是永遠不在場的對象，因為它是做為一個永恆的問題，或者不如說做為一種永恆的自由投身於他人的直觀中去的。當皮埃爾注視我的時候，我也許知道他注視我，他的眼睛——世界上的物——盯在我的**身體**——世界上的物上面：這就是我所能說的客觀事實：他存在。但是這也是一個**世界上的**事實。這種注視的意義是不存在的，正是這點折磨著我：儘管我做出微笑、允諾、威脅——但任何東西都不能獲取讚許——那種我所尋求的自由判斷，我知道它總是在遠處，我是在我的行為本身中體驗到它，這些行為不再具有它們對於物所保持的創造者的特性，就我把這特性與他人聯繫起來而言，它們對我本身來說只不過是單純的表象和對被構成為優雅或粗俗的，真誠的或不真誠的存在的期望，等等，我體驗到自由的判斷還是通過一種領會，這種領會總是超乎我為要激起這領會的所有努力之外的，它不可能被我的努力所激起，除非是我的那些努力藉助了這領會本身的力量，這種領會只因為被外部激發才存在，**它是做爲它自己與超越物之間的垂直平分線**。於是，對他人的意識的自在存在這一客觀事實被提了出來隨之又以否定性的和自由的方式消失：他人的意識做為不存在而**存在**；其「現在」和「從現在起」的自在的存在就是不存在。

他人的意識是其所不是。

此外，我自己的意識在它的存在中並不對我顯現為他人的意識。它存在是因為它自我造就，而它被造就是因為它的存在是對存在的意識。但是這意謂著造就支持著存在；意識應該是它自己的存在，它絕不依賴於存在，正是意識在主觀性內部支持了存在，這再次說明，意識被存在所占據但是它並不是存在：**它不是其所是**。

在這些條件下，典型的真誠如果不是不可能實現的目的，並且它的意義本身是與我的意識的結構相矛盾的，那又意謂著什麼呢？我們可以說，是真誠的就是是其所是的。這就設定我一開始就不是我所是的。但是在這裡，顯而易見是暗示了康德的「你應該，所以能夠」的思想。我能夠**變成**真誠的：這就是我的責任和我對真誠的努力所意謂著的東西。然而，顯然，我們看到「不是其所是」的原始結構事先完全不可能做出向自在的存在或「是其所是」的轉變。這種不可能性並不對意識掩蓋起來：相反它是意識的構成材料本身，它是我們體驗到的永久的折磨，它使得我們不能認識自己，不能把我們構成為我們所是的，它是一種必然性，在我們剛一通過一個合理的，基於內在經驗的或正確地從先天的或後天的前提中推出的判斷把自己設定為某種存在時，這種必然性要求我們通過這樣一種設定超越了這個存在——而這不是向別的存在，是向虛空，向**烏有**的超越。既然這真誠同時做為不可能來向我們顯現，那麼我們怎麼能指責他人不真誠而又為我們的真誠而高興呢？甚至我們怎麼能在談話，懺悔，內省中表現出一種對真誠的努力呢？因為這種努力本質上是注定要失敗的，因為我們恰在表示它的同時已有對它的虛浮之預斷的理解？事實上，對我來說，在考察自己時，關鍵在於嚴格決定我是什麼，以便使我直截了當地成為存在——即使我隨後還要尋找能使我變化的途徑。但是這除了是說，對我來講問題在於把我確立為一個物，還是什麼呢？我將規定推動我去進行這樣或那樣行動的動機和動力的總體嗎？但是這已經設定了把我的意識之流構成為一連串的物理狀態的因果決定論。我將在我之中發現諸種「意向」——即便我是羞於承認這些意向——嗎？但是這不是完全忘記了，這些意向是由我的幫助來實現的，它們不是自然力，而是我通過對它們的價值的連續不斷的選定而使它們產生效力的嗎？是我對我的性格，我的本性做出判斷的嗎？這難道不是在同一時刻向我掩蓋我所深知的東西嗎？——因為我通過定義來判斷我現在所逃避的過去。它的證明是，同樣一個人，由於是真誠的而設定他是事實上其所曾是的，他對他人的仇恨感到氣憤並斷言他不再是其所曾是的，企圖以此來平息他人的仇恨。人們往往會對法庭的處罰觸及了一個重獲自由而**不再**是他所曾是的罪人的人，而感到驚訝和悲傷。但是同時，人們又要求這個人承認自己**是**這個罪人。那麼，真誠如不明擺著是自欺的現象，又是什麼呢？我們事實上難道沒有指出，關鍵在於在自欺中把人的實在確立為一種是其所不是又不是其所是的存在嗎？

一個同性戀者常常有一種無法忍受的犯罪感，他的整個存在就是相對於這種感覺而被規定的。人們往往猜測他是自欺的。事實上，這個完全承認了他的同性戀癖好，完全承認了他一次次犯下的**特有**的過失的人竟經常竭盡全力否認自己是「**雞姦者**」。他的情況總是「與眾不同的」，是特別的；他碰巧一開始就不走運；這是些過去的錯誤，人們用某種女人不可能滿足的美的概念來解釋這些錯誤，應該從中看到的是不安尋求的結果，而不是一種根深意向的顯露，等等，等等。這當然是一個自欺的人，他近乎一個丑角，因為，他承認了所有歸咎於他的行為，而他拒絕從中得出必加於他的結論。同樣，他的朋友做為他的更嚴厲的批評者，對這種表裡不一感到惱火：這批評者只要求一件事情——也許那時他會顯得寬容大度：罪犯承認自己是罪犯，同性戀者直言不諱地——以謙卑或無所謂的態度——宣布「我是雞姦者」。我們在這裡要問：誰是自欺的？是同性戀者還是這捍衛真誠的人？同性戀者承認他的過失，但是他竭盡全力抵抗那種把他的錯誤看成為能左右他的**命運**的過分的觀點。他不願任人把他看作一個物；他有一個模糊但又強烈的領會，那就是同性戀者不是同性戀者正像這張桌子是桌子或像紅棕頭髮的人是紅棕頭髮的人一樣。他似乎剛一提出了錯誤，承認了錯誤就擺脫了所有錯誤，或者不如說，心理的綿延通過自身使他可為每一個錯誤補過，這就構成了他的未規定的未來，使他獲得新生。他有錯嗎？就他本身而言，他不是承認了人的實在的特有的不可還原的特性嗎？因此他的態度包含了對真理的不可否定的理解。但是同時，他需要這種永恆的再生，需要這種為了生存下去而經常進行的逃避。他必須不斷置身於能及範圍之外以避開集體的可怕裁判。於是他玩弄**存在**一詞。如果他按照「我不是我所是的」的意義來理解「我不是雞姦者」這句話，他事實上是有道理的。這就是說，他會說：「在一系列行為被定義為雞姦者的行為時，在我已經完成這些行為時，我是雞姦者。而從『人的實在通過行為逃避所有定義』這個意義上講，我不是一個雞姦者。」如果他這樣宣稱的話，他是有道理的。但是他悄悄地滑向「存在」一詞的另一個詞義。他按「不是自在」的意義理解「不是」。他按這桌子**不是**墨水瓶的意義表示「不是雞姦者」，他是自欺的。

但是這真誠捍衛者不是不知道人的實在的超越性，並且懂得在必要時為他的利益而要求得到這超越性。他甚至使用它並把它置於現時的需要之中：他不希望以真誠的名義——因此以自由的名義——使同性戀者回歸於自身並且承認自己是同性戀者嗎？他不讓人理解同樣的懺悔帶給他的寬恕嗎？承認自己是同性戀者的人與他認為的那個逃避到自由和誠意的領域中的同性戀者不是同一個人，除此之外，這又意謂著什麼呢？因此他要求同性戀者是其所是以便不再是其所是。這就是「自供的罪孽是寬恕的一半」這句話的深刻含義。他要求把罪犯確立為物恰恰是為了不再把他做為物來對待。這個矛盾是由於真誠的要求而形成的。事實上，在「啊，這是一個雞姦者」這句話中，誰若沒有看到裡面所包含的對他人的傷害和令我心安的東西，誰就是一筆勾銷了令人不安的自由，並從此以把他人的一切活動確立為某些依其本質嚴格決定的結果做為自己的目標。然而那是批評者要求他的批評對象的東西：被批評者應該把自己確立為物，他應把他的自由做為領地一樣交付於批評者，以便批評者隨後像君主對他的僕從一樣把自由還給他。這真誠捍衛者，就他要求裁判時他願意寧靜而言，就他做為自由要求把自由確立為物而言，他是自欺的。這裡僅僅涉及黑格爾名之為「主奴關係」的意識間的這種生死鬥爭的一個插曲。人們求救於一個意識是為了以意識的本性的名義要求它做為意識徹底毀滅，與此同時又使意識在這毀滅的彼岸盼望一種再生。

人們會說，事情就是這樣的，但是，人濫用真誠，使之成了反對他人的武器。不應該到「共在」的關係中，而應該到真誠在其中是純粹的那些地方去尋找真誠、到與自我針鋒相對的關係中去尋找真誠。但是誰只看到客觀的真誠以同樣的方式構成呢？誰只看到真誠的人確立為一個物恰恰是為了通過真誠的活動本身逃避物的這個身分呢？承認自己是壞人的人以其令人不安的「為惡的自由」取代壞這個無生氣的個性：他是壞人，他與自我合一，他是其所是。但是同時，他擺脫了這個物，因為他是注視著物的那個人，因為要依賴他把物保持在他的注視之下或讓它分崩為無數特殊的活動。他汲取了他的真誠的優點，而優秀的人不是壞人正是因為他是壞人而不是因為他在他的壞之外。同時，惡意被解除了，因為如果不是處在決定論的水平上它就什麼也不是，因為我承認了它而針對它提出了我的自由，我的未來是空白的，一切對我就都是許可的。於是，真誠的本質結構與自欺的本質結構沒有區別，因為真誠的人被確立為是其所是是為了不是其所是。這就說明了這個被所有人承認的真理，人們可能由於真誠的存在而變為自欺的。這就是瓦萊里所說的司湯達的情況。完整永久的真誠做為為與自我同一的努力，從根本上講是為了脫離自我的永久努力；人們通過使人們成為自為的對象的活動本身從自我中解放出來。擬定人們是其所是的永久清單，就是經常不斷地自我否定，並逃遁於人們在其中除了是一個純粹、自由的注視之外不再是什麼的領域中。我們說，自欺的目的在於置身於能及範圍之外，它是一種逃避。現在我們看到，應該使用同樣一些術語來定義真誠。這是什麼意思呢？

這最終意謂著，真誠的目的和自欺的目的不是如此相異。當然，有一種建立在過去上面的真誠，並且它在這裡沒有引起我們的注意；如果我們承認有過這種愉快或這種意向的話，我是真誠的。我們可以看到這種真誠之所以是可能的，是因為人的存在在其過去的墮落中被確立為一種自在的存在。但是這裡對我們來說重要的只是在現時的內在性中追求它本身的真誠。它的目的何在呢？它要使我承認自己是我所是以最終讓我與我的存在重合，總之，使我以自在存在的樣式成為我按「不是我所是」的樣式所是的。它的公設實際上就是：我按自在的樣式已經是我應該是的。於是在真誠的深處我們發現了反射和反映的不斷作用，一種從是其所是的存在向不是其所是的存在的永恆過渡，反之亦然，一種不是其所是的存在向是其所是的存在的永恆過渡。那自欺目的何在？是使我按「不是我所是」的樣式是我所是，或按「是我所是」的樣式不是我所是。我們在這裡發現了同樣的鏡子的遊戲。因為事實上，為了有真誠的意向，一開始我就應該同時是而又不是我所是的。真誠沒有賦予我一種存在的方式或特殊的品質，而是由於這種品質，真誠欲使我由一種存在樣式過渡到另一種存在樣式。這第二種存在樣式，即理想的真誠，是我根本上無法達到的，當我努力達到它的那一時刻，我模糊地，先於判斷地領會到我不能達到它。但是同樣的，僅僅為了我能設想一個自欺的意向，從根本上講，我就應該在我的存在中逃避我的存在。如果我按這墨水瓶是墨水瓶的樣式是悲傷的或怯懦的，自欺的可能甚至就不可能被設想。我不僅不可能逃避我的存在，而且我甚至不可能想像我能夠逃避它。但是，自欺做為一個簡單的謀劃之所以是可能的，是因為當涉及到我的存在的時候，存在和不存在之間恰恰沒有如此絕然的區別。自欺是可能的只是因為真誠意識到它根本上是沒有目的的。如果這「是怯懦的」本身當其存在的那一時刻是「在問題中」，如果它本身是一**個**問題，如果在我想把握它的那個時刻它完全逃避了我並且消失了，那麼，當我是「怯懦的時候」我只能企圖把我看作**不是怯懦的**。我能嘗試自欺的努力的條件，就是在一個意義下我**不是**我所不想是的這個懦夫。但是如果我按「不是其所是」的簡單樣式不是怯懦的我由於表明了我不是怯懦的而是「真誠」的，於是，這不可把握的，漸趨消失的、我所不是的懦夫，我還是應該以某種方式是它。在「有點」意謂著「在某種程度的怯懦中——及在某種程度的不怯懦中」的意義下，但願人們不據此理解我應該是「有點」怯懦的。不：我應該在各個方面都同時是而又不是完全怯懦的，於是，在這種情況下，自欺要求我不是我所是的，就是說，有一種在人的實在的存在樣式中把存在和非存在分離開的難以估量的區別。但是自欺不限於否認我擁有的那些品質，不限於不看到我所是的存在。自欺也試圖把我構成為是我所不是的。當我不是勇敢的時候，它肯定地把我做為勇敢的人來把握。我再說一次，只有在我是我所不是，就是說，只有在我之中的「非存在」甚至沒有做為「非存在」的存在時，這才是可能的。也許，我**不是**勇敢的人，這是必然的，否則自欺就不成其為**自欺**……。但是我自欺的努力還應該包括本體論的理解，即：甚至在我通常的存在中，我也並不真正是我所是，並且在例如「悲傷的存在」——我按不是我所是的樣式所是的東西——和我想掩蓋的「不是勇敢的」的「不存在」之間沒有這樣一種區別。此外存在的否定本身尤其應該是一個永恆的虛無化對象，「不存在」的意義本身永遠應該與人的實在相關聯。如果我按墨水瓶不是桌子的方式**不是**勇敢的，就是說如果我在我的怯懦中是孤獨的，依靠這怯懦，無力把它放到與它對立面的關係中的，如果我不能把自己**規定**為怯懦的，就是說不能**否認**我的勇敢，而且由此在我提出了怯懦的那一時刻逃避了我的怯懦，如果原則上我**不可能**與我的「不是勇敢的」重合，就和不可能與我的「是怯懦的」重合一樣，那麼，自欺的任何計畫對我來說就被阻斷了。於是，為了使自欺成為可能的，真誠本身就應該是自欺的。自欺的可能性的條件是：人的實在在它的最直接的存在中，在反思前的我思的內在結構中，是其所不是又不是其所是。

三、自欺的「相信」

但是剛才我們只指出了設想自欺的諸種條件和使構成自欺的概念成為可能的諸存在結構：我們不能夠侷限於這樣一些考慮，我們還沒有區別自欺和說謊；我們描述過的模棱兩可的概念，無疑能被說謊者用來迷惑他的對話者，儘管它們的建立在人的存在而非某種經驗到的情況上的模棱兩可性能夠而且應該向所有的人顯現。自欺真正的難題顯然因為自欺就是**相信**。自欺不可能是犬儒主義的說謊，也不可能是明白的事情，如果這明白的事情擁有對對象的直觀的話。但是，當對象未被給定或被模模糊糊地給定的時候，如果人們把相信稱之為相符於其對象的存在，那麼自欺就是相信，而自欺的根本問題就是相信的問題。人們怎麼能自欺地相信人們特地虛構出來以便互相取信的概念呢？事實上應該注意，自欺的謀劃應該本身就是自欺的：當我建立了我的模棱兩可的概念並且自己相信自己的時候，我經過努力之後就不僅僅是自欺的。真正說來，我自己不相信自己：為了使我能夠是自欺的，我總已經是自欺的。當我打算成為自欺的時候，我對這些打算本身已經是自欺的。這些安排對我表現為自欺的，這就已是犬儒主義的；真誠地相信它們是無辜的，就是真誠。要成為自欺的決定不敢說出它的名字，它自欺地相信自己或不相信自己，它真心誠意地相信或不相信自己。正是這決定，從自欺湧現之時起，決定了以後的所有態度，也可以說決定了自欺的「世界觀」。因為自欺並不保持真理的規範及標準，這些規範及標準是通過真誠的批判思索而被承認的。自欺決定的東西事實上首先正是真理的本性。一種真理，一種思想方法，一種類型的對象的存在是通過自欺顯現出來的。被主體忽然包圍的自欺的世界，它的本體特徵是存在於其中是其所不是又不是其所是的。因此，特有的一種類型的明顯事實顯現出來：沒有說服力的明顯事實。自欺把握了一些明顯事實，但是它事先就甘心於不被這些明顯事實充滿，甘心於不被相信並轉化為真誠：它做出恭謙和謹慎的樣子，它說它不是不知道相信就是決定，不是不知道在每一直觀之後應該決定並希望存在的東西。於是，自欺在其原始的謀劃中，以它湧現時起，就決定了其諸種要求的準確本性，自欺全部地顯露於它所採取的決定中，這個決定就是**不過分地要求**，就是在自欺裡沒有被人所接受還顯出滿意的樣子，就是堅決地強行參與到不確定的真理中去。自欺的原始謀劃是一種根據相信的本性的自欺的決定。我們恰好應該懂得，關鍵不在於深思熟慮及有意的決定，而在於我們的存在的自發的決定。人們如同沉睡一樣地**置身於**自欺之中，又如同做夢一樣地是自欺的。一旦這種存在樣式完成了，那從中解脫出來就與甦醒過來同樣地困難：因為自欺就像入睡和做夢一樣，是在世界中的一種存在類型，這類存在本身趨向永存，儘管它的結構是可轉換的。但是自欺意識到它的結構，它採取了預防措施，決定可轉換的結構是存在的結構，而且不信服是所有堅信的結構。其次，如果自欺是相信並且它在它的原始謀劃中包含了對自己的否定（它規定自己是難以被相信的用以相信我是我所不是的），最初，認為很難說服自己的相信應該是可能的。一個這樣的相信的可能性的條件是什麼呢？

我相信我的朋友皮埃爾對我的友誼。我相信他是真誠的。我相信他而且我沒有對他的，伴隨著明顯事實的直觀，因為這對象本身從根本上說不適合於直觀。我相信他，就是說我任憑自己去受相信的擺布，我決定相信他並把自己引向這個決定，最後，我表現得就像我當然是如此，完全處在同樣態度的綜合統一中。我這樣定義為真心誠意的東西，就是黑格爾名之為直接性的東西，就是誠樸人的相信。黑格爾同時指出，直接性要求中介，並且由於成為自為的相信，相信過渡到不相信的狀態。如果我相信我的朋友皮埃爾愛我，那就是說他的友誼對我來講似乎是他的所有活動的意義。相信是對皮埃爾的諸種活動的意義的特殊意識。但是如果我知道我相信，相信對我就做為純粹主觀規定顯現出來，而沒有外部的相應物。正是這使「相信」這個詞本身變成一個無區別地用來指出牢不可破的信仰（「我的上帝啊，我相信您」）以及它的被消除的個性和嚴格的主觀性（「皮埃爾是我的朋友嗎？我什麼也不知道，我相信他。」）的術語。但是意識的本性是這樣的：在意識中，間接性和直接性是完全同一的存在。相信，就是知道人們相信，而知道人們相信，就是不再相信。於是，相信就是不再相信，因為前者只是相信，後者是在同非正題的（對）自我（的）意識的統一中。當然，這裡我們由於用知道一詞來指出現象而超出了描述現象的範圍；非正題的意識不是知。但是意識，由於其半透明性本身，是一切知的起源。於是，（對）相信（的）非正題意識破壞了相信。但是同時，反思前的我思的法則本身意謂著相信的存在應該是對相信的意識。於是，相信是一個在它的存在中置身於問題中的存在，只能在它的毀滅中實現的存在，只能在自我否定中才可對自我表露出來的存在；這是一個為了存在者的存在，這是顯現，而顯現就是自我否定。相信，就是不相信。其理由是：意識的存在是由於自己而存在的，因此是自己使自己存在的，並且因此是自我克服的。在這個意義下，意識永遠地逃避著自我，相信變成不相信，直接變成間接，相對的絕對變成絕對的相對。理想的真誠，相信人們相信的東西，正如理想的真誠（是其所是）一樣是理想的自在的存在。任何相信都不是完全相信，人們永遠不相信人們相信的東西。因此，自欺的原始謀劃只是由於意識而使用了這種自我解體。如果一切真誠的相信都是一種不可能的相信，那現在所有不可能的相信就有了一席地位。我無法相信我是勇敢的，這不再使我灰心喪氣，因為正好所有相信都不能是完全相信。當然，我只能掩飾我是為不信而相信，又是為相信而相信。但是自欺本身的微妙的全部的虛無化不可能由於自身而突然向我展現：它在所有相信的根基上存在。那麼它是什麼呢？在我相信我是勇敢的時候，我知道我是怯懦的嗎？這種堅信會破壞我的相信嗎？但是首先，我不比怯懦更勇敢，如果應該按自在的存在的方式來理解怯懦的話。第二點，我不知道我是勇敢的，對我的這樣一種看法只能附和著相信，因為它超越了純反思的確定性。第三點，真正說來，自欺不能夠相信它要相信的東西。但是恰恰是因為承認了不相信它相信的東西，自欺才成其為自欺的。真心誠意想在存在中逃避「不相信人們相信的東西」，自欺在「不相信人們相信的東西」中逃避存在。它預先消除了一切相信：即它想獲得的相信，而同時又是另一些它想逃避的相信。由於要求科學賴以逃逸於明顯事實的相信的這種自我解體，自欺破壞了人們放在它的對立面上的，本身表現為只是相信的相信。於是我們能更好地理解自欺的原始現象。

在自欺中，沒有犬儒主義的說謊，也沒有精心準備騙人的概念，而是自欺的原始活動是為了逃避人們不能逃避的東西，為了逃避人們所是的東西。然而，逃避的謀劃本身向自欺揭示了存在內部的內在分裂，自欺希望成為的正是這種分裂。因為真正說來，我們面對我們的存在時所能採取的這兩種態度是被這存在的本性本身以及同自在的直接關係所制約的。真誠力求逃避我的存在的內在分裂而走向真誠曾應該是而又全然不是的自在。自欺力求在我的存在的內在分裂中逃避自在。但是它否認這種分裂本身正如它否認它本身是自欺一樣。由於通過「不是其所是」而逃避我按是其所不是的樣式所不是的自在，否認自己是自欺的自欺，追求我按「不是其所不是」的樣式所不是的自在[4]。自欺之所以可能，是因為它是人的存在的所有謀劃的直接而永恆的威脅，是因為意識在它的存在中永遠包含有自欺的危險。這危險的起源就是：意識在它的存在中是其所不是同時又是其所是的。在這意見的啟示下我們現在才能夠進而對意識進行本體論的研究，因為意識不是人的存在的整體而是人的存在瞬間的核心。

注釋

1 **N. R. F.** 叢書。——原注

2 見《想像》（**NRF1939**）結論部分。——原注

3 《情緒理論綱要》，埃爾芒．保爾（**Hermann Paul**）版。——原注

4 如果是真誠的或是自欺的之間沒有區別，那是因為自欺重新把握了真心誠意並溜進它的計畫的起源本身之中，這不是要說人們根本不能逃避自欺。但是這假設了被它本身敗壞了的存在的恢復，我們名之為事實性（**authenticité**），而這裡還不是說明它們的地方。——原注

第二卷

自爲的存在

第一章 自為的直接結構

一、面對自我的在場

否定已經把我們推到自由，自由把我們推向自欺，而自欺則把我們推向做為可能性條件的意識的存在。因此，應該在前幾章所確立的條件的指引下重提我們在本書導言部分已經希冀的描述，就是說，應該回到反思前的我思的範圍中來。但是，我思從來只是提供人們向它要求的東西。笛卡兒從我思的功能形態：「**我懷疑，故我思**」對我思進行過質疑，但由於他企圖從這一功能形態過渡到存在的辯證法而不憑藉導引線索，他陷入了實體論者的錯誤。胡塞爾從他的錯誤中獲得教益，小心翼翼地停留在功能描述的範圍內。於是，他永遠沒有超出過對如此這般的顯象的純粹描述，他關閉於我思之中；與其稱他是現象學家，不如稱他為現象論者，儘管他自己一再否認；而且他的現象論每時每刻都涉及有關康德的唯心論。海德格要避免這種描述現象論，因為這種現象論粗暴而又違反辯證，導致本質的孤立，他要不經過**我思**而直截了當地進行對存在的分析。但是他的「此在」由於一開始就已經被剝奪了意識的範疇，因而就不能重獲這個範疇。海德格賦予人的實在一種對自我的領會，並把自我規定為人的實在固有的可能性的「出神的謀劃」。他並不贊同我們要否認這個謀劃的存在的意圖。但是，如果一種領會不是（對）

正在領會（的）意識，那又會是什麼呢？人的實在的這種出神性質，如果不是從出神狀態的意識中產生，那它就要墮入物化了的渾渾噩噩的自在之中。應該從我思出發，這是千真萬確的，但是，人們在談到我思時，就好像是在拙劣地模仿一種著名格言，只要我們一說，就走樣了。我們前面對某些行為的可能性的條件的研究，只有一個目的，那就是使我們能夠在我思的存在中探討我思，並且能為我們提供辯證法的工具以使我們可以在我思本身中在通往人的實在構成的存在整體時擺脫瞬時性的手段。讓我們還是回來重新描述自我的非正題意識，並考察它的結果，考慮一下對意識來講，是其所不是和不是其所是的必然性意謂著什麼。

在導言中，我們說過：「意識的存在是這樣一種存在，對它來講，它是在其存在中與其存在有關的存在。」這就意謂著意識的存在與它自身並不完全相符一致。這種一致是自在的一致，可以簡單地用這句話來表述：存在就是它所是的。存在在自在中並不是無距離地屬於意識本身的一部分存在。被這樣設想的存在中並沒有任何最細微二元性的顯露；我們說自在的存在的緻密是無限的，我們要表達的就是這個意思。這就是充實。同一律能夠說成是綜合的，這不僅僅是因為它把範圍限制在某個確定存在的區域內，而尤其是因為它把無限的緻密集攏於自身。A是A，這意謂著：A是在無限的壓制下存在，屬於無限的緻密性。同一乃是統一的極限概念；自在並非真的需要一種綜合的統一來統一它的存在：統一是在它自身的極限中漸趨消失並轉化為同一的。同一是一個人的目標，這一個人是通過人的實在在世界中造就自己的。自在是它自身的充實，很難想像還有對容納者來說有比自在的內容更加充實、更加完全、更加完美一致的內容：在存在中沒有任何一點空無，也沒有任何虛無能夠得以滑入的裂縫。

相反，意識的特徵就在於它是存在的減壓。我們實際上不能把它定義為一種與自我的重合。我可以說這張桌子完完全全是**這張**桌子。但對我的信仰，我不能只侷限於說它是信仰：我的信仰，是（對）信仰（的）意識。人們常常認為，反思的注視改變了它所指向的意識的事實。胡塞爾本人承認「被看見」的事實給每種存在帶來一種整體的變化。但是我們想，我們已經指出任何反思的首要條件就是反思前的**我思**。誠然，這個我思沒有設置對象，它還是在意識之內。但是，就它對未被反思的意識、即未被自身看見的意識來說是最初的必然性而言，它同反思的我思仍然是對應的，因而它從一開始就具有為一個見證人而存在的純粹特性，儘管意識為之存在的見證人就是意識本身。因此，儘因我的信仰被把握為信仰，它就**只是信仰**，就是說它已不再是信仰，而是被攪動了的信仰。這樣，本體論的判斷，「信仰是（對）信仰（的）意識」在任何情況下都不能看成為是一種同一性的判斷：主語和表語是截然不同的，然而這種不同又是在同一存在的不可分離的統一之中。

有人會說，就算是這樣吧，但至少應該說（對）信仰（的）意識是（對）信仰（的）意識。在這種情況下，我們再次和同一與自在打交道了。問題似乎僅僅在於適當地選擇一個我們能夠把握對象的計畫。然而這是不真實的：肯定（對）信仰（的）意識是（對）信仰（的）意識。就是把意識與信仰加以割裂並取消括弧，把信仰變成為意識的一個對象，就是在反思的範圍內造成一個突然的飛躍。（對）信仰（的）意識如果只能是（對）信仰（的）意識，那它實際上就必須把它（對）自身（的）意識看作是（對）信仰（的）意識。信仰就變成對意識的超越和內容的純粹規定，意識自由地被規定，這就如同它十分樂意面對這種信仰；這就類似維克多．古贊為了依次闡明種種心理現象所持有的無動於衷的意識那樣一種觀點。但是，胡塞爾希求的方法懷疑的分析清楚地闡明了這樣一個事實：唯有反思的意識能夠與反思意識提出的東西分道揚鑣。只有在反思的水平上人們可能希求一種懸擱（ἐποχή），一種括弧間的安置，人們才可能否認胡塞爾稱之為「共作」（mit-machen）的東西。（對）信仰（的）意識由於無可挽回地完全改變了信仰，而又與信仰自身無所區別，它的存在是**爲著**造成一個信仰的活動。因此，我們不得不承認（對）信仰（的）意識就是信仰。因此，我們從一開始就把握了這種交替往返的**雙重遊戲**：（對）信仰（的）意識是信仰，而信仰是（對）信仰（的）意識。在任何情況下，我們都不能說意識是意識，也不能說信仰是信仰。其中每一項都歸轉於另一個上面並通過另一個使自身成立，然而每一項又都異於另一個。我們已經知道，無論是信仰、快意、歡樂都不能**在**被意識到**之前**存在，意識是衡量這些存在的尺度；然而，正因為信仰只能做為**被攪亂**的信仰而存在，所以它的存在從一開始起就是對自我的逃避，就好像要粉碎人們可能用以禁錮它的一切觀念，這一點也仍然是確定無疑的。

因此，（對）信仰（的）意識和信仰是同一個存在，這個存在的特徵就是絕對的內在性。但是，一旦我們要把握這個存在，它就悄悄地從我們指間溜走，並且我們就面對一種開始顯露的二元性和反映的遊戲，因為意識就是反映；但是意識正是以反映的身分成為反思者，而且，如果我們把意識看作是一個反思者，它就會漸趨消失，我們就又遇見了反映。這種反映—反映者的結構曾經使那些企圖求助於無限去解釋它的哲學家們感到困惑；或者，他們像斯賓諾莎一樣提出觀念的觀念（idea-ideae），從而引出**觀念的觀念的觀念**（idea-ideae-ideae），等等；或者，他們按照黑格爾的方式把對自我的回歸定義為真正的無限。但是，把無限導引入意識，不僅會使現象凝固而且變得晦暗不明，而且只是成為一種旨在把意識的存在還原為自在的存在的解釋性理論。這種反映—反映者的客觀存在，如果我們承認它就是它表現的那樣，那我們就不得不去相反地設想一種相異於自在的存在方式：它不是一種包含二元性的統一，不是一種超出並消除正題與反題的合題，而是一種本身就**是**統一的二元性，一種是它自身的反映的反映。如果我們力圖在實際上達到整體的現象，就是說達到這種二元性或（對）信仰（的）意識，那麼，它就立即把我們推到兩項中的一項上面，而這一項又把我們推到內在性的統一組織上去。相反，如果我們要從這樣的二元性出發並且把意識和信仰設定為一種對偶，我們就會遇到斯賓諾莎的**觀念的觀念**，那我們就失去了我們要研究的反思前的現象。這是因為反思前的意識是（對）自我（的）意識。我們應該研究的正是這個自我的概念本身，因為它規定了意識的存在本身。

我們首先應該注意到，借用傳統意義上的自在的術語來指示超越的存在，那是不準確的。在與自我重合的極限中，自我事實上消失了，為的是讓位於同一的存在的一種屬性。**自我**不能是自在的存在的一種屬性。就其本性而言，它是一個被反思者，這就像句法，特別是像拉丁句法的嚴格邏輯以及語法在「他」（指示代詞 ejus）和「他自己」（sui）之間確立的嚴格區分所表明的那樣。自我**反映**，但它恰恰反映的是**主體**。它表明主體和它自身之間的關係，而這種關係恰恰就是二元性，因為它要求特殊的詞語象徵。不過另一方面，**自我**既不指示一種做為主語的存在，也不指示做為補語的存在。如果在我實際觀察「他煩惱」（il s'ennuie）中的「se」[1]時，我就會發現它展開自身以便使主體本身在它後面出現。既然與自我無關的主體凝縮在自在的同一性中，它就全然不是主體；既然自我讓主體在它後面出現，它也就不是一個牢固的真實的關節。**自我**事實上不能被把握為一個實在的存在者：主體不能**是自我**，因為我們已經看到與自我的重合會使自我消失。但它同樣**不能不是**自我，因為自我指示了主體自身。因此，**自我**代表著主體內在性對其自身的一種理想距離，代表著一種**不是其固有重合**、在把主合設立為統一的過程中逃避同一性的方式，簡言之，就是一種要在做為絕對一致的、毫無多樣性痕跡的同一性與做為多樣性綜合的統一性之間不斷保持不穩定平衡的方式。這就是我們稱作**面對自我的在場**的東西。自為的存在規律做為意識的本體論基礎，就是在對自我在場的形式下成為自身。

人們經常把這種面對自我的在場當作一種存在的充實，而在哲學家中間普遍流傳的偏見賦予意識以存在的最高尊嚴。但是，在對在場的概念進行更深入的描述之後，上述觀點就難以成立。事實上，「面對……在場」就包含有二元性，因此也就至少包含著潛在的分離。存在對於自我的在場則意謂著存在對於自我的分離。同一的重合是存在的真實的充實，這恰恰是因為在這種重合中沒有給任何否定性留下地盤。也許，同一的原則就如同黑格爾認為的那樣能引起非矛盾的原則。是其所是的存在應該能夠是不是其所不是的存在。但是，正像我們已經指出過的，這種否定和其他一切否定一樣，首先是通過人的實在而不是通過存在本身固有的辯證法來到存在的平面上的。此外，既然這個規律恰恰支配著存在與它所不是的東西之間的種種關係，它就只能表示存在與**外在**之間的關係。因此，問題在於**外在關係**的構成原則，這些關係能夠向一個對自在的存在在場的人的實在顯現，而且這個人的實在是介入世界的；這個原則不能分辨存在的內在關係；因為這些關係設定了一種相異性，所以它們並不存在。同一律是對自在的存在內部任何關係的否定。相反，面對自我的在場設定：有一道不可觸知的縫隙潛入存在。如果它是面對自我的在場，就是因為它不完全是自我。在場是重合的一種直接的消解，因為它是以分離為前提的。但是，如果我們現在要問：**是什麼**把主體和它本身分離開了呢？我們就不得不承認並不是**烏有**。通常，能夠進行分離的東西，是一段空間距離，一段時間，兩個共存者之間的心理差異或乾脆是個性的差異，總之是一種被規定的實在。但是，在我們所說的情況下，烏有並不能把（對）信仰（的）意識和信仰分離開，因為信仰不是**別的**，只是（對）信仰（的）意識。把一個外在於我思的性質因素導引入一個反思前的我思的統一之中，這就是粉碎了它的統一，摧毀了它的半透明性；於是在意識中就會有某種意識可能對之沒有意識的東西，這種東西並不做為意識在自身中存在。這種把信仰與自身分離開來的分離既不能被把握，也不能單獨地被設想。當人們力圖揭露它時，它已消失了：人們重又發現做為純粹內在性的信仰。而如果相反，人們要原封不動地把握信仰，在人們要看見縫隙時，縫隙就在那裡出現，而當人們要沉思它時，它就又消失了。這種縫隙於是就是純粹的否定物。距離，一段時間，心理差異能夠在自身中被把握並且包含著那樣一些實證因素，它們都具有簡單的否定**功能**。但意識之內的這種縫隙就是它所否定的東西之外的一個烏有，這個縫隙只有在人們看不見它時才能存在。這個否定物是存在的虛無，並且能夠使任何總體虛無化，這就是**虛無**。在類似的純粹性中，我們是找不到任何可以把握住它的地方。而在其他任何地方，都應該以一種或另一種方式賦予它做為虛無的自在的存在。但是，從意識深處湧現出來的虛無**並不存在**。它**被存在**。比如，信仰不是一種存在與另一種存在的毗連，它是它固有的面對自我的在場，是它固有的存在的**減壓**。這樣，自為應該是其固有的虛無。身為意識的意識的存在，就是做為面對自我的在場**相距自我**而存在，而這個存在帶到它的存在中去的縹緲的距離，就是虛無。因而，為了要有一個自我存在，必須使這個存在的統一包含有做為同一的虛無化的固有的虛無。因為悄悄滑入信仰之中的虛無，就是它的虛無，就是做為對自我的信仰、做為盲目、完滿的信仰、做為「誠樸人的信仰」的信仰。自為是自己規定自己存在的存在，因為它不能與自身重合。

這樣，人們可以明白，在沒有導引線的情況下探尋這個反思前的**我思**，那在任何地方都**找**不到虛無。以人們用來發現、揭示一個存在的方式，人們是不能發現、揭示虛無的。虛無永遠是一個**彼在**。自為不得不永遠在一個對它自身而言是彼在的形式下存在，做為一個由於存在不堅實而永遠處於不安狀態的存在而存在。這種不堅實並不推向另一個存在，它只是不斷地從自我推向自我，從反映推向反映者，從反映者推向反映。儘管如此，這不會在自為內部引發出一種無限的運動，它是在唯一的活動中被給定的：只是屬於反思注視的無限運動，這種注視要把現象把握為整體，並且被從反映推向反映者、從反映者推向反映，總不停息。這樣，虛無就是存在的洞孔，是自在向著自為由之被確立的自我的墮落。但這個虛無只有當它借來的存在與存在的虛無化著的活動相關聯時才可能「被存在」。這個不斷的、自在由之消解為面對自我在場的活動，我們稱它為本體論的活動。虛無是通過存在，也就是說恰恰是通過意識或自為對存在提出疑問。這是一種絕對的事件，它通過存在來到存在中間，而且不擁有存在，但卻不斷地由存在來支持。自在的存在在其存在中被完整的實證性孤立起來，除了虛無之外，沒有任何存在能產生存在，也沒有任何東西能通過存在到達存在。虛無是存在的固有的可能性，而且是它唯一的可能性。這種原始的可能性仍然只是在實現它的絕對活動中顯現出來。虛無既是存在的虛無，就只能通過存在本身來到存在之中。它可能通過一個特殊的存在來到存在之中，這就是人的實在。但是，這個存在被構成為人的實在，是因為它除了是其固有的虛無之外，什麼也不是。人的實在，就是存在，因為這個存在在其存在中而且為了它的存在是在存在內部的虛無的唯一基礎。

二、自為的人為性

然而，自為存在著。人們會說，它存在，即使是以不是其所是和是其所不是的存在名義。它存在，因為不論它遇到什麼樣使它失敗的挫折，真誠的謀劃至少是可以設想的。在我能夠說「菲力浦二世曾經存在、我的朋友皮埃爾存在、真實地存在」的意義上講自為以事件的名義存在著；它存在，因為它在它並沒有選擇過的條件下顯現，因為皮埃爾是一九四二年的法國資產者，因為史密斯是一八七〇年的柏林工人；它存在，因為它被拋入一個世界之中，棄置於一種「處境」之中；它存在是因為它是純粹的偶然性，因為對它來講就像對世界上的種種事物、對這面牆、這棵樹、這只杯子一樣，原始的問題可以這樣提出來：「為什麼這個存在它是這樣而不是另外的樣子？」它存在，因為在它自身中有某種它並不是其基礎的東西：**它的面對世界的在場**。

這種通過自身對存在的把握不是存在自身的基礎，所以它歸根結柢是屬於整個我思的。在這方面值得注意的是，這種把握在笛卡兒的**反思的我思中**是直接被發現的。當笛卡兒想利用他的發現得到便利時，他實際上把自己看做為一個不完滿的存在，因為「他懷疑」。可是，他在這一不完滿的存在中卻察覺到一個完滿觀念的存在。於是他領悟到在可能設想的存在與事實上存在的存在之間的差距。正是這種存在的差距或欠缺成為對上帝存在進行第二種證明的根源。的確，如果我們清除掉證明中的經院式的術語，那它還能留下什麼呢：在自身中擁有完美觀念的存在不能是它自身的基礎，否則它就會按照這個觀念自行產生出來了，這點是十分明瞭清楚的。換句話說：一種可能是其基礎的存在不能忍受在它所是和它所設想的東西中間有任何一點小的差距，因為它是按照它對存在的領會產生出來的，而且它只能設想它所是的東西。但是，這種把存在看做為面對存在的存在的欠缺的領會首先是通過**我思**對它自己的偶然性的一種把握。我思，故我在。我是什麼？是一個不是其固有基礎的存在，是一個做為存在能夠在它不解釋它的存在的時候成為異於它所是的那種存在。海德格正是把這種對我們固有偶然性的直覺看作是從事實性到事實性過渡的最初動機。這種直覺是憂慮，是意識的呼喚，是罪惡感。真正說來，海德格的描述再清楚不過地表明他對於建立從本體論出發的倫理學的關注，雖然他聲稱對此並不感興趣，就像他十分注意要把他的人道主義與超越者的宗教方向調和起來一樣。在我們通過自己對自己的領會中，我們仍然是同一種無法辯解的事實的種種特性一起顯現出來的。

但是，我們剛才難道沒有把我們自己把握為意識就是說一種「通過自我存在的存在」嗎？既然這個通過自我存在的存在不是它自己存在的基礎，我們怎麼能在對存在的同一湧現的統一中存在呢？或換句話說，因為自為存在，在它可能是其存在基礎的意義上講，它就不是它固有的存在；那它怎麼能夠因為是自為就成為它自己的虛無的基礎呢？答案就寓於問題之中。

如果存在實際上是身為它自己存在的虛無化的虛無的基礎，這並不是要說它是它的存在的基礎。為了奠定它自己的存在，它必須相距自我而存在，這意謂著某種做為奠定者的存在的被奠定的存在的虛無化，意謂著一種可能成為統一的二元性。總之，為了設定可能是其存在基礎的一個存在的觀念所做的努力，不管本身如何，都將導致一種能夠成為自身虛無的基礎的、做為自在的存在的偶然的觀念的形成。這種上帝由之成為**自因**的因果性活動是一種做為通過自我對自我的重新把握的虛無化的活動，因為必然性的最初關係是向自我的回歸，是一種反思性。至於萊布尼茨要從可能出發定義必然性的努力——康德重提這種定義——是從知識的觀點出發，而不是從存在的觀點出發設想的。萊布尼茨設想的從可能到存在的過渡（必然性是其可能性包含存在的存在）標誌著從我們的無知到知的過渡。可能性實際上在此只能從我們思想的觀點出發才成其為可能性，因為可能性先於存在。它對於它是其可能性的存在而言是外在的可能性，因為存在就像結果來自原則那樣是來自可能性的。但我們在前面已經指出過，可能性的概念可以在兩種形態下加以觀察。人們實際可以把它變成為主體的指示（皮埃爾死了可能意謂著我對皮埃爾的命運一無所知），在這種情況下，是見證人面對世界決定可能；從判斷存在機遇的純粹觀點來看，存在具有自我之外的可能性；可能性很可能在存在之前就向我們表現出來，但它是向**我們**表現出來，而且它並不是這個存在的可能性；存在並不屬於在地毯上滾動的、因地毯縐折偏離方向的彈子的可能性，偏離方向的可能性也同樣不屬於地毯，它只能被做為外在關係的見證人綜合地建立起來。但是，可能性還能夠向我們顯現為實在的本體結構：於是，它屬於某些做為它們自己可能性的存在，它是它們所是的可能性，它是它們的基礎，存在的必然性於是不可能擺脫它的可能性。一句話，如果上帝存在，上帝是偶然的。

這樣，意識的存在依然是偶然的，就是說它既不屬於表現它的意識，也不屬於從其他意識那裡接受它的意識，因為這種存在**爲了**自我虛無化為自為而自在地存在著。其實，不僅本體論的證明和宇宙論的證明一樣難以構成必然的存在，就是我的存在——因為我是**某一種**存在——的解釋和基礎也不可能在必然的存在中得到：「凡是偶然的東西都應該在必然的存在中找到基礎。那麼我是偶然的。」這些前提標誌著一種要奠定基礎的欲望，而不是提供一種與實在的基礎的解釋性的連接。它實在完全不能分析後一種偶然性，而只能一般地分析偶然性這一抽象的觀念。而且，這裡涉及的是價值，而不是事實[2]。如果自在的存在是偶然的，那麼它就會在消解為自為的過程中恢復自身。它存在是為了消失於自為之中。總之，存在存在著，而且只能存在著。但是存在固有的可能性——在虛無化的活動中被揭示出來的可能性——就是成為自我的基礎，就像意識通過犧牲活動而把存在虛無化；自為，就是為了被奠定為意識而像自在一樣消失的自在。因此，意識是依靠自身保持其存在—意識的，並且只能推回到自身，因為它就是它自身的虛無化，虛無化為意識的東西不能說是意識的基礎，而就是偶然的自在。自在什麼都不能奠定；如果它奠定了自己，那就是自身發生了自為的變化。在它**已不再是**自在時，它是它自身的基礎，我們在此發現一切基礎的根源。如果自在的存在既不能成為其固有的基礎也不能成為其他存在的基礎，一般的基礎就是通過自為來到世界上的。自為不僅像虛無化了的自在那樣自我奠定，而且這個基礎與自為一起第一次顯現出來。

無論如何，這種在身為自為基礎或湧現的顯象的絕對事件中被吞沒與虛無化的自在仍然做為它原始的偶然性停留在自為內部。意識是它自己的基礎，但是，有一種意識，而不是有一種單純的、無限的自在，這一點還是偶然的。絕對事件或自為在其存在本身中是偶然的。如果我要辨認反思前的我思的種種既定材料的話，我確實會認為自為轉回向自我。無論如何，它是以存在意識的方式是自我。乾渴轉回到它所是的乾渴的意識，就像轉回到它自己的基礎一樣，反之亦然。但是「被反映者—反映者」的整體如果能夠被給定，它就會是偶然的和自在的。只不過這種整體是不能達到的，因為我既不能說乾渴的意識是乾渴的意識，也不能說乾渴是乾渴。它在那裡，就如同被虛無化了的整體，就如同現象的漸趨消失的統一。如果，我把這種現象看做為多樣性，這種多樣性就把自己指示為整體的統一，因而它的意義就是偶然性，也就是說，我可以問：為什麼我乾渴？為什麼我是對這只杯子的意識、是對這個我的意識？但是，一旦我在這個整體中觀察這個整體，它就在我的注視下被虛無化了，**它不存在**，它存在是為了不存在，而我又回到自為，這個自為在二元性開始顯露時被看成是自我的基礎：我這樣憤怒是因為我是做為這種憤怒的意識而產生的：取消構成自為的存在的自我因果性，就不再會發現任何東西，甚至連「自在的憤怒」都發現不了，因為憤怒從本質上講是做為自為而存在的。因而，自為是被一種不斷的偶然性所支持的，它承擔這種偶然性並且與之同化，但卻永遠不能清除偶然性。自在的這種漸趨消失的不斷的偶然性糾纏著自為，並且把自為與自在的存在聯繫起來而永遠不讓自己被捕捉到，這種偶然性，我們稱之為自為的**人爲性**。正是這種人為性能夠說自為存在，自為**眞實地存在**，儘管我們永遠不能實現這人為性，儘管我們永遠要通過自為把握這種**人爲性**。我們在前面已指出過，如果我們不扮演存在，我們就一無所是[3]。「如果我是咖啡館侍者，這就只是以不是咖啡館侍者的方式是咖啡館侍者。」這是對的：如果我能夠**是**咖啡館侍者，我就突然會把自己構成為同一性的偶然體。這並不是說，這個偶然的、自在的存在總是逃離我。但是，為了能夠自由地賦予包含我的身分的那些義務以意義，那就應該使做為我的**處境**漸趨消失的偶然性的自在的存在在某種意義上如同不斷漸趨消失的整體那樣在自為的內部被給定。由此完全可以得出結論說：如果我應該扮演一個咖啡館侍者以成為這個咖啡館侍者，那至少我要扮演外交家或海員就是白費氣力，我不會成為他們。我的處境的這一捉摸不定的**事實**，這種分離實現著的喜劇與單純的喜劇的差別，就使得自為在選擇其處境的意義的過程中，在使自己構成為自己在處境中的基礎的過程中並沒有**選擇**自己的位置。這就使得我認為自己是完全對自己的存在負有責任，因為我是我的存在的基礎，同時又認為我完全不能證明我的存在是合理的。如果沒有人為性，意識就可能按照在《理想國》中人們選擇自己處境的方式選擇它與世界的關係：我能夠規定自己「生為工人」或「生為資產者」。但是另一方面，人為性不能把我構成為資產者或工人的存在者。嚴格說來，人為性甚至不是對這一事實的**反抗**，因為，正是在**反思前的我思**的基礎上恢復人為性的過程中，我賦予人為性以意義和反抗。它只是我給予我自己的、我為了是我所是的而應投入其中的存在的標誌。在原始的未加修飾的狀態中是不可能把握人為性的，因為我們在它那裡要找到的東西業已被把握並且已被自由地建立起來了。「此之在」這一簡單**事實**，如同在這桌子上，在這間房間裡一樣都已經是一個有限觀念的純粹對象，並且不能夠被原封不動地被達到。但是，它卻包含在我「此之在的意識」中，就像它完全的偶然性，就像一個被虛無化了的自在，自為在它的基礎上做為「此之在」的意識自行產生出來。做為「此之在」的意識而不斷自我深化的自為在自我中只發現了一些動機，就是說它不斷地被推向自身和它的永恆的自由（我在那裡是為了……等等）。但是，當這些動機把自己完全奠定的時候，這些傳遞動機的偶然，就是自為的人為性。自為既是自為，就是其自身的基礎，它與人為性的關係可以正確地命名為：事實的必然性。笛卡兒和胡塞爾正是把這種事實的必然性看作我思明晰性的構成因素。自為所以是必然的，因為它是由自己奠定的。這也就是為什麼它是一個確定無疑的直覺的被反思對象：我不能懷疑我在。但是，由於這樣的自為可能不存在，它就具有事實的全部偶然性。同樣，我的虛無化的自由也是通過焦慮自我把握的，自為意識到它的人為性：它體驗到它全部的無效性，它把自己視為一個在那裡的毫無結果的存在，把自己看做為一種多餘。

不應該把自為的人為性與笛卡兒的其屬性是思維的實體混為一談。誠然，思維的實體只有在思維時才存在，但做為被創造的事物，它分享著被創造物（ens creatum）的偶然性。然而，它卻**存在著**。它完整地保留著自在的自在特性，儘管它的屬性是自為。人們正是把這稱為笛卡兒實體的幻像。相反，我們則認為，自為的顯象或絕對的事件確都迴轉過來變成自在要自我奠定的努力：它適應於存在要消除其存在偶然性的意圖；但是這種意圖導致自在的虛無化，因為自在如果不把自我或反思的、虛無化的迴轉導引入它的存在的絕對同一性中以至沒有消解為自為，那自在就不能被奠定。於是自為便相適於自在的鬆弛結構的瓦解，而自在則在要被奠定的意圖中被虛無化並被消化。因而，自在並不是一種自為是其屬性的實體，它不是能夠產生思維而又不在產生思維的過程中消失的實體。它只是做為一種存在的回憶，一種對世界無可辯解的在場停留在自為之中。自在的存在奠定的是它的虛無，而不是它的存在；它在自身的減壓中虛無化為一個自為，這個自為做為自為成為它自己的基礎；但是，它的自在的偶然性始終是不可捉摸的。這就是在自為中自在的做為人為性保留下來的東西，這使得自為只有一種事實的必然性，也就是說，它是它的意識—存在或存在的基礎，但在任何情況下它不能奠定它的在場。這樣，意識在任何情況下都不能阻止自己存在，然而它對自己的存在卻負有完全的責任。

三、自為和價值的存在

對人的實在的研究應該從我思開始。但是笛卡兒的「我思」是從時間性的瞬間角度設想的。人們是否可能在我思的內部找到一種超越這種瞬間性的手段呢？如果人的實在侷限於我思的存在，那它就只能有一個瞬間的真理。確實，在笛卡兒那裡，人的實在是一個瞬間的整體，因為它自己並不對未來提出任何要求，因為，為了使它從一個瞬間過渡到另一個瞬間必須有一種連續的創造活動。但是人們能夠設想瞬間的真理嗎？我思以自己的方式是否介入到過去和將來之中？海德格是那樣堅信胡塞爾的「我思」是令人神迷的誘惑陷阱，以致全然避免在他的對此在的描述中求助於意識。他的目的在於直接地指出我思是煩，也就是說在自我向著諸種它所是的可能性的謀劃中我思是對自我的逃避。他把這種自我之外的計畫稱做為「領會」（Verstand），這種謀劃使他能夠把人的實在確立為「揭示—被揭示」的存在。但是，這種要**首先**指出此在對自我的逃避的企圖會反過來遇到難以克服的困難：人們不可能**首先**克服「意識」這一維，即使是為著能隨後重新建立它。領會只有在它是領會的意識時才成其為領會。我的可能性只有在它是向著可能性逃避自我的意識時，才做為我的可能性而存在。否則，全部存在系統和它的諸種可能性就會墮入潛意識之中，也就是說墮入自在之中。我們於是又被投向我思。必須從我思出發。我們能否擴展我思的含義而又不失去反思自明性的種種益處呢？對自為的描述向我們揭示了什麼呢？

我們首先碰到的是自為的存在在其存在中為之感到不安的虛無化。這種對虛無的揭示在我們看來並沒有超出我思的界限。讓我們進一步探討一下這個問題。

自為如果沒有把自己規定為一種**存在的缺陷**，就不能夠支持虛無化。這就意謂著虛無化與把虛空簡單地導引入意識並不是一回事。一個外部的存在並沒有排除意識中的自在，正是自為不斷地規定自己**不是**自在。這意謂著，自為只有從自在出發並且相對於自在才能自我奠定。因此，虛無化既是存在的虛無化，它便代表著自為的存在與自在的存在之間的原始關係。具體和實在的存在是在意識的核心中在場的，是做為意識規定自己所不是的那種東西來在場的。我思應該使我們必然地發現這種自在能及範圍之外的整體的在場。也許，這種在場的事實將是自為的超越本身。但恰恰是虛無化成了被認為是自為與自在之間原始關係的超越性的根源。於是，我們隱約看見一種脫離我思的手段。我們還會在後面看到，我思的深刻含義實際上就是重新投向自我之外。不過現在還不是描述自為這種特性的時候。本體論描述直接使之出現的東西，就在於這種存在是做為存在缺陷的自我的基礎，就是說在其存在中它被一種它所不是的存在所規定。

儘管如此，還有一些不是的方式，這些方式中的一些方式到達不了不是其所不是的存在的內在性質。例如，我若談到一個墨水瓶不是一隻鳥，墨水瓶和鳥就始終難以被否定觸及。這是一種只有通過做為見證的人的實在的活動才可能被建立起來的外在關係。然而，還有一種在人們否認的東西和人們用以否定的東西之間建立起內在關係[4]的否定。在所有的內在否定中，最深入於存在的否定，在其存在中合成它用以做出這個否認的那個存在與它所否認的那個存在的否定，就是**欠缺**。這種欠缺不屬於自在的本性，它完全是實證性。它只是與人的實在的湧現一起在世界中出現。只有在人的世界裡才可能有欠缺。欠缺以一種三位一體的東西為前提：欠缺物或欠缺者，欠缺欠缺物的東西或存在者，以及一種被欠缺分解又被欠缺者和存在者恢復的整體：即**所欠缺者**。人的實在的直觀所面臨的存在永遠是它**所欠缺的東西**或者是存在者。比如，我說月亮不是滿盈的，它缺了四分之一，我是根據一輪新月的完滿直觀得出這個判斷的。因此，直觀面臨的是一個在自身中既不是完全又不是不完全的自在，而只是它所是，與其他存在並沒有關係。為了使這個自在被看作一個新月，人的實在就必須向著被實現的整體謀劃超越給定物——這裡指的是滿月月輪——並且為了把它確定為新月隨後轉向給定物。就是說為了從變成這個自在的存在的基礎的整體出發在它的存在中實現它。在這同一超越中，**欠缺者**將被確立為這樣的：它對於存在者的綜合補充將重新構成所欠缺者的綜合整體。在這個意義上講，欠缺者與存在者具有相同的性質，當存在者要變成欠缺者的時候，只須推翻一種處境就足以使它變成欠缺者欠缺的存在者。做為存在者補充的欠缺者在其存在中是被所欠缺者的綜合整體所規定的。因此，在**人的世界**中，在直觀面前表現為不完全的、做為欠缺者的存在是被所欠缺者確立——就是說被它所不是的東西確立——在它的存在中；是滿月賦予新月以新月的存在；是不是的東西規定是的東西；這個存在做為與人的超越性相關的東西在存在者的存在中趨向自我之外直至並不按照它的方向存在的存在上去。

欠缺由之在世界中顯現的人的實在本身就應該是一種欠缺。因為欠缺只能通過欠缺從存在中來，自在不能成為欠缺自在的機會。換言之，為了使存在成為欠缺者或所欠缺者，一個存在必須使自己變成自己的欠缺；唯有欠缺的存在能夠向著所欠缺者超越存在。

人的實在是欠缺，做為人的行為的欲望的實存就足以證明這一點。如果人們要在欲望中發現一種**心理狀態**，也就是一種其本性就是是其所是的存在，那如何解釋欲望呢？一個是其所是的存在，就其被看成是它所是的而言，並沒有向自我要求任何東西以補充自己。一個未完成的圓圈只是因為被人的超越性超越才要求完成。它自在地是完整的、完全肯定的，就像一條開放的曲線。與這條曲線的充足一起存在的心理狀態不能另外地**對其他東西**有絲毫要求：它是它自身，與不是它的東西毫不相干；為了使它成為諸如飢餓或乾渴之類的東西，必須有超越它而走向「充飢」整體的外在超越性，就如同超越性向著滿月超越新月一樣。把這種欲望變成一種比照體力而設想出來的**自然傾向**（conatus）並不能擺脫困境。因為即使人們特許這種自然傾向具有做為原因的效力，它本身仍然無法具有對另一種狀態的渴望的種種特性。自然傾向做為狀態的**產生者**是不能與做為對狀態的**要求**的欲望等同的。求助於心理—生理的平行主義未必更能擺脫這些困難：做為現象的乾渴、做為對水的生理需求的乾渴其實並不存在。有機體失水會表現出某些積極的現象：例如某種血液的濃縮，而這種現象又會引起某些其他的現象。總體是只迴轉到自身的有機體的一種積極狀態，這恰如水分蒸發導致溶液稠化的結果不能被視做為溶液對水的欲望一樣。即使人們假設精神與生理之間的嚴格對應，這種對應也只能建立在本體同一性的基礎之上，如同斯賓諾莎認為的那樣。因此，心理乾渴的存在將是一種**狀態**的自在的存在，而我們則再次被推向做為見證的超越性上。這樣一來，乾渴就是**爲**獲得這種超越性的欲望，而不是獲得自身的欲望：它是在別人眼中的欲望。如果欲望對自身來講是欲望，它就必須是這超越性本身，就是說從本質上講必須是向著所欲望的對象對自我的逃避。換言之，它應該是一種欠缺——但不是一種對象—欠缺，一種被承受的、被它所不是的超越所創立的欠缺：它必須是它自身對……的欠缺。欲望是存在的欠缺，它在其存在的最深處被它所欲望的存在所糾纏。因此，它證實了在人的實在的存在中的欠缺的存在。但是，如果說人的實在是欠缺，通過它，存在者、欠缺者和所欠缺者的三位一體在存在中湧現，確切說來，這三位一體的三項是什麼呢？

存在者在此扮演的角色，就是向**我思**表現為欲望的直接性，例如，我們把這個自為理解為不是其所是和是其所不是的。但所欠缺者可能是什麼呢？

為了回答這個問題，我們應該回到欠缺的觀念上來並且更確切地規定連接存在者和欠缺者的關係。這種聯繫不能是簡單的毗連。欠缺物之所以如此深刻地在其不在場中、在存在者深處出現，是因為存在者和欠缺者是同時在同一整體的統一中被把握並被超越的。而把自己構成為欠缺的東西只有向著一種被分解的宏大形式，自我超越才能把自己構成欠缺。因此，欠缺是以整體為背景的顯象。這個整體一開始曾經是被給定的，現在是被分解了（米羅的維納斯像胳膊殘缺），或者這個整體從未實現過（他缺少勇氣），這些都是無關緊要的。重要的僅僅在於欠缺者和存在者互相表現，或者被把握，如同還在所欠缺整體的統一中面臨著消失一樣。欠缺物都是**爲了……**欠缺……。而在原始湧現的統一中被給定的東西就是**肯定方面**，它被設想為還不是的或不再是的東西，被設想為被肢解的存在者向著它自我超越或被超越的不在場，存在者由此被構成為被肢解者。人的實在的**肯定方面**是什麼呢？

做為自我基礎的自為就是否定的湧現。它自我奠定，因為它否定自我有某種存在或某種存在方式。我們知道，它所否定或消滅的，就是自在的存在。但並不是任意的自在的存在：人的實在首先是它自己的虛無。因為它在其方向上是被這個虛無化和這個在自身中對它以被虛無化的名義虛無化了的東西的在場所構成的，那所欠缺的做為**自在的存在的自我**造成了人的實在的意義。由於的實在在它與自我的最初關係中並不是它所是的，它與自我的關係就不是原始的並且只能從一種最初的關係中獲取其意義，這種關係是**縹緲**的關係或者是同一性。正是自我是其所是；自我可能把自我把握為不是其所是；在自為定義中被否定的關係——這樣的關係應首先被確立——就是以同一性方式做為自為對自身不斷的不在場而被確定的關係。這種乾渴因之自我逃避並且不成其為乾渴的微妙混亂的意義，由於乾渴是乾渴的意識，它就是那會成為乾渴的乾渴，就是那糾纏乾渴的乾渴。自為欠缺的，就是自我——或是做為自在的自身。

儘管如此，不應該把這所欠缺的自在與人為性的自在混淆起來。人為性的自在在企圖自我奠定的失敗中消解為對自為世界的純粹在場。所欠缺的自在則相反是純粹的不在場。奠定活動的失敗還使得做為它自己虛無的基礎的自為從自在那裡湧現出來。但是，奠定所欠缺者的活動的意義始終是超越的。自為在其存在中是失敗，因為它只是做為虛無的自身的基礎。真正說來，這種失敗就是它的存在本身，但是，只有當它被自己把握為**面對**它不能是的存在的失敗時，也就是面對是其存在而不再僅僅是其虛無的基礎的存在時，也就是面對是其做為與自我重合的基礎的存在時，它才是有意義。從本質上講，**我思**轉回到它欠缺的東西和欠缺它的東西上面，因為它是被存在糾纏的**我思**，笛卡兒已經清楚地看到這一點。而這就是超越性的根源：人的實在是它自身向著欠缺它的東西的超越，如果它曾是它所是的，它就向著它可能是的那個特殊的存在超越。人的實在並非是某種首先存在以便隨後再欠缺這個或那個的東西，而是首先做為欠缺、並且在與它所欠缺的東西的直接綜合聯繫中存在。因而，人的實在做為對世界的在場湧現的純粹事件被自我把握為它**自身的欠缺**。人的實在在到達存在之中時，被把握為不完全的存在。它被視作存在者，因為面對它欠缺的特殊整體，它並不存在；因為它是在它所不是而又是它所是的形式下存在的。人的實在乃是向著與從未給定的自我重合而進行的不斷的超越。如果**我思**傾向於存在，那是因為通過我思的提昇，它向著存在自我超越，並同時在其存在中被定義為與自我相重合的存在，為了是其所是所欠缺的存在。**我思**與自在的存在不可分割地聯繫在一起，並不是做為對其對象的思維——那將會使自在相對化——而是做為規定其欠缺的一種欠缺。在這個意義上講，笛卡兒的第二種證明是嚴密的：不完滿的存在向著完滿的存在自我超越：只是其虛無的基礎的存在向著是其存在基礎的存在自我超越。但是，人的實在向著它自我超越的存在不是一個超越的上帝：它寓於人的實在的深處，它只是像整體一樣就是它自身。

這是因為，這種整體實際上不單純是超越者的偶然的自在。意識把握為自己向著它自我超越的存在的東西，如果是純粹的自在，那就會與意識的消失重合。但是意識並不向著自己的消失自我超越，它不願在其超越的界限中消失於同一性的自在中。正是為了這樣的自為，自為要求自在的存在。

因此，這種糾纏著自為的永遠不在場的存在，它本身就被固定在自在之中。這就是自為與自在之間不可能實現的合題：它可能是它自己的基礎，並不因為虛無，而是因為存在，而且它還在自身中保留著意識的半透明性，是因為自在的存在與自我的重合。它在自身中保留著這種對自我的回歸，這種回歸制約著全部必然性和全部基礎。但是，這種對自我的回歸是無距離地造成的，它並不是對自我的在場，而是與自我的同一。一句話，這種存在恰恰就是我們指出過的只能做為不斷漸趨消失的關係而存在的自我，但是，它是做為實體的存在是自我的。因而，人的實在就這樣面對它自己的整體或面對做為對這個整體的欠缺而湧現出來。這個整體從本質上講不能被給定，因為它在自我中集合了自在與自為的種種不可並存的特性。人們不應該責備我們樂於創造這樣一種存在：當這個整體的存在或不在場做為一種世界之外的超越性被中介的最終運動實體化了的時候，那這個整體的名字就是上帝。上帝不是同時是一個它所是的存在，因為它是完全的實證性和世界的基礎——同時又是一個不是它所是和是它所不是的、做為自我意識和自身必然基礎的存在嗎？人的實在在自身存在中是受磨難的，因為它向著一個不斷被一個它所是的而又不能是的整體不斷地糾纏，因為它恰恰不能到達自在，如果它不像自為那樣自行消失的話。它從本質上講是一種痛苦意識，是不可能超越的痛苦狀態。

但是，正確地說，什麼是這個在其存在中痛苦意識向著它自我超越的存在呢？我們能否說它不存在呢？我們在其中指出的這些矛盾只能證明它不能夠被**實現**。沒有任何東西能夠值得反對這個明晰性的真理：意識只有**介入**這個從各個方向包圍它的並從它虛幻的在場中傳遞出來的存在才可能存在——這是它所是的然而又不是它的存在。我們能說這是一個與意識**相關**的存在嗎？那將把它混同於一種論題的對象。這個存在不是由意識也不是在意識之前被設定的；並沒有這個存在**的**意識，因為這個存在糾纏著（對）自我（的）非正題意識。它做為它存在的意義標示著意識，意識不是**對**這個存在**的**意識，更不是（對）自我（的）意識。不過，存在同樣不能逃避意識：但是，因為它對於存在猶如（對）存在（的）意識，它在那裡。恰恰不是意識賦予這個存在以意義，就像它對這個墨水瓶或這支鉛筆所做的那樣；但是，若沒有這個意識在不是它的形式下所是的存在，意識就會不成其為意識，即欠缺。相反，正是從存在那裡意識為自己獲取了意識的意義。存在和意識同時既在意識深處又在意識之外湧現，它是絕對內在性中的絕對超越性，它對意識沒有優先特權，意識對它也沒有優先特權：它們**相輔相成**。也許，沒有自為，存在不能存在，但同樣，沒有存在，自為也不能存在。意識相對這個存在以**是**這個存在的方式維持自身，因為，存在就是意識本身，然而，是做為意識不能是的一個存在。存在就是意識本身，它在意識之內並且是在能及範圍之外的，這就像一種不在場和不可實現的東西；它的本質就是把其固有的矛盾封閉於自在之中：它與自為的關係是一種完整的內在性，最終以完整的超越性結束。

此外，不應該設想這種存在是與我們的研究已經確立的抽象特性一起向意識表現。具體的意識在處境中湧現，它是這種處境的特殊的和個體（的）意識，是它在處境中的自身（的）意識。自我正是對這種具體的意識在場，而且意識的一切具體特性在自我的整體中都擁有它們的相關物。自我是個體的，它正是做為它個體的結束糾纏著自為。比如，一種感情是面對某種規範的感情，也就是面對同一類型的、是其所是的感情的感情。這種規範或情感自我的整體是直接地做為在痛苦內中被承受的欠缺在場的。人們承受痛苦，並且因為沒有遭受足夠的痛苦而承受痛苦。我們所**說的**痛苦永遠不完全是我們感覺到的痛苦。我們稱作「美的」、「善的」或「真實的」痛苦以及使我們激動的痛苦，都是我們從其他人臉上，或不如說在畫像、在雕像的面部、在悲劇人物的假面上所察覺的痛苦。這是一種蘊涵存在的痛苦。它像一個緊湊和客觀的整體對我們表現，它不曾為了存在等待我們的到來，並且超出我們從存在那裡取得的意識：這種痛苦在那裡，在這個難以深入而緻密的世界中，它就像這棵樹或這塊石頭一樣綿延：總之，它是它所是：我們可以這樣說它：這種在那裡的痛苦是通過咧嘴強笑、通過眉頭緊縐而表現出來的。面部表情支持並表現了痛苦，但並不製造它。痛苦置身於面部表情之上，它超出被動性和主動性之外，也超出肯定和否定之外：它存在著。然而，它只能做為自我意識而存在。我們清楚地知道，這個面具並不表示一個睡者的潛意識的怪樣，也不表示一個死者的怪笑：它轉回到一些可能上去，轉回到世界中的某一種處境中去。痛苦是對這些可能、這種處境的意識關係，不過是被凝固的，被沉沒於冷酷的存在中的關係；正因為痛苦是這樣的，它才使我們心醉神迷：它就像是對糾纏我們自己痛苦的這個自在的痛苦的一種消解了的近似化。我所感覺到的痛苦則相反，它永遠不足以是痛苦，因為它通過它在其中自我奠定的活動而做為自在來自我虛無化。它像痛苦一樣向著痛苦意識自我逃避。我從不會為之感到**驚奇**，因為它只是在我感覺到它時才存在。它的半透明性使它失去任何深度。我不能像觀察雕像的痛苦那樣觀察它，因為它是我製造的，我知道它。如果必須受苦，我願我的痛苦控制我，像暴風雨一樣震撼我：但是，我應該在我自由的自發性中把它提高到存在的水平。我要同時是它而且承受它，但是這個巨大而又不透明的痛苦把我載出我之外，它不斷用它的翅膀輕掠於我，我不能抓住它，我只找到了**我**，這個憐憫我的我、呻吟著的我，為了實現這個我所是的痛苦而必須不懈地演出痛苦的喜劇的我。我扭曲雙臂，我喊，為的是讓自在的存在，聲音，手勢遍及那由於我不能是的自在的痛苦而變得錯綜複雜的世界。受苦者的每一聲嘆息，每一種面部表情都意在雕刻一座痛苦的自在的雕像。但是，這座雕像永遠只是通過別人、為著別人而存在的。我的痛苦為那是它所不是又不是它所是的東西而痛苦；它在即將匯合的時刻又逃避開來，通過烏有、通過它是其基礎的虛無與自身相分離。它喋喋不休，因為它不足以是它，但是它的理想是沉默。如同這雕像的沉默，如同這個低眉垂首、臉色黝暗、緘默不語、神情沮喪的人的沉默。但這個沉默的人是**對我而言**才不說話的。他在自身中絮絮叨叨，因為他內心的話語就如同痛苦的「自我」的雛形。正是在我眼裡，他被痛苦「壓垮」了：他在自身中感到應該對這種痛苦負有責任，這種痛苦，在他不想要時他卻要了，而在他想要時又不要它了，而且這種痛苦被一種永久的不在場糾纏著，這種靜止的、無言的痛苦的不在場就是自我，即忍受痛苦的自為能及範圍之外的具體的整體，也就是痛苦之中的人的實在的**肯定方面**。可以看出，這種自我—痛苦探訪我的痛苦，它永遠不是被我的痛苦確定的。而我的實在的痛苦並不是一種要達到自我的**努力**。但是，它只有做為意識才能**成為**痛苦，而這種意識是面對完全和不在場痛苦對「不足以是痛苦」這一事實（的）意識。

現在，我們能夠更加明確地規定何為自我的存在：它就是價值。價值實際上受到無條件地存在與不存在這雙重特性的影響，倫理學家曾對這點做過極其片面的解釋。實際上，價值既為價值，它就擁有存在，但這個規範的存在做為實在恰恰沒有存在。它的存在是要成為價值，就是說不是存在。價值似乎是不可捉摸的：若把它看做為存在，人們就可能完全否定它的非實在性，並且可能像社會學家那樣使它變成為在其他行為要求之中的一種要求。在這種情況下，存在的偶然性扼殺了價值。但是，如果相反，人們只看到價值的同一性，人們要把它從存在中收回，由於缺少存在，價值就崩潰了。正如舍勒所指出的那樣，我也許能從具體的例證出發到達價值的直觀，我能在一個崇高的活動上把握崇高。但是，這樣被領會的價值——按照例如把「紅色」的本質和特殊的紅色相比較的方式——就不會表現為和它使之有價值的那個行為居於同一存在水準上。價值只是做為被觀察到的行為之外的一種行為，做為例如崇高行為的無限進化而被給定的。價值是在存在之外。然而，如果我們不是在說空話，那就應該承認這個存在之外的存在，至少以某種方式擁有存在。這些看法就足以讓我承認人的實在是價值賴以到達世界之中的存在。那麼，價值的意義就是一個存在向著它超越自己存在的東西：任何價值化了的活動都是向著……對其存在的脫離。價值永遠並處處都是外在於一切超越的，因而可以把它看作是一切存在超越的不受限制的統一。由此，價值就和那一開始就超越自己存在、而且超越由之來到存在之中的實在，就都和人的實在合二而一了。我們還看到，價值是一切超越的不受限制的彼在，它一開始就應該是超越著的自身存在的彼在，因為這是價值能夠用以在一開始就成為一切可能的超越的彼在的唯一方式。如果說，任何超越都應能夠自我超越，那實際上就應該使超越的存在**先驗地**被超越，因為它就是超越的根源本身，因此，在其根源獲取的價值或最高價值就是超越性的**肯定方面**的彼在。它是超越的而且是奠定我所有超越的彼在，但是，朝著它我永遠不能自我超越，因為恰恰是我的超越設定了它。它是一切欠缺的所欠缺者，而不是欠缺者。價值，就是自我，因為它糾纏著自為的核心，即自為為之存在的肯定方面。意識每時每刻通過自己的存在向著它超越的最高價值，就是自我的絕對存在，連同它的同一特性，純粹和恆久的特性等等，因為它是自我的基礎。這就能使我們設想為什麼價值能存在，同時又能不存在。它像任何一種超越的意義和本質那樣存在，像糾纏著自為的存在的不在場的自在那樣存在。但是，一旦人們關注它，它自己就成為這個自在的存在的超越，因為它表現了這個超越。它處於它自己的存在之外，因為它的存在是屬於與自我重合的存在類型的，它同時超越這個存在，超越它的恆久性、純粹性、堅固性、一致性和它的沉默，並且以對自我在場的名義要求這些性質。反過來說，如果人們開始把價值看作對自我的在場，這個在場馬上就會被凝固、固定於自在之中。而且，它在其存在中是一個存在向著它使自己成為存在的所欠缺的整體。它向著一個存在湧現，不是因為這個存在是其所是，是完全的偶然性，而是因為它是其固有虛無化的基礎。在這個意義上講，價值糾纏存在，是因為存在自我奠定，而不是因為它存在：價值糾纏**自由**。這意謂著價值與自為的關係是特別特殊的：價值是自為應該是的存在，因為自為是其存在的虛無的基礎。而自為之所以應該是這個存在，並不是由於受到外界壓力的影響，也不是因為價值像亞里斯多德的第一推動力那樣對它產生事實上的吸引力，也不是由於從它的存在中獲得的一種特性，而是因為它在其存在中使自己像應該是這個存在那樣存在。總之，自我、自為和它們的關係維持在一種無限制的自由的界限之內——在這個意義上講，除了這種同時使我自己存在的自由，任何東西都不能使價值存在——同時也維持在具體人為性的界限內，自為因為是其虛無的基礎，不能夠成為自己存在的基礎。因而有一種**為價值的存在**的完整偶然性，然後回到全部道德上去以便傳遞這種道德並且使之相對化——同時還有一種自由的和絕對的必然性[5]。

在其原始湧現中的價值並不是自為**確立**的：價值與它是共實體性的——甚至可以說，不被其價值糾纏的意識是沒有的。而且從廣義上說，人的實在包含著自為和價值。如果說，價值糾纏自為而不被自為確立，那價值就不是一個正題的對象：為此，自為對自身應該是位置對象，因為價值和自為只有在這一對的共實體性的統一中才能湧現出來。因此，做為（對）自為（的）非正題意識的自為並不**面對**價值存在，這是從萊布尼茨所說「單子單獨地面對上帝」而存在的意義上得出的觀點。所以價值在這一階段並沒有**被認識**，因為認識是面對意識確立對象的。價值僅僅是和自為的非正題的半透明性一起被給定的，自為使自己做為存在的意識而存在。價值無處不在而又處處不在，它在「反映—反映者」的核心中在場而又不可觸及，只是做為製造我現在的存在的欠缺之具體意義被體驗到的。為了使價值成為一個正題的對象，價值糾纏的自為就必須在反思的注視面前受到質詢。反思的意識實際上在其欠缺的本質中確立了被反思的存在，並且同時抽取價值，這個價值就是所欠缺的東西的不可達及的意義。因此，反思的意識嚴格說來可以叫作道德意識，因為它若不同時揭示種種價值就不能湧現。不言而喻，在我的反思意識中，我總是自由地把我的注意力放在這些價值上面，或者是忽視它們——恰如在這張桌子上要更加注意到我的鋼筆或菸盒完全取決於我一樣。但是，無論這些價值是不是被縝密注意的對象，它們都**存在著**。

然而，不應當由此得出結論說，反思的注視是唯一能使價值顯現的東西，而且我們通過類比在超越性的世界中謀劃我們的自為的價值。如果直觀的對象是人的實在的一種現象，它就同時與其價值一起表現出來，因為他人的自為不是一種暗藏的現象，它僅僅表現為通過類比所進行的推理的結論。它從一開始就向我的自為表現，我們甚至還將看到，它的做為為他的在場是如此這般的自為結構的必要條件。價值在為他的湧現中和在自為的湧現中一樣被給定，儘管是以不同的方式。但是，只要我們還沒有闡明為他的本性，我們就不能論述價值在世界中對價值的客觀發現。因此，我們把對這個問題的考察放在本書的第三卷裡進行。

四、自為和可能的存在

我們已經知道，人的實在是一種欠缺，而且它做為自為欠缺的是與自身的重合。具體地說，每個特殊的自為（存在）都欠缺某種特殊具體的實在，這種實在的同化綜合使自為轉化為**自我**。它為……而欠缺……，就像月亮缺了口的月輪欠缺能使月亮完整並使之成為滿月的東西。因此，欠缺者在超越性的進程中湧現並且從所欠缺者出發通過回歸向著存在者規定自己。這樣規定的欠缺者對於存在者和補充物來說是超越的。因此，新月為了成為滿月所欠缺的恰恰是月亮的一角，鈍角ABC為了成為兩個直角所欠缺的是銳角CBD，二者的性質是一樣的。而自為為了要與自為合二而一所欠缺的，則是自為。但無論如何，這裡涉及的都不是一個陌生的自為，也就是說不會是一個我不是的自為。事實上，既然理想湧現，與自我的重合，欠缺的自為就是我所是的自為。但是，另一方面，如果我以同一性的方式是這個自為，總體就會變成自在。我是以應該是我所不是的自為的方式是欠缺的自為。因此，自為的原始超越關係的雛形的構成是做為對一個它所是的而又**欠缺**的不在場的自為進行同一化的自為的謀劃。做為每個自為**固有的欠缺者**而表現出來的東西以及被規定為特定自為和任何其他自為所欠缺的東西，就是自為的可能。可能在自為的虛無化的基礎上湧現出來。它不是**事後**被正題地設想為與自我結合的手段。但是，做為自在的虛無化與存在的減壓之自為的湧現使可能做為這個存在的減壓的一些面貌湧現；就是說做為與人們所是的自我相離的存在方式湧現。因此，自為若不被價值糾纏並朝著其固有可能被謀劃，它就不可能顯現。不過，一旦自為把我們推向它的諸種可能，**我思**就以不是自為的方式向著它所是的來把我們驅逐於瞬間之外了。

但是，為了更好地理解人的實在如何既是其固有的可能性同時又不是這些可能性，我們必須回到**可能**這個概念上來並且力圖闡明這個概念。

可能與價值的情況一樣：而人們在理解可能的存在時會遇到更大的困難，因為它是先於它是其純粹可能性的存在而被給定的，然而，至少是做為可能，它必須擁有這個存在。人們不是會說：「他可能來嗎？」從萊布尼茨開始，人們就樂於把「可能」稱作一種並不介入到存在著的因果體系中的事件，就像人們就能夠確定地規定它一樣，這種事件不包括任何矛盾，既不包括與自身的也不包括與被觀察體系的矛盾。這樣被規定的可能只有在認識的注視下才是可能，因為我們既不可能肯定也不可能否定我們面對的可能。由此，產生兩種對待可能的態度：可以像斯賓諾莎那樣，認為可能在我們無知的注視下存在，而且當無知消失時，可能也就消失。在這種情況下，可能只是在獲取全知的道路上的一種主觀階段，它只具有心理方式的實在，做為含混不清或經過刪減的思想，它具有一個具體的存在，但這個存在不是世界的屬性。然而，還可能以萊布尼茨的方式使可能的無限性變成為神的理智的思維對象，這種理智賦予這些可能以一種絕對實在的方式；並且根據神的意志使諸可能之中最優秀的體系能夠保留下來。在這種情況下，儘管單子的感知鍊條被嚴格規定，儘管一個認識的存在能夠從它實體公式出發堅定地確立亞當的決定，說「亞當可能沒摘蘋果」這句話也並非是荒謬的。這僅僅意謂著，以神的理智的名義存在著一種另外的共可能的體系，就像亞當並沒有吃智慧樹上的果子一樣。但是，這種觀點與斯賓諾莎的觀點是如此不同嗎？事實上，可能的實在性唯獨是神的思維的實在性，這意謂著，它擁有做為並未被實現的**思維**的存在。也許，主觀性的觀念在此已導致極限，因為，這裡涉及的是神的意識，而不是我的意識；如果人們從一開始就願意混淆主觀性和有限性，那當神的理智變成無限的時候，主觀性也就消失了。可能仍然是一種**只是思維**的思維。萊布尼茨本人似乎要賦予可能以一種自主性和一種固有的重量，因為古杜拉發表的一些形而上學的殘篇向我們指出，諸種可能自己組織成為共可能的和最完全的體系，也是最豐富的、傾向於自我實現的體系。但是，這只是一種理論的概述，萊布尼茨並沒有進一步論述——也許因為它不再可能深入下去：給予可能以一種朝著存在的傾向，這就意謂著，或者可能已經是完全的存在並且它具有與存在相同的存在類型——從人們給予花苞變成花朵的傾向的意義上說——或者，在神的理智內部的可能已經是一種力量—思想，而最大的被組成體系的力量—思想自動地喚起神的意志。但在這後一種情況下，我們沒有脫離主觀的東西。如果，人們確定可能不是矛盾的，它就只有做為先於實在世界或先於世界純粹認識的存在的思維才可能擁有存在。在這兩種情況下，可能都喪失了可能的本性，並且消融在表象的主觀存在之中。

但是，可能的被表象的存在無法說明可能的本性，因為它相反摧毀可能的本性。用我們平常習慣的用法，我們完全不能把可能理解為無知的表現，也不可能把可能理解為不矛盾的、屬於一個未實現的世界，並且處在這個世界之外的結構。可能向我們顯現為存在的一種屬性。在看了天空一眼之後，我推斷說：「可能要下雨，」我並不認為這裡的「可能」是「與天空現在的狀態沒有矛盾的」。這種可能性做為威脅是屬於天空的，它代表著我向著雨而對感知到的雲的超越，雲在自身中載著這超越，這並不意謂著超越將要實現，而僅僅意謂著雲的存在結構是向著雨的超越性。可能性在此是做為一個特殊存在的附屬物而被給定的，可能性正是這種存在的一種**能力**，就像人們無動於衷地談論他們等待的一個朋友：「他可能來」或「他會來的」這件事實表示的一樣。因此，可能不能還原為一種主觀的實在性。它也不是先於實在的或真實的東西之先。但是，它是一個已經存在的實在的具體屬性。要使下雨成為可能，天空上就必須有雲。取消存在以在其純粹性中確立可能是荒謬的企圖。人們經常提到的通過可能從非存在過渡到存在的過程並不符合實際。誠然，可能的狀態尚未存在，但是，正是某個存在者的可能狀態憑藉其存在支持可能性和它的將來狀態的非存在。

可以肯定，以上幾種看法很可能會把我們引到亞里斯多德的「潛能」上去。因為陷入一種**神妙莫測**的觀念而避免可能性的**純粹**邏輯的觀念，那就是才脫龍潭又入虎穴。自在的存在既不能「在潛能中」，也不能「擁有潛能」。它自在地在它同一性的絕對充實中是它所是的。雲不是「在潛能中的雨」，它自在地是一定數量的水蒸氣，在特定的溫度和壓力下，它嚴格地是它所是的。自在是一種活動。但是，人們能夠相當清楚地設想它，因為科學的眼光在要使世界非人化的企圖中已經遇到做為**潛能**的可能，而且在把這些可能變為我們的邏輯計算和我們的無知的純粹主觀結果的過程中從中擺脫出來。科學的第一步驟是正確的：可能是通過人的實在來到世界上的。只有當我向著雨超越這些雲的時候，這些雲才能變成雨，同樣，只有當我向著滿月超越缺角的月輪時，缺角的月輪才欠缺一個新月。但是，是否應該在後來把可能變做我們心理主觀性的一種簡單給定物呢？正像只有當欠缺通過一個就是它自己的欠缺的存在來到世界上來，世界上才可能有欠缺一樣，只有當可能性通過一個就是它自己的可能性的存在來到世界上，世界上才會有可能性。然而，確切地說，這種可能性本質上是不能與對可能性的純粹思維同時發生的。如果可能性實際並沒有首先被確定為一些存在或某個存在的客觀結構，思維就不可能以人們觀察它的某種方式把做為其思維內容的可能關閉於自身之中。如果我們實際上把神的理智內部的可能看作神的思維內容，它們就乾脆完全變成**具體的表象**。儘管人們不能夠理解這否定的權力是從哪裡來到這完全肯定的存在上面，讓我們還是通過純粹假設承認上帝具有否定的權力，也就是說，具有對其表象進行否定判斷的權力吧。人們並不因此就理解上帝如何把這些表象變為可能。至多，否定的結果會把這些表象構成為「無對應的實在」。而說半人半馬的怪物實際上並不存在，這全然不是說它是可能的。無論是肯定還是否定都不能賦予表象以可能性的特徵。如果人們聲稱這種特性能夠被一種否定或肯定的綜合給定，那還應該指出，一種綜合並不是一種集合，應該以具有自己的意義的有機整體的名義，而不是從這種特性構成其綜合的因素出發分析這種綜合。與此同時，由於無知我們所做的純粹主觀的否定評價涉及到我們的一個觀念與實在之間的關係，這種評價無法說明這種表象的可能性的特性：它只能把我們置於與它針鋒相對的無動於衷的狀態之中，但是並沒有賦予這個狀態以這種對於實在的權利，這種權利就是可能的基本結構。如果人們補充說，某些傾向促使我們更願期待這一個或那一個，那我們會說這些傾向遠不是要解釋超越性，相反是要設定它：我們已經看到，它們應是已經做為欠缺存在。而且，假如可能不是以某種方式被給定的，那麼這些傾向將能激勵我們**期待**我的表象和實在完全相符一致，而不是賦予我一種對於實在的權利。總之，這樣對可能的把握設定了一種原始的超越。從是其所是的主觀性出發確立可能的任何努力，即從把自己封閉在自我中的主觀性出發確立可能的任何努力，從原則上講都注定要失敗的。

但是，如果可能真的是對存在的選擇的話，如果可能真的只有通過一個就是它自己可能性的存在才能來到世界上，這對人的實在來講就意謂著在選擇其存在的形式下成為它的存在的必然性。當我做為是我所是的權利存在，而不是純粹簡單地是我所是的時候，就存在著可能性。但是，這種權利本身卻使我與我有權利是的東西分離開了。這種所有權只有當我的所有物否定我的時候，只有當這所有物從某種角度看實際上已不再屬於我的時候，才能顯現出來；對我擁有的東西暗暗自喜，這是一個純粹簡單的事實，而不是一種權利。因此，為了有可能，如此這般的人的實在就必須是異於自身的東西。這種可能是從本質上逃避可能的自為的因素，因為它是自為。可能是自在在自為中的虛無化的一種新形態。

可能之所以真的只能通過一個就是它固有可能性的存在才能來到世界上，是因為自在從本質上講是它所是，它不能「有」可能。自在與一個可能性的關係只能從外部通過一個面對可能性的存在才能被確立。由於地毯的縐褶而受阻礙的可能性既不屬於滾動的彈子，也不屬於地毯：它只有通過一個對可能有所領會的存在在彈子和地毯所組成的系統之內湧現出來。但是，這種領會既不能從**外部**、也就是從自在而來，也不侷限於只是一種做為意識的主觀方式的思維，它應該與理解可能的存在的客觀結構相重合。把可能性理解為可能性或成為這些固有的可能性，對於在其存在中是與其存在有關的存在來說，就是同樣一種必然性。但確切地說，是其固有可能性，就是說自己規定自己，那就是通過人們所不是的自身這一部分被規定，就是把自己規定為向著……的自我逃避。一句話，在我要說明我的直接存在僅僅因為它是其所不是又不是其所是的時候，我就向著一個能及範圍之外的、不可能以任何方式與內在主觀表象相混淆的意義而被拋置於這個存在之外了。如果笛卡兒侷限於純粹瞬間注視把握的東西，那他把我思理解為**懷疑**也並沒有希望把這種懷疑定義為方法論的懷疑，或乾脆定義為懷疑。懷疑只有從對它來講總是開放的可能性出發才能被理解，這是明晰性要「消除」的可能性；只是因為它轉回到尚未實現但總是開放的**懸擱**（ἐποχή）上去，它才被理解為懷疑。嚴格說來，任何意識都是**這種**意識——即使可能像胡塞爾那樣相當人為地賦予這種意識以內部結構的伸延，這些伸延在它們的存在中沒有任何手段可以超越它們就是其一種結構的意識，它們無可奈何地在自身中日趨消弱，這就酷似那些蒼蠅，它們由於不能穿過玻璃而在窗戶上碰撞——當我們要把一種意識規定為懷疑、知覺、渴望等等的時候，我們就被意識推向尚未存在的東西的虛無之中。閱讀的意識既不是讀這個字母的意識，也不是讀這個詞、這個句子甚至這個段落的意識——而是讀這本書（的）意識，這就把我推向全部的尚未讀過的書頁，推向所有已經讀過的書頁，這就最終把意識從自我中拔除出來。一種只會是它所是的東西的意識的意識被迫要去拼讀。

具體地說，每個自為都是與自我的某種重合的欠缺。這意謂著它被為了成為自我它應該與之重合的東西的在場所糾纏。但是，因為這自我中的重合也是與自我的重合，自為欠缺的東西，做為其同化作用會使自為變成「自我」的那個存在，它仍然是「自為」。我們已經知道，自為是「對自我的在場」：「對自我的在場」所欠缺的東西只有做為「對自我的在場」才能使自為有所欠缺。自為與其可能之間的決定性的關係是一種與對自我的在場的聯繫的虛無化著的鬆弛：這種鬆弛直至超越性，因為自為欠缺的「對自我的在場」是**並不存在**的對自我的在場。因此，因為自為不是**自我**，它就是某種欠缺某一「對自我的在場」的「對自我的在場」，它正是做為對在場的欠缺而是對自我的在場。任何意識都為……而欠缺……。但是，還應認識到，欠缺並不是像新月對滿月的欠缺而從外部來到自為身上的。自為的欠缺是它所是的欠缺。這是做為自為欠缺的東西的「對自我的在場」的最初顯露，這就構成了做為其固有虛無基礎的自為的存在。可能是意識構成的不在場，因為它是自己造就自己的。比方說，一種乾渴，永遠不足以是乾渴，因為它使自己乾渴，它被自我的在場或自我—乾渴所糾纏。但是，因為它被這種具體的價值所糾纏，它在其存在中是置身於問題之中，就像某個自為的欠缺者一樣，這個自為把價值實現為**被滿足了的**乾渴並且賦予價值以自在的存在。這個欠缺的自為，就是可能。事實上，說乾渴傾向於做為乾渴的消亡，這是不準確的，沒有任何意識是追求它的消亡的。然而，乾渴是一種欠缺，我們前面已經指出過。正因如此，乾渴要**得到滿足**，但是這被滿足的乾渴，是通過綜合同化而實現的，而且是在重合的活動中，在欲望—自為或乾渴連同反思—自為或喝的活動中實現的，相反，乾渴的滿足並沒有被看作是乾渴的消除。它是向存在的充實的過渡的乾渴，是把握並滲入充實的乾渴，就像把握和改造質料的亞里斯多德的形式一樣，乾渴變為永恆的乾渴。喝水的人是為著擺脫乾渴而喝水，就像逛妓院的人是為了滿足性慾，這樣的觀點是非常新近的反思觀點。乾渴和性慾在未被反思和純真狀態下是想要以自身為快樂，它們尋求就是滿足的與自我的重合；或者，在喝滿足乾渴的時候，在乾渴由於喝水、在喝並通過喝使自己成為乾渴的過程中失去欠缺的特性的時候，乾渴認識到自己是乾渴。因此，伊壁鳩魯是錯誤的同時也是正確的：在他看來，欲望實際上是一種空無。但是任何未被反思的謀劃都不僅是要消除這個空無。欲望由於自身傾向於維持下去，人瘋狂地依戀於他的欲望。欲望要成為的東西，就是被填滿的空無，然而是賦予其充實性以形式的被填滿的空無，就像模子賦予人們倒入其中的銅液以形式一樣。乾渴的意識的可能，就是喝的意識。人們還知道與**自我**的重合是不可能的，因為被可能的實現染指的自為將使自己成為自為，也就是說與另一種可能的前景一起存在。因此，經常的失望伴隨著充實，人們經常說的「不過如此！」這句話並不追求滿足給予的快意，而是追求與自我的重合漸趨消失。由此，我們隱約看到時間性的根源，因為乾渴是其可能，同時又**不是其可能**。這個把人的實在與自身分離開的虛無就是時間的起源。我們還會回過來談這個問題。現在必須指出的是，使自為與它欠缺的並且就是其固有可能的「對自我的在場」分離開的東西，從一種意義上講是烏有，而從另一種意義上講是世界上的存在者的整體，因為欠缺的或可能的自為是做為對世界的某種狀態的**在場**而成其為自為的。在這個意義講，自為在其之外謀劃與自我的重合的存在，就是人在其外與自己的可能匯合的世界和距離。我們把這種自為與自為所是的可能之間的關係稱之為「自我性的圈子」——而把存在的整體稱之為「世界」，因為這存在的整體是被自我性的圈子穿越的。

從現在起，我們能夠闡明可能的存在方式了。可能就是自為**爲了**成為自我而欠缺**的東西**。因而，說可能做為可能而存在，這是不恰當的。除非人們把存在理解為「**被存在**」的存在者的存在，因為它並沒有被存在，或者可以把存在理解為與我所是的東西相距的存在的顯現。可能不是做為純粹的表象而存在的，哪怕是被否定了的表象，而是做為一個存在的實在欠缺而存在的，這種欠缺以欠缺的名義在存在之外存在。可能具有欠缺的存在，而和欠缺一樣，它欠缺存在。只要自為嚴格地使自己存在，可能就不存在，可能被可能化了，它以簡略的輪廓規定自為在自身之外所是的虛無的位置。自然，它並不首先是被正題地確立的：它在世界之外開始顯露，並賦予我現在的感知以意義，因為它是在自我性的圈子裡被世界把握的。然而，它也不是不為人知的或潛意識的：它勾勒了做為非正題意識的（對）自我（的）非正題意識的界限。（對）乾渴（的）未被反思的意識被可欲的水杯所把握，而毋須做為欲求目標的自我的向心位置。但是，可能的滿足做為自我的非正題意識的非位置的相關物，在「沒於世界的杯子」的境域內出現了。

五、自我和自我性的圈子

在《哲學研究》的一篇文章中，我們已經試圖指出，自我並不屬於自為。我們不準備再談這個問題。這裡，我們只要指出自我的超越性的原因：做為體驗（Erlebnisse）的統一軸心，自我是自在，而不是自為。如果它真的是「意識的一部分」，它本身在其直接的半透明狀態中就會是自身的基礎了。而這樣一來，它就有可能是它所不可能是的而又不可能是它所可能是的，這絕不是「我」的存在方式。實際上，我從「我」那裡所得到的意識是永遠不會窮盡「我」的，並且也不是這種意識使「我」來到世界上：我總是如同**已經在那裡**的東西先於意識而被給定的——同時又是做為必須逐漸被揭示的奧祕的擁有者而被給定的。因此，自我做為超越的自在，做為人的世界的一個存在者而不是做為意識的存在者向意識顯現。但是，不應由此而得出結論說，自為是一種純粹無人稱的沉思。只不過，自我遠不是一種意識的人格化的極，意識沒有它就始終停留在無人稱的階段。相反，自我是在其根本的使自我得以顯現的自我性中的意識，在某種條件下就像在這個自我性的超越現象中情況都是一樣。我們已知道，實際上不可能說自在是**自我**。它**存在**，如此而已。在這個意義上講，人們錯誤地使「我」成為意識的寓居者。人們會說，它是意識的「我」，但它不是其固有的**自我**。因此，由於自為的被反思的存在被實體化為自在，人們就固定並且摧毀了對於自我的反思運動，意識是對**自我**的純粹迴轉，如同對其自身的迴轉一樣。但是，自我並不迴轉到任何東西上去，人們已經把反思性的關係改造成為一種簡單的向心關係，而且中心是一個不透明的紐結。相反，我們曾指出過，**自我**原則上是不能寓於意識的。可以說，它是無限運動的**理性**，通過這理性，反映轉向反映者，而反映者也轉向反映；歸根結柢，它是一種理想，一種界限。而使它做為界限湧現的，就是在做為存在類型的存在統一之中，存在對於存在在場的虛無化實在。這樣，一旦它湧現，意識就通過反思的虛無化的純粹運動，使自己成為有人稱的：因為，賦予存在以個人存在的東西，並不是對自我的擁有——它只不過是個人的**標誌**——而是做為對自我的在場而自為地存在的事實。但是，這反思的第一個運動由此又引起第二個運動或引起自我性。在自我性中，我的可能在我的意識內被反思，而且我的可能把意識規定為它所是的。自我性代表著一種比反思自我的純粹「對自我的在場」更加深入的虛無化階段，因此，我所是的可能不是做為反映著的反映的對自為的在場，而是一種**不在場的在場**。但是，這種做為自為存在結構的**迴轉**的存在事實還沒有被清楚地指明。自為是**此之在**的自我，在能及範圍之外，在遠離其可能性的地方。但正是這個此之在的存在的自由必然性，人們在欠缺的形式下所是的東西才構成了自我性或人的第二種基本形態。那麼，如果不是對自我的自由關係，我們如何來定義個人呢？至於世界，也就是存在的整體，因為存在在自我的圈子裡存在，那它就只能是人的實在向著自我所超越的東西，或者可借用海德格的定義：「人的實在由之出發而顯示出自己所是的東西。[6]」可能實際上是我的可能，它自為地是可能，就像面對自在的在場、（對）自在（的）意識一樣。面對世界我尋找的，是與我所是的、即（對）世界（的）意識的自為重合。但是，這個對現在的意識是非正題地不在場—在場的可能並不以位置的意識的對象名義而在場，否則，它就是被反思的。被滿足的乾渴糾纏著我的現時的乾渴，它不是做為被滿足的乾渴的（對）自我（的）意識：它是對**被喝的杯子**的正題意識，而且是（對）自我（的）非位置意識。它於是向著它**就是其意識**的杯子而自我超越，被喝的杯子做為這種非正題可能意識的相關物糾纏著做為其可能的滿溢的杯子並且把它構成為待喝的杯子。這樣，世界從本質上講是我的世界，因為它是虛無的自在相關物，也就是我在建立自身為在應該是的形式下我所是的東西時所超出的必然障礙的自在相關物。沒有世界，就沒有自我性，就沒有個人；沒有自我性，沒有個人，就沒有世界。然而世界與個人之間的這種所有關係絕不是在反思前的我思範圍內被確立的。說由於世界被認識，因而它是像我的世界那樣被認識，那是荒謬的。可是，這個世界的「一半」都是一種稍縱即逝並且始終是如我所見那樣顯現的結構。世界是我的世界，因為它被我所是的（對）自我（的）可能意識是其意識的一些可能糾纏著，正是這樣的可能給予世界以世界的統一和意義。

對否定行為和自欺的考察已使我們可以進入對我思的本體論研究，而我思的存在就像自為的存在一樣對我們顯現出來了。這種存在在我們的注視下已經向著價值和可能超越了，我們不能使它置於笛卡兒我思的瞬間性的實體論的界限之內。而正是由於這點，我們才不能滿足於我們剛剛得到的結果：我思之所以拒絕接受瞬間性，並向其可能超越，是因為它只能存在於時間的超越之中。正是在時間中，自為才以「不是」的方式是它自身的可能；正是在時間中，我的諸種可能才在它們構成我的世界的範圍內顯現出來。所以，如果人的實在本身被看作是時間的，如果其超越的意義是它的時間性，那麼，我們就只能指望自為的時間在我們描述、規定「時間」的意義之前被闡明。只是在這個時候，我們才能著手研究那個我們關注的問題：即意識與存在的原始關係的問題。

注釋

1 法語中的自反動詞中的自反代詞。——譯注

2 這一推論實際上是明確地以理性要求為基礎的。——原注

3 參看本書第一卷第二章第二節：《自欺的行為》。——原注

4 黑格爾的對立即屬於這一類否定。但是這種對立應該被建立在原始內在否定上，就是說在欠缺上面。比如，非本質的東西反過來變成本質的東西，這是因為它被看作在本質的東西內部的一種欠缺。——原注

5 人們或許能夠用黑格爾的術語來表示這個三位一體並且把自在變作正題，自為做為反題，為自我的存在或價值做為合題。但是，這裡應該注意到，如果自為欠缺自在，自在並不欠缺自為。在這個對立中沒有相互性。總之，自為相對於自在總是非本質的和偶然的，而且我們在前面正是把這種非本質性稱之為人為性。此外，合題或價值很可能回歸於正題，因而就回歸於自我，但因為它是不可實現的整體，自為就不是能夠被超越的環節。正因如此，自為的本性使它就更加接近於齊克果的「曖昧」的實在。我們在此還發現一種單向對立的雙重遊戲：自為在一種意義上講欠缺自在，而自在不欠缺自為：在另一個意義上講，自為欠缺其可能（或欠缺的自為），而這可能同樣不欠缺自為。——原注

6 在本卷第三章，我們會重提這個定義——我們現在是臨時選擇了它——所包含的不足和謬誤。——原注

第二章 時間性

一、三維時間的現象學

時間性明顯地是一種有組織的結構。過去、現在、將來這所謂時間的三要素不應當被看作是必須湊合在一起的「材料」的集合——例如做為一個「現在」的無限系列，其中一些現在尚未存在，另一些現在不復存在——而應當被看作是一個原始綜合的有結構的諸環節。否則，我們首先就會碰到這樣一個悖論：過去不再存在，未來尚不存在，至於瞬間的現在，眾所周知，它根本不存在，它是一個無限分割的極限，如同沒有體積的點一樣。這樣，整個系列便都消失了，並且是加倍地消失了。因為，例如將來的「現在」是一個做為將來的虛無並且當它過渡到現在的「現在」狀態時自我實現為虛無。研究時間性的唯一可能的方法就是把時間性當作一個整體去加以剖析。這個整體制約著它的次級結構並賦予它們以意義，這是我們永遠不應忘記的。雖然如此，假如事先不通過先於本體論的和現象學的描述來澄清時間三維的常常是極為模糊的涵義，我們就還是不能致力於考察「時間」的存在。我們只須把這種現象學的描述看作是一種預備性的工作，其目的僅在於使我們達到對時間性整體的直覺。尤其是必須使被考察的每一維都在時間整體的背景之上出現，同時總不忘記這一維的非自立性（unselbständigkeit）。

（A）過去

有關記憶的全部學說是以設定過去的存在為前提的。這些從不曾弄清楚的前提又使回憶的問題和一般意義上的時間性問題變得難以解決了。因此，最終必須提出的問題是：什麼是一個過去了的存在？常識在同樣含混不清的兩種觀念之間徘徊不定：人們說過去不復存在。從這一觀點來看，人們似乎想要把存在獨獨歸之於現在。這一本體論前提導致了著名的大腦軌跡理論的產生：既然過去不復存在，既然它崩散於虛無之中，如果回憶繼續存在下去，它就必須做為我們存在的**現在的**變化而存在；比如說，它將是目前在腦細胞群上標示的一種印記。這樣，一切都是現在的：身體、現在的感知以及在身體中做為現在軌跡的過去；一切**都在活動中**：因為軌跡並沒有一種**做爲**回憶的潛在的存在；它完全是現時的軌跡。如果回憶再生，那就是在現在，在一個現在的過程之後再生，就是說，做為被觀察的腦細胞群內的原生質平衡的破裂而再生的。瞬間的和超時間的心理—生理的平行主義在這裡是用以解釋這個生理過程是怎麼和一種嚴格意義上是心理的然而也是現在的現象相關的：它是想像—回憶在意識中的顯象。最近出現的**印跡**概念除了用偽科學的術語美化這一理論外，並沒有做什麼更多的事情。然而，假如一切都是現在的，那又怎麼解釋回憶的**被動性**，也就是如何解釋自我回憶的意識在直觀中針對他曾置身的事件來超越現在的事實呢？我們在別處已經指出：如果首先把想像變成一種重新出現的感知，那就沒有任何方法能夠把想像與感知區別開來。在這裡，我們遇到同樣不可能辦到的事情。而且，我們失去了把回憶和想像加以區別的手段：無論是回憶的「微弱」、「蒼白」、「空虛」，還是回憶憑藉感知材料所提供的那些矛盾，都無法使它與虛構—想像區別開，因為它提供的是一些相同的性質；而且由於這些性質是**現在的**性質，它們就不會使我們脫離現在而趨向過去。克拉巴萊德希求對自我的歸屬和回憶的「我性」，詹姆士講求「內心」，這些都是徒勞無益的。或者，這些性質只是顯露一種現在的氣氛，這種氣氛包括回憶——而因此，它們總是現在的並且歸於現在。或者，這些性質已經成為對原封不動的過去的關係——但那樣，它們就預先設定了應該解釋的東西。人們曾經認為，如果把認識還原為一種局部化過程的開始，而又把後者還原為通過「回憶的社會範圍」而簡化的各種智力活動的總體，那這個問題就很容易解決。毫無疑問，這些活動是存在的，而且應該對它們進行一種心理學的研究。但是，如果與過去的關係不以某種方式表現出來，那麼這些活動是創造不出這一關係來的。一句話，如果人們開始就把一個人變成一個島民，禁錮在他現時的暫時孤島之內，而且當他的全部存在之方式一出現就從本質上注定是一種現時的永恆的話，人們就徹底地失去了任何理解他們與過去的原始關係的方法。「遺傳學家」不可能用沒有廣延的因素去構成一個廣延，我們也就不可能用純粹藉助於現時的那些因素去組成「過去」的範疇。

更何況，常識極難否認在過去是有一種實在存在。在承認這個首要命題的同時，常識還承認另一個也是不明確的概念，而根據這一概念，過去就好像有一種榮譽性的存在。對某一事件而言，成為過去，這可能就僅僅是已經引退，而且是在不失存在的情況下失去了效力。柏格森哲學重提這個思想：某種事件在轉回向過去的時候，並不停止存在，而僅僅是停止活動而已，它仍在「它的位置上」，在它的日期上，直到永遠。這樣，我們就恢復屬於過去的存在，這項工作進行得十分深究，我們甚至確認綿延是錯綜的複合體，過去與現在是持續不斷地組合在一起的。但是，我們並未因此就賦予這種組合和解釋以理由；我們不曾解釋說過去能夠「再生」，並且能和我們相伴而存，簡言之是為我們而存在的。如果像柏格森所希冀的那樣，過去是潛意識的，那它就是不動的，它又怎麼能夠寓於我們現時意識的網絡之中呢？它有自身的力量嗎？然而，是因為它作用於現在，它才是現時的嗎？這種力量又是怎樣從這樣的過去之中衍生出來的呢？人們是否像胡塞爾那樣顛倒了問題並且指出在現時的意識之中有一種「滯留」的遊戲，而這些滯留又將往昔的意識勾住，它們把意識維持在它們的時日中並且阻止意識自我虛無化？

但如果胡塞爾的我思首先是做為瞬間性被給定的，那它就沒有任何辦法可以從中解脫出來。我們在上一節中已經看到先期緊張徒勞地撞擊現在的玻璃而不能夠把它撞碎。滯留的情況也是如此。胡塞爾在其全部哲學生涯之中一直受超越性和超越的思想的困擾。但是他所擁有的哲學手段，特別是他的有關存在的唯心主義概念使他無法分析這一超越性：他的意向性只不過是這一超越性的漫畫手法而已。胡塞爾的意識實際上既不能朝著世界和未來超越，也不能朝著過去超越。

因此，我們全然不能把存在退向過去，因為根據這種後退，過去對我們而言應是不存在的。不論是柏格森和胡塞爾認為過去是存在著的主張，還是笛卡兒認為過去不復存在的主張，若開始就切斷了過去與我們的現在之間的種種橋樑，那就都是無關緊要的了。

實際上，如果人們賦予現在一種「面對世界在場」的優先地位，那就是準備著手研究在世界內部存在的前景中的過去的問題。人們看到，我們首先是做為這把椅子或這張桌子的同代者而存在的，是通過世界表現出時間性的意義的。所以，如果人們置身於世界的中心，那就會失去區別不復存在的東西和並不存在的東西的一切可能性。人們會說，不復存在的東西至少曾經存在過，而不會說不存在的東西與存在沒有任何聯繫。這是對的。但是我們已經看到，世界的瞬間的存在法則可以簡單地用這幾個字表述：「存在存在」──這幾個字表明了諸實證性的實心的充實，在其中凡不存在的東西都不能以任何方式被表現出來，那怕是通過一絲軌跡、一個空無、一種回顧、一種「錯亂」，都不能達到這點。存在著的存在與不復存在的東西沒有任何關係。任何否定，不論是徹底的否定還是和緩地用「不再」表達的否定，都不能在這一絕對密度之中找到地位。在此之後，過去就可以它自己的方式存在下去：種種橋樑都被切斷了。存在甚至不曾「忘記」它的過去：這可能仍然是一種聯繫方式。過去猶如夢幻一般從存在那裡滑走了。

如果可以說笛卡兒與柏格森的觀點是背道而馳的，那是因為它們二者都遭到同樣的非難。不論是取消過去還是為過去保留某種家神的存在，兩位作者都是把過去和現在孤立起來，單獨地研究過去的結局的；但不論他們二人的意識觀念是什麼樣的，他們都賦予這種觀念以自在的存在，他們都把這種觀念視為它曾經是過的東西。然而人們不能贊同的是他們不能把過去和現在聯繫起來，因為，他們如此這般所設想的現在將全力摒棄過去。假如當時他們從整體出發考慮瞬時的現象的話，他們就應看到「我的」過去首先是我的過去，就是說，我的過去是根據我所是的某種存在而存在。過去不是烏有，也不是現在，而是屬於它自身的根源，就如同與某一現在、某一將來相聯繫著一樣。這種克拉巴萊德常常向我們說起的「我性」並不是破壞回憶的一種主觀差異，而是把過去與現在相聯繫的一種本體關係。我的過去若孤立於它的「過去性」，它就永不會顯現，如果認為它可以以這樣的狀態存在，那也是荒謬的，它原本是這個現在的過去。這一點應該首先說明。

我寫道：保爾在一九二〇年曾是綜合理工學校的學生。究竟是誰「曾是」呢？當然是保爾：但是哪一個保爾呢？是一九二〇年的那個青年男子嗎？但是適合於保爾在一九二〇年情況的動詞「是」的唯一時態，當人們稱保爾為綜合理工學校畢業生的時候，那就是現在時。只因他曾經是綜合理工學校學生，所以我們在過去談到他時才應該說：「他現在是。」如果這個已經成為過去的保爾曾是綜合理工學校學生，那與現在的一切關係就都斷絕了：曾經具有這一資格的人，做為主語就與他的謂語在一九二〇年停留在彼處了。如果我們想使某種回顧依然是可能的，在此種情況下就應該採用一種再認識的綜合，它從現在出發為的是與過去保持接觸。如果這一回顧不是原始存在的一種方式，那綜合就不可能設想了。而由於沒有一種類似的綜合，我們就必須放棄這個極為孤立的過去。這樣一種人性的割裂意謂著什麼呢？普魯斯特無疑是承認諸「我」的連續的多元論，但如果我們照字面解釋這種觀念的話，我們就又陷入結合主義者們在當時已經碰到的那些不可克服的困難之中。人們或許會提出在變化中的某一經常性的命題：曾是綜合理工學校學生的那個男人就是一九二〇年就存在著的、現在還存在著的保爾。就是對這個人，人們曾說：「他是綜合理工學校的學生，」現在人們說：「他是綜合理工學校的老生。」但是，求助於恆久性仍然不能解決我們的問題：如果沒有任何東西能夠遏制住「現在」的流駛方向以組成瞬間的系列，並且在這一系列之中又構成種種恆久的特點，恆久性就只能是某種瞬間的內容，並不具有每個單獨的「現在」所具有的厚度。必須有一種過去，然後就需要有某事或某人曾經是這一過去——這都是為了有一種恆久性，這種恆久性遠不能有助於構成時間，反而需要時間以便在時間中揭示自己，並且與時間一起去揭示變化。我們於是又回到模模糊糊涉及到的那些問題：如果在過去形式下的存在的暫留不是一開始就從我今天的現在中湧現出來，如果我昨天的過去不是做為我今日的現在之後的一種超越性，我們就喪失了旨在把過去與現在相聯的一切希望。因此，如果我現在說保爾曾經**是過**或曾經是綜合理工學校的學生，就是說這個保爾現在還存在，我也可以說他現在是個四十多歲的人。曾經是綜合理工學校學生的人現在不是個少年。而這個少年只要過去曾存在過，那人們就應該說：他**現在存在**。現在正是四十多歲的人過去曾是個綜合理工學校的學生。真正說來，三十歲的人也可能**曾經是**綜合理工學校的學生。但是，如果沒有這個四十多歲的曾經是綜合理工學校的學生，那這三十歲的人應該是什麼呢？而就是這個四十多歲的人在他現在的極端上「**曾是**」個綜合理工學校的學生。歸根結柢，正是「經歷」存在本身才以**曾經是過的**方式有成為四十多歲的人、三十多歲的人和少年的使命。人們今天說這個「經歷」**現在存在**，人們在當時也曾說過，四十多歲的人和少年**現在存在**，今天，他們都是過去的組成部分，而在現在是保爾或這個經歷的意義上講，過去在現在存在著。因此，完成過去時的種種特殊時態指示著種種現在存在著的存在，儘管過去和現在的存在方式不同，前者**曾經存在**，後者現在存在。過去的特點就像某事或某人**的**過去，人們**有**一個過去。正是這個工具、這個社會，這個人擁有它們的過去。不會先有一個普遍的過去，然後再有種種具體的過去。而是相反，我們首先發現的是諸種個別的過去。真正的問題——我們在下章將涉及到——將是理解通過什麼樣的過程這些個別的過去能夠統一形成泛指的**過去**。

人們可能會反駁說，我們花費大量篇幅選擇的例證，都是「曾經存在」的主體現在仍然存在著。人們還可能舉出另外一些例子。比如，談到已經死去的皮埃爾，我可以說：「他曾喜愛音樂。」在這種情況下，主語和表語都已是過去。不會還有一個現在的皮埃爾，即一個能從他身上湧現出這個過去存在的皮埃爾。我們同意這一點。我們甚至可以承認，就皮埃爾而言，對音樂的興趣從沒有**成爲過去**。皮埃爾一直就是曾是**他的**興趣的這一興趣的同代者。他的身體不曾比他的興趣活的時間長，他的興趣也沒有超過他的身體存在的時間。他的生命與他的興趣存在的時間是相等的。因此，在這裡成為過去的是「愛好音樂的皮埃爾」。我可以提出我剛剛提出的問題：這個過去的皮埃爾是誰的過去呢？這不會是對一個普通的現在而言的，這個現在是存在的純粹肯定。因此，這是我的現時性的過去。而事實上，皮埃爾曾是為我的，而我曾是為他的。我們將會看到，皮埃爾的存在已經一直達到我的精髓，他的存在曾是一個「在世的、為我的又為他的」現在的組成部分，這個現在在皮埃爾生前是我的現在——一個我曾經是過的存在。因此，已經消失了的具體對象都是過去，因為它們都是某一還活著的人的具體過去的組成部分。「死亡的可怕之處，」馬勒侯說過，「就是它把生命改造成為命運。」由此應該認識到，是死亡把為他的自為還原為簡單的為他的狀態。在我的自由之中，我是在今天對於死去的皮埃爾的存在唯一要負責任的人。未能夠得救而且又轉化到某一生者的具體過去之中的那些死者，他們都並沒有**過去**，然而他們和他們的過去都已消失殆盡。

因此，就有一些「擁有」一些過去的存在。剛才，我們已經籠統地提到一種工具、一個社會和一個人。我們是否有道理呢？人們能否從一開始就把一種過去賦予一切完結了的存在者，還是只能賦予它們之中的某些範疇呢？如果我們更為深入地審查「有一個過去」這個十分特別的概念，我們就可能更容易確定這個問題。人們不能像「有」一輛汽車或一匹賽馬那樣「有」一個過去。就是說，過去不會被一個現在的存在所擁有，這個存在嚴格地說對過去而言是外部的，猶如我對於我的鋼筆而言是屬於外界一樣。簡言之，當「擁有」按通常習慣表達擁有者與被擁有者之間的**外部**關係時，擁有的表達力就不夠了。外部的種種關係將能掩蓋過去和現在之間不可逾越的鴻溝，過去和現在實際上是沒有實在聯繫的兩種給定物。即使過去對於現在有著絕對的錯綜關係，如同柏格森所設想的那樣，那它也解絕不了難題，因為這種錯綜關係是過去與現在的組合，說到底，它來源於過去，而且僅僅是一種**寓存**關係。過去完全可以被設想為在現在之中的存在物，但是，人們已經沒有方法去介紹這種內在性，它完全不同於沉在河底的一塊石頭的內在性。過去可以不斷地糾纏著現在，但它不能是現在，它是那個**是**它的過去的現在。因此，如果人們從過去出發去研究過去與現在的種種關係，那人們就永遠也不可能建立起它們二者之間的內在關係。一個其現在就是其所是的自在將不會「有」過去。舍瓦利埃為其論點所提到的例證，特別是有關滯後現象的事實都不能在其現實狀態之上用物質建立起過去的一種行動。事實上，這些事例中的任何一個都不能用機械決定論的通常方式來表述自己。舍瓦利埃給我們列舉了兩個釘子的例子：一個釘子是剛剛製好的，但從未使用過，另一個已經彎了，是後來用錘子敲打之後才直了起來，這兩個釘子外表十分相似。但只要一擊，一個釘子就能直接釘進去，而另一個則會再度彎曲：過去的行動。應該有點自欺才能看見過去的行動；很容易用唯一可能的解釋替代對這樣一個緻密的存在的難以理解的解釋：這些釘子的外貌是相似的，但是它們現時的分子結構卻有著明顯的不同。而現時的分子結構狀態在每一時刻都是前一個分子狀態的效果，這絕不意謂著對學者而言有一種從一瞬間到另一瞬間的向著過去恆久性的「過渡」，而僅僅是在物理時刻的兩個瞬間的內容之間的不可逆轉的聯繫而已。把一塊軟鐵片磁化後的剩磁現象看成為對過去的這一恆久性的證明，這並不是十分嚴肅的證明：這個例子實際上只涉及一種比其原因更經久的現象，而不是一個原因的實體，因為原因之為原因**屬於過去狀態**。長久以來，人們就認為石子入水就沉入水底，而它激起的同心波紋卻仍然在水面浮動：人們絲毫也不需要求助於我所不知的過去的行動來解釋這一現象：它的機械運動幾乎是可見的。現在，我們看不出滯後作用或剩磁現象的種種事實需要一種不同類型的解釋。事實上問題很清楚，「有一個過去」這幾個字需要設定一種擁有的方式使擁有可能成為被動的，這種方式沒有衝突力，這幾個字應用於物質而應該被就是其固有的過去的擁有者所代替。只存在對某一現在而言的過去，這個現在如果沒有它的過去跟在後面，就不能存在，就是說，只有那些在其存在中與其過去的存在相關的存在才擁有一個過去，而且它們將要成為它們自己的過去。這些意見使我們可以先驗地向自在否定過去（這也並不意謂著我們應該把過去寓存於現在之中）。我們解決不了存在者的過去的問題，我們只能使人們觀察到，如果必要的話——這絕非是肯定之言——把過去賦予生命，這只是證明了生命的存在是包含一個過去的存在。應該事先證明，活著的物質是異於物理—化學體制的。逆行力——即舍瓦利埃之力——即給予過去以更強大的即時性，做為生命起源的組成部分，這就是一種毫無意義的「前後」（ϋσιερὸν πρὸδερον）。對於人的實在而言，它顯露出來的只是某種過去的存在，因為過去的確立決定了人的實在將要是的和現在所是的東西。正是通過自為，過去到達世界，因為自為的「我是」是以一種「我跟隨我」的方式而存在的。

那麼，「曾是」意謂著什麼呢？我們首先看到，這是一種過渡。如果我說：「保爾是累了」，人們也許可以看到，這個繫詞有著一種本體論的價值。人們可能只願意從中看到一種內在的指示。但是，當我們說「保爾曾經是累的」，「曾經是」的本質性意義就躍入眼簾。現在的保爾對於過去曾經有過倦意的事實負有責任。如果他不與其存在一起維持這疲倦的話，他就甚至不曾忘卻這一狀態，但那就會有一種「不復是」，嚴格來講是與「不是」同一的「不復是」。那疲倦就會**消失了**。現在的存在因而就是它自己過去的基礎；這一基礎的特點是由「曾是」表現出來的。但是，不應該認為「曾是」是以不相干的方式並且沒有經過深刻變化就奠定了這一特點：「曾是」意謂著：現在的存在在其存在中應是其過去的基礎，而且它自己**就是**這一過去。這意謂著什麼呢？現在怎麼能**是**過去呢？

問題的癥結顯然是在「曾是」這個提法上，「曾是」做為現在和過去的中介，它本身既不完全是現在，也不完全是過去，實際上它既不能成為現在也不能成為過去，因為在此情況下，它將是表明其存在的時間內涵。因此，「曾是」一詞就表明了現在在過去中的本體論的跳躍，而且代表著時間性的這兩種方式的一個原始的綜合。那又該如何理解這個綜合呢？

我首先看到，「曾是」一詞是一種存在的方式。在這個意義上講，我現在是我的過去。我現在沒有我的過去，而我現在是它：人們向我所說的涉及到我昨天進行過的一個活動、我曾有過的一種情緒都並不能使我無動於衷：我鬱鬱寡歡或洋洋自得，我怒火中燒或是俯首帖耳、五內沸然。我並不與我的過去脫節。無疑，長此以往我可能與之脫節，我可能藉口有某種變化、某種進步而宣布「我不再是我曾經是過的東西。」但問題在於這是一個第二性的反應而且就是這樣表現的。若否認我的存在與我的過去在這個或那個特定的點上的相互聯繫，那就是在我的整個生命之中肯定著這個聯繫。極而言之，在我死亡的一剎那間，我才會僅僅是我的過去。只有死亡能對我蓋棺論定。這就是索福克勒斯在《塔西尼娜》中所要表達的意思，當他讓德日尼爾說：「長期以來，人們之中流傳著這樣的至理名言：即人們對遲早要死亡者的生命不能評論，在死亡之前，不能夠說他們曾是幸福的還是不幸的。」這同樣也是我們在上面所引用的馬勒侯這句話的意義所在：「死亡將生命改變成命運。」這使教徒感到震驚，因為他驚恐地發現，在死亡之時，木已成舟，再也沒有一張牌可打了。死亡把我們與我們自身聯結起來，如同永恆已把我們改造為我們自身一樣。在死亡的時刻，我們存在，就意謂著在他人的判決面前，我們束手無策。實際上，人們可以決定我們所是的，我們則不再有任何機會逃脫一種正在認識著的知所能夠造成的整體。最後一個小時的悔恨是一種整體的努力，為的是使這整個存在破裂，這個存在曾緩緩地在我們身上形成並鞏固下來；這一悔恨也是使我們脫離我們現在所是的東西的最後一次跳躍。但那是徒然的：死亡用餘下的一切把這一跳躍固定住了，這一跳躍只是和先於它的東西組合起來，如同是其他因素中間的一個，如同是只有從整體出發才能理解的一種單個的決定。通過死亡，自為一直向著自在變動著，直到全然滑進了過去時才為止。因此，過去就是我們所是的自在之不斷增長的整體。然而，只要我們不死，我們就不是以同一的方式成為這一自在。我們需要成為這一自在。通常，仇恨只有到死亡才會停止：這是因為人與其過去又聚合起來，成為過去，並不因此而對過去負責。人只要活著，他就是我仇恨的對象，就是說我之所以指責他的過去，不僅是由於他是過去，而且因為他每一時刻都在重新奪取過去，都在支持他成為過去，因為他對其過去有責任。仇恨並非是把人固定於他所曾是的東西之中，而是在死亡之後猶存：仇恨是針對在自己的存在之中自由地是他曾經是的東西的活人而發的。我是我的過去，如我不是的話，那對我而言，對任何人而言，我的過去將不復存在了。過去也就與現在沒有任何關係了。這絕不意謂著我的過去可能不存在了，而是說它的存在可能顯現不出來了。我是我的過去由之來到世界上的人。但應該正確理解的是，我並沒有把存在賦予我的過去。換句話說，我的過去並不是做為「我的」表現而存在的。這並非是由於我自己「代表」著正在存在的我的過去，而是由於在我的過去進入世界時，我就是我的過去而且正是從它「在世的存在」出發，我才能根據某種心理過程去表現我的過去。我的過去是我要成為的東西，然而從本質上講，它是與我的諸種可能相區別的。我同樣要成為可能，這種可能同我的具體可能一樣，仍然如許，它的反面也是可能的——雖然這可能實現的程度很低。相反，過去就是沒有任何一種可能性的，是消耗它的諸種可能性的。我需要成為絕不再依附於我的能存在的東西，成為已經自在地是它所能夠是的東西。我所是的過去是我要是的，沒有任何不能成其所是的可能性。我對此負有全部責任，宛然是我可以改變這個過去，然而我又只能成為它所是的東西。在下面我們還會看到：我們將繼續保留著改變過去之意義的可能性，因為過去是具有某種前途的一種先－現在。然而對於這樣的過去之內容，我既不能減，也不能加。換句話說，我曾經是的過去就是它現在之所是；就像世界上的諸事物一樣，這是一種自在。我必須要支持的存在與過去的關係是一種自在類型的關係，即是一種自我同一化的關係。

然而另一方面，我並不是我的過去。我現時不是我的過去，因為我曾經是它。他人的仇恨使我驚訝並且一直使我憤慨：人們怎麼能夠在我所是的人中恨我曾經是的呢？先哲們曾經極力堅持這一事實：我對於我是不能做出任何陳述的，因為我陳述它的時候，它已經是虛假的了。黑格爾沒有輕視對這一論據的使用。不論我做什麼，不論我說什麼，當我要成為過去的時候，我已經在製造著它、在談論著它了。讓我們更進一步地審議一下這個難題：這就是說，我對於我的一切判斷，當我進行判斷的時候，它已經是虛假的了，就是說我已經成為另外的事物了。但是，**另外的事物**又該如何理解呢？如果我由此認識到人類現實的一種方式，這種方式同人們所否定的現在的存在的方式具有同樣的存在性質的形式，那就等於宣稱我們在謂語歸屬於主語而且另一謂語依然有歸屬性質方面犯了一個錯誤：問題僅僅在於在最近的未來中去審視這種方式。一個獵人以同樣的方式在看見一隻鳥的地方瞄準牠射擊而未擊中，這是因為子彈射到這個地方的時候，鳥已經不在該處了。相反，如果獵人略微提前一點瞄準，對著鳥還沒有到達的地方，那他就會射中鳥。鳥之所以不復在這個地方，那是因為牠已經在另一個地方了；不論怎樣，牠總是在某一個地方。但是，我們將會看到，這樣一個埃利亞學派的運動的觀念是根本錯誤的：如果人們真正可以說箭頭是在AB處，那麼運動就是一連串的不動性。同樣，如果人們設想曾經有過的一個現已不復存在的瞬間，在這個瞬間曾經是我現在不復是的東西，人們對我的確立是通過一系列如同魔燈的種種形象一樣接踵出現的固定狀態。如果我不是這樣，那並不是因為有某種判斷性的思想與存在之間的微小差異，或是因為在判斷與事實之間的一種延誤，而是因為從原則上說，在我的直接存在中在我現在的表現中，我並不是這樣。一句話，這並不是因為有一種變化和一種被設想為把我現在不是我曾經是的存在之同質向異質轉變的過渡；但是，如果相反，可以存在一種生成，那是因為從原則上說，我的存在對我的存在方式而言是異質的。若把世界當作存在和非存在的綜合來設想，那很容易就用生成對世界進行解釋了。但是，人們已經考慮過，正在生成的存在要是能夠成為這一綜合的話，那就只能在奠定其固有虛無的活動中對自身而言成為這一綜合。如果我不復是我曾經是的東西，那我就應該反過來在我本人要支持的一種虛無化的綜合統一中成為我曾是的，否則我就同我不再是的沒有任何種類的關係，而且我充分的實驗性將全部是朝著生成發展的實質性的非存在。生成不能是一種**數據**，不能是存在的一種直接存在的方式，因為如果我們設想這樣一個存在，那麼在其中心，存在與非存在就只能是並列而存的，而且任何一種強加的或外界的結構都不能使兩者融合在一起。存在與非存在的聯繫只能是內部的：非存在應該在非存在之中脫穎而出，這不能是一個事實，一個自然規律，而是存在的一種湧現，這種湧現是其自身的存在虛無。因此，如果我不是我自身的過去，那這不能是以轉化的原始方式進行的，而是由於我需要成為我的過去以便不成為它，也是由於我需要不成為它以便成為它。這一表述應該使我們從根本上明白「曾是」之方式：如果我現在不是我曾是的，這並不是因為我已經發生了變化，那將設定業已確定的時間；卻是因為我以「不是」的內部聯繫的方式相對我的存在而言而是。

因此，由於我是我的過去我才能不是我的過去；甚至正是這種成為我的過去的必要性才是唯一可能的基礎，因為我並非是我的過去。如果不是這樣，那在每一時刻，我就會既不是也並非不是我的過去，然而在一個完全是局外的見證人眼中看來那就是另一回事了。這個見證人他自身就應該以非是的形式成為他的過去。

這些意見能夠使我們懂得起源於赫拉克里特的懷疑論的不準確之處何在，懷疑論堅持的僅僅是我不復是我所聲稱是的。也許，我並不是人們所說的我所是的一切。但是，肯定我已不復是的說法是不對的，因為我從來就不曾是它，如果人們以此理解成「是自在」的話；而另一方面，也不能由此就得出結論說，我因為說了存在就犯了錯誤，因為正需要我成為它以便不成為它：我是以「曾是」的方式在現在成為它的。

因此，人們從自在的存在的意義上能夠說的我所是的一切，連同一種充分緻密度（他性格易怒、他是職員、他感到不滿），這永遠是我的過去。是對過去而言，我是我所是的。但是，從另一方面說，這樣一個存在的沉重的充實體是在我之後的，有一個絕對的距離將它與我割裂開，並使這充實體落在我能及範圍之外，沒有接觸，也沒有聯繫。如果我以前一直是或曾經是幸福的，那是說我現在並不幸福。但這並不是說我現在是不幸的：而僅僅是說我只有在過去才能是幸福的：這並不是因為我有一個將我的存在置於我之後的過去：然而過去恰恰僅是這一本結論的結構，它迫使我成為我後面所是的。這就是「曾是」的意義所在。從定義上說，自為是在必須擔當其存在的情況下得以存在的，而且它只能是自為而不能是任何其他的東西。但是，自為恰恰只有恢復其存在，才能承擔這個存在，然而這個存在卻使自為與其存在相離。由於確定我是以自在的方式存在，我就背離著這一確定，因為這個確定就其本質而言包含有一種否定。因此，自為總是在其所是之外，唯一的原因就是因為它是自為，而且它必須是自為。但同時，正是自為的存在而不是某種別的存在，居於自為之後。這樣，我們就理解了「曾是」的意義之所在，「曾是」僅僅是自為的存在類型的特徵，即自為與其存在之間關係的特徵。過去，就是我做為被超越物所是的自在。

現在，餘下的問題就是要研究自為用以「曾是」其固有的過去的方法了。人們知道，自為在原始活動中顯現，自在通過這原始的活動自我虛無化而使自身得以成立。自為是其自身的基礎，因為它造成了自在的失敗，為的是成為這種失敗。但是它不因此就能夠從自在中解脫出來。被超越的自在依然存在著，並且做為原始的偶然性出沒於自為。它永遠也達不到自為，而且也永不能**被把握爲**這個或那個，然而它同樣也不能阻止自己相距於它所是的自我。自在永遠成不了這種偶然性，這種遠離自為的累贅然而它卻應該成為被超越了的並且保存在超越之中的累贅，這就是人為性，然而也就是過去。人為性和過去這兩個詞表明的是同一件事。事實上，過去猶如人為性一樣，就是我應該成為的、沒有任何可能不成為的自在之無懈可擊的偶然性。這是事實的不可避免的必然性，不是做為必然性而是做為事實。事實的存在不能確定我諸種動機的內容，但它都使這些動機既不能取消它，也不能改變它，相反，它都是這些動機為了改變它而隨身所攜之物，它是這些動機為了逃避它而保留的東西，它是這些動機為了不是它而努力應該成為的東西。這就是使我在每一時刻都不是外交家和海員，而是教授的東西，雖然我僅僅能夠扮演這個存在，而永遠也不能與之聚合。我之所以不能返回去，這並不是由於什麼魔術使它置於能及範圍之外，這僅僅是由於它是自在，而我是自為；過去，就是我所是的而我不能夠體驗的東西。過去，就是實體。在此種意義上說，笛卡兒的我思理應以下面的方式表述尤佳：「我思，故我曾在」。使人受騙的是過去和現在表面上的相似之處。因為昨天我感覺到的羞恥，當我感覺到它的時候，它曾經是自為。因此，人們相信這一恥辱在今天仍然是自為的，於是人們就錯誤地得出結論說，如果我不能返回到過去，那是因為羞恥現在不復存在。然而為了達及真理都應該把這種關係顛倒過來：在過去與現在之間，有著一種絕對的異質性，我之所以不能進入其中，那是因為過去存在。我可能成為過去的唯一方式，就是自己成為自在，以便使我自己以同一的方式消失於過去之中：這從本質上講是我所不接受的。事實上，昨天我感受過的羞恥，當時曾是自為的羞恥，它現在還是羞恥，而就其本質而言，它還可以被做為自為來描述。但是在其存在之中，它已不復是自為了，因為它不再像是反映—反映物了。它僅僅是做為自為而成為可以描繪的。過去表現為變成了自在的自為。這個羞恥，只要我經歷了它，它就不是它所是的。如果說我曾感到過這種羞恥，我就可以說：這曾是一個羞恥；它現在在我身後已變成了它曾經是的；它具有自在的經常性和持久性，就其時日而言，它是永恆的，它完全是自在地歸屬其自身的。因此，在一種意義上說，過去既是自為同時又是自在，這與我們在前面一章中所描述的價值或自我類似；和價值一樣，過去代表著存在的某種綜合，與是其所是的過去比較而言，這個存在是其所不是，又不是其所是。在這種意義上說，人們則可以談及一種過去的逐漸消失的價值。因此，回憶就向我們表現了我們曾經是的存在，連同賦予回憶某種詩意的充實的存在。我們曾經有過的這種痛苦，由於它固定在過去，它就不停地表現一個自為的意義，然而它是自在存在的，便以他人的一種痛苦，以塑像式的一種痛苦默默地固定化。它不再需要在自我面前進行比較以求得自身的存在。這一痛苦相反都是它的自為的性質，而這不是其存在的存在方式，它僅僅成為存在的一種方式，一種性質。正是由於對過去的心理進行了觀察，心理學家們就認為意識是一種性質，它毋須在意識的存在之中去改變過去，就能或不能影響意識。過去的心理狀態是第一位的，繼而它是自為的，這正像皮埃爾的頭髮是金黃色的，這棵樹是橡樹一樣。

然而，正因為如此，過去類似於價值，但並不是價值。在價值中，自為通過超越並且奠定其存在的過程，自在又一次被自為所捕捉。因此，存在的偶然性就讓位於必然性。相反，過去首先是自在。自為由於自在的支持而存在，自為存在的理由不再在於它是自為：它已經變成了自在而且主動地向我們顯現為純粹的偶然性。沒有任何理由使我的過去是這是那：我們過去在其系列的總體之中顯現為應該加以考慮的事實，即是事實，就應當把它做為無根據的東西加以考慮。總體說來，它是顛倒了價值，是被自在捕捉並凝固起來的自為，它被自在的充分的濃度所滲透所障目，它被自在充實得不能再做為對反映物而言的反映而存在，對反映而言也不能再做為反映物而存在，而僅僅做為反映物—反映對偶體的一種自在的暗示而已。因此，過去完全可以成為被一個自為所追求的對象，這個自為意在實現價值並逃避焦慮，正是焦慮使自為永遠缺乏自我。但是它從本質上又根本不同於價值：它恰恰是直陳式的，從中推斷不出任何命令式來，它是每一個自為的事實本身，是我曾經是的偶然的卻又不可易移的事實。

因此，過去就是一個受自在捕捉又被自在淹沒的自為。這又是怎樣形成的呢？我們已經描述過對於某一事件而言「業已過去」意謂著什麼，「有一種過去」對於人類實在而言意謂著什麼。我們已經看到，過去是自為的一種本體論的規律，就是說，一切可以成為自為的東西應該是一個自為，這自為應該回到那裡，在自我之後，且在其領域之外。正是在這個意義上，我們可以接受黑格爾的這句話：

「Wesen ist was gewesen ist.」我的本質是屬於過去的，這就是其存在的法則。但是我們還不曾解釋為什麼自為的一個具體事件在變成過去。曾經是其過去的一個自為怎麼能變成需要成為一個新的自為的過去呢？向過去進行的過渡是存在的變化。這一變化是什麼呢？為了理解這些問題，那就必需首先把握住現時的自為與存在之間的關係。這樣，如同我們可以預測的那樣，對過去的研究就把我們推向了對現在的研究。

（B）現在

與自在的過去不同，現在是自為。現在的存在是什麼呢？這裡有一個屬於現在的二律背反：一方面，人們樂於用存在給它下定義；這是相對於尚未存在的將來，相對於已不復存在的過去而言的。但是另一方面，也有一種嚴格的分析，企圖把現在從非現在的一切中分離出來，就是說從過去、從最近的將來中分離出來，這樣的分析將可能僅僅得到一個極其短暫的時刻，即如胡塞爾在《時間內在意識的教程》一書中所指出的那樣，一種被推至無限分裂的理想極限就是虛無。因此，每當我們用一種新觀點來研究人的實在的時候，我們都會發現不可分割的一對：存在與虛無。

現在的意義是什麼呢？很清楚，現在存在著的東西，就其現時的性質而言，是區別於其他一切存在的。當點名的時候，士兵或學生回答說：「到！」其意義就是「Adsum」（在）。而這個「**到**」字是與不在場，也是與過去相對立的。因此，**現在**的意義，就是面對……在場。所以，我們就該問一問，現在面對**什麼**在場，**誰**又是現在的？這大概能使我們去廓清現在的存在的意義。

我的現在，就是在場。面對什麼在場呢？是對這張桌子、這個房間、對巴黎、對世界，簡言之，是對自在的存在而言的。但是，反過來說，自在的存在是否面**對我**在場、對它所不是的自在的存在在場呢？假定是這樣的話，那就成了各種在場的一種相互關係了。然而很容易看到，它全然不是那樣的。面對……的在場是存在的一種內在關係，這存在是與它對之在場的諸種存在同在的。在任何情況下，這都不會是一種簡單的外部接近的關係。面對……在場意謂著自我之外的與……接近的存在。凡是可以面對……在場的東西，就應當這樣地在其存在之中，在其存在之中有一種存在與其他諸種存在的關係。我若只有通過一種綜合的本體關係與這把椅子聯結起來，只有當我在那裡，在這把椅子的存在中是以一個不是這椅子的身分而存在著的情況下我才能夠面對這把椅子在場。面對……在場的存在因此不能是靜止的「自在」，自在不能是現在的，也不能是業已過去的：它存在，如此而已。關鍵不在於一個自在與另一自在的某種同時性，除非從某種存在的觀點來看此問題；這一存在將與兩個自在同在，而且在其本身中有在場的能力。因此，現在只能是自為對自在的存在的在場。這在場不是一偶然事件或一件隨事件的結果；相反，它是以一切伴隨事件為前提的，而且應是自為的一種本體論的結構。在人的實在做為一種顯現而出沒的世界中，這張桌子應該面對這把椅子在場。換句話說，人們不會設想有那麼一種存在，它首先是自為以便繼而面對存在在場。然而自為在使自己成為自為的過程之中就使自己面對存在在場了，而且當它停止成為自為的時候也就停止了它的在場。這種自為被定義為對存在的在場。

那麼，自為是使自己面對何種存在在場的呢？回答是明確的：自為是面對整個的自在存在在場的。或者毋寧說，正是自為的在場使得自在的存在做為總體存在。這是因為，恰恰是通過面對存在之為存在的在場的方式，沒有任何可能可使自為面對一個特殊的存在的在場勝過於面對所有其他存在的在場。即使其存在的人為性使得此之在優於在別處，此之在也並非是現在的。此之在的存在僅僅決定一種角度，根據這個角度實現著面對自在之整體的在場。因而自為就使得諸存在都是爲著同一個在場。諸存在被揭示為在一個世界上的共同在場；在這個世界上，通過名為在場的自我的全部出神的犧牲，自為把這些存在與它自身的融為一體。在自為做出犧牲「之前」我們既不可能說諸種存在共同存在著的，也不能說它們是分別存在著的。但是，自為是現在賴以進入世界的存在。世界的諸種存在實際上都是共同在場的，因為同一個自為同時又面對所有的存在在場。因此，人們通常稱之為現在的東西，對於諸自在而言，是與它們的存在迥然相異的，儘管除此以外它什麼也不是：這僅僅是在一個自為向諸存在顯現時自為與諸存在的共同在場。

我們現在知道了誰在場，以及現在是對什麼而言才是現在。然而，在場又是什麼呢？

我們曾經看到，這不可能是兩種存在的純粹的共存，如同外在性的一種簡單的關係，因為它需要第三項才能確立起這種共存。這個第三項存在於世內諸事物的共存之內：正是因為在使自身與一切事物共同在場的過程中建立了這種共存。但是，在自為面對自在的存在在場的情況下，那就不會有第三項。沒有任何證人，即使上帝也不能建立它，自為本身只有這種在場業已存在時才能認識它。儘管如此，在場不能以自在的方式而存在的。這意謂著，自為從一開始就面對存在在場，因為就其自身而言它就是共同在場的證明。我們該如何理解這一點呢？人們知道自為是以做為其存在的證人的方式而存在的。因此，如果自為是蓄意要在自我之外趨向這一存在的話，那自為就面對這個存在在場。自為應該儘可能緊密地和存在結合起來，然而又不與之同一化。我們將在下一章中看到這種結合是現實性的，因為自為是在與存在的原始聯繫之中誕生於自我的：它是對自身而言的自我見證，猶如它不是這一存在那樣。鑒於此，自為是脫離自身的、趨向存在，寓於存在之中卻又不是這一存在。進而言之，這就是我們能夠從在場的意義本身所推斷出來的東西：對某一存在的在場意謂著人們用一種內在性的關係同這一存在相聯，否則，在場和存在的任何聯繫都將是可能的；但這種內在性的聯繫是否定性的，它否認現時的存在是它面對其在場的存在。若非如此，內在性的聯繫就會消散成純粹的同一性了。因此，自為對存在的在場意謂著自為是面對存在的自我見證，又好像並非是存在；對存在的在場就是自為的在場，因自為並不存在，這是由於否定並不是有關把自為與存在區分開來的一種存在方式的差異，而是有關一種存在的差異，這就是當人們說「現在**不存在**」的時候所要表達的。

那麼，現在和自為的這個非存在又意謂著什麼呢？為了把握這一點，就必須再回到自為及其存在方式的問題上來並且簡略地描述它與存在之間的本體論關係。人們永遠不可能談論真實的自為：例如當人們說現在是九點鐘了，從這個意義上講，自為存在著，這意思就是說，在此時存在與自身完全相合，它提出並取消著自我而且提供出被動性的種種外表。這是因為自為有著一種與反映的見證相連袂的表面之存在，這種反映又回到某種反映物上去，儘管它沒有任何對象可使其反映成為反映。自為沒有存在，這是因為它的存在總是與它有距離的，如果您考慮顯象的話，它就在那裡的反映物中，僅僅對於反映物而言是顯象或反映；而如果您考慮反映物不再是自在，而僅僅是一種把這一反映反映出來的純粹功能的話，它就在彼處的反映之中。但此外，自為在其自身中並不是存在，因為它自身潛在地成為自為，而又好像並非是存在。它是對……的意識，如同是對……的內在否定。意向性和自我性的基礎結構，就是否定，如同自為對於事物的內在關係一樣；從做為這一事物的否定的事物出發，自為從外部自我確立；因此，自為與自在的存在的最初的關係就是否定；它以自為的方式「存在」，就是說如同分散的存在物那樣，因為它並不對自己把自己揭示為存在。它以內在的分解和明確的否定加倍地逃脫存在。現在恰恰就是存在的這種否定，就是存在的這種逃遁，因為存在是做為人們由之逃脫出來的地方，而在那裡的。自為是以逃遁的方式對存在顯現的；對於存在而言，現在永遠是一種逃遁。這樣我們就明確了現在的最初意義：現在不存在；現在的瞬間源於自為的一種正在實現的、物化的概念；正是這種概念導致以一種是其所是的方式表現自為並且自為面對其在場。比如說，以錶面上的指針的方式表現自為。在這種意義上說，對自為而言，說現在是九點鐘，那將是荒唐的；但是，自為可以面對指著九點鐘的分針在場。這就是人們謬稱為現在的東西，就是現在面對其在場的存在。以瞬間的方式去把握現在是不可能的，因為瞬間是現在在其中存在的時刻。然而現在不存在，它以逃遁的方式現時化。

但是，現在並不僅僅是對自為進行現時化的非存在。做為自為，它有著在其前後的脫離自身的存在。在其後，是說它**曾是**其過去，而在其前，則是說它**將是**它的未來。它逃脫於與之共同在場的存在之外，還逃脫於它曾經是的又朝著它將要是的存在的存在。因為它是現在，它並不是它所是的（過去），而它又是它所不是的（將來）。這樣我們就被推到將來的問題上來了。

（C）將來

首先要指出自在不能成為將來，也不能包含將來的某一部分。當我注視新月的時候，圓月只有在向著人的實在進行自我揭露的「在世界之中」，才是將來；將來是通過人的實在來到世界上的。新月自在地是它所是的。在這新月之中沒有任何東西是潛在的。它是活動。因此，將來的數量並不勝於做為自在的存在的原始時間性現象的過去。如果自在的將來是存在的話，那它就是自在地存在，它像過去一樣是與存在相割裂的。即使人們像拉普拉斯那樣認為有一種可**預見到**將來狀態的完全決定論，那還是應該使這一將來的情形在真實的將來的預先昭示的基礎上面，在世界的一個將要來到的存在上面顯出輪廓，或者說，時間是一種幻覺，編年史掩蓋著可扣除性的一種具有嚴格邏輯性的次序。如果未來在世界的地平線上展現出輪廓，這僅僅是由某個就是它自身固有的未來的存在所致，就是說，這個存在對其自身而言是要到來的，這個存在的存在是由其存在的一個「達到自我」所構成的。我們在這裡又發現了類似於我們在描述過去時所提到的那些令人出神入化的結構。只有一種存在，可能擁有一個未來，那就是要成為其存在的存在，而不是僅僅是存在的存在。

但是，準確地說，它的未來是什麼呢？何種類型的存在擁有未來呢？首先不能認為未來是做為表象而存在的。首先要指出，未來「被再現」是罕見的事情。當未來成為表象時，那就像海德格所說的被主題化了，而且為了成為與我的表象相異的對象，它不再是我的未來。其次，即使它再次被表現出來，它也不能成為我的表象的「內容」，這是因為這一內容，即使有的話，也應該是現在的。人是否能說這一現在的內容是受一種「未來化」的意圖所推動的呢？這是毫無意義的問題。即使這種意圖存在，那麼它自己也必須是現在的——那麼，未來的問題不能得到解決——或者這種意圖超越現在進入未來，那麼這種意圖的存在是將要到來的，就必須承認未來之中有一個不同於簡單的「被感知」的存在。進而言之，如果自為囿於其現在，那麼它怎麼能夠自我表象未來呢？它怎麼會有對未來的認識和預感呢？任何虛構的思想都不能為它提供一種等同物。如果人們首先把現在侷限於現在之中，那當然現在就永遠也不會從現在之中解脫出來。即使把自為視為「未來最重要的部分」，那也是無濟於事的。或者這種表現毫無意義，或者它表明著一種現在的當前的有效性，或者它把自為的存在規律表示為是其固有將來的東西，在最後一種情況之下，它僅僅標明著應該描繪和解釋的東西。自為若成為「未來最重要的部分」、「未來的期待」或「未來的知識」，就只有在一種自我與自我之間的原始和先決的關係之上才能有可能：人們不能為自為設想出一種主題性預見的最小可能性，哪怕是預見科學世界的種種特定狀態的可能性，除非自為是從未來出發而來到自身的存在，除非它是做為其自身之外朝著未來的存在而存在。我們舉一個簡單的例子：我在網球場上所擺開的躍躍欲試的架勢如果要有意義，那就必須通過我繼而用球拍從網上打回去的動作。但是我並不服從未來舉動的「清晰的表象」，也不服從於要完成這一動作的「堅強的意志」。表象和意志是心理學家們發明的一些偶像。未來的動作甚至還未做為一個主題被提出來就退回到我所取的種種位置上，以便闡明它們，把它們聯結起來並改變它們。我在網球場上首先是一個投擊，把球擊回去就好像是離開了我的自身，而我所取的那些中介位置都只不過是使我接近這一未來狀態並與之融合的一些方式而已，而這些位置中間的每一個都是因為這未來的狀態獲有其意義。未來我的意識的任何一個時刻，都是由一種對於將來的內部關係確定的；不論我在寫字、在吸菸、還是在喝水或在休息，我的諸種意識的意義總是有距離的，彼處的、外部的。在此種意義上說，海德格言之有理，他說「此在」如果被人們侷限於其純粹的現在之中的話，那它就永遠「是」無限地多於它所是的。更確切地說，這種限制是不可能的，因為那樣的話，人們就說對了；合目的性是顛倒了的因果性，即未來狀態的有效性。但是人們卻經常忘卻如實地運用這個公式。

不應該把將來理解成為一種尚未存在的「現在」。那樣我們又會陷入自在之中，尤其是會把時間視作是某種特定靜止的內涵。將來是我要成為的東西，正因為我可以不是它。我們還記得：自為在存在之前現時化著，猶如不是這個存在，然而在過去又曾是它的存在一樣。這種在場就是逃遁。這裡所涉及的不是在存在附近的一種延緩和靜止的在場，而是一種超出存在朝著……的逃遁。這種逃遁是雙重的，因為當它逃離了它所不是的東西的時候，在場就避開它曾經是的存在。那它逃向何處呢？我們不能忘記；自為是一種欠缺，因為它是為了逃避存在而在存在中現時化。「可能」則是自為為了成為自我而欠缺的東西，或者不如說，是相距於我所是的東西的在場。人們由此就把握了身為在場的逃遁的意義；它是朝著自己的存在而逃逸的，就是說是朝著因與其所欠缺的東西偶合將要成為的自我而逃遁的。將來是欠缺，這欠缺既是欠缺，就把逃逸從在場的自在中解脫出來。如果在場一無所缺，那它就會再度墮入存在之中並且將失去面對存在的在場以換取完全同一性的孤立狀態。如此欠缺使存在成為在場，這是因為在場是脫離出自身趨向那超乎世界之外的某一欠缺者，而且鑒於此，在場才能脫出自身，做為面對它不所不是的某一自在來在場。將來，就是自為應該在存在之外所成為的有決定意義的存在。將來之所以存在是因為自為要成為其存在，而不僅僅是簡單的存在。自為要成為的這一存在不能夠以共同在場的自在之方式存在，否則它就毋須被存在過；因此，人們不能將它設想為一種完全被確定的狀態，而這種狀態缺少的是在場。正如康德所說，存在並不給觀念的對象添加任何東西。然而，它也不可能會存在，否則，自為就只能是個已定物。它是自為自身造成的，同時自為不斷把自己看作對己未完成的自為。它從遠處出沒於反映—反映物這成對的東西，是使得反映被反映物理解為（反之亦然）一種尚未存在的東西。但是，這種欠缺物恰恰應在與欠缺著的自為一同湧現的統一之中表現出來，否則自為就不會對任何東西把自己把握為尚未存在的東西。將來對於自為被揭示為自為還不是的東西，因為自為非正題地自為地自我構成為一種從揭示的角度來講尚未存在的東西，還因為它使自己成為一個在現在之外趨向它還不是的東西的謀劃。當然，如果沒有這種揭示，將來就不能存在。而這種揭示自己就要求面對自我而被揭示，就是說，它要求自為對它自己揭示，否則整體的揭示便陷入無意識，即自在之中了。這樣，只有一種面對自身而被揭示的存在，即一種它的存在給自己提出問題的存在，才會有一個將來。但反過來說，這樣一個存在只能在某個尚未存在的前景之中才能成為自為，因為它自己把自己看作一個虛無，就是說看作一個其存在的補足部分是遠離自我的存在。遠離之意，就是超乎存在之外。因此，自為超乎存在之外而是的一切就是未來。

這個「超乎……之外」意謂著什麼呢？為了理解這一點，應該指出，將來具有自為的一個本質特徵：它是對存在的在場（將來）。在這裡特指的自為的在場中的自為指的是其將來是這個「超乎……之外」的自為。當我說：**我**將是幸福的，就是說這個現在的自為將是幸福的，也就是說現在對它曾經是的一切以及在它在身後拖曳著的一切的「Erlebnis」（體驗）都將是幸福的。這個存在做為對存在的在場將如上所述，就是說做為自為對一個與它共有將來的存在的將來的在場。因此，對我表現為現在的自為之意義的通常是與我共有將來的存在，因為它面對將來的自為被揭示為這個自為將面對其在場的東西。因為自為以在場的方式是對世界的正題意識，而不是對**自我**的正題意識。如此，通常向意識做自我揭示的，就是**將來的世界**，而意識沒有注意到這是向著一種意識顯現的世界，這是通過某一將要來臨的自為的在場而被確立為未來的世界。這個世界具有將來的意義，那只是因為我以另一種形體上的、有感情的社會性的等等的地位將做為另一個人而在這個世界中。但是，這個世界是在我現在的自為之後並且是超乎自在的存在之外的，因此，我們就傾向於首先把將來做為世界的一個狀態來介紹，繼而在這個世界的背景之下把我們自己表現出來。我在寫作，那是因為我意識到這些字，把它們視作可寫之物，做為應被寫出的東西。而就是這些字表現出在期待著我的那個將來。然而，我所是的可能性唯一的事實是：這些字做為要寫的字意謂著寫，是做為（對）自我（的）非正題意識。這樣，將來，做為某一自為對於某一存在將來的顯現使得自在的存在與它一起進入了將來。自為將要面對其在場的這個存在，就是與現在的自為共同在場的自在之意義，猶如將來是自為的意義一樣。將來對於一個與它共有將來的存在顯現，因為自為要能存在必須是接近存在而脫離自我，因為將來是一個將來的自為。但這樣一來，通過將來，一個未來來到世界上，就是說自為是它的意義，如同面對某一超乎存在之外的存在的在場那樣。通過自為，一個對存在的「超乎其外」被揭示出來，在這個「超乎其外」附近，自為要成為它所是的。根據這著名的公式，我應該「成為我曾經是的」，但是，正是在一個已經被生成的世界之中我才應該成為我曾是的而且這個世界的生成是從它所是的東西出發的。這意謂著從我對這個世界把握的狀態出發，我向世界提供了種種可能性：決定論是在對我自己將來化的謀劃的背景下出現的。這樣，將來就將區別於想像中的事物，而將來我同樣也是我所不是的，我也同樣能在我要成為的存在之中找到我的意義，然而這個存在中，我要成為的這個自為，**靠近**存在的世界，從世界的虛化的背景下顯露出來。

但是，將來並不僅僅是自為面對一個超乎存在之外存在處境的在場。它是某種期待著我所是的自為到來的東西，這某種東西就是我自己：當我說我將會是幸福的，顯然就是說是我現在的「我」，在將是幸福的自我之後拖曳著它的過去。因此，將來就是我，因為我期待著我，就如同期待一個對超乎存在之外的某一存在的在場那樣。我將我自己投向將來是為了與我所欠缺的東西一起融合於將來之中，就是說對我的現時的綜合添加物會使得我成為我之所是。這樣，做為面對超乎存在之外的存在的在場，自為所要成為的，就是它自己的可能性。將來就是理想之點，在其中，人為性（過去）、自為（現在）及其可能（未來）急劇的無窮的緊縮使得做為自為的自在存在的自我最後湧現出來。而自為向著它所是的將來的謀劃就是趨向自在的計畫。在這個意義上說，自為是要成為其將來的，因為只有在自我之前而且在存在之外，自為才能成為它所是的東西的基礎：自為的性質就是應該成為「一個永是將來的空洞」。因此，對現在而言自為將永遠不會在將來成為它曾經是的東西。現在的自為之全部將來與這個自為本身一起像將來一樣落在過去之上。將來將要成為某個自為的過去了的將來或是先將來。這個將來並不是在實現著的。正在實現著的是一個被將來指定的自為，這個自為是與它將來的聯繫之中而自我構成的。比如：我在網球場上的最後的姿勢從未來的深處而言決定了我所有的中介姿勢，最後，一個最終的姿勢相聚合，這個最終姿勢同一於做為我各種運動的意義的它相對未來曾經是的東西。但是這個「聚合」純粹是理想的，實際上是行不通的：將來是不能達到的，它如同先前的將來一樣滑向過去，而現在的自為則在它全部的人為性中被揭示出來，如同是它自身虛無的基礎，因之也就如同是對一個新的未來的欠缺一樣。所以，這個本性論的失落就在將來之中隨時期待著自為：「在帝國統治之下的共和國是何等美好啊！」即使我的現在在其內容方面是與我自己投身的將來嚴格同一的，那這也並非是我曾投身過的現在因為我是投身於將來的，就是說，投身於做為我之存在的聚合點、做為自我湧現之處的將來之中。

現在，我們更可以對將來的存在做些考察了，因為我要成為的這個將來僅僅是我超乎存在之外面對存在在場的**可能性**。在這個意義上說，將來是與過去嚴格對立的。過去實際上是我在我之外所是的存在，且是我不可能不是的存在。這就是我們曾經稱為「在自我之後成為其過去」的東西。相反，我所變成的將來在其存在中的存在致使我僅僅能夠成為它：因為我的自由在其存在之中從下面侵蝕著它。這意謂著將來把我現在的自為的意義確立為其可能性的謀劃，但是它全然不能預先決定我未來的自為，因為自為總是被抛入成為其虛無之基礎的虛無化的職責之中。將來只能先勾勒出一個輪廓使得自為在其中把自己變成趨向另外一個將來的對存在進行現時化的逃逸。如果我不是自由的，那將來就會是我所是的，並且只因為我是自由的將來才能夠成為我應該是的。與此同時，將來出現在地平線上為的是向我宣布從我可能是的東西出發我所是的（「你在做什麼？」「我正在釘地毯，正在把這幅畫掛在牆上」），將來由於具有現在—自為的特性而自我解體，因為將要是的自為將是以自我決定為是的方式存在的；而且已成為過去的將來，如同這個對自為的將來的預先勾畫那樣，只能夠以過去的名義激勵自我成為它要使自己成為的東西。一句話，在不是將來的經常可能性的前景下，我是我的將來。因此，我們在前面所描述的焦慮是來源於我要成為的而又未足以為是的這個將來，它把其意義賦予我的現在：這是因為我是一個其意義始終未定的存在。自為想把自身與其可能相環結，那是徒勞的，這就如同想把自身與在它自身之外或至少肯定是在它自身之外的存在聯繫起來的企圖一樣，都是徒勞的：自為永遠只能夠不定地成為它的將來，因為它是被它所是的一個虛無同其將來所分離：一句話，它是自由的，而它的自由本身就是它自己的界限是自由的，就是說命定是自由的。這樣，將來既是將來，就沒有存在。將來不是自在的，它同樣也不是以自為之存在的方式存在，因為它是自為的意義。將來不存在，它自我可能化。將來是諸種「可能」的持續的可能化，如同現在的自為之意義那樣，因為這個意義是未定的，而且它完全要徹底地逃離現在的自為。

這樣描繪的將來，並不符合於按時間順序排列的一些未來時刻的諧和的系列。當然，我的諸種可能是有等級的。然而這種等級不符合於普遍的時間性的順序，此順序將在原始的時間性的各種基礎上建立起來，我就是無窮的可能性組成的，因為自為的意義是複雜的，而且不會拘泥於一種公式。但是，這樣的可能性較之更接近於普遍時間的其他的可能性來說，對於自為的意義而言則更有決定性。舉例而言，我真的是一種可能，這種可能性就是在兩點鐘去看望我兩年未見的一位朋友。但是那些離我更近的可能性—乘出租車、汽車、地鐵或步行去看朋友的種種可能性—依然是未定的。我並不是這些可能性中的任何一個。因此在我的諸種可能性的系列之中有一些空洞。這些空洞在認識的次序之中，通過一個均勻的無空隙的時間結構—在由意志而決定的行動次序中將會被填充起來，就是說，通過理性的主題化的選擇，根據我的諸種可能，根據那些現在不是而且永遠也不可能是我之可能的那些可能性，而且我將以全然無關的方式去實現這些可能性以便與我所是的一個可能性相聚而把這些空洞填滿。

二、時間性的本體論

(A)靜態的時間性

對時間的三種出神的現象學描述現在應該使我們可以把時間性視為整體結構，這整體結構在其自身中組織著次要的出神的種種結構。但是這種新的研討應該從兩種不同的觀點出發進行。

時間性經常被視作是一種不可定奪的東西。然而，每個人又都認為時間性首先是個系列。系列反過來又可以做為一種次序而自我確定下來，這次序的排列原則就是前—後的關係。按前—後排列的一個複合，這就是時間的複合。因此，從研究「前」與「後」這兩個詞的組成及其種種要求入手是適宜的。我們將要稱之為時間的**靜止**，因為前與後這些概念的研究可以嚴格按照它們的順序而完全撇開所謂的變化。但是，對於一個已定的複合而言，時間不僅僅是固定的次序：若對時間性進行更深入的觀察，我們就看到系列之事實，就是說，這樣一個**後**在變成一個**前**，現在正變成過去，而將來則變成先將來。這就是我們隨後要在時間動力學名下研究的問題。毫無疑問，我們正是應該在時間的動態之中來探索時間的靜態結構的奧祕。然而，將這些難題分開來研究更為有利。實際上，在一種意義上說，人們可以認為時間的靜態可以單獨地加以研究，可以把它看作時間性的某種形式結構——即康德所說的時間的順序——還可以說動態符合於物質的流逝，或者可以按康德的術語說，符合於時間的**進程**。因此，人們就有興趣依次研究這個順序和進程。

「前—後」順序定義的確定首先是取決於不可逆轉性。人們之所以把一個系列稱作連續的，是因為人們只能一個一個地考察其中諸項，並且只能從一個方向上去考察這些項。但是，人們曾希望在之前和之後裡看到分離的形式。這恰恰是因為系列中諸項是逐個地顯示自己的，而且每一項對其他項都是排斥的。比如，實際上正是時間把我與我各種欲望的實現分離開。我之所以不得不期待著這種實現，那是因為這種實現是處於其他一些事件之後的。要是沒有若干個「之後」的系列，那我就會立即成為我要是的，那麼我與我之間的距離就沒有了，行動與夢想之間的分離也就沒有了。從根本上說，小說家和詩人們所強調的正是時間的這種分離性，他們同樣強調一種屬於時間動力學範圍的相近的觀念：即一切「現在」都注定要變成為一種「過去」。時間在消蝕著、具有分離性，它在分離，在逃逸。而正是以分離者的身分——在把人與其障礙相分離或是把人與其障礙的對象相分離的過程之中——時間消除著人們的障礙。

「對時光聽之任之吧！」國王對唐・羅德里克是這樣說的。一般說來，人尤為感到震驚的是：一切存在都必然需要分解成一一相繼的無窮的「之後」系列。即使是那些經常性的東西，即使是這一張在我改變時它不改變的桌子，也應該在時間的分散之中顯示並折射它的存在。時間把我與我自身分開，與我曾經是的東西分開，與我要成為的東西和我要做的事情分開，與事物和他人分開。時間被選擇出來是為了做為距離的實際量度：人們到某一城市需一個半小時，到另一城市則需要一個小時，完成某一項工作需要三天時間等等。從這些前提中就會得出：世界和人們的一種時間的觀念必將消散成為之前和之後的一種碎屑。這一碎屑的聚合，時間的原子，就是瞬間；瞬間的位置是居於某些已定瞬間**之前**和某些瞬間**之後**的中間，而在其自身形式的內部並不包含著前與後。瞬間是不可分的，是非時間的，因為時間性是連續性；然而世界卻分崩離析為無窮瞬間的塵埃，舉例而言，例如要知道如何能夠從一瞬間過渡到另一瞬間，這對笛卡兒來說是個問題：因為所有的瞬間都是並列的，即是由烏有把他們分離開的，它們之間沒有關聯。與此同時，普魯斯特就忖度著他的「我」是如何由一瞬間過渡到另一瞬間的，舉例來說，他如何在一夜睡眠之後再度找到的是他的前夜的「我」而不是任何其他的「我」；更徹底地說，經驗主義者們在否定了「我」之經常性之後，妄圖通過心理生活的諸種瞬間建立一個表面的橫向統一。因此，當人們孤立地去考慮消解時間性的能力的時候，那就不得不承認，在某一特定瞬間存在過的事實不能構成在隨之而來的瞬間存在的一種權利，甚至也不是對未來的一種抵押或選擇。問題就在於要解釋有一個世界存在，就是說要解釋在時間中的互相聯繫著的變化和恆久性。

但是，時間性並不僅僅是甚至也不首先是分離。只要更加確切地去研究前和後的概念就足以能夠理解它。我們說，A是在B之後的。我們這就在A和B之間建立了一種明確的次序關係，這就需要在這一次序內部設定它們的統一。在A和B之間除掉這種次序關係，而不含有其他的關係，但至少這種關係還是肯定了它們之間聯繫，這是因為只有它才會使思想從其中的一個過渡到另一個，並且在一個系列的判斷之中把它們聯結起來。因此，如果時間是個分離，那它至少是一種特殊類型的分離：一種統一著的分割。人們會說：就算是這樣吧，然而這種統一的關係特別地是一種外部關係。當聯想主義者們意欲證明，精神的印象能夠與他互相關聯，那只是因為純粹為外部聯繫所致，那他們不就是最終把一切聯合的關係都簡單歸結為「毗連」的前—後的關係嗎？

事情大概如此。但康德不是指出過，為了使經濟主義聯合的任何一種細小聯繫都可以成立，則要有經驗的統一以及由此而來的不同時間的統一。讓我們進一步研究一下聯想主義的理論吧！與這個理論相輔相成的是存在的一種一元論觀念，這種觀點認為自在的存在比比皆是。精神的每一印象在其自身中都是它所是的，它在其現在的充實中自我孤立出來，它不包含任何一點未來之痕跡，也無任何欠缺。當休謨發動他著名的挑戰的時候，他就是注意到要建立他聲稱從經驗中得出的這項規律：人們可以隨心所欲地去檢查某一個強烈的或淡漠的印象，但人們在這印象中除了發現印象自身之外，永遠發現不了任何別的東西，因此，某一前因和後果之間的任何聯繫，不論它如何經常發生，也仍是不可理解的。因此，我們設定一個做為自在存在而存在的A所具有的時間性內容，設定後於A的、以同樣方式存在的B的時間性內容，就是說，B也屬於同一性的自我範疇。需要首先指出的是這個與自我的同一性迫使A和B中的任何一個都是與自我須臾不離地存在著的，哪怕是暫時的分離，因此，無論是永恆的還是暫時的結果都一樣，因為瞬間完全不是由前—後的聯繫而從內部確定的，所以它是非時間性的。在這些條件下，人們會問狀態A如何能夠先於狀態B呢。如果回答說，這並非是狀態居先或居後，而是諸種瞬間把這些狀態包含起來，那這種回答是毫無用處的：因為諸瞬間都如同狀態一樣是被假定為**自在地**存在的。不過，若A先於B，這就在A（瞬間或狀態）的本質之內設定一種對準著B的非充足性。如果A是先於B的，那是因為A在B中可以得到這種決定。否則，在其瞬間之中無論孤立的B的湧現，還是其消亡，都不能給予在其瞬間之中的孤立的A以任何一點特殊的品格。一言以蔽之，若A應先於B，那麼A在其自身的存在之中甚至在B中都是對自我的將來。同樣，如果B應是後於A的，那它就應該在A中拖曳於自身之後，而這個A將賦予B以後時間性的意義。因此，如果我們**先驗地**將自在的存在賦予A和B，那就不可能在它們兩者之間建立起絲毫的連續關係。這聯繫實際上是一種純粹的外在關係，因其如此，那就需要承認這種聯繫依然是空中樓閣，沒有基質，處在一種暫時的虛無之中，既不能影響A也不能影響B。

餘下的可能性就是這種前—後關係僅僅是對於建立了這一關係的見證者而存在了。只不過如果這一見證人能夠**同時**在A和B中，那是因為它自身就是時間性的，對它而言問題就會再度提出來。或者相反，這見證人通過相當於非時間性的一種時間的普遍存在能力可以超越時間。這就是笛卡兒和康德得出的相同解決辦法：對他們而言，居先綜合關係在其內部被揭示的時間性統一是通過一個逃脫了時間性的存在而被給予了瞬間的多樣性。他們二者都是以某一個時間為前提條件出發的，這個時間將成為分割的形式，其自身分解成純粹的多樣性。既然時間的統一不能由時間本身所提供，他們就給予它一種超時間性的存在。在笛卡兒那裡是上帝及其連續不斷的創造，在康德那裡則是「我思」及其綜合統一的種種形式。只不過，前者認為：時間的統一是靠其物質的內容，而這物質的內容是通過一種**前虛無**（Ex nihilo）的永恆創造而維持存在的。相反，後者則認為，純粹理解的概念正是運用於時間的形式。不論怎麼說，正是一種非**時間性**的東西（上帝或我思）提供了時間性的非時間性的東西（諸瞬間）。時間性在種種非時間性的實體之間成為一種簡單的外在抽象關係；人們要用無時間性的物質把時間性重新全部恢復起來。顯然，這樣一種首先是與時間相違悖的重建不能繼而導致時間性的東西。實際上，或者我們悄悄而又隱晦地把非時間性的東西進行時間化，或者，如果我們精心地保持著它的非時間性，那麼時間將會變成一種純粹的人類幻想，一種夢境。實際上，如果時間是**實在**的，那上帝就應該「等待著糖的融化」；就應該在彼處的未來之中，在昨天的過去之中，以便使諸環節聯繫起來，因為上帝有必要在它們存在的地方獲取它們。這樣，其假的非時間性就掩蓋著其他的概念，包括時間的無限性的概念和時間普遍存在的概念。然而這些概念的意義僅僅是相對於一種脫離自我的綜合形式而言，而絕不再符合於自在的存在。相反，如果人們將上帝的全知性建立在它的超時間性上，那麼上帝就絲毫沒有必要等待著糖塊融化以便**看到**它將要融化。但是這樣，等待的必要性以及因之而生的時間性就只能代表由人類終極性導致的一個幻想，年代的順序只不過是一種邏輯性的永恆的順序的混亂概念。這一論據毋須加任何改變就符合於康德的「我思」。這個論據絲毫也無助於反對康德的意見：時間既為時間，它就有一種統一，因為它做為先驗的形式，是從非時間性的東西之中湧現出來的；因為這裡涉及較少的是對時間的湧現的全部統一的理解問題，較多的則是前與後的內在時間性的種種聯繫。人們將會談到一種統一的使之過渡到行為的潛在的時間性嗎？但是，這種潛在的連續性，比起我們剛剛談及的實在的連續更不易被人們理解。等待著統一之後能變成連續的連續是什麼呢？它屬於誰，屬於什麼呢？但是這種連續性並沒有在某處出現，那麼非時間性的東西怎麼能夠在不失去其任何非時間性的情況下分泌出這種連續來呢？這種連續又是怎樣從非時間性的東西中產生而又沒有粉碎它呢？更何況統一這個觀念本身在這裡是全然不可理解的。實際上，我們已經假設了孤立於其地點和時間的兩種自在。人們如何才能將它們統一起來呢？是否涉及一種**實在**的統一呢？在這種情況下，或者我們空話連篇——這種統一不會有損於這兩個孤立的自為的各自的同一性和完整性——或者是需要組成一種新型的統一，恰恰就是出神的統一：每個狀態都將在自在之外，在彼處存在，以便**先於**或**後於**另外一個狀態只不過應該打破它們的存在，使它們的存在減壓，簡而言之，使它們時間化而不是僅僅使這些狀態接近。那麼，「我思」的非時間性統一做為思維的簡單能力，它怎麼可能產生存在的這種減壓呢？我們能夠說統一是**潛在的**，即人們通過種種印象之外已經設計了頗與胡塞爾的意識對象相似的一種統一嗎？但是，一種要把種種非時間性的東西統一起來的非時間性的東西怎麼會設想出一種連續類型的非時間性的東西呢？假定時間的存在因此就是一種**感知**的話，那**感知者**又怎麼能構成呢？簡而言之，一種非時間性結構的存在怎麼能夠把那些孤立於其非時間性之中的自在理解為時間性的東西（或是將其意向化）呢？這樣，時間性因既是分離的形式，同時又是綜合的形式，它就既不能由一種非時間性的東西中派生出來，又不能**從外部**強加於諸種非時間性的東西。

萊布尼茨與笛卡兒、柏格森和康德相反，他們只是企圖在時間性中看見內在性和凝聚性的一種純粹關係。萊布尼茨認為由一瞬間到另一瞬間的過渡問題，過渡的完成以及連綿的創造，是一個有著無益結局的虛假問題：萊布尼茨認為笛卡兒可能忘記了時間的**連續性**。在確認時間的連續性的時候，我們絕不能把時間看作是由瞬間組成的。而且，如果不再有瞬間的話，那麼各瞬間之間的先後關係也就不復存在了。時間是一種廣漠的流逝的**連續性**，人們絕不能在用可能自在存在著的原始因素來規定這種連續性。

這就是忘卻了前—後也是一個進行著分離的形式。如果時間是某種**既定的**連續性，它具有著一種不可否認的分離趨向，人們就可以用另一種方式提出笛卡兒的問題：連續性的內聚力由何處而來呢？無疑，在一個連續體之內沒有並列的原始因素。但這恰恰是因為連續體**首先**是個統一過程。正是因為如同康德所言我畫一條直線，這條在同一個活動的統一中畫出的直線只是一條無限的虛線。那麼誰能畫出時間來呢？簡言之，這種連續性是一個事實，一個必須受到考慮的事實。它並不會是一個中斷。讓我重溫一下彭加勒的著名定義吧：他說，有一個a、b、c系列，當人們可以把它寫為：a＝b、b＝c、a≠c時，這個系列就是連續的。這個定義是很精彩的，因為它使我們預感到恰恰有那麼一種存在，這種存在是其所不是又不是其所是：這是根據a＝c這樣一個公理得出的，根據a≠c的連續性本身得出的。這樣a是c，卻又不等於c。而b既等於a，又等於c，它就與其本身是不同的，因為a不等於c。但是，當我們對自在進行展望來研究這個定義的時候，這個絕妙的定義仍然是一個純粹的精神遊戲，而且如果此定義向我們提供了一個同時存在又不存在類型的存在的話，那麼這個定義就既沒有給我們提供它的原則，也沒有給我們提供它的基礎。一切都有待於人們去做。特別是在對時間性的研究之中，人們完全可以設想連續性可能會對我們有什麼用處；在瞬間a和瞬間b之間，不論兩者關係如何接近，總會插入個中介b，比如說，根據a＝b、b＝c、a≠b這個定理，這個b就既不可能與a相辨，也不能與c相別，而a與c兩者之間卻完全是可以辨別的。正是b實現著前—後關係，它自身就是在先的，因為它與a和c是不可辨別的。這真是太好了！然而，如此這般的存在能夠存在嗎？其出神的性質由何處而來呢？自身醞釀著分裂怎麼不能自身了結、b如何不能表現為兩個端點，其一將化為a，另一化為c呢？怎麼能看不見它的統一性的一個問題呢？或許對這一存在的諸種可能性的條件進行一種更為深刻的審議使我們認識到，只有自為才能存在於自我的出神統一之中。但，恰恰是因為這種審議並未進行，萊布尼茨主張的時間的內聚力，歸根結柢就掩蓋著由邏輯的絕對內在性致成的內聚性即同一性。然而顯然如果年代的順序是連續的話，那它就不能象徵同一性的順序，因為連續與同一是不相容的。

同樣，柏格森以其做為有韻律的組織和相互交錯的多樣性的綿延表明，他似乎沒看見有一種多樣性的組織需要一個組織性的活動。當他否定**瞬間**的時候，他對笛卡兒持反對意見是有道理的；但是康德與他意見相反也是有道理的，康德認定沒有**既定的**綜合。柏格森主義的這種過去，黏附於現在並且深入其中，它只不過是些華麗的詞藻而已。而這也正體現了柏格森在其有關回憶的理論中所遇到的困難。因為如果過去像他指出的那樣是沒有效力的，那就會僅僅留在後面，那它永遠也不會以回憶的形式深入到現在中來，除非一個現在的存在已經在過去出神地存在著。無疑，柏格森認為這是同一個綿延著的存在，然而這恰恰僅能使得人們更加感到有必要從本體論觀點進行闡述。因為歸根結柢我們並不知道是存在綿延著，還是綿延就是存在。如果綿延是存在，那麼我們就必須說出何為綿延的本體結構；而如果相反，是存在綿延著，那就必須向我們表明，在其存在之中，是什麼使存在得以綿延。

經過這樣一場討論，我們能得到什麼樣的結論呢？首先：時間性是一種有溶解力的力量，但是在一個統一性的活動之內，它尚不足以成為一個實在的多樣性——它不可能隨後接受任何統一，所以它甚至不能做為多樣性而存在——它更多地是個準多樣性，是統一內部的一個解體的開始。對以下兩個方面中不能孤立地研究其中一個方面：如果首先把時間的統一性提出來，我們就有可能再也不能理解做為這個統一的意義的不可逆轉的連續；而如果把分解性的連續視作時間的原始性質，我們甚至都不能再理解有個時間存在了。因此，如果統一性對於多樣性沒有任何的優先地位，多樣性對於統一性也沒有任何優先性，那就應該把時間性看作是一種在多樣化著的統一性，就是說，時間性只是在同一個存在之中的一種存在關係。我們不能把時間性視為一種其存在可能是**既定**的容器，因為這就是永遠不想去理解這個自在存在是如何能夠自我分解成為多樣性的，或者說若干微容器或瞬間的自在如何可以自我聚集到一個時間的統一性之中的。時間性**並不存在**。只有具有某種存在結構的一種存在在其自己的存在統一之中才可能是時間性的。如同我們已經指出的那樣，先與後只能做為一種內在關係才是可以理解的（心智性的）。正是在那邊，在後裡面，先才使自己確定為先；反之亦然，簡而言之，只有當存在先於它自身時，先才是可以理解的。這就是說，時間性只能表明某一個存在的存在方式，這個存在是在自我之外的。時間性應該有自我性的結構。實際上，這僅僅是因為自我是彼處的脫離了自我的自我，在其存在之中它才能是先於或後於自我的，才能在其存在之中一般說來有之前之後。時間性之存在只能是做為一個要成為其自己存在的存在之內部結構，就是說做為自為的內部結構。這並非是說自為對於時間性有一個本體論的優先性。而是說時間性是自為之存在，因為自為要以出神的方式存在。時間性並不存在，但自為在存在的過程之中自我時間化。

反過來說，對過去、現在和將來所做的現象學的研究使得我們可以表明，自為只能以時間的方式才能存在。

在存在中，自為做為自在之虛無化湧現出來，同時以虛無化的全部可能自我確立。從某一個側面來看，人們可以認為，自為僅僅是自身繫於一髮的存在，或者更加準確地說，存在因其而存在，它是使得虛無化的一切可能範疇存在的存在。在古代人們把猶太人的深深的內聚力和分散性稱之為「第亞斯波拉」[1]。我們可以借用這個字來表明自為的存在方式：它是散居的。自在的存在僅有一個存在維度，但是虛無的顯現，做為存在內心的曾經**存在過**的東西就使得存在性的結構複雜化，同時使自我之本體論的幻影顯現。我們將在後面看到：反思、超越性和在世的存在、為他人之存在代表著虛無化之諸種範疇，或者也可以說是代表著存在與自我的諸種原始性關係。因此，虛無就把準多樣性引入了存在。這種準多樣性是一切世界之中的多樣性的基礎，因為一種多樣性要求有一種原始性統一，多樣性是在這種原始統一內部醞釀的。在這個意義上說，梅耶松的看法並不正確，他認為多樣化是無稽之談，而且這種無稽之談的責任要歸於實在性。自在並不是差異，它不是多樣性，而為了使它得到做為其「沒於世界的存在」的特性的多樣性，那就必須出現一個存在，這個存在要同時面對每一個在其同一性中的孤立的自在在場。多樣性正是通過人的實在來到了世界上的，正是因為存在內部的準多樣性使得數目在世界上顯露出來。但是，自為的這些多樣的或準多樣的範疇的意義是什麼呢？這就是它與自己的存在之間的種種不同的關係。當人們是人們所是的時候，那麼就其存在而言，就僅僅有一種存在方式。但當人們一旦不復是其存在時，存在的不同方式因為不再是其存在而同時湧現出來。為了使我們進入最初的出神狀態——也就是，既能昭示虛無的原始意義，又代表著**最小的**虛無——自為可以而且同時應該：（一）不是其所是；（二）是其所不是；（三）在一種永恆的反射的統一之中，是其所不是，又不是其所是。這就涉及到三個出神的範疇，出神的意義就是與自我的距離。當然不可能設想會有一種不根據這三個範疇而存在的意識。而假定「我思」首先發現三個範疇中的一個，這卻絲毫也不是說這個範疇是首要的，而僅僅是由於它比較易於被揭示。然而，就其自身而言，它是「非自立的」，它能使其他兩個範疇顯現出來。自為是一個存在，這個存在應該同時存在於它的所有範疇之中。**距離**在此是做為與自我之距離的，它毫無實在內容，而且一般說來，絲毫也不同於自在：這僅僅是烏有，是做為分離而「**被存在**」的虛無。每個範疇都是一種朝著自我徒然進行自我投射的方式，都是在某一虛無之外的成為人們所是的一種方式，是一種不同於做為這種降低的存在的、剝奪自為要成為的存在的方式。讓我們現在來逐一地研究它們。

在第一個範疇之內，自為做為其所是的東西要成為在自我之後的它的存在，而它又不是其存在的基礎。這樣，自為的存在在那裡，是與它相對的，但是，一個虛無將它們二者分開，即人為性的虛無。自為做為其虛無的基礎——做為這樣的必然性——是與其原始的偶然性相分離的；對於這種偶然性，自為既不能將其摒棄，也不能融於其中。自為是為自身而存在的，但是以不可挽回的和無緣無故的方式存在的。自為之存在是為了自為，但並不是為了這一存在，因為恰恰是反映—反映者的這種相互性使得存在著的東西的原始偶然性消失。正是因為自為是以存在之方式被理解的，所以自為是做為潛入自在之中的反映—反映者的一種遊戲而遠遠的存在在這個遊戲裡，既不是反映使得反映者存在，也不是反映者使得反映存在。自為所要成為的這個存在因之就表現得如同某種去而不返的東西，這正是因為自為不能以反映—反映者的方式奠定這一存在，而它奠定的僅僅是這一存在與其自身的聯繫。自為完全沒有奠定這一存在的存在，而僅僅是證實了這個存在是可以表現出來的。這裡涉及的是一種無條件的必然性：不論所議的自為如何，它總是以某種意義存在著，它之所以存在，那是因為它可以被命名，因為人們可以肯定或否定它的某些性質。但是由於它是自為，它就永遠不是它所是的。它所是的是在它之後的，如同是永恆的**被超越的**東西。我們正是把這種被超越的人為性稱之為過去。因此，過去是自為的一個必然結構，因為自為只能做為一種虛無化的超越而存在，而這種超越就需要一種被超越物。因此，當我們在研究一個自為的時候，就不可能把它做為尚未具有過去的東西來把握。不應該認為自為首先是在一個沒有過去之存在的絕對新穎的東西之中存在並向世界湧現，以便繼而逐漸自我形成一個過去。但是，無論自為是如何出現在世界之中，自為都是以與其過去的某種關係的出神的統一來到世界上的。絕不會有一種沒有過去而能變成過去的絕對開始，然而，做為自為，因其是自為，就要成為其過去，它是同一個過去一起來到世界上的。這些見解使人們能夠以一種較為新鮮的觀點來研究產生的問題。實際上，看來有些荒誕不經的是，意識有時**顯現**得是「寓於」萌芽之中，簡而言之，在某一時刻裡，成形中的身體沒有意識，在另一時刻裡，沒有過去之意識卻囿於此身體之中。然而，如果說不存在沒有過去之意識的話，那就言之無謬了。但，這不是說一切意識都需要有一種凝於自在之中的先意識。這種現在的自為和業已成了自在的自為之間的關係向我們掩蓋了過去性的原始關係，這過去性是自為與純自在之間的關係。實際上，自為是做為自在的虛無化出現在世界上的，而正是由於這樣的絕對事件，過去就自我確立為自為對自在的原始的和虛無化著的關係。最初構成自為之存在的，就是這種與某一不是意識的存在的關係，這種關係存在於同一性的渾噩之中，而自為卻必須是在它之外，在它的後面。與這個存在一起人們在任何情況下都不可能帶給它自為，與這個存在相比，自為代表著一個絕對的新體，自為感到了一種深切的存在的關聯，這種存在的相互關聯是用「**先**」這個詞表示的：自在就是自為先前所是的東西。從這種意義上講，人們就完全有理由設想，我們的過去就絕不會向我們顯現為一線相切毫無瑕疵的界限——而如果意識在有一個過去之前就能在世界上出現，那此種情況就會產生——然而相反，它卻不斷消失在漸趨渾噩直至全黑之中，而這種黑暗卻依然是我們自身；人們設想著這種與胚胎有著衝突性聯合的本體論意義，這種聯合是我們既不能否認也不能理解的。因為到頭來這個胚胎就曾經是我，它代表著我記憶事實的界限，但不代表我之過去的權利界限。在我急於要了解我是怎樣從那樣一個胚胎中誕生出來的時候，就產生一個有關誕生的形而上學的問題，而這個問題可能得不到解決。然而這裡不存在本體論的問題：我們並不需要問我們自己為什麼可能會有個種種意識的產生問題，因為意識只能做為自在之虛無化過程才能向自我顯現，就是說做為已經產生的意識。誕生，做為存在對於它所不是的自在的出神關係，做為過去性之先驗的結構，它是自為的存在規律。成為自為，那就是誕生。但是，繼而就提不出有關自為由之誕生的自在的一些形而上學的問題，諸如：「在自為誕生之前怎麼會有一個自在，自為是怎麼從這個自在中誕生出來而不是從另一個自在中誕生出來，等等。」所有這些問題都沒有考慮到：正是由於自為，過去才能一般說來可以存在。如果有一個「**先**」，那就是因為自為已經在世界上出現，而正是從自為出發，人們才可以**確**立「先」。如果自在與自為事實上共存的話，就會出現一個世界，取代了自在的種種孤立狀態。在這個世界上就有可能進行命名並且可以說：這個東西，那個東西。從這種意義上說，因為自為在其出現之中要成為存在就使得有著諸多共存物的一個世界存在，它也能使它的「先」表現出來，如同是在一個世界上與種種自在共存那樣，或者說，在一個已有過去的世界狀態之中。因此，在一種意義上說，做為從世界中產生出來的自為顯現著自己，因為產生著自為的自在就在世界之中，猶如一個在許多過去的共存之中的過去的共存一樣：在世界上有著湧現，而且是從一個自為的世界出發的，這個自為不是在先的而是在誕生。但是，從另一種意義上說，正是自為使一個「先」得以存在；也正是自為使得在這個「先」之中有著統一在某個過去之世界內部的若干共存之物，這些共存可以一個個被稱之為：這個東西。不會**首先**有一個普遍的時間從中突然出現一個尚不曾有過去的自為。但是，正是從誕生時起，做為自為原始的和先驗的存在規律，一個有著普遍時間的世界可以被揭示出來。人們可以從中確定一個時刻，自為在這個時刻中不曾存在，確定一個產生出種種存在的時刻，自為並非從這些存在中產生的，而是從其中的一個存在中產生出來的。誕生是過去性絕對關係的湧現，如同是自在之中的自為的出神存在。由於產生之故，就出現了世界的一個過去。我們以後還要再談這個問題。我們指出問題足矣：意識或者自為是一種存在，這種存在從一個它所是的不可彌補的東西之外湧向存在，而這不可彌補之物，因為位於自為之後、在世界之中，它就是過去。過去做為我需要成為而且沒有任何可能不是的不可彌補的存在，它不能進入「經歷」和「反映—反映物」的統一之中：它是在外部的。然而它也並不是如同某個有意識的東西，例如，被看到的椅子就是屬於有感知意識的範圍。在椅子被感知的情況下，就有個命題，就是說，椅子是做為意識所不是的自在被把握和被確定下來的。意識要以自為的存在的方式成為的東西，就是「不是椅子」。我們將會看到，因為它的「不是椅子」，是以（對）不是（的）意識之方式存在的，即以「不是」的**表面**形式而存在，以便有一個不在的證人，其作用僅僅在於證明這個非存在。否定因此就是明確無誤的，而且構成了被感知的對象和自為之間的存在聯繫。自為僅僅是對這個半透明的烏有，即對被感知事物的否定。但是，雖然過去是在**外部的**，聯繫在此卻並非是同一類型的，因為自為表現為過去。因此，就不可能有過去之**命題**，因為人們只能提出人們所不是的。如此，在對對象的感知中，自為自為地把自己承擔為不是對象的自為，而在對過去的揭示中，自為並不把自己看作過去，而且僅僅因其自為的性質它才與過去相分離，而絕不能成為其他東西。這樣，就不會有過去之命題，但是，過去並非內在地屬於自為。在自為並不做為這樣或那樣特殊事物進行自我表現的時候，過去糾纏著自為。過去並不是自為所**注視**的對象。這個半透明的注視引向自身，在事物之外，引向未來。過去，做為不需提出而人們就**是**的事物，做為不經突出而出沒之物，它是在自為之後的，在其主題範疇之外，自為則是做為它所澄清的東西而在過去之前的。過去是被「提出來反對」自為的，表現為它要成為的東西，它既不能被自為肯定，也不能被否定，既不能被自為主題化，也不能被自為吸收。當然，這並不是因為過去不能成為自為為我的命題的對象，甚至也不是因為它不是經常被主題化而致。但這卻是因為它是某一項明確研究的對象，而在此種情況下，自為就好像不是它所提出的這個過去。過去不再是居於**後面**：它不間斷地成為過去。然而，我，卻不復為過去：按最初的方式，我在不認識我之過去的情況下曾經是我的過去，（但絕非對過去沒有意識）；按第二位的方式，我現在了解我的過去，但是我卻不再是它了。人們會問，如果這並非以正題的方式，那怎麼有可能使我對我的過去有意識呢？然而，過去是在彼處，經常在彼處，這就是我所注視而且已經看到的對象之意義，是我周圍熟悉的那些面容的意義之所在，是現在繼續著的這一運動的開端。對此，我不能說它是循環性的。如果我在過去就不曾是其開端的見證人的話，那這就是我的一切行動的起源和跳板，正是這經常表現出來的這個世界的厚度，它能使得我有所趨向，使我找到方向。這就是我自己，因為我是做為一個人存在著的（也還有一種自我結構要出現）。簡言之，這就是我與世界，與我自己的偶然無緣無故的聯繫，因為我把它體驗為不斷全然棄置之物。心理學家們把它稱之為「知」。然而，就這個術語而言，除去他們把它「心理化」了，他們就沒有辦法去理解它。這是因為「知」是到處存在的，它制約著一切，甚至制約著記憶。一言以蔽之，理智的記憶需要知；如果應該由此理解一個現在的事實，如果這不是一個理智的記憶，那麼他們的知是什麼呢？這個知是靈活的，暗示性的，變化著的，它把我們的全部思想都加以整理，它充滿著千百個空洞的指示和稱謂，沒有圖象，沒有詞語，也沒有命題，這個知就是我的具體的過去，因為我曾經是它，因為它是我的思想和感情之後的不可彌補的深壑。

在其虛無化的第二維之中，自為被把握為某一欠缺。它**是**這一欠缺，它也是欠缺之物，這是因為它要成為它所是的。喝或是飲者，這就是說從來就不曾停止過飲用，就是說當我是在飲者之外，仍然還要成為飲者。當我「結束飲用」時，我**已經飲用**了。總體滑入過去之中。現在飲用，因此我就是我成為的但又是的飲者；如果對我自己的一切稱呼應該是沉重的、充實的，並且應該有著同一性的密度，那麼這些稱呼就脫離我而進入過去。如果這些稱呼在現在達於我身，那是因為它在「尚未」之中自身四分五裂，是因為它把我視做為一個未完成的也不能完成的整體。這個尚未曾被自為虛無化的自由所消蝕著。這個「尚未」不僅僅是相距的存在：它還是存在的減縮。在此，自為在虛無化的第一維中曾居於自我之先，現時則居於自我之後了。它總是在自我之先或之後，但從來不能恰是自我。這就是過去、未來之兩個出神狀態的意義，因此，自在的價值就其性質而言，就是自在性的靜止，就是非時間性！人們所企求的永恆，並不是綿延的無限性，並不是我自己要對之負責任的自我之後的徒勞過程的無限性：這是自在性的靜止，是與自我相絕對吻合的非時間性。

最後，在第三維裡，已經消散在反映—反映物綿綿不絕的遊戲之中的自為，就在同一個逃逸之統一中逃離自身。在此，存在處處皆在而又無一處可在：無論人們企圖在哪裡捕捉它，它都與人們相對而在，它都逃遁遠離。正是自為內部的這種交叉被逐成為對於存在的在場。

現在、過去和將來同時把自為的存在分散於三維之中，僅就其自我虛無化而言，自為就是時間性的。這三維中的任何一維對於其他維都沒有本體論的優先性，若沒有二維，單獨一維便不能存在。儘管如此，還是應當強調一下現在的出神狀態——這不同於海德格強調未來的出神狀態——因為披露了自身，自為才是它自己的過去，這如同它在虛無化的超越之中有著要自為地成為的東西一樣，而且自為正是做為自我揭示才成為欠缺並且被它的將來所纏繞，就是說被遙遠的彼處的自為所是的東西糾纏。從本體論觀點說，現在並不是「先於」過去或將來，現在受過去和將來的制約，同時也制約著過去和將來，但是，以時間性的全部綜合形式而言，它是不可缺少的非存在之空洞。

這樣，時間性並不是一個包含一切存在，特別是諸種人的實在的普遍性的時間，時間性也不是從外部強加於存在的一種發展規律。它不是存在，而是構成其自身虛無化的存在之內部結構，即自為的存在所固有的**存在方式**。自為是要以時間性分散的方式成為其存在的存在。

(B)時間性的動力學

根據時間性的三維，自為必然要使自己湧現出來，這對我們了解屬於時間動力學的**綿延**的問題是毫無裨益的。乍看起來，這個問題似乎具有雙重性：為什麼自為承受使它的存在**成為**過去的自身存在的改變呢？為什麼一個新的自為會從虛無中湧現出來以變成這過去的現在呢？

這個問題長期以來被做為自在的人的存在的一種概念掩蓋住了。這是康德抨擊貝克萊唯心主義的關鍵所在，這是萊布尼茨鐘愛的一個論據，即變化包含著自我的恆久性。如果我們因此就設定某種非時間性的恆久性可以**通過**時間而存在，那麼時間性就只能歸結為變化的尺度和次序了。沒有變化，就絕不會有時間性，因為時間不會去捕捉恆常性和同一性。進而言之，如果萊布尼茨主張的變化本身做為對後果與前提的一種關係的邏輯解釋表現出來，這就是說做為某一恆常主語的種種表語的發展，那就沒有實在的時間性了。

但是，這一概念的錯訛很多。首先，位於變化之側的某一恆常因素的實體不能使變化這樣自我構成，除非有那樣一個證人，他本身就是變化著的和不變化的兩者的統一體。一句話，變化和恆常的統一對於這樣的變化結構是必要的。然而，統一這個術語本身——這是萊布尼茨和康德已屢用不鮮的術語——卻沒有多大意義。引用這些雜亂無章因素的統一意謂著什麼？這個統一僅僅是一種純粹的外界聯結嗎？那樣的話，這統一就沒有意義了。應該使它成為存在的統一。然而這種存在的統一卻反過來又要求恆常的東西是變化著的。因此，這個統一首先是出神的，繼而返入自為，因為自為就本質而言是出神的存在；除此之外，這統一是恆常和變化的自在之性質的破壞者。人們絕不能說，恆常性和變化在此都是做為現象而被捕捉到的而且僅僅只有一種**相對**的存在：自在像本體那樣並不反對現象。以我們的定義的術語而言，當某一現象是它所是的時候，它就是自在的，儘管它同一個主體或與另一個現象相關而存在。進而言之，關係的顯現如同是決定著某些現象與另一些現象之間的關係，它先期要求一種出神存在的湧現，這個存在能夠成為它所不是的，旨在奠定它者與關係。

藉助於恆常性來奠定變化，那是全然無益的。人們全面表明的是：準確地說一種絕對的變化，就不再是一種變化，因為再也沒有**任何東西**變化了，否則對變化而言就還會有變化。但是，事實上，只要變化著的東西是以過去的方式成為它先前的狀態，那就是以使恆常性成為多餘之物了；在此種情況下，變化可以是絕對的，可以有一種達到存在之整體的變化：因之自我構成為變化，這變化並不亞於它將在過去以「曾是」的方式所成為的先前狀態。過去的聯繫取代著恆常性的虛假的必然性，綿延的問題可以而且應該就絕對的變化而提出來。即使「在世界上」也不會有其他的絕對變化了。直到某種界限為止，這些絕對的變化都是不存在的，而一旦逾越了這一界限它們就向完全的形式自我擴展著，如同格式塔心理學家們的經驗業已表明的那樣。

但除此之外，當涉及到人的實在的時候，純粹的絕對的變化就是必不可少的。此種變化完全能夠成為毫無改變的變化，並且成為綿延本身。舉例而言，即使我們承認，對於一種經常性的自在而言，一種自為的絕對空無的顯現是做為這一自為的單純意識，意識的存在本身就意謂著時間性，因為意識要不經任何變化，以「曾經是」的方式成為它所是的。因此，就不會有永恆，但是有經常的必然性以使現在的自為成為一個新的現在的過去，而這是按照意識之存在本身而言的。如果人們對我們說，由於一種新的現在而使現在不斷地變成過去這意謂著自為的一種內在變化，我們將會回答說，是自為的時間性成為變化的基礎，而不是變化奠定了時間性。因此，就沒有任何東西向我們掩蓋這些乍看起來不可能解決的問題：為什麼現在**變爲**過去？這個新出現的現在是什麼？它由何處而來，它為何出現？應該注意，如同一種「虛空」意識的假設所表明的那樣，這裡的問題並不是必然有一種恆常性在保持物質上的恆常的情況下使得瞬間綿延不斷；而是對於存在而言，不論是何種存在，都有必要同時在形式和內容上整個都發生變化，沉浸在過去中，並同時從虛無出發朝著將來進行自我創造。

但，這裡真的有兩個問題嗎？讓我們更深入地研究一下：如果現在不是在變為做為**之後**而自我構成的某個自為的**之前**的話，那麼現在就不會**過去**。因此，就只有一個現象：一個新的現在的湧現，這種湧現不斷使它曾經是的現在過去化，而且，某一現在的過去化就導致某一自為的顯現，而現在對這個自為而言將成為過去。時間生成的現象是一種整體的改變，因為不能成為任何事物之過去的一個過去將不再是過去，因為一個現在應該必然地成為這一過去的現在。進而言之，這種變化不僅觸及到純粹的現在；先過去和將來也都被觸及到了。經受過過去性變化的那種現在的過去就成為過去之過去，或過去完成時。在這一點上說，現在和過去的異質之處就一下子消失淨盡，因為做為現在而有別於過去的東西已經變成為過去。在變化的過程中，現在仍然是這一過去的現在，然而它變成這一過去的已過去了的現在。這首先意謂著，現在是與過去的系列同質的，過去的系列由現在一直追溯到誕生；其次，這意謂著現在不再以應該存在的方式而成為它自己的過去，而是以曾經應該存在的方式成為其過去。過去和過去完成之間的聯繫是一種按自在的方式形成的聯繫；而且是在現在的自為的基礎上出現的。正是現在支持著已融為一體的過去和過去完成的系列。

另一方面，雖然將來似乎也受到變化的影響，但仍不失為將來，即仍在自為之外，在前面，超乎存在之外。但它變成為一個過去之將來，或是先將來。將來可以與新的現在維持著兩種關係，這要看是最近的將來還是遙遠的將來。在第一種情況下，現在對於過去而言表現為這一將來：「我過去一直期待的東西，就是這個。」它是以這一過去的先將來的方式成為其過去的現在的。但是同時，它做為這一過去之將來而成為自為的時候，它是做為自為而自我實現著。因此，就好像它不是將來可能允許成為的東西。有一個兩重性的問題：現在成為過去的先將來卻又否定它是這個將來。而原始的將來卻絲毫沒有實現：與現在比較而言，它不復是將來，與過去相對而言，它又不斷成為將來。它變成現在的不可實現的共同在場，並且保存著一種完全的**理想性**。「我過去一直期待的東西就在那裡嗎？」從觀念上講它依然是與現在共同在場的將來，如同是這一現在之過去的不曾實現的將來。

在將來尚遙遠的情況下，將來相對新的現在而言仍然是將來，但是，如果現在沒有構成這個將來的欠缺它就失去了它的可能性。在此情況下，先將來就可能與新的現在相互無關，而且並不是它自己的可能。在此種意義上說，它不再自身可能化，但它把自在的存在做為可能接受下來。它成為特定的可能，就是說，是變成自在的某一自為的自在可能。昨天，我有可能——做為我的可能——下星期一出發到鄉下去。今天，這個可能已不復是**我的**可能，它依然是我沉思的主題化對象，這是就做為**我曾經是**的永久將來之可能而言的。但它與我之現在的唯一聯繫，那就是我要以「曾是」的方式成為這個變為過去的現在，這個現在不斷地超出我的現在之外成為過去的可能。但是將來和過去的現在時都在我的現在的基礎上凝聚成自在。這樣，將來在時間的進程中，在永遠不失去將來性的情況下，轉變成為自在。只要現在未達到將來，現在就簡單地成為特定的將來；而當它被達到的時候，它就具有理想化的性質；但是這種理想性是自在的理想性，因為它表現為一個特定過去的特定欠缺而不是表現為一種現在的自為要以不**是**的方式所成為的欠缺。當將來被超越的時候，在諸多過去的系列之外，就永遠如同先將來那樣：如此過去的先將來變成了過去完成，特定的理想之將來做為一現在的共同在場成了過去。

現在需要研討現在的自為變為過去的變化，隨之出現了與之相關的新的現在。如果認為，由於出現了能夠再度恢復業已消失的現在形象的自在的現在，就取消先現在而言，那就錯了。在一種意義上，似乎應該把話反過來說才能找到真理，因為先現在的過去化是向自在的過渡，而新的現在的顯現則是這一自在的虛無化。現在並不是一種新的自在，它是所不是的東西，是它存在之外的東西；它是人們只有在過去才能稱說「它存在」的東西，過去絕未被取消，它是業已成為它曾經是的東西，它是現在之存在。總之，我們已做了相當清楚的說明，現在與過去的關係是存在的關係，而不是表象的。

因此，使我們感到震驚的第一個特性，就是存在使自為再次恢復平靜，好像它不再有力量支持其自身的虛無。自為要成為的深深的裂隙在自行彌合，應該「被存在」的虛無不復在，當被過去化了的自為的存在變為自在的一個特性的時候，虛無就被逐除了。如果我在過去曾經受過如此的憂傷，那不是因為我使自己感受了它，當我使自己感受到它的時候，它就不復存在了，這種憂傷不再有存在的準確尺度，它只能有一種自身為證的表面；憂傷現在所以存在，那是因為它曾經存在，存在幾乎是做為一種外界的必然性來到憂傷之中。過去是一種反向的注定性：自為可以使自己成為自己要成為的，對一個新自為來講它不能逃脫不可彌補的要成為它曾要是的東西的必然性。因此，過去就是不復面對自在有超越在場的一種自為。過去，就其自身而言，它已墮入世界之中。我要成為的東西，我是把它做為我所不是的面對世界的在場而成為它的。但是，我曾經是的東西，我則是以物的方式，做為世界之內的存在物而曾經是它的。但是自為要在其中成為它所曾經是的這個世界，不能是自為在其中面對其在場的世界。這樣，自為之過去自我構成為面對世界的一種過去狀態的已過去了的在場。即使世界不曾在自為由現在到過去的「過渡」的過程中發生任何變化，那世界至少也會被把握為承受了剛才在談到自在的存在時所描述的那樣一種形式上的變化。這種變化僅僅是意識內在變化的一種真實的反映。換句話說，做為已成為自在的存在之共同在場的自為墮入過去之中，成為「**沒於世界**」的一個存在，而世界則在已過去的一維中被維持著，如同在其中過去了的自為自在地存在著的東西。猶如美人魚那樣是以人體魚尾而結束，超出世界的自為最終在世界中是落在自我後面。我憤怒，我鬱鬱寡歡，我有戀母情結，我有自卑感，一直如此。但是，在過去，那是以「曾是」的方式而產生的情緒，在世界之中，如同我是職員、獨臂人或是無產者一樣。過去，世界禁錮著我，我消失在宇宙的決定論之中，但是我向著未來徹底地超越著我的過去，只要我「曾經是它」。

一個自為，在完全表述了它的虛無之後，被自在再度把握，並在世界中變得日益暗淡，這就是我要成為的過去，就是自為的變形。但是這種變形是與一種自為的出現相聯合而產生的，這一自為自我虛無化為面對世界的在場，它還要成為它要超越的過去。這一湧現的意義何在呢？應該留心到其中出現了一個新的存在。這一切都好像現在曾是一個存在的永恆的空洞，一旦填滿，又即再生；就如此這般無盡無窮；就好像現在在「自在」的黏滯面前是一種永恆的逃遁，這一黏滯威脅著現在直至自在的最後勝利，這個自在將現在帶入一種不再是任何自為之過去的過去。死亡正是這個勝利，因為死亡是通過對整個體系的過去化而實現時間性的徹底終止，或者說是自在對於人類整體的再度捕捉。

我們如何**解釋**時間性的這種有活力的性質呢？如果時間性——我們希望已經表明了這一點——絲毫也不是一種附加在自為之存在的偶然品質，那就應該可以表明，它的活力是自為的一種本質性的結構，這種自為的結構被看作是要成為其自身虛無的存在。看來，我們又回到我們的出發點上來了。

但是真理就是沒有問題。如果我們相信在其中可再找到一個問題，那是因為，雖然我們盡力去想像自為的原樣，我們還是沒有能夠阻止我們自己把自為凝固於自在之中。如果我們從自在出發，那實際上是因為變化的顯現能夠構成一個問題：如果自在是它之所是，它怎麼會能不再是了呢？但是相反，如果人們從對自為的一種適當的理解出發，那這就不再是適於解釋的變化了：如果恆常性存在的話，毋寧說這是恆常性，實際上如果我們在一切能夠在其進程中來到它之中的東西之外觀察，我們對時間次序的描述，那麼，就明顯看到一種被歸結為其**次序**的時間性，當即變成**自在的**時間性。時間的存在之出神性質在其中將毫無改變，因為這種性質重新出現於過去，它不是做為自為之構成部分，而是做為由自在所支持的性質。如果我們真的把將來做為一種自為的純粹將來來考察的話，那將來就是某一過去的自為。如果我們認為變化對於時間性的描寫而言，是一個新問題，我們就會賦予被設想為這樣的將來一種瞬間的不動性，我們就把自為變成一種凝固的品質，人們還能夠給它命名，最後，總體成為已完成的整體，將來和過去侷限著自為並且構成自為的特定界限。總體如同時間性所是的那樣，它僵化地圍繞著一個堅固的核心，即自為的現在之瞬間，這樣，問題就在於解釋從這一瞬間之中如何可以湧現出伴隨著過去將來系列的另一瞬間。我們已經避開了瞬間性，這是因為瞬間是唯一受未來的一個虛無和過去的一個虛無所侷限的實在，然而我們已陷入其中，我們明白無誤地承認有一系列的時間的整體，其中每一個整體都集中於一個瞬間的周圍。一句話，我們已把種種出神的範疇賦予了瞬間，然而我們並未因之取消瞬間，這就意謂著我們讓非時間性的東西支持著時間的整體；而時間，如**它存在的話**，那它就又成了空想。

但是，變化本質上是屬於自為的，因為這個自為是自發性。人們可以這樣說這種自發性：它**存在**，或簡言之：**這種**自發性應由它自己確定其定義，就是說，它將不僅是它自身存在之虛無的基礎，而且是其自身存在的基礎，同時存在將把這自發性重新把握起來以便使之凝固為給定。一種設定自身為自發性的自發性，它同時又不得不摒棄它所設定的東西，否則它的存在就會是來源於根據，並且依此根據，自發性將會不斷地存在下去。而這種摒棄本身是一種結果，是自發性應該摒棄的一種成果，否則自發性就有可能陷入一種存在的無活力的延續之中。人們會說延續和成果的這些概念已經設定了時間性，而這是千真萬確的。然而這是因為自發性自身構成了因摒棄而致的成果和因成果而致的摒棄，因為自發性若不自我時間化就不能存在。自發性的固有性質就是只能利用它所構成的成果，即那些在自我構成自發性的過程中所形成的成果。只有將自發性納入某個瞬間去考慮並因之將其凝聚在自在之中，就是說只有設定一個超越的時間，才可能設想會有自發性。否定以下觀點是徒勞的，即：我們只能以時間的形式思考，否則就一無所思，我們的陳述裡包含著一個原則的要求，這是因為我們使存在時間化是為了隨後使時間從存在之中脫離出來。若援引康德「批判」中的章節是徒勞無益的，康德指出一種非時間性的自發性是不可思議的，然而並非是矛盾的。相反我們倒覺得一種不能逃脫自身的、不能擺脫這一逃脫的自發性，人們可以說：它是「這個」，是一種把自己封閉在某種不能變異的定義之中的自發性，它將恰恰是一種矛盾。總而言之，相當於一種特殊的肯定本質，一個從來不是謂語的永恆的主語。而正是它的自發特性構成著它諸種逃逸的不可逆轉性，這是因為自發性一出現恰恰就是為了自我否定，因為「否定位置」的順序是不能顛倒的。實際上，位置本身是在否定中完成自身的，永遠也達不到肯定的充實，否則它就會在一種被瞬間化了的自在之中自行枯竭，而只有以被**否定的身分**它才能在其實現的整體之中過渡到存在。「被否定的結果」的統一系列對於**變化**還有一種本體的優先性，因為變化僅僅是系列的物質內容的關係。這樣，我們就指出了時間化的不可逆轉性對於完全虛空的形式和**先驗的**自發性是必要的。

我們已對我們的論題做了闡述。我們用的是自發性概念，我們覺得這個概念對我們的讀者來說是比較熟悉的了。但是現在我們可以用自己的語彙再研究一下自為方面的種種觀念。一種不能持續的自為無疑仍然是超越自在的否定，也是其固有存在以「反映—反映物」形式進行的虛無化。但是這個虛無化將變成一個**給定**物，就是說它將獲取自在的偶然性，自為就將不復是其自身虛無的基礎；自為要成為此基礎，它將不復是任何事物，但在對「反映—反映物」這一對進行虛無化的統一之中，它**將會存在**。自為的逃遁是對偶然性的否定，這是由將它構成為其虛無基礎的那一活動本身所致。但是這一逃遁恰恰把逃逸的東西構成為偶然性：逃遁的自為被留在原處了。自為不會自行消亡，因為我就是自為；但它也不會再做為其自身的虛無而存在，因為它只有在逃遁中才能存在：它自我實現了。適用於做為面對……在場而存在的自為的東西，自然也就適用於時間化的整體。這一整體永遠也不會結束，它是自我否定又自我逃遁的整體，它在同一湧現的統一之中脫離自我，它是不可把握的整體，當它自我表現的時候，就已經是自我之能力以外的了。

因此，意識的時間就是在時間化著的人的實在，它是做為對自身來講未完成的整體，它就是趨向一種做為非整體化因素的整體之中的虛無。這一整體在自我之後奔馳，同時又進行自我否定，它不會在自身之內找到其超越的任何界限，因為它就是它自身的超越，它向著它自己自我超越，在任何情況下，它都不會存在於某一瞬間的界限之中。從來就不會有那樣的瞬間使人們能夠在其中確定自為存在，這是因為自為恰恰是從來不存在的。而相反，時間性做為對瞬間的否定而完全地自我時間化。

三、原始的時間性和心理的時間性：反思

自為以對綿延的非正題意識的形成綿延著。但是我能夠「感知到流駛著的時間」，能夠把自己把握為連續的統一。在這種情況下，我有對綿延的意識。這種意識是正題的，酷似一種認識，就好似在我的注視下自我時間化著的綿延相當接近於一個認識的對象。我在「正在綿延著」的時候遇見的這種心理的時間性和原始的時間性之間會存在什麼關係呢？這個問題隨後就會把我們引向另一個問題，因為對綿延的意識是對在綿延著的一種意識的意識；因此，提出綿延的正題意識的性質和種種權限的問題就等於是提出了反思的性質和諸種權限的問題。實際上，時間性正是從心理的綿延的形成而向反思顯現的，心理綿延的一切進程都屬於反思了的意識。因此，在我們考慮一種心理上的綿延如何能夠構成為反思的內在對象之前，我們就應該設法回答這個先決性的問題：對於一個只有在過去才存在的存在而言，反思怎麼能夠是可能的呢？笛卡兒和胡塞爾把反思看做為一種被賦予特權的直觀，因為它是在一種現在的、瞬間性的內在活動中把握意識的。如果它需要認識的存在與它比較而言是過去的話，它是否會保持著它的確定性呢？而因為我們的全部本體論是建立在一種反思經驗的基礎上的，反思會不會有可能失去其所有的權限呢？而事實上，不正是過去了的存在應該成為各反思性意識的對象嗎？而如果反思本身是自為的話，它就應該自己侷限於一種瞬間性存在和一種瞬間性的確定性之中嗎？這個問題，我們只有返回到反思的現象以確定其結構的時候，才能做出回答。

反思，就是意識到自身的自為。因為自為已是（對）自我（的）非正題意識，所以人們習慣於把

反思做為一種新的、突然出現的意識、一種注視著反思的意識、與反思緊密結合在一起的意識來表現。這就是老生常談的斯賓諾莎的**觀念的觀念**。

但是，這裡除了人們難於解釋反思意識的**虛無**的湧現之外，人們還完全不可能分析反思意識與被反思意識之間的絕對統一，這個統一是唯一有權利使得反思的直覺的一切權利和確定性成為可以思議的東西。實際上，我們在此不能把被反思的**存在**（esse）定義為一種**被感知的東西**，這恰恰是因為它的存在是這樣存在著的：它不需要被人感知。它與反思的最初關係不能是一種表象和一種思維著的主體之間的統一關係。如果被認識的存在物應該具有與認識著的存在物相同的品格，那就應該在素樸實在論的前景之中描述這種存在物。但我們將會遇到實在論的最大困難：兩個具有德國人稱之為自立的存在的充足整體，怎麼會在它們之間維持著聯繫，特別是會具有人們稱之為認識的這一類型的內部關係呢？如果我們**首先**設想反思是一種自主的意識的話，那我們就**永遠也不能**隨之把反思與被反思的意識統一在一起。自主的意識和被反思的意識將永遠是兩個東西，如果硬說反思的意識能夠成為對被反思了的意識的意識，那也只能是這兩種意識之間的**外在聯繫**，我們充其量也只能想像，孤立於**自我**之外的反思好像具有一種被反思的意識的形象，我們就會又陷入唯心論；反思的意識而且特別是我思就會失去它們的確定性並且只能相互交換某種或然性，然而是難以定義的或然性。因此反思者應該通過一種存在關係與被反思者統一起來，反思的意識應成為被反思的意識。

但是，另一方面，這裡的問題似乎不在於反思者與被反思者之間的完全同一，這種同一將會一下子取消反思的現象，而僅僅使「反映—反映者」這一虛假的二元性留存下來。我們在這裡又一次碰到了定義自為的那類存在：反思要求反思者**是**被反思者，假如反思是斷然無疑的明晰事實的話。然而，在反思是**認識**的情況下，被反思者則必須是反思者的**對象**，這就意謂著存在的分離。因此，反思者同時必須是和不是被反思者。我們已經在自為的深處發現了這種本體論的結構。但那時，它還不具有與現在完全相同的意義。事實上，它在開始顯露的二元性「被反映者—反映者」的二項中設定了一種徹底的「非自立性」，即這樣一種分離的不可能性，致使二元性不斷停留於消逝狀態，而每一項向另一項提出時都**變成**另一項。但是，在反思的情況下，事情就有些不同，因為被反思的「反映—反映者」是為一個反思的「反映—反映者」而存在。換句話說，被反思者是反思者的顯象，而且為此不斷地成為（對）自我（的）見證，而反思者是被反思者的見證，而且為此不斷地使後者成為自身的顯象。正是因為被反思者自在地被反映，它就成為反思者的顯象，而反思者只有當它是（對）存在（的）意識時才能成為見證，就是說，在它所是的見證成為它仍然也是的一個反映者的反映時才能成為見證。被反思者和反思者二者因而都傾向於「獨立性」，而且**烏有**把它們分離與割裂開來，這種分離與割裂比自為的虛無分離與割裂反映—反映者還要深刻。不過，應該指出：（一）做為見證的反思只有在顯現中並且通過顯現才可能擁有它的存在，就是說，它通過自己的反思性深入到自己的存在之中，而正因如此，它永遠達不到它追求的「自立性」，因為它是從自身的功能獲取存在，並且從自為那裡獲取自身的功能。（二）因為被反思者是（對）自我（的）意識，如同這樣或那樣的（對）超越現象（的）意識，它就深深地被反思改變了。它知道自己被注視；為了利用一個可感知的形象，它只能更類似於一個伏案寫作的人，這個人完全知道有人在他背後注視他。因此可以說，被反思者已經具有（對）自身（的）意識，就像具有一個**外表**或不如說一個開始顯露的外表。這就是說，它使自身成為對……的對象，這就致使它的被反思的意義與反思者不可分離，它在那裡、在反思它的意識中與自身相距而存在。在這個意義上說，它並不比反思者本身擁有更多的「自立性」。胡塞爾說過，被反思者「表現出好像在反思前就業已存在」。但我們不應弄錯：做為非被反思的非被反思者的「自立性」相對任何可能的反思而言，並沒有過渡到反思的現象中。因為，恰恰是現象失去它非被反思的特性。對一個意識來說，變成被反思者，就是在其存在中承受一種變化，並且恰好失去它做為準整體擁有的「自立性」。總之，如果說一個虛無把被反思者和反思者分離開，這個不能從自身獲取存在的虛無就應該「被存在」。由此可知，只有一種統一的存在結構能夠在**應該是**的形式下是其固有的虛無。事實上，無論是反思者還是被反思者都不能決定這個起分離作用的虛無。但是，反思是一種**存在**，就如同未被反思的自為，而不像存在的補充物；一個**應成爲其固有虛無**的存在，並不是趨向自為的一種新意識的表象，而是自為在自身中實現的結構間的改變，總之，是自為自身使自己以反思者—被反思者的方式存在，而不是單純地以反映—反映者的方式存在，這種新的存在方式還使得反映—反映者以原始內在結構的名義得以繼續存在。對我進行反思的人，並不是我不知道的非時間的純粹注視，而就是我，綿延的、介入我自我性圈子的我，就是與我的歷史性一起處在世界危險之中的我。簡言之，這種歷史性和世界中的存在以及唯我性的圈子，都是我所是的自為以反思的兩重性方式所經歷的。

我們已經看到：反思者和被反思者被一個虛無分離開。因此，反思的現象是自為的虛無化，這個虛無化不是從外部來到自為之中，自為應該是這個虛無化。這種更加深入的虛無化是從何而來的呢？什麼可能是它的動機呢？

在做為面對存在在場的自為的湧現中，有一種原始的分散狀態：自為投身向外，靠近自在並且處在時間的三種出神狀態中。自為在自身之外，而又在自我最深處，這個自為的存在是出神的，因為它應該在別處找尋它的存在，如果它成為反映，它就應該在反映者中尋找；如果它成為反映者，它就應該在反映中尋找。自為的湧現確定了不能夠成為其固有基礎的自在的失敗。反思始終是做為重新把握存在的自為的永恆可能性。通過反思，投身於自身之外的自為欲求在自己的存在中內在化，這是為了自我奠定的第二次努力，對它來講，關鍵在於**爲了自身是它所是的**。如果反映—反映者的準二元性為一個就是它自身的見證集合為一個整體，那麼它在自己眼中就是它所是的。總之，關鍵在於超越在以不是的方式是其所是的時候逃逸的存在，這個存在在成為其固有流逝時流逝，它從手指間逃走，並把它們變成給定物——一種**是其所是的**給定物；問題在於用注視把這個只是因為它自己是其未完成而被完成的未被完成的整體集合為統一體，問題在於逃避那不斷反映的、要成為自身反映的範圍，這恰是因為人們逃脫了這種反映的鍊環；問題還在於使這個存在做為**被看見**的反映存在，就是說做為它所是的反映而存在。但是，同時，這個重新被把握的存在，這個做為給定物確定的存在，也就是說被賦予存在的偶然性以在奠定偶然性時解救偶然性的存在，它應該是它自己重新把握的、重新奠定的東西，它應該是它從出神的分散狀態中解救出來的東西。反思的動機在於一種對象化的和內在化的同時性雙重企圖。在內在化的絕對統一中成為對自身來說的自在的對象，這就是反思—存在應該是的。

為了對自身成為其固有基礎，為了重新把握和控制自身向內在性的逃逸，為了最終成為這個逃逸而不是把它做為自我流逝的流逝時間化，這種努力應歸於失敗，而這失敗恰恰就是反思。這種消失的存在實際上是自己應該重新把握自己並且應該以就是它自己存在的存在方式，也就是說以自為的因此也就是流逝的方式是這個重新把握。正是**以自爲的身分**，自為企圖成為它所是的，或者可以說對自身說來它將成為它自為地所是的。因此，反思或通過對自我的回歸重新把握自為的企圖導致為了自為的自為的顯象。要在存在中奠定的存在只是它固有虛無的基礎。總體因此總是被虛無化了的自在。同時，存在對自我的回歸只能夠使回歸的東西與在它上面有回歸的東西之間的一種**距離**顯現出來。這種對自我的回歸是為了自我回歸而對自我的掙脫。正是這種回歸使反思的虛無顯現。因為自為結構的必然性要求自為只有通過一個在沒有自為形式的情況下自己存在的存在才能被恢復。因此，進行重新把握的存在應該以自為的形式被確定，而應該被重新把握的存在卻應做為自為而存在。這兩種存在應該是**同一種存在**，但恰恰因為它被重新把握，它使一種絕對距離在自我與自我之間，在存在的統一中間存在。反思的這種現象是自為的永恆的可能性，因為反思的分裂增殖潛在地處於被反思的自為中：實際上只需反映著的自為把**爲他**做為反映的見證提出來，反映的自為把為他做為這反映者的反映提出來就足夠了。因此，反思做為要通過一個以不是的方式存在的自為恢復自為的努力是純粹而簡單的自為的存在和**爲他人**的存在之間的虛無化的中介階段，而為他人的存在是做為通過以不是的方式而不是的自為對自為進行恢復的活動[2]。

這樣描述的反思有可能被自為自我時間化的事實限制在它的諸種權利和意義中嗎？我們認為是不可能的。

如果我們要在兩種反思與時間性的關係中把握反思現象，我們就應該區分這兩種類型的反思：反思可能是純的或不純的。純反思——反思的自為面對被反思的自為的在場——同時是反思的原始形式和理想形式；這種形式是建立在不純反思由之出現的基礎之上的，它同樣不是首先被給定的，它是通過一種滌清（Katharsis）獲得的。我們下面還要談到的不純的或混雜的反思包含著純反思，但是它超出了純反思，因為它的要求要比純反思更加長遠。

什麼是純反思對於自明性的資格和權利呢？這顯然就是：反思者是被反思者。脫離了這一點，我們就沒有任何方法能使反思變得合乎情理。但是，反思者在任何內在性中都是被反思者，儘管是以「不是自在的存在」的方式。這就清楚地指明了被反思者對反思而言並不完全是對象，而是**準對象**。確實，被反思的意識還不是做為一種**外表**向反思呈現出來，就是說不是做為人們能夠對它「採取一種觀點的存在」，人們能夠對它實現一種後退，能夠擴大或縮小它與反思間的距離。為了使被反思的意識從「外部被看見」，為了使反思能夠轉向它自己，那反思者就不應該以不是其所不是的方式是被反思者：這種分裂增殖只有在**爲他**的存在中才能實現。反思是一種認識，這沒有疑問，它具有方位性；它肯定了被反思的意識。但是我們馬上會看到：任何肯定都被一種否定所制約：肯定**這個對象**，就是同時否定我是這個對象。認識，就是使自己成為別人。然而，反思者恰恰不能使自己成為完全異於被反思者的別人，因為它為了**存在**而是被反思者。它的肯定在中途就停止了，因為它的否定並沒有完全實現。它因此沒有完全擺脫被反思者而且不能「用一種觀點」與之結合。反思者的認識是整體的，是一種稍縱即逝、沒有起伏、沒有起點也沒有終點的直觀。一切都是在一種絕對的接近中一下子確定的。我們通常稱之為**認識**的東西是以鮮明、謀劃、次序、等級為前提的。即使是數學本質也用一種相對於其他真理、其他結果的方向向我們展現；這些本質從來不同時揭示自己的全部本質。但是，反思向我們提供的被反思不是做為一種給定物，而是做為我們在沒有觀點的區別中應該是的存在，反思是由自身流溢出來的、沒有解釋的認識。同時，它從不對自身感到驚異，它對我們**毫無教益**，它僅僅提出來問題。在一個超越對象的認識中實際上有一種對於對象的**揭示**，而且被揭示的對象能夠欺騙我們或者使我們驚奇。但在反思者的揭示中，有對在其存在中已經是揭示存在的位置。反思僅限於自為地使這種揭示存在；被揭示的存在並不被揭示為一個給定物，但是卻帶有「已經被揭示」的性質。反思與其說是一種認識，不如說是一種再認識。它意謂著對於它要做為恢復的原始動機來恢復的東西的前反思的領會。

然而，如果反思者是被反思者，如果這種存在的統一奠定並限制了反思的權利，就應該補充說：被反思者自身就是它的過去和將來。毫無疑問，反思者儘管總是不能控制以不是的方式所是的被反思的整體，還是要對這它所是的整體施展其不容置疑的種種權利。因此，笛卡兒的反思成果——**我思**不應該限制在無限小的瞬間。這就是鑒於**思想**是介入過去並且使自己被將來所預現的這一事實，人們所能得出的結論。我**懷疑**，故我在，笛卡兒這樣說。但是，如果人們能以瞬間為方法論的懷疑之限制，那這種懷疑還能保留下什麼？但是，判斷的懸擱並不是一種懷疑，它只是一種必要的結構。為了有懷疑，必須使這懸擱被肯定或否定的理由的不足——即回歸於過去的東西——激發起來，而且這懸擱應該被毫不猶豫地支持直到新的因素的涉入，這就已經是對將來的謀劃。懷疑在對**認識**的前本體論的領會和包含真實的要求的基礎上出現。這種領會和要求賦予懷疑其全部意義，它們使人的實在的整體和存在介入到世界中去，它們設定了一個認識的和懷疑的**對象**的存在，就是說一個在普遍時間中的超越的恆常性的存在，於是這是一種與懷疑相聯繫的**行爲**，一種代表人的實在的在世的存在的一種方式的行為。發現自己在懷疑，就是在我自身之前已經來到包含這個懷疑的目的、終止和意義的將來之中，就是在自我之後來到包含著構成懷疑及其階段的動機的過去之中，而且外在於自我來到做為對人們懷疑的對象的在場的世界之中。同樣的看法可應用於任意一個反思的事實：我讀，我作夢，我感知，我行動。或者，這些看法導致我們對反思的明確無疑的明晰性：那麼我對我的原始認識在或然中崩潰，我的存在本身只是一種或然性，因為我的在瞬間中的存在不是一個存在；或者，應該把反思的種種權利向人的整體擴展，就是說，向過去、將來、在場、對象擴展。然而，如果我們的看法正確，反思，就是要把自己做為不斷未完成的整體來把握的自為。就是肯定對做為自身揭示的存在的揭示。因為自為自我時間化，因此：（一）做為自為的存在方式的反思應該像時間化一樣並且它就是它自己的過去和將來；（二）它實質上把它的權利與確定性擴展直至**我所是**的可能性和我曾是的過去。反思者並不是由瞬間的被反思者把握，而它自己是非瞬間性。這並不意謂著反思者是**與**其將來一**起**認識被反思者的將來，也不意謂著**與**其過去一**起**認識待要認識的意識的過去。相反，這意謂著通過將來和過去，反思者和被反思者在它們存在的統一中被區分開來了。實際上，反思者的將來是反思者應該做為反思者而是的固有可能性的總體。這樣的反思者，它不可能包含有對被反思的將來的意識。同樣的觀點也適用於反思的過去，儘管反思的過去最終在原始自為的過去中奠定自己。但是，如果反思從它的過去和將來那裡獲取意義，那它做為對一種流逝之流逝。在場就已經在流逝的過程中出神地存在。換句話說，以反思二重性的方式使自己存在的自為，它之所以成其為自為，是從它自己的可能性與將來那裡獲取其意義的，從這種意義上講，反思是一種第亞斯波拉式的現象，但是做為**面對自我的在場**，反思是對於一切出神範圍的現在的在場。人們會說，還應解釋為什麼這種所謂確定無疑的反思，恰恰在涉及過去時會犯下如此多的錯誤，以致使你們把認識的權利給予反思。我的回答是：如果把過去看作以非正題的方式糾纏現在的東西，那就絕不會犯任何錯誤。我們曾指出過，當我說「我讀，我懷疑，我希望等」時，我就遠遠超出自己的現在而趨向過去了。然而，在任何情況下我都不會弄錯。只要反思把過去正確地看作是為著應該成為反思的被反思的意識，那確定無疑的反思就不會產生任何疑問。我之所以在以反思的方式回憶我的情感與過去之思想時犯一些錯誤，那是因為我是處在記憶的範圍內：在這個時刻，我不再**是**我的過去，而我卻使過去正題化。於是，我們就不再注意反思的活動了。

因此，反思是對出神三維的意識。它是（對）流逝（的）非正題意識，而且是**對綿延的**正題意識。對反思來講，被反思者的現在開始做為一些**準外表**而存在。因此，這些準外表不僅僅在要成為存在的過程中窮盡它們存在的一個自為的統一中被支持，而且還是**爲著**一個通過一個虛無與它們分開的自為，為著一個儘管在存在統一中與它們一起存在而不應成為它們的存在的自為。還是由於這個反思，流逝趨向於做為在內在性中開始顯露的外表而存在。但是，純粹反思只有在原始的非實體性中，在對自在的存在的否定之中才可發現時間性，它發現被自為的自由沖淡的**做爲可能**的可能，它揭示了做為超越物的現在，並且即使過去對它顯現為自在，它還是立於在場的基礎上的。總之，它在其分解的整體之中發現自為就是以應是的方式**自己**存在的不可類比的個體性，發現被反思者尤其是這樣一種存在：它永遠只做為自我而存在，並且在將來、過去和世界中永遠是與自身有距離的。反思因而揭示了時間性，因為它被揭示為一種唯我性唯一的不可類比的存在方式，也就是被揭示為歷史性。

但是，我們熟知的並在日常生活中應用的心理綿延是做為被組織起來的時間形式的連續，它是與歷史性針鋒相對的。這實際上是流逝的心理統一的具體組織。比如說，這種快樂在一次悲傷之後出現，是一種有組織的形式，然而以前，曾經有過一種我在昨天經歷過的屈辱。正是在諸種性質、狀態、活動的流逝的統一之間，之前和之後的關係一般地建立起來，而且，這些統一甚至能夠用於確定日期。因此，在世的人的反思意識在日常存在中是面對心理對象而存在的，這些心理對象是它們所是的，它們在我們的時間性的綿綿不絕的網絡之上出現，如同掛毯上的圖案和花紋，它們按照世界事物的方式在普遍時間中相繼而來，就是說，它們按異於純粹外在的連續的關係互相取代而又並不互相接觸。人們談到我**現在**的或**曾經有過**的快樂，人們說這是**我的**快樂如同我曾是這快樂的支撐物，它從我這裡突出出來，就像以斯賓諾莎所確定的方式突出於屬性背景一樣。人們甚至說，我經歷這種快樂，就像在我的時間化的組織上面打上印記，或者不如說，就像在我之中對這些情感、觀念、狀態的在場曾經是一種**拜訪**一樣。我們不能把由獨立所組成的具體流逝，即，總之是由心理的和意識的連續**活動**構成的心理綿延稱之為幻覺：其實正是它們的實在才造成了心理的對象；實際上，正是在心理活動的範圍內才建立起人、要求、嫉妒、仇恨、建議、鬥爭、狡猾之間的具體關係。然而，倘若認為在其湧現中歷史化的非被反思的自為自己就是這些性質、這些狀態和這些活動，那是不正確的。它的存在統一崩散成為互相外在的存在物的多樣性，時間性的本體論問題又出現了，而且這一次我們將沒有辦法解決這個問題，因為如果自為可能成為它自己的過去，那要求我的快樂成為先於這快樂的那個憂傷就是荒謬的，即使是以「不是」的方式。當心理學家們肯定心理行為彼此是互相關聯的，肯定在長長的寂靜之後響起的雷聲被領會為「在長長的寂靜之後的雷聲」時，他們描述的是這種出神的存在的日漸趨弱的表象。這真是太妙了，但是，他們就不可能解釋因為被剝奪一切本體論基礎的連續的相對性。事實上，如果人們在其歷史性中把握自為，心理綿延就漸趨消失，種種狀態、性質和活動也會消失以讓位於如此這般的自為的存在，這自為的存在僅僅是做為其歷史化過程是不可分割的唯一個體性而存在。正是這自為的存在流逝著，正是它由於將來而被命名，由於它所曾經是的過去而變沉重，是它把它的自我性歷史化，而我們知道，它以原始的或未被反思的方式是對世界的意識而不是**對自我**的意識。因此，諸種性質、狀態並不能成為在自為的存在中的存在（這是在**快樂**的流逝統一可能是意識的「內容」或「行為」的意義上說的，對自為的存在只存在著一些非位置的內在色彩，這些色彩能夠在自為的存在以外得到領會）。

我們現在就面臨著兩種時間性：我們是其時間化的時間性和心理的時間性，心理的時間性既顯現為與我們的存在的存在方式不能並存，又同時顯現為一種主體間的存在，科學的對象，人類行動的目的（這是在諸如「我千方百計地要讓安妮**愛我**」，為了我而給予她愛這樣的意義上講的）。這種顯然是導引出來的心理時間性不能直接來自原始的時間性，後者除了自身以外一無建樹。至於心理時間性，則不能被構成，因為它只是一些行為的連續次序。此外，心理的時間性只能對未被反思的自為顯現，這未被反思的自為是對世界的出神的純粹在場：它在反思中被揭示，正是反思應該構成它。但是，如果反思是純粹、簡單的對它所是的歷史性的發現，它又怎麼能構成心理的時間性呢？

在此，必須把純反思和不純的或構成的反思區別開來：因為正是不純的反思構成心理行為或**心理**的連續。而在日常生活中最先表現出來的東西，就是不純的或構成的反思，儘管在它自身中包含做為它原始結構的純反思。但是，純反思只有通過它在自身上進行的一系列變革並且是在滌清形式下的變革才能達到。這裡還不是描述這種滌清的動機和結構的地方。我們認為重要的是要描述不純反思，因為它是心理的時間性的構成和揭示。

我們已經看到，反思是一種存在，在這種存在中，自為為了存在對自己是它所是的。反思因此在存在的純粹冷漠中是一種任性的湧現，但是它是在一個**肯定方面**的前景中產生的。我們在此實際還看到，自為是在其存在中是一個肯定方面基礎的存在。反思的意義因此就是它的為……的存在。特別是，反思者就是自我虛無化著的為了恢復自身的被反思者。從這個意義上講，因為反思者應是被反思者，它就逃避了它在「應是反思者」的形式下做為被反思者的自為。但是，如果這僅僅是為了是它所應是的被反思者，那它就會逃避自為以再找到它，自為處處並且以某種方式被判處要成為自為。實際上，這正是純反思所發現的東西。但是，不純反思是最初的自發的（但不是**原始的**）的反思者，它為了存在而是做為自在的被反思者。它的動機自身是在一種雙重的運動中——內在化的和對象化的：把自在做為被反思者來把握以使人們把握的自在存在。不純反思因此只有在一種它在其中與它應該是的自為保持直接關係的自我性圈子裡才能被被反思者把握。但是，另一方面，它應該成為的這個自在就是**被反思者**，反思者企圖把它領會為自在的存在物。這意謂著在不純反思中有三種形式：反思者、被反思者和反思者應該成為的自在，而這個自在可能是被反思者而且不過是反思現象的肯定方面。這個自在通過穿越被反思者以恢復和建立它的反思，並在自為的被反思者後面預先顯露出來，它就像在自為的被反思者的自在中的做為意義的投射：它的存在絲毫不是存在，而是**被存在**，就如同虛無一樣。它是身為為反思者的純粹對象的被反思者。一旦反思對反思者採取某種觀點，一旦反思脫離這種突如其來的、晦暗不明的、在其中被反思者對反思者並沒有表現出什麼觀點的直觀，一旦反思做為**不是**被反思者被提出來，一旦它規定了它所是的，反思就使一個可能被規定、定性的自在在被反思後面顯現出來。這種超越的自在或被反思者在存在中的陰影，它就是反思者**應該是的**東西，因為它就是被反思者所**是**的。它絲毫不混同於被反思者的價值，這種價值在整體和未分化的直觀中向反思表現——它也絲毫不混同於糾纏著像非正題的不在場和反思意識的肯定方面的反思者的價值，因為這種價值是對自我的非位置的意識。這是任何反思的必要對象；為了使它湧現，只需反思把被反思者當作對象來看待；這是一種決定，通過這種決定，反思規定自己把被反思者當作對象來看待，這種對象使自在顯現為被反思者的超越的對象化。而反思用以規定自己把被反思者當作對象來看待的活動在其自身中是：（一）做為**不是**被反思者的反思立場，（二）對於被反思者採取的觀點。此外，這兩個環節事實上合二為一了。因為，反思者使自己成為的對被反思者的具體否定恰恰是**在**採取觀點的過程中並且**通過**採取觀點的行為顯露出來。我們看到，進行對象化的活動是在反思的二重性的嚴格延伸之中的，因為這種二重性是由於分離反映和反映者的虛無的深化造成的。對象化重新把反思運動看作為不是被反思者，**爲的是**使被反思者做為為反思者的對象出現。只不過這種反思是自欺的，因為如果它看來割斷了被反思者與反思者之間的聯繫，如果它宣布說反思者以不是人們所不是的方式**不是**被反思者，而在原始的反思的湧現中，反思者以不是人們所是的方式不是被反思者，那麼這就是**爲**了隨後再肯定同一性並且以這個自在肯定「我是這個自在」。總之，反思是自欺的，因為它被構成為對**我是我這一對象**的揭示。其次，這種更加徹底的虛無化並不是一種真實的和形而上學的事件：真實的事件，虛無化的第三個過程，那就是**爲他**。不純的反思要在**保持**自我的同時**成爲他**人，這種努力流於失敗。在被反思的自為後面顯現的超越對象是反思者所能夠是的唯一存在，從這個意義上可以說，它**不是這個存在**。但是，這是一種存在的陰影。它被存在，而且反思者為了不是它而應該是它。心理學家以**心理行爲**的名義研究的正是這種存在的陰影，即與不純的反思有著必要和經常聯繫的存在的陰影。心理行為因而是被反思者的陰影，因為反思者以不是的方式要出神地是它。這樣，當反思表現為自為在自在中的直觀時，它就是不純的。對反思揭示出來的不是被反思者的時間的歷史性，也不是被反思者的非實體的歷史性，而是超出被反思者之外的流逝的有組織形式的實體性本身。這些潛在的存在的統一被稱作**心理生活或心理**，是潛在的和超越的、建立在自為時間化基礎上的自在。反思從來就只是一種準認識，但是，它在單獨的心理中，它可能擁有反思的認識。自然，在每一個心理對象中，人們都會找到真實的被反思者的諸種特性，不過卻是退化為自在的特性。對於心理所做的**先驗的**簡要描述可以使我們了解這一點。

（一）我們把心理理解為**自我**，它的狀態、性質和活動。「自我」在「Je」和「Moi」[3]這雙重語法形式下代表我們的**人稱**，它是超越的心理統一。我們在別處已經做過闡述。做為**自我**，我們是行為主體和權利主體——這些行為和權利可能是主動的也可能是被動的——我們是意志的施動者，是一種價值或責任判斷的可能對象。

自我的種種性質代表著構成我們特性和習慣的潛在性、潛力和潛能的總體（這是在希臘語 ἕξις 一狀態的意義上說的）。這就是易怒、勤勞、嫉妒、野心勃勃、色情之類性質。但是，還應該承認起源於我們歷史的另外一種性質，我們稱之為**習慣**：我可能是衰老的、疲倦的、乖戾的、退步的或進步的，我可能顯現為「在獲得成功之後心安理得」或者相反「逐漸養成一些嗜好和習慣，一種病態的性欲」（在一次大病之後）。

和「潛在地」存在著的性質相反，狀態是做為在活動中的存在者而表現出來的。仇恨、愛情、嫉妒都是一些狀態。一種疾病是一種狀態，因為它被病人做為心理－生理的實在來把握的。同樣，許多從外部而來的附著於我這個人的特徵在我經歷它們的時候，能夠變成一些狀態：不在場（相對確定的那個人而言）、流放、侮辱、勝利都是一些狀態。我們看到區分性質和狀態的東西：昨天我發火之後，我的「暴躁性情」驟然而來，就如同置我於憤怒之中的單純潛在的安排一樣。相反，在皮埃爾的行動和我因此感到的怨恨之後，我的仇恨像一**現時**的實在驟然而來，儘管我的思想現在正注意另一個對象。另外，性質是有助於**規定**我的人格的對先天精神或後天知識的一種安排。相反，狀態則更多地是意外的、偶然的：是我碰到的某種事物。然而，在狀態和性質之間存在著一些中介物：例如，儘管波佐．第．波爾哥對拿破崙的仇恨在事實上存在並且表示出在波佐與拿破崙之間的一種偶然令人感動的關係，它仍然是構成波佐人格的因素。

應該把**活動**理解為人格的綜合活動，就是說，為了目的安排的手段，這不是因為自為是其固有的可能性，而是因為活動代表著一種自為應該經歷的超越的心理綜合。例如，拳擊運動員的訓練是一種活動，因為它超出自為又支持自為，而且自為在這種訓練中並通過這種訓練實現自己。學者的探索、藝術家的工作、政治家的競選運動都是如此。在任何情況下，做為心理存在的活動都代表一種超越的存在和自為與世界之間關係的客觀面貌。

（二）「心理的東西」唯獨對一種特殊範疇的認識活動——反思的自為的活動來表現。在未被反思的領域中，自為實際上是以非正題的方式成為其固有的可能性。但因為它的可能性是在世界的既定狀態之外的對世界的可能在場，所以通過這些可能性被正題而不是被非正題揭示出來的東西，就成為與既定狀態綜合聯繫著的世界的一種狀態。因此，帶給世界的種種變化正題地在做為對象的潛在性的在場的事物中表現出來，這些潛在性必須借用我們的身體做為它們自我實現的工具以使自己實現。憤怒的人就是這樣在他的對手臉上看到會招致一擊的對象性質。「該打的臉」，「招打的嘴巴」這樣的成語就是由此而來的。我們的身體在此僅僅顯現為在憤怒狀態下的通靈者。正是通過身體，事物（被喝之前的飲料，實施之前的救助，被消滅前的害蟲等）的一些潛在性應該實現，在這時湧現的反思才把握了自為與其可能之前的本體論關係，但是這種關係是做為對象的關係。於是，**活動**做為反思意識的潛在對象湧現出來。我因此不可能在同一範圍內同時具有**對**皮埃爾**的**意識和**對**我對他的友誼**的**意識：這兩種存在總是被自為的一個厚度分離開。而這個自為本身是一種隱藏的實在：在非被反思意識的情況下，它存在，但是正題地存在，並且它在世界對象與它的潛在性面前消失了。在反思湧現的情況下，它向著反思者應是的潛在對象被超越了。唯有一種能夠在其實在中發現被反思自為的純反思意識。我們把這些存在的有組織整體稱之為「心理」，這些存在對不純反思造成一個恆久序列，並且成為心理學研究自然而然的對象。

（三）儘管對象是潛在的，它們也不是一些抽象物，它們不是被反思者空洞地追求的，但是，它們表現為反思者在被反思者之外應該是的具體的自在。我們用**自明性**來稱呼仇恨、流亡、方法的懷疑對自為的直接在場和「親自」在場。為使這種在場存在，只需堅信不移地回憶我們個人經驗的情況就足夠了，在這些情況裡，我們曾試圖回憶一種死亡的愛情，某種我們過去曾經歷過的理智的氣氛。在這些不同的情況下，我們曾清楚地意識到**空洞地**去追求這些不同的對象。我們曾經能夠把它們構成特殊的觀念，曾經企圖對它們進行文字描繪。但是，我們知道它們業已不在。同樣，對一個熾熱的愛情來說，會有一些中斷的階段，在這些階段中，我們**知道**我們愛，但是我們沒有感覺到它。普魯斯特曾出色地描述過這些「心靈的中斷」。不過，完全把握一種愛情，沉思愛情並非是不可能的。然而為此必須有一種被反思的自為的特殊存在方式：正是通過我對一種反思意識的已經變成被反思者的時刻的好感，我能夠領會我對皮埃爾的友誼。總之，使這些性質、這些狀態或活動現時化的手段不是別的，就是通過一種被反思意識去領會它們，而它們則是在自在中的投影與對象化。

但是，這種把一種愛情現時化的可能性比任何論據都更好地證明了心理的東西的超越性。當我猛然發現我的愛情，當我**看到**我的愛情的時候，我就同時認識到它是在意識之前的。我能夠對它採取一些觀點，判斷它，我並沒有像反思者介入被反思者那樣介入到愛情中去。由於這個事實本身，我把它領會為**不是**自為的一部分。它無限地比這絕對的透明性更加沉重、更加晦暗、更加堅固。所以，心理的東西與它一起向不純的反思的直觀表現的**自明性**並不是確定無疑的。在經常被我的自由咀噬並消耗的被反思的自為的將來和對我的愛情是有威脅的並緻密的將來之間實際上存在著差距，而正是我的愛情賦予將來以**愛情**的意義。如果我實際上沒有在心理對象中把它的愛情的將來看成是中斷的，那這是否還是一種愛情呢？它是否會淪入**短暫愛情**的行列之中呢？而如果短暫愛情做為之前總是表現為短暫愛情而且永遠不改變成為愛情，那短暫愛情難道就不介入到將來之中去了嗎？因此，自為的永遠被虛無化的將來阻止對做為愛著或恨著的自為的自為做任何自在的規定；被反思的自為的投影自然擁有退化為自在的並且在規定其意義的過程中與之合為一體的將來。但是，由於與被反思的將來的連續不斷的虛無化相關聯，有組織的心理總體與它的將來都始終只是保持為**或然**的。完全不應由此就認為這是一種來自與我的認識之間的關係的外在性質，也不是在必要時能把自己改變為確定性的性質，而是一種本體論的特徵。

（四）由於心理對象是被反思的自為的投影，它就擁有漸趨消退的意識的特性。特別是，它顯現為一種完成了的或然整體，在那裡，自為在分解的整體的第亞斯波拉式的統一中使自己存在。這意謂著，通過時間出神三維領會的心理的東西似乎是被過去、現在、將來的綜合構成的。一種愛情，一個企業是由這三維組織的統一。其實，說愛情「有」一個將來，就好像將來是外在於它賦予其特性的對象，那是不夠的：然而將來卻構成「愛情」消逝的組織形式的一部分，因為正是它的未來的存在賦予愛情以其愛情的意義。但是，由於心理的東西是自在的，它的現在不能成為流逝也不能成為其純粹將來的可能性。在流逝的這些形式中，有一種過去的基本優先性，它就是自為曾是的，並且已經設定自為向自在的變化。反思者投射一種具有時間三維的心理的東西，但是，它獨獨與被反思者曾是的東西一起構成這三維。將來已經存在：否則我的愛情如何成其為愛情呢？只不過它還不是被給定的：這是一個尚未被揭示的現在。於是它喪失了我應是的可能性的特性：我的愛情，我的快樂並不應是它們的將來，它們在平行的冷漠而又安靜的狀態中才是它們的將來，就像這支鋼筆是筆尖而在那邊又同時是鋼筆套一樣。現在同樣是在它的此之在的真實性質中被把握的。不過，這種此之在被構成為已經在那裡。現在已經全部構成並且全副武裝，這是一個瞬間帶來、又帶走的「現在」，就像一套現成的服裝；這是一張打出又收回的牌。從一個將來的「現在」到現在的過渡和從一個現在到過去的過渡都不能使它發生任何變化，不論怎樣，將來或不是將來，它都已經過去了。這就是心理學家們為了區分三種心理的「現在」天真地求助於潛意識所說明的東西：人們把對意識是現在的現在稱之為現在。那些過渡到將來的現在恰恰具有相同的特性，但是它們在潛意識的模糊狀態中期待著，但如果在這未分化的領域中把握它們，那我們就不可能從它們中間分解出將來和過去：在潛意識倖存的回憶是一種過去的「現在」，而且因為它等待召喚，它同時是一種將來的「現在」。因此，心理形式不是要存在，它已經完成，它早就以「曾是」的方式完全成為過去、現在、將來。對於組合心理形式的那些「現在」來講，問題不再是在回到過去之前一個一個地承受意識的洗禮。

由此可見，在心理形式中，同時存在著兩種矛盾的存在形態，因為，心理形式已經完成，同時又在一個有機體的堅固統一中顯現，而且同時還只有通過每一個都企圖孤立於自在的那些「現在」的連續中才能存在。比如，這個快樂從這一瞬間到另一瞬間，是因為它的將來已經做為它的發展的最終結果和**既定**意義而存在，不是做為它應是的東西，而是做為它在將來中早已「曾是」的東西。

心理的東西的內在一致實際上不是別的，而是在自在中的被實體化了的自為的存在統一。一種仇恨根本沒有部分：它並不是行為與意識的一種總合，但卻通過這些行為和意識表現為它們顯現的無部分的時間統一。不過，自為的存在統一是通過它的存在的出神特性來解釋的：它應該完全自發地成為它將是的。心理的東西則相反，它是「被存在」。這意謂著它不能通過自我規定自己的存在。它面對反思者被一種惰性支持著，而心理學家們經常強調它的「病理」特性。笛卡兒正是從這個意義出發才能談論「靈魂的激情」，正是這種惰性使得心理的東西雖然是在同一存在範圍內僅僅是世界的存在物，卻仍然能被領會為是與這些存在物有關係的。一種愛情是由被愛對象確定為「被引發物」的。因此，心理形式的完全一致就變得不可理解了，因為它不**應是**這種一致，因為它不是自己固有的綜合，因為它的統一具有給定物的特性。如果說仇恨是完全現成的和惰性的「現在」的既定連續，那我們就會發現一種無限可分性的萌芽。但是，這種可分性卻被遮掩、被否定了，因為心理的東西是自為的本體論統一的客觀化。因此，在仇恨的連續的「現在」之間產生一種神奇的一致，這些現在只是為了隨後否認它們的外在性才表現為一些**部分**。正是這種曖昧性闡明了柏格森有關意識的綿延和「相互滲透的多樣性」的學說。柏格森在這裡涉及的正是心理的東西，而不是被設想為「自為」的意識。「相互滲透」實際上意謂著什麼呢？它並不意謂著在權利方面欠缺一切可分性。實際上為了要有相互滲透，就必須有相互滲透的一些部分。不過，這些部分在權利方面應重新墮入孤立之中，它們通過一種神奇的、全然未被說明的一致彼此互相潛入，現在還很難分析這種徹底的融合。柏格森完全不想把這心理的東西的屬性建立在自為的絕對基礎上：他把它看成一個給定物；這是一種簡單的「直觀」，這種直觀對他揭示了被內在化的多樣性。它存在著，但不是**爲**一個正題或非正題的意識而**存在**，這就更突出了它的惰性和被動材料的性質。它存在，但不是**對**存在**的**意識，因為人站在自然的立場上完全地否認它，而為了把握它必須求助於直觀。因此，當我們製造了識別世界的對象的必要工具時世界的對象可能在未被看見的情況下存在並在事後被揭示出來。在柏格森看來，心理綿延的種種性質是經驗的一種偶然純粹的事實：它們之所以如此，是因為人們是如此碰到它們的，如此而已。因此，心理的時間性是惰性的、與柏格森的綿延相當近似的材料，它承受一種內在的一致而並沒有製造這種一致，它被不斷地時間化而又沒有自我時間化，在心理的時間性中，那些不是通過存在的出神關係被統一起來的因素，它們的神奇的、非理性事實的相互滲透只能與遠處的魔魔法的神奇行動相比較，並且掩蓋了已經完全完成的「現在」的多樣性。這些特性並不來自心理學家的錯誤，也不來自認識的缺陷，它們是心理時間性的構成成分，是原始時間性的實體。心理的東西的絕對統一實際上是自為的本體論的和出神統一的謀劃。但是，由於這種謀劃在自在中形成，而這個自在在對同一性無距離地接近中就是其所是，出神的統一就分割成無限的「現在」，這些現在就是它們所是的並且恰恰因此它們才企圖孤立於它們的自在的同一性中。因此，心理時間性由於同時參與自在與自為就包含一種不可克服的矛盾。這並不應使我們驚奇：心理時間性是產生於不純的反思，自然它是「被是」它所不是的又不是它所「被是」的。

這就使得對在心理時間內部的心理形式之間所保持的關係進行考察變得更加有必要了。首先應指出，正是相互滲透支配著例如在複雜的心理形式之內的情感聯繫。每個人都熟知小說家們經常描述的充滿欲望的「微妙」的友誼，那些無視任何輿論的「刻骨」仇恨，那些情人般的同志情誼。還可以肯定，我們是以一杯牛奶咖啡的方式把握一種充滿欲望的微妙友誼。可能這種類比是粗略的。然而，可以肯定情人般的友誼並不表現為友誼類的單純特別化，就像等腰三角形是三角形類的特別化一樣。友誼表現為被整個愛情全部滲透的友誼，然而它不是愛情，它不「使自己成為」愛情：否則它就失去了它的友誼的自主性。但是它卻被構成為一種難以用語言名狀的惰性的和自在的對象，在這個對象中自在的和獨立的愛情神奇地伸延穿過整個友誼，就像在斯多葛的混沌（σύγχυσις）中一條腿橫跨整個大海一樣。

但是，心理的過程還包含著在先的形式對在後的形式進行的遠距離的行動。我們不能以例如人們在古典機械論中發現的那種簡單因果關係的方式去設想這種遠距離的行動，因為這種行動設定了一種封閉在瞬間中的一個運動物體的完全靜止的存在；我們也不能以斯圖亞特·彌爾設想物理因果關係的方式去設想這種行動，因為它是由兩種狀態的不受制約的、穩定而又連續確定的，其中每一種狀態在其自身的存在中都是排斥另一種的。因為心理的東西是自為的客觀化，它擁有日趨漸弱的自發性，被看作是它的形式的內在的和既定的性質，而且是與它的內聚力不可分離。因此，心理的東西不可能如同在先形式的**產物**那樣被嚴格地給定。但是，另一方面，這種自發性不能規定自己的存在，因為它只是做為一個既定存在物在其他存在物之間的規定而被把握的。隨後，在先的形式在遠處使一種具有同樣性質的形式誕生，這種形式是做為流逝而自發地組織起來的。這裡並沒有**應**是其將來和過去的存在，而僅僅有過去、現在和將來的形式的一些連續，但這些連續都是以「曾是」的方式存在的，而且它們有距離地彼此互相施加影響。這種影響或者通過滲透，或者通過動機表現出來。在第一種情況下，反思者把兩種首先被分別給定的心理對象看成一個對象。這樣，或者它是一個新的、它的每一個特徵都將成為其他兩個的綜合的對象，或者，它是一個在其自身中不可理解的對象，這種對象同時表現為全部的這一個或另一個，而沒有改變其中的任何一個。在動機中則正相反，兩種對象各自停留在自己的位置上。但是，一個心理對象由於是有組織的形式和相互滲透的多樣性，它就只能同時全部地作用於另一個整個的對象。這樣，就有一種通過一個對另一個施加的神奇影響而產生的整體的、遠處的行動。比如，正是我昨天所受的屈辱全部設定了我今天早上的情緒。這種遠處的行動完全是神奇的、非理性的，這就比其他任何分析都更好地證明理智主義心理學家們通過理智分析把它歸結為一種可認識的因果性的努力是徒勞的，因為他們停留在心理東西的範圍內。普魯斯特正是這樣不斷地企圖通過理智主義的分析在心理狀態的時間連續中發現這些狀態之間的合理的因果性的聯繫。但根據這些分析卻只能給我們提供如下的結果：

「每當斯旺能毫無畏懼地想像（奧黛特）時，每當他回想起她的微笑中流露出的柔情蜜意時，當他

把她帶到一切別的事情上去的願望不再由於嫉妒而補充到他的愛情之中時，這種愛情就會重新變成對於奧黛特本人給予他的感情的嗜好，對他說來是應該做為戲劇來欣賞的快意、或是做為一種現象來探詢的奧黛特的秋波、她的舒展的笑容以及她聲調的起伏的嗜好。這種相異於任何其他快意的快意最終在自身中建立了**對她的需求**，唯有她能夠通過她的在場和信件滿足這種需求……這樣，通過他的痛苦的化學歷程，斯旺在用**自己的愛情製造了嫉妒之後**，又重新開始產生對奧黛特的柔情和愛憐。[4]」

這段引文顯然同心理的東西有關。我們從中確實看到從本質上講被個體化並被分離的一些感情，它們彼此之間互相發生作用。但是，普魯斯特企圖闡明這些情感的行動並且對它們進行分類，他希望以此使斯旺應該由之通過的抉擇變得可以理解。他並不只侷限於描述他已能夠自己做出的發現（通過「動搖不定」而產生的從充滿恨意的嫉妒到溫柔的愛情的過渡），他要解釋這些發現。

這些分析的結果是什麼呢？心理的東西的不可理解性是否消除了呢？很容易看到偉大心理形式有些抽象地歸結為更加簡單的因素，這種歸結相反譴責心理對象之間支持著的關係的神奇的非理性。嫉妒如何把「要從任何一個別人那裡奪去愛情的欲望」添加到愛情中去呢？而這種欲望一旦添加到愛情之中（還是牛奶「加入」咖啡的圖象）如何能阻止愛情**重新變爲**「一種對奧黛特本人給予他的感情的一種嗜好呢」？快意又怎麼能**創立**一種需求呢？而愛情，它又如何能製造回過來能**加深**他要把奧黛特從任何一個人那裡奪回來這種欲望的嫉妒呢？在**擺脫**這種欲望之後，他是否能再次製造柔情？普魯斯特企圖在此建立一種象徵的「化學歷程」，但是他利用的化學形象只不過能夠掩蓋動機和非理性的行動。人們試圖把我們拖向對心理的東西的機械論解釋，這種解釋並不使問題更加好理解，它完全曲解了心理的東西。但是，人們還情不自禁地向我們指出那些狀態之間的奇特的、幾乎是人與人之間的（創立，製造，補充）關係，這些關係幾乎能設定：這些心理對象是生氣勃勃的原動力。按照普魯斯特的描述，理智主義的分析在每一時刻都標誌著它的侷限：這種分析只有在完全的非理性的表面並且在這非理性的基礎上才能進行分解和分類。不應該縮減心理因果性中的非理性因素：這種因果性是在一個在其位置上就是其所是的自在成為一個相距自我而存在的出神的自為的神奇退化。遠處的、由於影響而產生的神奇行動是存在聯系鬆弛的必然結果。心理學家應該描述這些非理性的聯繫並且把它們看作是心理世界最初的一種給定物。

因此，反思的意識是做為綿延（的）意識而被構成的，心理的綿延由此向意識顯現。這種做為在原始時間性的自在中的謀劃的心理時間性是一種潛在的存在，這種存在的虛假的流逝不斷地伴隨著自為的出神的時間化，因為這種出神的時間化是被反思把握的。但是，如果自為停留在未被反思的領域或不純的反思被純化了，那出神的時間化就消失了。心理時間性在這點上類似於原始時間性，即它顯現為具體對象的存在方式而不顯現為一種預製的框架和規則。心理時間只是與時間對象相聯繫的集合。而它與原始時間的根本區別在於它是**存在著**，而原始時間自我時間化。這樣，心理時間只有與過去和將來一起才能被構成，而且將來只能是在現在的過去之後來到的一個過去，這就是說，先—後的空洞形式被實體化了，並且它理順了同樣過去了的對象之間的關係。同時，這種不能憑自身存在的心理綿延應該不斷地**被存在**。這種時間性不斷地在出神的自為的平行多樣性和絕對的一致性中搖曳不定，這種時間性是由曾經存在過的「現在」組成的，這些現在堅持在為它們指定的位置上，但是卻在它們的整體中彼此有距離地相互影響，這就使這種時間性相當類似於柏格森的神奇的綿延。一旦人們置身於不純的反思的範圍裡，也就是說置身於努力要規定我所是的存在的反思的範圍裡，那一個完整的世界就顯現出來，它充滿著時間性。這個世界是潛在的在場，是我的反思直觀的或然對象，這是個心理世界或就是心理。從一種意義上講，它的存在是純粹理想的；在另一種意義上講，它存在，因為它被存在，因為它面對意識而被發現：它是「我的陰影」，它是當**我要看自己**時被發現的東西，此外，因為它能夠成為自為由之出發規定自己是它應是的（我「因為」反感而不去這個人或那個人的家，我在權衡我的恨或愛時決定採取這種或那種行動，我拒絕討論政治，因為我深知自己的易怒氣質，我不願意冒使自己被激怒的危險），這個虛幻的世界做為世界的**實在處境**而存在。所謂的「內在」的和「質」的時間性就與這個寓於反歷史漠然性的無限生成中的超越的世界一起被構成為存在的潛在統一，這種時間性是原始時間在自在中的客觀化。這裡有一種「外表」的最初顯露：自為以為自己幾乎把一個外表置於它自己的目光下；然而這一外表是純粹潛在的。我們在下面將會看到為他的存在將使這一「外表」的顯露**成爲現實**。

注釋

1 Diaspora，希臘語，意為猶太人散居國。——譯注

2 我們在這裡再次發現了那種「與自身等同的分裂」，黑格爾把它變成意識的特徵。但是這種分裂不像在《精神現象學》中那樣導向一種更高的整體化，而只不過是更深入並且更加不可彌補地挖掘使意識與自身分離的虛無，這種意識是黑格爾式的，但這也是他最偉大的幻覺。——原注

3 「Je」和「Moi」在法語中都是「我」，前者用於主語，後者主要用於表語、賓語及重讀形式等。——譯注

4 《在斯旺家那邊》：第三十七版第二卷第八十二頁。加重號是我加的。——原注

第三章 超越性

為了能儘可能完整地描述自為，我們選擇對否定行為的考察做為導引線。我們已看到，其實正是在我們之外和之內的一種非存在的永恆可能性制約著我們能提出的問題，制約著人們能對之做出的回答。然而我們首要的目標並非只是描繪自為的否定結構。在〈導言〉中，我們曾指出過一個難題，而且我們想解決的正是這個難題：人的實在與現象的存在或自在的存在的原始關係是什麼？其實，從導言起，我們就不得不拒絕實在論和唯心論的解決。我們覺得超越的存在完全不能作用於意識，同時意識也不能通過把那些從其主觀性中借來的成分客觀化來「建造」超越的東西。因此，我們懂得了，意識對存在的原始關係不能是統一兩個原本孤立的實體的外在關係。我們指出：「存在的各領域之間的關係是一種原始的湧現，並且是這些存在的結構本身的一部分。」我們發現，具體的東西是個綜合整體，做為現象的意識只構成它的一些環節。但是，即使在一個意義下說，孤立地被考察的意識是一種抽象；即使現象，甚至是存在的現象，同樣是抽象的，就是因為它們不能做為不對意識顯現的現象存在，那現象的存在，做為是其所是的自在，也不能被認為是一種抽象。為了存在，只需要存在本身，存在只歸結為存在自己。另一方面，我們對自為的描述則向我們指出，在那裡現象的存在卻完全相反，它是那麼儘可能地遠離實體和自在；我們看到，自為是它自己的虛無，並且只能在它的各種出神狀態的本體論統一中存在。因此，即使自在與自為的關係原本應該是處在關係中的存在本身的構成成分，也不應該認為這種關係能是自在的構成成分，它恰恰是自為的構成成分。我們應該只在自為中尋找聯結與諸如所謂認識的存在的關係的那個契石。自為在其存在中對它與自在的關係負責，或不如說，它原本在與自在的關係的基礎上產生。我們把意識定義為「(這樣)一種存在，對它來講，在其存在中，它只關心自身的存在，因為這個存在意謂著異於它的一個存在」。當我們這樣定義時，我們已經揣測到自為的上述性質。但是，從我們做出這個定義以來，我們已獲得了新的認識。尤其是我們已把握了做為它自己虛無的基礎的自為的深刻意義。難道現在還不到使用這些認識，以規定和解釋一般說來能使認識和行動顯現出來的那種自為與自在的出神關係的時候嗎？我們還不可能回答我們最初的問題嗎？為了成為(對)自我(的)非正題意識，意識應該是對某物的正題的意識，這點我們已指出過。然而，到現在為止我們研究的，是做為(對)自我(的)非正題意識的原始存在樣式的自為。不正是為此，我們才被引去描繪在與自在的關係本身中的自為(因為這些關係是它的存在的構成成分)嗎？從現在起，我們難道不能找到一個答案以回答這類關係的問題：即自在是其所是，自為的存在是怎麼又是為什麼不得不在其存在中成為對自在的認識？什麼是一般而言的認識呢？

一、做為自為與自在關係類型的認識

除了直觀的認識之外沒有別的認識。把演繹和推理稱之為認識是不準確的，它們只不過是導致直觀的工具。當人們達到了直觀時，用來達到直觀的手段在它面前就消失了；在直觀不可能被達到的情況下，推論和推理就仍然是指向不可及的直觀的指示牌；最後，如果直觀已經被達到而又不是我的意識的現在的樣式，我所使用的那些公理就仍然是以前進行的活動的結果，就像笛卡兒所謂的「觀念的回憶」

一樣。如果問直觀是什麼，胡塞爾就會像大部分哲學家一樣回答：「它是事物（Sache）親自面對意識的在場。」因此，認識就是我們在前一章中在「面對……在場」的名稱下描述的存在類型。但是我們已確定：自在本身絕不能是**在場**。在場的存在其實是自為的存在的出神的樣式。因此，我們不得不把我們的定義翻過來說：直觀是意識面對事物在場。因此，現在我們應該重新論述自為這種面對存在在場的本性和意義。

當我們在導言中使用未闡釋明白的「意識」概念時，我們已確立，意識必須是**對**某物**的**意識。正是以意識是其意識的那個東西這樣的方式，意識才用自己的眼睛把自己區別出來，才能成為（**對**）自我（**的**）意識。不是（**對**）某物（**的**）意識的那種意識也就是（**對**）烏有（**的**）意識。但是我們恰恰闡釋明白了意識或自為的本體論意義。因此我們能用更加準確的術語提問：如果在本體論水平上，就是說按自為存在的觀點考察意識的話，說意識必然是**對**某物**的**意識能意謂著什麼呢？我們知道，自為在反映—反映者這一虛幻二元的形式下是它自己的虛無的基礎。反映者只為反映出那個反映而存在，而反映之為反映只是因為它歸回到反映者。這樣，在二元中勾畫出的兩項是互指的，而且每一項都使它的存在干預另一項的存在。但是，如果反映者只不過是**這個**反映的反映者，而且如果反映只能通過其「為在**這個**反映者中反映自己的存在」表現自己的特徵，這個準二元的兩項在它們的兩個虛無彼此靠近的時候就同歸於盡了。反映者必須反映**某物**以便這整體不崩潰為烏有。但是，另一方面，如果反映是**某物**，它獨立於它的「為被反映的存在」，那它就不應該被質定為反映，而應被質定為自在。這是把不透明性引進「反映—反映者」體系，甚而至於是使開始顯露的分裂趨於完成。因為在自為中，反映**也是**反映者。但是如果反映被質定，它就脫離了反映者，而且它的顯象就脫離了它的實在：**我思**變成不可能的。反映只能在它被不同於它的東西質定，或不如說，在它被反映為它和它所不是的外物的關係時，才同時是「要反映的某物」和**烏有**。把反映定義為反映者的東西，總是**它面對其在場的那個東西**。甚至在未經反思的東西的水平上把握的喜悅，也只不過是那個面對一歡笑開放，充滿幸福前景的世界的「被反映的」在場。但是前面的某些論述已使我們預見到，**不存在**是在場的本質結構。在場把徹底的否定看成面對我們所不是的東西在場。不是我的東西是面對我在場的。此外我們將看到，這個「不存在」**先天地**（a priori）被一切認識的理論所包含。如果我們最初沒有一種把對象指示為**不是**意識的否定關係，就不可能構成對象的概念。曾風行一時的「非我」這一表述相當容易地表達出的正是這一點，但在使用非我的人那裡沒有能發現有誰稍微關心一下給最初規定了外部世界的這個「非」奠定基礎。事實上，如果這種否定不**首先**被給出，如果它不是一切經驗的**先天的**基礎，則無論是表象間的聯繫，還是某些主觀總體的必然性，無論是時間的不可逆轉性，還是對無限的求助，都不能用來構成對象本身，即都不能用做進一步否定的基礎，這進一步的否定會分離出非我並使其與我本身對立。事物，先於一切比較，先於一切構造，它是那個**不是**意識**而**又面對意識在場的東西。做為認識基礎的在場的原始關係是否定的。但是由於否定是通過自為來到世界上，並且事物在同一性的絕對無差別狀態中是其所是，那它就不可能是設定自己為不是自為的那種東西。否定來自自為本身。不應該把這種否定設想為那類對事物本身的而且否定事物是自為的判斷：這類否定只有在自為是一個已充分形成的實體時才能設想，而且甚至在那種情況下，它也只能做為從外面建立兩個存在的否定關係的第三存在出現。但是正是自為通過原始的否定使自己**不是**事物。因而我們剛才給意識的定義，從自為的角度看，可以這樣表述：「自為是這樣一種存在，對它來說，它的存在在其存在中是在問題中，因為這種存在根本上是**不存在**的方式同時又是設定為不同於它的東西的存在。」因此認識顯現為一種存在方式。認識既不是兩個存在相撞後確立的關係，也不是這兩個存在之一的主動性，也不是一種屬性或效能的性質。它是自為的存在本身，因為它是面對……在場，就是說因為自為不得不通過使自身不成為某種它所面對其在場的存在而成為它的存在。這意謂著自為只能按使自己被反映為不是某個存在的反映的方式存在。應該質定被反映物的那個「某物」為了使「反映—反映者」這二元不崩潰於虛無之中，它是純粹的否定。被反映的東西使自己**從外面**臨界於某個存在而被規定為不是那個存在；所謂是**對**某物**的**意識指的正是這個。

但是必須明確規定我們理解為這種原始否定的東西。事實上，應該區別兩種否定的類型：外在的否定和內在的否定。第一種顯然是見證人在兩個存在之間建立的純粹外在的聯繫。例如，當我說：「杯子不是墨水瓶」時，這個否定的基礎顯然既不在這張桌了〔table，疑為杯子 tasse 之誤。——譯者〕中，也不在墨水瓶中。這些對象都是其所是，僅此而已。否定像是我在它們之間建立起來的不同範疇間的、理想的聯繫，而沒有改變它們現在的狀況，沒有增添也沒有使它們失去哪怕一點性質：它們甚至不被這種否定綜合所觸及。由於否定既不用來增添它們又不用來構造它們，就嚴格地是外在的。但是如果考察諸如「我不富有」或「我不美」這些話，就已經能猜測出另一種否定的意義了。這些用傷感語調說出的話不僅意謂著否定了某種性質，而且意謂著這個否定本身已影響到被否定的肯定存在的內在結構。當我說「我不美」時，我並不限於否定那個被當作完全的具體，被當作於我保使我的存在的肯定整體不受觸動時（諸如當我說「罈子不是白的，它是灰的」，「墨水瓶不在桌子上，它在壁爐上」時）因此成為虛無的某種能力的我：我想要表明的是：「不美」是某種否定我的存在的能力，它內在地表現了我的特徵，而且，做為否定性，不美是我自己的一種實在性質，而且，這種否定的性質也很好地解釋了我的傷感，例如，解釋了我人世生活的不成功。我們把內在的否定理解為兩個存在間的這樣一種關係，即被另一個存在否定的存在通過它的不在場本身，在它的本質內規定了另一個存在。那麼否定變成一種本質的存在聯繫，因為它建立其上的各種存在中至少有一個是指向另一個存在的，這個存在在其內心把另一個存在當作不在場者。儘管如此，這類否定不適用於自在的存在，這是顯而易見的。它本質上屬於自為。唯有自為在其存在中能被它所不是的存在所規定。而內在的否定之所以能出現在世界上——就像當人們說起偽造的珍珠，不熟的果子，不新鮮的蛋時那樣——是因為像一般而言的一切否定一樣，它是通過自為來到世界上的。因此，認識之所以只是屬於自為的，是因為只有自為表現出不是它認識的東西。而且由於在這裡顯象和存在是一回事，因為自為有其顯象的存在——就必須設想，自為在其存在中包含了它所不是的對象的存在，因為它在其存在中由於不是**這個**存在而在問題中。

在這裡我們必須擺脫一種幻覺，這種幻覺可以這樣表述：為了使自我本身**不是**這樣的存在，必須事先就以無論什麼方式擁有對這個存在的認識，因為我不能判斷我與我不知道的存在的區別。完全可以肯定，在有日本人或英國人，工人或君主的某種概念之前，我們並不能通過我們的經驗存在知道如何區別這些不同存在。但是這些經驗的區別在這裡不可能成為我們的基礎，因為我們著手研究的是這樣一種本體論關係，它應該使任何經驗成為可能，並追求確證一般而言的對象怎麼能做為意識存在。因此在把對象構成對象之前，我不可能以任何方式經驗到對象是我所不是的對象。但是，相反，使一切經驗成為可能的東西就是對象為主體而**先天地**湧現，或者，因為這種湧現是自為的原始活動，這東西就是自為做為面對其所不是的對象在場的原始湧現。因此應該把前面的表述顛倒過來：使自為不得不做為不是**這個**它面對其在場的特殊存在而存在的基本關係，是對這個存在的一切認識的基礎。但是如果我們想理解這種原始關係，就必須更確切地描述它。

我們在前一段中關於理智主義幻覺所做的陳述中仍然真實的那點兒萌芽就是，我不能決定我自己不是一個開始就切斷了與我的一切聯繫的對象。我不能否認我是**這樣的**對象，與這個存在**保持一段距離**。如果我設想一個完全封閉在自我中的存在，這個存在本身就將完完全全是其所是，因此，無論是做為否定還是認識，它在其中都找不到自己的位置。事實上正是從其所不是的存在出發，一個存在才能**使自己顯示**為它所不是的。這意謂著，在內在否定的情況下，正是在那裡，在它所不是的存在之中和之上，自為表現為不是它所不是的東西。在這個意義下，內在的否定是一種具體的本體論聯繫。這裡涉及的不是這些經驗否定中的一種，其中被否定的性質首先由於它們的不在場，或甚至非存在而被區別。在內在的否定中，自為在它所否定的東西上面被壓碎。被否定的性質恰恰又是面對自為在場的東西，正是從這些性質那裡，自為獲得了否定的力量，並且使這力量不斷更新。在這個意義下，必須把它們看作構成自為的存在的因素，因為自為應該在自己之外，又在這些性質之上，自為應該是**這些性質**以便否認它是它們。總之，內在否定的起源的一端是自在，是**在那裡**的事物；而在這事物之外無物存在，除非是一種虛空，一種虛無，這種虛無之區別於事物，只是由於**這個**事物為其提供真正內容的一種純粹否定。唯物主義在由對象派生出認識時遇到的困難，來自它想從一個實體出發引出另一個實體。但是這個困難擋不住我們，因為我們斷言在自在之外是**烏有**，除非是對這個烏有的反映，而這個烏有本身是被自在聚集並定義的，因為它恰恰是這個自在的虛無，是這個只因它**不是**自在才成其為烏有的個別化了的烏有。這樣，在構成內在否定和認識的這種出神關係之中，正是自在成為在其充實性中具體的一極，而自為只不過是自在在其中呈現出來的虛空。自為在自在之中是外在於自身的，因為它由它所不是的東西來定義；因此自在與自為的原始聯繫是存在的聯繫。但是這種聯繫既不是一種**欠缺**，也不是一種**不在場**。在不在場的情況下，我其實是使自己被一個我所不是的、並且也不存在的、或不在那裡的存在所規定：就是說規定了我的東西像是我稱之為我的經驗充實性的東西中間的一個空洞。相反，在被當作本體論的存在的聯繫的認識中，我所不是的存在表象了自在的絕對充實性。而相反我是從這個充實出發的，規定了存在的那個虛無，那個不在場。這意謂著，在人們稱之為認識的那類存在中，人們能碰到的唯一存在，並且永遠**在那裡**的**存在**，就是**被認識的東西**。認識者不存在，他是不可把握的。他只不過是那種使一個被認識者的**此在**，一個在場得以存在的東西——因為被認識的東西本身既不是在場的也不是不在場的，它只是存在著。但是被認識的東西的這種在場是面對烏有在場，因為認識者是對一個非存在的純粹反映，因此這個在場通過被認識的認識者的全部半透明性而表現為**絕對**的在場。各種**迷惑**的情況向我們提供了這種原始關係的心理和經驗的例證。事實上，在表象了認識的直接活動的那些情況下，認識者絕對只是一種純粹的否定，它也不會在任何地方自我恢復，它**不存在**：它能接受的唯一規定，就是它恰恰**不是**那種迷惑人的對象。在迷惑中，只有一個在荒涼世界中的龐大對象。然而，被迷惑的直觀完全不與對象融合。因為迷惑存在的條件，就是對象隨著一種絕對突起而消失在虛空的基質之中。就是說我恰恰是對對象的直接否定，僅此而已。我們在泛神論直覺的基礎上遇到的正是這種純粹的否定，盧梭有時把這種純粹否定描述為他的生平中的一些具體的心理事件。那時他告訴我們，他和宇宙融合了，唯一的世界突然出現，它是絕對的在場和無制約的整體。當然，我們能理解世界的這種整體的和荒涼的在場，它的純粹的「在此」，當然我們完全同意在這個特殊的時刻，除了世界之外什麼也沒有。但是這並不像盧梭想證明的那樣有一種意識和世界的融合。這種融合意謂著自為在自在中的凝固化，同時，意謂著世界和自在做為在場的不顯現。真正說來，在泛神論的意向中，除了世界之外什麼也沒有，除了那種使自在表現為世界的東西，即純粹的否定這種做為否定的（對）自我（的）非正題意識之外什麼也沒有。而且，恰恰因為認識不是**不在場**而是**在場**，也就**沒有任何東西**分離開認識者和被認識的東西。人們常把直觀定義為被認識的東西直接面對認識者的在場，但很少有人再考慮**直接的**這一概念的要求。直接性是一切中介的不在場：而且不言而喻，否則中介物就被認識而不是插在中間了。但是如果我們不能設定任何居間者，我們就必須同時否認連續性和間斷性是認識者面對被認識的東西在場的類型。事實上我們不承認認識者和被認識的東西之間有連續性，因為連續性假定了同時是認識者和被認識的東西的居間項，在使認識者的存在介入被認識的東西的存在時它取消了認識者在被認識的東西面前的自立性。那麼對象的結構就消失了，因為對象要求絕對地被做為自為的存在的自為所否定。但是我們同樣不能認為自為和自在的原始關係是**間斷的**關係。當然，兩個間斷成分的分離是一個虛空，也就是一個**烏有**，然而這是一個**實現了的**烏有，也就是說是**自在**。這種實體化了的烏有就像這樣一個不可通導的稠密物，它摧毀了**在場**的直接的東西，因為它變成了做為烏有的某物。自為面對自在的在場，既不能用連續性這術語，也不能用間斷性這術語來說明。它是純粹被否定的同一性。為了更好地把握這一點，讓我們運用這種比喻：當兩條曲線彼此同切的時候，它們表現為一類沒有居間者的在場。但是這樣，眼睛在它們相切的整個長度上把握住的，只是一**條直線**。甚至如果人們掩蓋這兩條曲線，如果只能看到它們彼此相切的長度ＡＢ，那麼要區別它們就是不可能的。因為分離開它們的東西是**烏有**：既沒有連續性，也沒有間斷性，而是純粹的同一性。讓我們突然拉開蓋住兩條線的東西，我們就重新看到它們在整個長度上是兩條：這並不是由於事實上在它們之間實現了一種突然的分離，而是由於使我們畫這兩條曲線以便認出它們的那兩種運動把任何一種否定都看成連續的活動。這樣，使這兩條曲線甚至就在它們相切的位置上分離的東西是**烏有**，甚至不是**距離**：這是一種做為構成性綜合的對立物的純粹否定性。這個形象使我們更好地把握了一開始就統一了認識者和被認識的東西的直接性關係。通常，事實上，有時一個否定是建立在先於否定存在並構成其質料的「某物」上的：例如，如果我說墨水瓶不是桌子，桌子和墨水瓶就是已經構成的對象，它們的自在存在成為否定判斷的支撐物。但是，在「認識者—被認識者」的關係中，認識者方面沒有什麼東西能支撐否定：「沒有」**自在地**分離認識者和被認識者的任何區別，以及任何區分的原則。但是，在完全無區別的存在中，除了那種連存在都不存在，而又**不得不存在**的否定，那種甚至不設定自己為否定的否定之外什麼也沒有。因而，認識和認識者本身最終除了是「有」存在這一事實之外，除了自在的存在**給出自身**並在崛起時消失於這烏有的基質之外，什麼也不是。在這個意義下我們能把認識稱為：被認識者的純粹**孤獨**。認識的原始現象沒有給存在**增添**什麼，也沒有創造什麼，關於這點說得已經夠多了。存在並不因認識而增加什麼，因為認識是純粹的否定性。認識僅僅使得**有**了存在。但是「有」存在這一事實不是存在的內在規定（存在是其所是），而是否定性的內在規定。在這個意義下，對存在的肯定性做的一切揭示都相當於對在其存在中是純粹否定性的那個自為的本體論規定。例如，正如我們下面還要談到的，揭示存在的空間性和通過自為本身把自為非正題地理解為**非廣延的**是一回事。自為的非廣延性不是肯定隱藏在否定的名稱之下的精神性的神祕能力：它根本上是一種出神關係，因為自為正是通過超越的自在的廣延並在這種廣延中使自己顯示出來並實現自己的非廣延的。自為不能首先是非廣延的而在後來進入一種與廣延的存在的關係，因為，按我們考慮它的某種方式，非廣延的概念自己不能有意義，它只不過是對廣延的否定。如果萬一能取消自在的各種被揭示了的規定性的廣延，自為就不再是**空間的**，既不是廣延的也不是非廣延的，也不可能以相關於廣延的任何方式表明其特徵。在這個意義下，廣延是一種自為恰就其否定自身是廣延而言不得不理解的超越的規定性。所以看來最能夠表明認識和存在的這種內在關係的術語是「實現」這個詞，我們剛才是以本體論和認識論的雙重意義來使用它的。我實現了一個計畫是因為我給了它存在，但是我也**實現**了我的處境，因為我經歷了我的處境，我以我的存在使它存在，我「實現」了一場災難的嚴重程度，一個事業的困難。認識，就是這兩個意義下的**實現**。在不得不成為對這個存在的被反映的否定時，認識使得存在在那兒：**實在的東西**就是**實現之過程**。我們把在規定了在其存在中的自為時揭示了自在的那個內在的而且又實現著的這種否定稱為超越性。

二、做為否定的規定

自為面對**什麼樣的**存在在場？下面讓我們注意一下這個表述得不好的問題：存在是其所是，它在自身中是否能有回答「哪一個」這問題的「這一個」這一規定嗎？總之，問題只有在世界之中被設定時才能有意義。因此，自為面對**這一個**在場而不是面對**那一個**在場，那是因為正是它的在場使得**有**了一個「這一個」而不是有「那一個」。然而，我們的例證向我們表明了一個具體地否認了**這樣**一個**特殊**存在的自為。但是，這是因為在我們想首先闡明其否定性的關係時，我們已描述了認識關係。在這個意義下，正像在這個例證裡揭示的，這種否定性已經是第二位的。做為原始超越性的否定性不是從一個「這個」出發被規定的，相反是它使一個**這個**存在。自為的原始在場是面對**存在**在場。那麼我們能說它是面對**整個**存在在場嗎？那我們就又陷入了我們前面犯的錯誤。因為整體只能通過自為而成為存在。事實上，整體假定了一個準多樣性的各項間的內在的存在關係，以同樣的方式，一個多樣性為了是這個多樣性，假設了它的各成分間整體化的內在關係：正是在這個意義下，相加本身才是一種綜合活動。整體之能成為各種存在，只是由於一個不得不在它們的在場中是它自己固有整體的存在。自為的情況恰恰是這樣，它是永無止境地時間化著的被瓦解的整體。正是在自為的面對存在在場中，自為使得「有」一整個存在。事實上我們當然懂得，**這一個**存在只能基於**整個**存在的在場而被命名。這並不意謂著一**個**存在為了存在就需要**整個**存在，而是意謂著自為是在面對**大全**的實現著的在場的原始基質上實現為面對這個存在實現著的在場。但是反過來說，整體做為種種「這個」的本體論的內在關係，只能在特殊的種種「這個」中並通過它們被揭示出來。這意謂著自為做為面對種種「這個」的實現著的在場，自身實現為面對整個存在的實現著的在場；它又做為面對整個存在的實現著的在場，自身實現為面對種種特殊的「這個」的實現著的在場。換言之，自為之面對**世界**在場只能通過它的面對一個或幾個特殊事物的在場來實現；反之亦然，它的面對一個特殊事物的在場只能在面對世界在場的基質上實現，知覺只在面對世界在場的本體論基質上展現，而世界被具體地揭示為每種特殊知覺的基質。剩下要解釋的是自為對存在的湧現如何能使得有一個**整體**和一些**這個**存在。

自為面對存在的**做爲整體**的在場源於自為不得不按是其所不是和不是其所是的方式是它自己的做為被瓦解的整體的整體。事實上，既然它在同一個做為**整體**的湧現中使自己成為不是這個存在的東西，存在在它這個整體面前就總是自為不是的東西。原始的否定其實是徹底的否定。在存在面前總是其自己的整體的自為，由於本身是否定的大全而是對大全的否定。這樣，完成了的整體或世界被揭示為整體存在由之而出並進入存在的那個未完成的整體之存在的構成。正是通過世界，自為使自己對自身顯示為被瓦解的整體，這意謂著，自為通過其湧現本身使自身成為對做為整體的存在之揭示，因為自為不得不按被瓦解方式成為它自己的整體。這樣，自為的意義本身在存在中是在外面的，但是存在的意義正是通過自為顯現出來的。存在的這種整體化**沒有添加什麼**到存在上，它只不過是存在用以揭示自己不是自為的方式，是使得**有**存在的方式；它在**自爲之外**顯現，是不可觸及的；它規定了在其存在中的自為的東西。但是，把存在揭示為整體的活動不是觸及了存在，正如計算桌子上的**兩隻**杯子並沒有達到任何一隻杯子的存在或本性一樣。然而這也不是自為的純粹主觀的變化，因為，相反，正是由於它，一切主觀性才成為可能。但是，如果自為確是使得「有」存在的虛無，從一開始它就只能有做為整體的存在。這樣一來，認識就是**世界**；正像海德格所說的：世界，除此之外，什麼也沒有。只是這個「烏有」一開始就不是那個人的實在在其中顯露的東西。這個**烏有**是人的實在本身，是世界由之被揭示出來的徹底否定。而且當然，唯有把世界理解為整體才使得支持並包容著這個整體的虛無**在世界方面**顯現出來。甚至正是這個虛無做為總留在整體之外的絕對烏有才這樣規定整體：正是為此整體化才沒有添加什麼東西到存在上，因為它只是做為對存在限制的虛無顯現的結果。但是這個虛無**不是**任何物，否則人的實在就會認為自己被排除於存在之外，而且永遠超乎存在同這個烏有交往。應該再說一遍：人的實在是把存在揭示為整體的那個東西——或者人的實在是使得存在之外「有」了烏有那個東西。這個烏有是做為「有」一個世界彼在的可能性，這樣一來：（一）這個可能性才把存在揭示為世界；（二）人的實在才不得不是這種可能性——與面對存在的原始在場一起，構成自我性的圈子。

但是，人的實在成為否定的不完滿整體，只是因為它超出了它不得不是的，做為面對存在的現實在場的具體否定。如果它事實上是（**對**）混合而未分化的否定（**的**）純粹意識，它就不能規定自身，並因此也不能是它的規定的哪怕是被瓦解的具體整體。它是整體只是因為它通過它所有別的否定避開了它現在是的那個具體否定：它的存在**是**它自己的整體，也只能就其是向著它不得不是的整體來超越它所是的不完全的結構而言。否則，它就是它直接是的東西，而不能被認為是整體或非整體。因此，一個不完全的否定結構應該在我所是的那個未分化的否定（這結構是這否定的一部分）的基質上顯現，在這個意義下，我通過自在的存在使自己表現為我應該不是的某個具體實在。我現在**不是**的存在，由於是在存在整體的基質上顯現的，就是**這個**。**這個**，就是我現在不是的東西，因為我不得不是存在的烏有；這一個在存在的未分化基質上被揭示出來，以便我表現為在我的諸否定的整體化基質上不得不是的那個具體否定。大全和「這個」的這種原始關係來源於「格式塔理論」闡明的基質和形式之間的關係。「這個」總是在一個基質中顯現，就是說在存在的未分化整體中顯現，因為自為是對它的徹底而混合的否定。但是每當另一個「這個」湧現時，它總能稀釋於這個未分化的整體中去。但是此一這個或此一形式在基質中的顯現，由於與那種在一徹底否定的混合基質中的我自己的具體否定顯現互相關聯，而意謂著我同時又是又不是這個整體否定，或不如說，我按「不是」的方式是這個否定，我按是的方式不是這個否定。其實，只是以這樣的方式在場的否定才在它所不是的徹底否定的基質上顯現出來。否則，它就事實上被完全切斷，或者融化在那徹底否定之中了。**這個**在**大全**中的顯現是與自為這對自身的否定互相關聯的。有一個這個，是因為我還不是我將來的否定，也因為我不再是我過去的否定。對**這個**的揭示假定：隨著另一些否定的後退，在基質的混合消失中「強調」某一個否定，就是說，自為只能做為後退地構成徹底否定的整體的否定而存在。自為**不是**世界、空間性、永恆性、物質，總之不是一般的自在，它的不是它們的方式是這樣的：在否定性的整個基質上它應該不是這張桌子、這個杯子、這間房間。因此，此一**這個**假設了一個對否定的否定——然而是一個不得不是它所否認的徹底否定的否定，一個不再由本體論線索連到那徹底否定上的否定，一個總是準備好在另一「這個」的湧現處融合到那徹底否定中的否定。在這個意義下，「這個」被揭示為這個，是通過一切別的「這個」「在世界這基質中後退」，它的規定——這是一**切**規定的起源——是一個否定。我們當然懂得，從「這個」的角度看，這否定完全是理想的。它沒有使存在增加什麼，也沒有使它減少什麼。被看作「這個」的存在是其所是，而且永遠是其所是，它不變化。因此，它既不能做為整體的一部分在自身之外而在整體**之中**，也不能以在自身之外而在整體之中來否認自身與整體的同一性。否定只能通過不得不同時面對存在整體而又面對「這個」的在場的那個存在——就是說通過出神的存在——而成為**這個**。然而由於它使未經觸動的**這個**保持為自在的存在，由於它並不把所有的這個實在地綜合為整體，對**這個**的構成性的否定則成為一種對**外在**型的否定，「這個」與整體的關係是一種**外在的**關係。這樣，我們看到，規定顯現為與**我**所是的那種內在的、徹底的和出神的否定相關的外在否定。這才是對同時被揭示為綜合整體和所有「這個」單純相加而成的集合的**世界**的曖昧性的解釋。事實上，只要世界被揭示為自為在其中不得不徹底地是其自己的虛無的那樣一個整體，世界就做為未分化的混合體來在場。但是既然這個徹底的虛無化總因此是一個具體的、現時的虛無化，世界就總顯現得像一口箱子一樣打開以便讓一個或數個「這個」顯現，這些「這個」在基質的未分化狀態的中心**已經**是它們現在做為已分化的形式所是的東西。這樣，當我們逐步接近通過一大堆東西顯現在我們面前的風景時，我們看到，那做為已經在那裡的，做為「這個」的間斷集合成分的對象顯現出來；這樣，在格式塔理論的經驗中，連續的基質被理解為形式的同時，它又爆裂為大量間斷的成分。這樣，在世界不是實在的綜合，而是烏有對諸多**這個**之集合的理想限定這個意義下，相關於一個被化整為零的整體的世界顯現為一個漸趨消逝的整體。這樣，做為基質的形式性質的**連續**，就使間斷顯現為**這個**和整體之間外在的關係類型。所謂**空間**，恰恰就是整體向著集合，連續向著間斷的這種永恆逐漸消逝。空間其實不可能是一個**存在**。它是相互沒有任何關係的各存在之間的一種運動的關係。它是各自在的完整獨立性，因為這獨立性向面對「整個」自在在場的一個存在揭示為**就**另一**些存在而言的**一**些存在**的獨立性；這是一些存在能據以向使關係進入世界的存在表明自己是沒有任何關係的唯一方式，就是說空間是純粹的外在性。然而由於這種外在性不能屬於上述諸「這個」中的任一這個，又由於做為純粹局部的否定性它是對自身的解構，它就既不能是自我地存在，又不能是「被存在的」。空間化存在是同時面對整體和這個的在場的自為；空間不是世界，而是被當作整體的世界的不穩定性，因為它總能被分解為外在的多樣性。空間既不是基質也不是形式，而是基質的理想性，因為基質總能分解為形式，空間既不是連續也不是間斷，而是由連續向間斷的永恆過渡。空間的存在證明自為在使得**有**存在時沒有增加什麼到存在上，它是綜合的理想性。在這個意義下，就其是從世界獲得起源而言，它是整體，而同時又是**烏有**，因為它導致諸**這個**的麇集。它不讓具體的直觀理解自己，因為它**不存在**而是被連續地空間化。它依賴時間性並在時間性中顯現出來，因為它只能通過其存在方式就是時間化的那種存在來到世界上，因為它是存在為了實現存在用以出神地消逝的方式。**這個**的空間特性並不綜合地增添到這個上，空間特性只是這個的「位置」，即它與基質的外在關係，因為這種關係能在基質本身分解為大量形式時消解到與別的一些「**這個**」的大量外在關係中。在這個意義下，設想空間是我們的感性對現象的**先天**結構提出的形式是徒勞的：空間不可能是形式，因為它**什麼也不是**；相反，它標誌著烏有，如果不是否定的話——而且還是做為一類保持其統一的東西的原來狀態的外在關係——不能被自為帶進自在。至於自為，它之所以不是空間，是因為它恰恰被理解為不是自在的存在，因為自在以所謂廣延的外在方式向它揭示出來。恰恰因為它把自己當作出神的而同時又否認自身的外在性，它才空間化為空間。因為自為與自在的關係並非一種並排列置亦非一種未分化的外在性：它與自在的做為一切關係的基礎的關係就是內在的否定，而且，只有它才是使自在的存在就別的一些存在於世界中的存在而言成為未分化的外在性的東西。當未分化的外在性被實體化為自在及自己存在的實體時——這只能產生於認識的低級階段——它成為一種幾何學名下的特殊研究類型的對象，並成為關於多樣性的抽象理論的一種純粹規定。

剩下要規定的是哪類存在擁有通過自為來到世界上的外在否定。我們知道，它不屬於**這個**：這張報紙不否認它自身是它在上面出現的桌子，否則它就會是出神地在自我之外而在它否認的桌子上，而且它與桌子的關係就會是一種內在的否定；它甚至因此不再是自在以便變成自為。因此，對「**這個**」的規定關係既不能屬於**這個**也不能屬於**那個**；它環繞它們而沒有觸及它們，沒有給它們哪怕一點點新特性；它仍讓它們是其所是。在這個意義下，我們應該修改斯賓諾莎的有名公式：「一切規定都是否定」，黑格爾說這個公式的豐富性是無限的，而且我們應該寧可宣稱，一切不屬於那種不得不是其自己的規定的存在的規定，都是理想的否定。此外不能想像它會是別樣的。即使我們按經驗批判的心理主義方式把一切事物都看成純粹主觀的內容，也不能設想主體在這些內容之間實現了內在的綜合否定而在那種排除了一切向客觀性過渡的希望的徹底的出神狀態的內在性中又沒有這些內容的存在。我們更不能想像自為在它所不是的各種超越之間進行畸變的綜合否定。在這個意義下，如果我們把客觀的東西理解為根本上屬於自在的東西——或把它理解為以這樣那樣的方式**實在地**把對象構成如它所是的那樣的東西，那麼構成此一「這個」的外在否定就不能表現出事物的客觀特性。但是我們不應該由此得出結論說外在的否定有一種像是自為的純粹存在樣式的那種主觀存在。這類自為的存在是純粹內在的否定，外在否定在它之中的存在對它的存在本身似乎作廢了。因此，這外在否定不可能是組織，歸整這些現象的方式，因為這些現象只是些主觀的幻影，這外在否定同樣不能使存在「主觀化」，因為它的揭示是自為構成的。因此，它的外在性甚至要求它「懸而未決」，像外在於自在一樣**外在**於自為。但是另一方面，恰恰因為它是外在性，它就不能自己存在，它拒絕一切支撐物，它根本上是「非自立的」，然而不能相關於任何實體。它是**烏有**。正因為墨水瓶不是桌子——也同樣不是菸斗或杯子等——我們才能把它當作墨水瓶。然而，如果我說：墨水瓶不是桌子，我**就是在想烏有**。這樣，規定就是一個**烏有**，這個烏有既不做為內在的結構屬於事物，也同樣不屬於意識，而它的存在是被自為**援引**的，而這種援引是通過一個內在否定的體系，在這些內在否定中，自在未分化地向一切不是自我的東西揭示出來。既然自為通過自在使自己顯示出它所不是的，按內在否定的方式，自在的未分化做為自為應該不是的未分化，就在世界上表現為規定。

三、質與量、潛在性、工具性

當「**這個**」在與世界或別的「**這個**」的外在關係之外被構成時，質只不過是「**這個**」的存在。人們過於經常地把它設想為單純主觀的規定，而那時它的質—存在，已經與心理的主觀性混同起來。因而看來，問題尤其是要解釋那種被看成諸質的超越統一的對象一極的結構。我們曾指出，這個問題是不可解決的。一種質如果是主觀的就不會被客觀化。要是假設我們把對象一極的統一體拋到了各種質之外，則任何一種質充其量直接表現為事物作用於我們而產生的主觀結果。但是檸檬的黃色不是把握檸檬的主觀方式：它就**是**檸檬。而且說未知的對象顯現為把諸消失的質結合在一起的空洞形式也同樣是不對的。事實上，檸檬滲透了它的各種質，而且它的任何一種質又滲透到每一種其他的質中。檸檬的酸味，就是黃色的，檸檬的黃色就是酸的；人們吃蛋糕的顏色，而且這塊蛋糕的味道是向那種我們稱之為飲食直觀的東西揭示其形狀和顏色的工具；反過來說，如果我把手指伸進果醬罐裡，這果醬的黏稠和冰冷便向我的手指揭示了它的甜味。游泳池水的流動、水的溫熱、水呈現出的藍色、水的波紋的起伏是一下子互相穿透地表現出來的，所謂**這個**就是這種整體的互相滲透。一些畫家，尤其是塞尚的經驗表明的正是這一點：正像胡塞爾相信的那樣，說一種綜合的必然性無條件地統一了顏色和形狀是不對的；而是形狀就是顏色和光；畫家使這些因素中的任意一種起變化時，之所以另一些也起了相應的變化，並非因為它們被人們不知道的某種法則聯繫起來了，而是因為它們說到底只是同一個存在。在此意義下，存在的每一種質就是存在的整體；是存在的絕對偶然性的在場，是其未分化的不可還原性；把握質並沒有給存在增添什麼，無非是說出了**有做爲這個的存在**這一事實。在此意義下，質不是存在的外貌：因為存在沒有「內」也不可能有「外」。只不過，為了有質，對根本上**不是**存在的虛無來說必須**有**存在。然而，存在並不**自在地**是質，儘管它不多不少正好是質。而質，就是在「有」的限度內被揭示的**全部存在**。這全然不是存在的**外表**，而是整個存在，因為不是**對**存在**而**言，而是對使自己不是存在的東西而言才能有存在。自為與質的關係是本體論的關係。對質的直觀不是對給定物的被動靜觀，而且精神不是一種在這靜觀中總是其所是的，即在與被靜觀的**這個**的關係中保持一種未分化的樣式的自在。但是自為通過質使自己表明了它不是什麼。知覺到紅是這本練習本的顏色，就是反映出它自己是對這種質的內在否定。就是說，對質的理解不像胡塞爾想的那樣是「充實」（Erfüllung），而是報導一個虛空，一個**關於**這種質**的**被規定的虛空。在此意義下，質是不可觸及的永恆在場。對認識的描述往往太粗陋了。在認識論哲學中還保留著過多的前邏輯主義，而且我們還沒有擺脫那樣一種原始的幻覺（我們在下面還要分析它），按這種幻覺，認識，就是吃，就是吞噬被認識的對象，用它充實（Erfüllung）自己，並且消化它（「同化」）。我們將進一步分析知覺的原始現象，同時堅持質（對我們而言）是保持在一種絕對接近的關係中的這一事實——它「在此」，它糾纏著我們——既不表現自己也不否認自己，但是必須補充一點；這種接近意謂著有距離，它不是直接可及的東西，它是根據定義使我們稱自己為虛空，對它的靜觀只能增加我們對存在的渴望，就像目睹不可及的食物增強坦塔羅斯的飢餓一樣[1]。質指出了我們所不是的，並且指出我們否認的存在樣式。知覺到白色就是意識到自為做為顏色存在這一原則上的不可能性，就是說自為做為其所是而存在是不可能的。在此意義下，不僅存在與它的各種質沒有區別，而且對質的任何理解都是對**這個**的理解。質，不管是什麼質，都對我們揭示為一個存在。我閉上眼睛突然聞到的氣味，甚至在我把它歸為一個散發氣味的對象之前，就已經是一個**氣味存在**，而不是一個主觀印象；早晨透過我閉著的眼簾刺激我眼睛的日光，已經是一種光線存在。質**存在**，這點只要略加思索似乎就很明白。做為是其所是的存在，質當然能對一個主觀性**顯現**，但是它不能納入那個是其所不是又不是其所是的主觀性的網絡。說質是質的存在，絕不是賦予它一種類似於實體的神祕支撐物，而只是說，它的存在樣式完全不同於「自為」的存在樣式。白色或酸味的存在事實上完全不可能被當作出神的。現在，如果有人問，「這個」有「一些」質是怎麼一回事，我們就會回答說，事實上，「這個」是做為整體從世界這基質中被解放出來的，並且表現為未分化的統一。正是自為才能以不同的觀點面對此一**這個**來否認自己，並揭示質為事物基質上的一個新的**這個**。對於任何一個使自為的自由自發地構成其存在的否定活動，都有一個「從一個側面」對存在的整體揭示。這個側面只不過是被自為本身實現的事物與自為的關係。這是對否定性的絕對規定：因為無論是自為由於原始的否定不**是**存在，還是它不是**這個**存在都還不夠，為了使做為存在的虛無的它的這一規定充實，它還必須把自己實現為不是**這個**存在的某種不可取代的方式；而且這種把質規定為此一這個的一個側面的絕對規定屬於自為的自由；它**不存在**；它做為「要存在」而存在；對事物的一種質的揭示是那麼經常地顯現為一種無根據的事實，而這個事實是通過自由把握的；正是鑒於這一點，每個人都能夠讓自己去表現質。我不能使這個果皮不是綠色的，但是正是我使我把它當作綠色的粗糙物或粗糙的綠東西。只不過基質形式的關係與**這個**和世界的關係是相當不同的。因為，形式不是在未分化的基質中顯現出來的，它完全被基質所滲透，它把基質包容在自身中當作它固有的未分化緻密物。如果我把果皮看成綠色的，它的「光澤─粗糙」就被揭示為未分化的內在基質和對綠色而言的存在的充實。在抽象分離了統一的東西的意義下，這裡完全沒有抽象，因為存在在它的側面中總表現出完全的整體。但是存在的實現是抽象的條件，因為抽象不是對「懸在空中」的質的把握，而是對內在基質的未分化性在其中趨於絕對平衡的質─這個的把握。抽象的綠色沒有失去其存在的緻密性──否則它就只不過是自為的主觀樣式──而是通過它表現出來的光澤、形狀、粗糙等消失在單純**團塊性**的虛無化的平衡之中。然而，抽象是面對存在在場的現象，因為抽象的存在保留著它的超越性。但是抽象只能把自己實現為超乎存在之外的面對存在在場：它就是一個超越。只是在可能性的水平上，並且只是因為自為不得不是它自己的可能性，這種面對存在的在場才被實現。抽象物被揭示為這樣一種意義，即質不得不做為面對一個將來的自為的在場的共同在場。這樣，抽象的綠色是具體的**這個**的將來的意義，因為它通過它的「綠色—光澤—粗糙」的側面向我顯露，它是這個側面的特殊的可能性，因為這可能性是通過我所是的諸種可能性揭示出來的；就是說因為這可能性是**被存在**。但是這使我們回到世界的工具性和時間性的問題：我們以後還會要談論這個問題。而現在，我們只需說抽象做為固定在那具體不得不是的自在中的可能性糾纏著具體。無論做為與存在的最初接觸的我們的知覺可能是什麼，抽象總是在此，但它是**將來的**，而且我正是在將來中，以我的將來把握了它：它與做為**只不過是**此一否定的我的當下具體的否定的可能性互相關聯。抽象就是**這個**的意義，因為它通過我的把我不得不是的那種否定固定在自在中的這種可能性在未來揭示自身。假如有人向我們重提對抽象的那些古典的疑難，我們會回答說，它們的產生是因為假設了這個的結構和抽象活動的區別。當然，如果**這個**不包含它自己的抽象物，就絕不可能在後來把它抽取出來。但是，正是在把**這個**構成為**這個**的過程中，抽象做為對我的將來的揭示的一個側面起作用。自為之所以是「抽象者」，並非因為它能實現抽象這種心理活動，而是因為它做為連帶一個將來、即連帶一種超乎存在之外的、面對存在的在場突現出來。自在的存在既不是具體的也不是抽象的，既不是現在的也不是將來的：它是其所是。然而抽象並沒有使存在充實起來，它只不過是揭示了超乎存在之外的存在之虛無。但是我們只是對那些古典的有關抽象的觀點提出詰難而沒有要讀者脫離把存在認作**這個**的觀點。

諸種**這個**之間的原始關係既不可能是互相作用，也不可能是因果關係，甚至不可能是在世界這同一基質中的湧現。事實上如果我們假設自為是面對一個**這個**的在場，別的各種這個就同時「在世界上」

存在，但它們是憑著未分化的存在來存在的：它們構成基質，**這個**在其上突起。為了在一個**這個**和另一個**這個**之間建立任意一種關係，第二個**這個**就必須在因自為不得不是的明確否定而從世界這基質中湧現時被揭示出來。但是同時，每一個**這個**都應該由於純粹外在類型的否定而**不是**別的並與別的保持著距離。這樣，**這個**和**那個**的原始關係就是一種外在的否定。**那個**便做為不是**這個**顯現出來。而且這種外在的否定對自為揭示為一種超越的東西，它是外在的，是**自在**。我們應該如何理解它呢？

這個—那個的顯現只能一開始就做為整體產生。最初的關係在這裡是不可分解的整體：自為整體地規定自己不是世界基質上的「這個—那個」。「這個—那個」就是我的整個房間，因為我是面對它在場的。這種具體的否定在具體的整體分解為這個**和**那個時不會消失。相反，它是分解的條件本身。但在在場的這種基質中，並通過在場的這種基質，存在使其未分化的外在性顯現出來：這否定對我揭示：我所是的否定是一種多樣的統一，或不如說是一個未分化的整體。我向存在中的否定湧現被分成一些除了是我不得不是的否定之外沒有別的聯繫的獨立否定，就是說被分成一些從我這裡而不是從存在那裡獲得其內在統一的獨立否定。我是面對這張桌子，這些椅子在場的，而且像這樣，我把自己綜合地構成為一個多方面的否定，不過是純粹內在的否定，因為它是**對**存在**的**否定，被虛無的區域所凝固；它做為否定使自己虛無化，它是被瓦解的否定。存在的未分化通過我做為我自己的否定的虛無不得不是的虛無的這些犁痕表現出來。但是這種未分化，我不得不通過這種否定的虛無實現它，這不是因為我一開始就是面對「這個」在場的，而是因為我也是面對那個在場的。正是在我面對桌子的在場中並通過這種在場，我把椅子的未分化——我恰恰應該不是椅子——實現為沒有跳板的未分化，即「不存在」的跳躍的中止，循環的一次中斷。在把整體揭示為我絕不能用來決定自己不是這個的東西時，**那個**在這個旁邊出現。這樣，分割是來自存在的，但只有通過自為對整個存在的在場才有區劃和區分。對各種否定的統一的否定，由於揭示了存在的未分化及把握了這個對那個及那個對這個的未分化，而揭示出諸種**這個**之間的原始關係是外在的否定。這個不是那個。這種在不可分解的整體的統一中的外在否定是用「和」(et)這個詞來說明的。「這個不是那個」被寫成「這個**和**那個」。外在的否定有兩重特性：是自在又是純粹的理想性。它是自在是因為它完全不屬於自為，甚至正是通過其固有否定的絕對內在性(因為我是在審美直觀中領會想像的對象)自為發現存在的未分化是外在性。此外，問題絕不在於存在不得不是的一種否定，它不屬於任何上述的**這個**；它單純地**存在**，它是其所是。但是同時它絕不是**這個**的一種特性，它不是做為它的一種質存在。它甚至是完全獨立於這個的，這恰恰是因為它既不屬於這個又不屬於另一個。因為如果存在的未分化是**烏有**，我們就既不能思考它又不能知覺它。它單純意謂著**那個**的虛無化或多樣化不能把諸種**這個**投入於烏有之中；在這個意義下，它只是分離開各個**這個**的自在的**虛無**，而且這個虛無是意識能用以實現表現存在特徵的同一性聚合的唯一方式。這個理想的、自在的虛無就是量。量其實是純粹的外在性；它完全不依賴相加的各項，而只是肯定它們的獨立性。計數就是在不可分解而又已經給定的整體內造成一種理想的區分。由相加獲得的數既不屬於任何一個被計數的**這個**，又同樣不屬於不可分解的整體，因為它被揭示為整體。這三個人在我面前說話，不是因為我首先把他們當作「交談的一組」我才計算他們的人數；而是數出他們是三**個**人的活動完全保留了他們這組人的具體的原封未動的統一。這不是像「三人之群」那樣的群體的具體性質。但是這同樣不是它的成員的性質。對他們中的任何一個都不能說他是三，也同樣不能說他是**第**三，因為第三這性質只是計數的自為的自由的反映；他們中的任何一個都能是第三，他們中的任何一個又都不是第三。因此，量的關係是一種自在的關係，然而是純粹外在性的否定的關係。而且恰恰因為量既不屬於事物又不屬於整體，它是孤立的，而且在世界的表面清楚地表現為虛無在存在上的反映。做為諸這個之間的純粹外在的關係，它本身是外在於各個這個的，而且，最終，是外在於它本身的。它是存在的不可把握的未分化——只有在**有**存在時它才能顯現出來，並且儘管屬於存在，它卻只能從自為來到存在，因為這種未分化只能通過應該外在於存在和其本身的一種外在性關係的無窮外在化而被揭示出來。這樣，空間和量只是同一類否定。只是由於**這個**和**那個**被揭示為對於是我固有關係的那個我沒有任何關係，空間和量才來到世界上；因為它們都是沒有任何關係的那些事物的關係，亦即被是其自己的虛無的那種存在當作關係的那關係的虛無。正是為此，人們能看到，人們和胡塞爾一起稱之為**範疇**的（整體對於部分的統一—多樣性—關係—多和少—在……四周—在……旁邊—跟隨—第一、第二、等—一、二、三、等—在內和在外—等）只是事物的理想連接，它讓事物完全原封不動地保留下來，一丁**點兒**也沒有增添或減少它們，而且，事物只指出了自為的自由能用來實現存在的未分化的方式的無限多樣性。

我們論述了自為與自在的原始關係問題，猶如自為就成了那類能向著笛卡兒的**我思**來被揭示的單純瞬間的意識。真正說來，我們已遇見了自為對自我的逃避，因為它對諸**這個**和諸抽象的顯現來說是必要條件。但是自為的出神性質還只是隱隱約約的。即使我們為了陳述的清晰不得不這樣進行討論，也不應該由此得出結論說，存在向一個最初在場以便後來一下子構成一個將來的存在揭示出來。但是自在的存在正是向著一個做為向自我本身的將來湧現出來的存在揭示的。這意謂著，自為在面對存在在場時使自己成為的那個否定有將來這出神的一維：正因為我不是我所是（與我自己的諸可能性的出神關係），我才不得不做為揭示了此一**這個**的實現而又不是自在的存在。這意謂著，我是面對此一這個的在場且又是非整體化的整體的未完成狀態。就對**這個**的揭示而言，這可以得出什麼結論呢？

既然我總在我所是的東西之外，是向我本身的將來，我面對其在場的這個就向我顯現為我向著我本身所超越的某物。被知覺的一開始就是被超越的，它像是一個在自我性圈子中的引導者，並且在這圈子的限度內顯現。就我使自己成為對此一**這個**的否定而言，我從此一否定逃向一個互補的否定，逃避第二個否定與逃避第一個一樣應該使我所是的自在顯現；而這個可能的否定和第一個否定之間有一種存在的聯結，它不是任意的，而恰恰是對於我面對事物的在場的互補的否定。但是，由於自為做為在場構成自身為（**對**）自我（**的**）非位置意識，它就通過存在並在自身之外，顯示為它所不是的東西；它以「反映－反映者」的方式重新獲得了它外在的存在；因此，它所是的互補否定，做為其固有的可能性，就是在場－否定，就是說，自為做為（**對**）自我（**的**）非正題意識和對超乎存在之外的存在的正題意識不得不是這否定。而且超乎存在之外的存在與那在場的**這個**相關，不是由於任意一種外在性關係，而是由於一種總與自為和其未來的關係保持密切的相互關係的明確的互補聯繫。而首先，此一**這個**在對如下的存在的否定中被揭示，這個存在之使自己不是這個，不是做為簡單的在場，而是做為是向其本身的將來的那種否定，它是超乎它的現在之外的它自己的可能性。這種可能性因為糾纏著純粹的在場，而且是做為其不可及的意義和它為成為**自在**所欠缺的東西糾纏著這在場，它首先就以一個做為干預的當下否定的計畫過程來存在。事實上，任何否定，如果超乎它本身之外，在做為走向它及它逃向的可能性的未來中，沒有任何干預的意義，它也就失去了其一切否定的意義。自為「以這未來的一維」否定了它否定的東西，問題或許是在於一種外在的否定：這個不是那個，這把椅子不是一張桌子——或許是在於一種建立在自身之上的內在否定。說「這個不是那個」，就是設定「這個」在對「那個」的關係中的外在性，或許是在現在和未來——或許是在嚴格意義下的「現在」，但是那時否定就有了一種**暫時**性，這種暫時性把將來構成為相對於表現「這個**和**那個」的規定而言的純粹外在性。在這兩種情況下，意義都是從將來出發進入否定的；任何否定都是出神的。既然自為以將來否定自己，它使自己去否定的**這個**就被揭示為從將來進入它自身的。意識做為（對）不能不是這個（的）意識非正題地存在，這種可能性被揭示為是其所是的**這個**的**潛在性**。對象的最初潛在性，做為與干預的互相關聯，否定的本體論結構，就是**恆常性**，恆常性恆常地從將來這基質走向它。把桌子揭示為桌子要求桌子**的**恆常性，這恆常性便從將來走向這桌子，它不是純粹被建立起來的**給定物**，而是一種潛在性。此外，這種恆常性也不是從處在時間的無限性中的將來那裡走向桌子的：無限的時間還不存在；桌子並不被揭示為有那種無定限地成為桌子的可能性：在這裡涉及的時間既不是有限的也不是無限的：只有潛在性使將來這一維顯現出來。

但是，否定的將來的意義是要成為自為的否定為變成**自在**的否定所欠缺的東西。在這個意義下，否定是現在的否定在將來的明確化。做為與我不得不是的嚴格否定的互相關聯，我應該不是的東西的嚴格意義正是在未來被揭示出來的。對**這個**（綠色在其中由「粗糙—光澤」整體形成）的多方面否定，只有當它不得不是對綠色的否定，即對一綠色—存在—那個趨向於未分化狀態的平衡之基質的否定時，才獲得其意義：總之，我的多方面否定的不在場的意義，就是一種把更純粹綠色的綠色壓進未分化基質中去的否定。這樣，純粹的綠色就從做為其意義的將來這基質中進入了「綠色—粗糙—光澤」。這裡，我們把握住了我們曾稱為**抽象**的東西的意義。存在者並不**擁有**其做為現時的質的本質。它正是對本質的否定：綠色**絕不是**綠的。反而是本質做為絕沒有給出而又總是糾纏著它的意義從將來這基質進入存在者。它是我的否定的純粹理想性的純粹相關物。在這個意義下，如果人們把抽象作用理解為一種被構成的精神所進行的選擇的心理的和肯定的活動，那就從來沒有過抽象作用。人們遠不是從事物中抽象出某些質的，相反必須看到，抽象這自為的原始存在方式，對一般意義上說的有事物及世界是必須的。抽象是對具體的湧現必要的世界的結構，而具體之為具體只是因為它走向自己的抽象，因為它通過抽象顯示出它所是的：自為在其存在中是「揭示者—抽象者」。人們知道，按這個觀點，恆常性和抽象是一回事。桌子做為桌子之所以有恆常性的潛在性，正是就它不得不是桌子而言的。恆常性，對一個「這個」而言，是與其本質相符的純粹可能性。

在本書第二卷我們已看到，我所是的可能和我逃離的現在都處在欠缺者與所欠缺物之間的關係中。欠缺者以及所欠缺物的理想的融合，做為不可實現的整體，糾纏著自為，並將正在其存在中的自為構成為存在的虛無。我們說，這就是自為的自在，或**價值**。但是這價值，在未反思的水平上，沒有被自為正題地把握，它只是存在的條件。如果我們的推理是正確的，對一種不能實現的融合的恆常指示就不應該顯現為未反思意識的結構，而應該顯現為對對象的一種理想結構的超越指示。這種結構能很容易地被揭示；由於對多方面否定的一種融合的指示與是其意義的抽象否定互相關聯，一種超越而理想的指示應該揭示出來：對存在著的這個與其將來的本質的融合的指示。而且這種融合應該是這樣：抽象是具體的基礎，而同時具體是抽象的基礎：換句話說，「本人」的具體存在應該**是**本質，本質本身應該做為完全的具體化，就是說帶著具體的全部豐富性產生出來，然而我們又不能在其中發現除它本身的全部純粹性之外的別的東西。或不如說，形式本身應該是——而且完全是——它自己的質料。反之亦然，質料應該做為絕對的形式產生出來。這種不可能的，永遠被指示著的本質和存在的融合既不屬於現在也不屬於將來，不如說它指示著過去，現在和將來的融合，並且表現為時間性整體所**進行著的綜合**。這就是做為超越性的價值；人們稱之為美。因此，美表現世界的一種理想狀態，相關於自為的理想實現，事物的本質和存在在其中被揭示為與那在這種揭示本身中與它本身一起融合到自在的絕對統一中的存在同一。這正因為美不僅是進行著的超越綜合，而且只能在我們本身的整體化中並通過這整體化而實現，正是為此我們**需要**美的東西，並且就我們把我們本身當作一種欠缺而言，我們認為宇宙是**欠缺**美的。但是，正如自為的自在不是自為固有的可能性一樣，美也不是事物的潛在性。它做為一種不能實現的東西糾纏著世界。就人在世界上**實現**了美而言，他是以想像的方式實現它的。這意謂著，在美學直觀中，我由於是在想像中實現我本身，而把一個想像的對象理解為自在和自為的整體。通常，美，做為價值，不是主題地被理解為世上達不到的價值的。它暗含地被理解為在事物上的不在場的東西，它通過世界的**不完滿**暗含地被揭示出來。

這些原始的潛在性不是僅有的表明此一**這個**的特性的東西。事實上，就自為不得不是在它的現在之外的它的存在而言，它揭示了一個特定存在的彼在，這個存在是從存在的基質來到「這個」之中的。既然自為超乎那與將來的滿月這超乎存在之外的存在相比較而言的新月，滿月就變成了新月的潛在性；

既然自為超乎那與花朵相比較而言的花蕾，花朵就是花蕾的潛在性。對這些新潛在性的揭示包含與過去的原始關係。新月和滿月，花蕾和花朵的聯繫正是在過去被逐漸發現的。自為的過去對自為而言是知。但是這知並不總是做為一種惰性的給定。它在自為背後，也許是那麼不能把握，那麼不可企及。但是，在它的存在的出神統一中，正是從這個過去出發，自為使自己表明它將來是什麼。我關於月亮的知做為主題的認識逃避了我。但是我就是**這個知**，而且我的存在方式就是——至少在某些情況下——在那種我還不是的東西的形式下使那我不再是的東西進入我。我以雙重方式是那種對我曾經是的此一**這個**的否定：以不再是的方式和還不是的方式。我超乎做為對滿月的徹底否定的可能性的新月之外，而且，相關於那種從我將來的否定到我的現時在場的迴轉，滿月轉向新月以便在**這個**中把它規定為否定：滿月是它所欠缺的東西，而它所缺乏的東西使它做為新月存在。這樣，在同一本體論的否定之統一中，我把將來這一維賦予做為新月的新月——在恆常和本質的形式下——而且是通過使對它所欠缺的東西的規定迴轉向它來把它構成新月的。這樣，從恆常性的**潛能**的潛在性階梯就形成了。人的實在，在向自己的否定可能性超越時，使自己成為那種可使否定通過**超越**進入世界的東西：正是由於人的實在，**欠缺**才在「潛能」、「未完成」、「延緩」、「潛在性」的形式下進入諸事物。

儘管如此，欠缺的超越存在在內在性中不可能有出神欠缺的本性。讓我們好好看看。自在並非不得不以還不是的方式是它自己的潛在性。揭示自在根本上是揭示未分化的同一性。自在是其所是，它的存在沒有任何出神的離散。因此，它並非**不得不是**它的恆常性，或它的本質，或它所欠缺的欠缺者，就像我不得不是我的將來那樣。我在世界上的湧現相應地使各種潛在性湧現出來。但是，這些潛在性被固定在它們的湧現本身中，它們被**外在性**所侵蝕。在這裡，我們遇到了曖昧地產生空間的那種超越的兩種外貌：在各種外在性的關係中被離散的一個整體。潛在性從將來這基質回到此一**這個**上面以便規定它，但是做為自在的**這個**與其潛在性的關係是一種外在的關係。新月被規定為**欠缺者**，或**失去者**——是對滿月而言。但是同時，它被揭示為完全是其所是，是天空中那個具體的符號，不需要任何東西而是其所是。對是其所是的這花蕾和這火柴來說也完全一樣。它是火柴，這意義對它來說總是外在的，它也許**能擦燃**，但是現在，它是有黑頭的一段白木頭。**這個**的潛在性儘管與**這個**有確實的關係，卻仍表明自己是些自在，並且處於對它而言的未分化狀態。這個被扔到壁爐的大理石板上的墨水瓶**可能**被打碎，但是，這種潛在性完全與它分離開了，因為它只是那種**我**把它扔到壁爐大理石上**的**可能性的超越的相互關係。在它本身中，它既不是可被打碎的，也不是不能被打碎的：它存在。這並不意謂著我能在任何潛在性之外考察一個**這個**：只是由於我是我自己的將來，**這個**就被揭示為具有潛在性的：把火柴當作有黑頭的白木棍，這並沒有剝去它的全部潛在性，而只是給了它一些新的潛在性（一種新的恆常性——一種新本質）。為了完全剝去「這個」的潛在性，我就必須是純粹的現在，這是不可想像的。不過，此一**這個**有各種**等價**的——即處於對它而言是等價的狀態中的——潛在性。因為事實上它並非不得不**是它們**。而且，我的諸種可能性並不存在，而是被可能化著，因為它們被我的自由從內部侵蝕著。就是說，不管我的可能是什麼，它的反面同樣是可能的。我能打碎這個墨水瓶，但也能在抽屜裡把它擺好：我能超乎新月之外追求滿月，但同樣也能要求新月做為新月的恆常性。因此，墨水瓶被發現是具有各種等價的可能的：被置放在抽屜裡，被摔碎。這彎新月可以是天空中一條開放的曲線，也可以是遲現的月輪。這些潛在性，由於回到此一這個上面而不是通過它被存在並且也不是不得不是它的，我們稱它們為**或然性**，以便指出，它們按自在的存在方式存在著。我的各種可能不存在：它們在可能化。但是各種或然的東西並不「或然化」：它們做為或然的東西**自在地存在**。在這個意義下，墨水瓶**存在**，但是它的做為墨水瓶的存在是一個或然的東西，因為墨水瓶的「不得不是墨水瓶」是一個立刻消失到外在關係中的純粹顯象。這些潛在性或或然性超乎存在之外，而是存在的意義，恰恰是因為它們**超乎存在之外自在地存在**，因此它們是些**烏有**。墨水瓶的本質，由於與自為可能的否定互相關聯，而**被存在**，但是它不是墨水瓶，而且不是存在：因為它是自在的，它是實體化的、物化的否定，就是說它恰恰是一個**烏有**，它屬於包圍並規定著世界的虛無罩子。自為把墨水瓶揭示為墨水瓶。但是這揭示在墨水瓶的存在之外做出，在那個現在不存在的將來做出；存在的一切潛在性，從描述過的恆常性一直到潛在性，都被定義為存在還不是的東西，而絕非它真正不得不**是它們**。在這裡，認識還是沒有給存在增添什麼或減少什麼，它沒有用任何新的質去裝扮存在。它使得有存在，這是由於它超越存在走向一個虛無，這虛無只保持著與存在的一些外在關係：潛在性的這種純粹虛無的特性充分表現在科學的步驟中，科學由於旨在建立單純外在的關係，徹底消除了潛在的東西，就是說消除了本質和能力。但是，另一方面，它的必然性，做為知覺的有意義結構，完全清楚地顯現出來，因為人們避免堅持它：科學認識事實上既不能突出，也不能消除知覺的潛在化結構；相反它以這結構為前提。

我們曾試圖指出，自為對存在的在場如何把存在揭示為**事物**；而且為了表述的清楚，我們不得不相繼指出了事物的不同結構：這個、空間性、恆常性、本質和潛在性。然而，不言而喻的是，這相繼的表述並不等於說其中某些環節對另一些環節來說實在地在先，自為的湧現使事物連同它的諸結構整體一起被揭示出來。況且，也沒有一個結構不意謂著所有別的結構：此一**這個**甚至沒有對本質而言的邏輯在先，相反它以本質為前提，反之亦然，本質是這個**的**本質。同樣，這個，做為質—存在，只能在世界這基質中顯現世界就是諸**這個**的集合；而世界對諸**這個**，諸**這個**對世界之間的非整合關係就是空間性。因此，這裡面沒有任何實體的形式，沒有任何統一的原則待在現象顯現的樣式**背後**：一切都一下子給出而沒有任何第一位的東西。出於同樣的理由，設想任意一個**表象的東西**是第一位的那是錯誤的。我們的描述事實上引導我們去突出**世界上的事物**，而且，因此，我們就能盡力去相信，世界和事物在一種靜觀的直觀中對自為揭示出來：只是在事後，對象才被互相排列成一個工具性的實踐秩序。如果人們想認為，世界在自我性的圈子之內呈現出來，那就會避免這樣的錯誤。世界是使自為和它本身分離的東西，或者，用海德格的表述：人的實在由之出發使自己顯示他是什麼東西。這種構成自我性的自為向著自我的計畫完全不是靜觀式的靜止。我們說過，那是一種欠缺，但是並不是**給定的**欠缺：這種欠缺不得不是它自己的對自我本身的欠缺。事實上，必須懂得，被**確認的**欠缺或自在的欠缺消失到外在性中；這點我們在前面已指出過。但是一個把自身構成為欠缺的存在只能在是它所欠缺又是它所是的**那個**那一邊規定自己，簡言之，通過脫離永恆的自我走向它不得不是的自我來規定自己。這意謂著，欠缺只能做為**被否認的欠缺**而是它自己的對自我本身的欠缺：欠缺什麼的東西和它所欠缺的東西之間唯一真正**內在**的聯繫，就是否認。事實上，就欠缺什麼的存在**不是**它所欠缺的東西而言，我們在其中把握了一種否定。但是，如果這種否定不應該消失到純粹的外在性中——而且對一般而言的一切否定的可能性也一樣——由於它的基礎對欠缺什麼的存在來說是必要的，這個基礎就是它所欠缺的東西。這樣，否定的基礎就是否定之否定。但是這個做為基礎的否定不是**給定的**，而是那個它就是其基本環節之一的欠缺：它做為不得不存在而存在。自為使自己在「反映—反映者」的幽靈般統一中是它自己的欠缺，就是說它在否認這個欠缺的同時向著這個欠缺自我謀劃。只是做為**要消除**的欠缺，欠缺才能是對自為而言的內在欠缺，而且自為只能因不得不是欠缺而實現它自己的欠缺，就是說因是它消除欠缺的計畫而實現它自己的欠缺。這樣，自為和它的將來的關係就既不是靜止的，也不是給定的；而是將來由自為進入現在以便在它內部規定它，因為自為已經在做為它的消除的將來那一邊。自為只有在**那裡**成為欠缺的消除，**在這裡**才能是欠缺；但是它是按不是的方式不得不是這個消除的。正是這種原始關係能隨後經驗地確認實踐的欠缺是**痛苦或艱難**的欠缺。一般來說，它是情感的基礎；人們在使被稱為**趨向**或**噬欲**的那些偶像和幽靈進入心理時試圖用精神分析法來解釋的也正是這種關係。人們強行放到心理中的那些趨向或力，本身是不可理解的，因為心理學家把它們當作自在的存在者，就是說，它們**力**的特性本身和它們未分化的內在靜止是矛盾的，並且它們的統一散布在純粹外在的關係中。我們只能把它們當作自為對自我的內在存在關係在自在中的反映，而且這種本體論關係恰恰就是**欠缺**。

但是這種欠缺不能被非反思的意識正題地把握或認識（同樣反思的意識也不能把它理解為心理對象，就是說理解為趨向或情感向不純及混雜的反省顯現）。它只受純淨的反思的影響，我們在這裡暫且不談這個問題。因此，在**對**世界**的**意識的水平上，它只能在計畫中顯現為一種超越的和理想的特性。事實上，如果自為所欠缺的東西是面對一個超乎存在之外的存在的理想的在場，這超乎存在之外的存在就根本上被當作存在所欠缺的。這樣，世界被揭示為被要實現的各種不在場所糾纏，並且每一**這個**都伴隨著諸種指向它又規定它的不在場而顯現出來。這些不在場和潛在性在本質上講是沒有區別的。不過這些不在場之意義更易把捉。這樣，不在場指明此一**這個**為**這個**，反之，此一**這個**又指向不在場。由於每個不在場都是超乎存在之外的存在，即不在場的自在，每個**這個**也就指向它的存在的另一狀態，或指向別的存在。但是，當然，這種指示性複合的組織固定並僵化在自在中，因為這涉及了自在，所有這些無聲的或僵化的指示，在湧現的同時重新落入孤立的未分化之中，就都類似於雕像空洞的眼睛中的呆板的微笑。因而，在事物背後顯現的不在場並不顯現為被事物**弄成在場的**不在場。同樣不能說它們被揭示為**被我**實現，因為這個「我」是只對反思意識顯現的心理的超越結構。正是一些純粹的需要做為「要填滿的虛空」在自我性的圈子中間建立起來。不過，它們的「要由自為填滿的虛空」的特性，通過一種直接和個人的急迫感在未反思的意識中表露出來，這急迫感**被體驗**為急迫感而既沒有被加給**某一個人**，也沒有被主題化。正是在把它們體驗為意圖的活動本身中並通過這活動，在另一章中稱之為它們的自我性的東西顯示出來。這是些**任務**，而且這個世界是**任務**的世界。對這些任務而言，它們指示的「這個」同時是「這些任務**的**這個」——即由它們規定並指示為能**填滿**它們的獨一無二的自在——和**完全不應是**這些任務的東西，因為「這個」是在同一性的絕對統一中存在。這種孤立的聯繫，這種動態中的惰性關係，就是我們將稱為手段與目的關係的東西。這是一種退化了的、被外在性壓迫著的為……的存在（être-pour），並且它的超越的理想性只能被設想為與自為不得不是的為……存在互相關聯的。既然事物同時處在未分化的無限滿足之中而又超出它自己之外指向那對它顯示出它不得不是什麼的要完成的任務，事物就是手段或工具。事物之間的關係既然是在諸種這個的量的關係的基礎上顯現出來的，那麼它就是**工具性**關係。而且這種工具性不是後於或隸屬於上面指出過的那些結構的：在一個意義下，它以它們為前提，在另一個意義下，它們以它為前提。事物不是首先是事物以便後來是工具；它也不首先是工具以便後來被揭示為事物：它就是**事物—工具**。儘管如此，說真的，科學家將在今後的探索中發現它純粹是事物，就是說不具有任何**工具性**的事物。但是這是因為科學家只關心確立純粹外在的關係；此外，這種科學探索的結果就是，不具有任何工具性的事物本身消失於絕對外在性之中。於是我們看到，我們應該在什麼程度上修改海德格的公式：當然，世界在自我性的圈子內顯現，但是這圈子是非正題的，對我所是的東西的顯示本身不能是正題的。在世界上存在，不是逃離世界走向自身，而是離開世界走向身為將來的世界的世界的彼在。世界向我顯示的僅僅是「世界的」。無論如何，既然向工具的無限回歸也回不到我所是的自為，工具的整體恰恰就是與我的諸種可能性相關聯的東西。而且，由於我**是**我的可能性，工具在世界中的秩序就是我的可能性的、即我所是的東西被投射在自在中的形象。但是這個世界的形象是我永遠識破不了的：我在行動中並通過行動來適應它；為了使我能夠成為我自己的一個對象，必須要有反思的分裂生殖。因此，人的實在不是通過非事實性而投身於世界之中的：而是在世的存在，對人的實在來說，就是通過使得有了世界的揭示本身而完全地投身於世界之中的，就是從工具到工具的無休止的推移，甚至不能問「所為之目的」，除了反思的顛倒混亂之外沒有別的出路。如果向我們提出責難，說由「為什麼」組成的鍊條在「為誰」（Worumwillen）面前停住了，那是毫無用處的。當然，「為誰」把我們推到一個我們還沒有闡明的存在結構：為他。而且「為誰」總是在各種工具背後顯現的。但是這個**爲誰**，由於它的結構不同於「為什麼」，就沒有使這鍊條中斷。它只是其中的一環，而且，當它在工具性的角度下被考察時，也不可能逃離自在。當然，這套工作服是為工人的。但這為的是使這工人在檢修屋頂時不把自己弄髒。而為什麼他不應該把自己弄髒呢？為的是不花掉絕大部分收入用來購置衣服。這是因為事實上他得到的是使他能夠維持生活的最小的一筆錢；而他「維持生活」恰是為能把工作能力用於檢修屋頂。而他為什麼應該檢修屋頂呢？是為讓做帳簿工作的職員們所在的辦公室裡不漏雨。這並不意謂著我們總應該把他人當作一種特殊類型的工具，而只是意謂著，當我們從世界出發考察他人時，我們並未因此逃避了工具性複合的無限推移。

這樣，就自為相關於它向自我的衝動，是做為否認的它自己的欠缺而言，存在於世界這基質中的自為被揭示為用具—事物，而世界做為工具性指示的複合的未分化基質湧現出來。這些推移的總體是不具有意義的。但是正是在這個意義下，甚至沒有在這個水平上提出意義問題的可能性。人們為了生活而工作，並且為了工作而生活。「生活—工作」整體的**意義**的問題：「我這個活著的人為什麼工作？如果是為了工作，那又為什麼活著呢？」只能在反思的水平上提出，因為這問題意謂著自為的一種自身發現。

還有待說明的是，做為與我所是的純粹的否定相關的東西，工具性為什麼能在世界中湧現出來。我為什麼不是做為純粹的**這個**的**這個**的不結果而又無定限重複的否定呢？如果我只不過是我不得不是的純粹虛無，這種否定為什麼能揭示出做為我的形象的繁多的任務呢？為了回答這個問題，必須記住，自為並不單純是進入現在的將來。它也不得不在「曾是」的形式下是它的過去。而且時間三維的出神蘊涵是這樣的，自為之所以是通過將來使自己顯示了它曾是的東西的意義的一個存在，那是因為在同一個湧現中，它也是在某個它正飛逝的「曾是」的背景中不得不是其**將**是的存在。在這個意義下，必須永遠在另一時間維度中，探索**在別處**的時間一維的意義；這就是我們曾稱為**第亞斯波拉**的東西；因為第亞斯波拉式的存在不是純粹**給定的**所有物：這是在那裡，在外面，在自我的統一中使自己受到制約的過程中實現第亞斯波拉的必然性。因此，我所是的、揭示了「這個」的否定，就不得不以「曾是」的方式存在。這種純粹否定做為簡單的**在場**並不存在，它就做為過去或人為性，在自己背後有其存在。因此，必須承認，它絕不是無根基的否定。而是相反，它是**被規定**的否定，如果人們據此認為它帶著它背後的它的規定做為它在「曾是」的方式下應該不是的存在的話。否定做為對過去的非正題否定、以內在規定的方式湧現出來，因為它使自己變成了對**這個**的正題的否定。而且這湧現產生於雙重的「為……存在」的統一之中，因為否定**爲**逃避它所是的過去而以反映－反映者的方式，做為**對這一個的**否定在存在中產生出來，而且它**爲**從**這個**中擺脫出來而逃避過去，同時在其存在中向著將來逃離過去。我們就是稱這個為自為對世界的**觀點**。這種觀點，和人為性一樣，是對做為與自在的原始關係的否定的出神規定。但是，另一方面，我們也看到，**觀點**按「曾是」的方式，做為出神地屬於世界的東西，就是自為所是的一切。我不是在未來重新發現**我的**現在，因為將來給了我相關於一個將來的意識的世界：毋寧說是我的存在在過去向我顯現，儘管是非正題地，在自在的存在的範圍內，即在世界中間脫穎而出地顯現。無疑，這個存在仍是對……的意識，即自為；但這是一個凝固在自在中的自為，而後，是沒於世界的**對**世界**的**意識。實在論、自然主義和唯物主義的意義在過去，這三種哲學把過去描述為就像它曾是現在的那樣。因此自為是對世界的雙重逃避：它逃避那做為面對它所逃離的世界的在場的它自己的沒於世界之中的存在。可能是逃避的自由項。自為不能逃向它所不是的超越者，而只能逃向它所是的超越者。正是這消除了中止這種永恆逃避的可能性：如果可以用一個通俗的，然而將使人更好把握我的思想的形象來說明，人們可以想起那頭驢子，它身後拖著小車，企圖咬住綁在被固定在車轅上的木棍頂端上的胡蘿蔔。驢子為咬住胡蘿蔔所做的一切努力的結果，是使整個套車前進，而胡蘿蔔則始終和驢子保持相同的距離。這樣，我們跟著一種可能追跑，而正是我們的追跑本身使這種可能顯現出來，這種可能只不過是我們的跑，而且正是因此而被定義為達不到的。我們跑向我們自身，而因此是不能重聚的存在。在一個意義下，跑是沒有意義的，因為終點從沒有給出，終點是隨著我們跑向它而創造和計畫的。而在另一個意義下，我們又不能否認它拋出的這種意義，因為無論如何一切可能都是自為的意義：但是還不如說這逃避是既有又沒有意義的。

然而，在從我所是的過去向我所是的將來的這種流逝本身中，將來在給過去它的全部意義的同時，就過去而言提出自己的形象。將來是做為給定的自在向將是其自己的基礎的自在超越的過去，就是說因為我應可能是它而存在的存在。我的可能自由地重新抓住我的過去，因為這重新捕抓在奠定過去時能夠拯救它。我逃離我曾是的無基礎的存在而走向我只能按將是的方式是的奠基活動。這樣，可能就是自為使自己所是的欠缺物，就是說現在的否定所欠缺的東西，因為現在的否定是**被質定的**否定（就是說在自我之外過去之中有其質的否定）。因此，「可能」是被質定的欠缺本身。它不是做為以自在的方式將是其自己的質的給定物，而是做為對將為自為**曾是**的出神規定奠定基礎的重新捕抓住的指示。這樣，渴望是三維的；它是對自為曾是的虛空狀態的現時逃避。而且正是這種逃避本身把它的虛空和欠缺的特性賦予**被給定的**狀態：在過去，欠缺不可能是欠缺，因為給定物只有在被一個本是其固有的超越性的存在超越走向……時才能「欠缺」。但是這種逃避是**向……逃避**，而且正是這「向」把逃避本身的意義賦予逃避。因此，逃避本身就是**正在發生的欠缺**，就是在過去使給定物成為欠缺或潛在性的那一構成，並且它通過在「反映—反映者」形式下使自己欠缺著的自為，即那個做為對欠缺的意識的自為而自由地重新把握給定物。而且欠缺逃**向的那個東西**，因為在它的做為欠缺的存在中被它欠缺的東西所制約，它就是這樣的可能性，即它是成為將不再欠缺的渴望，就是說滿足中的渴望。「可能」是對滿足的指示，而價值，做為圍繞並一部分一部分深入自為的幽靈存在，是對一種渴望的指示，這種渴望同時是**給定物**——因為它「曾是可能」——和重新把握——因為「反映—反映者」的作用出神地構成了它。人們看到，這涉及一種本身被規定為渴望的充實。在這種充實的胚芽中，過去—現在的出神關係提供了做為它的意義的「渴望」的結構，而我所是的可能應把緻密性本身、它的充實體本身做為反思而提供出來。

這樣，我的面對把它規定為**這個**的存在的在場就是對此一**這個**的否定，**因爲**我也是**在此**一**這個之外被質定的欠缺**。而且就我的可能是一種面對超乎存在之外的存在的可能的在場而言，對我的可能的規定把超乎存在之外的存在揭示為這樣一種存在，與這種存在共同在場是與一個將來的滿足密切相關的共同在場。這樣，**不在場者**在世界上被揭示為要實現的存在，因為這個存在是與**我欠缺的那個**可能的存在互相關聯著的。這杯水顯現為被喝之前的樣子，也就是與一種被非正題地把握的渴望互相關聯的，而且在其存在中甚至顯現為被充滿以前的樣子。但是這些描述，由於全都包含著與世界的將來的關係，如果我們現在指出世界的時間或宇宙的時間如何在原始否定的基礎上向意識揭示出來，那就會更清楚了。

四、世界的時間

普遍時間是通過自為來到世界上的。自在不擁有時間性，恰恰是因為它是自在，因為時間性是一個永遠和自為的自我保持一距離的存在的統一存在的方式。相反，自為是時間性，而不是**對**時間性**的**意識，除非當它本身在「反思—被反思」的關係中產生出來時例外。它按被反思的方式發現**關於**存在的時間性，就是說外在的時間性。普遍時間性是**客觀的**。

（A）過去

「這個」並不顯現為隨後不得不變成過去及預先成為將來的現在。這個墨水瓶，從我知覺到它時起，在它的實存中就已經有了它的時間三維。既然我把它看作為恆常性，就是說，看作本質，它就已經屬於將來了，儘管我在我的現實在場中對它來講不是現在的，而是向著我本身的將來的。而且，同時，我除非將它當作已經於世界中在此的就不能把握它，因為我本身已經做為在場於世界中在此了。在這個意義下，如果把「認識的綜合」理解為逐漸同一化的活動，這個活動通過順次把「現在」組織起來，給予被知覺的事物一個**綿延**，則不存在「認識的綜合」。但是自為始終用它的時間性照亮自在，把自在揭示出來，就像始終照亮它看不見盡頭的高矗單調的大牆一樣。相對於是其所是的存在，我按「尚未」和「已經」的方式是我不得不是的那種原始否定。因此，如果我們假定了在不變的世界中湧現的意識，對立於將不變地是其所是的唯一存在，這個存在隨著不變性的過去和將來揭示出來，這不變性的過去和將來並不必然會引起綜合的「活動」，而只是與它的揭示本身是一回事。**活動**只有在自為同時不得不保持又構成它自己的過去時才是必要的。但是，只是由於它**是**它自己的過去，同樣可以說是它自己的將來，對自在的揭示只有在時間化中才可能存在。「這個」被時間地揭示出來，並非因為它會通過內在意義的**先驗**形式發生折射，而是因為它面對一個其存在本身就是時間化的揭示被揭示出來。儘管如此，存在的非時間性是在它的揭示本身中**被表象**的：既然它通過時間化的時間性並在這時間性中被把握，這個一開始就顯現為時間的；但是既然它是其所是，它就否認了**是**自己的時間性，它只**反映**了時間；而且它把內在的出神關係——它是源於時間性的——反射為一種純粹外在的客觀關係。恆常性，做為非時間的同一性和時間化的出神統一之間的調和，便因此將顯現為自在的瞬間——這些彼此分離而又被單純外在的關係匯集在一起的小小虛無——在一個保持著無時間的不變性的存在表面的純粹滑動。因此，說存在的非時間性逃離了我們是不對的，它相反是**在時間中被給出的**，它是普遍時間的存在方式的基礎。

因此，既然自為「曾是」其所是，工具或事物對它就顯現為**已經**在此的。自為就只能做為**曾存在**的在場而且是面對**這個**的在場；任何知覺在自身中不經任何活動都是一種認識。然而，通過過去和現在的出神統一表現出來的東西是一個同一的存在。它不是被認為在過去和現在是一**個樣**，而是被認為就是**它**。時間性只是一種視覺器官。然而，「這個」**已經是**它現在是的**它**。這樣，它就顯得有一個過去。只不過，它否認是這過去，它只是擁有這過去。時間性既然被客觀地把握，它就是純粹的幽靈，因為它既不表現為自為的時間性，也同樣不表現為自在不得不是的時間性。同時，由於超越的過去做為超越性是自在的，就不可能是現在不得不是的東西，它孤立地處於「自立性」的幻影中。而且由於過去的每個瞬間都是一個「曾是過的現在」，這種孤立就總是處在過去之內的。因而，不變動的這個是通過幽靈般的自在的一下一下的無限閃現而被揭示出來的。這只杯子或這張桌子正是這樣對我表現出來的：它們不綿延，它們**存在**；時間在它們面上流過。也許有人會說，我沒有**看見**它們的變化。但是這是在這裡不適宜地引進了一種科學**觀點**。這種不正當的觀點與我們的知覺本身是矛盾的：菸斗，鉛筆，所有這些存在都在它們的各種「側面」中完整地表現出來，並且它們的常態與側面的雜多性完全不相干，儘管這些存在在時間性中揭示出來，對任何時間性來說它們也是超越的。「事物」是一下子做為「形式」存在的，就是說像一個不受我們能在其中看到的各種表面和寄生的變化中的任何一個的影響的整體。每個**這個**都伴隨這樣一種存在法則被揭示出來，這法則規定了它的**極限**，就是說它在其中不再是那種它僅僅為了不再是而是的東西的變化的層次。而且這種表明「恆常性」的存在法則直接揭示了它的本質的結構，它規定了這個的**極限**潛在性——從世界上消失的潛在性。我們以後還要談這個問題。這樣，自為把握了存在**面上**的時間性，把它當作在存在的表面起作用而完全不可能改變它的純粹反映。這種絕對虛無性或時間的幽靈，科學家把它確定在同質性的觀念名下。但是，超越的把握在時間化著的自為的出神統一的自在表面做為對時間統一（沒有任何存在由於**是這統**一而成為它的基礎）的一種虛空形式的理解進行著。因此，在現在—過去的平面上，外在時間性這種絕對的分散的奇怪的統一就這樣顯現出來，在這種時間性中，每個在前和在後都是一個因其未分化的外在性孤立於別的自在的「自在」，然而那些瞬時在其中被匯集到同一個存在的存在統一中，同時這個共同的存在或時間就只不過是這分散本身，這分散被認為是必然性和實體性。這種矛盾的本性只能在自為和自在的雙重基礎上**顯現**出來。據此，對科學的反思來說，由於它旨在把外在的關係實體化，自在將被當作——就是說被虛空地想作——不是通過時間被追求的超越性，而是從一個瞬間過渡到另一個瞬間的內容；或不如說，是相互外在而又完全**相似**的內容的多樣性。

我們對普遍時間性的描述，到現在為止，還繫於這一假說，即從存在中，除了非時間的不動性之外，得不到什麼。但是有**某物**恰恰是來自存在的：這就是我們暫時把它稱為取消和顯現的東西。這些取消和這些顯現是純粹形而上學的，而不是本體論所要澄清的對象，因為既不可能從自為的存在的結構出發，也不能從自在的存在的結構出發來設想它們的必然性：它們的存在是偶然的、形而上學的事實的存在。我們並不確切知道什麼東西從存在進入顯現的現象，因為這現象已經是時間化了的這個的事實。然而經驗告訴我們，存在著各種「這個」的湧現和消失，而且正如我們所知，知覺揭示自在和在之外的**烏有**。我們能把自在看成是這些湧現和消失的基礎。而且我們清楚地看到，同一性原則，像自在的存在法則一樣，要求取消和顯現完全外在於已顯現或已取消的自在；否則自在就會同時是存在和不存在的。取消不能是做為一種**目的**的那種存在的喪失。只有自為才能認識這些喪失，因為它自己就是它自己的**目的**。存在這個準肯定，其中肯定者因被肯定物而變黏稠，它沒有內在有限性地存在於它的「肯定—自我」的固有緊張中。它的「直至某處」完全外在於它。這樣，取消並不意謂著必然有一個**後來，後來**只能在世界中並對一個自為而言才能表現出來，而取消意謂著必然有一個「準—後來」。這個準—後來能這樣解釋：自在的存在不能在它本身和它的虛無之間產生中介。同樣，顯象不是顯現著的存在的**偶發事件**。這種對自我的在先將以**偶發事件**為前提，我們只能在自為中發現它，自為顯現為目的是些內在的偶發事件。存在是其所是。它存在而沒有「開始存在」，沒有童年，也沒有青年：已顯現的東西對它自己來說並非是更新的東西，它是一下子存在的，與它不得不以不是的方式所是的「以前」沒有聯繫，在這「以前」之中它做為純粹不在場而存在。在這裡，我們還發現了一種準連續，就是說已顯現的東西對其虛無而言的複合外在性。

但是，為使這絕對外在性在「有」的形式下被給出，就已經需要世界；就是說自為的湧現。對自在而言的自在的絕對外在性使虛無本身這湧現的準以前或取消的準後來甚至不能在存在的充實中找到地位。只是在世界的統一中並基於世界，**已不存在**的**這個**才能顯現出來，外在性的那種關係的不在場的關係才能被揭示出來；存在的虛無就是對一個「已不存在」的已顯現的東西而言的在先性，它只能回顧地通過就是它自己的虛無及它自己的在先性來到世界。這樣，**這個**的湧現和消失是模棱兩可的現象：通過自為來到世界的東西，在這裡仍然是純粹的虛無，是尚未存在和不再存在。上述存在不是它的基礎，也同樣不是在**以前**或**後來**被把握為整體的世界。但是，另一方面，既然湧現通過就是它自己的以前和以後的自為在世界上被揭示出來，顯現就首先表現為一個偶發事件；我們把已顯現的**這個**當作已經做為它自己的不在場於世界中在此的，因為我們本身早已經面對它不在其中的世界在場了。這樣，事物能從它自己的虛無中湧現出來。這裡涉及的不是對精神的概念的看法。而是知覺的原始結構。格式塔理論的經驗清楚地指出，純粹的顯象總是被看作是動力的湧現，已顯現的東西在奔赴存在的過程中來自虛無的基質。同時，在這裡，我們獲得了「因果性原則」的起源。理想的因果性既不像梅耶松希望的那樣是對如此這般的已顯現的東西的否定，也不是對兩個現象之間外在的恆常聯繫的肯定。原始的因果性，就是在已顯現的東西顯現之前把握它，把它當作已經此在於它自己的虛無中以便準備它的顯現的。因果性只是第一次把已顯現的東西的時間性看作一種存在的出神方式。但是，事件的**偶發**性，做為顯現的出神結構，消解到知覺本身之中，以前和以後被凝固在其自在的虛無中，已顯現的東西被凝固在其未分化的同一性中，在前一瞬間顯現的東西的非存在被揭示為與在這一瞬間存在的存在不相干的充實，因果關係消解到先於已顯現的東西的「這個」和已顯現的東西本身之間的純粹外在的關係中。這樣，顯象和消失的模棱兩可性，由於它們是做為世界、空間、潛在性和工具性、普遍時間本身，便以永遠處在解體中的整體的面貌表現出來。

因此，這就是世界的過去，它由同質的瞬間造成，並且由一個純粹外在的關係互相重新連接起來。我們已經指出，通過它的過去，自為消融到自在中。變成自在的自為對過去表現為沒於世界而存在的：它**存在**，它失去了它的超越性。而且，因此，它的存在**在**時間**中**過去化了：自為的過去和對它共同在場的世界的過去沒有任何區別，否則自為就應該是它自己的過去。這樣就只存在一**種**過去，即存在的過去，或我存在於其中的客觀的過去。我的過去是在世的過去，我是它而又逃離它的屬於整個過去的存在的東西。這意謂著，對時間的某一維來說，存在著我不得不是的出神時間性和做為純粹被給定的虛無的世界之間的重合。正是由於過去我才屬於普遍時間性，正是由於現在和將來我才脫離了它。

(B)現在

自為的現在是面對存在的在場，因此，它不存在。但是，它是一種**對**存在**的**揭示。對在場顯現出來的存在表現為**在現在的**。正因為這樣，當它因被揭示為是其現在所是的而被體驗到並且被體驗為是存在的唯一尺度時，這現在便二律背反地表現為不存在。並非存在超出了現在，而是存在的這種過剩只能通過過去這理解的器官被把握，就是說做為不再存在的東西被把握。這樣，我桌子上的這本書現在**存在**，並且過去**已存在**（與它自身是同一的）。這樣，現在通過原始的時間性被揭示為普遍的存在，而同時，它什麼也不是——不會是存在之外的任何東西——它是在整個存在期間的純粹的滑移，純粹的虛無。

前面的反思似乎指出，除了它的存在之外，沒有什麼從存在進入現在。這就是忘記了，存在或許是向自為揭示為不動的，或許揭示為在運動中的，而且運動和靜止這兩個概念是處在辯證關係中的。然而從本體論上講來，運動既不可能從自為的本性中，也不可能從它與自在的基本關係中，也不可能從我們一開始就能在存在的現象中發現的東西中派生出來。一個運動中的世界是不可想像的。當然，也不能設想一個無變化的世界的可能性，除非設想為純粹形式的可能性，但是，變化並不是運動。變化是「這個」的質變；我們已經知道，它是通過形式的湧現或瓦解從一個整體中產生出來的。運動卻相反，是以質的恆常性為前提。如果**這個**應該同時從一個地方轉移到另一個地方，又在此轉移中經受它的存在的徹底變質，此變質就會是對運動的否定，因為不再會有**任何**東西處在運動中了。運動是在別處也依然不變質的**這個**的純粹位置變化，正像空間同質性假設充分指出的那樣。不可能從在場的存在者的任何本質特性中推出運動，它為埃利亞派的本體論所否認，而在笛卡兒的本體論中，它必然地導致有名的對「小刺激」的求助，因此，運動的真確價值是，這是個事實，它參與了存在的全部偶然性，並且應該做為給定而被接受。當然我們剛才已看到，必須有自為以便「有」運動，這使嚴格確定在純粹運動中從存在中得出了什麼變得非常困難；但是，無論如何不能懷疑，自為，在這裡和在別處一樣，都**沒有**給存在**添加什麼**；在這裡和在別處一樣，它都是純粹的烏有，運動從這烏有的基質中突起。但是，即使運動的本性本身禁止我們嘗試對它進行**演繹**，至少**描述**它還是可能的，甚至是必要的。那麼應該把運動的**意義**設想為什麼呢？

有人認為，運動只是存在的**情感**，因為動體在運動**之後**如同在**以前**一樣存在。人們常常原則上提出，移動並沒有使被移動的東西的形狀發生變化，因為似乎很明顯，運動被加給存在而沒有改變存在：而且，我們已知道，此一這個的實質當然仍然沒有變。這種概念遇到的阻力也並不比像費茲傑羅關於「收縮」的理論，或愛因斯坦關於「物的多樣化」理論遇到的阻力更典型，因為它們似乎更突出地攻擊了造成動體的存在的東西。從這裡明顯得出運動相對性的原理，這原則很容易使人理解運動是否是存在的外在特性，並且是否任何內部結構的變化都沒有規定它。運動**外在的**關係進入它周圍的東西，變成了一種關係，這種關係使存在如此外在於它的周圍的東西，以致我們說存在在運動中，而它周圍的東西是靜止的，或反過來說周圍的東西是運動的，而上述存在是靜止的，這兩種說法表達的是同一種意思。按這個觀點，運動既不顯現為一個存在也不顯現為一種存在方式，而是顯現為一種完全非實體化的關係。

但是動體在起點和終點是與自身同一的，就是說在運動框住的這兩個停滯點中，這一事實絲毫沒有預料它在做為**動體**時曾經是什麼。同樣可以說，在高壓鍋中沸騰的水在煮沸期間沒有經受任何改變，因為在冷卻時和在被冷卻後，它表現出同樣的性質。能確定動體在運動期間連續的不同位置，並且在每個位置上，它都顯得與自身相同，這個事實同樣阻擋不了我們，因為這些位置定義的是經過的空間，而不是運動本身。相反，這就是那種數學傾向，即把動體當作沿著一條線移動而未取消它的靜止的一種靜止存在，這種傾向正是埃利亞學派悖論的起源。

這樣，肯定存在在其存在——無論是靜止的還是運動的——中都保持不變，在我們看來應該是一條簡單的公設，而我們不能無批判地接受它。為了對它進行這種批判，讓我們回到埃利亞學派的證明，尤其是飛矢不動的證明。這派學者對我們說，飛箭，當它經過位置ＡＢ時，恰恰就「在」那裡，就好像一支靜止的箭在那兒，箭頭在Ａ一端，箭尾在Ｂ一端。如果人們承認運動是被加於存在的，這似乎是不言自明的；而且因此什麼也辨別不了存在是運動的還是靜止的。總之，如果運動是存在的偶性，運動和靜止就是無可分辨的。人們通常用來反對埃利亞學派的最有名的悖論——即阿基里斯和烏龜的悖論的證明，在這裡都是沒有意義的。其實，指責埃利亞學派確立了空間的無限多樣性而沒有同樣分析時間的無限多樣性有什麼用呢？這裡的問題不是位置或瞬間，而是存在。當我們回答埃利亞學派說他們沒有考慮運動而只考慮做為運動前提的空間時，我們就接近了問題的正題概念。但那時我們僅限於指出下面的問題而不是回答：當動體在其存在中有別於一個靜止的存在時，為了使它的質總保持不變，動體的存在應該是什麼樣的？

如果我們企圖清理一下我們對芝諾的證明的那些攻擊，我們就發現，它們是起源於運動的某種自然概念的：我們同意飛箭「通過」ＡＢ，但在我們看來，**通過**一個地點不能和**停留在那個地方**畫等號，就是說不能和**存在於那個地方**畫等號。不過一般地說，我們造成了一個嚴重的混亂，因為我們認為，動體只是**通過**ＡＢ（就是說決沒有**存在**於那裡），而同時，我們繼續假設它**存在**於自身之中。因而，它是同時在自身之中而又不在ＡＢ之中的。這就是埃利亞學派的悖論的起源：箭既然**現在**在ＡＢ中存在，怎麼會又不在ＡＢ中存在了呢？換個說法，要避開埃利亞學派的悖論，就必須放棄存在在運動中保持其自在的存在這一普遍承認的公設。只要過ＡＢ，就是過渡的存在。什麼是過？就是同時在一個地點又不在這個地點。任何時候也不能說過的存在**在**這裡，否則就會使它突然停下來；但是同樣不能說它不存在、或**不在那裡**存在，或**在別處**存在。它與這地點的關係不是占據的關係。但是我們前面已看到，靜止的「這個」的**位置**說到底是外在的關係，因為當基質本身瓦解為無數形式時，這種關係就消融到無數與別的「這個」的外在關係中[2]。因此，空間的基礎是交互的外在性，這外在性通過自為成為存在，而且它來源於存在是其所是。總之，正是存在向自為表明自己與別的存在沒有差別時規定它的地點。而這種無差別只不過是它的同一性本身，它的出神實在的不在場，因為它是被已經對別的諸「這個」在場的自為把握的。因而只是由於**這個**是其所是，它才**占據**了一個位置，它才在一個地點**存在**，就是說它才被自為置入與別的諸這個的關係中，**就像它與它們沒有關係一樣**。空間是被那種就是它自己的關係的自為當作關係的那種關係的虛無。因此，通過一個地點而不在那裡存在這一事實只能根據存在來解釋。這意謂著，由於地點以存在為基礎，存在就不再足以為它的地點奠定基礎：它只為地點勾勒輪廓，它與別的「這個」的外在關係不能由自為來確立，因為它必須從一個**存在著**的這個出發確立這種關係。然而這些關係不可能自行消失，因為它們從之出發建立起來的存在不是一個純粹的虛無。僅在建立起它們的「目前」，它就已經外在於它們了，就是說，在揭示它們的多樣性中，它們**已經**被揭示出一些新的外在關係，所說的「這個」是它們的基礎，而且它們與前面那些關係一樣處於一種外在的關係中。但是，決定著存在的地點的空間關係的這種連續外在性，只能以所說的**這個**外在於自我這一事實中找到它的基礎。而且，事實上，說**這個**過一個地點，就意謂著，當它還在那裡的時候就已經不再在那裡了，就是說，對它本身而言，它不是在一種存在的出神關係中，而是在一種純粹外在的關係中。這樣，就「這個」被揭示為外在於別的諸「這個」而言，有「地點」。而且，只要存在不再被囊括在這外在性中，而是相反已經外在於這外在性，就有在這地點中的**過**。這樣，運動是一個外在於自我的存在的存在。在運動的情況下而提出的唯一形而上學問題是對自我的外在性的問題。我們應該據此理解到什麼呢？

在運動中，當存在由A過到B時，它**什麼也沒有**改變。這意謂著，它的**質**只要表象了對自為揭示為**這個**的存在，就沒有變化為另一種質。運動完全不同於生成；它不改變質中的**本質**，也同樣沒有使質**現實化**。質仍然嚴格保持是其所是，但是它的存在方式變化了。在臺子上滾動的這顆紅彈子仍然**是**紅色的，但是它不是以在靜止時同樣的方式是它所是的那個紅色：它總是懸在消失和恆常性之間。事實上，既然已經在B點，它就外在於它在A點曾是的東西，所以紅消失了，但這是因為它處在C點，在B點之外，它就又外在於這種消失本身。這樣，它通過消失逃避了存在，又通過存在逃避了消失。因此，世界上出現了一類「這個」，它的特性是永不存在，但它們又並不因此而是虛無。自為關於這些**這個**一開始所能把握的唯一關係，就是外在於自我的關係。因為外在性既然是**烏有**，就必須有一種存在，這種存在就是對其自身的固有的關係，以便有「對自我的外在性」。總之，我們不可能用純粹自在這術語來定義對自為表現為對自我的外在性的東西。這種外在性之能被發現，只是對一個在自我本身中**在那裡**就已經是**在這裡**它所是的東西的存在而言，就是說對一個意識而言的。這種對自我的外在性，由於顯現為存在的純粹疾病，就是說對某些這個來說，不可能同時是自我又是它們自己的虛無，應該通過某物而被指出，這某物是世界上的一種烏有，就是說被實體化了的一種烏有，由於對自我的外在性事實上完全不是出神的，動體與其自身的關係是純粹未分化的關係，而且只能對一個見證人展現。這是一種不能發生的消失和一種不能發生的顯象。衡量並且意謂著對自我的外在性的這個烏有是**軌跡**，它構成了同一個存在的統一性中的外在性。軌跡就是畫出的線，即空間中綜合統一的突然顯現，是那立刻消融到外在性的無限多樣性中的偽裝。當**這個**是靜止的時候，空間**存在**，當它是運動的時候，空間**產生**或**生成**。軌跡絕**不存在**，因為它是**烏有**：因為它立即消失到各種地點的純粹外在關係中，就是說消失到未分化或空間性的單純外在性中。運動並不更多地存在；它是既不能達到消失也不能達到完全存在的一個存在的最少存在；它是自在內部未分化的外在性的湧現。這種純粹的存在的動搖是存在的偶然事件。自為只能通過時間的出神和在動體與自我的出神和恆常的同一化中把握它。這種同一化不假設任何作用，尤其是不假設「認識的綜合」做前提，對自為來說它不是別的，只不過是過去與現在的出神的存在統一性。這樣，動體與自我的**時間**同一化，通過它自己的外在性的固定位置，把軌跡揭示出來。就是說使空間以一種趨於消失的形式湧現出來。由於運動，空間在時間中產生；運動畫下的線，是對自我的外在性的蹤跡。這線和運動同時消失，並且空間的時間統一這幽靈連續地消失到非時間的空間中，就是說消失到不是生成而是存在的消散的純粹多樣性中。

現在，自為面對存在在場。但是，恆常的東西的永恆同一性不允許把這種在場當作對各種事物的反映，因為將沒有任何東西來區別現在存在的東西和過去常態地存在的東西。因此，如果沒有運動，普遍時間的現在一維將是不可把握的。正是運動把普遍時間規定為純粹的現在。首先，因為它表現為**現在的**動搖：它在過去早已不再是什麼，而是一條漸趨消失的線，消散的軌跡；它在將來根本不存在，因為它不可能是它自己的計畫；它就像牆上的壁虎那樣頑強不懈地進展。此外，它的存在具有瞬間那種無法把握的模稜兩可性，因為既不能說它存在又不能說它不存在；而且，它剛一出現就已經是被超越的，而且已經外在於自我。因此，它與自為的現在一起完滿地象徵著：既不能存在也不能不存在的存在對自我的外在性，反映給自為一個形象——被投射到自在的平面上的形象——不得不是其所不是和不是其所是的存在的形象。全部差別都在於分離了對自我的外在性——其中存在不存在以便是它自己的外在性，但相反，它通過出神見證人的同一化而「是存在」——和存在在其中不得不是其所不是的純粹時間化的出神狀態。自為通過運動使自己顯示它的現在；它是它自己的現在同時伴隨著現實的運動，正是運動將承擔起**實現**普遍時間的任務，因為自為通過動體的現在使自己顯示自己的現在。這種實現將給予諸瞬間的交互外在性以價值，因為動體的現在被定義為——由於運動的本性本身——外在於它自己的過去，又外在於這種外在性的。時間的無限可分性被奠定在這種絕對外在性之中。

（C）將來

原始的將來就是那種我不得不是，而又超乎實在的面對超乎實在的自在的那種自在來在場的可能性。我的將來做為將來的共同在場使將來的世界開始顯露，正如我們已看到的，正是這個將來的世界而不是自為的可能性本身向我將是的自為顯露出來，因為這些可能性只有通過被反省的注視才是可以認識的。由於我的可能是我所是的東西的意義，同時做為我面對其在場的超乎自在之外的一個自在湧現，對我的將來顯露出來的自在的將來是與我面對其在場的實在的東西直接密切地聯繫著的。這是被改變了的現在的自在，因為我的將來只不過是我的面對一個我已改變了的存在的在場之可能性。這樣，世界的將來對我的將來揭示出來。它構成潛在性的一級，從事物的單純常態和純粹本質直到各種潛能。從我確定事物的本質，把它當作桌子或墨水瓶起，我就已經在將來那一邊了，這首先是因為它的本質只能是一種面對我只是這個否定的這進一步的可能性共同在場，然後是因為桌子或墨水瓶的常態和工具性把我們推向將來。在前面幾節中我們已充分發揮了這些見解，不用在此多費筆墨了。我們只想指出，任何事物，從它做為事物工具顯現起，就一下子把它的某些結構和屬性放置於將來了。從世界和「這個」顯現起，就**有**了普遍的將來。不過我們在前邊已指出，世界的任何將來「狀態」都是外在於它的，幾乎總是未分化的交互外在性。有一**些**世界的將來是被一些**機遇**定義並來自一些自立的或然性，它們不是被或然化，而是做為或然性**存在**的，猶如一些「**現在**」，完全由它們被明確規定的內容構成，而還沒有被實現。這些將來屬於每個「這個」或「這個」的集合，但是它們是**外在的**。那麼，普遍的將來是什麼呢？我們必須把它看成各種等價的將來的那種等級系列的抽象框架，各種交互的外在性的容器，而這容器本身就是外在性，做為自在的本身就是自在的外在性。就是說，不管哪一種或然性應該占優勢，都有而且將有一個將來，但是，因此，這種與現在不相干並外在於現在的將來，由互不相干又由以前－以後的實體化關係匯集起來的「現在」組成的將來（因為這種缺乏其出神特性的關係只有外在否定的意義），是一系列被分散的統一互相彙集起來的空洞容器。在這個意義下，時而將來顯現為一種急迫和威脅，因為我通過對我自己的可能性的謀劃把**這個**的將來和它的現在超乎共同的現在之外緊密地聯結起來；時而這種威脅瓦解為純粹的外在性，並且我只按純粹形式的容器的樣子把握將來，它與填滿它的東西不相干並且與空間同質，只是做為外在性的法則，而最後，時而，它展現為一個自在的虛無，因為它是超乎存在之外的純粹離散。

這樣，無時間的**這個**通過時間各維，以及它的非時間性本身被給予我們，當它們在對象上面顯現時，獲得了一些新性質：自在的存在，客觀性，未分化的外在性，絕對的離散。既然時間對時間化的出神時間性展現出來，它就處處都是對自我而言的超越性，並且從以前推到以後又從以後推到以前。但是，這個對自我而言的超越性，既然時間使自己在自在上把握住自己，就並非不得不是這超越性，這超越性在時間中被存在。時間的內聚力是純粹的幻覺，是自為對自我本身的出神的謀劃的客觀反映，是人的實在在運動中的內聚力的客觀反映。但是這種內聚力，如果人們按時間本身來考察時間，就**沒有任何理由存在**，它立刻消失到那被分別考察的、而且失去任何時間本性並單純地還原為**這個**的非時間性的整體的瞬間的絕對多樣性之中。這樣，時間是純粹自在的虛無，要有一個**存在**，似乎就只能通過自為在其中超過它以便使用它的活動本身。這個存在還是這樣一種特殊形式的存在，它在時間的未分化基質中突現，並且我們稱之為一**段**時間。事實上，我們對客觀的時間的最初理解是**實踐**：正由於我是超乎共同現在的存在之外的我的諸種可能性，我才發現客觀的時間是世界中相關於使我與我的可能分離的虛無的東西。按這個觀點，時間顯現為在一個無定限的離散內的有限的、被組織起來的形式；一**段**時間就是把時間壓縮到一個絕對減壓中，並且正是我們本身對我們的可能性的謀劃實現了壓縮。這種時間的壓縮的確是離散和分離的一種形式，因為它把分離了我和我本身的一段距離壓進世界。但是，另一方面，由於我的向著一種可能的謀劃只有通過一系列組織起來的相關可能，它們是我不得不是以便是……的東西，而且由於它們的非正題及非位置的揭示是在對我為自己謀劃著的較大可能的非位置揭示中被給出的，時間對我被揭示為客觀的時間形式，一級級組織起來的或然性：這種客觀的或一**般的**形式就像是我的活動的軌跡一樣。

這樣，時間通過**軌跡**顯現出來。但是，正和空間的軌跡被減壓及消失到不動的空間性中一樣，時間的軌跡從它不是簡單地被體驗為那種給我們對自身的期待以基礎的東西時起，就同樣地消失了。事實上，對我展現的或然性自然地傾向於做為**自在的或然性**孤立獨處，並自然地傾向於占據客觀時間中被精確地分割出來的那一部分，一**段**時間消逝著，時間被揭示為虛無在一個嚴格說來非時間的存在的表面之上的閃現。

五、認識

對於世界向著自為的揭示所做的這素描使我們可以做出某種結論了。我們同意唯心主義的看法：自為的存在是對存在的認識，但同時補充一點：這種認識是一個存在。自為的存在和認識的同一性不是由於認識是存在的尺度，而是由於自為通過自在而使自己顯示為其所是，就是說由於它在其存在中是與存在的關係。認識不是別的，只是存在面對自為的在場，而自為也只是實現這個在場的烏有。這樣，認識根本上是出神的存在，並且它因此而與自為的出神存在融合了。自為不存在以便而後進行認識，而且同樣不能說它只由於進行認識，或被認識才存在，這會使存在消逝到無數被規整了的特殊認識中。相反，這是自為沒於存在的絕對湧現，這個湧現在這存在之外，是從這存在出發，它不是這個存在而是做為這個存在的否定和自我的虛無化，這個絕對的原始事件，就是認識。總之，由於完全推翻了唯心主義的立場，認識被吸收到存在中：它既不是存在的一種屬性，也不是存在的功能或偶然性，而是**只有**存在。按這個觀點，完全放棄唯心主義的立場看來是必要的，尤其是，應該能把自為與自在的關係看成基本的本體論關係；在本書的最後，我們甚至能把自為對自在的這種鉸接看成我們能稱為**存在**的一個準整體的永遠運動著的概貌。按對這種整體的觀點，自為的湧現就不僅是對自為而言的絕對事件，而且也是**自在中發生的某物**，是自在的唯一可能的偶發事件：事實上，一切的發生，似乎是自為通過它的虛無化本身，把自己構成為「對……的意識」，就是說通過它的超越性本身逃避了那種在其中肯定因被肯定的東西而凝固起來的自在的法則。自為通過它的自我否定而變成**對**自在**的**肯定。意向的肯定像是內在否定的反面；只有通過是其自己的虛無的存在才能有肯定，並且只能有對一個不是進行肯定的存在的存在的肯定。但是，在存在的準整體中，肯定在自在中發生：它是自在的偶發事件，正像是**被肯定**的偶發事件一樣。這種肯定不能做為**對**自我**的**肯定通過自在被產生而又不毀滅它的自在的存在，因而它有時是在自在中被自為實現的；它像是自在的一種被動出神，沒有使自在變質，然而卻在它之中並從它出發來進行。一切的發生就好像是有一種自為的激情，它自我消失以便肯定（即「世界」）在自在中發生。當然，這種肯定只是**爲**自為而存在，它是自為本身，並且與它一起消失。但是它並非**在**自為**中**存在，因為它是出神本身，而如果自為是它的一端（肯定者），那另一端自在就實在地是面對它在場的；正是在外面，在存在上面，有一個世界對我展現。

另一方面，我們將贊同實在論者的看法：正是存在本身在認識中是面對意識在場的，而且自為**沒有**添加**什麼東西**到自在上，除非是**有**自在這事實本身，就是說除非有肯定的否定。事實上，我們致力要指出的是，世界和事物—工具，空間和量和普遍時間一樣，是純粹被實體化了的虛無，並且絲毫改變不了通過它們表現出來的純粹存在。在這個意義下，一切都是被給定的，一切都是無距離地並且在其整個實在中面對我在場的；**沒有任何**我看見的東西不是來自我的，在我看見的東西或我能看見的東西之外便是**烏有**。在我的周圍到處都是存在，我似乎能**觸摸**到它，把握它；做為心理事件的**復現表象**是哲學家們所做的純粹虛構。但是這個存在所有的部分都「反呈給我」，而且**烏有**把我與它分開，所以恰恰是**烏有**把我和它分開，並且因為這個烏有就是虛無，所以是不可越過的。「有」存在，是因為我是對存在的否定，而且物質世界性、空間性、量、工具性、時間性都只因為我是對存在的否定才進入存在，它們沒有給存在添加什麼，它們是「有」的純粹必要的條件，它們只是實現了這個「有」。但是這些**不是什麼**的條件把我和存在分開要比稜鏡造成的畸變所造成的分離更徹底，通過稜鏡造成的畸變我還能希望發現分離。說「有」存在不是什麼別的，而就是產生一個完全的變形，因為只對一個自為來說才**有**存在。存在並非在它固有的性質中才是**相對**於自為的，也不是在自為的存在中才是如此，據此，我們避免了康德的相對主義；但是這就是在它的「有」中，因為自為在它的內在否定中肯定不能自己否定的東西，**原原本本地**認識存在，而這「像它原原本本的」東西不可能屬於存在。在這個意義下，自為直接面對存在在場，而同時做為一種無限的距離滑到它本身和存在之間。因為認識的理想是達到人們所認識到的東西，而它的原始結構是「不是被認識的東西」。物質世界性、空間性等，只是解釋這個不是。這樣，我處處做為**不是**存在的烏有處在我和存在之間。世界是人的。人們看到了意識的非常特殊的位置：存在處處對立於我，包圍著我，它壓迫著我，它纏繞著我，並且我永遠被從存在推到存在，這張在此的桌子不多不少就是存在；這塊岩石，這棵樹，這幅風景畫，就是存在，此外**什麼也不是**。我想把握這個存在而我只是發現了我。因為認識這個存在和非存在之間的中介，如果我希望它是主觀的，它就把我推向絕對存在，而當我自認把握了絕對時，它又把我推回我本身。認識的意義本身是其所不是和不是其所是，因為為了認識原原本本的存在就必須成為這個存在，但是有「原原本本的存在」只是因為我不是我認識的存在，而且如果我變成了它，「原原本本的存在」就會消失，甚至不再能被思想。這裡既不涉及懷疑主義——它恰恰假設**原原本本的**是屬於存在的——也不涉及相對主義。認識使我們置身於絕對的在場中，並且有一種認識的真理。但是這個真理，儘管不多不少只向我們提供了絕對，仍然嚴格地是人的。

也許有人會覺得奇怪，我們論述了認識的問題而沒有提出身體和感官的問題，我們甚至一次也沒有涉及它。我們並沒有貶低或忽視身體作用的意圖。但是，在本體論中和在一切別的學科中一樣，首要的是規定討論的嚴格秩序。然而，身體，不管它的功能可能是什麼，它首先顯現為**被認識**的東西。因此我們不能把認識建立在它之上，也不能在定義認識活動之前論述它，也不能以無論什麼方法或方式從它之中派生出有其基本結構的認識。而且，身體——我們的身體——其特性即本質上是**被他人認識的**：我認識的東西是別人的身體，而我關於我的身體**知道**的主要的東西來自別人認識它的方式。這樣，我的身體的本性把我推向他人的存在和我的為他的存在。對人的實在來說，我與我的身體一起發現了與自為存在同樣重要的另一種存在方式，而我將稱之為為他的存在。如果我想以透徹的方式描述人與存在的關係，我現在就必須著手研究我的存在的這種新結構：為他。因為人的實在在其存在中應該以同一個湧現成為「為他的自為」。

注釋

1 Tantale：坦塔羅斯是希臘神話中天神宙斯之子，因洩漏天機被罰永世站在上有果樹的水中，水深及下巴，口渴想喝水時，水即減退，腹飢想吃果子時，樹枝即昇高。——譯注

2 參看本書第三章第二節。——原注

第三卷

為他

第一章 他人的存在

一、難題

我們曾從否定行為和我思出發描述人的實在。順著這條線索，我們已發現，人的實在自為地存在。這是否把人的實在**包覽無餘**了呢？毋需離開我們反思式的描述的立場，我們就能重新遇到一些意識的樣式，它們似乎完全由於在自身中嚴格保持為自為，而指出了一種完全不同的本體論結構。這種本體論結構是**我的**本體論結構，我所關心的正是**我的**主體，然而對這種「為我」的關心向我揭示了一個沒有「為我的存在」的、是**我的**存在的存在。

例如讓我們考察羞恥。它涉及一種意識的樣式，它的結構同一於我們前面描述的一切結構。它是（對）做為羞恥的自我（的）非位置意識，並且因此，這是德國人稱為「經歷」的東西的一個例子，它是容易受反思的影響的。而且，它的結構是意向性的，它是**對**某物**的**羞恥的領會，而且這某物就是**我**。我對我所是的東西感到羞恥。因此，羞恥實現了我與我的一種內在關係：我通過羞恥發現了**我的**存在的一個方面。然而，儘管羞恥的某些複雜和派生的形式能在被反思的水平上顯現，羞恥一開始卻不是反思的現象。事實上，不管人們能在孤寂中通過宗教**實踐**從羞恥中得出什麼結論，羞恥按其原始結構是

在某人面前的羞恥。我剛才做出了一個笨拙的或粗俗的動作：這個動作緊黏著我，我既沒有判斷它也沒有指責它，我只是經歷了它，我以自為的方式實現了它。但是這時我突然抬起頭：有人在那裡看著我。我一下子把我的動作實現為庸俗的，並且我感到羞恥。當然，我的羞恥不是反思的，因為他人面對我的意識在場，哪怕是以催化劑的方式，也是與反省的態度不可並存的：在反省的範圍內，我唯一能遇到的意識是我的意識。但是他人是我和我本身之間不可缺少的中介：我**對我**自己感到羞恥，因為我向他人**顯現**。而且，通過他人的顯現本身，我才能像對一個對象做判斷那樣對我本身做判斷，因為我正是做為對象對他人顯現的。然而這個對他人顯現的對象並不是一個別人的心靈中的一個空幻的形象。這個形象事實上將是完全可歸因於他人的，而且不可能「觸到」我。在它面前我可能感到不適，感到憤怒，就像在我的一幅畫得不倫不類，將我所沒有的醜陋或卑劣印象加之於我的肖像面前那樣；但是我不可能被徹底地**觸及**：羞恥根本上是**承認**。我承認我就**是**他人所看見的那個樣子。然而這不涉及我為我所是的東西和我為他所是的東西的比較，就好像我以自為的存在方式在我之中發現了一種與我為他所是的東西等價的東西一樣。首先，這種比較並未在我們身上做為具體的心理作用出現：羞恥是一種直接的顫抖，沒有任何推論準備地從頭至腳傳遍全身。其次，這種比較是不可能的：我不能將我在自為的內在性中所是的那沒有距離、沒有後退、沒有角度的東西與這個我為他所是的無可辯解的自在存在聯繫起來。這裡沒有相應的標尺和圖表。此外，**庸俗**這概念本身就包含一種單子之間的關係。單獨一個人不會是庸俗的。這樣，他人不只是向我揭示了我是什麼：他還在一種可以支持一些新的質定的新的存在類型上構成了我。這個存在在他人顯現之前並不潛在地在我之中，因為它那時在自為中還沒有地位；而且即使人們樂於在這身體對別人而言的存在**之前**給我一個完全構成的身體，也不可能潛在地在其中放上我的庸俗和不得體的行為，因為它們是意義，而且因此，它們超越了身體，並且同時推回到能夠理解它們的見證人和我的人的實在的整體。但是，這個**對**他人顯現的新存在不居**於**他人**之中**；正像那種旨在使是其所是的孩子們

「知恥」的教育體系很好地指出的那樣。這樣，羞恥是**在他人面前對自我的**羞恥；這兩個結構是不可分的。但是同時，我需要他人以便完全把握我的存在的一切結構，自為推到為他。因此，即使我們想在其整體中把握人的存在與自在的存在的關係，我們也不能滿足於本書前面各章那些概略的描述：我們應該回答兩個完全不同的令人望而生畏的問題：首先，是他人的存在，其次，是我與他人的存在的**存在**關係。

二、唯我論的障礙

奇怪的是，實在論者從未真正為他人這問題感到不安。就實在論者「給出一切」而言，也許在他看來，也給出了他人。事實上，在實在的東西之中，還有什麼比他人更實在的嗎？這是一個和我具有同樣本質的思想實體，不可能消散到第二性的質和第一性的質之中，而且我在我身上發現了他的所有本質結構。儘管如此，就實在論企圖通過世界對思想實體的作用分析認識而言，它是不關心建立各思想實體之間的直接和交互的作用：他們是借世界為中介互相溝通的；在他人的意識和我的意識之間，我的身體像世界的事物和他人的身體一樣，是必要的中介。因此，分離開他人的心靈和我的心靈的，是首先分離開我的心靈和身體，然後分離開我的身體和他人的身體，最後分離開他人的身體和心靈的所有距離。而且，即使自為與身體的關係的確不是一種外在的關係（我們要在後面論述這個問題），至少我的身體與他人的身體的關係明明是純粹未分化外在性的關係。如果所有心靈都被它們的身體分離開，它們就是有區別的，就像這墨水瓶區別於這本書一樣，就是說人們不能設想一個心靈的任何直接面對另一個心靈的在場。而且即使人們承認有我的心靈直接面對他人身體的在場，我要達到他的心靈也還差整整一個身體的厚度。因此，即使實在論把其可靠性建立在時空事物「親自」面對我的意識的在場上，它也不能要求他人的心靈的實在有同樣的自明性，因為，恰恰根據這一認可，他人的心靈並非親自向著我的心靈給出自身：它是一個不在場，一個意義，身體指向心靈而沒有提供出它；總之，在一個立足於直觀的哲學中，沒有任何對他人心靈的直觀。然而，如果不玩弄詞彙，這就意謂著實在論沒有給對**他人**的直觀以任何地位：奢談什麼至少別人的身體是向著我們給出的，並且這身體是他人的或他人的一部分的在場，是無濟於事的。真正說來，身體屬於我們稱為「人的實在」的整體並做為它的結構之一。但是它之所以是**人的身體**，恰恰只因為它存在於這個整體的不可分割的統一之中，正如器官只有在機體的整體中才是活的器官一樣。由於實在論的見解向我們提供的身體並不包含在人的整體中，而是孤零零的，像一塊石頭或一棵樹或一塊蠟一樣，它肯定是扼殺了身體，就像生物學家的解剖刀把一片肉從活的整體上切下來一樣。**他人的身體**並非是面對實在論者的直觀在場：而是一**個**身體。一個身體，也許有一些特殊的方面和特殊「狀態」，然而它們仍屬於身體的大家族。如果對一種精神實在論來說，心靈真的比身體更容易認識，身體就將比他人的心靈更容易認識。

真正說來，實在論者很少關心這個問題：因為他把他人的存在看作是理所當然的。所以十九世紀的實在論和實證論的心理學，把我之鄰人的存在當作既定的，而僅僅致力於確定我有哪些方法認識這個存在及在這身體上辨認出相異於我的一個意識的哪些細微差別。有人會說，身體是一個對象，它的「狀態」要求一種特殊的解釋。最適宜分析身體行為的假定，就是假定一個意識類似於我的意識，而且身體反映了意識的不同感情。有待說明的是我們是如何做出這種假定的：人們時而對我們說，這是因為它與我從我本身知道的東西相似，時而又對我們說，是經驗教會我們辨認，例如，臉上突然變色就是揮拳和狂喊的前兆。人們會願意承認，這些舉動只能給我們關於他人的一種或然的認識：他人只是身體這點總是或然的。如果動物是機器，為什麼我看見穿過馬路的人不會是一架機器呢？為什麼行為主義者的徹底假說不能是好的呢？我在這張臉上把握到的東西只不過是某些肌肉收縮的結果，而接下去，這些肌肉收縮只是我熟知其循環路徑的神經衝動的結果。為什麼不把這些反作用的總體還原為簡單的反映或被制約的東西呢？但是絕大多數心理學家仍然堅持他人的實存是有與他們自己一樣的結構的整體實在。對他們來說，他人的存在是可靠的，而且我們對他的認識是或然的。人們看到了實在論的詭辯論。事實上，必須把這一肯定的詞顛倒過來，並且承認，如果他人只通過我對他的認識才對我們來講是可理解的，而且如果這種認識只是臆測的，他人的實存就只是臆測的，而且，正是批判的反思的作用決定它的或然性的精確程度。這樣，通過一個莫名其妙的一百八十度大轉彎，由於已提出了外在世界的實在性，實在論者在考察他人的存在時便被迫陷入了唯心論。如果身體是一個實在地作用於思想實體的實在的對象，他人就變成純粹的表象，它的**實存**就是**被感知**，就是說他的實存是由我們對他的認識衡量的。**感同身受**（Einfühlung）、**感應**和**完形**等更近代的理論，只是使我們用以使他人現時化的那些手段的描述更完善，它們並沒有把討論建立在真正的地基上：無論他人是首先**被感覺**到的，還是他先於一切習慣並沒有任何類比推理地在經驗中顯現為一個特殊的形式，它仍然只是有意義和被感覺到的對象，表現出來的形式仍然單純推回到其存在仍然單純是臆測的一個人的整體。

如果實在論是這樣使我們回到唯心論的，那麼，直接把我們置於唯心論的和批判的觀點中豈不更深思熟慮些嗎？因為他人是「我的表象」，故而在把所有對象還原為聯結諸表象的群體，並以我獲得的認識來衡量一切存在的那個體系中來考問這種表象不是更好一些嗎？

然而我們將在康德那裡找到一點幫助：康德事實上致力於確立主體性的普遍法則，這些法則對所有人都是共同的，他並沒有涉及**個人**的問題。主體只是這些個人的共同本質，它不能決定他們的多樣性正像對斯賓諾莎來說人類本質不能決定具體的人的本質一樣。因此，似乎一開始，康德就把他人的問題歸入不屬於他的批判的問題之列了。然而讓我們好好注意一下：他人做為他人是在我們的經驗中給定的；他是一個對象而且是一個特殊的對象。康德立足於純粹主體的觀點來規定的，不僅是一個一般的對象的可能性的條件，而且是各種範疇的對象——物理對象、數學對象、美或醜的對象以及表現出目的論特性的對象——的可能性的條件。按這個觀點，已經能指責他的著作有漏洞，並且有希望——例如按照狄爾泰的觀點——確定歷史的對象的可能性條件，就是說能試圖批判歷史理性。同樣，如果別人真的表象了一類我們的經驗發現的特殊對象，在嚴格意義上講，康德主義的觀點本身中，就必須要問對他人的認識如何可能，就是說確定對別人經驗可能性的條件。

事實上，把他人的問題和實體實在性的問題混為一談是完全錯誤的。當然，如果有**一些**「他人」存在，而且如果他們和我相像，他們的可認識的存在的問題就可能提出來，就如我的實體性存在的問題對我提出來一樣；當然，對他們的回答和對我的回答也會是一樣的：這個實體性存在只能被思想，而不能被設想。但是，當我在我的日常經驗中盯著他人時，我盯著的完全不是一個實體性實在，同樣，當我獲得關於我的感情或我的感情思想的認識時我也沒有把握或盯著我的理智實在。他人是一個推到別的現象的現象：推到他相對於我感到的憤怒現象，推到做為他的內感覺現象向他顯現的一系列思想：我在他人那裡看到的東西只不過就是我在我本身中發現的東西。然而這些現象完全不同於別的一切現象。

首先，他人在我的經驗中的顯象，通過手勢、表情、活動和行為等有組織的形式的在場表露出來。這些有組織的形式推回到一個原則上處於我們的經驗之外的進行組織的統一體。既然他人的憤怒是出現在他的內感覺中，並且根本上是我覺察不到的，這就造成了意義，並且也許就是我在我的經驗中以表情或手勢等名稱把握的一系列現象的原因。他人，做為對他的經驗的綜合統一體，做為意志或者激情，就已把**我的**經驗組織起來。這不涉及一個不可認識的實體對我的感性的單純作用，而涉及在我的經驗的範圍內，通過一個不是我的存在，把互相聯繫的現象構成一體。而且這些現象，和別的所有現象不同，並不推回到一些可能的經驗，而是推回到一些原則上在我的經驗之外，並且屬於我無法知道的體系的經驗。但是，另一方面，一切經驗之可能性的條件，就是主體把它的印象組織成體系。這樣，我們在事物中發現的就只是「我們置入其中的東西」。因此，別人不可能無矛盾地在我們這裡顯現為組織起我們的經驗的東西：可能有超規定的現象。在這裡我們還能使用因果性嗎？這個問題在康德哲學中正是用來指出「別人」的曖昧性的。因果性只能連接一些現象。但是恰恰別人感受到的憤怒是一個現象，而我知覺到的憤怒表情是另一個現象。它們之間能有因果聯繫嗎？這聯繫可能符合它們現象的本性。而在這個意義下，我沒有放棄把保爾的臉變紅看成他的憤怒的結果：這成了我通常所做的那些肯定的一部分。但是，另一方面，因果性只有當其他各種現象和**同一種**經驗聯繫起來，並幫助構成這個經驗時才有意義。它能做為兩個絕然分離的經驗之間的橋樑嗎？在這裡必須注意，當我把它應用於這個方面時，已使它失去了**理想地**統一經驗顯現的本性：康德的因果性以不可逆性的形式統一了**我的**時間的諸瞬間。怎麼認定它會統一我的時間和別人的時間呢？在表現他自身的決心，即在他人的經驗網絡中出現的現象和表情，與**我的**經驗的現象的表達之間建立什麼樣的關係呢？同時性？相繼性？但是**我的**時間的瞬間如何能處於與他人的時間的瞬間的同時性或相繼性的關係中呢？即使一個前定的，而且照康德的觀點是不可理解的和諧使上述兩個時間的每個瞬間都相符，它們也仍然是沒有關係的**兩種**時間，因為，對任何一種時間來說，統一了瞬間的綜合是主體的活動。在康德那裡，時間的普遍性，只是概念的普遍性，它僅僅意謂著每種時間性都應有確定的結構，時間經驗可能性的條件對一切時間性來說都是有效的。但是，時間本質的這種同一性不妨礙時間的不相連屬的多樣性，正如人的本質的同一性不妨礙人的意識的不相連屬的多樣性一樣。這樣，各意識間的關係根本上是不能想像的，**他人**的概念不可能**構成**我們的經驗：必須把它和目的論的概念一起歸入**諧調**的概念中。因此，他人屬於「好像」的範疇。他人是一個**先驗的**假說，除了他允許在我們的經驗中起作用的那個統一之外沒有別的理由，而且不可能無矛盾地被思考。如果事實上能夠把一個理智的實在對我們的感性的作用設想為純粹認識的誘因，那麼相反，卻很難想像一個現象，當它的實在在他人的經驗中密切相關於它的顯象時，會**實在地**作用於**我的**經驗現象。而且，即使我們同意一個理智的活動同時作用於我的經驗和他人的經驗（在那種理智的實在於影響我的同時也影響他人的意義下），在兩個自發構成的系統之間建立或甚至要求一種平行論或相符的圖表，仍然是完全不可能的[1]。

但是，另一方面，諧調概念的性質真適用於他人這概念嗎？事實上，問題不在於通過一個純粹形式的概念在我的經驗的各種現象之間建立更有力的統一，這個概念只能在對我顯現的對象中做些零星的發現。問題不在於一種**先驗的**假說沒有超出我的經驗的範圍，並引起就在這範圍限度內的新探索。對他人對象的知覺歸結為一個諧調各種表象的系統，並且這系統**不是我的**。這意謂著，他人不是在我的經驗中的一個歸結為我的經驗的現象，而是它原則上推向一些對我來說處於一切可能經驗之外的現象。而且，當然，他人這概念使人能在我的表象系統中做出些發現和預見，收緊了現象的網絡：我由於關於**別人**的假說而能從**這種表情**出發預見**這種姿態**。但是，這種概念並不表現得像是一些科學概念（例如想像力），或像是一些進入物理運算過程的工具，而這些概念或工具並不在對問題的經驗表述中出現，而且要從結果中消除掉。他人的概念不純粹是工具的，他存在遠非為的是用來統一各種現象。相反，應該說某些現象範疇似乎只是**對他而言**才存在。一個完全不同於我自己的意義和經驗系統的存在，是一些不同的現象系列在它們的流逝過程中**指向**的那個固定框架。而且這個原則上外在於我的經驗的框架被逐步填滿。我們不能把握這個**他人**與我的關係，而且他也從未被給出。我們是逐步把他構成為一個具體對象的：他不是被用來預見我的經驗事件的工具，而是我的經驗事件被用來把他人構成為他人，就是說我們把他構成為一個具體而不可認識的對象，一個不可達到的表象系統。我**通過**我的經驗經常追求的，是他人的感覺，他人的觀念，他人的意願，他人的個性。因為，事實上，他人不僅是我看見的人，而且也是**看見我的**人。我旨在把他人看成一個聯結各種經驗的達不到的系統。在這體系中我也做為各種對象中的一個對象露面了。但是，就我努力規定這個系統的具體本性和我做為對象在其中占據的地位而言，我完全超出我的經驗的範圍了。我研究一系列原則上我的直觀不能達到的現象。因此，我超出了我的認識的權限：我企圖把從來不是我的經驗的經驗聯結起來，因此這種構成和統一的工作不能用來統一我自己的經驗：就他人是不在場者而言，它逃避了**本性**。因此，不能以諧調的概念規定**他人**。而且，當然，諸如世界這樣一些觀念原則上也逃離了我的經驗：但是，至少它們是建立在我的經驗之上而且只是通過它才有意義的。相反，在某種意義下，他人表現為徹底否定我的經驗的，因為他是這樣一種人：我對他而言不是主體，而是對象。因此，做為認識主體，我盡力把否定我的主體性並規定我為對象的那個主體規定為對象。

這樣，按唯心論的**觀點**，**他人**既不能被認為是構成的概念，也不能是諧調我的認識的概念。我把他設想為**實在的**，然而我卻不能設想他和我之間的**實在的**關係；我把他構成為對象，然而他卻不是由直觀提供的；我把他確定為**主體**，然而我卻正是在把他設想為我的思想的對象的。因此，對唯心主義者來說，只剩下兩種解決方法：或者完全擺脫他人這概念，並且證明它對構成我的經驗是無用的：或者肯定他人的實在存在，就是說設定各意識之間的一條實在的、超經驗的交通渠道。

第一種出路是在唯我論的名稱下被認識的：然而，如果它名實相符地表述為對我的本體論的**孤獨**之肯定，它就是純粹形而上學的、完全沒有理由、沒有根據的假說，因為它回到在我之外**什麼都**不存在這種說法，因此它超出了我的經驗的確定範圍。但是，如果它比較穩妥地表示拒絕離開經驗這堅實的地基，表示確實企圖不使用他人這概念，它就是完全合乎邏輯的，它仍然處在批判實證論的水平上，並且儘管它與我們最深的存在相對立，它卻消除了它的論證中按唯心主義觀點考察**他人**概念的矛盾。一種想要精確和客觀的心理學，如華生的「行為主義」，總體說來只是把唯我論做為工作假說接受下來。問題不在於否認我的經驗的範圍內我們能稱為「心理存在」的對象在場，而只在於實行一種觸及一個由主體組織起來的、並且處於我的經驗之外的表象系統的存在的**懸擱**（ἐποχή）。

面對這種出路，康德和大部分康德的繼承者繼續肯定他人的存在。但是他們只能引證良知或我們的根深趨向來為他們的肯定辯解。我們知道，叔本華把唯我論者稱為「關在攻不破的堡壘裡的瘋子」。這是一種多麼無力的證明！因為事實上，通過承認他人的存在這種立場，人們忽然炸開了唯心論的框架，並重新落入形而上學的實在論。首先，當我們提出許多封閉的，並且只能從外面溝通的系統時，就暗含地重新建立了實體的概念。也許這些系統是非實體的，因為它們是單純表象的系統。但是它們的相互外在性是**自在的**外在性；這種外在性是在沒有被認識的情況下存在的。我們甚至沒有以某種方式把握到它的各種結果，因為唯我論的假說總是可能的。我們不限於把這自在的虛無當作一個絕對的事實設定下來：它確實與我們對他人的認識無關，倒不如說，正是它制約著這種認識。因此，即使意識只是現象的純粹概念性聯繫，即使意識存在的規則是「**感知**」和「**被感知**」，這些相關系統的多樣性也仍然是自在的多樣性，並且這種多樣性直接使這些系統變成自在的系統。而且，如果我設定我對他人的憤怒的經驗在另一系統中與對憤怒的主觀經驗是相對應的，我就重新建立了真實形象的系統，康德曾如此夢寐以求地想擺脫它。當然，關鍵在於兩個現象間的契合，即那種在姿勢和手勢中被知覺的憤怒和那種被理解為內感覺的現象實在的憤怒間的契合——而不在於現象和自在之物之間的關係。但是在這裡，真理的標準仍然是思想與其對象的相符，而非表象間的一致。事實上，恰恰因為在這裡通向實體的一切道路都被排除了，感受到的憤怒的現象才屬於在它的形象中看到的就是**客觀實在的東西**的那種憤怒的現象。問題正是表象是否相符的問題，因為有一**個實在的東西**和領會這個實在東西的方式。如果涉及我自已的憤怒，我其實可以把它的主觀表露、心理表露以及可客觀表露的東西看成同一原因的兩個結果系列，並非一個系列代表憤怒的**眞理**或它的**實在**，而另一個只代表它的結果或形象。但是，如果一個現象系列在他人中，而另一個在我之中，那一個就做為另一個的實在發生作用，而在這裡唯一適用的就是實在論的真理圖式。

這樣，我們放棄對這個問題的實在論立場只是因為它必然地導致唯心論；我們曾斷然站在唯心論的觀點上而一無所獲，因為它，在其否定唯我論的假說時，反過來導致一種獨斷而又完全無可辯解的實在論。讓我們看看我們是否能理解那些與這些學說完全相反的學說，並看看我們是否能從這種悖論中吸取某種教益以有助於導出對問題的正確見解。

在他人實存問題的起源中，有一個基本的先決條件：他人，其實就是**別人**，即**不是我自己**的那個自我；因此在這裡，我們把否定當作他人—存在的構成性結構。唯心論和實在論共同的先決條件就是，構成性的否定是一種外在性的否定。他人，就是不是我和我所不是的人。這不是指有一個虛無是分離了他人和我本身的特定的成分，或說在他人和我本身之間**有**一個進行分離的虛無。這個虛無不是起源於我本身的，也不是起源與他人或他人與我本身的相互關係的；而是相反，它做為關係的最初的不在場，一開始就是他人和我之間一切關係的基礎。事實上這是因為，他人在對一個身體的感知之上經驗地對我顯現，而且這個身體是外在於我的身體的一個自在；統一和分離這兩個身體的那類關係有如互相之間沒有關係的事物之間的關係，有如由於被給定而是純粹外在性的那樣的空間關係。實在論者相信通過他人的身體把握了**他人**，因此認為，做為一個身體的他人是與另一個身體分離的，這意謂著，包含在「我不是保爾」這一判斷中的否定的本體論意義和包含在「桌子不是椅子」這一判斷中的否定的本體論意義是同一類型的。這樣，由於意識之間的分離是可以歸咎於身體的，似乎在不同的意識之間有一種原始的空間，就是說，恰恰有一個**給出的**虛無，一個絕對而被動接受的距離。當然，唯心論把我的身體和他人的身體還原為一些客觀的表象系統。對叔本華來說，我的身體不是別的，只是「直接對象」。但是人們並未因此取消意識之間的絕對距離。一個完整的表象體系——即任何一個單子——由於只能被自我本身所限制，不可能保持與不是它的東西的聯繫。認識主體既不能限制另一個主體也不能使自己被另一個主體所限制。他被他的實證的充實體孤立起來，然後，在他本身和另一個同樣被孤立的系統之間，甚至有一種**空間**分離可以做為一種外在性的類型保留下來。這樣，還是**空間**暗含地分離了我的意識和他人的意識。還應該補充一點，唯心論者沒有注意到這一點，而求助於「第三個人」來使這種外在的否定顯現出來。因為，我們已知道，一切外在的關係，既然不是被它的各相同的項構成的，就要求一位見證人來設定這種關係。這樣，對唯心論者來說，像對實在論者來說一樣，結論只得是：由於他人在一個空間世界中向我們揭示出來，就正是實在的或理想的空間把我們和他人分開的。

這個先決條件得出一個嚴重的後果：如果我事實上應該以未分化的外在性的方式與他人有關係，那麼我在我的存在中受他人的湧現或消失的影響，就不會比一個自在受另一個自在的顯現或消失的影響更大。因此，當他人不能以他的存在作用於我的存在時，他能向我揭示的唯一方式，就是向我的認識顯現為**對象**。但是據此應該認識到：我應該把他人構成為我的自發性所強加給各種印象的那種統一，就是說我是在其經驗中構成他人的人。因此，他人對我來說只能是一個**形象**，儘管我建立的整個認識理論旨在消除這種形象的概念；而且唯有同時外在於我本身和他人的見證人才能把形象和原型比較，並決定它是否是真的。況且，這個見證人要成為權威的，就不應該反過來與我本身和處在外在性關係中的他人針鋒相對，否則他也只是通過形象在認識我們。在他的存在的出神統一中，他必須同時做為對我本身的**內在**否定在我**這裡**並做為對他人的**內在**否定在他人**那裡**。這樣，人們在萊布尼茨那裡發現的那種對上帝的求助，就單純是求助於內在的否定了：這一點隱藏在**創造**這神學概念中：上帝同時是又不是我本身和他人，因為它創造了我們。事實上，它應該**是**我本身以便無中介地並且無可置疑地自明地把握我的實在，然而它又應該不是我，以便保證他做為見證人的公正，並能在那裡是又不是他人。創造的形象在這裡是最合適的，因為在創造活動中，我一徹到底地看見我創造的東西——因為我創造的東西就是我——然而我創造的東西又與我對立，因為在一種客觀性的肯定之中它又對我關閉起來。這樣，空間化的先決條件並未給我們留下選擇餘地：要麼求助於上帝，要麼陷入向唯我論敞開大門的或然論，二者必居其一。但是，一個是其創造物的上帝這種概念使我們遇到一種新的障礙：正是它表露了在笛卡兒思想中的實體的問題。如果上帝是我又是他人，那麼是什麼來保證我本身的存在呢？如果創造應該繼續下去，我就總是懸在一種分明的存在和那種與造物主之存在的泛神論的融合這兩者之間。如果創造是一種原始的活動，而且我已對上帝把自己封閉起來，我的存在就不再有什麼保持在上帝之中，因為它只不過是通過一種外在關係與我統一著的，就像雕刻匠和刻好的雕像一樣。它只能再一次通過形象認識我。在這些條件下，因為上帝的概念向著我們把內在的否定揭示為各意識之間唯一可能有的聯繫，就使它的全部不足之處呈現出來：上帝做為他人的實存的保證者既不是必要的又不是充分的；而且，上帝的實存做為我和他人之間的中介已經假設了一個他人在內在的聯繫中面對我本身的在場，因為具有一個心靈的根本性質的上帝做為他人的精髓顯現，並且因為它應該已經能處在與我本身的內在聯繫中，為的是使他人的實存的實在基礎對我也是有效的。因此，一種他人的實存的實證理論似乎應該能同時避免唯我論又不求助於上帝，如果它把我與他人的原始關係看成內在的否定，即看成這樣一種否定，這種否定就它以他人規定我又以我規定他人的嚴格意義而言，設定了他人和我本身的原始區別。按這種觀點考察這個問題是可能的嗎？

三、胡塞爾、黑格爾、海德格

十九和二十世紀的哲學似乎已懂得，如果首先以兩個分離的實體的角度去看待我本身和他人，唯我論就是不可避免的：這些實體的完全統一事實上應被認為是不可能的。所以我們在考察近代理論時看出一種在各種意識內部來把握與他人的基本的和超越的聯繫的努力，這種聯繫是任何意識在其自身的湧現之中的構成成分。但是即使人們看起來放棄了內在否定的公設，卻還是保留了它的本質結論，就是說肯定我與他人的基本聯繫是通過**認識**實現的。

事實上，當胡塞爾在《笛卡兒的沉思》和《形式的和超越的邏輯》中致力於駁斥唯我論時，他以為只要指出，求助他人是構成世界的必不可少的條件，就達到目的了。若不深入這個學說的細節，我們就只好限於指出他的主要結論。在胡塞爾看來，世界就像它對意識所表現出來的那樣，是單子間的世界。他人不僅做為那種具體的和經驗的顯現，而且做為統一體和豐富性的恆常條件面對這世界在場。如果我獨自或和別人一起看著這張桌子、這棵樹或這面牆，他人就總是做為屬於我看著的對象本身的一層構成意義而在那裡。簡言之，是做為他的客觀性的真正保證而在那裡。而且我們的心理—物理的我與世界同時存在，構成世界的一部分並和世界一起歸屬於現象學還原法之下，他人對構成這個我本身就顯得是必須的。如果我應該懷疑我的朋友皮埃爾的或一般的他人的存在，因為這個存在原則上是超出我的經驗的，我就必須也懷疑我的具體存在，我當教師的經驗實在性，我有這樣那樣的愛好、習慣和個性。**我的**我並沒有優先權：我的經驗自我和他人的經驗自我同時出現在世界上：而且一般意義下的「他人」對構成這些「自我」中的任何一個都是必要的。這樣，每個對象都如同康德認為的那樣，遠不是由對**主體**的單純關係構成的，而在我的具體經驗中顯現為多價的，它一開始就表現為擁有一些對無定限多樣的意識的參考系；他人正是**在**桌子上、**在**牆上向我展現為被考察的對象永遠參照的東西，正像皮埃爾或保爾具體顯現時一樣。

當然，這些看法對古典學說來說實現了一種進步。無可否認，事物—工具把它的外表反映給各種意識。我們下面還要談這個問題。可以肯定，「他人」的意義也不能來自經驗或來自因經驗而起作用的類比推理。正好相反，恰恰是借助**他人**這概念，經驗才被說明。這是不是說他人這概念是**先驗的**呢？我們隨後會試著來規定它。但是，儘管胡塞爾的理論有這些無可置疑的優越之處，在我們看來卻與康德的理論沒有顯著的不同。因為，事實上，儘管我的經驗自我並不比他人的自我更可靠，胡塞爾還是保留了這個超越的主體，它根本不同於他人的自我，並且很像康德的主體。然而，必須指出，這不是經驗自我間的平行論——這一點是無人懷疑的，而是超越的主體間的平行論。因為，事實上，他人**絕**非在我的經驗中碰到的經驗的個人，而是這個人物根本上歸向的那個超越的主體。這樣，真正的問題就是，超乎經驗之外的超越的主體的聯繫問題。如果回答說，一開始，超越的主體就是歸向別的主體**來構成**「做為對象的意識」之總體的，也就很容易回答說，它之歸向別的主體就是歸向一些**意義**。在這裡，他人是做為能構成世界的增補的範疇，而不是做為這世界之外一個實在存在的存在而存在的。而且也許，他人這「範疇」在其意義本身中包含著從世界的另一面對一個主體的歸結，但是這種歸結只能是假設的，它唯一的價值是統一概念的內容；它的價值在世界中並通過世界表現出來，它的權力限於世界，並且他人從根本上講是在世界之外的。此外，胡塞爾消除了理解他人之超世界**存在**的可能意義這種可能性本身，因為他把**存在**定義為對所實行的活動的無限系列的素樸象徵。不可能以認識去進一步衡量存在。然而，甚至承認了一般認識是衡量存在的，他人的存在在其實在中也是被他人從他自身獲得的認識來衡量的，而不是被我從他那裡獲得的認識來衡量的。我要達到的是他人，這不是因為我獲得對他的認識，而是因為他獲得自我認識，這是不可能的：這將事實上假設我本身和他人的內在同一。因此我們在這裡重新發現他人和我之間的那種原則區別，不是由於我們身體的外在性，而只是由於我們每一個都是內在地存在，並且一種內在有效的認識只能在內在性中進行，這就原則上禁止了把他人像他自己認識的那樣地**認識**，就是說，像他是的那樣認識。此外，胡塞爾這樣理解是因為，他把對我們的具體經驗展現的「他人」定義為一個**不在場者**。但是至少在胡塞爾哲學中，如何有對不在場者的完全直觀呢？他人是虛空意向的對象，他人原則上是被拒斥和逃逝著的：保持著的唯一實在因此就是**我的**意向性的實在：他人，就他具體地出現於我的經驗中而言，是相當於我對他人的追求的虛空的「做為對象的意識」；就他做為一個超越的概念出現而言，是統一及構成我的經驗的活動的總體。胡塞爾回答唯我論者說，他人的存在像世界的存在一樣可靠——通過將我的心理存在包括在世界中；但是唯我論者沒有說別的事物：他會說，但別的事物也是同樣可靠的。他補充說，世界的存在是以我對它獲得的認識來衡量的；對於他人的存在不能是另一個樣。

過去，我曾相信能通過否認胡塞爾的超越的「自我」的存在來逃避唯我論[2]。我那時覺得，在我的意識中不會再保留有什麼比他人更優越的東西，因為我從他的主體中排除了我的意識。但是，事實上，儘管我一直堅信超越的主體的假說是無用而有害的，拋棄它仍沒有使他人存在的問題前進一步。即使在經驗的自我之外**沒有別的**，只有**對**這個自我**的**意識，就是說一個無主體的超越的領域，我對他人的肯定仍然需要並要求世界之外一個類似的超越的領域的存在；然後，逃避唯我論的唯一方式在這裡還是證明我的超越的意識，在其存在本身中，是被別的同類意識的超世界存在影響的。這樣，由於已把存在還原為一系列意義，胡塞爾能在我的存在和他人的存在之間建立的唯一聯繫，就是**認識**的聯繫；因此他像康德一樣不能逃避唯我論。

如果我們不遵循年代順序的法則，而依照一種無時間的辯證法法則，在我們看來，黑格爾在《精神現象學》第一卷中對問題的解決相對胡塞爾所提出的解決來說就是一種進步。事實上，他人的顯現對構成世界和我的經驗「自我」不是必不可少的：對我的做為自我意識的意識的存在本身才是必不可少的。做為自我意識，這「我」事實上是自己把握自己的。等式「我＝我」或「我是我」表明的正是這個事實。首先，這種自我意識是純粹的自身同一性；純粹的自為的存在。它有自我本身的可靠性，但是這種可靠性還缺少真理性。事實上，這種可靠性僅就它自己的自為存在對它顯現為獨立的對象而言才是真實的。這樣，自我意識首先做為主體和對象——一個尚未客觀化，而且就是這主體本身的對象——之間的混合而非真實的關係存在。由於它的衝動就是在變得對自我本身有全面的意識時來實現它的概念，它試圖在表現出客觀性和清晰的存在時使自身變成外在有效的：關鍵在於解釋這個「我是我」並使自己做為對象產生，以便達到發展的最後階段——在另一個意義下，是自然地成為意識生成的第一推動者的階段——並且它是在別的自我意識中被認識到的一般的自我意識，是同一了它們和它本身的。中介就是**別人**。別人和我本身一起顯現，因為自我意識是通過排斥一切別人而與它本身同一的。這樣，有多個意識是最初的事實，並且這種多數性是以雙重的，相互的排斥關係實現的。現在我們通過我們剛才要求的內在性而面對否定的聯繫了。沒有任何外在的及自在的虛無把我的意識和他人的意識分開，而正是由於我是我這一事實本身，使我排斥了別人。別人是做為是他自己而排斥我的東西，他又是我在是我時所排斥的東西。諸種意識是在它們存在的互相交錯中直接互相依恃著的。同時，這使我們能定義他人用以對我顯現的方式了：它是不同於我的東西，因此它表現為非本質的、具有否定性的對象。但是這個別人也是自我意識。他原封不動地對我顯現為一個沉浸在生命存在中的平凡對象。而同樣，我也是這樣對別人顯現為具體的、可感的、直接的存在。黑格爾在這裡不是站在從我（通過**我思**被理解的）到別人的單向關係的基礎上，而是站在他定義為「一個在另一個中的自我把握」的相互關係的基礎上。事實上，只有當一個人與別人對立起來，他才是絕對自為的；他面對別人，針對別人而肯定了他要成為獨立存在的權利。這樣，**我思**本身就不能是通向哲學的出發點：事實上，它只是由於我為我顯現為個體性才產生，並且這種顯現被別人的認識所制約。別人這問題遠非從**我思**出發提出的，而是相反，正是別人的存在使我思成為可能，如同我在其中被當作對象的抽象環節一樣。這樣，黑格爾所謂**爲他**的**存在**的「環節」是自我意識發展的必然階段；而這條內在性的道路經過了別人。但是，只因為別人是另一個我、一個為我的對象—我，並且反過來反映我的我，就是說，因為我是他的對象，別人才與我有關係。我必然只是在那邊的，在別人中的為我的對象，由於這種必然性，我應該是從別人那裡獲得對我的存在的**認識**的。但是如果我的**自爲的**意識應該通過另一個意識與自己本身一起被中介化，它的自為的存在——因此也是它的一般存在——就依賴別人。我怎樣向別人顯現，我就是怎樣。而且，既然別人像他對我顯現的那樣，而且我的存在依賴別人，我用以向自己顯現的方式——就是說我對我的意識的發展的環節——就依賴別人用以對我顯現的方式。通過別人對我的認識的價值取決於通過我對別人的認識的價值。在這個意義下，就別人把我看作與一個身體相聯繫的，沉浸在**生命**中而言，我本身只是一**個別人**。為了使我被別人認識，我應該拿我自己的生命冒險。拿某人的生命冒險，事實上就是某自身表現為與客觀形式無關或與某種被規定的存在無關，表現為與生命無關。但是同時我追逐別人的**死**。這意謂著我想通過一個只是別人的別人，就是說通過一個超越的意識（它的本質特性只是做為一個別人而存在）使自己中介化。這正是在我拿我的生命冒險的時候而產生的，因為我在與別人的鬥爭中已因拿我的可感存在**冒險**而造成了對這存在的抽象；另一方面，在這樣指出他不能把自己設定為與客觀形式無關時，別人更酷愛生命和自由。因此，他保持著與事物的一般關係：他對我顯現並對他自己顯現為**無本質的**。他是**奴隸**而我是**主人**；對他來說，正是我是本質。這樣顯現的有名的「主奴」關係對馬克思的影響大概是非常深刻的。我們不必要討論它的細節，只要指出奴隸是主人的真理，對我們就夠了；但是這種片面的，不對等的認識是不充分的，因為奴隸的自我可靠性的真理對主人來說是非本質的意識；因此，做為真理的**自爲的存在**並不可靠。為了達到**眞理**，需要有「一個環節，在這個環節中，主人對他自己做的，就是他對別人做的，而且，奴隸對別人做的，就是他對他自己做的」[3]。在其他別的自我意識中被認識的並且與這些自我意識和自身同一的一般自我意識在這個環節中顯現出來。

這樣，黑格爾的天才直觀在這裡使我**在我的存在中**依賴別人。他說，我是一個只由於一個別人才是自為的自為的存在。因此，別人是滲透到我內心中的：我要是不懷疑我自己也就不能懷疑他，因為「自我意識是實在的只是因為他在一個別人中認識到自己的回聲（和反射）」[4]。而正如懷疑本身意謂著一個自為存在著的意識一樣，別人的存在制約著我懷疑他的傾向，恰如在笛卡兒那裡，我的存在制約著方法的懷疑一樣。這樣，唯我論似乎最終被打敗了。從胡塞爾過渡到黑格爾，我們完成了一大進步：首先，構成他人的否定是直接、內在和相互的；其次，它在其最深的存在中攻擊並損害任何意識，問題是在內在的存在，普遍的和超越的「我」的水平上提出的；我正是在我的本質存在中依賴他人的本質存在，並且遠不應該把我為我本身的存在與我為他的存在對立起來，為他的存在顯現為我為我本身的存在的一個必要條件。

然而，不管這個結論多麼廣博，不管主人和奴隸的理論充滿著的縝密審察多麼豐富和深刻，我們能對它滿意嗎？

確實，黑格爾提出了諸意識存在的問題。他研究的是自為的存在和為他的存在，並認為任何意識都是包含著別人的**實在**的。但是這個本體論問題仍然確實是用認識的術語表述出來的。意識間鬥爭的大衝動，就是每一個意識要把它的自我可靠性轉化為**眞理性**的努力。而且我們知道，這種真理之所以能達到，只是由於我的意識在別人變成對我的意識而言的**對象**時變成了對別人而言的對象。這樣，在保留了唯心論的基礎時黑格爾回答了唯心論提出的問題：別人如何能是為我的對象？他認為之所以有做為真理的、別人對他來講是對象的一個我，是因為有一個**別人**，我對他而言是對象。在這裡，認識仍然是存在的尺度，並且黑格爾甚至並不設想能有一個為他的存在最終不可還原為一個「對象的存在」。因此，按他自己的看法，力圖通過所有這些辯證階段拓展出來的普通自我意識，也是類似於純粹空洞的形式：「我是我」的。他寫道：「這個關於自我意識的命題是完全空無內容的。[5]」而在另一個地方他寫道：「這絕對抽象的過程在於超越一切直接的存在，並導向與自身同一的意識的純粹否定的存在。」這種辯證衝突的終點，普遍的自我意識，並沒有在它的化身中變得豐富起來：相反它完全被打倒了，它只不過是「我知道別人知道我是我本身」。也許這是因為對絕對唯心主義來說，存在和認識是同一的。但是這種一致會把我們帶到哪裡去呢？

首先，「我是我」這同一性的純粹普遍表述與我們在本書導言中描述的具體意識毫無共同之處。那時我們已確定，（對）自我（的）意識的存在不能以認識這術語來定義。認識開始於**反思**，但「反映—反映物」的活動不是一對「主體—對象」，哪怕在潛在的狀態中也不是，它在**它的存在中**依賴某一超越的意識，但它的存在方式恰恰對其自身而言是在問題中的。後來，在第二卷第一章中，我們指出，反映和反映者的關係全然不是同一性的關係，而且不能還原為黑格爾的「我＝我」或「我是我」的公式。反映產生的不是反映者；那裡涉及的是一個在其存在中自己虛無化著的，徒然尋求做為自我消失到自身中的存在。如果這種描述真是唯一能理解意識這原始事實的，就將可以判定黑格爾並未能分析他認為等同於自我意識的那種雙倍抽象的我。最後，我們終於消除了超越的我的純粹未反思的意識，這「我」使那種意識變混雜，而且我們指出，自我性，這一人的存在的基礎完全不同於自我或自我對它本身的反射。因此問題不可能是以超越的**自我學**（egologie）方式定義意識。總之，意識是一個具體的，**自生的**（sui generis）的存在，而不是一種抽象的，無可辯解的同一性關係，它是自我性的，而不是不透明的，無用的自我的棲身地，它的存在可以被超越的反思所達到，而且有一種依賴他人的意識的**眞理**，但是同時意識的**存在**本身是獨立於在其**眞理**之前存在的認識的；在此基礎之上，正如素樸實在論所認為的那樣，正是存在衡量了真理，因為反思直觀的真理是依照它與存在的一致程度來衡量自己的：意識在被認識之前**已在那裡**。因此，意識之所以面對他人肯定自身，是因為它要求認識它的存在，而不是認識抽象的真理。事實上，人們很難設想主奴間激烈的殊死鬥爭下的唯一賭注只是認識一個像「我是我」一樣貧乏，一樣抽象的表述。此外，在這種鬥爭本身中，有一種騙局，因為最終達到的目的是普遍的自我意識「對自己存在著的自我的直觀」。在這裡和在別處一樣都必須把齊克果和黑格爾對立起來，前者表明了追回原本個體的要求。個體要求的正是它做為個體的完成，即對它的具體存在的認識而不是對普遍結構的客觀說明。也許，我向他人要求的**權利**提出了**自我**的普遍性；對個人的尊重要求把我的個人認作是普遍的。但是我的具體的，個體的存在悄悄進入了這個普遍之中並將它填滿了，我正是為這種此在要求權利，特殊在這裡是普遍的支撐物或基礎；在這個意義下，普遍如果不以個體**爲目的**而存在就不可能有意義。

把存在與認識相混同在這裡還將得出許多錯誤和不可能的結論。我們在這裡把它們概括為**兩要點**，

就是說我們對黑格爾的樂觀主義提出兩點批評。

首先，在我們看來黑格爾犯了認識論的樂觀主義的錯誤。他事實上覺得自我意識的**眞理**能顯現出來，就是說在各意識之間能通過別人對我的認識和通過我對別人的認識的名義實現一種客觀的統一。這種認識能夠是同時的和相互的：「我知道他人知道我是自我本身」，它**眞實地**產生了自我意識的普遍性。但是對他人問題的正確表述使得這種向普遍的過渡成為不可能的。事實上，如果他人使我的自我追回到我，按照辯證法的進展，在我為他而是的東西、他為我而是的東西、我為我而是的東西、他為他而是的東西之間，至少應該有一共同的尺度。當然，這種同質性開始並不存在，黑格爾同意這一點：「主奴」關係不是相互的。但是他肯定相互性應該能夠確立。因為事實上他一開始就混淆了**客觀性**和**生命**——這混淆是如此巧妙，以致似乎是有意為之的。他說，他人對我顯現為對象。然而，對象就是在別人中的我。而且當他想更明確地定義這種客觀性時，他把它分成三個因素[6]：「這種一個在另一個中的對自我的把握：（一）自身同一性的抽象環節。（二）然而任何一個也都有那種對另一個表現為外在對象，表現為具體和直接可感的存在的特殊性。（三）任何一個都絕對自為而個別地對立於另一個存在……」可見，自身同一性的抽象環節是在對別人的認識中給定的。他和整個結構中的另兩個環節一起被給定。但是，黑格爾不問這三個因素是否以構成一個新的不可分析的形式互相作用，這在一種綜合的哲學中是件怪事。他在《精神現象學》中表明他的觀點是通過描述這樣一種情況：別人首先顯現為無本質的（這是上面指出的第三環節的意義）顯現為一個沉浸在生命存在中的意識。但是這涉及這抽象環節與生命的純粹共同存在。因此，為了在確是應付危險的活動中實現對生命和意識的分析式的分離，只需我或別人去拿我們的生命冒險就足夠了：「任何一個意識本身對別人來說是別人對它來說所

是的東西；任何意識在其本身中並順次通過它自己的能動性和別人的能動性來完成自為的存在的這種純粹抽象化……表明自己是自我意識的純粹抽象化，就是揭示自己是對自己的客觀形式的純粹否定，就是揭示自己與任何被規定的存在無關，就是揭示自己與生命無關。」[7] 而且也許黑格爾會進一步說，由於冒險和死的威脅的經驗，自我意識知道了生命對它像對純粹自我意識一樣是本質的；但是這是從完全不同的觀點來看的，並且我仍然總能分離純粹自我意識的**眞理**和它的**生命**。這樣，奴隸把握了主人的自我意識，他是主人的真理，我們已看到，這種真理還是不完全的。

但是說他人原則上對我顯現為對象或說他對我顯現為與某個特殊實存有關的，沉浸在生命中的，是一回事嗎？如果我們在這裡總保持在純粹邏輯假說的水平上，我們將首先指出，他人完全能以對象的形式給予一個意識，然而這個對象並非恰恰與人們稱為生命體的那個偶然存在有關。**事實上**，我們的經驗只向我們表明了一些有意識有生命的個體；但是理論上必須指出，他人之所以是對我而言的對象，因為他是他人而不是因為他以一個身體—對象的方式顯現；否則我們將重新落入我們前面說過的空間化幻覺中。這樣，對做為他人的他人來說本質的東西是客觀性而不是生命。此外，黑格爾就是從這個邏輯事實出發的。但是，即使意識和生命的聯繫真的使總是在那裡沉浸著、總能被發現的「自我意識的抽象環節」在其本性上發生變化，它和客觀性就是一回事了嗎？換個說法，既然我們知道意識在被認識之前就**存在**，被認識的意識，由於它被認識就完全不被改變嗎？做為對象顯現的意識還是意識嗎？這個問題很容易回答：自我意識的存在是在其存在中，它是與它的存在相關的，這意謂著它是純粹的內在性。它永遠歸向一個它不得不是的**自我**。它的存在是這樣定義的：它按是其所不是和不是其所是的方式是這個存在。因此它的存在排除一切客觀性：我是對我本身而言不能是對象的人，甚至不能以對象的形式自為地設想存在的人（除非在雙重反思的水平上——但我們知道，反思是悲劇：存在不能是對它本身而言的對象）。這不是由於缺少後退，缺少理智的偏見或強加給我的意識的限制，而是因為客觀性要求有一種明確的否定：對象，就是我使自己不是的那個東西，而不是我使自己是的那個人。我處處都是我，我不可能逃避我自己，我從後面重新把握我自己，而且即使我能試著使我成為對象，我也已經是在我所是的這個對象內的我，而且我不得不是正從這個對象的中心注視著它的主體。此外，黑格爾說，別人的存在對我成為為我的對象來說是必要的，這時他所預感到的正是上述這個意思。但是，在提出了自我意識要以「我是我」來表述，即把它等同於自我認識時，他卻沒有得到應從這些前提中得出的結論，因為他在意識本身中引進了某種做為潛在的對象的東西，他人只是不得不消除它然而並沒有改變它。但是，如果對象恰恰就是**不是我**，那麼做為一個對意識而言的對象這一事實完全改變了這意識，然而這改變並非在意識自為地是的東西中，而是在它對他人的顯現中。他人的意識，就是我僅能靜觀的東西，因此它對我顯現為純粹被給定的東西，而不是那不得不是我的東西。這就是在普遍時間中提供給我的東西，就是說原始地分散在各瞬間中向我提供出來而不是在它自己的時間化統一中顯現給我的東西。因為唯一能在它自己的時間化中對我顯現的意識，就是**我的意識**，而且它只有放棄了一切客觀性才能是這樣。總之，**自爲**是不能被他人認為是自為的。我在他人的名下把握的對象以徹底異在（autre）的形式對我顯現；他人不是**自爲地**像他對我顯現的那樣，我並不像我**爲他**地是的那樣自己顯現；我也不能為我地像我為他地是的那樣把握我自己，正如不能又從向我顯現的做為對象的他出發把握自為的他人是什麼一樣。因此，如何能確立一個隸屬於自我意識，我的為我的**意識**和（對）我（的）**意識**及我對他人的**認識**的名下的普遍概念呢？但是，還有：在黑格爾看來，別人是對象，而且我把自己當作在別人中的對象。然而，這樣一個肯定毀滅了別人：為了我能在別人中做為對象自己顯現，我必須把別人當作主體，就是說我在他的內在性中理解他。但是既然別人對我顯現為對象，我對他而言的客觀性就不能對我顯現：也許我把握到做為對象的別人通過意向和活動**與我聯繫著**，但是僅僅由於他是對象，他人這面鏡子就變模糊並且不再反映什麼了，因為這些意向和活動是世界上的事物，在時間和世界中被理解，被確認，被靜觀，並且它們的意義是為我的對象。這樣，我只能自己顯現為他人的活動和意向歸諸的超越的性質；但是，他人的客觀性恰恰毀滅了我對他而言的客觀性，正是做為內在的主體，我把自己當作這些意向和活動關係著的東西。而且必須正確理解通過我本身純粹根據意識的術語而不是根據認識的術語對「我」的這種把握：由於不得不是我以（對）我（的）出神意識的形式所是的東西，我把他人當作一個指向我的對象。這樣，黑格爾的樂觀主義就歸於失敗了：在他人—對象和主體—我之間，沒有任何共同的尺度，正像在（對）自我（的）意識和對別人的意識之間一樣。如果他人首先是為我的對象，我就不能在他人中認識自己，而且我同樣不能在其真實的存在中，就是說在其主觀性中把握他。任何普遍的認識都不能得自諸意識間的關係。我們正是稱這為它們的本體論分離化。

但是，在黑格爾那裡，還有另一種形式的、更基本的樂觀主義。應該稱之為本體論的樂觀主義。對他來說，真理事實上是對大全的真理。而且他站在真理的觀點上，就是說大全上來考察別人這個問題。這樣，當黑格爾的一元論考察諸意識的關係時，他不處在任何特殊意識中。儘管大全還是要實現的，它已經做為一切真實的東西的真理在那裡了；而且，當黑格爾寫道：「任何與自身同一的意識都是不同於別人的」時，他已使自己確立在大全之中而在各意識之外，並且以絕對的觀點來考察它們了。因為諸意識是大全的各環節，這是自己存在的，自立的環節，而且，大全是諸意識之間的中介。因此一種本體論的樂觀主義與認識論的樂觀主義並行不悖：多樣性能夠而且應該向著整體被超越。但是黑格爾之所以能肯定這種超越的實在性，是因為他一開始就給出了它。事實上，他忘記了他自己的意識，他是大全，而且，在這個意義下，他之所以如此輕易地解決了諸意識的問題，是因為對他來說從未有過這方面的真正問題。事實上，他不提他自己的意識和他人的意識的關係問題，而是把他的意識完全抽象化。他單純研究他人的諸意識之間的關係，就是說這樣一些意識的關係，即這些意識對他來說已經是對象，它們的本性在他看來恰恰就是成為對象的一種特殊類型——主體—對象——而且它們按他所持的觀點看是嚴格等價的，它們之中沒有任何一個不是通過特殊的優先權與其他的意識分離開的。但是即使黑格爾忘記了自己，我們可不能忘記黑格爾。這意謂著我們回到了**我思**。事實上，正如我們已確定的那樣，如果我的意識的存在完全不能還原為認識，那末我也不能超越我的存在走向一種我能從之出發同時把我的存在和別人的存在看成一碼事的交互的和普遍的關係；相反，我應該**在我的存在中**確定自己，並且從我的存在出發提出他人的問題。總之，唯一可靠的出發點是我思的內在性。由此應該認識到：每個人在從他自己的內在性出發時，都應該能發現別人的存在是一個制約著這個內在性的存在本身的超越性，這必然意謂著，意識的多樣性原則上是不可超越的，因為我也許正好能超越我自己**走向**一個大全，但是不能在這個大全中確立自己來靜觀自己並靜觀他人。因此，任何邏輯的或認識論的樂觀主義都不能使多個意識的紛爭停止。黑格爾之所以相信這一點，是因為他從未把握（對）自我（的）意識這存在的特殊一維的本性。一種本體論能給自己提出的任務，就是描述這一紛爭，並就在存在的本性之中給它以基礎：但是這本體論並無能力超越它。我們還將更清楚地看到，也許人們能排斥樂觀主義並指出：他人的存在對我們來說是明晰的和可靠的。但是，甚至當我們已把他人的存在納入**我思**——就是說我自己的存在——的必然可靠性時，我們仍沒有因此而「超越」別人走向某個單子間的整體。諸意識的離散和鬥爭仍然是其所是：我們只能發現它們的基礎和它們真正的地基。

這個長長的批判帶給了我們什麼呢？事情很簡單：就是我和他人的關係首先並從根本上來講是存在與存在的關係，而不是認識與認識的關係，如果唯我論應該有可能被摒棄的話。事實上，我們已看到胡塞爾的失敗在於他在這個特殊的水平上以認識來衡量存在，而黑格爾的失敗則在於把認識和存在同一了。但是我們同樣認識到，黑格爾的看法儘管被絕對唯心論的公設弄得混亂，但他擅長於使爭論保持其真實的水平。看來海德格在《存在與時間》中得益於他的前人們的沉思，而且似乎他對這雙重必然性是深信不移的：（一）諸種「人的實在」的關係應該是一種存在關係；（二）這種關係應該使諸種「人的實在」在其本質存在中互相依賴。至少他的理論回應了這兩種要求。他在回答這單純由一個**定義**提出的問題時使用的方法是武斷的並且有些野蠻，與其說他力圖解開紐結，還不如說他是快刀斬亂麻。他在表現了人的實在的特徵的「在世的存在」中發現了多個環節——此外，這些環節是不可分的，除非是通過抽象。這些環節是「世界」，「在之中」和「存在」。他把**世界**描述為「人的實在通過它使自己顯示他是什麼的東西」，他把「在之中」定義為「現身」（Befindlichkeit）和「領會」（Verstand）；還有待說的是**存在**，就是說人的實在是用以成為在世的存在的方式。它告訴我們，這就是「共在」（Mit-Sein），就是說「與……一起存在」。人的實在的存，在的特性，就是他是與別人一起存在的。這裡不是一種巧遇；我並非**首先**存在以便一種偶然性後來使我**碰見**他人：這裡問題在於這是我的存在的本質結構。但是這個結構並非像黑格爾所說是從外面及從一個整體的觀點來確立的，當然，海德格也不是從笛卡兒意義下的**我思**，即意識通過自己的發現出發的；而是對自己揭示出來的、他力圖通過概念確定其結構的人的實在，就是人自己的結構。他寫道：「此在是**我的**此在」（Dasein ist je meines）。正是在闡明我對我本身的前本體論的理解時，我才把與他人的共在當作我的存在的本質特徵了。總之，我發現是與他人的超越的關係構成了我的存在本身，這恰恰是由於我發現是在世的存在衡量著我的人的實在。從那時起，他人的問題只不過是個虛假的問題：他人不再首先是我在世界中碰到的那種特殊的實存——並且這種實存對我自己的存在也不能是必不可少的，因為我在碰到他之前就存在——正是這偏離中心的一項有助於構成我本身。這種對我的存在的考察，由於把我擲於我之外而拋向一些同時逃避我又定義我的結果，一開始就對我揭示了他人。而且，我們應注意，與他人的關係類型已有變化：和實在論、唯心論、胡塞爾、黑格爾一樣，意識間的那類關係是**爲**……**存在**：他人向我顯現，並且甚至構成我，因為他為我存在或我為他存在：問題在於互相在場，在世界上互相顯現並互相對峙的意識的互相認識。「共在」有一種完全不同的意義：共不是指不同於我的一個人的實在**沒於**世界顯現所引出的認識和鬥爭的相互關係。還不如說它表明一類旨在利用這個世界的本體論的互相關聯。他人並非一開始就與做為沒於世界、在諸「工具」中間顯現的實在，做為一類特殊對象的我聯繫著的，在這種情況下，他可能已經消失，而且把他與我統一起來的關係絕不會獲得交互性。他人不是**對象**。他在他與我的關係中保持為人的實在，他用以決定在存在中的我的存在，就是他的被當作「在世的存在」的純粹的存在——而且人們知道，應該在「常去」（colo）「居住」（habito）的意義下，而不應該在「偶然出現」（insum）的意義之下來理解「之中」；在世的存在，就是糾纏著世界，而不是黏在上面——而且它正是在我的「在世的存在」中規定著我。我們的關係不是一種**面對面**的對立，而毋寧是一種**肩並肩**的互相依賴：既然我使一個世界做為我用以為我的人的實在服務的工具複合體存在，我就使自己在我的存在中被一個存在所規定，這個存在使同一個世界做為了它的實在的工具複合體而存在。此外，不應該把這個**共在**理解為我的存在的純粹被動地被設想的旁系性（collatéalité）。存在，對海德格來說，就是人自身的可能性，就是使自己存在。因此就是我使自己存在的一種存在方式。而且這點是如此真實以致我對我的為他的存在負有責任，因為我是在事實性或非事實性中自由地實現他的。正是在完全的自由中並通過一種原始的選擇，我才實現了例如我在「人們」（on）形式下的共存。而且，如果問我的「共在」如何能為我地存在，就必須回答說，我通過世界使自己顯示出我是什麼。尤其是，當我按不確定的、「人們」的方式存在的時候，世界就按工具和工具複合體的樣子反映出我是對我的不確定可能性的無人稱反映，而這些工具和工具複合體是屬於「所有人」的，並且是屬於我的，因為我是「所有人」：現成的服裝、公共交通工具，公園，花園，公共場所，供**任何人**藏身用的藏身之地，等等。這樣，我使自己通過工具的指示性複合體顯示為**任意一個人**，這複合體指出我是一個「為何之故」（Worum willen）和非事實的狀態——這是我通常的狀態，因為我還沒有實現向事實性的轉變——向我揭示出我的「共在」不是唯一的個體性與別的各種同樣唯一的個體性的關係，不是更不可替代的各存在的共同關係，而是關係項的完全可互換性。這些項還沒有規定，我沒有與別人對立，因為我不是我：我們有**人們**的社會統一。在個別主體不可溝通性的水平上提出問題，就是犯了一個顛倒先後 ὕστερον πρότερον 的錯誤；使世界成了無本之木：事實性和個體性蔓延開來：只有在意識的呼喚（Ruf des Gewissens）的影響下，我以堅定的決心（Entschlossenheit）衝向死亡時，就像衝向我最固有的可能性一樣，我才是我自己的事實性。這時，我對我自己事實性地揭示出來並且我也把別人與我一起帶向事實性。

最能象徵海德格的直觀的經驗形象，不是鬥爭的形象，而是**隊**的形象。別人和我的意識的原始關係不是**你和我**，而是**我們**，而且海德格的共在不是一個個體面對別的個體的清楚明白的位置，它不是**認識**，而是隊員和他的隊一起隱約的共同存在，許多槳的起落節奏，或舵手的有規則運動使划槳者感到這種存在，要達到的共同目標，要超過的木船或快艇，和呈現在視野內的整個世界（觀眾，成績等）向他們**表露**了這種存在。正是在這種共同存在的共同背景上，對我的為死的存在的突然揭示使我在一種絕對的「共同**孤獨**」中突然顯現了出來，同時也把別人提高直至這種孤獨。

這一次，正好回答了我們所問：一個在其存在中包含著他人的存在的存在。然而，我們不能認為這個回答是完滿的。首先，海德格提供給我們的與其說是這個結論本身，還不如說是對要發現的結論的指示。即使我們無保留地承認「共在」對「為……存在」的那種替換，這種替換對我們來說仍然是一種無根據的單純肯定。也許我們認識了我們的存在的某些經驗狀態——尤其是德國人用「心緒」（Stimmung）這種難以翻譯的詞語表示的東西——這些狀態看來與其說是一種對立的關係，還不如說是揭示了意識的共同存在，但是應該解釋的恰恰是這種共同存在。它為什麼變成了我們存在的唯一基礎，它為什麼是我們與別人關係的基本類型，海德格為什麼自詡可以從共在的這種經驗的和本體的確認過渡到做為我的「在世的存在」的本體論結構的共同存在的立場呢？而且這種共同存在有什麼樣的存在類型呢？在什麼範圍內它現在就是使他人成為一**個別**人並把他構成無本質的東西的否定呢？如果完全取消了它，我們不會落入一元論嗎？而如果應該堅持它是與他人關係的本質結構，必須使它經受什麼變化來使它放棄它在為他的存在中擁有的**對立性**並使它獲得做為共存的結構本身的那種互相依賴的聯繫性呢？而且在世界上我們如何能由此過渡到他人的具體經驗呢，就像我從窗戶看見一個行人在街上走過時那樣？當然，設想我由於我的自由的衝動，在人這未分化基質上對我獨有的可能性的選擇而顯現出來是很有魅力的——而且也許這種概念包含著一部分重要的真理。但是，在這種形式下，它至少激起了一些引人注目的詰難。

首先，本體論的觀點在這裡與康德的主體的抽象觀點是有聯繫的。說人的實在本身——即使就是**我的**人的實在——由於本體論結構而「共在」，就是說它由於本性共在，即是說以本質的和普遍的名義共在。即使這種肯定被證明了，也不能解釋任何具體的**共在**；換言之，顯現為我的「在世的存在」的結構的本體的共同存在完全不能成為一個本體的共在的基礎，就像例如出現在我與皮埃爾的友誼或我與安妮結成的伴侶中的共同存在那樣。事實上，必須指出，「與皮埃爾共在」或「與安妮共在」是我的具體存在的組成結構。但是按海德格的觀點，這是不可能的。別人在本體論水平上採取的「共」的關係中，與被直接考察的，他人是其另一個我的人的實在相比，並不更能被具體地規定：這是一個抽象的，並因此是**不自立**的項，其中完全沒有變成**這個**別人——皮埃爾或安妮——的能力。這樣，「共在」的關係對我們來說就完全不能用於解決認識他人的心理學的和具體的問題。有兩個不能代換的層次及兩個問題要求分別解決。人們會說，這只不過是海德格在一般地由本體論水平過渡到本體的水平、由一般的「在世的存在」過渡到我與**這個**特殊工具的關係、由使我的死成為我最本質的可能性的我的為死的存在向我由於與這樣那樣的外在存在者相遇而擁有的**這個**「本體的」死過渡時遭遇到的困難的一個方面而已。但是這種困難嚴格說來在所有別的情況下可能被掩蓋起來，因為，例如，正是人的實在使一個在其中一個與之相關的死之威脅消失的世界存在；或更確切地說，世界之所以存在，是因為它在人們說一個傷口是致人死命的意義下是「要死的」。但是，與他人的問題相反，從一個水平過渡到另一水平的不可能性顯露出來了。因為，事實上，即使在其在世的存在的出神湧現中人的實在使一個世界存在，人們也不能因此而說它的為他存在使另一個人的實在湧現出來，當然，我是使得「有」（es gibt）存在的存在。可以說我是使得「有」另一個人的實在的存在嗎？如果人們由此認為我是這樣的存在，即對這個存在來講有一個**爲我的**另一個人的實在，這就是完完全全的自明之理。如果人們想說我是使得**有**一般的一些別人的存在，我們就又落入了唯我論。事實上，這個我**與之共**在的人的實在，它本身是「與我共在於世」的，它是一個世界的自由基礎（這是**我的東西**這點是如何發生的？人們不可能從共在中推出各個人的實在「顯於其中」的各世界的同一性），它是它自己的可能性。因此它**對它自己而言**存在，無需等待我使他的存在在「有」的形式下存在。這樣，我就能使一個世界是「要死的」，但不能使一個人的實在成為是其自己的可能性的具體存在。從「我的」存在出發而把握的我的共在只能被認為是一種基於**我的**存在的純粹要求，而且完全不構成他人存在的證明，完全不構成我和別人之間的橋樑。

更進一步說，我和一個抽象的他人的這種本體論關係，正由於一般地定義了我與他人的關係，遠沒有使我和皮埃爾的特殊的和本體的關係變得容易理解，而是使我的存在和在我的經驗中給出的特殊他人的具體聯繫變得完全不可能了。事實上，如果我與他人的關係是**先驗的**，它就完全消除了與他人關係的可能性。經驗的和偶然的關係既不能是它的規範，也不能是它的特殊情況；只有在兩種情況下一個法則才有一些規範：或者這法則是從經驗的和特殊的事實中歸納抽取出來的。而這裡情況不是這樣；或者它是**先驗的**，統一了經驗，就像康德的概念那樣。但是，在這種情況下，它恰恰只在經驗的範圍內才有意義，我在事物中只發現了我置於其中的東西。然而，將兩個具體的「在世的存在」置於關係中並不屬於我的經驗；因此這種放置是在**共在**的領域之外的。但是，由於法則恰恰**構成**它自己的領域，它**先驗地**排除了不是由它構成的一切**實在**的事實。做為我的可能性的**先驗**形式的時間的實存，先驗地排除了我與具有存在特性的實體性時間的一切聯繫。這樣，本體論的「共在」的存在隨後**先驗地**使與一個具體人的實在的任何本體聯繫成為不可能的，這種人的實在做為絕對的超越的東西**自爲地**湧現出來。被認作我的存在結構的「共在」像唯我論的證明一樣確定地使我孤立起來。因為海德格的**超越性**是一個自欺的概念：當然，它旨在超越唯心論，並且就唯心論對我們展示出一種本身靜止而且靜觀其自己的形象的主觀性而言，它達到了目的。但是，這樣被超越的唯心論只是唯心論的一種折衷形式，一種經驗批判主義的心理邏輯主義。也許，海德格的人的實在「在自我之外存在」。但是這種在自我之外的存在，在海德格的學說中，恰恰是**自我**的定義。它既不同於柏拉圖的出神——存在在其中實在地異化了，也不同於馬勒伯朗士對上帝的看法，也不同於我們自己的出神和內在否定的概念。海德格沒有脫離唯心主義：他的逝離自我，做為其存在的先驗結構本身，像康德對我們的經驗的先驗條件的反省一樣確定地使之孤立起來；事實上人的實在在不可能達到這種逃離自我的限度內發現的，還是自我：逃離自我就是向自我逃離，世界顯現為自我與自我之間的距離。因此，《存在與時間》要同時超越一切唯心論和一切實在論的努力是徒勞的。而且，當涉及建立和我們一樣的各具體存在的實存時，（這些存在做為存在是在我們的經驗之外的，在其結構本身中又不屬於我們的先驗性）一般唯心論遇到的困難仍然出現在海德格使「人的實在」脫離其孤獨狀態的意圖面前。他似乎逃避了這些困難，因為他時而把「離開自我」當作「離開自我走向自我」，時而又把它當作「離開自我在他人中」。但是他拐彎抹角塞進他的推理中的對「離開自我」的第二種含義嚴格說來與第一種是不可共存的：人的實在就是在其各種出神中也是孤獨的。這是因為——而且這將是我們從批判考察海德格的學說中獲得的新收穫——他人的實存本質上是一個偶然的、不可還原的事實。人們**遇到**了他人，人們並非構成了他。然而，即使這個事實從必然性的角度看應該向我們顯現，它也不能以屬於「我們經驗可能性的條件」的必然性、或不如說，以本體論的必然性而存在：如果他人實存的必然性是存在的，它也應該是一種「偶然的必然性」，就是說**我思**非要與之共在不可的一類**事實必然性**。他人之所以應該能夠向我們顯現，是因為有一種直接的理解，他在相遇中保持了他的人為性的特性，正像**我思**本身在我自己的思想中保持了它的人為性，然而又參與了**我思**本身的必然性，就是說參與了我思的不可懷疑性。

因此，如果我們能確定使他人存在的理論有價值的必要和充分的條件，那對這理論的詳盡的表述就不是無用的。

（一）一個這樣的理論不應該提供他人的存在的新證明，一種比反對唯我論的其他證明更優越的證明。事實上，唯我論之所以應該被拋棄，也只是因為它是不可能的，或不如說，因為任何人也不真是唯我論者。他人的存在總是在懷疑中才可以取消，至少可以說，人們只在口頭上並抽象地以我能寫而甚至不能想「我懷疑我自己的存在」的同樣的方式懷疑他人。總之，他人的存在不應該是一種**或然性**。事實上或然性只能涉及在我們的經驗中顯現的或其新結果能在我們的經驗中呈現的對象。只有當一種認可或取消在任何可能的瞬間都能存在時，才可能有或然性。如果他人原則上並在我的經驗之外的他的「自為」中存在，他做為**另一個自我**的存在的或然性就既不能認可也不能撤銷，既不能增添也不能減少，甚至不能衡量；因此就失去了其或然性的存在本身，並變成了小說家的一個純粹的臆想。以同樣的方式，拉朗德正確地指出[8]關於火星上有生物存在的假說將永遠是純粹的臆斷，並且只要我們不把允許我們使一些被認可或撤銷的事實顯現出來的工具或科學理論帶給這個假說，它就完全不「可能」是真的，也不「可能」是假的。但是他人的結構原則上是這樣的：任何新經驗都不能被設想，任何新理論都將不同意認可或撤銷他的存在的假說，任何工具也將不揭示新的事實促使我肯定或拋棄這個假說。因此，如果它們不是直接面對我在場的，如果他的存在不像我的存在一樣可靠，關於他的一切臆測就完全失去了意義。但是我恰恰不是臆測他人的實存：我肯定。因此，一種關於他人的實存的理論只應該在我的存在中向我考問、闡明和確定這一肯定的意義，尤其是說明這種可靠性的基礎本身，而不是發明一種證明。換言之，笛卡兒沒有**證明**他的實存。因為事實上我總是知道我在，我總是在實踐著**我思**。同樣，我對唯我論的反抗——它們和懷疑我思的意圖所能激起的反抗一樣強烈——證明了我總是知道他人存在著，我對他的實存總有一種儘管模糊但還是整體的領會，這種「本體論前的」領會包含一種對他人的本性和他與我的存在的存在關係的理解，這種理解比人們能在它之外建立的一切理論都更可靠而且更深刻。他人的存在之所以不是一個空幻的臆測、純粹的虛構，是因為存在有與他人的存在相關的**我思**。在說明他人的存在的結構以及規定其含義和權限時，這個我思是必須弄清楚的。

我們曾從否定行為和我思出發描述人的實在。順著這條線索，我們已發現，人的實在自為地存在。

（二）但是，另一方面，黑格爾的失敗已向我們指出，唯一可能的出發點是笛卡兒的我思。此外，唯有這我思在他人存在的必然性這一事實必然性的基礎上確立了我們。這樣，我們故且稱之為他人的實存的我思的東西就和我自己的我思融為一體了。這個我思在再一次被考察時，應該把我拋到它之外而且拋到他人之中，正如它已把我拋到它之外的自在上一樣；而這不是由於我表現出我本身的一種先驗的結構，我指出同樣先驗的一個他人，而是因為我發現了**這個**或**那個**具體的他人的具體的無可置疑的在場，就像他已向我揭示了我的無法比較的、偶然的、然而又是必然的和具體的實存一樣。這樣，必須要求自為為我們提供為他，必須要求絕對內在性把我們拋進絕對的超越性：我應該在我本身的更深處發現的，不是**相信**有他人的**理由**，而是不是我的他人本身。

（三）我思應該向我們揭示的不是做為對象的他人。人們想必早就思考過這一點，即被稱之為**對象**的東西謂之為**或然的**。如果他人對我來說是對象，他就使我回到或然性。但是或然性只是建立在我們無數的表象的匯合上的。他人既不是一個表象，也不是一個表象體系，也不是我們的表象的必然統一，他不能是**或然的**；他不能**首先**是對象。因此，即使他**對**我們**而言**存在，也不能做為我們對世界的認識的構成因素、或做為我們對我的認識的構成因素而存在，而是因為他「涉及」我們的存在，而且，這不是因為他**先天地**有助於構成我們的存在，而是因為他在我們的人為性的經驗具體地並「本體地」涉及我們的存在。

（四）以某種方式說，如果問題在於試圖對他人做笛卡兒試圖對上帝所做的論證，笛卡兒使用的那種異乎尋常的「通過完滿這一觀念的證明」是完全由對超越性的直觀造成的，那就會迫使我們因把他人理解為他人而放棄我們曾稱為外在否定的某種否定類型。他人應該對我思顯現為不是我。這種否定能以兩種方式來設想：或者它是純粹外在的否定，並且它像分開一個實體和另一個實體一樣把他人和我本身分開——在這種情況下他人是通過不可能的定義來把握的——或者它將是內在的否定，這意謂著在互相否定中構成的兩項的綜合能動的聯繫。因此，這種關係將是交互的和雙重內在的。這首先意謂著他人的多數性不能是**集合**而是**整體**——在這個意義上，我們認為黑格爾是有道理的——因為任何他人都是在別人中發現自己的存在的。但是同樣，這個整體原則上是不可能處在「大全的觀點」上的。事實上，我們已看到，對意識的任何抽象概念都不能從比較我的為我本身的存在和我的為他的對象性出發。而且，這個整體——做為自為的整體——是被瓦解的整體，因為為他的存在是對他人的徹底否定，對「他人」的任何整體化及統一的綜合都是不可能的。

我們正是試圖從這幾點看法出發討論他人的問題。

四、注視

我看見的向我走來的那位婦女，在路上走過的那個人，我隔窗聽見他唱歌的那個乞丐，對我來說都是些**對象**，這是沒有疑問的。這樣，至少，他人面對我在場的模式之一是**對象性**，這點是真實的。但是我們已看到，如果這種對象性關係是他人與我本身的基本關係，他人的實存就仍純粹是臆測。然而，我聽到的那個聲音是人的嗓音而不是留聲機的歌聲，這就不僅是臆測的而且是**或然的**，我看見的行人是一個人而又是裝置完善的機器人，這就無限地是**或然的**。這意謂著，我把他人理解為對象，由於沒有超出或然性的限度，並且來源於這種或然性本身，本質上就歸結為對他人的一種基本把握，其中他人並不對我表現為對象而是表現為「自身的在場」。總之，要使他人是或然的對象而不是對象的幻影，他的對象性就必須不歸結為原始的、我觸及不到的孤獨，而歸結為他人在其中以不同於我獲得認識的方式表現出來的一種基本聯繫。古典理論認為被感知的人的整個機體**歸結**為某物，並且它歸結到的那個東西是其或然性的基礎和保證，這是有道理的。但是它的錯誤在於相信這種歸結指出了一個孤立的存在，一個在可感知的表露背後的意識，就像實體在康德的**感覺**（Empfindung）背後一樣。無論這個意識是不是在孤立狀態中存在，我都不能把我看見的面孔歸結於它，它也不是我感知的或然對象的真理。事實上，向著一種在其中別人是為我在場的孿生湧現的歸結，就是向著「與別人比肩共在」的歸結；而這是在認識之外被給出的，即使這認識被設想為直觀秩序上的一種模糊而又不可言喻的形式，依然如此。換言之，人們一般認為他人的問題好像是他人由之展現出來的原始關係就是**對象性**，就是說好像他人首先是直接或間接地向我們的知覺揭示出來的。但是，因為這種知覺由於其本性本身**歸結**到與它本身不同的東西上，並且由於它既不能歸結為同類顯現的無限系列——如同唯心論所說的對桌子或椅子的知覺那樣——也不能歸結為原則上我觸及不到的實體，它的本質就應該是歸結到我的意識與他人的意識的最初關係上。在這種關係中他人應該做為主體直接給予我，儘管這主體是在與我的聯繫中；這關係就是基本關係，就是我的為他之在的真正類型。

儘管如此，這裡的歸結不可能歸結到某種神祕或不可言喻的經驗。他人正是在日常的實在中向我們顯現出來，並且他的或然性歸結為日常的實在。因此問題應這樣表述：在日常實在中是否有與他人的原始關係，這他人能經常被注意到，並且因此能對我展現出來，而又完全不歸結為一個宗教的或神祕的不可認識物嗎？要知道這一點，必須更明確地在我的知覺的範圍內考問他人的這可以為常的顯現：既然正是這顯現歸結為這種基本關係，它就應該能夠至少做為被注意到的實在向我們展示出它所歸結到的那種關係。

我在公園裡。離我不遠是一塊草地，沿這塊草地安放著一些椅子。一個人在椅子旁邊走過。我看見了這個人，我同時把他當作一個對象和一個人。這意謂著什麼呢？當我斷言這個對象是一**個人**時，我是想說什麼呢？

如果我應該認為他只不過是一具人體模型，我就能把我通常用來給時空「事物」歸類的範疇用於他。就是說我把他當作在椅子「旁邊」，離草地二點二公尺，對地面有某種壓力的，等。他與別的對象的關係是一種純粹相加的關係；這意謂著，我能使他消失而別的對象之間的關係並不因而發生顯著的變化。總之，任何新關係也不**因他**而出現在我的天地中的那些事物之間：這些事物是在我周圍聚集並綜合成的工具性複合體，它們將**因他**而分解為許多未分化的關係。相反，知覺到他是**人**，就是把握了椅子和他的關係是非相加的，就是記住了我的天地中的諸事物**無距離地**組織在這個特別優越的對象周圍。當然，草地仍然距他二點二公尺；但**做為草地**，它在一種超越了這距離而同時又保持著這距離的關係中與他又是聯繫著的。距離的兩端並非是毫不相干、可互相置換並在交互關係中的，這距離做為一種同質關係的綜合湧現從我看見的人**出發擴展到**草地。這涉及的是一種**沒有部分**、一下子就確是的聯繫，並且一種不是**我的**空間性的空間性從這種關係的內部擴展開來，因為問題不是在於諸對象**朝向我**的對象之聚合，而是**逃離我的**一個方向。當然，這種無距離無部分的關係完全不是我探尋的他人與我本身的原始關係：首先它涉及到的只是人和世上的事物。然後，它還是認識的對象，我要表述它，可以說這個人**看著**草地，或說他不管禁止通行的牌子準備在草地上走走等等。最後，它保持著純粹的或然性：首先，這個對象是一個人是或然的；其次，即使它確實是一個人，他在我知覺到他時**看著**草地也仍然只是或然的；

他可能沉迷於某件事而並未明晰地意識到他周圍的東西，他可能是瞎子，等等。然而，人這個對象和草地這個對象的這種新關係有一種特殊性，它完整向我表現，因為它做為我能認識的對象在那裡，在世界中（事實上，這就是我在說：皮埃爾瞥了一眼他的錶，讓娜憑窗凝視等時所表示的一種客觀關係），而同時，它又完全逃避了我；就人這個對象是這種關係的基本項而言，就這關係**走向**人這對象而言，這關係逃避了我，我不能置身於中心；在草地而人之間展開的距離通過這種原始關係的綜合湧現，它否定了我在這兩個對象之間建立的做為一種純粹外在的否定的距離。它顯現為我理解的我的天地的諸對象間關係的**分解**。而且不是我實現了這種分解；它對我表現為一種我徒然地通過我一開始在事物之間確立的距離追求著的關係。它好像是原則上脫離了我並從外面給予事物的事物的背景。這樣，在**我的**天地中的對象之間，這個天地中的一個分解成分的顯現，就是我所謂的一**個**人在我的天地中的顯現。他人，首先是事物向著一個端點的逃逸，我同時把這個端點把握為與我有一定距離的對象，又把它把握為由於在它周圍展開了它自己的距離而脫離了我的對象。但是這種分解是逐步進行的；如果草地和他人之間存在一種無距離並且創造距離的關係，那末他人和立在草地**中間**的雕像之間、他人和聳立在林蔭道兩旁的大栗樹之間，也就必然有一種這樣的關係，一個完整的空間聚集在他人周圍，而且這個空間是**和我的空間**一起造成的；我處在這聚集體中而它逃離了我，它聚集起充斥於我的宇宙中的一切對象。這個聚集體總在那裡，草地是被規定的事物；正是**這個**綠色的草地為他人存在；在這個意義下，對象的性質本身，它的深而艷的綠色處在與這個人的直接關係中；這綠色把逃離我的一面轉向他人。我把綠色和他人的**關係**當作一種對象的關係，但是我不能**把**綠色看作是它向他人顯現的**那樣**。這樣，對象突然好像從我這裡偷去了世界。一切都在原地，一切仍然是為我地存在的，但是一切都被一種向一個新對象的不可覺察的和凝固的逃逝掃過了。因此，他人在世界中的顯現相當於整個宇宙的被凝固的潛移，相當於世界在我造成的集中下面同時暗中進行的中心偏移。

但是**他人**還是**爲我的**對象。他屬於**我的**距離，此人在那裡，離我二十步，背對著**我**。既然如此，他就重新離草地二點二公尺，離雕像六公尺：因此，我的天地的分解就是在這個宇宙本身的範圍內被囊括的，不存在從世界向虛無或世界本身之外的離逝。但是不如說世界的存在中間被掘了一個空洞，並且世界不斷從這洞裡流出。宇宙，流出，空洞，這一切都在對象中被恢復，被重新把握及凝固了：這一切都做為世界的部分結構**爲我地**在此，儘管事實上涉及的是宇宙的完全分解。此外，我通常能把這些分解保持在更狹窄的範圍內：例如，這是一個一邊散步一邊看書的人。他表象的宇宙的分解純粹是潛在的：他充耳不聞，兩眼只看著他的書。在他的書和他之間，我把握了一種無可否認的、無距離的，與剛才聯繫著散步者與草地的關係同類的關係。但是，這一次，形式被封閉在自我本身之內：我有一個要完整把握的對象。在這世界之中，我可以說「在讀書的人」，就像說「冰冷的石頭」和「毛毛細雨」一樣；我把握了一種以**閱讀**為其主要性質的封閉的「完形」（gestalt），它對其餘的事不聞不問，讓自己被認作和知覺為一個單純的時空事物，並且似乎與其餘的世界處在純粹未分化的外在關係中。只不過，做為人與書的關係的「在讀書的人」這性質本身就是我的天地的一個特殊的細小裂縫；在這確實可見的形式內，他使自己成為一個特殊的空虛，只在表面上他才是塊物團，他的真正意義在我的天地中、在離我十步、在這物團內部是一個完全被填塞和定了位的離逝。

因此，這一切完全沒有使我們離開他人在其中是**對象**的這個基礎。至多，我們是在同胡塞爾以**不在場**一詞指出的那類特殊的對象性打交道，然而又沒有指出他人並不被定義為一個意識對我看見的身體而言的不在場，而是被我在我對這世界的知覺內知覺到的世界的不在場所定義的。在這個水平上，他人是一個讓自己被世界定義的世界的對象。但是逃逝和世界對我的不在場之間的這種關係只是或然的。如果是它定義了他人的客觀性，那麼它歸結為什麼樣的他人的原始在場呢？我們現在能回答說：如果對象—他人在與世界的聯繫中被定義為**看見**我看見的東西的對象，那我與主體—他人的基本關係就應該能歸結為我**被**他人**看見**的恆常可能性。正是在揭示我是為他的對象時並通過這揭示，我才應該能把握他做為主體存在的在場。因為，正如他人對主體—我而言是一個或然的對象一樣，我同樣只能在變成或然的對象時對一個確定主體展現出來。這種揭示不可能來自**我的**天地是對對象—他人的對象這一事實，就好像他人的注視在掃視過草地和四周的對象之後，會遵循確定的道路落到我身上似的。我已指出，我不能是對一個對象而言的對象，他人必須做一徹底的轉化使自己脫離客觀性。因此，我不能認為他人投向我的注視是他的客觀存在的可能表露之一：他人不能像他注視草地那樣注視**我**。此外，我的客觀性本身對**我來說**不能來自世界的客觀性，因為恰恰是我才是使得有了世界的人；就是說原則上不能是對自身而言的對象的人。這樣，我稱為「被他人看見」的關係就遠非是諸他人之間由**人**這個詞給出意義的一種關係，而是表示一個既不能從做為對象的他人的本質中，也不能從我的做為主體存在的本質中推出的不可還原的事實。但是，相反，即使對象—他人這概念應該有意義，它也只能從這種原始關係的轉化和蛻變中獲得。總之，我把世界上的他人理解為**或然地是**一個人所參照的東西，就屬於我**被他人看見**的恆常可能性，就是說對一個看見我的對象來說取代被我看見的對象的恆常可能性。「**被別人看見**」是「看見—別人」的**眞理**。這樣，他人這個概念無論如何也不能涉及我甚至無法思想的那種孤獨的超世界的意識：人相關於世界和我本身而被定義：他是規定著宇宙的內在流出、內出血的那種世界對象；他是在我本身向對象化的那種流逝中向我展現的主體。但是，我本身和他人的原始關係不僅是通過在我的天地中的一個對象的具體在場所追求著的不在場的真理；它也是我時刻經驗到的具體的日常的關係：他人時刻**注視著我**：因此，我們很容易通過一些具體例子描述這種應該成為一切他人理論的基礎的基本聯繫；如果他人原則上是**注視著我的人**，我們就應該能闡明他人的注視的意義。

指向我的一切注視都在我們的知覺領域中與一個可感形式的顯現的聯繫中表露出來，但是和人們可能相信的相反，它與任何被規定的形式無關。無疑，**最經常地**表露一種注視的東西，就是兩個眼球會聚到我身上。但是它也完全可以因樹枝的沙沙聲，寂靜中的腳步聲，百葉窗的微縫，窗簾的輕微幌動而表現出來。在軍事突襲時，在灌木叢中匍匐前進的人們**要逃避的注視**，不是兩眼，而是對著天空映現的、在丘陵之上的白色村舍。不言而喻，這樣構成的對象還只表露為或然的注視。在剛剛搖動過的灌木叢背後，有某個人正潛伏在那裡窺視著我，只有這才是或然的。但是現在還不是考察這種或然性的時候：我們下面還要回過來談這個問題；首要的是定義這注視本身。然後，灌木叢、農舍不是注視：它們只代表**眼睛**，因為眼睛首先不是被當作視覺的感覺器官，而是被當作注視的支撐物。因此，它們不歸結為隱藏在窗簾背後、農舍的窗戶背後窺視者的肉眼：單只就它們本身而言，就已經是眼睛了。另一方面，注視既不是在別的對象中造成眼睛的功能的對象的性質，也不是這個對象的完整形式，也不是建立在這個對象和我之間的「世界的」關係。正好相反，遠不是知覺到注視**到**表露了注視的對象，我對轉向我的注視的體會才在「注視我」的眼睛結構的基質中呈現：如果我體會到注視，我就不再知覺到眼睛：它們在那裡，它們仍然做為純粹的**表象**在我的知覺範圍之內，但是，我用不著它們，它們被中立化了，退出了活動，它們不再是主題的對象，它們停留在「置於循環之外」的狀態，在這個狀態中，存在著為一個人會進行胡塞爾確定的現象學還原的意識的世界，並非在眼睛注視著你們時人們才能發現它們是美的或醜的，才能注意它們的顏色。他人的注視掩蓋了他的眼睛，它似乎是**走在眼睛前面的**。這種幻覺的產生，是因為眼睛做為我的知覺對象，保持著在我和它們之間展開的一段確定的距離——總之，我是無距離地面對眼睛在場的，而它們卻與我「所處」的地方有距離——然而注視同時無距離地在我身上並與我保持距離，就是說它面對我的直接在場展開了把我與它隔開的距離。因此，我不能把我的注意力引向注視而我的知覺又不同時分裂並過渡到次要地位。這裡產生了某種類似於我曾在別處試圖對想像物的主體指出的東西[9]；我那時說，我們不能同時知覺和想像，只能要麼是知覺，要麼是想像。現在我要說：我們不能知覺世界又同時把握盯著我們的注視；必須要麼是這個，要麼是另一個。因為知覺就是**注視**，而且把握一個注視，並不是在一個世界上領會一個注視對象（除非這個注視沒有被射向我們），而是意識到**被注視**。不管眼睛的本性是什麼，**眼睛**顯示的注視都是純粹歸結到我本身的。當聽到我背後樹枝折斷時，我直接把握到的，不是背後**有什麼人**，而是我是脆弱的，我有一個能被打傷的身體，我占據著一個位置而且我在任何情況下也不能從我毫無遮掩地在那裡的空間中逃出去，總之我**被看見**了。這樣，注視首先是從我推向我本身的中介。這個中介的本性是什麼？對我來說，被看見意謂著什麼？

讓我們想像我出於嫉妒、好奇心、怪癖而無意中把耳朵貼在門上，通過鎖孔向裡窺視。我單獨一人，並且置身於（對）我（的）非正題意識的水平上。這首先意謂著，沒有為了占居我的意識的**我**。因此，沒有任何東西我能對之聯繫上我的活動以便規定我的活動。這些活動完全不被**認識**，而**我就是它們**，並且只是因此，它們在自身中才有了全部理由。我是純粹的**對**事物**的**意識，並且事物，受制於我的自我性的圈子中，向我提供出它們的潛在性，這些潛在性是做為我（對）我的固有可能性（的）非正題意識的複製品。這意謂著，在這扇門背後，有一個場面被表明是「要看」的，一場談話是「要聽」的。門、鎖，同時是工具又是障礙，它們代表「要小心地使用」；鎖表明「要貼近並稍稍從側面去注視」，等。從那時起，「我做著我不得不做的事情」；任何超越的觀看都沒有賦予我的活動以一個判斷能實施於它的**給定物**的特性：我的意識黏連在我的活動上，它就**是**我的活動；活動只受要達到的目的和要運用的工具所支配。例如，我的態度沒有任何「外表」，它純粹處於工具（鎖眼）和要達到的目的（要看見的場面）的關係中，它是我投身於世界之中的純粹方式，它使我被事物吸收，就像吸墨紙吸收墨水一樣，以便指向一個目的的工具性複合體，綜合地在世界這基質上閃現。這次序和因果次序相反，是要達到的目的組織起在它之前的各個瞬間：目的給了手段以理由，手段不是為自身而存在的，不是在目的之外存在的。此外，這總體只相關於我的可能性的一個自由謀劃而存在：這恰恰是嫉妒，這個我所是的可能性在超越這個工具性複合體走向嫉妒本身時把這複合體組織起來的。但是，這就**是**這個嫉妒，而我並不認識它。只有世界的工具性複合能使我知道它，如果我不是造成這複合而只是靜觀著它的話。正是這個與其雙重而相反的規定共存於世界之上的總體，——只因為我是嫉妒的才有了要在門背後**看見**的場面，但我的嫉妒不是別的什麼，只不過是**有一個要**在門背後**看見的場面**這簡單的客觀事實——我們稱之為**處境**。這個處境同時反映著我的人為性和我的自由；由於環繞著我的世界的某種對象結構，它以要自由完成的任務的形式向我反映我的自由；完全沒有相反的東西，因為我的自由嚙噬著我的可能，這也是因為世界的潛在性相應地只指示並提出自己。因此，我也並不真能把自己定義為在處境中**存在的**：首先，因為我不是對我本身的位置意識；其次，因為我是我自己的虛無。在這個意義下——而且既然我是我所不是和不是我所是——我甚至不能把自己定義為真**是**正在門後偷聽的，我由於我的整個超越性而脫離了對我本身的這個定義；我們看到，這就是自欺的來源；這樣，我不僅不能**認識**自己，而且甚至我的存在也脫離了我——儘管我就**是**對我的存在的這種脫離本身——並且我完全不是什麼；**那裡**只有一個環繞某個在世界上顯示出來對象整體並使之突現出來的純粹虛無，這個虛無還把一個實在的系統、一種為某個目的對手段的配置突現出來。

然而，現在我聽到了走廊裡的腳步聲：有人注視我。這意謂著什麼？這就是我在我的存在中突然被觸及了，一些本質的變化在我的結構中顯現——我能通過反思的我思從觀念上把握和確定的變化。

首先，現在我做為**我**對我的未反思的意識而存在。人們最經常的是這樣描述我的這種突然闖入的：我看見**自己**是因為**有人**看見我，可以這樣描述。在這種形式下的描述不是完全準確的。但是讓我們進一步考察一下：只要我們孤立地考察過自為，我們就能說：未反思的意識不能被一個我所占據：這個我只是做為對象對反思的意識表現出來。但是現在是我來糾纏未反思的意識。然而，未反思的意識是**對**世界**的**意識。因此，「我」在世界的諸對象的水平上為這意識存在；這僅止是反思意識應起的作用：我的現時化現在屬於未反思的意識。只不過，反思的意識直接把「我」做為對象。未反思的意識沒有直接地把握個人並把他當作**它的**對象：個人是面對意識在場的，**因爲他是爲他的對象**。這意謂著：我一下子意識到我，是由於我脫離了我，而不是由於我是我自己的虛無的基礎，因為我有我在我之外的基礎。我只是做為純粹對他人的反映才為我地存在的。儘管如此，這裡不應該認為對象是他人，也不應認為面對我的意識在場的**自我**是次級的結構或是做為他人—對象的意義；我們已指出過，他人在這裡不是對象，而且不能是對象，而同時「我」又仍然是為他的對象並且不歸於消失。這樣，我並不追求做為對象的他人，也不追求我的自我成為我本身的對象。我甚至不能把一種虛空的意向引向這個**自我**，就像引向一個我顯然觸不到的對象那樣。事實上，這自我和我之間隔著一個我無法填滿的虛無，因為我把它當作**不是爲我地存在**的，並且因為它原則上是對**別人**而言存在的；因此，我追求它，不是因為它有一天能給予我，而是相反，因為它原則上逃離了我，並且絕不屬於我。然而，我**是**它，我並不把它當作一個陌生的形象推開它，而它是做為一個我**是**而又不**認識**的我面對我在場的，因為正是在羞恥中（另一個情況是在驕傲中），我發現了它。正是羞恥和驕傲向我揭示了他人的注視和這注視終端的我本身，使我**有了生命**，而不是**認識**被注視者的處境。然而，我們在本章開頭已指出，羞恥是對**自我**的羞恥，它**承認**我就**是**別人注意和判斷著的那個對象。我只能因為我的自由脫離了我以便變**成給定的**對象而對我的自由感到羞恥。這樣，我的未反思的意識一開始和我的被注視的**自我**的關係就不是一種**認識**的關係而是存在的關係。在我能擁有的一切認識之外，我是別人認識著的那個我。並且我在他人為我異化了的一個世界中是我是的這個我，因為他人的注視包圍了我的存在，並且相應地包圍了牆、門、鎖；我沒於這一切工具性事物而存在，它們把原則上脫離了我的一面轉向別人。這樣，我就是沒於一個流向別人的世界、相對別人而言的**自我**。但是，剛才，我們已能把從**我的**世界流向做為對象的別人稱為內出血：這是因為事實上，這放血僅僅由於我把這世界的血流向的那個他人凝固為**我的**世界的對象，就被挽回和被圈住了；這樣，一滴血也沒有失去，一切都被收回、被圍住、被圈住了，儘管是被圈在一個滲入的存在中。在這裡，相反，流逝是無止境的，它投身於外部，世界流到世界之外，而我流到我之外；他人的注視使我在我的在世的存在之外，沒於一個同時是自己又不是自己的世界的存在中。我能與這個我所是的、羞恥向我展現的存在保持什麼樣的聯繫呢？

首先，是一種存在關係。我**是**這個存在。我無時無刻不夢想否認這點，而我的羞恥卻對此是個證明。後來，我能以自欺來對自己掩蓋它，但自欺也是一種承認，因為它是要逃避我所是的存在的努力。但是，我所是的這個存在，我不是以「不得不是」或「曾是」的方式是它：我不是在它的存在中建立它的；我不能直接產生它，但是它也同樣不是我的活動的間接的，嚴格意義下的結果，就像我地上的影子，鏡中的映象隨著我做的姿勢搖曳時那樣。我所是的這種存在保留著某種無規定性，某種不可預料性。並且這些新特性不僅因為我不能**認識**他人，而且尤其是因為他人是自由的；或者更準確地說，反過來用這些術語，他人的自由就通過我為他所是的存在的令人不安的無規定性向我揭示出來。這樣，這個存在不是我的可能，它並不總在我的自由內部的問題中：相反，它是我的自由的限制，在人們說的「底牌」的意義下的我的自由的「底」，它對我表現為一種重負，我擔負著它而永遠不能轉過身來對著它以便認識它，甚至不能感覺到它的重量；它之所以能與我的影子相類比，是因為有一種影子投到一種運動著的不可預料的物質上，就像任何參照表都不能計算得自這些運動的形變那樣。然而，問題正好涉及**我的**存在而不涉及我的存在的一個形象。問題在於在他人的自由中並通過他人的自由表現出來的我的存在。一切的發生就好像是我擁有由一個徹底的虛無把我與之分開的一維存在：而這個虛無，就是他人的自由；他人不得不使我的為他的存在存在，因為他不得不是他的存在，這樣，我的每一個自由行為都使我介入一個新的中心，在這個中心，我的存在的質料本身是別人的一個不可預料的自由。然而，由於我的羞恥本身，我要求別人的這種自由成為我的自由，我肯定的是各意識間深刻的統一，不是人們有時誤認為客觀性的那種單子間的和諧，而是一種存在的統一，因為我接受並希望別人向我提供一個我承認的存在。

但是，羞恥向我揭示我是這個存在。不是以**曾是**或「不得不是」，而是以**自在**的方式。單獨的我不能實現我的「坐著的存在」，至多人們能說我同時是它又不是它。他人注視著我就足以使我是我所是了。當然不是對我本身而言的：我絕不能實現這種我在他人的注視中把握的坐著的存在，我總保持為意識，但是是對別人而言的意識。自為的虛無化離逝再一次被凝固，而自在就再一次按自為的樣子重新構成。但是，這種變態再一次**有距離地**實現：對別人來說，**我坐著**就像這墨水瓶放**在**桌子**上**一樣；對別人來說，我**伏**在鎖眼上，就像那棵樹被風**吹歪**一樣。這樣，對別人來說，我剝去了我的超越性。這是因為事實上，對任何充當見證人的人，就是說規定自己不是這個超越性的人來說，這個超越性變成了純粹被觀察到的超越性、被給定的超越性，就是說，它獲得一種本性只是由於**別人**給了它一種外表，這種外表不是通過某種變形或別人通過其各種範疇強加給它的折射，而是通過他的存在本身給它的。只要有一個別人，不管他是誰，在什麼地方，他與我的關係如何，甚至非通過他的存在的純粹湧現而不別樣地作用於我，我就有了一個外表，一種**本性**；我的原始的墮落就是別人的存在；而羞恥——驕傲也一樣——把我本身領會為本性，儘管這個本性本身脫離了我，並且做為本性它是不可認識的。確切地說，這不是因為我感到自己失去了自由才變成了一個**事物**，而是因為它在那邊，在我的被體驗到的自由之外，做為我對別人而言所是的那個存在的一種特定的屬性。我在我的**活動**之中把別人的注視當作我自己的可能性的物化和異化。事實上，我所**是**的、並且成為我的超越性的條件的這些可能性，通過恐懼、焦急或審慎的期待，我感到它們在別處向一個別人表現自己，它們似乎反過來要被別人的諸種可能性超越。而別人做為注視，只是我的被超越的超越性。而且，無疑，按（對）這些可能性（的）非正題意識；我總**是**我的可能性，但是，同時，注視使我的這些可能性異化了：至此，我在世界上，而且在世界中正題地把這些可能性當作工具的潛在性了；走廊上的黑暗的角落反映出我躲藏的可能性是它的黝暗的簡單潛在性，是對其黑暗的要求；對象的潛在性或工具性僅僅只屬於它，並表現為一種客觀的和理想的屬性，同時指出它實在地屬於我們曾稱為處境的那個複合體。但是，隨著他人的注視，各複合體的一種新組織將迭印在前者之上。事實上，把我當作被看見的東西，就是把我當作**在世界中**並從世界出發被看見的東西。注視沒有使我在宇宙中顯現，它將到我的處境中尋找我，並且只從我這裡把握與各種工具的不可分割的關係：如果我被看成是坐著的，我就應該被看成「坐在椅子上的」，如果我被當作彎著腰的，就是被當作「彎腰伏在鎖眼上的」，等。但是，同時，做為**被注視**的我的異化意謂著我組織起來的世界的異化。我被看成坐在這椅子上的是因為我完全沒有看見椅子，因為我不可能看到它，因為它逃離了我，為的是在別的一些關係和別的一些距離中與對我同樣不露面的別的一些對象一起被組織為一個不同方向的新複合體。這樣，由於我是我的可能，我是我所不是和不是我所是，那**我**現在**就是**某個人。而且我所是的這東西——並且它原則上脫離了我——我**沒於世界**地是它，因為它脫離了我。因此，我與對象的關係或對象的潛在性在他人的注視之下變質了，並且在世界上向我顯現為我使用對象的可能性，因為這種可能性原則上脫離了我，就是說它被別人超越走向它自己的可能性。例如，黑牆角的潛在性變成了我躲藏到牆角中的特定的可能性，這只是由於本人能超越它走向我用電筒照亮牆角的可能性。這種可能性在那裡，但是我通過我的焦慮和我放棄這個「不太可靠」的隱蔽處的決定，把它當作不在場的，當作**在別人中**的。這樣，我的可能性因為別人對**我的窺視**而面對我的未反思的意識在場。如果我看到了他一切都準備好了的架式，他的手放在裝有武器的口袋裡，他的手指按在電鈴上，並且準備好「我稍有動作」即向哨兵發出警報，我就知道了我的可能性是在外面的，而且是依賴他的，同時我**就是**這些可能性，這有點像人們通過語言客觀地學會思想，同時又思考這思想**以便**使它附著於語言。那種逃跑的意圖支配著我，裹挾著我，並且我就是這意圖，我在這搜尋的注視和這另一種注視中察覺到了這意圖：槍正瞄準我。別人告訴了我這種意圖，因為他預見到了它並且已經有了準備。他告訴了我這種意圖，因為他超越了它並解除了它。但是我沒有把握這超越本身，我只把握了我的可能性的死亡。微妙的死亡：因為我躲藏的可能性還保持為**我的**可能性；既然我**是**這可能性，它就總活著；而且黑暗的角落不斷在向我示意，把它的潛在性反映給我。但是，如果工具性被定義為「能被超越而走向……」這一事實，那麼我的可能性本身就變成了工具性。我躲到牆角去的可能性變成了他人能夠向著「發現我」的可能性超越的東西，即向著認出我，抓住我之可能性超越的東西。它同時**爲他地**是一個障礙並且像一切工具一樣是一種手段。它是障礙，因為它強迫他人做某些新活動（朝我走來，撳亮他的手電筒）。它是手段，因為一旦發現在絕境中，我就「被抓住」了。換言之，用來反對他人的一切活動，原則上都能為他地成為他用來反對我的工具。而且我之所以把握了他人，恰恰不是因為對他能以我的活動造成的東西有清楚的看法，而是因為一種把我的一切可能性**體驗**成情緒矛盾的恐懼。他人，就是我的可能性的隱藏起來的死亡，因為我體驗到這種死亡是躲藏到世界中的。我的可能性與工具的關係，只不過是為了一個脫離了我的目的互相外在地安置下來的兩個工具的關係。黑暗角落的黑暗和我躲在那裡的可能性是**同時**被他人超越的，如果那時，在我能做出躲在裡面的動作之前，他已用電筒照亮了牆角的話。於是，當我把握到他人的注視時，在一陣激動我的突然戰慄中，就有這樣的事發生：突然，我體驗到我的一切可能性被安放到遠離我的地方，它們與世界的對象一起沒於世界，而且微妙地異化了。

　　但是，從這裡可得出兩個重要的結論。第一個就是，我的可能性變成我之外的**或然性**。既然別人把它當成被一個他所不是的、他充當其見證人並且計算其結果的自由所侵蝕，那它就是相關於各種可能的純粹無規定性，而且我正是這樣變成它的。以後，當我們通過言語與他人直接相關，並且逐步知道他如何想我們時，這就會同時使我們感到迷惑和恐怖：「我向你發誓我要這樣做！」——「那感情好啊。你對我說了，我很願意相信你；事實上，你這樣做是可能的。」這個對話本身就包含著這樣的意義：他人一開始就處於我的自由面前，就像處於一種給定的無規定性的屬性一樣，並且處於我的可能面前，就像處於我的或然性面前一樣。這就是一開始我在那邊**爲他地**感覺到的東西，而且我的存在的這個虛幻的輪廓使我達到我自己的內心，因為通過羞恥、憤怒和恐懼，我不斷地這樣承擔著自己。我是盲目地承擔自己的，因為我**不知道**我承擔的是什麼；我是**它**，如此而已。

另一方面，我本身面對工具的工具可能性總體，對我顯現為被他人超越和組織為世界的東西。由於他人的注視，「處境」脫離了我，或者，用一種平常但很能表明我們的思想的表述：**我不再是處境的主人**。或者，更準確地說，我仍然是它的主人，但是它有實在的一維，它從那裡脫離我，一些意外的顛倒由此而使它不同於它為我顯現的那樣**存在**。當然，可能有時，在最低限度的孤獨中，我做出一個動作，這個動作的後果是完全與我的預料和我的願望相反的：我輕輕地抽動一塊木板想把這易碎的花瓶拉過來。但是這個動作的結果卻使小青銅雕像跌落下來把花瓶砸碎了。不過，如果我更小心一些，如果我注意到物品的排列等等，這裡就不會有我不能預料的事情：**原則上講什麼也沒有脫離我**。相反，別人的顯象使我並沒有希求的面貌在處境中顯現，我不是這種顯象的主人而且它原則上脫離了我，因為它是**對別人而言的**。紀德恰當地把它稱為「魔鬼的方面」（la part du diable）。這是不可預料的然而是實在的**反面**。卡夫卡在《訴訟》和《城堡》中力圖描述的正是這種不可預料性：在一個意義下，K和工地測量員所做的一切都是屬於他們自己的，而且既然他們作用於世界，後果就是嚴格符合他們的預見的：這是些成功的活動。但是，同時，這些活動的真理又總是脫離他們：他們原則上擁有的一種意義是他們**眞正的意義**，而且是無論K還是土地測量員都絕不會認識的意義。也許，卡夫卡在這裡想達到神的超越性：正是對神來說人的活動才構成為真理。但是上帝在這裡只是被推至限制的他人的概念。我們下面還要再談這個問題。《訴訟》的那種痛苦和不可捉摸的氣氛，那種無知和對無知的體驗，那種只能通過完全的半透明性表現出來的完全的不透明性，只不過是對我們沒於為他的世界的存在的描述。因此，處境在其為他的超越中並通過這超越，把我的周圍凝固並組織為**形式**，在格式塔主義者使用這個詞的意義下：那裡有一個我是其本質結構的特定的綜合；而且這個綜合同時具有出神的內聚力和自在的特性。我與我看見的正在說話的那些人的聯繫是在我之外一下子給出的，它是我本身建立的聯繫的不可認識的基質。尤其是，我自己的**注視**或與這些人的無距離的聯繫被剝奪了超越性，這僅僅是由於它是**被注視的注視**。事實上，我把我**看見**的人們確定為對象，我相關於他們而存在就像他人相關於我而存在一樣；在注視他們時，我衡量了我的力量。但是如果他人看見他們並看見我，我的注視就失去了力量：它不可能把這些人變成為**他的**對象了，因為他們已經是他的注視的對象了。我的注視只表露了對象—我和被注視對象的一種沒於世界的關係，像兩個物體互相無距離地作用的吸引力之類的某種東西。一方面在這個注視周圍，諸對象順序排列——我和被注視者的距離現在**存在**著，但是這距離被我的注視抽緊、圍定和壓縮，「距離—對象」這總體像是注視以世界基質中的「這個」的方式閃現其上的基質——另一方面，我的態度表現為一系列用來「保持」這注視的手段。在這個意義下，我成了一個被組織起來的整體，它就**是**注視，我是一個注視—對象，就是說具有內在合目的性的工具性複合體，而且它本身能在手段和目的的關係中組織起來以便實現一個面對別的同樣的對象無距離的在場。但是距離被給予了我。既然我被注視，我就沒有展開距離，而僅限於**越渡**這個距離。他人的注視賦予我空間性。把自己當作被注視者就是把自己當作被空間化的空間化者。

但是他人的注視不僅被當作空間化：而且還被當作**時間化**，他人注視的顯現通過我原則上不可能在孤獨中獲得的「體驗」——即同時性的體驗對我表現出來。對單獨一個自為來說，世界不可能以同時性來理解，而只能以共同在場來理解，因為自為總是外在於自身而投身於世界之中。並且以它單獨的在場的統一去聯繫所有的存在。然而，同時性以不被任何別的關係聯繫起來的兩個存在者的時間聯繫為前提。兩個互相進行交往活動的存在者不是同時的，這恰恰是因為它們屬於同一個系統。因此，同時性不屬於各種世界存在者，它設定了兩個被看成**面對**……**在場**的在場者對世界的共同在場。皮埃爾**面對**世界的在場**和**我的在場一**起**被同時化。在這個意義下，同時性的原初現象就是：這杯子**在**為我存在的**同時**也為保爾存在。因此，這假設了一切同時性的基礎都必須是一個時間化的他人面對我自己的時間化的在場。但是，恰恰由於他人時間化了，他就使**我**和他一起時間化了：既然他向著他固有的時間衝動，我就在普遍時間中對他顯現出來。**他人的注視**，由於我把握了它，將給**我的**時間新的一維。既然現在被他人當作**我的**現在，我的在場就有了一種外表；這種**爲我地**現時化的在場為我地被異化為他人使自己為之在場的現在；我被拋到普遍的現在中，因為他人使自己成為面對我的在場。但是，我將在其中獲得位置的普遍的現在純粹是我的普遍現在的異化，物理時間流向我所不是的純粹的、自由的時間化；在我體驗到的那種同時性的領域內呈現的東西，就是一個虛無使我與之分離的絕對時間化。

做為世界的時空對象，做為一種世界上的時空處境的本質結構，我呈現在他人的判斷中。這一點我也是通過**我思**的純粹實施把握的：被注視，就是把自己當作不可認識的判斷，尤其是價值判斷的未知對象。但是，恰恰在我由於羞恥或驕傲承認了這些判斷的根據的同時，我仍然認為它們是其所是：向著可能性對給定物的自由**超越**。判斷是自由存在的**超越**活動。這樣，被看見使我成了對一個不是我的自由的自由不設防的存在。正是在這個意義下，我們才能認為自己是「奴隸」，因為我們對他人顯現出來。但是，這種奴隸並不是意識的抽象形式下的一種**生活**的結果——歷史的結果和可能被超出的結果。我是**奴隸**，這就是說，我在我的存在中，在一個不是我的自由而是我的存在的條件本身的自由內部是奴隸。既然我是要規定我而我又不能作用於這種規定，甚至不能認識它的各種價值的對象，我就是在奴役中。同時，既然我是不是我的可能性的諸可能性的工具，我只是瞥見了這些可能性在我的存在之外的純粹在場，並且它們否認我的超越性以便把我構成用以達到一些我不知道的目的的手段，我就是**在危險中**。而且這種危險不是偶然事故，而是我的為他的存在的恆常結構。

我們的描述可以結束了。首先必須指出在我們能用它來發現他人之前，它已經**在我思的水平上完全**

產生了。我們只是說明了對恐懼（在他人的自由面前感到危險的感受）、驕傲或羞恥（我最終是我所是，但此外，是為他地在那裡的感覺），對我的被奴役的認識（對我的一切可能性的異化的感覺），即他人的注視的那些主觀反作用的意義。而且，這種說明完全不是概念地確定或多或少晦暗的**認識**。每個人都可以回顧一下他的經驗：沒有一個人不曾在有一天對一種可受譴責或簡直可笑的態度感到驚訝的。那時我們經歷的突然變化絕不是由一種認識的闖入而引起的。還不如說它本身就是我本身的物化和成層化，它沒有觸動我的可能性和我的「自為」結構，但卻一下子把我推進新的一維存在：**不被揭示**的一維。這樣，注視的顯現被我當作一種存在的出神關係的湧現，這關係的一端是做為是其所不是和不是其所是的自為的我，而另一端還是我，但是我觸及不到它，作用不到也認識不到它。而且這一端由於恰恰處於與自由的他人的無數可能性的聯繫中，它本身就是不被揭示的屬性的無限和不可窮盡的綜合。通過他人的注視，我**體驗到**自己是沒於世界而被凝固的，是在危險中、是無法挽回的。但是我既不**知道**我是**什麼人**，也不知道我在世界上的位置是**什麼**，也不知道我所處的世界把那一面轉向他人。

現在，我們可以確定他人在其注視中並通過其注視的那種湧現的意義了。無論如何，他人不是做為對象給予我們的。他人的對象化是他的注視—存在的傾覆。此外，我們已看到，他人的注視是做為表露了注視的他人的**眼睛**的消失本身，他人甚至不能是我的為他的存在領域內徒然被盯著的對象。我們將看到，他人的對象化是對我的存在的一種護衛，它恰恰使我從我的為他的存在中解脫出來，因為它給了他人一種為我的存在。在注視的現象中，他人原則上是不能成為對象的東西。同時，我們看到，他不可能是我和我本身的關係的一**項**，這一項使我為我本身做為**不被揭示的東西**湧現出來。他人同樣不可能成我的**注意力**的對象：即使在他人注視的湧現中我**注意**到注視或他人，這也只能是**注意到一些對象**，因為注意力是意向地指向對象的。但是，不應該由此得出結論說他人是一種抽象的條件，出神關係的一種概念結構：事實上，這裡沒有一種實在地被思想到的、他人能是其一種普遍的和形式的結構的對象。他人當然是我的未被揭示的存在的條件。但是他是我的存在的具體的和個別的條件。他並沒有做為我的存在的一個組成部分介入我的沒於世界的存在，因為他恰恰是超越了我做為不被揭示的東西沒於其中的那個世界，因此，他既不能是對象，也不能是形成和構成一個對象的成分。我們已看到，他不能對我顯現為一個統一或規整了我的經驗的範疇，因為他通過相遇來到我這裡。那麼他人是什麼呢？

首先，他是我沒有把我的注意力轉而向之的存在。他是注視我而我還未注視他的存在，是向我本身表明我是**不被揭示的**，而本身又沒有揭示出來的存在，是面對我在場的存在，這裡因為他盯著我，而不是因為他被盯著。他是具體的一極，並且是我的流逝，我的可能的異化，以及世界向另一個**相同**然而與之不相聯屬的世界的流動所達不到的一極。但是，他不可能區別於這種異化本身和這種流動，他是它們的意義和方向，他糾纏著這個流動，不是做為**實在的**或**範疇的**成分，而是做為一個如果我試圖使之「現時化」就會使之凝固並世界化的在場，而且這個在場絕不比我沒有注意它的時候更現時，更急迫。如果例如我完全處在我的羞恥中，他人就是支撐著這個羞恥並從各方面包圍它的巨大和不可見的在場，就是支撐著我的不被揭示的存在的中心。讓我們看看是什麼表明他人是**不能**通過我體驗到不被揭示的經驗而**被**揭示的。

首先，**他人的注視**做為我的對象性的必要條件，摧毀了一切為我的對象性。他人的注視通過世界達於我，不僅改造了我本身而且完全改變了**世界**。我在一個被注視的世界中被注視。尤其是，他人的注視——它是注視—注視者而非注視—被注視者——否定了我與對象的距離並展開了它固有的距離。這種他人的注視直接表現為在一個無距離的在場之內使距離進入世界的東西。我後退了，我被奪去了我無距離地面對我的世界的在場，並且我被給予了一種與他人的距離：我離門十五步，離窗戶六公尺。但是他人來尋找我以便確定我與他有某種距離。既然他人把我確定與他相距六公尺遠，他就必須是無距離地面對我在場的。這樣，在我與事物和他人的距離的經驗本身中，我體驗到了他人無距離地面對我的在場。

在這種抽象的描述中，每個人都會認識到常使他充滿羞恥的他人的注視的直接和棘手的在場。換言之，既然我體驗到自己被注視，對我來說他人超世界的在場就實現了：他人注視我並不像他「沒於」**我的**世界存在而是像他的整個超越性走向世界和走向我；他注視我時，他之所以能與我公開，並不由於任何距離，任何實在的或理想的世界對象，任何世界之中的物體，而唯是由於其他人這本性。這樣，他人注視的顯現不是**世界中**的顯現：既不是在「我的世界」中也不是在「他人的世界」中的顯現；而且，把我與他人統一起來的關係不可能是世界之內的一種外在關係，而是通過他人的注視，我具體地體驗到有一個世界之外的世界。他人是做為**不是我的超越性**的一種超越性而沒有任何中介地面對我在場的。但是這種在場不是交互的：為了使我面對他人在場，世界必須是完全稠密的。當我開始體驗到他人的注視是注視時，那就意謂著：無處不在而又不可把握的超越性，因為我是我的不被揭示的存在而又無中介地加到我身上，並且因為存在的無限而與我分離，因為我被這注視拋進一個被它的距離和他的工具充滿的世界。

但是，此外，他人在把我的可能性凝固起來時，向我揭示出我不可能是對象，除非是對另一個自由而言。我不能是為我本身的本身，因為我是我所是；用盡了它所有的辦法，反思雙重的努力終於失敗了，我總是被我重新把握住。而且當我天真地提出我可能是一個客觀的對象而又不了解它時，我因此暗含地假設的正是他人的存在，因為如果這不是對一個主體而言我怎麼會是對象呢？這樣，他人對我來說首先是我是其對象的存在，就是說**使**我獲得對象性的存在。如果我應該只能以對象的方式設想我的一種屬性，他人就已經被給定了。而且他不是被給定為我的天地的對象，而是純粹的主體。這樣，我不能通過定義來**認識**這個主體，就是說不能把他做為對象提出來，當我試圖把自己當作對象時他總是在此，觸及不到而又沒有距離。而且在對注視的體驗中，由於我體驗到自己是不被揭示的對象性，我就直接地並且和我的存在一起體驗到了他人的不可把握的主體性。

同時，我體驗到他的無限自由。因為正是對一個自由而言並通過一個自由，而且只對這個自由而言並且通過這自由，我的諸種可能才能被限制並被固定。一種物質障礙不可能使我的可能性凝固，對我來說它只是我謀劃另外的可能的機會，它不可能給這些可能一個**外表**。因為下雨留在家中和因為人家不准您離開而留在家中並不是一回事。在第一種情況下，我決定自己留下，是由於考慮到我的行為的後果：我超越「下雨」這障礙而走向我本身，並且我使之成為工具。在第二種情況下，出去或留下做為我的可能性本身對我表現為被超越和被凝固的，而且是一個自由同時預見和預防了的。即使我們經常完全自然地而且毫無怨言地做使我們生氣的事情，即使是一個別人指揮我們做的，這也不是任意的。因為秩序和防衛要求我們通過我們自己的奴役來體驗他人的自由。這樣，在注視中，我的可能性的死亡使我體驗到他人的自由；這種死亡只在他人的自由內實現，並且我是對不可達到的我本身而言的我，然而這我本身是被拋到、棄置在他人的自由之中的。相關於這種體驗，我對普遍時間的依屬就只能對我顯現為通過一種獨立的時間化保持並實現，唯有一個自我時間化的自為才能把我拋入時間之中。

這樣，通過注視，我具體地體驗到他人是自由和有意識的主體，他在自己向自己的可能性時間化時使得有了一個世界。而且這個主體的無中介的在場是我試圖構成的關於我本身的一切思想的必要條件。他人，就是沒有任何東西把他與我分離開的這個我本身，絕對沒有任何東西，如果不是純粹和完整的自由的話。就是說唯有他人才不得不為了自我並通過自我成為自我本身的這種無規定性。

現在我們所知道的，已足以使我們嘗試解釋良知總是用來反對唯我論證明的那些不可動搖的反抗了。這些反抗實際上是建立在一個事實上，即他人對我表現為一個具體的、自明的在場，我完全不能從我之中抽出他，而他則既不能被懷疑，也不能成為一種現象學還原或任何別的「懸擱」的對象。

事實上，只要人家注視我，我就意識到**是**對象。但是這種意識只能在他人的實存中並通過他人的實存而產生。在這一點上黑格爾是有道理的。不過，這**別的**意識和這**別的**自由絕不是被**給予**我的，因為，如果它們是這樣的話，它們就會被認識，因此就成為對象，而我就不再是對象了。我同樣不能從中抽出我自己的基質的概念或表象。這首先因為我既沒有「設想」它們也沒有「表象」它們：類似的表述還是會把我們推回到「認識」，而認識從原則上講與之並不相干。但是，其次，我能通過我本身獲得的對自由的具體體驗都是對**我的**自由的體驗，對意識的任何具體領會都是（對）**我的**意識（的）意識，意識的概念本身只是歸結為我的可能的意識。事實上，我們在導言中已確認，自由和意識的**實存**先於並制約它們的**本質**，因此，這些本質只能歸入**我的**意識和**我的**自由的例證說明。第三，他人的自由和意識同樣不能是用來統一我的各種表象的範疇。當然，胡塞爾已指出，「我的」世界的本體結構要求它也是爲**他的世界**。但是，就他人把一種特殊的對象性給予**我的**世界的對象而言，這就是他已經做為對象在這世界中了。如果嚴格說來皮埃爾在我對面讀書時把一類特殊的對象性給予了轉向他的那一面書，這是給予了我原則上能看見的一面（即使我們已說過，它脫離了我，這恰恰是因為它被閱讀），它屬於我在其中的世界並因此是無距離地、並通過一種奇妙的聯繫而與皮埃爾這對象聯繫著。在這些條件下，他人的概念事實上能被確定為空洞的形式，並常被用來加強對那個就是我的世界的世界而言的對象性。但是，他人在其注視─注視者中的在場不可能有助於加強世界，相反它會使世界解體，因為它恰恰使世界脫離了我。當世界對我的脫離是**相對的**，並且是向著對象─他人脫離我時，它加強了對象性；世界和我本身對我的脫離，當它是絕對的，並且走向一個不是我的自由的自由時，它便分解了我的認識：世界蛻變以便在那邊重新回復為世界，但是這種蛻變不是被給予我的，我不但不能認識它，甚至只思想它都不行。注視─他人面對我的在場因此既不是一種認識，也不是我的存在的一種投射，也不是一種統一化的形式或範疇。它**存在**，而且我不能從我這裡派生出它來。

同時，我也不能使它落入現象學懸擱的影響之下。事實上，這種懸擱旨在把世界放到括弧中以便發現在絕對實在中的超越的意識。不管這種活動一般說來是否可能，這裡說的東西不屬於我們。但是，在上述的情況下，它不可能與**他人**不相干，因為，注視—注視者恰恰不屬於世界。我們說，我**在**他人**面前對**我感到羞恥。現象學的還原的結果應該是與羞恥的對象不相干，以便更好地使羞恥本身在其絕對主觀性中突出出來。但是他人不是羞恥的**對象**：我在世界上的活動或處境才是它的對象。嚴格地說只有它們才能被「還原」。他人甚至不是我的羞恥的對象條件。然而，他是我的羞恥的存在本身。羞恥不是以意識用以揭示對象的方式，而是以意識的環節用以單方面地包含另一個環節的方式揭示他人是它的動機。我們似乎通過我思達到了純粹的意識，而且這種純粹的意識只會是（對）是羞恥（的）意識，做為不可把握的在場的他人的意識還是會使它感到羞恥，並因此逃避了一切還原。這一切向我們充分表明，不應該首先在世界中尋找他人，而是應該到這樣一個意識那裡去尋找，在這意識中並通過這意識，意識使自己是其所是。如同我的被我思把握的意識無可懷疑地證明了它自己和它自己的存在一樣，某些特殊的意識，例如「羞恥意識」，對我思表現出來並證明了它們自身及他人無可懷疑的存在。

但是，人們會說，他人的注視不就只是我的為我對象性的**意義**嗎？由此，我們會重新陷入唯我論：當我把自己做為對象並入我的表象的具體系統時，這種對象化的意義將被拋到我之外並被實體化為**他人**。

但是這裡必須注意：

（一）我對我而言的對象性完全不是黑格爾「我是我」的表述。完全不涉及一種形式的同一性，而且我的對象—存在或為他的存在大不相同於我的為我的存在。事實上，我們在第一卷中已指出過，**對象性**的概念要求一個明確的否定。對象就是不是我的意識的東西，因而是沒有意識特性的東西，因為對我來說唯一具有意識特性的存在者，就是**我的意識**這意識。這樣，我這個為我的對象就是**不是**我的一個我，就是說沒有意識特性的一個我。他是**漸弱的**意識；對象化是一種徹底的變化，而且，即使我能清楚明白地看到我是對象，我將看見的東西也不會是對我在我本身之中及對我本身而言所是的東西的，即對馬勒侯所說的這個「不可比較而更為可取的妖怪」的完整的表象，而是對我的我之外存在的、對別人而言的把握，就是說對我的異在的對象式把握。我的異在完全不同於我的為我的存在，它也不歸結為這種存在。例如，把我當作**惡人**，不能是把我歸屬為我對我本身而言所是的東西，因為我不是也不能是對我而言的惡人。首先因為對我來講，我並不比我不「是」職員或醫生時更加壞。事實上我以不是我所是和是我所不是的方式存在。相反，惡人的規定表明我的特性是一個自在。其次，因為如果我應該**是**對我來說的惡人，我就必須以**不得不是他**的方式是他，就是說我應該把我當作並希望我是惡人。但是這意謂著我應該發現自己希望著對我本身顯現為與我的善相反的東西，而且這恰恰因為它是惡或我的善的反面。因此顯然我必須希望我在同一時刻和同一關係下希望的東西的反面，就是說我厭惡我自己恰恰因為我是我本身。而且，為了完全在自為的基礎上實現這種惡的本質，我必須保證自己是惡人，就是說我通過使我譴責自己的同一活動讚揚自己。人們清楚地看到，這種惡的概念完全不可能起源於我，因為我是我。而且，儘管我把出神推到它的極點，或使之脫離那把我確定為為我的「我」，如果我託付給我自己的才能，我也絕不能給自己以「惡」，甚至不能為我地設想它。這是因為我**是**我對我自己的脫離，我是我自己的虛無；在我和我之間，我是我自己的中介，這就足以使一切對象性消失了。這種把我和做為對象的我分離開的虛無，我不應該**是它**；因為必須有我所是的對象對我的**表象**。這樣，若沒有中介，即一種不是我自己的能力而且我不能虛構和想像的對象化能力的中介，那我是不能賦予我自己以任何性質的。也許這就是說：人們早就說過他人告訴我我是誰。但是另一方面，支持著這個論點的同樣的東西肯定說，我通過反思我自己的能力，通過投影和類比從我本身中獲得他人的概念。因此它們停留在惡性循環內部而不能自拔。事實上，他人不能是我的對象性的意義，他是我的對象性的具體和超越的條件。這是因為，事實上，「惡」、「嫉妒」、「好感或惡感」等這些性質不是虛妄的夢幻：當我用它們來規定他人時，我清楚地看到我希望達到他的存在。然而我不能把它們體驗為我自己的實在：即使是他人把它們給我，它們還是被承認是我為我本身所是的東西；當他人為我描述我的個性時，我完全沒有「認識到」自己，而是我知道了「這是我」。人家介紹給我這個陌生人，我立刻就承受下來，然而他仍然是陌生人。這是因為他不是我的主觀表象的簡單統一，既不是在「我是我」的意義下我所是的一個「我」，也不是他人使我變成並且由他單獨擔負其責任的虛幻形象：這個無法與我不得不是的我比較的我還是我，但是它被一個新的中心所改變並且適應著這個中心，這是一個存在，**我的**存在，但它帶有一些完全新的存在維度及模式，這是被一個不可踰越的虛無與我分離的我，因為我**是**這個我，但我不是這個把我與我分離的虛無。我通過一種最終的出神而是這個我，並且這個我超越了**我的**一切**出神**，因為這不是我不得不是的出神。我的為他的存在是通過絕對的虛空向對象性的墮落。而且由於這種墮落是**異化**，我不能使自己成為為我的對象，因為無論如何我也不能使我異化為我本身。

（二）此外，他人並不使我成為對我本身而言的對象，而是成為**對他而言**的對象。換言之，對於我對我本身擁有的認識來說，他充當調節的或結構的概念。因此，他人的在場並不使做為對象的我「顯現」：我只不過把握了一種向……而對我的逃離。甚至當言語向我揭示出他人把我當作惡的或嫉妒的，我也沒有對我的惡或我的嫉妒的具體直觀。它們只不過是稍縱即逝的概念，其本性本身是脫離我的：我不會把握住我的惡，但是，由於這樣那樣的活動，我會脫離我本身，我會感到我異化並流向……。這是一個我僅僅能空洞地思想為惡的存在，然而我不會感到我是這個存在，我會通過羞恥或恐懼有距離地體驗到它。

這樣，我的做為對象的我既不是認識，也不是認識的統一，而是不適，是體驗到的脫離自為的出神統一，是我不能達到然而又正是它的極限。而且，使這個我**達到**了我的別人，既不是認識也不是範疇，而是一個異在的自由在場這個**事實**。事實上，我對我自身的脫離和他人的自由的湧現是一回事，我只能同時感受和體驗它們，我甚至不能企圖分別地設想它們。他人這事實是無可懷疑的，而且直達我的內心深處。我通過不適實現了他：由於他，我在一個就是**這個**世界、然而是我只能預感到的世界中永遠**處在危險中**；而且他人並不對我顯現為一個首先被構成以便後來遇見我的存在，而是顯現為一個在與我共在的原始關係中湧現的存在，而且他的無可置疑性和事**實必然性**就是我自己的意識的無可置疑性和事實必然性。

然而還有許多困難要解決。尤其是，我們通過羞恥給了他人一種無可懷疑的在場。然而，我們看到，他人注視我僅僅是**或然的**。這個在山崗上**似乎**注視著突擊隊戰士的農舍，肯定已被敵人占據了，但是敵方士兵現在正憑窗監視這一點並不確實。我聽見這個人在我身後的腳步聲，他注視著我這點並不確實，他的臉也許轉過去了，他注視著地上或注視一本書；最後，按一種一般的方式，他的眼睛凝視著我，它們就是眼睛這點並不可靠，它們也許只是「仿造」實在的眼睛而「做成的」。總之，由於我們總是能自以為被注視，注視不就反過來變成**或然的**而非存在了嗎？而且我們完全確信他人的存在不就因此具有一種純粹假說的性質嗎？

這個困難可以陳述如下：當世界上的某些顯現似乎向我表露了一個注視時，我就在我本身中把握了某種「被注視」以及它把我推向他人實在存在的固有結構。但是我有可能弄錯了：也許我當作眼睛的世界對象不是眼睛，也許只是風在搖曳我身後的灌木叢，總之也許這些具體的對象並不**實在地**表露一個注視。在這種情況下，我確信我**被注視**變成了什麼呢？我的羞恥事實上是**在某人面前的羞恥**：但是沒有人在那裡。因此，羞恥不是**在人面前的羞恥**，就是說，既然它在沒有人的地方提出了某個人，羞恥就是虛假的嗎？

如果這個困難無助於我們研究的推進，無助於更純粹地指出我們的為他的存在的本性，我們就不會用這麼長時間去考察它，甚至不會提及它。事實上它混淆了兩種不同的認識次序和兩類不可比較的存在。我們一直相信在世的對象只能是或然的。這是由於其對象的特性本身。行人是個人，這點是或然的；而且即使他把眼睛轉向我，儘管我立即確實地體驗到**被注視**，我也不能使這種確實性進入我的對象—他人的經驗。事實上這種確實性只使我發現主體—他人，面對世界超越的在場和我的對象—存在的實在條件。因此，不管怎樣，也不可能使我對主體—他人的確信轉到引起這種確信的對象—他人上，反之亦然，也不可能把主體—他人顯現的自明性貶低成構成對象—他人的或然性的一部分。還不如說，我們已指出，**注視**是在表露了它的對象的毀滅的基礎上而顯現的。如果這個臃腫、**醜陋**的行人**蹦跳**著向我走來，突然注視著我，造成這注視的是他的**醜陋**、肥胖和**蹦跳**；當我感到自己被注視的時候，他是我本身和我之間純粹中介的自由。因此被注視不可能**依賴**表露了注視的對象。而且既然羞恥做為可以反思地把握的「**體驗**」，像證實它自身一樣證實了他人，我就不會因一個原則上可以被懷疑的世界對象而討論這羞恥。同樣應該懷疑我自己的存在，因為我對我自己的身體的知覺（例如當我看見我的手時）也很容易出錯。因此，如果**被注視**的、其全部純潔性中被抽了出來的存在、與**他人的身體**無關，這勝過於我的是意識的、從我思的純粹實現中被抽出的意識與**我自己的身體**無關，那就必須認為某些對象在我的經驗的範圍內的顯現，尤其是他人的眼光向我的方向的彙聚，是一種純粹的**告誡**，是實現我的被注視的存在的純粹偶因，對柏拉圖來說，正是以這種方式，可感世界的矛盾成為進行一種哲學皈依的偶因。總之，確實的東西是**我被注視**，而或然的東西僅僅是注視相關於世界中這樣那樣的在場。況且，這並沒有什麼使我們感到奇怪的，因為我們已看到，絕不是**眼睛**注視我們：而是做為主體的他人在注視我們。然而，有人會說，我可以發現我弄錯了：我正彎腰伏在鎖眼上；突然我聽到腳步聲。我全身通過一種羞恥的戰慄：什麼人看見我了。我直起身來，我朝空寂的走廊掃視：原來是一場虛驚。我鬆了一口氣。這裡有沒有發生過一種自我摧毀的經驗呢？

讓我們再進一步。這被揭示為錯誤的東西是我的為他的對象存在嗎？完全不是。他人的存在是如此不可懷疑以致這場虛驚也完全能成為那使我放棄我的行動的結果。如果相反我堅持做下去，我就會感到我的心狂跳，並且留神地聽著哪怕一點點響動，樓梯上腳步的任何一點卡嚓聲。他人遠沒有隨著我的第一場虛驚消失，他現在無處不在，在我的上上下下，在隔壁的房間裡，並且我一直深深感到我的為他的存在；甚至可能我的羞恥也沒有消失：現在，我伏在鎖眼上，臉頰通紅，我不斷**體驗**到我的為他的存在；我的可能性不斷地「死亡」，而且「可能」有人在那邊的樓梯上，「可能」有一個人的在場躲在那邊的暗角裡，而從這些「可能」出發的距離不斷地向我展開。更確切地說，我之所以稍有動靜就戰慄，之所以任何響動都對我預示一個注視，是因為我已經處在被注視的狀態。簡言之，在虛驚時，究竟是什麼虛假地顯現，是什麼自我摧毀呢？不是主體—他人，也不是他面對我的在場：而是他人的**人爲性**，就是說他人與一個我的世界中的做為對象的存在的偶然聯繫。這樣，值得懷疑的不是他人本身，而是他人的**此在**：就是說我們能以「有人在這房間裡」這句話來說明的那種具體的歷史事件。

這些看法會使我們走向極端。他人在世的在場事實上不可能通過分析而來源於主體—他人面對我的在場，因為這種原始的在場是**超越**的，就是說在這世界之外存在的。我曾相信他人現在在這房間裡，但是我弄錯了：他不在**那裡**；他「不在場」。那麼這不在場是什麼？

若按不在場經驗的和日常的用法來進行表述，很清楚，我不會用它來指示任何一類「不在那裡」。首先，如果我沒有在習慣的位置上找到菸盒，我不會說它**不在場**，儘管我能宣稱它「應該在那裡」。這裡因為一個物質對象或一個工具的位置，儘管有時能被精確地指出來，卻並不是來自它的**本性**的。它的本性的確可以給它一個位置；但卻是由於我一個工具的**位置**才實現的。人的實在是使一個位置由之進入對象的存在。而且，只有人的實在一開始就能獲得一個位置，因為他就是他自己的可能性。但是另一方面，我同樣不會說土耳其的可汗和摩洛哥的蘇丹不在這棟樓裡，而恰恰會說皮埃爾有一刻鐘不在這裡，因為平常他總在這裡。總之，就人的實在本身通過它的在場規定的地點和位置而言，不在場被定義為它的一種存在方式。不在場不是與一個位置的聯繫的虛無，而是相反，我在宣稱皮埃爾不在場時就規定了相對一個已被規定的地點而言的皮埃爾。最後，我也不是就一個自然的地點談論皮埃爾的不在場，即使他習慣於經過這裡。而是相反，我可能因他沒有出席在他從未去過的某個地方「舉行」的野餐而感到遺憾。皮埃爾的不在場就他應該決定自己在哪裡的一個位置而被定義，但是這個位置本身被劃定為位置不是通過處所或甚至通過地點同皮埃爾的相互關係，而是通過別的人的實在的在場。正是就**別的人**而言皮埃爾是不在場的。對泰萊絲而言，不在場是皮埃爾的具體存在方式；這是一些人的實在之間的一種聯繫，而不是人的實在與世界之間的聯繫。正是對泰萊絲而言，皮埃爾不在**這個地點**。因此，不在場是兩個或多個人的實在之間的一種存在關係，它必然導致這些實在相互間的基本在場，此外，它又只是這種在場的特殊具體化之一。對於相對泰萊絲而言的皮埃爾來說，不在場就是面對她在場的特殊方式。事實上，不在場只在皮埃爾和泰萊絲的一切關係都是有保障的時候才有意義：他愛她，他是她的丈夫，他保證她的生活來源，等。尤其是，不在場以保持皮埃爾的**具體**存在為前提：死亡不是一種不在場。因此皮埃爾和泰萊絲的**距離**沒有使他們互相在場這一基本事實發生什麼改變。事實上，如果我們從皮埃爾的觀點考察這個在場，我們就看到，它**或者**意謂著泰萊絲是做為對象—他人沒於世界的存在，**或者**他感到自己對泰萊絲而言做為一個主體—他人存在。在第一種情況下，距離是偶然的事實，而且就基本的事實而言它絲毫不意謂著皮埃爾和泰萊絲一樣是使得「有」一個世界的人，而且不意謂著皮埃爾做為使距離存在的人面對這世界無距離地在場。在第二種情況下，不管在什麼地方皮埃爾都感到自己與泰萊絲無距離地存在：就她遠離他並展開她與他之間的一個距離而言，她與他有距離地存在；整個世界把他們分開了。但是他對她而言無距離地存在，因為他是在她使之成為存在的世界中的對象。因此，在任何情況下，遠離都不能改變這些本質關係。無論距離是小是大，在對象—皮埃爾和主體—泰萊絲之間，在對象—泰萊絲和主體—皮埃爾之間，都隔有一個世界無限的厚牆；在主體—皮埃爾和對象—泰萊絲之間，在主體—泰萊絲和對象—皮埃爾之間，卻完全沒有距離。這樣，不在場和在場的經驗概念是對皮埃爾面對泰萊絲和泰萊絲面對皮埃爾的一種基本在場的兩種規定；它們只是以一種方式或另一種方式說明它，並且只有通過這種方式才有意義。在倫敦，在印度，在美國，在一個荒無人煙的小島上，皮埃爾是面對仍在巴黎的泰萊絲在場的，他只在她死了時才不再面對她在場。這是因為一個存在被**規定地位**不是通過它與各種地點的關係，通過它的經緯度：它處在人的空間中，「格爾曼特那邊」和「斯旺家那邊」之間，而且正是斯旺和格爾曼特公爵夫人的直接在場才能展開它處於其中的那個「路徑學的」（hodologique）空間。然而這個在場發生在超越性中；正是我在摩洛哥的堂兄弟面對在超越性中我的在場使我能展開我與他之間的、使我處於世界中，而且人們能稱為通往摩洛哥的道路的那個地域。事實上，這條道路只不過是我能在聯繫中**知覺**到的對象—他人和我的「為」無距離地面對我在場的主體—他人的「存在」之間的距離。這樣，我的地點的確定可通過無數條道路，它們在與超越的主體們的直接在場的相互關係中把我引向**我的**世界的各種對象。而且由於世界和它的一切存在是同時給予我的，這些道路就只表象能使一個已經暗含而實在地保持在世界中的對象—他人顯現為世界這基質中的「這個」的各工具性複合體的一個整體。但是可以把這些看法普遍化：不僅是皮埃爾、勒內、呂西安是在原始在場的基礎上對我的不在場或在場的；因為不僅是他們有助於給我確定地位：我也被規定為對亞洲人或黑人而言的歐洲人，對年輕人而言的老人，對罪犯而言的法官，對工人而言的資本家，等等。總之，正是對每一個活著的人而言，任何人的實在都是在原始在場的基礎上在場或不在場的。而且這個原始的在場只做為被注視的存在或進行注視的存在才能有意義，就是說只根據他人對我而言是對象或我本身是為他的對象才能有意義。為他的存在是我的人的實在的一個恆定的事實，而且我在我關於我本身形成的哪怕一點點思想中以他的必然性把握了他。無論我去哪裡，不管我做什麼，我都只是改變了我與他人—對象的距離，只踏上了通向他人的道路。遠離我，接近我，發現這樣一個特殊的他人—對象，都只是得出關於我的為他的存在的基本主題的各種經驗。他人總是做為使我變成對象的東西面對我在場的。據此，我關於我剛才在路上遇見的一個對象性他人的經驗在場總可能弄錯。我很可能以為是安妮正向我走來，結果發現是一個不認識的人：安妮面對我的基本在場沒有因之被改變。我原本以為是一個人在暗中窺視我，而結果發現那是被我當作一個人的存在的樹洞；我面對一切人的基本在場，一切人面對我本身的在場都沒有因之異化。因為一個人做為對象在我的經驗的範圍內的顯現沒有告訴我**有**一些人。我確信別人的存在是不依賴這些經驗的，相反，正是這種確信使這些經驗成為可能。那時對我顯現並且關於它我可能弄錯的東西，既不是他人也不是他人與我的實在而具體的聯繫，而是**能**表象一個做為對象的人而又同時好像沒有表象他的一個**這個**。那僅僅或然的東西，就是他人的距離和實在的接近，就是說他的對象性和我使之被揭示的他對世界的屬性是無可置疑的，這只是因為我通過我的湧現本身使一個他人顯現出來。不過，這種客觀性做為「世界上某個地方的他人」消失在世界中了：對象—他人當然是與我的主觀性的復活相關的顯現，但是只有當他人是**這個**對象時對象—他人才是確實的。同樣，我的對一個主體而言的對象—存在這一基本事實，是和反思的自明性同樣的一種自明性的東西，但是，在這個確定的時刻，並且對一個單個的他人來說，與其說我是浸沒於一個基質的無區分之中，不如說我做為「這個」在世界這基質中突現出來。對無論哪一個德國人來說，我都是做為對象而存在的，這是毋庸置疑的，但是，我是做為歐洲人，法國人，巴黎人在這些集團的未分化中存在，還是做為**這個**巴黎人——巴黎居民和法國人集團突然在他周圍組織起來以便充當他的基質呢？關於這一點，我從來只能獲得或然的認識，儘管可能是無限或然的知識。

現在，我們能把握注視的本性了：在任何注視中，都有一個對象—他人做為我的知覺領域中具體的和或然的在場的顯現，而且，由於這個他人的某些態度，我決定我自己通過羞恥、焦慮等把握我的「被注視的存在」。這個「被注視的存在」表現為我現在是這個具體的**這個**的純粹或然性——這種或然性只能從一種基本態度，即他人因為我總是**爲他**的而總是面對我在場的基本態度中獲得其或然的意義和本性本身。我的人的狀況、我是一**切**活著的人的對象，我在無數注視之下被拋上舞台，又無數次脫離我自己，對這些的體驗，我是因一個對象在我的天地中湧現而具體地實現它的，如果這個對象向我指出我或然地是現在地做為**分化了的這個**對一個意識而言的對象的話。我們稱為**注視**的是現象的總體。任何注視都使我們具體地體驗到——而且具有我思的無可懷疑的可靠性——我們是為著一切活著的人存在的，就是說有（一些）我為之存在的意識，我們把「一些」放在括弧裡以便更好地指出，在這個注視中面對我在場的主體—他人不是以多數的形式表現出來的，此外，同樣不表現為單一的（除非在他與一**個**特殊的對象—他人的具體關係中）。事實上，多數性只屬於對象，是通過一個世界化的自為的顯現成為存在的。被注視的存在使（一些）主體對我們湧現出來而使我們面對一個不可勝數的實在。相反，從我注視注視著我的人們起，諸種**別人的**意識就使自己孤立在多數性中。另一方面，如果我離開做為具體體驗的偶因的注視而力圖**空幻地**思考人的在場的無限無差別性，並力圖在絕不是對象的無限主體的概念下把它統一起來，我就獲得了一個純粹形式的概念，它歸結為對他人的在場的神祕體驗的無限系列，是做為**我爲**之存在的永恆現在的、無限的主體的上帝的概念。但是這兩種對象化，具體及可數的對象化和統一的抽象的對象化，也缺少被體驗到的實在，就是說缺少他人的先於計數的在場。將使這樣一些意見變得更具體的，是人人都能做的這樣一種觀察：如果我們有時「公開」露面來扮演一個角色或做一次講演，我們一定會看到我們被注視，並且造成了我們**面對**注視已做出的動作的總體，進一步說，我們力圖**爲**這個注視確立一個存在和一個對象的總體。但是我們不會去數這個注視。只要我們說話，全神貫注於我們想發揮的觀念，他人的在場就總是未分化的。在「階級」，「聽眾」等標題下把它統一起來是虛假的：事實上，我們沒有對一個和一個集體意識一起的具體個別的存在的意識；正是一些形象能在事後用來表明我們的經驗，並且一半以上表達得走了樣。但是我們同樣不會把握一個複數的注視。還不如說涉及的是一個不可觸知的、轉瞬即逝的、永遠現在的實在，它面對我們實現了我們的不被揭示的我，並且與我們協作產生這個脫離了我們的我。相反，如果我想證實我的思想是否被正確理解了，如果我反過來注視聽眾，我就會突然發現一**些**頭和一**些**眼睛。他人的先於計數的實在在對象化時解體了，複數化了。但是注視也消失了。正是在這個先於計數的、具體的實在中，比在人的實在的不真實狀態中更適合於保留「人們」這個詞。無論我在什麼地方，總有**人們**注視我，**人們**絕不可能被把握為對象，因為那樣一來，人們立刻就解體了。

這樣，注視使我們跟隨我們的**爲他的存在**，並且向我們揭示了我們對他而言才存在的那個他人的無可懷疑的存在。但是它不能把我們帶到更遠處了：現在我們必須考察的，是我和別人的基本關係，就像它向我們展現的那樣，或不如說，現在我們應該正題地說明和確定在這個原始關係的範圍內被理解的一切，並且詢問這個為他的存在的**存在**是什麼。

一個從上述看法中獲取的考慮能幫助我們完成我們的任務，這就是，為他的存在不是自為的本體論結構。事實上，我們不能夢想像從原則中抽出結論那樣從自為的存在中抽出為他的存在，或反過來從為他的存在中抽出自為的存在。也許我們的人的實在要求同時是自為的和為他的，但是我們現在的探索並不是要建立一種人類學。把一個自為設想為完全不受為他的約束，甚至它存在也無需懷疑有成為一個對象的可能性，這也許並非不可能。不過這個自為就不會是「人」了。在這裡我思向我們揭示的，只是一個事實的必然性，它發現——而且這是無可懷疑的——我們那維繫著自己的自為存在的存在也是為他的；對反思意識揭示出來的存在是「為他的自為」；笛卡兒的我思只是肯定了一個事實，即我們存在這一事實的絕對真理；同樣，我們這裡在稍許寬泛的意義下使用的我思把我們揭示為他人的存在和我的為他的存在。這就是我們所能說的一切。因此我的為他的存在，做為我的意識在存在中的湧現，有絕對事件的特性。由於這個事件同時是歷史化——因為我做為面對他人的在場時間化——和一切歷史的條件，我們就稱它為先歷史的歷史化（historialisation antéhistorique）。而且我們在這裡就是把它看成同時性的先歷史的時間化。我們完全不把先歷史理解為在一個先於歷史的時間中——那是沒有任何意義的——而是認為它是在使歷史成為可能時自己歷史化的那種原始歷史化的一部分。我們將研究的為他的存在是一個事實——原始的永恆的事實——而不是本質的必然性。

我們前面已看到了分成內在型否定和外在型否定的區別。尤其是我們已指出，對一個被規定的存在的一切認識的基礎是使自為在其湧現本身中必得不是這個存在而存在的原始關係。自為這樣實現的否定是內在的否定；自為在其完全的自由中實現它，或更確切地說它**是**這種否定，因為它是做為有限性自我選擇的。但是這個否定把自為和它所不是的存在不可分割地聯繫起來，並且我們可以說自為在其存在中包含著它所不是的對象的存在，因為他在其存在中做為不是**這個**存在是在問題中的。這些看法無需根本改變就能應用於自為和他人的原始關係。如果有一個一般意義上的他人，我首先就必須是不是這個他人的人，並且正是在這個我對我實行的否定本身中我使自己存在，而他人做為他人湧現出來。這種否定構成我的存在，並且如黑格爾所說，它使我做為「**同樣的東西**」面對他人顯現出來，因而在非正題的自我性的基礎上把我構成為「**我本身**」。我們不應該由此認為一個**我**要寓於我們的意識中，而應該由此認為自我性在做為對另一個自我性的否定湧現出來時使自己得到加強，而且這種加強確定地被當作自我性連續地自己選擇自己是**同一個**自我性和**這個自我性本身**。一個自為不得不是他的自我而不是**自我本身**是可以想像的。不過，我所是的自為不得不在否定別人的形式下成為它所是的，就是說，是它自身。這樣，在使用適用於對一般非我的認識的表述時，我們能說，自為做為它自身，在它的存在中包含著他人的存在，因為它在它的不是他人的存在中是有問題的。換言之，為了使意識能夠不是他人，而且因此，為了能夠「有」一個他人而這個「不是」做為自我本身的條件又單純是由一個「第三個人」的見證確認的對象，意識就必須通過把自己選擇為單純異於別人，又因此被別人彙集到「自我本身」中的一個虛無，而從他人中自由遊離和擺脫出來。而且這種擺脫本身由於是自為的存在而使得有了一個他人。這並不意謂著它把存在給予了別人，而僅僅意謂著它給予了他「異在」（l'être-autre）或「有」的本質條件。不言而喻，對自為來說，成為不是他人的東西的方式完全被虛無僵化了，自為按「反映—反映者」的虛無化方式成為不是他人的東西：「不是他人」絕不是被**給定**的，而是在一種永恆復活中的永恆的選擇，意識能夠不是他人只是由於它不是他人而是（對）自我本身（的）意識。這樣，內在的否定在這裡是處在面對世界在場的情況下，是一種統一的存在關係：他人必須從各方面面對意識在場，並且甚至完全穿過意識以便意識恰恰由於**不是什麼**而能脫離這個很可能黏住他的他人。如果意識突然**已是**某物，自我本身和他人的區別就消失在一種完全的未分化中。

不過，這種描述應該包含一種會徹底改變其內容的本質的補充。事實上，當意識實現為不是這樣那樣的世界上的「這個」時，否定關係就不是交互的：被考察的「這個」沒有使自己不是意識；意識在它之中並通過它決定自己不是它，但是就意識而言，「這個」仍然在一種未分化的純粹外在性中；這是因為，它事實上保持了它**自在**的本性，並且它正是在否定本身中向意識揭示為**自在**，通過這一否定，自為在否定自我曾經是自在的過程中使自己存在。但是，相反，當涉及他人時，內在的否定關係就是一種交互的關係。意識必得不是的存在被定義為一個必得不是這個意識的存在。因為，事實上，當知覺到世界上的**這個**時，意識不僅由於其固有的個體性，而且也由於其存在方式而等同於**這個**。意識是面對**自在**的**自爲**。在他人的湧現中，意識就其存在方式而言，非但與他人沒有區別：他人是意識所是的東西，他是自為和意識，他歸結到的那些可能是他的可能，他是排斥別人的自我本身；而且問題不可能是通過一種數字的歸定與他人對立起來。這裡沒有兩個或多個意識：計數假設了一個事實上是外在的見證人，並且是單純外在的確認。只有在一種自發的，先於計數的否定中才可能有對自為而言的別人。別人只是做為被拒絕的自我來為了意識而存在。但是恰恰因為別人是一個自我，他才只能由於他是**否定我的自我本身**而為我的、並通過我的被否定的自我而存在。我不能把握或設想一個完全沒有把握我的意識。唯一完全沒有把握或否定我，並且我本身又能設想的意識，不是在世界之外某個地方的孤獨的意識，而就是我自己的意識。這樣我承認他以便否認他的那個別人，我首先是**相對我的自爲而存在的那個人**。我使自己不是的那個人，事實上不僅由於我否認他是我才存在，而且我使自己不是一個使自己不是我的存在。不過，這個雙重的否定在某種意義下自我解體了：或者，我使自己不是某個存在，而且那時這個存在是為我的對象，並且我失去了我對它的對象性；在這種情況下，他人不再是異在的我，就是說不再是由於否認是我而使我成為對象的主體，或者這個存在正是別人而且使自己不是我；但是在這種情況下我變成了對他而言的對象；而且他失去了他固有的對象性。這樣，別人本來就是非對象的非我。無論他人的辯證法的最終過程如何，如果別人應該首先是別人，他就是原則上不能在使我否認是他的湧現本身中被揭示出來的人。在這個意義下，我的基本否定不能是直接的，因為沒有什麼東西能支持它。我最終要否認的，只能是對使別人把我變成對象的那個我的那種否認；或者可以說，我否認我的被否認的我；我通過否認被否認的我把自己規定為我本身；我在使我從他人中脫離出來的湧現本身中把這個被否認的我做為被異化的我提出來。但是，正是為此，我承認和肯定的不僅是他人，而且是我的「為他的我」的存在；這是因為，事實上，如果我不承擔我的為他的對象—存在，我就不能不是他人。被異化的我的消失由於我本身的傾覆而導致他人的消失。由於讓我的「我」在他手中異化，我脫離了他人。但是由於我自己選擇了脫離他人，我就承擔並承認這個為我的脫離的異化了的我。我對他人的脫離，就是說我之間我由於其本質結構而假定他人否定的這個我是**我的**；事情**僅此**而已。這樣，這個被異化和被否定的我就同時是我與他人的聯繫和我們的絕對分離的象徵。事實上，就我是由於肯定我的自我性而使得**有**了一個他人的那個人而言，那個對象的我是我的，並且我願意承擔它，因為他人和我本身的分離絕不是既定的，而且我在我的存在中永遠應對它負責。但是，既然他人應對我們的原始分離負責，這個我就脫離了我，因為他是他人使自己不是的那個東西。這樣，我願意承認一個脫離了我的我，它是**我的**並為我的，並且由於我使自己不是他人，因為他人是和我的自發性一樣的自發性，恰恰由於做為脫離我的我，我才要求這個對象的我。當這個對象的我脫離了我時，它就是**我所是的**我；而如果這個對象的我能與我本身重合到純粹自我性中，我相反就會否認它是我的。這樣，我的為他的存在，即我的「對象的我」，就不是一個與我相割裂的並困在一個異在的意識中的形象：而是一個完全實在的存在，是做為我的面對他人的自我性和他人面對我的自我性的條件的**我的**存在。這是我的**外表存在**：不是一個被承受並且本身從外面得來的存在，而是一個做為**我的外在**而被承擔和承認的存在。事實上，我能否認我是他人，只是因為他人本身是**主體**。我之所以直接否定他人是純粹的對象——就是說沒於世界的存在者——不是因為否定的是他人，而正是因為我否定的是原則上與主觀性沒有任何共同之處的一個對象；我始終對我與他人的完全同化不加防備，在真正他人的領域沒有保持我的防衛，而我依然是主觀性，他人的領域也是**我的**領域。我只能在承認我的主觀性有一種限度時才能有距離地抓住他人。但是這種限度既不能來自我，也不能被我所思，因為我不能限制我本身，否則我就會是有限的整體。另一方面，按斯賓諾莎的術語，思想只能被思想所限制。意識只能被我的意識所限制。兩個意識間的界限既然是通過進行限制的意識而產生並以被限制的意識所承擔的，那它就是我的對象的我。並且我們應該以「限制」一詞的兩種意義來理解它。從限制者方面看，事實上限制被當作包括著我並拘束我的內容，把我確定為與我不相干的整體的空套子；從被限制的方面看，它屬於整個自我性的現象，就像數學的限制屬於趨近於它而又達不到它的數列；我不得不是的整個存在屬於它的限制，就像一條漸近線屬於一條直線一樣。這樣，我就是一個被解體被定義的整體，包容在一個有距離地拘束著它的有限整體中，並且我在我之外是這個有限整體，但既不能實現它，甚至也不能達到它。彭加勒所說的那個球的溫度以中心向表面冷卻，為我把握**我自己**的努力及這些努力的虛幻提供了一個很好的形象：一些有生命的存在力圖從這個球的中心直達它的表面，但是溫度的降低在它們身上引起持續增強的收縮；它們力圖隨著它們接近目標而無限地變得扁平，並且因此，它們通過一個無限的距離而與它分開。然而，這個達不到的限制，即我的對像我、不是理想的：它是實在的存在。這個存在不是**自在**的，因為它不是在純粹未分化的外在性中產生的；但是它同樣不是**自爲**的，因為它不是我在虛無化時不得不是的存在。它正是我的**爲他的存在**，這個存在徘徊於起源完全不同而且意義相反的兩個否定之間；因為他人不是他直觀到的那個我，而且**我**也**沒有**對我所是的這個我的**直觀**。然而，這個由一方產生而由另一方承擔的我，由於唯有它能分開兩個甚至連存在方式都完全相同並且互相直接在場的存在，而獲得其絕對的實在性。因為，意識只能限制意識，在它們之間任何中項都是不可設想的。

正是從主體—他人那種面對我的在場出發，正是在我的被承擔的對象性中並通過這種對象性，我才能理解做為我與別人關係的第二個環節的他人的對象化。事實上，他人在我的不被揭示的限制之外的在場能充作我重新把自己當作自由的自我性的動因。就我否認自己是他人並且他人首先自己表露出來而言，他只能自己表露為他人，就是說表露為我限制不了的主體，就是說限制我的東西。事實上，除了他人之外，沒有任何東西能限制我。因此，他人顯現為在他完全的自由中，並且在他對他的可能性的謀劃中，由於否認了「共作」（取德語 **mit-machen** 的意義），而使我不起作用並消除了我的超越性的東西。這樣，我應該首先並獨獨把握兩個否定中我不能對之負責的那個，即不是因我而來到我之中的那一個。但是正是在把握這種否定時，做為我本身的（對）我（的）意識湧現出來，就是說我能獲得（對）我（的）明確的意識，因為我也對做為我自己的可能性的那種對他人的否定負責。這就是對第二個否定的說明，這否定是由我到他人的。真正說來，這否定已經在那裡，但被別的否定掩蓋著，因為它是為了使別人顯現出來而被丟掉的。但是別人恰恰是新的否定呈現的動因：因為之所以有一個他人在假定我的超越性是純粹被靜觀的時候使我不起作用，是因為我在承擔了我的限度時脫離了他人。而且（對）這種脫離（的）意識**或**（對是）和他人一**樣的**東西（的）意識是（對）我的自由自生性（的）意識。通過這種使別人占有了我的限制的脫離本身，我已經使別人不起作用了。因此，既然我獲得（對）我本身（的）意識就像意識到我的一個自由可能性一樣，而且既然我謀劃我本身以便實現這種自我性，那我就是對他人的存在負責：正是我通過對我的自由自生性的肯定本身使得有了一個他人，而不僅僅是一個意識向其本身的無限回歸。因此，他人恰好置身於外，他的存在是取決於我的東西，而因此，他的超越性不再是**超越我**走向他自己的超越性，而是純粹被靜觀的超越性，它只是**既定**的自我性圈子。而且由於我不能同時實現這兩個否定，新的否定，儘管有另一個否定為動因，還是反過來掩蓋了它：他人對我顯現為被減弱的在場。這是因為事實上別人和我共同對別人的存在負責，但是我不能通過這樣兩個否定，體驗一個而不立即掩蓋了另一個。這樣，他人現在變成了我在我正謀劃不是他人時所限制的東西。自然，在這裡必須設想這種過渡的動因首先是情感的。例如，如果我恰恰在畏懼、羞恥或驕傲中實現了這不被揭示的東西，就沒有什麼能使我依然被這個不被揭示的東西和它的外表所迷惑。而且正是這些動因的情感性分析了這些觀點變化的經驗的偶然性。但是，這些感情只不過是我們情感地體驗我們的為他的存在的方式。事實上畏懼意謂著我做為被威脅者顯現為沒於世界的在場者，而不是顯現為使得有了一個世界的自為。正是**我**所是的對象處於世界的危險中，並因此，由於它與我不得不是的存在不可分割的存在統一，而能導致我不得不是的自為與它一起的毀滅。因此，畏懼是因另一個對象在我的知覺領域中的顯現而發現我的對象性生存。它回到一切畏懼的根源，即恐怖地發現我的單純對象性，因為它被不是我的可能的一些可能所超出並超越。正是在我被拋向我自己的可能時，我才就我會認為我的對象性是非本質的而言逃避了恐怖。只有在我由於對他人的存在負責而把握了自己時，這才是可能的。那時他人變成了**我使自己不是的東西**，並且他的可能性是我否認的、並且只能靜觀的，因此是僵死的可能性。由此，我超越了我現在的可能性，因為我把它們看成總是能被他人的可能性超越的，但是我也超越了他人的可能性，那是通過按他擁有而又不是他固有的可能性——他的他人的特性本身，只是因為我使得有了一個他人——的唯一性質的觀點考察它們，並且通過把它們做為我總能超越的、奔赴新的可能性的、超越我的可能性。這樣，我同時做為無數可能性的永恆源泉，通過我（對）我（的）意識重新奪回了我的自為的存在，並且我把他人的可能性改造成了僵死的可能性，那是通過**不被我體驗到**這一特性，就是說**單純既定**的特性來影響這全部的可能性。

同樣，羞恥只是對我有**外表**存在的原始體驗，這個外表的存在介入到另一個存在之中並因此毫無遮掩，它被從一個純粹主體發出的絕對光明照亮；這是意識到無可挽回地是我曾經總是的東西：「懸而不決」，就是說以「尚未」或「已不再」的方式。純粹的羞恥不是感到是這樣或那樣可指責的對象，而是一般來說，感到是一**個**對象，就是說感到**認識到**我在我為他地是的那個被貶值、從屬的，被凝固的存在中認識我自己。羞恥是對我原始墮落的體驗，不是由於我犯下了這樣那樣的錯誤，而只是由於我「落」入了世界，沒於事物之中，並且由於我需要他人為中介以便是我所是的東西。害羞，尤其是對在裸體狀態被碰見時的恐懼，只是原始羞恥的象徵性表現：身體在這裡象徵著我們無遮無掩的對象性。穿衣，就是掩蓋其對象性，就要求看見而不被看見的權利，就是說要求成為純粹主體的權利。所以聖經中犯了原罪之後墮落的標誌就是亞當和夏娃「認識到他們是裸體的」這一事實。對羞恥的反應恰恰在於把那個把握了**我**自己**的**對象性的人當作對象。事實上，從那時起，他人對我顯現為對象，他的主觀性變成了被考察的對象的一種簡單的屬性。這種主觀性削弱下去並被定義為「原則上躲避開我的**對象**屬性的總體」。對象—他人「擁有」主觀性，就像這個空盒子有「內部」一樣。而且，我因此**復活**了：因為我不能是一**個對象的對象**。我不否認他人仍然通過他的「內部」與我相關聯，但是他關於我是做為對象的意識對我顯現為無結果的純粹內在性：這是這個「內部」的混雜於其他屬性中的一種屬性，類似於攝影機的暗箱內的感光膠片一樣的東西。既然我使得有了一個他人，我就把自己當成了他人從我得出的認識的自由源泉，而且在我看來，他人在他的存在中就通過他關於我的存在的那種認識**影響**

我，因為我影響了他使他有了他人的特性。那時這種認識失去了主觀的特性，在「相對的」的新意義下就是說它在主體—對象中保持為一種相對於我影響它使它擁有的他人存在的性質。它不再觸及我；它是我在它之中的形象。這樣，主觀性被貶低為內在性，自由意識被貶低為原則的純粹不在場，可能性被貶低為屬性，而那使他人達於我的存在的認識被貶低為我在他人的「意識」中的純粹形象。羞恥引起的反應超越了羞恥並且取消了羞恥，因為羞恥之中暗含著對主體成為對象存在的能力的一種非正題理解，我就是為這主體成為對象的。而這種理解只是（對）我的「本身存在」（的）意識，就是說對我的被加強的自我性的意識。事實上在「我對我感到羞恥」這一表述的結構中，羞恥假設了一個對別人而言的對象—我，但是同時也假設了一個感到羞恥的自我性，並且這表述中的「我」完整地體現了這種自我性。這樣，羞恥是對以下三維的統一領會：**我**在**他人**面前對**我**感到羞恥。

如果這三維中有一維消失了，羞恥也就消失了。然而，如果我設想「人」是我在他面前感到羞恥的主體，因為他不能變成對象而又不離散為多數個他人，如果我假設他是完全不能變成對象的主體的絕對統一體，我就設定了我的對象—存在的永久性，並且我的羞恥就總是持續著。這就是在上帝面前的羞恥，就是說，認識到我在一個永遠不能變成對象的主體面前的對象性；同時，我在絕對中**實現**並實體化我的對象性：上帝的地位引起了我的對象性的一種事物化（chosisme）；進一步說，我把我的「為上帝的對象存在」看作是比我的自為更實在的；我被異化地存在，並且我通過我的外表使自己知道我應該是什麼。這就是在上帝面前的畏懼的起源。那些鬼神彌撒，對聖餐的褻瀆，魔鬼附身的聯想等，都以同樣的努力將對象性賦予這絕對主體。我力圖通過要為惡而惡靜觀神聖的超越性——把它看成純粹既定的超越性並且我超越它而走向惡。於是我「使」上帝「蒙難」，我「激怒它」，等等。這些意向，由於意謂著絕對地承認上帝是不能成為對象的主體，而包含著矛盾，並且永遠歸於失敗。

驕傲與原始的羞恥並不是不相容的。它甚至是在基本的羞恥或為成為對象而羞恥的基礎上形成的。

這是一種曖昧的感情：驕傲時，我承認他人是使對象性進入我的存在的主體，但是我也承認是我對我的對象性負責；我強調我的責任並承擔了它。在某種意義上講，驕傲首先是屈從：為了對**是這樣**而感到驕傲，我必須首先對自己只**是這樣**表示屈從。因此，這涉及了一種對羞恥的最初反應，並且這已經是對逃避和自欺的反應，因此，由於不停地把他人當作主體，我力圖把自己當作通過我的對象性**影響**他人的人。總之，有兩種原本的態度：使我認為他人是使我變成對象性的主體的態度——這就是羞恥；使我把自己當作使他人變成他人存在的自由謀劃態度——這就是自豪或對我面對對象—他人的自由的肯定。但是驕傲——或虛榮——是一種不平衡的、自欺的感覺：因為我是對象，我力圖在虛榮中作用於他人；通過一個反衝，我把他人在把我構成對象時給與我的那種美或力量或精神，利用起來，以使他人被動地感到一種讚賞或愛慕的感情。但是這種感情，做為對我的對象—存在的認可，我也要求他人感受到它，因為他是主體，就是說是自由。事實上這是賦予我的力量或我的美以絕對對象性的唯一的方式。這樣，我要求他人的那種感情本身就包含著其固有的矛盾，因為我應該使他人感受到它，因為他人是自由的。這種感情以自欺的方式被感受到並且它的內在發展導致它的瓦解。事實上，為了享有我承擔的對象—存在，我力圖把它恢復**為對象**，並且由於他人是這種恢復的關鍵，我力圖征服他人以便讓他向我提供我的存在的祕密。這樣，虛榮促使我去征服他人並把他構成一個對象，以便在這個對象內探尋及發現我固有的對象性。但是這無異於殺雞取卵。由於把他人確定為對象，我使自己成為他人—對象之中的形象；因而虛榮幻滅了：為了收回我曾希望把握並融化到我的存在中的這個形象，我在其中**不再認識到**我自己，不管願意不願意我都應該把它做為一種他人的主觀屬性歸因於他人，儘管我從我的對象性中解放出來了，我仍然單獨地面對對象—他人，在我的不可規定的自我性中，我不得不是這自我性而絕不能置它於我的能力之下。

羞恥，畏懼和驕傲因而是我的原始反應，它們只是我用以承認他人是達不到的主體的不同方式，並且它們之中包含著對我的自我性的理解，這種自我性能夠並且應該被我用作把他人構成對象的動因。

這個突然對我顯現的對象—他人，並不總是一種純粹對象的抽象化。他在我面前和他的各種特殊意義一起湧現出來。他不僅僅是對象——自由是這個對象的一種做為被超越的超越性的屬性。他也是「憤怒的」、「喜悅的」或「專心的」，他是「討人喜歡的」或「令人厭惡的」，他是「吝嗇的」、「暴躁的」等。這是因為，事實上，在我把自己看作我本身時，我就使對象—他人沒於世界存在了。我承認他的超越性，但我並不是承認這超越性是進行超越的超越性，而是承認它是被超越的超越性。因此，這種超越性顯現為工具向某些目的的一種超越，這是因為我在我本身的統一謀劃中超越這些目的和這些工具，超越工具通過他人向這些目的的那種超越。這是因為，事實上，我絕不是抽象地把自己當作我本身的純粹可能性，而是在向這樣那樣的目的的具體謀劃中體驗到我的自我性：我只做為**被介入的東西**存在，並且只是由於這樣我才獲得（對）存在（的）意識。正是以這個名義，我才是在超越對象—他人的具體和介入的超越中把握對象—他人。但是，反過來說，他人的介入做為他的存在方式向我顯現出來，因為他做為**實在的**介入、做為**根基**被我的超越性所超越。總之，既然我**爲我地**存在，我在一種處境中的「介入」就應該在人們說：「我對某某有義務，我保證過還這筆錢」，等等意義下來理解。而且正是這種干預表明了主體—他人的特性，因為這是另一個我本身。但是，當我把他人當作對象時，這種被對象化了的干預，在人們說：「刀子深深地插入傷口；軍隊進入了掩蔽地帶」的意義下，就失去了價值並變成一種對象—介入。事實上，必須明白，**由於我**而進入他人的沒於世界的存在，是一個實在的存在。這不是一種純粹主觀的必然性使我認為他是沒於世界的存在者。然而，另一方面，他人本身並未在世界中消失。而只是由於他對我來說是我不得不不是的人，就是說僅僅由於我使他做為純粹被靜觀並向我自己的目的而被超越的實在保持在我之外。這樣，客觀性不是通過我的意識對他人的純粹折射：它做為一種實在的規定通過我進入他人：我使他人沒於世界存在。因此，我當作他人的實在特性的東西就是一個處境中的存在：事實上我把他沒於世界組織起來是因為他對著他本身組織起世界，我把他當作工具和障礙的對象統一。我們在本書第二卷[10]中曾指出，工具的整體是我的可能性的嚴格相關物。由於**我是**我的可能性，工具在世界中的秩序就是被拋到自在中的我的可能性的形象，就是說我所是的東西的形象。但是我永遠不能辨認出這種世界的形象，我在行動中並通過行動使自己適應它。他人同樣地**介入他的形象**，因為他是主體。但是，由於我相反把他當作對象，這個世界的形象就躍出了我的視野：他人變成了被他與所有別的工具的關係定義的工具，他是**我的**工具的秩序，他被嵌入我強加給這些工具的秩序中：把握他人，就是把握這個嵌入—秩序並把他與一種中心的不在場或「內在性」聯繫起來；就是把這個不在場定義為**我的**世界的一些對象向**我的**天地的一個被定義的對象的被凝固的流逝。而且這種流逝的意義是這些對象本身提供給我的，它是對錘子和釘子、鑿子和大理石的安排，因為我超越了這種安排而又不是它的基礎，它確定了這種世界內出血的意義。這樣，世界就在他人的整體中把他人宣告為整體。當然，這宣告仍然是曖昧的。但這是因為我把向著他人的世界秩序當作某些明確的結構的顯現的基礎上未分化整體。如果我能說明一切工具複合體是由於這些結構轉向他人，就是說如果我不僅能把握錘子和釘子在這個工具性複合中占據的位置，而且還能把握街道、城市、國家等，我就已明確地、整體地把他人的存在當成了對象。我之所以弄錯了他人的意圖，完全不是因為我把他的手勢和一個達不到的主觀性聯繫起來：這種自在的、自主的主觀性與手勢之間沒有任何共同的尺度，因為它是自為的超越性、不可超越的超越性。而是因為我在這手勢周圍組織起整個世界，事實上它並非自己組織起來。這樣，只是由於他人呈現為對象，他就在原則上把我確定為整體了，他做為綜合、組織這個世界的世界能力擴展到整個世界。只不過，我不能解釋清楚世界本身，我更不能解釋這種綜合組織。因為這世界是**我的**世界，主體—他人就是說自為的他人與對象—他人之間的區別不是全體和部分、隱蔽和突現間的區別：因為對象—他人原則上是一個相關於主觀整體的全體，沒有任何被隱蔽著的東西，而且，既然一切對象都推向別的對象，我就能在無限地闡明他人與別的世界工具的關係時無限擴大我對他人的認識；而且**認識**他人的理想仍然透澈說明了世界的流逝的意義。對象—他人和主體—他人的原則區別只鑒於這一事實：即主體—他人完全不能被認識，甚至不能被認為是主體—他人：不存在對主體—他人的認識的問題，並且世界的諸對象也不歸向他的主觀性；它們只做為世界內的流逝的、向著我的自我性被超越的意義，歸屬於他在世界上的對象性。這樣，他人面對我的在場，做為造成了我的對象性的東西，被體驗為一個主體—整體；並且如果我轉向這個在場來把握它，我就重新把他人理解為整體：一個與世界整體有共同外延的對象—整體。而且這種理解是一下子造成的：正是從整個世界出發我進入了對象—他人。但是這永遠只是些做為世界基質中的**形式**變得模糊不清的特殊關係。在那個我不認識的、在地鐵上看書的人周圍，整個世界都是在場的。而且在他的存在中定義他的不僅是他的做為世界對象的身體，而且是他的身分證，他乘坐的地鐵列車的方向，他戴在手指上的戒指。不是做為他所是的東西的**姿勢**——事實上這種姿勢的概念會把我們推向一個我們甚至不能設想的主體性，並且恰恰在這主體性中他什麼也不是，因為嚴格說來他是其所不是又不是其所是——而是做為他的存在的實在特性。不過，如果我**知道**他沒於世界**存在**，在法國，在巴黎，正在讀書，如果不看他的身分證，我就只能**假設**他是外國人（這意謂著：假設他受到監視，登在警察局的那本冊子上，必須對他說荷蘭語，義大利語以便使他做出這樣那樣的姿勢，國際郵局通過這樣那樣的途徑把貼著這樣那樣郵票的信件送到他那裡，等）。然而，這個身分證原則上是沒於世界地給予我的。它不脫離我——從它一做出來起，就注定是為我存在的。不過它以暗含的狀態，做為被我看作完成的形式的任意圓點存在；而且必須改變我與世界關係的現時整體來使它呈現為宇宙基質中明確的**這個**。以同樣的方式，對象—他人的憤怒，正像它通過叫喊，跺腳和威脅的手勢表現給我們的，不是主觀隱蔽的憤怒的標記；它不歸結於為什麼，只歸結為別的手勢和別的叫喊。它定義他人，它就**是**他人。當然，我可能會弄錯，把一種佯裝憤怒的東西當作真正的憤怒。但是只是就可以做為對象把握的別的手勢和別的活動而言我才能弄錯：如果我把手的運動當作猛擊的**實在**意向，我就弄錯了。就是說，如果我按可以做為對象來察知而又沒有發生的手勢來解釋它，我就弄錯了。總之，做為對象把握的憤怒是在世界內一個不在場—在場周圍安排世界。這是不是說應該承認行為主義者是對的呢？當然不是：因為儘管行為主義者是從人的處境出發解釋人的，他們仍沒有看到人的主要特性是被超越的超越性。事實上，他人就是不能限制在他本身中的對象，就是只能以他的目的出發來理解的對象。對錘子和鋸子的理解無疑沒有什麼不同。它們都是通過它們的功用而被把握的，就是說通過它們的目的。但是它們恰恰已經是人的。我能理解它們只是由於它們把我推到一個他人是其中心的工具組織，由於它們是向著我反過來超越了的一個目的的被超越的完整複合體的一部分。因此，之所以能把他人和機器相比，是因為機器做為人造的東西，已經表現出被超越的超越性的痕跡，因為紡織廠裡的織機只通過它們生產出來的布匹才得到說明：行為主義者的觀點應該顛倒過來，而且這種顛倒將無損於他人的對象性，因為首先是對象的東西——我們按法國和英國心理學的方式稱為意義，按現象學的方式稱為意向，像海德格那樣稱為超越性，或像格式塔主義者那樣稱為完形——是這樣一個事實，即他人只能通過世界的完整組織來定義，並且他是這個組織的關鍵。因此，我之所以從世界推到他人，不是由於世界使我理解了他人，而恰恰是由於他人—對象不是別的，而只是**我的**世界的自立的和世界內的參照中心。這樣，我們在知覺到對象—他人時能領會到的做為對象的恐懼，便不是我們看到的，或我們用血壓計或聽診器測出的慌亂的心理表現的總體：恐懼就是逃脫，就是藏匿。而且這些現象本身提供給我們的不純粹是一系列姿勢，而是被超越的超越性：逃走或藏匿，不僅僅是那種穿過荊棘的狂跑，或笨拙地跌倒在路上的石塊上；它是對有一個他人做中心的工具組織產生的全部驚慌。正在逃走的那個士兵，在他剛射擊完時還有敵人—他人。敵人與他的距離是用他的子彈彈道來測定的，而且我也能把握並超越這個距離，就像這距離是組織在「士兵」這中心周圍的那樣。但是現在他把槍拋在戰壕裡，並且逃跑了。敵人的在場立刻包圍了他，壓迫著他；以子彈彈道保持距離的敵人，就在道路消逝的那一瞬間向他衝來；同時，他所保衛的，他像依著一堵牆依恃著的做為後方的祖國，突然轉過來，像扇子一樣打開，變成了前方，變成他躲向的舒適的天宇。這一切，是我對象地觀察到的，而且正是**這一切**就是我當作**恐懼**的。恐懼不是別的，只是試圖憑藉咒語消除我們不能有距離地保持的令人害怕的對象的一種神奇行為[11]。而且我們正是通過這些結果來把握恐懼，因為它對我們表現為一種新的世界的世界內出血：從世界向一種神奇存在的過渡。

然而必須注意，他人只就我能對他而言是對象時才是為我地被規定的對象。因此，他將根據我本身對他而言是「人們」的成分或「可貴的不在場者」或**具體的這個人**，而客觀化為「人們」的非個體化的部分或「不在場者」，這不在場者純粹是被他的書信和他的敘述表現出來的，或對象化為事實上在場的**這個人**。在任何情況下決定他人的對象化及規定的類型的東西都同時是我在世界上的處境和他的處境，就是說我們每個人組織起來的工具複合體和在世界的基質中互相呈現的不同的**這個**。這一切都自然地把我們引向人為性。正是我的人為性及他人的人為性決定他人是否能**看見**我和我是否能看見**這樣的**他人。但是人為性的問題超出了這個一般描述的範圍：我們將在下一章來考察它。

這樣，我體驗到他人的在場是我的為他的對象存在中諸主體的準整體，並且基於這個整體，我更明顯地體驗到一個具體主體的在場，儘管不能列數他是**這樣的**他人。我對我的對象性的防衛反應將把他人做為**這樣或那樣的對象**呼喚到我面前。因此他人對我顯現為「這個人」，就是說他主觀的準整體被貶值並變成與世界整體共外延的對象整體。這個整體向我揭示出來而不歸屬於他人的主觀性：主體—他人和對象—他人的關係完全不同於人們習慣上在例如物理對象和知覺對象之間建立的關係。對象—他人向我表現出他**是**什麼，他只是他本身。在一般對象性層次上，在其對象存在中對象—他人就只是他對我顯現的那樣；甚至不能設想我把我對他的任何意識帶給了我因注視而體驗到的那樣的他的主觀性。對象—

他人只是對象，但是我對他的把握，在我處於另一存在層次上時，包含了對我總是能，並且原則上能使它成為另一種**體驗**的領會；一方面，這種領會的成立是由於**知**我過去的體驗，正如我們所知，應當承認這種知是這種體驗的純粹過去（達不到而且我不得不是的），另一方面，是由於暗含地領會了別人的辯證法：別人，顯然就是我使自己不是的東西。但是，儘管我暫時擺脫了他，逃離了他，他在他周圍卻仍然是他**變成**別人的恆常可能性。儘管如此，由於這種可能性是在一種造成我面對他人─對象特有的態度的約束和強制中被現時化的，嚴格說來是**不能設想的**：首先，因為我不能設想一種可能性不是**我的**可能性，也不能在不超越這可能性時、就是說在把它當作被超越的超越性時理解一種超越性；其次，因為這種現時化的可能性不是他人─對象的可能性：對象─他人的可能性是歸結到他人的其他客觀方面的僵死可能性；把我當作對象的固有可能性是主體─他人的可能性；因此，對我來說完全不是個人的可能性；它是一種絕對的可能性，它只從其本身獲得來源，它表明，在對象─他人的整體虛無化的基礎上，有一種我將通過我的為他的對象性而體驗到的主體─他人的湧現。這樣，對象─他人是我憑藉領會所使用的爆炸工具，因為我在他周圍預感到**有人**使他閃現的恆常可能性，並且，由於這種閃現，我突然體驗到世界從我這裡逃走了，我的存在異化了。因此，我經常關心的是使他人保持其客觀性，而我與對象─他人的關係本質上是由旨在使其保持為對象的詭計所造成的。但是他人的注視足以使這一切詭計消失，足以使我重新體驗到他人的變形。這樣，我從變形被推向漸逝，從漸逝被推向變形，既不能形成對這兩種他人的存在方式的總合的看法——因為其中任何一種存在方式本身都是自足的而且只歸結為其自身——又不能封閉在其中的一種上——因為任何一種都有其固有的不穩定性並會消失以便另一種從其毀滅中湧現出來：只有一些為了永遠是對象而絕不變成主體的死者——因為死亡並不喪失其沒於世界的對象性：一切死者都在那裡，現於我們周圍的世界；但是，這就失去了對一個他人揭示自己是主體的一切可能性。

在我們研究的這個新層次上，一旦闡明了為他的存在的本質結構，我們顯然要試圖提出形而上學的問題：「為什麼有別人？」我們知道，別人的存在事實上不是能從自為的本體論結構中得出的結論。確實，這是原始的偶然事件，但首先是**形而上學的**，就是說屬於存在的偶然性的領域。從根本上說，**為什麼**的問題是對這些形而上學的實存提出的。

我們還深知，對「為什麼」的回答只能把我們推向原始的偶然性，但還是必須證明我們考察的形而上學現象是不可還原的偶然性。在這個意義下，我們覺得本體論能被定義為對那種被當作整體的存在者的存在結構的解釋，並且不如說我們將把形而上學定義為對存在者的存在提出問題。所以，根據存在者的絕對偶然性，我們肯定了一切形而上學都應該完結於「那個存在著」，就是說完結於對這個偶然性的一種直接直觀。

提出別人的實存的問題是可能的嗎？這個實存是一個不可還原的事實還是應該由一個基本的偶然性派生出來？這些就是我們能反過來對提出別人的實存的問題的形而上學家們提出的先決問題。

讓我們進一步考察一下形而上學問題的可能性。首先向我們顯現的是為他的存在代表著自為的第三種出神。事實上，第一種出神是自為對它以不是的方式不得不是的存在的三維計畫。它表示第一條縫隙，自為本身不得不是的虛無化，自為從他所是的一切中解脫出來，因為這種解脫構成了他的存在。第二種出神或反思的出神是從這種解脫本身中解脫出來。反思的分裂生殖相當於一種徒然的努力，這種努力意在獲得對自為不得不是的虛無化的觀點，為的是使這種做為單純既定現象的虛無化是**存在著**的虛無化。但是同時，反思希望通過自在地肯定它**是**這個存在著的虛無化，恢復它力圖看成純粹給定物的這種解脫。矛盾是明顯的：為了能把握我的超越性，我必須超越它。但是，恰恰只是我自己的超越性能進行**超越**，我**就是**這超越性；我不能用它來使它成為被超越的超越性；我注定永遠是我自己的虛無化。總之，反思**是**被反思。儘管如此，反思的虛無化與做為單純（對）自我（的）意識的純粹自為的虛無化相比是推進了一步。事實上，在（對）自我（的）意識中，「反映者—被反映者」二元性中的兩項是如此難以分別表現出來，以致這二元性總是不斷趨於消失，而且任何一項在對另一項提出時都會變成另一項。但是，在反思的情況下，事情就不一樣了，因為被反思的「反映—反映者」對一個反思的「反映—反映者」而言存在。因此，被反思和反思兩者都傾向於獨立，把它們分開的烏有傾向於把它們分開，較之自為不得不是的虛無分開反映和反映者更深刻。然而，無論反思還是被反思都不能分泌出這個進行分離的虛無，否則反思就會是一個針對著被反思的自主的自為，這就是假設外在的否定是內在否定的先決條件。如果反思完全不是一個存在，一個不得不是自己的虛無的存在，那就不可能有反思。這樣，反思的出神走上一種更徹底的出神道路：為他的存在。虛無化的最終界限，理想的極點事實上應該是外在的否定，就是說一種自在的分裂生殖或未分化的空間外在性。就這種外在否定而言，這三種出神排成我們剛才排定的秩序，但是它們完全不可能完成這秩序，這秩序原則上仍然是理想的：事實上，對任何一個存在而言，自為都不能自己實現一種似為自在的否定，否則它將同時不再是自為的存在。因此，構成為他的存在的否定是一種**內在的否定**，是自為不得不是的一種虛無化，完全像反思的虛無化一樣。但在這裡，分裂增殖打擊了否定本身：它不再僅僅是把存在分成被反映者和反映者的否定，也不是反過來把被反映者—反映者這一對分成被反映者（被反映者—反映者）和反映者（被反映者—反映者）的否定。而是被分成兩種內在的和相反的否定，其中每種否定都是內在的否定，然而它們互相之間被一個不可把握的外在虛無所分開。事實上，任何一個否定都盡力否認一個自為是另一個並且完全介入它不得不是的這個存在，它不再以其自身去自己否認它是相反的否定。在這裡，**給定物**突然顯現出來，不是顯現為一種自在的存在的同一性的結果，而是一種這兩種否定中的每一種都不得不是、然而又分開了它們的外在幻象。真正說來，我們在反思的存在中就已經發現了這種否定的反向的端倪。事實上，做為見證人的反思者，其反思性深深損害了他的存在，因此，既然他是反思者，他就追求不是被反思者。但是，反過來說，被反思者是做為**對**這樣那樣超越著的現象**的**被反思意識的（對）自我（的）意識。我們說過它知道自己被注視。在這個意義下，它從它這一面旨在不成為反思者，因為任何意識都是被其否定性所定義的。但是這種二元分化的傾向被這樣一個事實恢復而扼殺的，即無論如何，反思者不得不是被反思者，而且被反思者不得不是反思者。這二元否定總是漸趨消失的。在第三種出神的情況下，我們好像親臨反思的更進一步分裂增殖。這些結論可能使我們吃驚：一方面，既然否定內在地進行，他人和我就不能成為互相外在的。必須有一個「我—他人」的**存在**，這個存在不得不是相反於為他的分裂增殖，這就正像「反思者—被反思者」整體是一個不得不是自己的虛無的存在一樣，就是說我的自我性和他人的自我性都是同一存在整體的結構。這樣，黑格爾似乎是對的：整體的觀點才是存在的觀點，**眞正的觀點**。一切的發生就好像我的自我性通過一個把自己的虛無化推到極端的整體面對他人的自我性被產生出來和維持下去一樣；為他的存在似乎是純粹反思分裂增殖的延伸。在這個意義下，一切的發生就好像別人和我本身表示的一個自為整體重新把握自己並包容它以單純自在的方式**不得不是**的東西，但這是徒勞的努力；這種重新把自己當作對象的努力，從這裡被推到極限，就是說在反思的分裂之外，它會得出與這個整體趨向的目的相反的結果：這自為整體將通過要成為**對**自我**的**意識的努力面**對**自我成為必得不是它是其意識的自我**的**自我意識；反之亦然，對象—自我為了**存在**而應該體驗到自己是通過一個他如果想存在就必得不是的意識，並對這個意識而言**被存在**。這樣就產生了為他的分化；而且這種二分式分解無限分下去以便使一**切**意識成為一個徹底爆裂的碎片。「會有」一**些別人**，因此就會有相反於反思的失敗的一種失敗。事實上，在反思中，我之所以不能把自己當作對象，而僅僅當作準對象，是因為我是我想把握的對象；我不得不是把我與自己分開的虛無：我既不能脫離我的自我性又不能失去我對我本身的**觀點**；這樣，我始終實現不了存在，也實現不了在「有」的形式下對自己的把握，復活失敗了，那是因為復活者本身是被復活者。相反，在為他的存在的情況下，分裂增殖不再推向前進，被反映者

（反映—反映者）完全不同於反映者（反映—反映者），甚至因此能是它的對象。但是這一次，分裂增殖也失敗了，因為被復活者**不是**復活者。這樣，在是其所不是時不是其所是的整體，以完全脫離自我的努力處處產生其異在的存在：一個被粉碎的整體的自在的存在的閃爍，總是在別處，總是有距離的，永遠不會在自身之中，然而又總是通過這個整體的不斷爆裂保持存在，這就是別人和做為別人的我本身的存在。

但是另一方面，在我否定我本身的**同時**，他人也否認他是我。這兩種否定對為他的存在來說是同樣不可缺少的，而且它們不可能被任何綜合匯合起來。這完全不是因為一個外在的虛無一開始就把它們分開了，而毋寧是因為自在將就另一個而言重新把握一個，而且只是由於任何一個都**不是**另一個，而不是因為必得不是另一個。這裡似乎有自為的界限，它來自自為本身，但做為界限，又是獨立於自為的：我們又發現了做為人為性的某種東西，而且我們不能設想我們剛才說的整體如何能在最徹底的對本身的脫離之中產生一個它永遠不可能是的存在的虛無。事實上，虛無似乎溜進了這個整體以使其解體，就像留基伯原子論中的非存在溜進巴門尼德的存在的整體中來使它爆裂成原子一樣。因此，它表示的是對整個綜合整體的否定，人們從之出發聲稱懂得了意識的多樣性。也許，它是不可把握的，因為它既不是由別人，也不是由我本身，又不是由一個中介物產生，因為我們已確定，諸意識是無中介地互相體驗到的。也許，在我們視野所及的地方，我們所遇到的做為描述對象的東西只是一個單線外在的否定。然而，它在那裡，在有否定之二元性這不可還原的事實中。它當然不是意識多樣性的**基礎**，因為如果它先於這種多樣性存在，它就會使任何爲他的**存在**成為不可能；相反，必須設想它是對這種多樣性的經驗；它與多樣性一起顯現。但是，由於**沒有任何東西**能奠定它，無論是個別的意識還是在意識中閃現的整體都不能，它就顯現為純粹不可還原的偶然性，因為**事實是我否認我是他人不足以使他人存在，而還必須由他人與我固有的否定一起同時否定他是我**。它是為他的存在的**人爲性本身**。

這樣，我們得出了這個矛盾的結論：為他的存在只是在通過一個自我消失以便湧現出來的整體而**被存在**時才能存在，這導致我們去建立**精神**的存在和激情。但是，另一方面，這個為他的存在要能存在就只有包含一個不可把握的外在非存在，任何整體，哪怕是**精神**，都不能產生或建立它。在某種意義上講，意識多樣性的存在不能是一個最初的事實，並且這種存在把我們推向一個原始的事實，即脫離自我這精神的事實；這樣，「為什麼會有一**些**意識」這形而上學問題就會得到解答。但是，在另一種意義下，這種多樣性的人為性似乎是不可還原的，而且如果人們從多樣性這一事實出發考察精神，精神就消失了；形而上學的問題不再有意義；我們遇到了基本的偶然性，並且我們只能以「就是這樣」來回答它。這樣，原始的出神深化了：人們似乎不能分享虛無。自為曾對我們顯現為不是其所是和是其所不是地存在著的存在。精神的出神整體不僅是被瓦解的整體，而且對我們顯現為一個人們既不能說它存在，又不能說它不存在的被分解的存在。這樣，我們的描述使我們能滿足我們對有關他人存在的一切理論提出的先決條件了；意識的多樣性對我們顯現為一個**綜合**而不是一個**集合**；但是這個綜合的整體是不可設想的。

這是不是說整體的那種二分特性本身是不可還原的呢？或者，從一種更高的觀點來看，我們能使這特性消失嗎？我們是否應該提出精神是**存在而又不存在的存在**，就像我們曾提出的自為是其所不是和不是其所是的那樣呢？這問題沒有意義。事實上，它會假設我們有可能對於整體**獲得一個觀點**，就是說可能外在地考察整體。但是這是不可能的，因為恰恰是我做為我本身，在這個整體的基礎上並且就我介入了這個整體而言存在。任何意識，即使是上帝的意識，都不能「看見背面」，就是說把整體看成整體。因為如果上帝是意識，它就是與整體合為一體的。而如果按他的本性，他是**超乎意識之外的**存在，就是說做為其本身的基礎的自在，整體就只能對他顯現為**對象**——那麼他就缺少其內在的分解，這種分解是做為自我把握的主觀努力，或做為**主體**——那麼，由於他**不是**這個主體，他就只能體驗到它而不能認識它。這樣，關於整體的任何觀點都是不可設想的：整體無「外」，而且它的「背面」的意義的問題本身也就失去了意義。我們不可能再進一步了。

我們的這個考察即將結束。我們已知道，他人的實存是在我的對象性的事實中，並通過這一事實明確地體驗到的。而且我們也已看到，我對我自己的為他人異化的反應是通過把他人理解為對象表現出來的。簡言之，他人對我們來說能以兩種形式存在：如果我明白地體驗到他，我就沒有認識他；如果我認識了他，如果我作用於他，我就只達到他的對象存在和他的沒於世界的或然實存；這兩種形式的任何綜合都是不可能的。但是我們不能就此停步：他人為我所是的對象和我為他所是的對象都表現為身體。那麼我的身體是什麼？他人的身體又是什麼呢？

注釋

1 即使我們同意康德的自然形而上學和他提出的原則的圖表，從這些原則出發設想各種根本不同的物理學也是不可能的。——原注

2《自我的超越性》中《哲學研究》，一九三七年版。——原注

3《精神現象學》，拉松版第一四八頁。——原注

4《基本教育》（*Propedeutik*）全集第一版第二〇頁。——原注

5《基本教育》（*Propedeutik*）全集第一版第二〇頁。——原注

6《基本教育》（*Propedeutik*）第十八頁。——原注

7《精神現象學》同前。——原注

8《歸納和試驗的理論》，一九三〇年版。——原注

9《想像物》，N. R. F. 叢書，一九三九年版。——原注

10 參見第二卷，第三章，第三節。——原注

11 見我的《情緒的現象學理論概述》。——原注

第二章 身體

身體和它與意識的關係的問題經常由於這樣一個事實而變得難於理解，即當人們通過他固有的那類內心直覺達到意識的時候，人們最初是把身體做為有其固有法則並可以從外部被定義的某種物（chose）提出來的。事實上，如果把「我的」意識按其絕對內在性把握了之後，通過一系列反思活動，我又力求把它統一於某種有生命的對象，由一種神經系統、大腦、腺體、消化、呼吸和血液循環器官構成的對象，它的質料本身能被化學分析為氫、碳、氮、磷等原子，我就會碰到難以克服的困難：但是這些困難的產生是因為我不是力圖把我的意識統一於我的身體，而是力圖統一於別人的身體。事實上，我剛才描述的身體還不是我的為我的身體。我從沒有看到也永遠不會看到我的大腦，或我的內分泌腺。而只是由於我見過解剖人的屍體，而我就是一個人，又由於我讀過幾篇生理學論文，我於是得出結論說，我的身體構成完全就是像在解剖臺上人們向我指出的所有那些人的構成一樣，或像我在一些書中看到的這些人的身體的彩色圖象所表示的構成一樣。也許人們會對我說，給我治病的醫生、為我動手術的外科醫生能對我自己不認識的這個身體做直接檢查。我不否認這點，也不認為我沒有大腦、心臟和胃臟。但是重要的是要首先選擇我們認識的次序：從醫生能對我們的身體所做的檢查出發，就是從沒於世界的、做為為他的我的身體出發。我的為我的身體，不是沒於世界地向我顯現的。無疑，站在X光機前我也能看到我的脊椎骨的影像，但那我就恰恰是在外的，是沒於世界的；我把握了一個完全做為其他「這個」之中的一個「這個」而構成的對象；只是通過推理，我才使它再現為是我的：與其說它是我的存在，還不如說是我的屬性。

我看見了、我觸摸了我的腿、我的手，這是真的。而且沒有任何東西阻止我設想一個能感覺的機體，以致當被看見的眼睛把它的注視引向世界時，一個有生命的存在能看見它的一隻眼睛。但值得注意的是，還是在這種情況下，我對於我的眼睛來說是**他人**：我認為它是以這樣那樣的方式在世界中構成的感覺器官，但是我不能「看見它在看」，就是說，在它向我揭示了世界的面貌時把握它。它或者是混雜於諸物中的一個物，或者是諸物賴以向我顯露的東西。但是它不能同時是這二者。同樣，我看見我的手觸到對象，但是我並不在手觸及對象的活動中**認識**這只手。這就是曼·德·比朗的有名的「努力感」並沒有真實的存在的主要理由。因為我的手向我揭示了對象的反抗，它們的堅硬或柔軟，揭示了我的手並不是**它本身**。於是，我沒有看見我的手不同於我沒有看見這墨水瓶。我拉開了我和它的距離，而這距離與我建立在世界所有對象間的距離同一了。當我半躺在我的病床上，看著醫生抬起我的病腿並檢查它時，在我對醫生身體的視覺和我對我自己的腿的視覺之間沒有任何根本區別。更確切地說，這些視覺只做為同一總體知覺的不同結構而被區別；醫生從**我的**腿那裡獲得的知覺和我現時自己從我的腿那裡獲得的知覺之間沒有根本區別。也許，當我用我的手指觸摸到我的腿時，我感覺到我的腿被觸摸到了。但是這雙重感覺的現象不是本質的：寒冷和嗎啡針能使之消失，這足以說明，關鍵在於本質上不同的實在的兩種秩序。觸摸和被觸摸，人們能觸摸的感覺和被觸摸的感覺，是兩類現象，人們徒然地試圖在「雙重感覺」的名稱下把它們統一起來。事實上，它們是根本不同的。而且它們是兩個互不相關的層次上存在著的。此外，當我觸摸到我的腿時，或者當我看到它時，我就超越了它而走向我固有的可能性：例如，這是為了穿褲子或為了重新包紮裹著傷口的繃帶。也許我同時還能安排我的腿的姿勢使我能更舒服地對它「操作」。但我超越了它走向「康復」的純粹可能性，並且因此，我對它是在場的，而它並非**是我**，我也不**是它**，這個事實卻絲毫沒有改變。我使之如此的東西是「腿」這物，這不是做為我所**是**的那有走、跑或踢足球的可能性的那條腿。於是，就我的身體昭示我在世的可能性而言，看見、觸摸，就是把是我的可能性的那些可能性改造成為死亡的可能性。對於做為跑、跳舞等活生生的可能性的身體來說，這種改變應該必然帶來一種完全的**盲目**（cécité）。而當然，發現我的做為對象的身體也揭示了它的存在。但是這樣向我揭示的存在是它的**爲他的存在**。這種混亂導致某些荒唐的話，這就是人們在關於「顛倒的視覺」的有名問題中能清楚地看到的。人們知道生理學家們提出的問題：「我們怎麼能使視網膜上顛倒著的對象正過來的？」人們也知道哲學家們的回答：「毫無問題，一個對象是正的還是倒的是對宇宙中的其他東西而言的。感知到整個被顛倒的宇宙，是毫無意義的，因為它應該是對某種東西而言而被顛倒的。」但是特別使我們感興趣的是這虛假問題的起源：那就是人們曾想把**我**對對象的意識與**別人的身體**結合起來。這就是**蠟燭**，做為透鏡的晶狀體、視網膜底幕上的倒立影像。但是顯然，視網膜在這裡屬於一個物理系統，它是**屏幕**而且僅僅是屏幕；晶狀體是透鏡而且僅僅是透鏡，這二者在它們的存在中與補充了這體系的蠟燭是同質的。因此我們斷然選擇了物理學的觀點，就是說外部的，外在性的觀點以研究視覺問題；我們考察了沒於可見世界中的僵死的眼睛來分析這世界的可見性。那麼對於做為絕對內在性的意識拒絕使自己與這對象結合又有什麼可驚異的呢？我建立在他人的身體和外在對象之間的關係真正是實存的關係，但是它們把為他的存在做為存在；它們假設了一個物質世界交流的中心，它的認識是「有距離的行動」一類的一種**神奇的**屬性。從一開始，它們就被放在對象—別人的視野中。因此如果我們想反思身體的本性，就應該建立我們的符合存在秩序的反思秩序：我們不能繼續混淆本體論的諸層次，而且我們應該不斷考察做為自為的存在和做為為他的存在的身體；為了避免諸如「顛倒的視覺」一類的荒唐話，我們將信守一個觀念：身體這兩個處在有區別並且不相干的兩個存在層次上的形態，是不可互相還原的。自為的存在完全應該是身體，並且完全應該是意識：它不可能與身體統一。同樣，為他的存在完全是身體；那裡沒有統一於身體的「心理現象」；身體**後面**什麼也沒有。相反身體完全是「心理的」。我們現在要研究的正是身體的存在的這兩種樣式。

一、做為自為的存在的身體：人為性

最初看來，我們前面的意見似乎走到了笛卡兒「我思」的材料的對立面。笛卡兒說過「心靈比身體更加容易認識」。由此他要根本區別能夠反思的思想的行為和應該通過神明保證其認識的身體的行動。據此，反思首先似乎只向我們顯示了意識的純粹行為。也許，人們是在這個層次上發現了一些現象，這些現象似乎是在自身中理解它們與身體的某種聯繫：「肉體的」疼痛，令人厭惡、愉快等等。但是這些現象完全不是意識的純粹行為；因此人們才傾向於使它成為一些**徵兆**，一些意識**偶因**身體**而**有的情感，而不了解人們因此才從意識中無可挽回地驅逐了身體，並且沒有任何一種聯繫再能重新聯結已是為他的身體的這個身體和人們聲稱表露了身體的意識。

畢竟不應該從那裡出發，而應該從我們與自在的原始關係出發：從我們在世的存在出發。人們知道，完全不是一方面是自為，另一方面是世界，就像兩個完全隔絕而又應該隨後發現它們如何聯繫起來的東西。而自為本身就是與世界的關係；由於它自己否認它是存在，它使得一個世界存在，由於它向著它自己的可能性而超越了這個否定，它發現那些「這個」是些工具性事物。

但是當我們說自為是在世的，意識是**對**世界的意識時，應該注意理解，世界是面對意識而存在的，意識就如同相互關係的未定多樣性，意識目的地掠過這多樣性並且無觀點地凝視著它。**對我來說**，杯子在水瓶左邊稍後一點的地方，**對皮埃爾來說**，它則是在右邊稍前一點的地方。甚至不能設想一個意識能遍及這樣一種世界，即杯子對它表現為**同時**在左邊又在右邊，在前邊又在後邊的。這完全不是由於嚴格應用了同一性原則，而是因為左右前後的相混將引起在原始的無區別的內部的「這個」完全消失。同樣，如果桌子腳使我看不見地毯的阿拉伯圖案，這完全不是由於我的視覺器官的某種極限性和某種不完善，而是因為一張地毯若既不被桌子擋住，也不在它的下面或上面，也不在它旁邊，它就與桌子不再發生任何一類的關係，它就不再屬於其中**有**這張桌子的「世界」：按「這個」的樣式表露出來的自在，退回到它的冷漠的同一性；空間本身做為一種純粹外在的關係將會消失。做為相互關係的多樣性的空間結構，事實上只能產生於科學的抽象觀點：它不可能被體驗到，它甚至是不可能表象的；我在黑板上畫三角形是為了幫助我進行抽象推理，就它**是**在黑板上而言，它必然是在與它的一邊相切的圓的右邊。而我力求超越用粉筆畫的圖形的具體特性，在這個過程中，我考慮到相對於我的距離並不比線條的厚度或圖形的缺陷要多。

於是，只是由於**有**一個世界，這世界才不能沒有相對於我而言的同質的定向（uneorientation univogue）而存在。唯心論正當地堅持是關係造成世界這一事實，但是因為它是建立在牛頓科學的基礎上的，它把這種關係設想為相互的關係。於是它只觸及到了純粹外在性的抽象概念、作用和反作用等的抽象概念，並且甚至因此，它欠缺世界並且只是解釋了絕對客觀性的做為限制的概念。總之，這概念回到「荒漠的世界」或「無人的世界」的概念，就是說回到矛盾之中，因為正是由於人的實在，才有了世界。於是，客觀性的概念旨在用表象間的互相契合的純關係來取代教條式真理的自在，如果人們把它推到極端，它本身就毀滅了。此外，科學的進步導致對這種絕對客觀性概念的否定。這就導致布洛格里把「經驗」稱作這樣一種東西：它是一個觀察者並不被排除在外的同質關係的體系。如果說微觀物理學不得不使觀察者回到科學體系之內，那這也不是以純粹主觀性的名義——它並不比純粹客觀性的概念具有更多的涵義——而是做為與世界的原始關係，做為地點及全部被考察的關係所趨向的東西。例如，正是因此海森堡的非決定論原則不能被認為是取消或者認可了決定論的公設。只不過客觀性概念自在地包括人和事物的原始關係及他在世界中的地位，而不是純粹事物間的聯繫。例如：人們不能使運動物體的體積按合比例的量增長而不改變它們的速度關係，這一事實充分說明的正是這點。如果我先只用眼睛，然後用顯微鏡看一個物體向別的物體移動，那我在第二種情況看似乎要快一百倍，因為儘管運動物體並不更靠近它移向的物體，它在同一時間內還是經過了比用眼看要大一百倍的空間。於是，速度的概念如果不是就運動物體的特定體積而言的速度的話，就沒有任何意義。但是正是我們本身通過我們在世界上的湧現本身來決定這些體積，並且我們的確應該決定它，否則它們就完全不存在。於是它們不是相對於我們獲得的認識，而是相對於我們對世界內部的原始介入（engagement）的。相對論完美地表述的正是：置身於一體系內部的觀察者不能以任何經驗決定這體系是靜止的還是運動的。但是這種相對性不是相對主義：它不涉及認識；更確切地說，它包含獨斷論的公設，根據這種公設，認識向我們提供了**存在的東西**。現代科學中的相對論針對的是**存在**。人和世界**是**一些相對的存在，它們存在的原則是關係。因此，原始的關係從人的實在進入世界：對我們來說，「湧現」就是拉開我與事物的距離，甚至由此造成事物的存在。但是因此，事物恰恰就是「與我有距離地存在的事物」。於是世界把我推向這樣一種單義的關係，這種關係就是我的存在，我通過這種關係使得世界被揭示出來。純粹認識的觀點是矛盾的；只有**介入的**認識的觀點。總之，這就是說，認識和活動只是一種原始而具體的關係的兩個抽象方面。世界的實在的空間是列文稱為「路徑學」空間。事實上，純粹的認識就是沒有觀點的認識。但是這是毫無意義的：進行認識的存在只是認識，因為他被他的對象定義，而且他的對象消失在完全無差異的相互關係中。於是認識只能是在人們**所是**的被決定的觀點中介入的湧現。對人的實在來說，存在就是在此之在，就是說「在椅子上」，「在桌子旁」，「在那座山頂上，連同這些維度，這種方位等」。這是一種本體論的必然性。

還應該做更深入的理解。因為這種必然性是在兩種偶然性之間顯現的：一方面，事實上，如果我在「在此」的形式下存在是必然的，那我的存在就完全是偶然的，因為我不是我之存在的基礎；另一方面，如果我介入這樣那樣的觀點是必然的，那我恰恰是在這樣的觀點中而不是在任何別的觀點中，這一事實就是偶然的。我們稱為自為的人為性的，正是這緊圍著必然性的雙重偶然性。我們在第二卷中已描述過它。那時我們已指出被虛無化的並被淹沒在絕對事件中的自在始終做為其原始偶然性保留在自為的內部，而這絕對事件乃是基礎的顯現或自為的湧現。於是，自為是由它自己使之復活並與之同化而又永遠不能消除的永恆偶然性，它在任何地方也不可能把握或認識這偶然性，即使是通過反思的我思，因為自為總是超越偶然性走向它自己的可能性，並且它只自在地遇見它應該是的虛無。然而偶然性不斷地糾纏自為，正是偶然性使我同時認為自己是完全對我的存在負責的又是完全無可辯解的。但是世界在這些對我的單向關係的綜合統一的形式下，把這種無可辯解性的形象呈現於我。世界**有秩序地**向我顯現，這是絕對必然的。在這個意義下，這秩序**就是我**，就是我們在第二卷最後一章中描述過的我的形象。但是這個秩序完全是偶然的。於是，它顯現為諸存在整體的必然而又無可辯解的安排。這種秩序是世界事物絕對必然和完全無可辯解的秩序，這種秩序乃是我自己，因為我的湧現使它必然地存在並且這秩序逃離了我，因為我既不是我的存在的基礎也不是一個**這樣的**存在的基礎，就是處在自為層次上的身體。在這個意義下，人們能夠把身體定義為**我的偶然性的必然性所獲得的偶然形式**。它不是別的，就是自為；在自為中**並**沒有一個自在，因為那樣的話，自為將會使一切都變得僵化。但是自為不是它自己的基礎，這是事實，這個事實被存在的必然性表達為介入諸偶然存在間的偶然存在。因此，身體無異於自為的**處境**，因為對自為來說，存在和處於是一回事：另一方面，它與整個世界同一，因為世界是自為的整個處境，是自為的實存的衡量尺度。但是一個處境不是純粹偶然的給定物，恰恰相反，處境只就自為超越它而走向自為自身而言才顯露出來。因此，自為的身體絕不是我能認識的給定物：它在此處被超越，它只有在我通過自我虛無化而逃避它時才存在；它就是自我虛無化的東西。它是被虛無化著的自為超越的自在，這自在在這超越本身中重新把握了自為。我是我自己的動機而不是我自己的基礎，這是事實；事實是我若不應該是我所是，那我就什麼也不是，然而，因為我應該是我所是，我就非應該是而是。因此在一個意義下，身體是自為的必然特性：真正說來它不是造物主隨意決定的產物，靈魂和身體的統一也不是兩個完全不同的實體的偶然結合，而是相反，身體必然來自做為身體的自為的本性，就是說，自為虛無化地逃避存在，這種逃避是在介入世界的形式下進行的。然而在另一意義下，身體正好表露了我的偶然性，它甚至只是這偶然性：笛卡兒派唯理論者理應受到這種特性的打擊；事實上，身體表現了我對於世界的介入的個體化。柏拉圖把身體設定為使靈魂個體化的東西，這同樣沒有錯。只不過，設想靈魂能通過死或純思想來與身體分離而脫離這種個體化是白費力氣的，因為靈魂就是身體正如自為**是**它自己的個體化。

如果我欲把這些意見用於感性認識的問題，我們就能更好地把握它們的意義了。

感性認識的問題是當我們稱為**感官**（sens）的某些對象沒於世界而顯現時被提出來的。首先我們觀察到「他人」有眼睛，而隨後解剖屍體的科技人員得知了這些對象的結構；它們分離開晶狀體和角質，又分離開視網膜和晶狀體。他們確定，晶狀體這對象屬於一個特殊對象的家族：各種透鏡的家族，並且人們能把他們研究的有關透鏡的幾何光學的規律應用於這對象。隨著手術器械的日臻完善，解剖工作越來越精確，這使我們得知，一束神經從視網膜伸至大腦。我們用顯微鏡觀察屍體的神經，我們精確地確定了神經通道，它們的起點和終點。因此，這種認識的總體涉及名為眼睛的某一空間對象，這些認識意謂著空間的和世界的存在；而且它們還意謂著我們能**看見**這個眼睛，能夠觸摸到它，就是說，我們本身需要一個感知事物的觀點。最後，所有技術的（解剖刀、手術刀的製造工藝）和科學的（例如使製造並使用顯微鏡成為可能的幾何光學）認識插到我們對眼睛的認識和眼睛之間。簡言之，做為我通過我的湧現本身而使其出現的東西，插到我和我解剖的眼睛之間。因此，更深入地考察使我們得以確定遍布我們身體的各種神經末梢的存在。我們甚至終於分別地作用於某些神經末梢並對活生生的主體實施了某些試驗。那時，我們就面對著世界的兩類對象：一類是：刺激物，另一類是：我們刺激的感覺細胞或自由神經末梢。刺激物是物理化學對象、電流、力學的或化學的施動者，我們精確地認識我們的性質，並且我們能使它們按規定的方式發生強烈和連續的變化。因此關鍵在於兩種物質性對象及它們能通過我們自己的感官或通過運用工具而被觀察到的物質性關係。對這種關係的認識重新假設了科學技術知識的完整體系，簡而言之，重新假設了一個世界的存在和我們在這世界上的最初湧現。而且，我們的經驗材料使我們能設想一種在做為對象—別人的「內心」和這些客觀觀察的總體之間的關係。事實上，我們已得知，通過對某種感官的作用，我們在別人的意識中「引起變化」。我們是通過**語言**，就是說，通過他人的有意義而客觀的反作用而得知這一點的。一個物理對象——粒子，一個生物學對象——感官，一個心理對象——別人，意義的客觀表露——語言：這些是我們應該確立的客觀關係項。它們中的任何一個都不能使我們脫離對象的世界。我們有時也會被生理學家或心理學家當作研究題目。如果我們參與這樣一種實驗，我們就會突然處在實驗室中並且我們感知到或多或少發光的屏幕，或者感覺到輕微的電擊，或者我們被一個對象所觸及，我們不能十分精確地規定這個對象，而我們在世界之中並相對我們自己來把握這個對象整個的在場。我們沒有一刻獨立於世界，對我們來說所有這些事件都是在巴黎中心，索爾本大學南邊的大樓實驗室裡發生的；我們仍然是面對著**他人**的，經驗的體驗本身要求我們能通過語言與他人交流。實驗者會隨時問我們：我們是否多少感到屏幕是被照亮了，還會問我們，我們是否多少感覺到人們施加給我們的壓力，而我們回答——就是說我們提供有關在我們的世界之中顯現的事物的客觀情報。可能有一個笨拙的試驗者曾問過我們「我們是否多少感覺到了光的強烈度？」這句話對我們來說沒有任何意義，因為我們沒於對象之中，我們已在觀察這些對象。因此，我們回答說，我們感到光，似乎不夠強烈，但是我們由此理解到，屏幕**在我們看來**是不夠亮。而這個「在我們看來」並不與任何實在的東西相符，因為我們**事實**上認識了屏幕是不太亮的，如果這不是努力不混淆**對我們來說**的世界的對象性與一個更嚴格的對象性，即為了得到實驗手段和在這些手段向精神諧調的結果的話。我們無論如何不能**認識到**的，是實驗者在此期間觀察的對象，即我們的視覺器官或某些觸覺神經末梢這樣一些對象。因此，在實驗結束時所獲得的結果只能是處在兩個**對象**系列的關係之中：在實驗期間對我們表現出來的一些對象和同時對實驗者表現出來的一些對象。屏幕的照亮屬於**我的世界**；我的眼睛做為對象器官屬於實驗者的世界。這兩個系列的聯繫想成為兩個世界之間的一座橋樑；在任何情況下，這種聯繫也不能成為主觀和客觀之間交通的跳板（table）。

人們為什麼事實上在巴黎的**二月裡的**一天，在這個實驗室裡對我顯現的那些發光的、或沉重的、或有香味的對象總體稱為主觀性呢？如果我應該不顧一切地把這個總體看成是主觀的，為什麼在這同一個實驗室，同一個二月的一天，不承認對於同時對實驗者表現出來的諸對象的體系的客觀性呢？這裡沒有兩種砝碼或兩種尺度：我們在任何地方都不會遇到表現為純粹被感覺到的某種東西的，也不會遇到對我來說沒有客觀化而被實際體驗的某種東西。這裡一如既往，我是有**對世界的**意識的，並且在世界的基礎上意識到某些超越的對象。一如既往，我**超越**對我表現出來的東西而奔赴我應該是的可能性，例如奔赴正確回答實驗者的可能性和使實驗成功的可能性。無疑，這種對比能夠提供某些客觀結論：例如，當我把我的手浸入熱水後再浸入溫水時，我能察覺到溫水對我顯得是冷的。但是人們誇大其詞地稱為「感覺的相對性法則」的這種看法與感覺沒有任何關係。這裡真正涉及的是對象對我表現出來的一種品質：當我把發燙的手伸進溫水時，溫水是冷的。不過，水的這種客觀品質與同樣客觀的情況——溫度計告訴我們**的**情況——相對比向我揭示了一個矛盾。這個矛盾從我的方面指出了對真正客觀性的自由選擇。我把我還沒有選擇的客觀性稱為主觀性。至於「感覺的相對性」這類理由，更深入的觀察在我稱為**格式塔**的某些客觀的和綜合的結構中向我揭示了它們。繆勒—里耶錯覺（Müller-Lyer illusion），感覺的相對性等都是給予涉及這些完形的結構的一些客觀法則的名稱。這些法則沒有把一些**顯象**告訴我們，但是這些法則涉及一些綜合結構。我在這裡只是涉足於我在世界中的湧現使得諸對象之間發生**關係**的範圍。它們做為**完形**表現出來的就是如此。科學的客觀性在於分別考察諸種結構，完全孤立的結構，把這些結構從總體之中孤立出來：從那時起，這些結構連同別的特性一起顯現出來。但是在任何情況下，我們也沒有脫離存在著的世界。人們同樣會指出人們稱為「感覺的閾限」或感官特性的東西歸結為對這樣的對象的純粹規定。

可是，人們曾希望這種刺激物對感覺器官的客觀關係超越自身走向客觀的東西（可感的刺激器官）和主觀的東西（純粹的感覺）之間的關係，而這主觀的東西是被以感覺器官為中介而刺激我們的行動來定義的。感覺器官在我們看來是受刺激而受影響的：事實上，在感覺器官中表現出來的原生質的和物理—化學的變化，不是這個器官本身的產物：它們是**從外界**進入器官的。至少，我們肯定這點是為著繼續忠實於把整個本質確立為外在性的惰性原則。因此當我們建立起客觀體系——我們現時地感知到的可感的刺激——器官——和對我們來說是對象—別人的內在性質總體這個主觀體系之間的互相聯繫的時候，我們被迫承認，與感官刺激相聯繫，在這種主觀性中剛剛顯現的新模式，也是被與不同於它本質的事物產生的。如果這種新樣態事實上是自發性地自己產生的，它就會被完全切斷了與被刺激的器官的聯繫，或者可以說人們能在它們之間建立起**任意的**關係。因此我們設想了一種相應於最小的和最短促的可感刺激的客觀統一，並且我們稱之為感覺。我們把惰性賦予這種統一，就是說，這種統一是一種純粹的外在性，因為從「這個」出發設想的統一，它分享有自在的外在性。這種被拋入感覺內部的外在性幾乎染指了它的存在本身：外在性存在的理由和它存在的機緣都是在它之外的。因此，它是**對它自己而言的**外在性。同時，它存在的理由不在於本性與它相同的某種「內在的」事實，而是在於一個實在的刺激的對象，在於作用於一個別的實在對象、感覺器官的變化。然而，仍然不能設想，存在於某一存在層次上的並且不能只通過它自身而自我保持存在的某一存在，它的存在能被一個在根本不同的存在的存在層次上持續的存在物所規定，我為了支持感覺並給它以存在，設想一種與之同質並與它一樣被構成外在性的中心。我把這個中心稱之為精神，甚至有時稱之為意識。但是，這意識，我以為是**別人的**意識，就是說是一個對象。然而，因為我想建立在感覺器官和感覺之間的諸關係應該是普遍的，我提出，這樣設想出來的意識應該也是**我的**意識，它不是**爲他的**，而是自在的。於是，我規定了一種內在的場所，被稱為感覺的某些形象，因外部刺激而在這場所之中被構成。這些場所是純粹被動的，我聲明它**承受了**它的感覺。但是，我不僅由此認為它是充當感覺的子宮的內在中心。我現在借助於世界的生物學視覺，是向我的被考察的感覺器官的對象概念借用這種視覺，並且我要求這內在場所**經歷**它的感覺。於是「生命」是我建立在被動的中心和這中心的被動樣式之間的神妙的聯繫。精神沒有產生它自己的感覺，因此，感覺對精神仍然是外在的：但是另一方面，精神在經歷這些感覺過程中把它們化歸己有。「被經歷的」和「活生生的東西」之間的統一事實上不再是空間並列，也不是內容和容器的關係：它是一種神奇的固有。精神完全是它自己的感覺而同時又總是有別於它們。於是，感覺變成一個特殊類型的對象：惰性的，被動的，僅僅是被經歷過的。在這裡我們被迫賦於它絕對的主觀性。但是應該弄懂主觀性這個詞。這裡，這個詞不意謂著對一個主體的從屬，就是說從屬於自發地發生的自我性。心理學的主觀性完全是另一種東西：它相反表示著惰性及任何超越性的缺乏。不能脫離自身的東西是主觀的。顯然，就做為純粹外在性的感覺只能是就精神中的印跡而言，就它只是自我、只是由一種騷動在心理場所中構成的那種形象而言，它不是超越性，它是單純被承受的，是我們的易感性的單純規定：它是主觀性，是因為它完全不是**表象**，也不是復現表象。做為對象—他人，這主觀的東西單純是個封閉的盒子。感覺就在這盒子裡。

感覺的概念就是這樣。人們可以看到它的荒謬性。首先，這概念純粹是人造出來的。它完全不適合於我對我本身或對他人經驗到的東西。我們只不過把握了客觀的宇宙；我們所有的客觀規定都設定了世界，並且做為對世界的諸種關係湧現出來。感覺則設定：人已經是在世界上了，因為人具備感覺器官，並且，感覺做為它與世界的關係的純粹中斷在自身之中顯現。同時，這種主觀性表現為一種必然基礎，應該在這個基礎上重新建立起這些超越的關係，是主觀性的顯現剛剛使這些關係消失。於是，我們遇到了這三點思想：（一）人們應該從某種實在論出發來建立感覺：人們把我們對他人，對他人的感官和對施感工具的知覺看成有效的。（二）但是在感覺的層次上，這整個實在論都消失了：感覺這純粹被承受的變化，只向我們提供了有關我們本身的情報，它是「被經歷的」。（三）然而，我正是把感覺當作我認識外部世界的基礎。這基礎不可能是一種與諸事物的**實在**聯繫的基礎：它不能使我們去設想一種精神的意向性結構。我們不應該把與存在的直接聯繫稱之為**客觀性**，而應該把某些更多地表示永久性和規則性、或緊密地與我們的表象總體結合的感覺黏連稱之為**客觀性**。尤其是，正是因此，我們應該定義我們對他人的感知、對他人的感覺器官的感知和對施感工具的感知：關鍵在於一種特殊協調的主觀結構，這就是一切。在這個水平上，問題不在於以我在他人那裡或在我本身中感知到的感覺器官來說明我的感覺，而是正相反，我正是把感覺器官解釋為我的諸感覺的某種聯合。人們發現了一種不可避免的循環。我對他人感官的感知為我充當了解釋感覺、尤其是解釋**我的**感覺的基礎；但是反之亦然，如此設想的我的諸種感覺構成了我對他人感官的感知的唯一**實在性**。在這個循環中，對象是同一個：他人的感覺器官既沒有同樣的本性也沒有對它的任何一個顯現來說的同樣的真理。它首先是**實在**，而且恰恰因為它是實在，它奠定了反駁它的學說的基礎。表面看來，古典的感覺理論的結構，恰是「說謊者」的犬儒主義論證的結構，在這結構中，正是因為克里特島人說實話他才感到他在說謊。但是此外我們也曾發現，感覺是純粹主觀性的。人們怎麼能希望我們用主觀性構成一個對象呢？任何一個綜合群體都不能把客觀品質給予原則上是被經歷過的東西。如果應該有對世界對象的感知，我們就應該從我們的湧現本身起就面對世界及對象。感覺，做為在主體和對象之間雜生的概念，做為從對象出發被設想，並且隨後應用於主體的東西，是一種人們無法說它是否是事實或正當的存在，感覺是純粹心理學的幻想，應該根據意識和世界的關係斷然把它從所有嚴肅的理論中驅逐出去。

但是如果感覺只是一個詞，感官變成什麼了呢？人們也許承認我們絕不會在我們本身之中遇到感覺這個幻想的，絕對主觀的印象，人們會承認我只不過把握了這本子，這葉子的綠色**本身**而絕沒有把握對綠色的感覺，甚至也絕沒有把握胡塞爾當作意向性在「對象綠色」中復活的材料質料（matiere hylétique）提出的這種「準綠色（quasi-vert）」；假設現象學還原是可能的——這點還有待證明——人們毫不費力地聲明自己相信這還原將使我們面對被括在括弧裡的對象，它們是諸位置活動的純粹互相關係，而不是諸印象殘留的互相關係。但是**感官**仍然如故。**我看見**綠色，我觸到這光滑的大理石並且是冷冰冰的大理石。一次偶然事件能使我失去整個一個感官：我可能喪失視力，變成聾子，等等。那麼一個不為我們提供感覺的感官是什麼呢？

回答是容易的。首先讓我們指出，**感覺**到處都是，又到處難以把握。桌子上的這墨水瓶，以一個物的形式被直接向我表現出來，然而它是**通過視線**向我表現出來的。這意謂著它的在場是一個可以看見的在場，並且意謂我意識到它對我表現為可以看見的，就是說我有（對）看（的）意識。但是，在視線是對墨水瓶的**認識**的同時，視線逃避了一切認識：沒有對視線的認識。甚至反思也不會給予我們這種認識。我的反思意識事實上給予我的是**對**我對墨水瓶的反思意識**的**認識，而不是給予我感覺器官活動的認識。正是在這種意義下，應該援引奧古斯特．孔德的著名公式：「眼睛不能自己看見它自己。」事實上，如果說一種別人的器官的結構、我們的視覺器官的偶然組織能使第三者的眼睛在我們的雙眼看的時候來看我們的雙眼。在我的手觸摸的時候我難道不是能看見並觸到它嗎？但是那時我是用別人的觀點對待我的感官：我看到對象—眼睛；我不可能看到在看的眼睛，我不能夠觸摸到在觸摸時的手。因此，在感官是為我的時候，感官是不可把握的：它不是我的感覺的無限集合，因為我遇到的只不過是世界的對象；另一方面，如果我在我的意識之上建立一個反思的視覺，我就會遇到了我**對**這樣或那樣的「世內事物」**的**意識，而不是我的視覺或觸覺感官；最後，如果我能看見或觸到我的感覺器官，我揭示的是世內的純粹對象而不是發現或構造的活動。可是感官在那裡，**存在著**視線、觸摸、聽。

但是，另一方面，如果我考察對我顯現的**被看見**的對象體系，我就會看到這些對象不是按任意的秩序對我表現出來的：它們**被定向**。因此，既然感官既不能被一個能把握的活動定義也不能被一個被體驗到的狀態序列所定義，我們還得努力通過對象去定義它。如果看不是視覺感覺的總和，它能是被看見的對象系統嗎？在這種情況下，應該重新提出我們剛才指出的**定向**這個觀念，並且應該努力把握它的意義。

首先，讓我們注意，定向是事物的一種構成結構。對象在世界的基礎上表現出來並在外在性與剛剛顯現的別的「這個」的關係中表露。於是它的揭示暗含著整個感知域或世界這末分化基礎的補充性結構。形式和基礎之間關係的這種形式的結構因此是必然的；總之，視覺或觸覺或聽覺域的存在是一種必然性：例如寂靜是未分化聲音的發聲域，我們體察的特殊聲音則淹沒其中。但是**這樣的**「這個」和基礎間的物質性聯繫同時是被選擇的和被給定的。它被選擇是因為自為的湧現是以世界為基礎對**這樣**一個「這個」的明白的、內在的否定：我注視杯子和墨水瓶。它被給定是在這樣一個意義下說的：我的選擇的進行是諸多「這個」的一種原始安排，這種安排表現了我的湧現的人為性本身。這本書在桌子的右邊**或**左邊向我顯現是必然的。但是，它恰恰在左邊向我顯現是偶然的，並且最終我是自由地注視桌子上的**這本書**或托著這本書的**桌子**的。我們正是把這種必然性和我的選擇的自由之間的偶然性稱為**感官**。這偶然性意謂著，對象**總是完全同時地向我顯現**——我看見的就是立**方體**、**墨水瓶**、**杯子**——但是，這種顯現總是在一種特殊的背景中發生的，這個背景就是它與世界這基礎和別的「**這個**」的關係。我聽見的總是**小提琴奏出的**音符。但是我必然是**通過開著的門或窗戶**或在音樂廳中聽見的：除非對象不再是沒於世界的或不再是對一「湧現於世界上的存在者」表露的。但是，另一方面，如果所有的「**這個**」不可能**同時**在世界這基礎上顯現並且這些「這個」與基礎融合是真的，如果任何一個**這個**都只能以唯一的方式**同時**表露出來是真的，儘管對它說來有無數顯現的方式，顯現的這些尺度就不應該被認為是主觀的和心理的：它們是嚴格客觀的和來自事物的本性的。如果墨水瓶向我遮住了桌子的一部分，這不是由於我的感官的本性，而是由於墨水瓶和光線的本性。如果對象因離遠而縮小了，也不應該用人們所不知道的觀察者的某種幻覺而應該用場景的完全外在的法則來解釋。於是，通過這些客觀法則，客觀的精確歸屬中心被定義為：例如，眼睛就是諸如在場景的圖式中所有客觀的光線彙集向那裡的點。於是，感知域歸屬於一個被這歸屬客觀地定義並位於圍繞著它被定向的場域本身上的中心。只是這個中心，做為被考察的感知域的結構，我們並沒有看見它：**我們是它**。於是，世界對象的秩序永遠把一個對象的形象送到我們這裡，而這對象原則上不可能是**爲我們的**對象，因為它就是我們應該是的。於是，世界的結構意謂著，我們只能是在被看見的時候才能看見。世界之間的諸歸屬只能被當作世界對象，並且被看見的世界永遠定義著一個可見的對象，它的場景和安排推回到的這個對象上去。這個對象在世界之中顯現並且是與世界同時顯現；它總是附帶地與無論怎樣一組對象一起表現出來：因為它被這些對象的定向所定義：沒有這個對象，就沒有任何定向，因為所有這些定向都是等價的；它是給世界定向的無數可能性中間的一個定向的偶然湧現；它是被提昇為絕對的**這種**定向。但是在這個層次上，這個對象對我們來說只做為抽象的指示存在：它是一切向我指出的東西，並且是我原則上不能把握的東西，因為我正**是**這個東西。事實上，我是的東西，在我是它的時候，原則上不可能是為我的對象，因為**我是它**。世界上的物所指示著的並且這些物圍繞著的那個對象是為它自己存在的，並且原則上是一非對象。但是，由於我的存在的湧現，**從一個中心**出發擴展距離，所以它通過這擴展活動本身規定了一個當它使自己被世界指示時就是它自己的對象，然而我不能把這個對象直觀為對象，因為我就是它，我就是對我自己的顯現，而這個顯現則做為就是其固有虛無的存在。於是，我的「在世的存在」，只是由於它**實現**了一個世界而使它本身被它實現的世界指示為一個「沒於世界的存在」，並且不可能是別樣的，因為除了成為**世界的存在**之外，不可能有其他用以進入與世界聯繫的方式。我不可能實現一個我不在其中並做為輕掠而過的凝視的純粹對象的世界。而且相反，我應該投身於世界中以便使世界存在並且使我能超越它。於是，說我進入了世界，「來到世界」或者說有一個世界或我有一個身體，那都是同一回事。在這個意義下，我的身體在世界上是無處不在的：它在那裡，煤氣燈遮住了長在人行道旁的小灌木，複折屋頂在第七層樓的窗戶之上或者小汽車從右到左奔馳而過、在大卡車後邊，或者穿過馬路的女子顯得比坐在咖啡館平臺上的男子矮小，我的身體就在這些事實之中。我的身體是與世界同一外延的，它完全散布在事物中，同時聚攏在所有事物指示的、而且我無能認識的那唯一的點上。這應該使我們能懂得感官是什麼了。

感官不是在可感的對象**之前**表現出來的；事實上，難道它不是可以做為對象向他人顯現嗎？它同樣不在可感對象**之後**被表現出來：那樣的話就應該假設一個不可言傳的諸形象的世界，即實在的簡單複製的世界，它們顯現的機制都是可以想像的。感官是與對象同時的；它們甚至是在場景中向我們揭示的個人的事物。它們只不過是代表了這種揭示的客觀尺度。於是，看並不**產生**視覺的**感覺**；它同樣不是被光線**所影響**，而看是所有可見對象的集合，這些對象之間客觀的，相互的關係全部歸屬於某種做為尺度的重大選擇——同時也是接受——並歸屬於場景的某個中心。按這個觀點，感官無論如何也不相當於主觀性。人們在感知域內能記錄下來的所有多樣性事實上是**客觀的**多樣性。尤其是人們能以「闔上眼皮」來消除視覺，這一事實是一個**外在**的事實，它不歸結於統覺的主觀性。事實上，眼皮是混雜在許多別的對象中的一個被感知的對象，並且對我遮掩其他對象，這是由於它與其他對象間的客觀關係：**不再看見**

我的房間裡的各種東西是因為我閉上了眼睛，這就是**看見**了我的眼簾；以此類推，如果我把我的手套放在桌子的檯布上，**不再能看見**檯布上的這種圖案，恰恰就是看見了手套。同樣地，影響一個感官的意外事故是屬於對象的領域：「我看見黃色」，或者因為我有黃疸病，或者因為我戴了黃色的眼鏡。在這兩種情況下，現象的理由不在感官的主觀變化中，甚至也不在器官的變異，而是在於物質世界對象之間的客觀關係：在這兩種情況下，我們都是「通過」某種事物看見的，並且我們視覺的**現實**都是客觀的。最後，如果按這種方式或另一種方式，視覺的歸屬中心被毀滅了，（毀滅只可能來自按其固有法則發展的世界，就是說，按某種方式表現我的人為性）諸可見對象不是一下消失了。它們繼續**爲我地**存在，但是它們的存在不再有任何做為**可見整體**的歸屬中心，不再有任何特殊「**這個**」的顯現，就是說它們在絕對的相互關係中存在。於是，正是自為在世界中的湧現同時使世界做為事物的整體感官做為事物的品質用以表現出來的客觀方式而存在。基本的東西是我與世界的關係，並且這關係依照人們所持的觀點同時定義了世界及感官。失明、色盲、近視根本表象了使世界為我地**存在的方式**，就是說它們規定了我的視覺感官是因為後者就是我的湧現的人為性。這就是為什麼我的感官能被我、然而**空洞地**、從世界出發地客觀地認識並定義的原因：只需我的理性的及普遍的思想抽象延續諸種昭示，這些昭示是在**我**的感官上給予我本身的，並且只需這種思想從這些信號出發**重新構成**感官，就像歷史學家按照指示著歷史人物的遺跡重新構造歷史人物一樣。但是在這種情況下，我在純粹理性的基礎上，在通過思想使世界抽象化的過程中重新構造了世界：我飛掠過世界而沒有依附於它，我置身於絕對客觀的態度中並且感官變成諸對象之中的一個對象，一個**相對的**歸屬中心，並且它本身假設了一些座標。而甚至因此，我在思想中建立了世界的絕對相對性，就是說，我提出了所有歸屬中心是絕對等價的。我摧毀了世界的物質性，我甚至沒有懷疑它。於是，由於世界永遠指示著我所是的感官，並且誘使我重新構造它而使我去消除人差，當我在世界上重新構造世界的歸屬中心——世界正是為之而安排的——時，我就是這個人差。但是同時，我逃避了——由於抽象的思想——我所是的感官，就是說我切斷了我與世界的聯繫，我處在單純飛越的狀態並且世界迷失在它的絕對等價的無數可能關係中。事實上，感官就是我們在沒於世界的形式下應該是的我們的在世的存在。

這些意見能推而廣之；它們完全能應用於**我的身體**，我的身體是諸事物指示著的整個歸屬中心。尤其是，我們的身體不僅僅是人們長期稱為的「五種感官的所在地」；它也是我們行動的工具和目的。甚至不能夠按照古典心理學的術語本身來區別「感覺」和「行動」：當我們提請人們注意實在既不對我們表現為**物**也不對我們表現為**工具**，而是對我們表現為工具—事物的時候，我們指的正是這一點。這就是為什麼我們能把我們揭示感官的真實本性的論證當作研究身體這行動中心的導索。

事實上，人們一把行動的難題表達出來，就很可能落入後果嚴重的混亂。當我握住筆桿並把它浸入墨水瓶時，我就在行動。但是如果我注視著皮埃爾，他在同一瞬間走近了桌邊的一把椅子，我就看到他在行動。於是這裡有一種可能犯下一種錯誤的明顯的危險，即我們關於感官暴露出的，就是說從別人的行動出發解釋**我的為我存在**的行動暴露出的錯誤。因為事實上，我在一個行動發生的同時能夠**認識**的唯一行動，就是皮埃爾的活動。我看見了他的動作並且我同時規定了他的目的：他走近桌旁的椅子**以便**能坐在桌子旁邊寫他對我說過要寫的一封信。於是我能把椅子和搬動了它的身體的所有中介位置當作工具性的組織：它們是達到被追求的目的的手段。因此在這裡，「別人」的身體對我顯現為沒於別的工具的一個工具，而且還做為掌握一些**工具的**工具，總之，是做為一種機械工具。如果我在對別人的身體的認識指引下為**我的**行動解釋**我的**身體的作用，那麼就自認是我安排了我能按我的意願安排的某種工具，而這工具反過來，根據我追求的某種目的將安排別的工具。於是，我們回到了心靈的身體的古典區別上來：心靈使用身體這一工具。平行論再加上感覺的理論就完全了：事實上我們已看到，這種理論從認識別人的感官出發，並且隨後把嚴格相同於我在他人那裡感知到的感覺器官的感官賦予我。我們也已看到一個類似的理論直接遇到的困難：因為那時我是通過我自己的感官，形變著的器官，只能根據它自己的感受向我提供情況的折射介質來感知世界，尤其是感知他人的感覺器官。於是，這種理論的結論破壞了用來建立這些結論的原則本身的客觀性。行動的理論有一種類似的結構，它遇到類似的困難；如果我事實上從他人的身體出發，我就把它把握為一個工具並且同時我自己把它當作一個工具來為我服務：我事實上能夠**使用它**來追求我不可能獨自達到的一些目的；我通過一些秩序或一些要求**支配著**它的活動；我也能通過我自己的活動引起它的活動，同時我應該謹慎對待在使用中特別危險和棘手的工具。我對這工具的態度，就像一個工人在操縱機器的運動並避免被它傷害時所採取的複雜態度一樣。再說一遍，為了以最符合我的利益的方式使用他人的身體，我需要我自己的身體這一工具，正如為了感知他人的感覺器官，我需要真正是我的感覺器官的別的感覺器官。因此如果我按對他人的身體的形象設想我的身體，我應該精心使用的正是這個在世的工具並且正是這工具是操縱別的工具的關鍵。但是我與這種享有特權的工具的關係只能是技術，並且我需要一種工具來操縱這個工具，這把我們推到無限。那麼如果我把我的感覺器官設想為別人的感覺器官，就需要一個感覺器官來設想它們——而如果我把我的身體當作與別人的身體相同的工具，也就要求一個工具來操縱它——而如果我拒絕設想這種對無限的求助，那我們就應該承認被一個心靈操縱的物理工具這個悖論，人們看到，這就使人落入錯綜複雜的難題之中。毋寧讓我們注意，我們是否能在這裡像在那裡一樣盡力為身體恢復其「為我們的本性」。這些對象在它們在其中占據一個被規定的**地位**的工具性複合體中向我們揭示出來。這個地位不是用純粹空間座標，而是為著實際參據的一些軸線被定義的。「杯子**在板子上**」，這意謂著如果人們搬動這板子的話就應該小心不要把杯子碰翻。一盒菸草**在壁爐上**：這意謂著如果人們想去抽菸斗的話就應該走過三公尺的距離，並避開某些障礙物：獨腳小圓桌、安樂椅等，它們是安放在壁爐和桌子之間的。在這個意義下，感知和**世界**中諸存在物的實際組織沒有任何區別。每個工具都被推向別的工具：那些是它的**關鍵**的工具和那些它是其

關鍵的工具。但是這些推回不是被純粹沉思的意識把握的：對一個這樣的意識來說，錘子不會歸結為釘子；它在釘子**旁邊**；況且「**在旁邊**」這種表達如果沒有勾勒出從錘子到釘子並且**應該**被**越**過的道路，那就完全失去了意義。我所發現的原始空間是路徑學的空間；它是道路的縱橫交錯，它是工具性的並且它是工具的位置。於是，從我的自為剛一湧現起，世界就被揭示為指示著應該進行的活動的，這些活動歸結為別的活動，而那些別的活動又歸結為另外別的一些活動，以至無窮。儘管如此，還是應該指出，如果按這**觀點**，感知和活動是不可分辨的，行動那時則會表現為超**越**單純被感知的東西的某種將來的效力。被感知的東西做為我的自為面對它的在場，向我表現為共同在場，它是直接的接**觸**，現時的依附，它**觸**掠到我。但是，它這個樣子呈現出來，我不能現時地把握它。被感知的事物是誘惑人的，矯揉造作的；並且，它可能向我揭示的任何一種性質，它心照不宣地同意的任何一種放棄，向別的對象的任何有意義的推回，都是未來的開始。於是我是**面對**只被預逃的事物的，在我不能占有的，並且做為事物的純粹「此在」的不可表達的在場之外的，就是說，我是我的「此在」、我的人為性，我的身體。茶杯在那裡，在茶盤上，它連同它**在此的底**現時地向我表現出來，一切都昭示了這個底，而我卻看不見它。如果我想看見杯底，就是說想明確它，使它「在杯子的底上顯現出來」，我就應該握住杯子的把，並且把它倒過來；杯子底結束了我的謀劃，並且它相當於說杯子別的一些結構指出它是杯子必不可少的部分或說這些結構向我指出它是將以它的意義把杯子最好地化歸我有的活動。於是世界，做為我所**是**的諸可能性的互相關係，從我湧現時起，就顯現為我的所有可能行動的巨大藍圖。感知自然地向著行動自我超越；或不如說，它只能在行動的謀劃中並且通過行動的謀劃表現出來。世界表現為「總是空洞的將來」，因為我們總是我們自己的將來。

然而應該指出，這樣向我們揭示出來的這個世界是嚴格的。諸工具性事物指示著別的一些工具或者和它們一起使用這些工具的客觀方式：釘子是以這樣或那樣的方式「釘入」的，錘子是「被抓著柄」

的，杯子是通過「把手被把握」的，等等。事物的所有這些性質被直接揭示出來並且拉丁語的動詞變格奇蹟般地表達了它們。也許它們是我們所是的諸非正題謀劃的相應關係，但是它們僅僅表現為世界的結構：潛在性、不在場、工具性。於是，世界對我顯現為客觀地逐段連接的：「它從不歸結為創造性的主觀性而是歸結到工具的無限複合。」

然而，每一個工具都歸結為別的工具，而這些別的工具又歸結為另外一些工具，一切都以指出做為它們全體的關鍵的工具而告結束。這歸屬中心是必然的，否則，一切工具性將變成等價的，世界將由於動詞變格的完全未分化而消失。迦太基對羅馬人來說是「誓死要消滅的」(delenda)，但是對迦太基人來說是「要為之服務的」(servanda)。沒有與這些中心的關係，它就將一無所是，它恢復了自在的冷漠，因為這兩種動詞變格消失了。可是恰恰應該看到，這**關鍵**絕不是**被給**予我，而只是「空洞地被指示物」。我在行動中客觀地把握的東西，就是互相牽制的工具世界並且任何工具，因為是在使我適應並超越這些工具的活動本身中被把握的，都推回到我應該能去使用的別的工具。在這個意義下，釘子推回到錘子並且錘子推回到使用它的手和胳膊。但是正是只就我叫他人釘釘子而言，手和胳膊才反過來變成我使用的並且向它們的潛在性超越的工具。在這種情況下，他人的手把我推回到使我能使用這隻手的工具（威脅—允諾—報酬等）。第一項總是在場的，但是它只是被**指示的**：我在寫的活動中不是握住**我的**手而只是握住了在寫的筆桿；這意謂著我使用筆來寫信但是沒有使用**我的**手來拿住筆。對我的手與對筆桿來說，我使用的態度是不同的；我就**是**我的手。就是說我的手中斷了推回，並且是推回的結果。手僅僅是筆桿的使用。在這個意義下，它同時是「要寫的書—寫在紙上的符號—筆桿」系列最後工具所指示的不可認識及不能使用的項，又同時是這整個系列的定向：被印出的書本身歸屬於它。但是我只能認為手——它至少在活動——是整個系列逐漸消失的回歸。於是，在用劍，用棍棒的決鬥中，我的眼睛留神的並且我舞動的正是棍棒；在寫的活動中，我通過與劃在紙張上的紙條或格子的綜合聯繫所注意的正是筆尖。但是我的手消失了，它在工具性複合體系統中消失以便使這系統存在。簡單地說，它就是這個系統的意義和定向。

於是，我們似乎處在一個矛盾的雙重必然性面前：所有工具只有以別的工具為中介才能使用——甚至才能把握，宇宙是從工具到工具地無限定地客觀推回。在這個意義下，世界的結構意謂著我們只能因我們本身是工具而使我們進入工具性領域，我們不可能不**被作用**而起**作用**。不過，另一方面，一個工具性複合體只能通過這個複合體的主要意義的規定被揭示，並且這種規定本身是實踐的和能動的——釘一顆釘子，撒一些種子。在這種情況下，複合體的存在本身直接歸結到一個中心。於是這個中心同時是一個被歸屬於它的工具領域規定的客觀工具而且是因為我們被推到無限而不能使用的工具。我們並不運用這種工具，我們就**是**它。除非通過世界的工具性秩序，通過路徑學的空間，通過機械的同質的或互相的關係，它才能對我們表現出來；但是它不能夠對我的行動表現：我既不必適應它也不必使一個別的工具適應它，相反它就是我對工具的適應本身，我是我所是的適應。這就是為什麼如果我們單單根據他人的身體類比式地重建我的身體，就仍會有兩種把握身體的方式：或者**它被認識**並從世界出發，但是空洞地被定義；為此，理性思維從我使用的工具得出的指示出發重新構造我所是的工具就夠了，但是在這種情況下基本的工具變成了本身假設了別的一些工具以便使用它的相對歸屬中心，並且同時，世界的工具性消失了，因為為了被揭示，它需要歸屬於一個工具性的絕對中心；行動的世界變成古典科學中的**被作用**的世界，意識飛越了外在的宇宙並且不再能以任何方式進入世界。或者身體**具體地**並完全地**被給定**為事物的安排本身，自為超越這安排走向新的安排；在這種情況下，身體在每一行動中出現，儘管是不可見的——因為行動揭示出錘子和釘子，制動器和變速器，而不是在制動的腳或在釘的手——它是**被體驗到**而非**被認識**的。這說明了曼·德·比朗努力用來回答休謨挑戰的有名的「努力感」(sensation d'effort)是心理學的玄想。我們從沒有對我們努力的感覺，但是我們也同樣沒有對人們試圖用來代替它的周身神經系統、肌肉、骨骼、腱、皮膚的感覺：我們感知到事物的反抗。當我想把杯子送到我的嘴邊時我感知到的東西，不是我的努力，而是**杯子**的重量，就是說它對進入工具複合物的抵抗，是我使之在世界上顯現的。巴什拉有理由指責現象學沒有充分分析他稱之為對象「敵對率」（coefficient d'adversité）的東西。[1]這種指責對海德格的超越性和胡塞爾派的意向性一樣都是正當的和有價值的。但是應該懂得，工具性是第一位的：正是就一個原始工具的複合體而言，事物揭示了它們的抵抗和它們的敵對性。螺絲釘對上進螺母來說顯得太粗，支架對支持我想支撐的分量來說顯得太脆弱，石塊對被舉到牆脊上來說顯得太重，等。有的對象對已經建立的工具性複合體顯現為威脅：風暴和冰雹對莊稼的威脅，根榴蚜對葡萄樹、火對房屋的威脅。於是，通過已經建立的一些工具性複合體，它們的威脅逐漸地擴展到所有這些工具指示著的歸屬中心，並且這威脅反過來通過它們指示著這中心。在這個意義下，所有的**手段**同時是順應的又是敵對的，但是，它是在通過自為在世界上湧現而被實現的基本謀劃的範圍內的。於是我的身體從根本上說是被工具的複合體、其次也是被重建的工具指出的。我在威脅性的工具溫順的工具上都一樣體驗到我的身體是在危險之中。到處都是這樣：毀滅了**我的**房屋的炸彈同樣傷及了我的身體，因為房屋已經指示著我的身體。因為我的身體總是通過它使用的工具擴展：它在我依持的拄著地的棍子的端點；在向我指出星體的天文望遠鏡後邊；在椅子上，在整個房屋中，因為它就是我對這些工具的適應。

於是，經過這些敘述，感覺和行動被重新結合起來並且只是一回事。我們已不再**首先**賦予我們一個身體以便**然後**研究我們用以把握或改變世界的方式。而是相反，我們把我們與世界的原始關係，就是說，我們沒於存在的湧現本身做為把身體揭示為身體的基礎。身體**對我們來說**遠非第一位的並且它遠非為我們揭示事物，而是這些工具—事物在它們的原始顯現中為我們指出我們的身體。身體不是事物和我們之間的一個屏障；它只表露我們的個體性及與工具性事物的原始關係的偶然性。在這個意義下，我們曾把感覺及感覺器官一般地定義為我們按沒於世界存在的形式應該是的我們的在世的存在，我們同樣能把行動定義為我們在沒於世界的工具性存在的形式下應該是的我們的在世的存在。但是，我之所以是沒於世界的是因為我以超越存在走向我本身而使世界存在；並且我之所以是世界的工具是因為我通過把我自己向著我的諸種可能的謀劃使得一般的工具存在。只有在一**個世界**中才可能有一個身體，並且一種原始的關係對這世界的存在來說是必不可少的。在一個意義下，身體就是我直接所是的；在另一個意義下我與它之間隔著世界的無限度，它通過從世界向我的人為性的倒流向我表現出來並且這永恆倒流的條件是永恆的超越。

我們現在能夠確定我們的身體的為我們的本性了。前邊的意見使我們事實上能做出身體永遠是被超越的東西這一結論。事實上，身體做為感性的歸屬中心，是在我所是的東西之外的，因為我直接出現在我感知到的玻璃杯、桌子或遠處的樹木面前。事實上，感知只能在恰恰是對象被感知的地方並且是沒有距離地產生的。但是感知同時擴展這些距離，身體就是這樣一種東西：被感知的對象把它對這種東西的距離看成是它的存在的絕對屬性。同樣，身體做為工具性複合的工具性中心，只能是被超越的東西：它是向著複合物的一個新的組合而超越的東西，不論我到達的是什麼樣的工具性組合，我都應該不斷超越的東西，因為，我的超越剛一固定在它的存在中，任何組合就指出身體是它的被凝固的固定的歸屬中心。於是，身體既然是被超越物，就是「過去」。它是對諸可感知事物的自為的直接在場，這種在場指出一個歸屬中心並且指出這個在場已經被超越，或者是走向一個新的「這個」的顯現，或者是走向工具性事物的新組合。在自為的每一謀劃中，在每一個感知中，身體都在那裡，它是與逃避它的「現在」還處在同一水平上的剛剛過去的東西。這意謂著它同時的觀點又是出發點：我所是的並且我同時向著我應該是的東西超越的觀點和出發點。但是這永遠被超越並且永遠回到超越內部的觀點，這我不斷地跨越並且就是停留在我後面的我本身的出發點，是我的偶然性的必然性。它是雙重必然的。首先因為它是通過自在對自為的連續重新把握，而且它是自為只能是不是它自己的基礎的存在這一本體論事實：

擁有一個身體，就是是它自己的虛無的基礎而不是它的存在的基礎：就我所是而言，我是我的身體；就我不是我所是而言我又不是我的身體；我正是通過我的虛無化而逃避了它。但是我沒有為此使它成為一個對象：因為我逃避的永遠是我所是的東西。身體還必須是一個應該去超越以便在世界中存在的障礙，就是說是我相對我本身所是的障礙。在這個意義下，它就是世界的絕對秩序，這種我使之到達存在的秩序是由於我超越它而走向「將來的存在」(être-à-venir)，走向「存在之外的存在」。我們能明確地把握這兩種必然性的統一：自為的存在，就是超越世界並且在超越世界時使之存在。但是超越世界，顯然不是輕掠過它，而是介入到它之中以便從中浮現出來，造成超越的這種前景是必要的。在這個意義下，有限性是自為的原始謀劃的必要條件。在我使之來到存在之中的世界之外，我成為我所不是又不是我所是的必要條件，就是在我所是的無窮追求內部，永遠有一個不能把握的給定物。這我不應該是而是的給定物——除非按不存在的方式——是既不能把握也不能認識的，因為它到處被恢復並被超越，到處被用於我的謀劃、被承擔。但是另一方面，一切都向我指明它，整個超越物都以它的超越性本身粗略地勾勒它，我絕不能返回到它指出的東西，因為我就是被指出的存在。尤其是不應該把被指出的給定物理解為工具性事物的靜力學秩序的純粹歸屬中心。而是相反，是它們動力學秩序的歸屬中心，它依賴或不依賴我的行動，按一些規則歸屬於我的行動，甚至因此，歸屬中心在它的變化中正如在它的同一性中一樣被定義。它不可能是別的樣子，因為正是由於否定了我自身我才是存在，我使世界進入存在，還因為，正是以我的過去出發，就是說由於把我拋到我固有的存在之外，我才能否認我本身是這樣或那樣的存在。按這個觀點，身體、就是說這個不能把握的給定物是我的行動的必要條件：事實上，如果我追求的目標能通過純粹的意願被達到，如果為了獲得，只需希望就夠了，並且如果被決定的規則不規定工具的使用，我就絕不能在我自身中區別欲望和意志，也不能區分夢幻和活動、可能和實在。我自身的謀劃沒有一個是不可能的，因為為了實現，設想就夠了；因此，我的自為的存在在現在和將來的無區別之中自我虛無化。事實上，行動的現象學指出：活動假設單純的概念和實現之間的連續性出路，就是說在普遍思想和抽象的思想之間的連續性的出路：「汽車的汽化器應該沒有被阻塞」和一個操縱以它的絕對體積和絕對位置向我顯現的這個汽化器的技術的而具體的思想之間的連續。這個技術思想與他操縱的活動沒有區別，這思想的條件是我的有限性，我的偶然性，最終是我的人為性。然而，事實上我存在顯然是因為我有過去並且這直接的過去通過誕生並根據我賴以湧現的虛無化把我推回到原始的自在。於是做為人為性的身體是過去，它從根本上歸結為誕生，就是說，歸結於我從我不應該是而事實上是的自在中湧現的最初的虛無化。誕生、過去、偶然性，觀點的必然性，對世界來說是任何可能的行動的條件。這就是身體，這樣一個身體是為我的。因此它全然不是附加到我的心靈上的偶然的東西，而是相反，是我的存在的永久結構和做為對世界的意識及做為向我的將來超越的謀劃的我的意識的可能性的永久條件。按這個觀點，我們應該同時承認，我是殘廢人，職員或工人的後代，我是暴躁的和怠惰的，這完全是偶然的和荒謬的，而我是這個或別個的事物，法國人、德國人或英國人等，無產者或資產者或貴族等都是必然的。殘廢的和體弱的或強壯的、個性暴躁的或隨和的，顯然是因為我不能在世界沒有消失時飛越世界。我的誕生，做為制約著對象用以向我表現的方式的東西（奢侈品或基本必需品是或多或少可以得到的，某些社會實在向我顯現為被禁止的，在我的路徑學空間中有一些障礙或阻礙）；我的家族，做為被他人對待對我的態度所指出的東西（它們表現為鄙視或欽慕，表現為信任或懷疑）；我的階級，做為通過我在其中顯現的社會團體的標誌而表現出來的東西，做為我常處的地位與之有關的東西；我的民族、我的生理結構，做為諸工具通過它們據以表現反抗或順從的方式本身及通過它們的敵對率本身包含著的東西；我的個性，我的過去，做為被世界指示為我對世界的觀點的我體驗到的一切：所有這一切，做為我在我在世的存在的綜合統一中超越了的東西，正是我的身體，它是一個世界的存在的必要條件的偶然實現。我們現在盡其可能明晰地把握了我們在前面提到的「為我們的存在」中的身體的定義：身體是我們的偶然性的必然性採取的偶然形式。這種偶然性，我們絕不能真實地把握它，因為我們的身體是為我們的：因為我們是選擇，而存在對我們來說，就是自我選擇。甚至我患的這種殘疾，恰恰由於我體驗到了，我才承擔了它，我才超越它奔赴我自己的謀劃，我才使它成為對我的存在的必然障礙並且若我不選擇我為殘疾，我就不可能是殘疾人，就是說選擇我用以構成我的殘疾的方式（如「難以忍受的」，「使人丟臉的」，「隱瞞」，「完全暴露」，「驕傲的對象」，「對我的失敗辯解」等等，等等）。但是這個不能把握的身體，它恰恰就是有一種選擇的必然性，就是說，我同時不存在的必然性。在這個意義下，我的有限性是我的自由的條件，因為不存在沒有選擇的自由，正如身體制約著做為對世界的純粹意識的意識，它使意識成為可能直至其自由本身。

還應設想的是，身體是為我的，因為，恰恰由於它是不能把握的，它不對世界的對象顯現，就是說不對我認識和使用的那些對象顯現；然而，另一方面，既然我不意識到我所是的東西，我就一無所是，那身體就應該以某種方式向我的意識表現。在一個意義下，當然，它是我把握並且體會的所有工具所指出的東西，我沒有在我關於這些工具的感知到的那些指示本身中認識它而領會了它。但是，如果我們侷限於這種看法，我們就不能區別，例如，身體和天文學家用來觀察天體的天文望遠鏡。事實上，如果我們把身體定義為對世界的偶然觀點，就應該承認觀點的概念假設了雙重的關係：與事物的關係，**它是對這些事物的**觀點，以及與觀察者的關係，它是對觀察者來說的觀點。當涉及做為區別於身體的客觀工具的世界上的觀點（望遠鏡、觀景亭、放大鏡，等）時，它與第二種是沒有真正區別的。一**個**從一個觀景亭凝視著風景的遊客，同樣清楚地看見了風景和觀景亭：他在觀景亭的柱子之間看見樹木，觀景亭的亭頂對他遮蔽了天空，等。然而，他和觀景亭之間的「距離」比起他的眼睛和風景之間的距離就太小了。觀點能接近身體，直到幾乎與它融合，正如人們在例如望遠鏡、夾鼻鏡、單片眼鏡同樣可以說變成附加的感覺器官的情況下看到的一樣。嚴格地說——如果人們設想一個絕對觀點的話——人和對其而言它是觀點的那個人之間的距離就消失了。這意謂著，不再可能後退來「擴大視野」並在這觀點之上建立一個新的觀點。我們看到，那恰恰正是表示了身體特徵的東西。身體是我不能以別的工具為中介使用的工具，我不能獲得對它的觀點的觀點。因為，事實上，對我明確稱之為一個「好觀點」的這座山頭，在我注視山谷的那一時刻，我獲得了一個觀點，而對這一觀點的那個觀點，就是我的身體。但是，若沒有對無限的歸結，我就不可能獲得對我的身體的觀點。不過，據此，身體不可能**爲我**地是超越的和被認識的；自發的，不反思的意識不是對身體的意識。毋寧應該說，在把動詞存在（exister）當作及物動詞使用時，意識**使它的身體**存在。於是做為觀點的身體和事物的關係是一種**對象的**關係而意識和身體的關係是一種存在的關係。我們應該通過這後一個關係理解什麼呢？

首先，很明顯，意識只能做為意識使其身體存在。那麼，我的身體是我的意識的意識的結構。但是，恰恰因為它是不能有對它的觀點的觀點，在非反思的意識方面，就沒有對身體的意識。因此，身體屬於對自我的非正題意識的結構。然而我們能單純地把它與這種非正題的意識視為同一嗎？這同樣是不可能的，因為非正題的意識是（對）自我（的）意識，這種意識是做為向著它自己的可能性的自由謀劃，就是說意識是它自己的虛無的基礎。非位置的意識是（對）身體（的）意識，如同對意識在自我造就為意識的過程中超出並虛無化的東西的意識，就是說，如同對意識不應該是而是的，並且意識在**其上通過**以便是其應該是的某種事物的意識。總之，（對）身體（的）意識是**未經修飾的東西**（le négligé），「寂靜下的過去」（passésous silence），然而這正是意識所**是**的；它甚至除了是身體外不是任何別的什麼，剩下的是虛無和寂靜。身體的意識可以與姿勢（Signe）的意識相比較。此外，姿勢是在身體方面存在的，是身體的本質結構之一。然而姿勢的意識存在著，否則我們不能理解意義（signification）。但是姿勢是**被超越走向意義的東西**，是為了意義的利益而被忽視的東西，是對它自己本身來說從未被把握的東西，是注視由之引出的彼在。**對身體的**意識是對它不應該是而是的東西的側面的回顧的意識，就是說對它的不可把握的偶然性的意識，對意識從之出發所進行的選擇的東西的意識，是**對**使意識**感動的**方式的非正題意識。對身體的意識是與原始的情感混在一起的。還應該很好地把握這情感的意義；為此，一種區別是必要的。情感，正如內省事實上向我們揭示的那樣，已經是被構成的情感：它是**對**世界**的**意識。任何仇恨都是對某個人的仇恨；任何憤怒都是對做為可憎的、不公正的、錯誤的某人的體會；對某人有好感正是感到這個人是可親的，等等。在這些不同的例子中，一種超越的「意向」被引向世界並把它體會為世界。因此，已經有超越，內在的否定；我們是在超越性和選擇的水平上。但是，舍勒明確地指出，這「意向」應該區別於純粹情感的品質。例如，如果頭痛，我就在我之中發現一種趨向我的痛苦的意向性情感以便忍受這痛苦，以便順從地接受或轉移它，以便使之價值提高（例如把它看成為不公正、被需要的、使人淨化的、使人感到丟臉的等等），以便來逃避它。這裡，情感正是意向本身，意向是純粹的活動並且已經是謀劃，是**對**某種事物**的**純粹意識。能被認作（對）身體（的）意識的只能是它。

但是，顯然，這意向不可能是情感的全部。因為它是超越，它假設了一種被超越的東西。此外，正是這證明了鮑德溫不恰當地稱之為「感情上的抽象」的存在。這位作者事實上確認我們能有情感地在我們之中實現某些感情而不具體地感受到它們。例如，如果人們向我講述這樣一件剛使皮埃爾的生活變得暗淡的痛苦事件，我感嘆道：「他該是多麼痛苦啊！」我並不認識這種痛苦，然而我事實上也沒有感受到它。純粹的認識和真正的情感之間的這些中介，鮑德溫稱之為「抽象的」。但是一個同樣抽象化的機械論仍然是曖昧不清的。誰在抽象？如果按拉波爾特的定義，抽象就是把不能單獨存在的結構放在一邊去思想，或者我們應該把感情的抽象同化於感情的純粹抽象概念，或者我們應該承認這些抽象不可能如此這般地做為意識的存在形態存在。事實上，所謂的「感情上的抽象」是空洞的意向，是感情的純粹謀劃。就是說我們自己走向痛苦和羞愧，我們自己傾向於它們，意識超越自己，但是是空洞地超越。

痛苦在此，它是客觀的和超越的。但是它缺少具體的存在。最好還是不要用情感**印象**的材料稱呼這些意義；它們對藝術創造和心理學理解的重要性是不可否認的。但是在這裡重要的是，使它們脫離實在的羞愧的東西是「實際體驗到的東西」的不在場。因此，有一些通過情感的謀劃而被越過和超越的純粹情感的品質。我們將和舍勒一樣對之一籌莫展，人們不知道意識之流卷帶去的是什麼材料（hylê）：對我們來說，關鍵僅僅在於意識用以使其偶然性存在的方式；意識正題地但是暗含地**構成**為對世界的**觀點**的東西，正是意識的結構本身，意識超越這結構走向它固有的可能性，這就是意識自發地並且按正題的方式存在的方式。這可以是純粹的痛苦，但是也可以是性情，做為非正題的情感整體，純粹的愉快，純粹的不愉快；按一般方式講，這正是人們稱為一**般機體覺的東西**。這一般機體覺的表現大多不被一個自為的超越謀劃超越而走向世界；正是這樣，很難孤立地對它進行研究。然而，存在某些特別的經驗，人們能按它的純潔性把握它，尤其是人們稱之為「內體的」痛苦的經驗。因此我們正是要求教於這種經驗以便在概念上確定（對）身體（的）意識的結構。

我的眼睛疼痛，但是我應在今晚讀完一本哲學書。我讀了。我的意識的對象是書，通過書，還有書意謂著的真理。身體本身並沒有被把握，它是觀點和出發點：單詞一個跟著一個在我面前滑過，我**使**它們滑過，我還沒有看的書頁下面的單詞仍然屬於一個相對的基礎或「基礎—書頁」，而這「基礎—書頁」又是在「基礎—書」和絕對基礎或世界的基礎上面組織起來的；但這些詞從它們的無區別的基礎那裡召喚我，它們已經擁有**鬆脆整體**的特性，它們表現為「使這特性在我眼前滑過」。在所有這一切中，身體都只不露聲色地表現出來的：我眼睛的運動只在觀察者的注視中顯現出來。對我來說，我只正題地把握緊跟相隨的詞的那種被凝固的湧現。然而，單詞在客觀的時間中的連續序列是通過我固有的時間化而被給出和被認識的。它們靜止的運動通過我的意識的「運動」表現出來的；意識的這種「運動」是指出時間進展的純粹隱喻，對我來說嚴格地是我的眼睛的運動：我不憑藉他人的觀點而區別我的眼睛的運動和我的意識的綜合進展是不可能的。然而，在我讀書的時候我的眼睛疼。首先要注意：這種痛苦本身能**被**世界的對象所**昭示**，就是說被我讀的書所昭示：單詞可能更加難於脫離它們構成的未分化的基礎；它們可能顫抖，發花，它們的意義可能很拙劣地表現出來，我剛讀過的句子可能兩次、三次都沒被理解，兩次、三次地需要「再讀」。但是，這些指示本身可能就缺少某種東西——例如，在我讀的書「把我吸引住」了情況下和「我忘記了」我的痛苦的情況下（這完全不意謂著它消失了），因為，如果我剛剛在以後的反思活動中獲得了對它的認識，它將表現為永遠是在此的；並且無論如何，那並不是我們感興趣的東西所在，我們力求把握意識用以使它的痛苦**存在**的方式。但是人們會說，首先，痛苦是如何被表現為眼睛的痛苦呢？那裡沒有意向性地推回到一個超越的對象，推回到顯然是做為外界地，在世地存在的我的**身體**嗎？痛苦包含關於它本身的信息，這是毫無疑義的：不可能混淆眼睛的痛苦和手指的或胃的痛苦。然而，痛苦是完全缺乏意向性的。應該認識到：如果痛苦表現為「眼睛的」痛苦，那裡就並沒有神祕的「局部跡象」，也同樣不再有認識。不過，痛苦**恰恰是**意識使之存在的**眼睛**。這樣，它以它的存在本身而不是以一種標準也不是以一種外加的烏有區別於任何別的痛苦。當然，可以這樣命名：**眼睛的**痛苦完全設定了整個一種我們應該描繪的構成工作。但是我們此時此刻還不用考察這工作，因為這工作還沒有做：痛苦並不是從反思的觀點被考察的，它與為他的身體無關。它是「痛苦—眼睛」或「痛苦—視覺」；它與我把握這些超越的單詞的方式並無區別。正是我們為了陳述的清晰而把它稱為眼睛的痛苦；但是它在意識中並沒有被命名，因為它未被認識。只不過是不可言傳地並且通過它的存在本身區別於別的可能的痛苦的。

然而，這種痛苦在宇宙的現實對象中間毫無存在之處。它不在書的右邊也不在書的左邊，既不在通過這本書所揭示出來的真理中間，也不在我的「對象—身體」中（他人看見身體，我能同樣觸及而且看見的身體）也不在被世界暗暗昭示的我的身體—觀點中。同樣不應該說它是和「它物同時被感覺的」

或做為一個和諧「被迭合」在我看見的諸事物上的。它們在此是些沒有意義的形象。因此，痛苦不在空間中。但是它同樣不屬於客觀的時間：它被時間化並且正是在這時間化中並通過這時間化，世界的時間才能顯現出來。那麼它是什麼呢？簡單說來，它是意識的半透明的材料，它的**此在**，它對世界的歸併，總之是閱讀活動的固有偶然性。它超乎所有期望和所有認識之外存在，因為它溜進任何一個期望和認識的活動中，因為當它以不是它存在的基礎而存在時，它就是這種活動本身。

然而，甚至在純粹存在的水平上，做為依附於世界的偶然的東西的痛苦，只有在被超越的情況下，才能使它非正題地存在。疼痛的意識是對世界的內在否定；但是同時它使它的痛苦——就是說是自我本身——做為對自我的脫離而存在。純粹的痛苦，做為單純的體驗，是不可能達到的：它是一種是其所是的難以表達和無法形容的東西。但是疼痛的意識是向著一個沒有任何痛苦的後來的意識的謀劃，就是說它的組織，它的此在都不是痛苦的。表示了痛苦的意識的特徵的這種**側面的**逃避，這種從自我中的脫離並不就此構成做為心理對象的痛苦：它是「自為」的非正題的謀劃；我們只通過世界才熟悉了它，例如這謀劃按一種方式被給定，書就是按這種方式做為「面對用緊張的節奏被讀」而顯現的，單詞就是按這種方式在一種可怕的固定的圓圈中互相擠壓，整個宇宙就是按這種方式被**焦慮**所打擊。再說——這正是身體性存在的本義——人們想逃避的不可言傳的東西處在這種脫離本身之中，正是它行將構成超越它自身的意識，它是偶然性本身和想逃避它的逃避的存在。我們在別的任何地方都沒有更近地接觸到這種「自為」對「自在」的虛無化和這種滋養虛無化的自在對自為的重新把握。

就算是這樣吧，人們會說：但是你們選擇一種痛苦恰恰就是起作用的器官的痛苦的情況，選擇了眼睛在注視時，手在抓握時的痛苦的情況，你們分析的是過於理想化的一部分。因為最終，我在閱讀時能忍受手指的創傷。在這種情況下，很難贊同我的痛苦是我「讀的活動」的偶然性本身這個說法。

首先我們應注意到，如因我能專心致志地進行閱讀，我就因此不斷地使世界成為存在；更確切地說：我的閱讀是一種活動，在這個活動的本性本身中包含著做為必然基礎的世界的存在。這絲毫不意謂著我有哪怕一點對世界的意識，而只意謂著我有對做為基礎的世界的意識。我並非沒有看見我周圍的顏色、運動，我不斷地聽到聲音，只不過這一切消失在做為我閱讀的基礎的未分化的整體中。與此相應，世界不斷地把我的身體昭示為對物質世界整體的整個觀點，但是正是做為基礎的世界昭示了它。於是，我的身體，就它是我的意識的整個偶然性而言，總是完全地**被存在**的。它同時是做為基礎的世界整體指出的東西和我在與對世界的客觀體會的聯繫中有感情地存在的整體。但是，就一個特殊的「**這個**」做為世界這基礎中的形式突出出來而言，它相應地指向身體性整體的動能特性，並且同時，我的意識使一個在它使之存在的「整體—身體」上面消失的身體性形式。書被閱讀而且就我存在以及就我超越視覺的偶然性或可以說就閱讀的偶然性而言，眼睛似乎是身體整體這基礎上的形式。顯而易見，在存在的層次上，眼睛不是被他人看到的感覺器官，而只是我看的意識的組織本身，因為這種意識是我對世界的更廣闊的意識的結構。擁有意識，事實上總是擁有對世界的意識，而因此，世界和身體總是面對我的意識在場的，儘管是以不同的方式。但是這種對世界的整個意識是對做為基礎的世界的意識，這是對這樣或那樣的特殊的「**這個**」而言的基礎，並且，因此，正如意識在它虛無化的活動本身中陳列出來一樣，有一種在身體性的整個基礎上的身體的特有結構的表現。在我閱讀的那一時刻，我永遠是一個身體，坐在這張安樂椅中，離窗戶三公尺遠，處在特定的溫度和時間的條件下。而我的左手食指上的痛苦，我永遠使它做為我一般的身體而存在。只不過，我是當痛苦在做為從屬於身體性整體的結構的身體性基礎中消失的時候使這痛苦存在的。它不是不在場的也不是潛意識的：它僅僅是本身與位置意識沒有距離的這個存在的一部分。如果剛才我翻了書頁，我食指的痛苦沒有為此變成認識的對象，它將進入偶然性的行列，這偶然性是做為在我的身體的一個新組織上面的形式而被存在，而我的身體就是偶然性的整個基礎，此外，這些意見符合這樣一個經驗的觀察：因為當人們閱讀時，「排遣」食指或腰的痛苦比排遣眼睛的痛苦更容易。因為眼睛的痛苦恰恰是我的閱讀，並且我讀的單詞無時無刻不把我推回到那裡，而我手指或腰的痛苦，做為把世界做為基礎的領會，並非本身做為部分的結構消失在做為對世界的基礎的基本領會的身體中。

但是現在我突然中斷了閱讀，現在我專注於把握我的痛苦。這意謂著我把一種反思意識導向我現時的意識或視覺—意識。於是，我的反思意識的現時組織——尤其是我的痛苦——被我的反思意識領會並提出來。這裡應該回顧一下我們說過的反思：這是一種總體的、沒有觀點的把握，這是一種被它本身超出的認識，並且它力圖把自己對象化，有距離地反映被認識物，以便能凝思它和思維它。反思的原始運動因此是為了超越痛苦的純意識的品質而奔赴一個痛苦—對象的。於是，由於我們堅持我們曾稱為共謀的反思的東西，反思力圖使痛苦成為一種**心理的東西**。這種通過痛苦被領會的心理對象，就是疼痛。這對象具有痛苦的一切特性，但是它是超越的和被動的。這是一個有其固有時間的實在——並非外在宇宙的時間也不是意識的時間：而是心理的時間。那末實在能支持各種各樣的衡量和規定。這樣，它不同於意識本身並通過意識本身表現出來；當意識演進的時候它仍然是恆定的，並且疼痛的不透明性和被動性的條件正是這種恆定本身。但是另一方面，這疼痛，做為通過意識把握的東西，它具有意識所有的、但是漸弱的統一性、內在性和自發性。這種漸弱性沒有向它提供心理的個體性。就是說，首先，疼痛具有一種絕對的緻密組織而沒有部分。此外，它有它固有的綿延，因為它在意識之外並且擁有一個過去和將來。但是，這個綿延只是原始時間性的投影，它是繁紛複雜的互相滲透。這疼痛是「使人強烈感到的」，「溫和的」等。這些特性只追求恢復這種疼痛用以在綿延中顯出輪廓的方式：它們是有節奏的品質。反思並不認為時斷時續表現出來的痛苦是疼痛意識和非疼痛意識的純粹交替：對有組織的反思來說，短暫的緩解是疼痛的一部分，正如休止成為旋律的一部分一樣。總體構成疼痛的**節奏**和**速度**。但是在它是被動對象的同時，疼痛由於是通過意識這絕對自發性而被發現的，它是在這種自發性在自在中的投影。疼痛做為被動的自發性是妙不可言的：它表現出是它本身的持續，並完全是它的時間形式的主宰。它不同於時空對象的顯現和消失：我之所以不再看見桌子，是因為我掉過頭去；但是我之所以不再感到我的疼痛，是因為它消失了。事實上，這裡產生了一種類似於完形心理學稱為頻閃觀察的錯覺的現象。疼痛的消失，由於欺瞞了反思的自為的謀劃，表現後退的運動，幾乎表現為意志。有一種疼痛的有靈論：疼痛表現為一個有生命的存在，有它的形式，它的固有的綿延，它的習慣。病人和它有一種無間的親密：當疼痛顯現時，它不是做為一種新的現象，病人說，這是「我下午的發作」。於是，反思沒有把同一發作的諸時刻連接起來，而是在整個發作的日子之外，把諸發作連接起來了。儘管如此，認識的這種綜合有一個特殊的特性：它不追求構成一個甚至在不被給予意識的時候仍然是存在物的對象（按仍然是「半睡半醒」或處在「潛意識中」的仇恨的方式）。事實上，當疼痛過去了的時候，它真正地消失了，它「不再存在了」。但是由此得出了這種奇怪的結論，即當它再顯現的時候，它以它的被動性本身，通過一種自發的普遍化而湧現。例如，人們不知不覺地感到它「來臨」了，這就是它「重新產生」，「這就是它」。於是，最初的一些痛苦，和別的一些一樣，本身不被領會為被反思意識的簡單混一的結構：它們是疼痛的「徵兆」或不如說就是疼痛本身，它緩慢地產生，就像火車頭在緩慢地啟動。但是另一方面，恰恰應該看到，我用痛苦構成了疼痛。這並不意謂著，我認為疼痛是痛苦的原因，而是毋寧說，它在任何一個具體的痛苦中，就像音符在旋律中一樣：音符同時是整個的旋律和這旋律的一個「拍節」。通過每一個痛苦，我把握了整個的疼痛，然而疼痛完全超越了它們，因為它是所有那些痛苦的綜合整體，是用它們並通過它們展開的主題。但是疼痛的質料不同於旋律的質料：首先，它是純粹被體驗的，無論是反思意識和痛苦之間還是反思意識和被反思意識之間都沒有任何距離。因此，疼痛是超越的但是沒有距離的。它做為綜合整體在我的意識之外，並且幾乎已經是**在別處**存在的，但是另一方面，疼痛由於它所有的芒刺，由於它所有**就是我的意識**的音符而在我的意識之中，滲入我的意識之中。

在這個層次上，**身體**變成了什麼呢？我們要指出，反思投射期間，有一種分裂：對未反思的意識來說**痛苦**是身體，對反思的意識來說疼痛不同於身體，它有其固有的形式，它來臨又離去。在我們所處的反思水平上，就是說在「為他」參與之前，身體並不是被明確地、主題地給予意識的，反思意識是**對**疼痛的意識。只不過，如果疼痛有它固有的形式並一種把超越的個體性提供給它的旋律節奏的話，它則通過它的質料與自為合一，因為它通過痛苦並做為我的所有同一類型的痛苦的統一被揭示。在我把它的質料給與它這個意義上講，它是我的疼痛。我把它把握為是被某個被動中心支持並供養的東西，它的被動性是諸種痛苦的偶然人為性在自在中的準確投射並且這中心就是我的被動性。這個中心本身不被把握，除非像雕像的質料在我知覺到它的形式時被把握那樣。然而，在那裡：它是疼痛**折磨著的被動性**並且這被動性不可思議地把新的力量給予它，就像大地之於安泰一樣。這就是在新的存在水平上的我的身體，即做為反思意識的純粹對象意識的（noèmatique）互相關聯的身體。我們稱它為**心理的身體**。它還全然沒有**被認識**，因為力圖把握痛苦意識的反思還不是認識的。痛苦意識在它最初湧現中是情感的。它認為疼痛正好是一個對象，但它是一情感的對象。人們首先走向它的痛苦以便憎恨它，以便耐心地忍受它，以便把它體會為不可忍受的，甚至愛它，對它感到歡欣（如果它顯示了一種解除，康復的話）以便以某種方式使之價值提高。並且當然，人們使之增殖的正是疼痛，或更確切地說，正是這疼痛做為這增殖化的必然關聯項而湧現。因此，疼痛完全不被認識，它被忍受並且同樣，身體被疼痛揭示並且意識同樣忍受了疼痛。為了以認識的結構去豐富向反思表現的身體，需要求助於**別人**；我們現在還不能談論這點。因為，那就必須要求為他身體的結構已經弄明白了。然而，從現在起，我們能夠指出，這心理的身體，做為在自在水平上意識的內在結構的投影，成為心靈的**所有**現象暗含的質料。這就如同原始的身體被每一個意識當作它固有的偶然性存在一樣，心理的身體是做為恨或愛的活動和品質的偶然性被**忍受**

的，但是這種偶然性有一個新的特性：是做為通過意識被存在的東西，它是自在對意識的重新把握；做為被忍受的東西，在疼痛或恨或事業中，它被反思拋進自在。因此，這偶然性在它被外在地分割的奇妙團塊之外表現了每一種心理對象的意向，它在統一了諸心理對象的奇妙關係之外表現了每一個對象要從未分化島嶼這一特性中孤立出來的意向：因此它是對應著心理的有節奏綿延的暗含著的空間。由於身體是我們所有心理事件的偶然的和未分化的質料，所以身體決定了心理空間。這種空間無上下、左右之分，它還沒有部分，因為心理的奇妙的團塊要克服它未分化的分割的傾向。它仍然是心靈的實在特性：這並不是因為心靈被統一於身體，而是身體在它的富有節奏的組織中是它的實體和它的可能性的永恆條件。正是它在我們給心理的東西命名時就顯現出來；我們正是用它來給心靈的事件分類並解釋它們的隱含的及機械論化學歷程的基礎；我們追求的正是這個身體，並且為了追求並現時化這些抽象的感受，我們用我們製造出來的形象（形象意識）賦於身體以形式；最後，正是它引起了，並且按某種尺度判定了像潛意識的理論這樣的心理學理論，像記憶的保存這樣一些難題。

不言而喻，我們已選擇了肉體的痛苦做為例證，並且還選擇有上千種本身是偶然的方式，用以使我們的偶然性存在，尤其是，在沒有任何一種痛苦、任何一種樂趣，任何明顯的不快，並非意識使之「存在」的情況下，自為不斷地自身謀劃超出純粹的偶然性之外並且可以說是未被定性的偶然性之外。意識不斷地「擁有」一個身體。於是一般機體覺的情感是對一個沒有顏色的偶然性的純粹非位置性的把握，是把自我當作事實的存在的。我的自為有一種無地自容的無味的體味，這種體味甚至在我努力從中解脫時也一直伴隨著我，並且就是我的體味，對我的這種自為的不斷把握，就是我在別的地方在「噁心」（la Nausée）名下所描繪的東西。一種隱蔽的、不可克服的噁心永遠對我的意識揭示我的身體：我們可能有時會遇到愉快的事或肉體的痛苦以使我們從中解脫出來，但是，一旦痛苦和愉快通過意識被存在，它們就反過來表露了意識的人為性和偶然性，並且它們正是在噁心的基礎上被揭示出來的。

我們遠不應該把**噁心**這個詞理解為從我們生理的厭惡中引出的隱喻，相反，正是在它的基礎上，產生了所有引起我們嘔吐的具體的和經驗的噁心（面對腐肉、鮮血、糞便等的噁心）。

二、為他的身體

我們剛才描述了我的**爲我的**身體。在這種本體論的範圍內，我的身體就像我們描述過的那樣並且它**只是如此**。人們在其中找尋生理器官的蹤跡，解剖學和空間的結構的蹤跡是徒勞的。或者它是被世界的工具性對象空洞地指示的歸屬中心，或者它是自為使之存在的偶然性；更嚴格地說，存在的這兩種樣式是互相補充的。但是身體經歷了和自為本身一樣的災變（avatars）：它具有另外的存在範圍。它也是**爲他**存在的。我們現在正是要從這新的本體論角度來研究它。這也就是要研究**我的**身體向他人顯現的方式或他人的身體對我顯現的方式。事實上我們已確定我的為他存在的結構是與他人的為我存在的結構同一的。因此為了方便起見，我們正是從他人存在的結構出發確立了為他身體的（就是說他人的身體的）本性。

我們在前邊一章已經指出，身體不是首先向我表露他人的東西。事實上，如果我的存在和他人的存在的基本關係歸結為我的身體和他人的身體的關係，這關係就會是純粹外在的關係。但是如果我與他人的聯繫不是一種內在的否定的話，則這種關係是無法想像的。我首先應該認為他人是我為之做為對象而存在的東西；重新把握我的自我性使他人做為先於歷史的歷史化的第二個環節中的對象顯現出來；因此他人身體的顯現不是原始的相遇，而是相反，這顯現只是我與他人的關係中的一段插曲，尤其是我們所謂別人的對象化的插曲；或者可以說，他人首先為我的存在，然後我在我的身體中把握他；他人的身體對我來說是次級結構。

他人，在別人的對象化的基本現象中，對我顯現為被超越的超越性。就是說，只是由於向著我的可能性自我設計，我越過並超越他的超越性，他的超越性是超然物外的；是對象－超越性。我在世界中把握這種超越性，並且一開始就把它當作**我的**世界的工具性事物的某種組織，因為這些工具性事物**附帶**地指示著沒於世界的而且是我所不是的次級歸屬中心。這些指示，與**指示著我**的諸指示不同，不對指示性事物起結構作用：它們是對象的側面屬性。我們看到，他人不可能是構成世界的概念。因此這些指示都有一種原始的偶然性和一種**事件的**特性。但是，它們指示的歸屬中心恰恰是做為單純被沉思或被超越的超越性的**別人**。對象次級的組織正是把我推回到他人，正如推到這種組織的組織者或得益者，簡言之，推回到一個工具，這個工具是為了它本身產生的一種目的而組織一些工具的。但是反過來，我超越這個目的並且使用它，它處於世界的中心並且我為了我固有的目的而使用它。於是，他人首先是被事物指示為工具的。「我」也是如此，事物指出：我是工具，我是身體，這恰恰是因為我使自己被事物指示。因此，諸事物通過它們的側面的和次級的組織正是指出他人是身體。事實上，我甚至不認識次級的歸屬於別人的身體的工具。但是我剛才未能獲得對事物指示著的我的身體的任何觀點。事實上，它是我不能獲得任何對它的觀點的觀點，是我不能以任何工具為手段來使用的工具。當我通過普遍化的思想力圖把它空洞地想成純粹沒於世界的工具時，立即就會從中得出做為世界的世界傾覆了的結論。相反，只是由於**我不是別人**，別人的身體一開始就對我顯現為我能在其上獲得一種觀點的觀點，一種我能用別的工具來使用它的工具，它被工具性事物輪流指示，但是，它反過來指示別的對象並且最終融合到我的世界中並且它指示的正是我的身體。於是他人的身體是根本不同於我的為我身體的：它是我所不是的又是我所使用的工具（或反抗我的工具），這都是一回事。它一開始就以效益或敵對的某種對象係數面向我表現出來。因此他人的身體就是做為工具性超越性的他人本身，同樣的看法也適用於做為感覺器官綜合總體的他人的身體。我們在他人的身體中並通過他人的身體並沒有**發現**他人所具有的認識我們的可能性。這種可能性在我的**爲他的對象性存在**中並通過我的對象性存在被徹底地揭示出來，就是說它是我的與他人的原始關係的本質結構。而在這種原始關係中，我的世界向著他人的逃逸同樣是被給定的。通過重新把握我的自我性，我超越了他人的超越性，因為這種超越性是把我當作對象的永久可能性。據此，超越性變成純粹被給定及被超越而走向我固有目標的超越性，變成單純「在此」的超越性，並且他人擁有的對我和世界的認識變成對象—認識。就是說，它是他人特定的屬性，是我反過來能認識的屬性。真正說來，在我絕不會認識認識的活動的情況下，我從中獲得的這種認識仍然是空洞的：這種做為純粹超越性的活動只能被它本身在非正題意識的形式下或被來自它的反思所把握。我認識的東西，只是做為「此在」的認識或者可以說，是認識的此之在。於是，感覺器官的這種相對應向我的普遍理性揭示出來，但是它不能被思想——當涉及我自己的感官時——不規定世界的傾覆，當我把握對象—他人時我首先把握的就是這種相對性，並且我沒有危險地把握它，因為他人做為我的宇宙的一部分，他的相對性不可能規定這個宇宙的傾覆。他人的這種感官是**被認作進行認識的被認識的感官**。人們看到，心理學家們的錯誤是如何被解釋的——他們用他人的感官確定我的感官並且把一種屬於為他的存在的相對性給予為我的感覺器官，同時人們還看到這種錯誤如何變成真理，如果我們在規定了存在和認識的真正秩序之後把這種相對性置於它的存在層次上的話。於是我的世界的對象側面地指示著他人這個做為對象的歸屬中心。但是這個中心，反過來按我的沒有觀點的觀點向我顯現，它是我的身體或我的偶然性。總之，說我**用感官認識他人**，是使用了一種不恰當的然**而流行的說法**。同樣，他人是我以我所是的而且是任何工具也不再能使用的工具為手段使用的工具。同樣，他是向我的**感性認識**表現出來的感覺器官的總體，就是說他是對一個人為性顯現的人為性。於是，按他人在認識和存在的秩序中所處的真正地位，研究我感性地認識的他人的感覺器官是可能的。這種研究最注重**做爲認識**的這些感覺器官的職能。但是，這種認識反過來是純粹為我的對象：因此而來的是諸如「視覺顛倒」這虛假的難題。事實上，一開始，他人的感覺器官就全然不是為他的認識工具，它僅僅是他人的認識，是他人純粹的認識活動，這種認識按對象的方式在我的宇宙中存在。

然而，我們還只是在他人的身體被我的宇宙的工具性事物側面地指示的時候才確定他人的身體的。真正說來，它完全沒有把它的「肌肉和骨頭」的此在給予我們。當然，他人的身體便因為提供被它使用和被它認識的工具性事物，而在指示中處處可見。我在客廳裡等待房子主人，這客廳以它的整體向我揭示了它的所有者的身體：這安樂椅是「他坐過的安樂椅」，這辦公桌是「他在上面寫作過的辦公桌」，這窗戶是「照亮他所看見的對象的光線」所通過的窗戶。於是，客廳的所有部分都勾畫著它的主人，並且這種勾畫是做為對象的勾畫；一個對象隨時可能到來並以它的質料充實這種勾畫。但是房子的主人還是「不在此」。他**在別處**，他**不在場**。

但是，我們恰恰看到，不在場是**此在**的結構。是不在場的，就是「在我的世界中在別處」；就是已經被給定為為我的。我剛一接到我在非洲的堂兄弟的信，他的「在別處的存在」就通過這封信的一些指示本身具體地給予我了，並且這個「在別處」「是在某地存在」：這已經是他的身體。人們解釋說，被戀女子的信本身使她的情人發生肉體的衝動，對此不可能有別的解釋：被戀女子的整個身體是在這字裡行間和紙上做為不在場者而在場的。但是，在別處的存在對工具性事物的具體整體而言是一個此在，在一個具體的處境中，它已經是人為性和偶然性，我今天與皮埃爾的相遇不僅僅定義了他的偶然性和我的偶然性：而且他昨天的不在場同樣定義了我們的偶然性和我們的人為性。不在場者的這種人為性是在指示著他的那些工具性事物中暗含地確定的；它的突然顯現毫無補益。於是，他人的身體就是他人的人為性，它向我的人為性表現為工具及感覺器官的綜合。這人為性從他人為我的在世界中存在時起就給予了我，他人的在場或不在場對它都沒有任何改變。

但是現在皮埃爾出現了，他進入了我的房間。這種顯現絲毫沒有改變我與他關係的基本結構：這顯現是偶然性，但是，這與皮埃爾的不在場是偶然性是一樣的。諸對象對我指示著他：當他推的門在他面前打開的時候，這扇門指示一個人的在場，他坐的安樂椅也是一樣，等等；但是諸對象在他不在場的時候仍然還指示著他。當然，他對我說話，我為他而存在著；但是我昨天同樣存在，給我送來過電報，這電報現在就在我的桌子上，使我得知他來過。然而，有某種新的東西：那就是他現在在世界的基礎上表現為我能直接注視、把握使用的「這個」。這意謂著什麼呢？首先，這就是他人的人為性，就是說，他的存在的偶然性現在被**顯明**而不是暗含地包括在工具性事物側面的指示中。這種人為性，恰恰就是他人在他的自為中並且通過他的自為而**存在**的人為性，就是他人通過噁心對他所是的偶然性的非位置把握及對做為行為存在的自我的純粹領會，所不斷經歷的人為性。總之，這就是他的一般機體覺。他人的顯現表明把他的存在體味為直接的存在。不過，我並沒有像他一樣把握了這體味。對他來說，噁心不是認識，而是對他所**是**的偶然性的非正題領會；噁心是這種偶然性向著自為的真正可能性的超越；它是被存在的偶然性，是被接受和被拒絕的偶然性。我現時地把握的正是這樣一種偶然性——而不是任何別的。不過，我**不是**這種偶然性。我超越它走向我自己的可能性，但是這種超越是一個別人的超越性。這種超越性被完全地給予我並且無所依持；它是不可挽回的。他人的自為擺脫了這種偶然性並且不斷地超越它。但是因為我超越了他人的超越性，我固定了它；它不再違抗人為性；恰恰相反，它反過來分有人為性；它是從中流出的，於是，在做為**自爲**的體味的他人的純粹偶然性和我的意識之間沒有任何東西插入。我把握的正是這種被存在的體味。不過，只是由於我的相異性，這種體味顯現為一個被認識的並沒於世界的、特定的「這個」。他人的這種身體對我表現為它的存在的純粹自在——在諸自在之中的自在，我，並且我向著我的可能性而超越的自在。因此他人的這種身體通過同樣偶然的兩個特性揭示出來：它在這裡並且可能在別處，就是說，工具性事物對它來說能被組織為別樣的，就能別樣地指示它，椅子與它的距離能夠是別樣的——它是這個並且可能是別的，就是說我在客觀的和偶然的外形的形式下把握它的原始偶然性。但是，事實上，這兩種特性只是一回事。後者只是現實化、只是為我地解釋前者。他人的這種身體，是做為此在的他人在**我的**世界中顯現的純粹行為，而這個「此在」通過做為「這個」的存在而表現出來。於是，做為為我的他人的「他人的存在」本身意謂著它被揭示為擁有認識屬性的工具並且這種認識的屬性與任意一個客觀的存在聯繫著。我們正是把這稱作我的偶然存在的為他必然性。從**有**一個他人之時起，人們就因此應該得出結論說，他是一個具備任意一些感覺器官的工具。但是這些考察只是指出他人擁有一個身體的這個抽象必然性。當我遇到他人的這種身體時，身體就被揭示為這種偶然性的必然性採取的偶然形式的「為我的對象」。任何他人都應有一些感覺器官，但並不是必然有一**張面孔**並且最終並不必然有**這張面孔**。但是面孔、感覺器官、在場：所有這些，不是別的，只是他人的必然性的偶然方式，這必然性即他人是從屬於一個家族，一個階級，一種身分等等，因為這種偶然形式被**不應該使它**存在的超越性所超越。對為他的**自我**的體味變成**別人**的為我的肉體。肉體是他人在場的純粹偶然性。它通常被衣服、脂粉、髮式或鬍鬚、表情等掩蓋著。但是，在與一個人的長期交往過程中，總會有一時刻所有這些掩蓋物都被揭去，並且我面對**他的在場的純粹偶然性**。在這種情況下，我在一張面孔上或在身體別的成分上獲得了對肉體的純粹直觀。這種直觀不僅是認識；它是對絕對偶然性的有感情的領會並且這種領會是**噁心**的一種特殊類型。

因此，他人的身體就是被超越的超越性的人為性，因為它歸屬於我的人為性，我絕不會把他人當作身體而不同時以不明確的方式把我的身體當作被他人指示的歸屬中心。但是，同樣，人們不可能感知他人做為肉體的身體，這個肉體的他人是與別的**這個**有著純粹外在關係的孤立對象。只是對**屍體**來說這才是真實的。做為肉體的他人的身體，直接地向我表現為一種處境的歸屬中心，這種處境是在他人的身體周圍組織起來的並且他人的身體是與這個處境不可分的；因此，不應該問他人的身體如何能首先是為我的身體然後進入處境的。但是他人原本是做為**處境中的身體**向我表現出來。因此，例如，並不是首先有身體然後才有行動的。相反身體是他人行動的客觀偶然性。於是，在另一層次上，我們發現了一種我們在我的為我的身體存在中指出過的本體論必然性：我們說自為的偶然性，只能在超越性中並且通過超越性被存在，它是自在在原始虛無化的基礎上對自為的永遠被超越及永遠重新把握的重新把握。在這裡，同樣，做為肉體的他人身體不可能**被插入**一種事先被確定的處境中，但是它恰恰是處境由之出發而存在的那個東西。他人的身體也只可能在超越性中並且通過超越性而存在。不過，這個超越性首先是被超越的；這超越性本身就是對象。於是，皮埃爾的身體並不首先是一隻能在後來拿這杯子的手：一個這樣的概念力圖使屍體成為有生命的身體的起源。而這就是手─杯子複合體，因為手的**肉體**指出了這複合體的原始偶然性。身體和對象的關係遠不是一個難題，我們絕不在這種關係之外把握身體。於是，他人的身體是**有意義的**。意義不是別的，只是超越性的被凝固的運動。身體是這樣一個身體，它所是的這團肉體是被它注視著的桌子、被它坐的椅子、被它在上面行走的人行道等確定的。但是，若更深入地研究事物，問題也不可能是通過歸屬於協調的行動，歸屬於合理使用工具性複合體來窮盡身體構成的意義。身體是對世界有意義的關係的整體。在這個意義下，它也是通過參照它呼吸的空氣，它喝的水，它吃的肉所定義的。事實上，身體若不保持與存在物整體之間賦予意義的關係，它就不可能顯現。做為行動的**生命**是被超越的超越性以及意義。被設想為整體的生命和行動之間沒有根本區別。生命代表著諸意義的總體，這些意義向著並不被做為在世界基礎上的諸「**這個**」提出的對象而自我超越。生命是他人的做為基礎的**身體**，與做為形式的身體對立，而這做為基礎的身體不再能被他人的自為暗含而非位置地把握，而恰恰是能被我明確地做為對象來把握：於是在宇宙這基礎上它表現為有意義的形式，但是它仍然是為他的，並且恰恰是做為**基礎的**基礎。但是，在這裡，應該重視這樣一個區別：他人的身體，事實上是「對我的身體」顯現的。這意謂著有一種由我對他人的觀點造成的人為性。在這個意義下，完全不應該把在身體性整體的基礎上把握一個器官（胳膊或手）的可能性混同於我對他人的身體或對被他人體驗為基礎的身體的某些結構的明確體會。只是在這第二種情況下，我們有時能把對他而言的形式當作基礎。當我注視他的手的時候，身體的其餘部分混同於基礎了。但是可能恰恰是他的前額或他的胸脯以基礎的形式非正題地存在，而他的胳膊和他的手消融於這個基礎中。

當然，由此得知，他人身體的存在是為我的綜合整體。這意謂著，（一）除非從指示他人的身體的整個處境出發，我絕不可能把握他人的身體。（二）我不可能單獨地感知他人身體的任意一個器官，並且我總是從**肉體**的或**生命**的整體出發指出任何一種獨特的器官。於是，我對他人身體的感知根本不同於我對事物的感知。

（一）他人在與他的運動直接聯繫著而顯現的一些限制和我從之出發使自己指出這些運動的意義的一些的限制之間運動。這些限制同時是空間的和時間的。從空間觀點講，正是與皮埃爾保持**距離**的玻璃杯是他的現實動作的意義。於是我正是我在感知「桌子—玻璃杯—瓶子等」的整體時去移動胳膊來使我顯示它是什麼。如果胳膊是可以看見的而玻璃杯是看不見的，則我從處境的純粹觀點出發，並且從向我掩蓋玻璃杯的做為動作意義的諸對象之外空洞地對準的諸項出發感知皮埃爾的運動。從時間觀點看，我總是從皮埃爾所趨向的將來一端出發把握他現時向我揭示出來的動作。於是，我通過他的將來，更一般地說，還通過世界的將來使我自己顯示了身體的現在。如果人們不首先把握這本質的真理，不理解他人的身體完全不同於感知另外的一些物體（corps），人們就不可能理解對他人身體的知覺這心理學的難題：因為為了知覺它，人們總是從在它之外的時空中的東西走向他本身；人們通過一種時間和空間顛倒「逆向地」把握他的動作。感知他人，就是使他自己通過世界顯示他是什麼。

（二）我絕沒有感知一條沿著不動的身體抬起的胳膊：我感知的是抬起手的皮埃爾。不應該由此認為我通過判斷把手的運動帶到啟動它的「意識」中；而是相反我只能把手或胳膊的運動當作整個身體的時間性結構。在這裡，正是整體決定了各部分的秩序和運動。為了使自己相信這裡關鍵恰恰在於對他人身體的原始感知，只要憶起那種看見斷臂引起的恐懼就足夠了，這胳膊似乎並不屬於身體；或者只要憶起在隨便一種瞬間感知到的恐懼——例如我們看見一隻手（胳膊被遮住了）像一隻蜘蛛沿著門向上爬的恐懼——就夠了。在這些不同的情況下，都有身體的割裂；而且這種割裂被認為是奇異的事。另一方面，人們認識到格式塔心理學者經常推論出的一些實證的證據。事實上，驚人的是，當皮埃爾把雙手伸到前面的時候，在相片上，他的手明顯地變粗大了（因為照像是按手固有的體積把握它們而沒有與身體總體發生綜合聯繫），然而，如果我們僅用肉眼看著它們的話，我們則感知到：同樣這雙手並沒有明顯地變粗大，在這個意義下，身體是從處境出發顯現為**生命**和**行動**的綜合整體。

在這樣一些考慮之後，不言而喻，皮埃爾的身體與為我的皮埃爾沒有任何區別。他人的身體連同它的不同的意義對我來說是唯一存在的東西；是為他的對象或是身體，這兩種本體論的模式是自為的「為他的存在」的嚴格同等的翻版。於是，諸多意義並不在於一種神祕的心理現象：它們是這種做為被超越的超越性心理現象。也許有一種心理的密碼學（cryptologie）：某些現象是「被隱藏的」。但是這一點也不意謂著諸意義歸屬於一種「身體的彼在」。它們歸屬於世界和它們本身。尤其是那些情感的表露，或者按更一般的方式，不確切地被稱為**表情**的現象不為我們指出被隱藏的並且通過某種心理現象體驗到的感受，這種心理現象是心理學探索的非物質性對象：那皺眉、那臉紅、那口吃、那手的輕微顫抖，那似乎同時是羞怯和具有威脅性的暗地裡的目光，不是憤怒的表情，它們就是憤怒。但是恰恰應該懂得：捏緊的拳頭在自身中一無所是並且是毫無意義的。而且我們也從沒有感知一個捏緊的拳頭：我們感知的是一個在某種處境中捏緊拳頭的人。在與過去和可能的聯繫中被考察的、從「在處境中的身體」這綜合整體出發去理解的那種有意義的活動，就是憤怒。它不歸結於別的，而只是歸結於在世的諸種行動（打、辱罵等），就是說歸結於身體的有意義的新態度。我們無法擺脫這種看法：「心理對象」完全被提供給感知，並且它在身體結構之外是不可能設想的。人們之所以至此還未有了解它，或者支持它的那些人之所以像行為主義者們那樣，自己並沒有很好理解他們要說的是什麼並且在他們周圍發起攻擊，則是因為人們樂於相信所有知覺都是同一類型的。事實上，知覺應該直接提供給我們時空對象。它的基本結構是內在的否定；而這結構提供給我的對象是**存在**著的對象，而不是做為某種達不到的實在的空幻影像。但是，恰恰為此，每一類型的實在都相應於一個新的知覺結構。身體是特殊的心理對象，**唯一的心理對象**。但是如果人們認為它是被超越的超越性，則對它的知覺**根本上**不可能與對無生命對象的知覺屬於同一類型。不應該由此認為知覺是逐漸豐富起來的，而應該認為，從一開始起它就屬另一種結構。於是，求助於習慣或類似的推理來解釋我們**理解**有表現力的行為這一事實並不是必然的：這些行為做為可領會的東西一開始就提供給感知；它們的意義是它們存在的一部分就像紙的顏色是紙的存在的一部分一樣。因此，參照別的行為來理解它們，是和應該參照桌子，書頁或別的紙張的顏色來感知放在我面前的書頁的顏色一樣是必然的。

然而，他人的身體做為別人**所是的**東西直接地向我們表現出來。在這個意義下，我們把它當作通過每個特殊的意義向著一個目標永遠被超越的東西。試看一個行走的人。從一開始，我就從一個時空總體（大路—車行道—人行道—商店—小汽車，等）出發理解他的行走，這總體的某些結構代表行走的將來意義。我從將來向現在的回溯中感知這行走——儘管問題涉及的未來是屬於宇宙時間的，儘管這個未來是還不在那裡的純粹「現在」。行走本身，這純粹不能把握並虛無化著的生成，就是**現在**。但是這現在是行走著的**某種事物**向將來一端的超越：在胳膊運動的純粹而不能把握的現在之外，我們力圖把握運動的基質（substrat）。這種基質，除非在死屍中，我們絕不能**眞實地**把握它，然而它總是做為**被超越的東西**，**過去的東西**在那裡。當我談及一條運動著的胳膊時，我認為**靜止著**的胳膊是運動的實體。我們在第二卷中曾指出，這樣的概念是站不住腳的：自己運動的東西不能是靜止的胳膊，運動是存在的病態。心理運動參照兩端，做為它的**結果**的將來的一端和過去的一端：它改變並超越的靜止的器官，這種說法仍然是千真萬確的。我明顯地感到胳膊的運動是永恆而不能把握的向過去的存在的推回。這過去的存在（胳膊、腿、靜止的整個身體），我沒有看見它，我只不過能**通過**超越它的、並且是我們面對著它在場的運動隱約窺見它，就像人們通過水的流動隱約窺見河底的碎石一樣。然而，這種總是被超越而從不被實現的靜止，我永遠參照它以來稱呼在運動中**存在的東西**，它是純粹的人為性，是純粹的**肉體**，純粹的**自在**——被超越的超越性的永遠被過去化的過去。

這種只做為**被超越的東西**存在的純自在在這種超越中並通過這種超越，墮入**屍體**之列，如果它不再同時被被超越的超越性揭示和掩蓋的話。做為**屍體**，就是說做為一條**生命的純粹過去**，做為**單純的遺蹟**，這種自在甚至只有從不再超越它的超越出發才是真正可以理解的：它是**已被超越而走向不斷更新的處境的東西**。但是另一方面，因為它現在做為純自在顯現，它對別的「這個」而言，是在未分化的外在性的簡單關係中存在：**屍體不再存在於處境中**。同時，在互相支持著純粹外在性關係的諸多存在之中，屍體自身崩潰瓦解了。對外在性的研究總是以人為性為論據的，因為這種外在性從來只在屍體上才能感知，這就是**解剖學**。從屍體出發重新綜合構成生命，那就**是生理學**。生理學從開始起就判決自己對生命一無所知，因為它只是把生命設想為死的一個特殊模式，因為它在那裡看見了做為第一位的東西的屍體的無限可分性並且因為它不知道「向……超越」的綜合統一，為了這個超越，無限可分性是純粹和簡單的過去。甚至對生者的生命的研究，甚至活體解剖，甚至對原生質的生命的研究，甚至胚胎學或對卵的研究，都不能恢復生命，人們觀察到的器官是活的，但是它沒有融化在一**個生命**的綜合統一中，它是從解剖出發，就是說，從死出發被理解的。因此，如果相信一開始就對我們揭示出來的他人的身體就是解剖—生理學的**身體**，那將會犯一個極大的錯誤。若混淆「為我們的」感官和我們為他的感官器官也會犯同樣嚴重的錯誤。但是，他人的**身體**是被超越的超越性的人為性，而這人為性永遠是**誕生**，就是說它參照於一個永遠被超越的自在的冷漠外在性。

這些考察可以解釋我們稱之為**個性**的東西。應該指出，事實上，個性只有做為為他的認識對象才有清晰的存在。意識不認識它的個性——除非從別人的觀點出發反思地自我規定——在體驗到它是它自己的偶然性時並在它用以認識並且超越了它的人為性的虛無化之中意識純粹無區別地、非主題地和非正題地使個性存在。這就是為什麼對自我的純粹內省的描述沒有提供任何個性：普魯斯特的英雄**沒有**直接可以把握的個性；在他意識到自己時，他首先表現為一般的、為所有人所共有的反作用的整體，（情感的、感情「機制論」，記憶表現出來的秩序等）每個人在其中都能自我認識：因為這些反作用屬於心理的一般「本性」。我們之所以終於（像阿伯拉罕在他論普魯斯特的書中所要做的）規定了普魯斯特式英雄的個性（例如關於他的懦弱、他的被動性、他與愛人和金錢的獨特聯繫）是因為我們解釋了原始的材料：我們對這些材料採取了外在的觀點，我們對它們進行比較並力圖從中抽取一些永恆的客觀關係。但是這必然造成一種後退：當閱讀者按閱讀的一般看法，與小說中的英雄同一時，「馬塞爾」的個性就離開了他，或不如說，他不在這層次上存在了。只有打破了使我與作者合一的同謀關係，只有在我不再把書認作是知心人，而是認作知心話，或更明確地說，認作檔案時，他才顯現出來。因此這種個性只在為他的水平上存在，並且「道德學家們」，就是說從事過客觀的和社會的心理學的法國作家們的警言與描繪正是為這種理性的，它們從來不用主體的被經歷的經驗來掩蓋自己。但是如果個性本質上是**爲他的**，它就不可能區別於我們描繪過的身體。例如，假設氣質是個性的原因，「多血質」是脾氣暴躁的**原因**，就是把個性做為一個心理整體提出來，這整體代表客觀性的所有方面，然而是主觀的並被主體**接受的**。事實上，他人的脾氣暴躁是從外面並且從被我的超越性超越起就被認識的：在這個意義下，它與例如「多血質」沒有區別。在這兩種情況下，我們把握了同一種中風者的臉紅，同一些身體的面貌，但是我們按我們的謀劃別樣地超越了這些材料：如果我們把臉紅認作是**做爲基礎的身體**的表露，就是說，切斷與處境的聯繫，我們就會有**氣質**的麻煩；如果我們甚至努力**從屍體出發**去理解臉紅，我們就能從事對它的心理學的和醫學的研究；如果相反，我們從總的環境出發談到它來考察臉紅，我就可以說這是憤怒本身，我還可以說，是憤怒的預兆，或不如說，是在預兆中的憤怒，就是說與工具性事物的永久關係，一種潛在性。因此在氣質和個性之間，只有理論上的區別，而個性與身體是同一的。正是這論證了許多作者把相面術構成個性研究的基礎的企圖，尤其是論證了克雷奇梅爾對個性和身體結構的出色研究。他人的個性，事實上是做為綜合總體直接給予直觀的。這不意謂著我們能立即**描繪**它。為了使不同的結構顯現出來，為了解釋某些我們有情感地即刻把握的材料，為了把他人的身體這完全模糊不清的東西改造成有機的形式，這都需要時間。我們可能會弄錯，應該允許求助於一般的和推論的認識（相關於別的主體建立的經驗的或統一的法則）來**說明**我們看見的東西。但是，無論如何，關鍵只在於為了預測或行動而說明或組織我們原始直觀的內容。重複說「第一個印象不會騙人」的人們想表達的無疑正是這個意思。事實上，從第一次相遇起他人就被完全、直接地表現出來，沒有隱蔽，也沒有祕密。熟知在這裡就是理解、發揮和估價。

儘管如此，他人正是在他所**是**的東西之中這樣表現出來的。個性與人為性沒有區別，就是說與原始的偶然性沒有區別。然而，我們認為他人是**自由的**；我們在前面已指出，**自由**做為無條件地改變處境的能力是他人的客觀品質。這能力就是一開始構成他人的能力，並且就是使一個處境一般地存在的能力：能改變處境，事實上恰恰就是想使一個處境存在。他人客觀的自由只是被超越的超越性；它是對象—自由，我們已確立了它。在這個意義下，他人顯現為應該從一個永恆變化的處境出發而被理解的東西。正是這使身體總是**過去**的東西。在這個意義下，他人的個性是做為**被超越的東西**而提供給我的。同樣，做為憤怒的預兆的易怒氣質總是被超越的預兆。於是，個性表現為他人的人為性，它可以進入我的直觀，但又只是為了**被超越**。在這個意義下，「處於憤怒中」，即使人們同意，那也已經是超越了易怒氣質，就是賦於它一個意義；因此，通過對象—自由憤怒而顯現為氣質的恢復。這完全不是要說我們由此被推回到主觀性，而只是要說，這裡我們超越的東西，不僅是他人的人為性，而且是他的超越性，不僅是他的存在——即他的過去，而且是他的現在和他的將來。即使他人的憤怒對我總是顯現為憤怒的自由（這是明顯的，正是由於我**判斷**它）我也總是能超越它，就是說激起或平息它，明確地說，正是在這超越中並且只是因此，我才把握了它。於是，做為被超越的超越性的人為性的身體，總是「指向它本身之外的身體」：同時在空間中——就是處境——和在時間中——這就是對象—自由。為他的身體是特別神奇的對象。於是，他人的身體總是「不只是身體的身體」，因為他人是沒有中介地、完整地在對他的人為性的永恆超越中向我表現出來的。但是這超越沒有把我推回到主觀性：客觀事實是，身體——它是做為組織，做為個性或做為工具的——絕不是沒有邊際地向我顯現的，並且應該從這些邊際出發而被規定。他人的身體不應該與它的客觀性相混淆。他人的客觀性是他的做為被超越的東西的超越性。身體是這超越性的人為性。但是，他人的身體性和客觀性確是密不可分的。

三、身體的本體論第三維

我使我的身體存在：這是身體的存在的第一維。我的身體被他人使用和認識的，這是它的第二維。但是因為我是**爲他的**，他人對我表現為我對其而言是對象的主體。我們看到，在這裡關鍵正在於我與他人的基本關係。因此我做為被他人認識的東西而存在——尤其是在我的人為性本身中。我做為被身為身體的他人認識的東西而為我地存在。這是我的身體本體論第三維。我們現在要研究的正是第一維，我們以此完成對身體存在方式問題的研究。

由於他人的注視的顯現，我揭示了我的對象—存在，就是說，揭示了我的做為被超越的東西的超越性。一個對象—我對我表現為不可認識的存在，表現為一種向我所是的、我對之負有完全責任的他人中的逃遁。但是，如果我不能認識，甚至不能設想在其實在中的這個我，至少我並非沒有把握它的某些形式結構。尤其是，我在我實際的存在中感覺自己被他人傷害；我正是對我的「為他的定在」負有責任。這**定在**恰恰就是身體。於是，與他人的相遇不僅在我的超越性中傷害我：在他人超越的超越性中並通過這種超越性，我的超越性所虛無化了並超越了的人為性為他而存在；並且就我意識到我是為他的存在而言，我也不僅不是在它的非正題的虛無化中，也不是在**存在者**中，而是在它向著沒於世界的存在的逃遁之中把握了我自己的人為性。與他人相遇而產生的衝突，就是為我空洞地把我的身體這外表的存在揭示為為他的自在。於是，我的身體並不是簡單地表現為單純被體驗的東西；相反這種被體驗的東西本身，在他人的存在這偶然的，絕對的事實中並通過這種事實，按逃離我的逃避的一維，向外延伸。我為我的身體的存在深度，就是我的最內在的「內部」(dedans)的這種永恆的「外部」。就他人的無所不在這個基本事實而言，我的此在的客觀性是我的人為性恆定的一維；在我超越我的偶然性走向我的諸種可能的時候，在我的偶然性悄然離我而走向無可挽回的東西時，是我使得我的偶然性存在的。我的身體不僅做為我所是的觀點在此，而且還做為一個觀點在此，我絕不能獲得的關於這觀點的一些觀點現在被獲得了；我的身體的每一部分都逃離我。這意謂著，首先，本身不可能自我把握的這個**感官**總體把自己確定為在別處並通過他人把握的東西。這樣被空洞地表露出來的把握沒有本體驗證的必然性，人們不可能從我人為性的存在本身中派生出它來，但是這是一個明顯的、絕對的事實；這種把握具有事實必然性。因為我的人為性是純粹的偶然性並且非正題地向我表露為事實必然性，這人為性的為他的存在便來增加這種人為性的偶然性：我的人為性在逃離我的無限偶然性中消失並且脫離我。於是，在我**體驗**到我的諸感官是這種內在的觀點，而我不能對之採取任何觀點的時候，它們的為他的存在糾纏著我：它們**存在著**。對別人來說，它們就像這張桌子或這棵樹一樣是為我地存在的，它們是沒於**某個世界**之中；它們在我的世界向著他人的絕對流動中並且通過這種流動而存在。於是，我們感官的相對性，我不可能不摧毀**我的**世界抽象地思想它，這種相對性永遠同時被他人的存在對我表明；但是，這是一個純粹的，不能把握的非表象。按同樣的方式，我的身體對我來說就是我所是的並且不能被任何工具使用的工具；但是就他人在原始的相遇中超越我的此在走向他的可能性而言，我所是的這種工具對我被表明為，是被投浸於工具的無窮系列之中的工具，儘管我不能以任何方式獲得對這個系列俯瞰的觀點。我的身體既是被異化的東西，逃離我而走向混於諸工具中間的工具性存在，走向一個被感覺器官把握的感覺器官的存在，與此相隨的是使我的流向他人的世界異化的毀滅，是這個世界的具體的崩潰，而且是他人在**他的**世界中將重新把握的**我的**世界。例如，當醫生給我聽診時，我**感知他的耳朵**，並且就世界諸對象把我指示為絕對的歸屬中心而言，這被感知的耳朵指出某些結構是我在我做為基質的身體上使之存在的形式。這些結構顯然——而且在我的存在同樣的湧現中——是純粹的體驗，是我使之存在並且使之虛無化的東西。於是，我們首先在這裡獲有指明和體驗的原始聯繫：被感知的事物指明「我」主觀地「使之存在」的東西。但是，從我根據感覺對象「耳朵」的傾覆而認為醫生在聽我的身體的聲音用他的身體感覺我的身體時起，被指明的體驗就變成做為**我的主觀性之外**的被指明的東西，沒於不是我的世界的世界之中。我的身體被指明為被異化的東西。我的異化的經驗在情感結構中並且通過情感結構成為**害羞**、「感到臉紅」、「感到汗顏」等等都是害羞的人用來說明他的狀態的不恰當的表述：他據此理解的是，他生動而又經常地意識到他的身體不是為他的而是為別人的。一種恆常的不適把我身體的異化當作不可挽回的，這種不適能夠規定一些心理是赧顏恐怖；這些心理不是別的，只是對我的「為他的身體」的存在之形而上學和令人震驚的把握：人們樂於說，害羞的人「被他自己的身體困擾」。真正說來，這個說法是不恰當的：我不可能被我使之存在的我的身體所困擾。正是我的為他的身體應該困擾我。同樣，這種表述還是不中肯的，因為我只能被一個在我的宇宙之內出現的具體事物所困擾，而這事物妨礙我使用別的工具。這時困擾變得更加微妙，因為妨礙我的東西是不在場的；我從未遇到我的為他的身體這一障礙，相反正是因為它從未此在，因為它始終不能把握，它才可能是妨礙人的。我力圖觸及它，支配它，把它做為一種工具使用——同樣因為它表現為在一**個世界中的工具**——以便給予它適當的模式和態度：但是顯然，它原則上是能及範圍之外的並且我為了使它化歸己有而進行的所有活動反過來逃離我並且做為為他的身體相距於我而凝固了。於是我應該永遠「盲目地」活動，按照判斷採取活動，而絕不知道我的謀劃的結果。這就是為什麼害羞者在他認識到這些企圖的虛浮之後，將要努力消除他的為他的身體。當他希望「不再有身體」成為「看不見的」……的時候，他想消滅的不是他的為他的身體，而是「被異化的身體」的不可把握的那一維。

因為事實上，我們賦予為他身體的實在性與賦予為我們的身體的是一樣的。或不如說，為他的身體就是為我們的身體，但它是不能把握的和被異化了的。那麼在我們看來，他人為我們履行了我們無能履行然而又落到我們身上的職責：**看見我們所是的**。因語言向我們揭示了——空洞地——我們的為他身體的主要結構（而被存在的身體是不可言傳的），促使我們把我們的所謂天職完全推卸給他人。我們被迫用別人的眼看我們自己；這意謂著我們努力通過語言的指示來知曉我們的存在。於是，出現了一種相應的文字體系，通過這個體系，我們使我們的「為他的存在」被揭示出來，並運用這些揭示來命名我們的「為我們的身體」。正是在這個層次上他人的身體和我的身體的類比同化產生了。事實上，必然的是——為了使我能思考「我的身體是為他的就像他人的身體是為我的一樣」——我在他人的客觀化了的主觀性中遇見他人，然後把他當作對象；為了使我能把他人的身體判斷為類似於我的身體的對象，他人的身體應對我表現為對象，並且我的身體反過來應該是對我揭示了對象的一維。類似或相象絕不可能首**先**構成他人的身體—對象和我的身體的客觀性；而且相反，這兩種客觀性應該事先存在以便使類比原則能夠起作用。因此在這裡，正是語言使我熟悉了我的身體的為他的結構。儘管如此，應該設想：語言連同它的意義正是不能在未經思索的水平上在我的身體和我的使之存在的意識之間滑動。在這個水平上，身體向他人的異化和它的存在的第三維只能被空洞地體會到，它們只是被體驗的人為性的延續。沒有任何概念、任何認識的直覺能夠依附於它們。我的為他身體的客觀性並不是為我的對象，並且不可能把我的身體構成對象：這客觀性被體驗為對我使之存在的身體的逃逸。為了使他人對我身體的認識及他人通過語言傳達給我的認識能夠給予我的「為我的身體」一種特殊類型的結構，這些認識應該用於一個對象，並且我的身體應該已經是為了我的對象。因此，正是在反思意識的層次上它們能夠發揮作用：它們不把人為性定性為非正題意識的純粹**被**存在，而是恰恰把人為性定性為被反思領會的準對象。正是這個概念層，由於插入準對象和反思意識之間，完成了心理的準身體的客觀化。我們看到，反思領會了人為性和向非實在的超越，這非實在的**存在**是純粹的**被感知**並且我們稱之為**心理的**。這心理的東西是被構成的。我們從我們的歷史中獲得的並且給我們帶來與他人的一切交往的認識將產生心理身體的結構層。總之，因為我們反思地接受了我們的身體，我們用同謀的反思——也就是來自我們本身的觀察把它構成準對象。但是我們剛一**認識**它，就是說我們剛一在純粹認識的直觀中把握它，我們就通過這直觀本身用對他人的認識構成了它，就是說把它構成為對我們來說絕不可能是它本身的樣子。因此我們的心理身體的可以認識的結構僅僅而且空洞地指出它的永恆異化。我們在超越被體驗到的人為性走向心理身體這準對象時，我們在再次超越這**被接受**的準對象走向原則上不可能被給予我，並且僅僅是被賦予意義的存在的諸特性時，我們是在空洞地構成這種異化，而不是在經歷這種異化。

例如，讓我們回想一下對「肉體的」痛苦的描述。我們曾看到遭受痛苦的反思如何把它構成「疼痛」。但是那時我們不得不中斷了我們的描述，因為我們缺少進一步描述的手段。現在，我們能夠繼續了：我們遭受的疼痛，我能在它的「自在中」，就是說，恰恰能在它的為他的存在中追求它。在這個時刻我認識了它，就是說，我按它逃離我的存在的一維在它轉向他人的一面中追求它，我的追求充滿了語言提供給我的知識，就是說我使用我得自他人的工具性概念，我在任何情況下也不可能獨自構成或設想我本身操縱**我的**身體。正是通過他人的概念我認識了我的身體。但是結果是在反思本身中，我獲得了他人對我的身體的觀點；我力圖把握我的身體就像我對它而言是「他人」一樣。顯然，那時我應用於疼痛的那些範疇**空洞**地構成了它，就是說按逃離我的一維構成了它。那麼為什麼要談及**直觀**？因為，不管怎樣，**遭受痛苦的身體**由於超越了它的異化著的意義而被當作了核心：正是這「疼痛」逃離了我而走向我確定為限制及機體的空洞圖式的新特性。例如，正是因此，我的做為心理的東西的所遭受的「疼痛」，對我反思地顯現為**胃的**疼痛。我們應好好理解，「胃的」痛苦是做為痛苦地體驗的胃本身。這樣，在認識的異化層參與之前，痛苦既不是局部的跡象，也不是同一。胃痛就是胃對意識表明是痛苦的純粹品質。這樣，我們看到，疼痛本身區別自身——而且是沒有鑒別或區別的理智作用地區別於所有別的痛苦，所有別的「疼痛」的。只不過在這個層次上，「胃」是無法表達的，它不可能被命名或被思想：它只是消失在被存在的身體這基礎上的這種遭受痛苦的形式。現時超越了被忍受的疼痛走向被命名的胃的客觀化的知，是對胃的某種客觀本性的知：我知道它有風笛的形狀，這是一個袋子，它產生胃液、酶，它被平滑的纖維被囊肌所包裹，等等。我也能知道——因為一個醫生告訴我——它發生了潰瘍。再進一步說，這潰瘍，我能或多或少清楚地對我自己表象它。我能認為它是一種侵蝕，一種輕微的內部腐爛；我能類比地用一種發燒引起的膿腫，膿瘡，甚至下疳等來設想它。所有這些，原則上講，或者是來自我獲得的對別人的認識，或者來自別人擁有的對我的認識。這無論如何都不可能構成我身受到的、但是又逃離了我的疼痛。胃和潰瘍變成為逃離的方向，變成為對我享受的對象的異化的前景。於是存在的一個新地帶顯現出來：我們已超越了被體驗到的痛苦走向被忍受的疼痛；我們超越疼痛走向病態。病態，做為**心理的東西**，當然不同於被醫生認識和描述的疾病：這是一種狀態。這裡既不涉及微生物，也不涉及組織損壞的問題，而是破壞的綜合形式的問題。這種形式**原則上逃離我**；它在有的時候通過「陣發的」痛苦，通過我的疼痛「發作」表現出來。但是，在其餘的時間，它仍然在能及範圍之外而又沒有消失。於是，**對別的一些人**來說，這形式是客觀地可覺察的：別人使我知曉了它，別人能診斷它；甚至當我對它沒有任何意識的時候，它對別的一些人來說也是在場的。因此從它的根深本性上說，它單純地**爲他**而存在。而當我不難受時，我就談論它，我讓自己趨向它就像趨向一個原則上觸及不到的對象，而這個對象的占有者是他人。如果我有肝痛病，我就不喝酒以免再引起我的肝的痛苦。但是，我的目的是明確的：不再引起我的肝痛，並且這個目標與另一個目標毫無區別：聽從向我揭示了這些痛苦的醫生所囑咐的預防措施。於是，一個別人對**我的疾病**負責。然而通過別人來到我身上的這個對象保持了日趨漸弱的自發性特徵，這些特徵來自我通過我的疼痛把握的東西。我們的意圖既不是描述這個新對象，也不是強調它的不可思議的自發性和破壞性的目的以及為惡的能力這樣一些特性，也不是強調它與我的親密以及與我的存在的具體關係（因為首先它是我的疾病）。我們只想使人注意，是在疾病本身之中，身體表現出來；同樣它支持了疼痛，它現時地是疾病的實體，是被疾病破壞的東西，即破壞性的形式用以擴展的東西。於是，被損害的胃通過胃疼表現為胃痛是其產物的質料本身。胃在那裡，它向直觀表現，並且我通過遭受的痛苦領會到它，連同它的特性。我認為它是被侵蝕的東西，是「樣子像風笛的口袋」，等。當然我沒有看見它，但是我知道它**是我的痛苦**。由此這些現象被錯誤地稱呼為「內視鏡檢查法」。事實上，痛苦本身沒有告訴我任何有關我的胃的事情，這正與索立葉宣稱的東西相反。但是，在痛苦中並且通過痛苦，我的知識構成一個為他的胃，它對我顯現為一個具體的並且恰是用我所能認識的所有客觀特徵所定義的不在場。但是原則上，這樣被定義的對象是我的痛苦異化的極點；它原則上就是我不應該是並且沒有能力超越它走向別的事物而是的那東西。於是，同樣，一個為他的存在糾纏著我的被非正題地體驗的人為性，同樣，一個為他的對象的存在，做為逃離我的心理身體的一維，糾纏著構成對共謀的反思而言的準對象的人為性。同樣，純粹的噁心能夠被超越而走向異化的一維：那時它以它的「姿態」，它的「外形」，它的「外貌」把我的為他的身體提供給我；那時它表現為對我的臟的**噁心**，對我的過於白晰的肉體、對我的過於呆板的表情等的噁心。但是，應該把這些詞顛倒過來；這還不是我厭惡的一切。相反，噁心就是做為非正題地被存在的所有這一切。正是我的認識使噁心向它為他的所是的東西延伸。因為他人正是憑藉整個肉體令人噁心的特性把我的噁心做為肉體來把握。

上述意見還未能窮盡對我的身體的顯現的描述。還要描述的是我們稱為顯現的**反常**類型的東西。事實上，我能看見我的手，摸到我的背，聞到我的汗味。在這種情況下，例如我的手，就向我顯現為混於諸多別的對象中的一個對象。它不再被周圍的東西指示為歸屬中心；它和周圍的事物一起組織為世界，並且它像周圍的事物一樣，把我的身體指示為歸屬中心。它成為世界的一部分。同樣，它不再是我不能和一些工具一起來使用的工具；相反，它是我在世界之中發現的諸工具的一部分；我能通過我的另一隻手來**使用**它，例如，像當我用右手打我的抓著扁桃或核桃的左拳那樣。那時我的手歸入一個被使用的工具的無限體系。在這個能使我們憂慮或使我們回到前面的考察的新的顯現類型中沒有任何東西。儘管如此，應該指出它。在人們按身體顯現的秩序把它置**於它的地位上的**條件下，就是說，在人們最後地考察它的條件下，它應該是很容易被解釋的。事實上，我的手的這種顯現僅僅意謂著，在某些已被明確定義的情況下，我們能夠獲得他人對我們自己身體的觀點，或者，如果人們願意的話，可以說它還意謂著，我們自己的身體能對我們顯現為他人的身體。從這種顯現出發來創造關於身體的一般理論的思想家完全顛倒了這難題的諸項，並且暴露出自己全然沒有弄懂這問題。事實上，應該特別注意，**看見**我們的身體這種可能性是一個純粹的事實材料，絕對偶然的材料。它不能從「有」一個為自為的身體的必然性、也不能從為他的身體的事實結構那裡演繹出來。人們很容易設想不能獲得任何對它本身的觀點的身體；某些昆蟲的情況似乎正是如此，這些昆蟲，儘管具有一種已分化的神經系統如感覺器官，仍不能利用這系統和器官來認識自己。因此在那裡關鍵在於我們應該提出而又不企圖去推演出的一類特殊結構。有一雙手，有能夠互相觸摸的雙手：這是處在同一偶然性水平上的兩個事實，而且做為事實，它們或是屬於純粹解剖學的描述，或是屬於形而上學的描述。我們不能把它們做為研究身體性的基礎。

此外，應該指出：身體的這種顯現沒有向我們提供在行動並在感知的身體，而是被作用和被感知的身體。總之，我們在這一章的開頭就已指出，人們能設想一個使眼睛能看別人的視覺器官的體系。但是被看見的眼睛是做為事物被看見，而不是做為歸屬的存在被看見的。同樣，我抓住的手不被當作在抓的手而是被當作可把握的對象。於是，**我們的爲我們的身體**的本性就我們能對它獲得他人的觀點而言完全逃離了我們。此外應該指出，即使感覺器官的組織能允許把身體看成為它向他人顯現的那樣，做為工具性事物的身體的這種顯現在孩子那裡也是來得太遲了；在任何情況下，這種顯現嚴格說來都是在（對）身體（的）意識和對做為工具性複合的世界的意識之後的；它是在對他人的身體的感知之後的。在很長時間中，孩子，當他學習抓他的手，看他的手時，就知道去抓、去拉它、去推、去拿它。反覆地觀察已指明，兩個月的孩子不把他的手看成**他的手**。他注視著它，並且如果他把手從他的視野裡移開，他就會轉動他的頭並且用目光去找他的手，好像他的手重新處在他的目光下是不取決於他的一樣。正是通過這一系列的心理活動、同化綜合和認識，他終於確立了被存在的身體和被看見的身體之間歸屬的諸種跳板。儘管他應該首先開始熟悉他人的身體。於是，感知我的身體，按照年代順序是在感知他人的身體之後開始的。

按它的地位和日期，在它原始的偶然性中被考察的感知，人們沒有看見它能是新難題的契機。身體是我所是的工具，它是我超越之走向我的「在世的存在」的我的「沒於世界存在」的人為性。當然，獲得對這人為性的一個總體的觀點對我來說是完全不可能的，除非我不再是它。但是，若我的身體的某些結構，不斷地成為世界對象的歸屬中心；它們按一個完全不同的觀點，把自己組織為一些別的對象，為的是用這些對象把我們的這樣或那樣的感覺器官指示為部分的歸屬中心，並且做為形式消散在做為基礎的身體中，這難道有什麼可奇怪的嗎？我的眼睛自己看見自己是根本不可能的。但是我的手觸摸我的眼睛，這難道有什麼可奇怪的嗎？人們之所以表現出對此感到意外，是因為人們已把握了自為做為對世界的具體觀點而湧現的必然性，這種必然性嚴格說來，是理想的責任，這責任可還原為對象間的可認識的關係，並且還可還原為我的認識發展的單純規則，而不是從中看到世界中的一個具體而偶然的存在的必然性。

注釋

1 巴什拉，《水和夢》，José Corti版，一九四二年版。——原注

第三章 與他人的具體關係

到此為止我們所做的，只是描述我們與他人的基本關係。這種關係使我們能闡明我們身體的存在的三維。儘管與他人的原始關係就我的身體與他人的身體的關係而言是第一位的，我們還是很清楚地看到，對身體本性的認識對於研究我的存在和他人的存在的特殊關係是必不可少的。這些關係事實上彼此假設人為性，就是說把我們的存在假設為沒於世界的身體。身體不是工具，也不是我與他人關係的原因。相反身體構成了它們的意義，指出了它們的限制：我正是把別人的被超越的超越性當作處境中的身體，我為了別人的利益在我的異化中感受到自己正是處境中的身體。我們現在能考察這些具體關係了，因為我們知悉了我們的身體是什麼。這些關係不是基本關係的簡單的細則說明——儘管每個關係都在它之中包含著與他人的原始關係，這種原始關係做為每種關係的本質結構和基礎——它們是自為的一些全新的存在樣式。事實上，它們表象了在有別人存在的世界中自為所持的不同態度。因此任何一個具體關係都以它的方式表現了雙邊的關係：「自為—為他」，「自在」。因此，如果我們能夠闡明我們與在世的別人之間的原始關係的結構，我們就完成了我們的工作；我們事實上在這部著作的一開頭就向我們自己考問過自為與自在的關係；但是現在我們得知，我們的工作是更複雜的：還有一個在面對別人的在場中的自為與自在的關係。當我們描述了這具體事實的時候，我們將能夠就存在的這三種樣態的基本關係做出結論，並且我們也許能誘導出一個關於一般存在的形而上學理論。

自為做為自在的虛無化被時間化為「向……流逝」。事實上，它超越它的人為性——或是被給定的或是過去的或是身體的——走向它所是的自在，假如它能是它自己的基礎的話。這就是人們用已經是心理學的術語所表達的東西——並且，儘管也許會清楚一些，但還是不確切的——人們說自為力圖逃離它事實上的存在，就是說逃離他的此在，即它全然不是其基礎的自在，人們還說，這流逝向著實現永遠被追求著的將來，在這個將來中，自為將成為「自為的自在」，就是說一個對自身而言是其固有基礎的自在。於是，自為同時是流逝和追求；同時，自為逝離自在又追求自在；自為是被追求的追求。但是，為了減少前面指出的心理學解釋的危險，我們提醒一下，自為不是**首先**去要求**然後**才達到存在的；總之，我們不應該設想它是具有意向的存在者，就像這玻璃杯具有某種特殊的品質一樣。這種進行追求的流逝不是外加地增補「自為的存在」的一種材料，而是自為**是**這流逝本身；這流逝與原始的虛無化是一回事，說自為是被追求的追求或說它按應該是它的存在的方式存在，或說它不是其所是並且是其所不是，都是一回事。自為不是自在並且不可能成為自在；它是對於自在的關係；它甚至是與自在的唯一可能的關係，被自在團團包圍，它逃離自在只是因為它是烏有，並且烏有使它與自在相分離。自為是所有否定性和所有關係的基礎，**它就是關係**。

正是這樣，他人的湧現觸及了自為的正中心。進行追求的流逝被他人並且為了他人固定在自在中。自在已經逐漸地抓住了這流逝，這流逝已經同時是對事實的根本否定和價值的絕對立足點，並且還同時是人為性的通體僵化：至少人為性通過時間化消失了；至少它的被分解的整體性會賦於它一個永恆「彼在」。但是他人正是使這個整體本身面對他而在場，並且他人正是超越這整體本身走向他自己的彼在。正是這個整體被整體化：對他人而言，我不可挽回地是我所是並且我的自由本身是我的存在的特定的特性。於是，自在重新抓住我一直到將來並且把我整個地固定在我的流逝本身中，這流逝變成被預見和被沉思的流逝，**被給定**的流逝。但是這個被固定的流逝絕不是我為我的所是的流逝：它是**外在地**被固定的。我的流逝的這種客觀性，我把它體會為我既不能超越也不能認識的異化。然而，只是由於我體會到它並且它把它逃離的這個自在給予了我的流逝，我應該轉向它並且應該針對它持有某些態度。這就是我與他人的具體關係的起源：這些具體關係完全是由我針對我為他人所是的對象的態度所左右的。因為他人的存在向我揭示我所是的存在，而我既不能把這個存在化歸己有甚至也不能設想它，所以這個存在引起了兩種對立的態度：他人**注視**我，而這樣，他掌握了我的存在的祕密，他知道了我是什麼；於是，我的存在的深刻意義是在我之外的，是被限制在我不在場的情況之中的；故他人是勝我一籌的。因此，因為我逃離我所是的自在而沒有給它以基礎，我能夠盡力否認這個從外界給予我的存在；就是說，我能轉向他人以便我能反過來把對象性給予他，因為他人的對象性是我的為他的對象性的毀滅。但是，另一方面，因為身為自由的他人是我的自在的存在的基礎，我能努力**恢復這個**自由並且控制它而不是取消它的自由的特性：如果我事實上能使自己與這個自由，即與我的自在的存在的基礎同化，那我本身就是我自己的基礎。超越他人的超越性，或相反，把這超越性吞沒在我之中而沒有消除它的超越的特性，這就是我針對他人所採取的兩種原始態度。還有，理解這些詞時應該謹慎：我首先存在，然後「力圖」對象化他人或把他人同化，這種說法是完全不對的；就我的存在的湧現是面對他人的湧現而言，就我是進行追求的流逝和被追求的追求而言，從我的存在的根基上說，我是對他人進行對象化或同化的謀劃。我是對他人的體驗：這是個根本事實。但是這個對他人的體驗本身就是對待他人的態度，就是說，我不能**面對他人存在**而不在應該是的形式下不是這種「面對」。於是，我們還描述了自為的存在結構，儘管他人在世界上的在場是一個自立的絕對明顯的事實，但這個事實又是偶然的，就是說不可能從自為的本體論結構推出的事實。

我所是的這兩種企圖是對立的，二者都致對方於死地，就是說，一者的失敗引起另一者的採納。

於是，不存在我對待他人關係的辯證法，而存在一種圓圈——儘管一方的任一企圖都加劇了另一方的失敗。因此，我們將要依次地研究這兩種企圖。但是應該指出，在一者的內部，另一者始終是在場的，這恰恰是因為二者之中的任何一方都不能在沒有矛盾的情況下被抓住。或不如說，二者中的任何一方是在另一方之中並且致對方於死地；於是我們不可能離開這個圈子，在進行有關他人的基本態度的研究時不應忘記以上這幾點意見。對這兩種在圓圈中產生和消滅的態度的研究可以從這一種開始也可以從另一種開始。儘管如此，因為應該選擇，我們就首先考察自為為使他人的自由與自己同化所取的態度。

一、對待他人的第一種態度：愛、語言、受虐色情狂

一切對我有價值的都對他人有價值。然而我努力把我從他人的支配中解放出來，反過來力圖控制他人，而他人也同時力圖控制我。這裡關鍵完全不在於與自在對象的那些單方面的關係，而是互相的和運動的關係。相應的描述因此應該以「**衝突**」為背景被考察。衝突是為他的存在的原始意義。

如果我們一開始就把他人揭示為**注視**，從這種看法出發，我們就應該承認我們是在占有的形式下體會到我的不能把握的為他的存在。我被他人占有；他人的注視對我赤裸裸的身體進行加工，它使我的身體誕生、它雕琢我的身體、把我的身體製造為如其所是的東西，並且把它看作我將永遠看不見的東西。他人掌握了一個祕密：我所是的東西的祕密。他使我存在，並且正是因此占有了我，並且這種占有不是別的，只是意識到占有了我。而我，在認識到我的對象性時，我體會到，他有這種意識。做為意識，他人對我來說同時是盜用了我的存在和使一個存在——即我的存在「存在」的人。於是，我理解了這個本體論結構：我對我的為他存在負有責任。但是，我不是它的基礎。因此，它在偶然的然而我對它負有責任的給定物的形式下向我顯現，並且他人奠定了我的「有」的形式下的存在；但是他不對我的存在

負責任，儘管他在自由的超越性中並通過這種超越性完全自由地奠定了我的存在。於是，我對自己表明我是對我的存在負有責任的，對此而言，**我要求的**是我所是的這個存在；就是說，我想收回它，或用更確切的話說，我就是收回我的存在的謀劃。這存在並不對我表現為**我的**存在，而是與我有距離的，就像坦塔羅斯的食物一樣，我要伸手去拿取它並以我的自由本身去奠定它。因為，如果在一個意義下我的對象—存在由於別人而成為難以忍受的偶然性和純粹對我的「占有」，那在另一種意義下，這個存在指示著我應該收回並且應該奠定以便成為我的基礎的東西。但是這恰恰只有在我把自己同化於他人的自由時才能設想。於是，我之收回我的謀劃從根本上講是一個收回他人的謀劃。儘管如此，這個謀劃應該原封不動地保留他人的本性。就是說，（一）我因此不斷地肯定他人，就是說不斷地否認我是別人：他人既是我的存在的基礎，他非要我的為他的存在消逝才能夠消解於我之中。因此，如果我計畫實現與他人的統一，這就意謂著我計畫原封不動地把別人的相異性做為我固有的可能性而與我自己同化。事實上，對我來說，關鍵在於使我獲取他人對於我採取觀點的可能性。但是關鍵卻不在於取得認識這純粹抽象的權力。我計畫化歸己有的不是別人的純粹**範疇**：這範疇既沒有被設想甚至也不能設想。相反，別人忍受並體驗到具體的考驗的時候，我正是要在別人的相異化中與這個具體的做為絕對實在的別人結合為一體。（二）我想同化的別人完全不是對象—別人。或者可以說，我與別人合一的計畫完全不相當於把我的自為重新當作我本身，並且也不相當於向著我固有的可能性而對別人的超越性的超越。對我來說，關鍵不在於通過把別人對象化而消除我的對象性，這會相當於把我從我的為他的存在中解脫出來，而是正好相反，我是做為另一個注視者而要同化別人的，並且這同化的謀劃意謂著對我被注視的存在的進一步承認。總之，我完全同一於我的被注視的存在以便保持在我面前注視著我的別人的自由，並且，由於我的對象—存在是我與別人唯一可能的關係，我正是使用這單獨的對象—存在以進行**別人的自由**與我的同化。於是，自為做為對第三種出神的失敗的反作用，想要做為奠定了它的自在的存在的東西而同一於他人的自由。成為對他自身而言的他人——這是在成為對他自身而言的**他人**的形式下總被具體地追求的理想——就是與他人關係的原始價值；這意謂著我的為他的存在被對一個絕對存在的指示糾纏著，這個絕對存在是做為別人的自我和做為自我的別人，並且它因自由地把其自我的存在表現為別人，又把他的別人的存在表現為自我，而成為本體論證明的存在本身，即上帝。我若不克服我與他人關係的原始偶然性，這理想就不可能實現。就是說事實是，他人賴以成為我的異在的否定和我賴以成為別人的異在的否定之間沒有任何內在的否定性的關係。我們已看到：這種偶然性是不可克服的；它是我與他人的關係的**事實**，正如我的身體是我的在世的存在的**事實**一樣。與他人的統一因此事實上是不能實現的。在**法律上**講也是不能實現的，因為自為與他人在同一超越性中的同化必然地引起他人的相異性消失。於是，使我能夠謀劃讓他人與我同一的條件，就是**我**堅持否認我是別人。最後，這種統一的謀劃是衝突的來源，因為，當我被體驗為為他的對象時，當我謀劃在這個體驗中並通過這體驗與之同化時，他人就把我當作了沒於世界的對象並且完全不打算把我同化於他了。因此，由於為他的存在包含雙重的內在否定，所以作用於那種他人用以超越我的超越性並使我為他而存在的內在否定是必然的，就是說，**作用於他人的自由**是必然的。

這個實現不了的理想，因為出沒於我面對他人的謀劃而不能與愛情同化。愛情是一種事業，即向著我的固有可能性而謀劃的有機總體。但是，這種理想就是愛情的理想，是愛情的動機和目的，是愛情真正的價值。愛情做為與他人的原始關係是我用以實現這個價值的謀劃的總體。

這些謀劃使我置於與他人自由的直接聯繫之中。正是在這個意義下，愛情是衝突。事實上我們曾指出，他人的自由，是我存在的基礎。但是恰恰因為我通過他人的自由而存在，我沒有任何安全感，我處在這種自由的威脅之中；這自由把我的存在和「**使我存在**」揉合在一起，它給予我價值又取消我的價值，我的存在由於自由得以永遠被動地逃離自我。我介入其中的，但又不負責任並不可到達的這種變化多端的自由，它反過來能使我介入成千種不同的存在方式。我恢復我的存在的謀劃，除非在我控制了這個自由並且只在我把這自由還原為順從我的自由的自由存在時才能實現。同時，這是我用以干涉內在的自由否定的唯一方式，別人正是通過這否定把我構成別人，就是說，我能以這否定準備開闢將來使別人和我同一的途徑。也許，如果人們思考「戀人為什麼要被愛？」這個純粹心理學方面的問題的話，問題就更清楚了。事實上，如果愛情是純粹肉體占有的情慾，在很多情況下，它就很容易得到滿足。例如，普魯斯特的主人公把他的情婦安置在他家裡，他能整天地看見她並占有她，並且已經能夠把她完全置於物質性的附屬地位，他想必似乎應該是無憂無慮。然而人們知道，他相反，卻是憂心內焚的。阿爾伯第娜從馬塞爾手中逃脫，正是由於他的意識，甚至是當他在她身邊的時候，而這就是為什麼只有在她睡著的時候凝視著她，他才可暫鬆一口氣。愛情肯定要去征服「意識」。但是它為什麼要征服意識呢？又怎麼樣去征服呢？

人們如此經常地用來解釋愛情的「占有」這個概念事實上不可能是最根本的。如果恰恰只是他人使我存在，為什麼我想把他人化歸己有呢？但是這正好包含某種化歸己有的方式：我們想占有的正是別人的如此這般的自由。這並非出自於權力慾：暴君不在乎愛情，他滿足於恐懼。如果他尋求臣民對他的愛，那是通過政治，如果他找到了更經濟的方式奴役他們，他早就採用了。相反，想被愛的人不願意奴役被愛的存在。他不想變成一種外露的，機械的情感的對象。他不想占有一個自動機，並且如果人們想羞辱他，只需把一種像心理決定論的結果那樣的被愛者的情感向他表現出來就夠了：戀愛者感覺到自己在他的愛情和他的存在中被貶值了。如果崔斯坦和伊索德被媚藥弄得神魂顛倒，他們相互間的興趣卻減弱了，並且被愛的存在若完全處於被奴役地位有時就會扼殺戀愛者的愛情。目的被超越了：若被愛者被改造成自動木偶，戀愛者就又處於孤獨之中。於是，戀愛者不想像人們占有一個物件那樣占有被愛者；他祈求一種特殊類型的化歸己有。他想占有一個做為自由的自由。

但是，另一方面，他不可能滿足於做為自由的和自願的義務的這種自由的卓越形式。誰能滿足於那種被當成是對海誓山盟的純粹忠實的愛情呢？因此誰會願意聽見說：「我愛你，因為我是自由地被諾言約束來愛你的並且我不想反悔；並不是由於我忠實於我本身而愛你」呢？於是戀愛者要求誓言而被這誓言所激怒。他想被一個自由所愛並且祈求這個自由不再是自由的。他希望別人的自由自我決定去變成愛情——不僅僅是在戀愛的開頭，而且是在每時每刻——同時希望這自由被其自身捕獲，自由返回自由本身，猶如在狂熱的時候、在夢幻的時候一樣，以便期望它被征服。而這種被征服的自由在我們手中應該是一種自由的卸任，同時又是一種被禁錮物。我們期望於他人，期望於愛情的，不是情感的決定論，也不是能及範圍之外的自由：而正是一個自由使情感決定論**起作用**並且扮演它的角色。對他本身而言，戀愛者不希望是自由的這種徹底變化的**原因**，而是希望是自由的唯一的、幸運的偶因（occasion）。事實上，他不可能希望是自由的原因而不同時把被愛者當作人們可以超越的工具，把他浸沒於世界之中。愛情的本質不在這裡。相反，在愛情中戀愛者希望自己對被愛者來說是「世界上的一切」。這意謂著他與世界為伍；他概括並象徵著世界，他是一個包含著所有別的「這個」的「這個」，他是並且願意是對象。但是另一方面，他又希望是這樣的對象；他人的自由願意在這個對象中消失，別人願意在這個對象中把他的存在和存在的理由看作為從屬的人為性，這個對象是對超越性限制的對象，就是他人的超越性向著它超越一切別的對象的對象，但是他人的超越性又不能超越它的對象。戀愛者處處欲求他人自由的圓圈；就是說，在任何時刻，在他人的自由把對其超越性的限制接受下來的條件下，這種接受已經表現為戀愛者願意接受的動力。正是做為已被選擇的目的，他想被選擇為目的。這使我們完全把握了戀愛者要求於被愛者的是什麼：他並不要求**干涉**別人的自由，而是想**先天地**做為對別人自由的客觀限制而存在，就是說想與這自由一起並在它的湧現本身中同時表現為一種限制，別人的自由為了成為自由應該接受這種限制。正是因此，戀愛者要求的東西是一種膠質，一種他人的自由本身的稠化：這種結構的限制事實上**是**一種**被給定物**而這做為自由的限制的被給定物的唯一顯現意謂著自由由於自己禁止超越這給定物而**使自己**在這給定物內部**存在**。而這種禁止**同時**被戀愛者認為是被體驗到的，就是說被接受的——總之被認為是一種人為性——並且是被自由地允諾的。這種禁止之所以能自由地被允諾，是因為它應該與那自我選擇為自由的一個自由的湧現是一回事。但是它之所以應該僅僅是被體驗的，因為它應該是一個總是在場的不可能性，一種一直回溯到別人的自由核心的人為性；從心理學觀點講，這是通過要求表明：被愛者以前要愛我的自由決心做為十分迷人的動力鑽進它現時自由的介入**內部**。

人們現在把握了這種要求的意義：這種人為性應該成為為他的活動並且應該最終**是它自己的**人為性，這種人為性，就是**我的**人為性。正是因為我是他人使之成為存在的對象，我才成為他人的超越性本身的固有限制。因為在存在中湧現的他人使我成為不可超越的和絕對的東西，不是成為虛無化著的自為，而是成為沒於世界的為他存在。於是，想被愛，就是用他人固有的人為性影響他人，就是想迫使他人永遠把你再現為屈服了的和介入的自由的條件；就是同時希望自由奠定行為，這行為對自由占有優勢。如果這結果能達到，那麼首先我是**完全地**處在他人的意識中。首先因為我的焦急和我的羞恥的動機就是我在我的為他的存在中把自己當作並體驗為總能向著另一事物被超越的，是價值判斷的純粹對象、純粹手段，純粹的工具。我的憂慮來源於這樣一個事實：我必然地並自由地擔當別人使我置身於絕對自由之中的那個存在：「上帝知道我對他來說是什麼！上帝知道他是怎麼想我的。」這意謂著「上帝知道他如何使我存在」並且我被我害怕有一天在小道的拐角碰到的那個存在所糾纏，他對我來說如此陌生，然而他還是**我的存在**，我還知道不管我怎樣努力，我絕不會遇見他。但是，如果別人愛我，我就變成了**不可超越的**，這意謂著我應該是絕對目的；在這個意義下，我從**工具性**那裡被解救出來；我的沒於世界的存在變成了我的「為我的超越性」的嚴格關聯項，因為我的獨立性被絕對地保住了。別人應該使我成為的對象是一個超越性對象，是一個絕對的歸屬中心，在這個歸屬中心的周圍世界上所有的工具性事物都做為純**手段**排列就緒。同時，做為自由的絕對限制，就是說，做為所有價值的絕對來源的絕對的價值，就我擔當了我的為他的存在而言，我防禦任何偶然的非價值化，我就是絕對的價值。於是，想被愛，就是想置身超乎於被做為所有增值的條件和做為價值的客觀基礎的他人提出的整個價值體系之外。這種要求成為戀人之間談話的通常主題，或者如在《狹窄的門》（*La Porte Etroite*）中[1]，想被愛的戀人與超越了自我的苦行主義道德同一，並且想使這超越的理想性限制內身化——或者更平常的情況是，戀愛者要求被愛者在他的活動中把傳統道德貢獻給自己，處心積慮地想知道被愛者是否會為他背叛了自己的那些朋友，是否會為他去「偷」，「去殺人」等。按這個觀點，我的存在應該逃避被愛者的**注視**；或毋寧說，它應該是一個別的結構注視的對象：我不再應該被看作是在世界這基礎上的許多別的「**這個**」中間的一個「這個」，相反世界應該從我出發表現出來。事實上，就自由的湧現使得一個世界存在而言，我做為這湧現的限制性條件應該是一個世界湧現的條件本身。我應該是這樣一個人：其職能是使樹木和水、城市和田野以及別的人存在以便隨後把它們給於把它們組織為世界的別人，完全就像在以母系姓氏為源的社會中，一個母親接受了爵位和名稱，不是為了保住它們，而是為了直接轉交給她的孩子們一樣。在某種意義下，如果我應該被愛，我就是那間接地使世界成為為他的存在的對象；而在另一種意義下，我就是世界。我不是擺脫了世界這基礎的這個，而是世界從中擺脫的做為基礎的對象。於是我放心了：別人的注視不再使我轉變為有限性（finitude）；我不可能做為醜人，小人，卑怯的人**被注視**，因為這些個性必然代表著對我的存在的活動的限制，並把我的有限性領會為有限性。當然，我的可能仍然是被超越的可能性，僵死的可能性；但是，我有這一切可能；我是世界所有僵死的可能性；由此我不再是從別的一切存在出發或從它們的活動出發被理解的存在；但是，在我要求的愛情直觀中，我應該表現為一個絕對的整體，從這個整體出發，所有存在和所有它們固有的活動應該能夠被理解。稍微改動一下斯多葛派的有名公式，人們就能說，「被愛者能三次被擊敗」。哲人的理想和想被愛的哲人的理想事實上是在這點上不謀而合了，即二者都想成為總體直觀可達到的對象—整體，這總體直觀把被愛者和哲人在世界上的行動當作是從整體出發被解釋的特殊結構。正像哲人自認是被絕對的變形（métamorphose）觸動的狀態一樣，正像他人的自由應該被絕對地變形以便使我進入被愛的狀態一樣。

至此為止，這種描述與黑格爾關於主奴關係的著名論述還是一致的。戀愛者希望對被愛者所成為的就像黑格爾的主人對奴隸所是的一樣。但是它們之間的相似之處僅此而已，因為在黑格爾那裡，主人只是單方面地要求，可以說，暗含地要求奴隸的自由，而戀愛者卻**首先**要求被愛者的自由。在這個意義下，如果我應該被別人愛，我就應該自由地被選擇做為被愛者。人們知道，在流行的愛情術語中，被愛者是用**當選者**這術語表示的。但是這個選擇不應該是相對的和偶然的：當戀愛者認為被愛者在**許多別的人中**選擇了他時，他被激怒並覺得被貶低了。「那麼，如果我不進入這個城市，如果我不經常與一些」某某人「相來往，你就不會認識我，難道你就不愛我了？」這種想法使戀人悲傷：他的愛情變成許多人中間的愛情，被被愛者的人為性及他自己的人為性所限制，同時被相遇的偶然性所限制：它變成**在世的愛情**，它變成為假設了世界並且能反過來為其他人而存在的對象。他通過一些「物化論」（chosisme）的笨拙的而且是被玷污了的詞來表現他要求的東西；他說：「我們對他人而言被造成一體」，就是歸屬到一個原始的選擇。這選擇可能是上帝的選擇，正像是做為絕對選擇的存在的選擇一樣；但是上帝在這裡只是表示向絕對要求的最大可能過渡。事實上，戀愛者要求的，就是被愛者已把他變成為絕對的選擇。這意謂著被愛者在世的存在應該是戀愛者的存在，被愛者的這種湧現應該是戀人的自由選擇。因為別人是我的對象—存在的基礎，我要求他的是：他的存在的自由湧現的唯一和絕對的目的就是他對**我**的選擇，就是說，他選擇存在是為了奠定我的對象性和我的人為性。於是，我的人為性「得救」了。它不再是我所逃避的不可想像和不可克服的那種給定物：它是別人為之使自己自由存在的東西；它是別人提供的目的。我用我的人為性影響別人，但正是因為別人是做為自由而受到我的人為性的影響，他又把這人為性做為被收回和被認可的人為性送還給我；他是這人為性的基礎以便人為性成為他的目的。從這種愛情出發，我因而別樣地把握了我的異化和我固有的人為性。我的人為性──做為為他的──不再是一個事物，而是一種權利。我的存在是因為它被**召喚**。我擔當起的這個存在變成純粹的慷慨。我存在因為我竭力表現自己。我手中的這些因被愛而暴出的血管正是由於善良。我的好處在於我有眼睛、頭髮、眉毛，並且堅持不懈地慷慨無度地把它們奉獻於他人要使自己自由地存在的堅持不懈的欲望。在被愛之前，我們並不為做為我們的存在的、莫名其妙的、不可辯解的這種突起而著急；我們也並不覺得「多餘」，而現在，我們感到，這種存在被一種絕對的自由恢復並且要求著，直至最小的細節，而同時，這種存在又制約著這自由，我們本身因我們自己的自由而需要這種絕對的自由，當愛情的快樂存在時，它的基礎正在於此：我們感到我們的存在被證實了。

同時，如果被愛者能愛我們，他就是完全準備好了與我們的自由同化：因為我們希求的這個被愛的存在，已經是被用於我們的為他存在的本體論證明。我們的對象本質包含著**別人**的實存並且反之亦然，正是別人的自由奠定了我們的本質。如果我們能使整個體系內在化，我們就是我們本身的基礎。

因此，這就是戀愛者的實在目的，因為他的愛情是一個事業，就是說，是它自己本身的謀劃。這謀劃應該引起一種衝突。事實上，被愛者認為戀愛者是混在一些別人中間的一個對象─別人，就是說，他在世界的基礎上感知了戀愛者，超越他並使用他。被愛者是**注視**，因此，它不可能使用他的確定了他的超越的最後限度的超越性，也不能使用他的自由自我捕捉。被愛者不能希望去愛。因此戀愛者應該誘惑被愛者；並且他的愛情與誘惑的事業是一回事。在誘惑中，我完全不是要向他人表現我的主觀性：此外，我只能在**注視**他人時才可表現出我的主觀性；但是通過這注視我使他人的主觀性消失了，並且我正是希望與他人的主觀性同化。誘惑就是整個地擔當我的對象性並且如同是為了他人而拿我的對象性去冒險，這就是置於他人的注視之下並且使我被他注視，就是冒著**被看見的**危險來造成一個新的出發點並且在我的對象性中並通過我的對象性把他人化歸我有。我拒絕離開我在其中體驗到我的對象性的地位；正是在這地位上我希望通過使我成為**有迷惑力的對象**而投入戰鬥。我們曾在第二卷中把迷惑定義為**狀態**：我們說，它就是非正題地意識到面對存在的**烏有**。誘惑旨在誘使他人意識到他面對施誘惑對象被虛無化。通過誘惑，我欲求把自己構成一個存在的充實並且使自己**認識到是存在的充實**，為此，我把自己構成為能賦予意義的對象。我的活動應該**指向**兩個方向，一方面，指向人們錯誤地稱為主觀性的東西並且毋寧是在對象存在的深處被掩藏的東西，活動的造成不是僅僅為它本身的，而且它指示著一個無窮的並且尚未與別的實在及可能的活動分化出來的系列，而我認為他人的這些活動構成我對象的並且未被察覺的存在。於是我力圖引導這超越我的超越性，並力圖把它推回到我的無數僵死的可能性，這恰恰是為了成為不可超越的，並且為了置身於這樣一個範圍內，在其中這唯一不可超越的東西恰恰是無限。另一方面，我的任何一個活動都力圖指向更廣闊的可能世界，並且應該表現出我是與世界的最廣闊的領域聯繫著的，或者我把世界向被愛者表現出來，並且我力圖把自己構成他和世界之間的必要中介，或者，我只是通過活動表露出我對世界的無限多樣的能力（金錢、權力、關係等）。在第一種情況下，我力圖把自己構成為無限深藏的東西；在第二種情況下，我力圖使自己與世界同一。通過這不同的舉動，我要**設定**自己為不可超越的東西。這種設定本身不可能滿足自身，它只是對別人的投資，它不可能不贊同別人的自由而獲得行為的價值，別人的自由應該熱衷於承認自己是面對我整個的絕對存在的虛無。

人們會說，這些表情的各種企圖**假設了**語言。我們不同意這種看法；更確切地說：這些企圖就是語言，或者可以說是語言的基本樣式。因為，如果有涉及這樣一種特殊語言的存在、學習和使用的心理學的和歷史的問題，那就沒有任何涉及人們稱之為語言的發明的特殊問題。語言不是附加在為他的存在上的現象：它原本就是為他的存在，就是說，是一個主觀性做為它的對象而被體驗到的這一事實。在一個純粹對象的宇宙中，語言在任何情況下也不可能被「發明」，因為它一開始就假設了一種與一個別的主體的關係；在為他的主體之間，發明主體不是必然的，因為它已經在承認別人時被給定了。只是由於，不管我做什麼，我的被自由設想及實施的活動，我對我的可能性的謀劃都從外邊具有了一種逃離我並且被我體驗到的意義，我就**是語言**，正是在這個意義下——並且只在這個意義下——海德格說的有理：我是我所說的東西[2]。事實上，語言不是被構成的人類創造物的本能，它同樣不是我們的主觀性的發明；但是同樣不應該把它歸併到此在的純粹「自我之外的存在」中。它是人類條件的一部分，它原本是一個自為從他的為他的存在造成的體驗，而後來超越了這種體驗和它的工具走向做為我的可能性的可能性，就是說走向為了他人而成為這個或那個的可能性。因此它和承認他人的實存是一回事。做為注視的別人面對我而湧現，這湧現使語言做為我的存在的條件湧現出來。這種原始的語言並不非是誘惑；我們將看到它的別的一些形式；此外，我們曾指出，沒有任何面對他人的原始態度，它們是循環交替的，任何一個態度都包含另一個。但是，相反，誘惑不假設任何語言以前的形式：它完全是語言的實現；這意謂著語言能完全地，並且通過誘惑一下子**被揭示爲**表情的原始存在方式。不言而喻，我們通過語言理解到的是表情的所有現象而不是派生的和次級的流通言語，這言語的顯現能使一種歷史研究成為對象。尤其是在誘惑中，語言不追求**使人認識**，而追求使人體驗。

但是，在這種想要發現有誘惑力的語言的原始企圖中，我是在摸索著前進，因為我只把自己引到我的為他的對象性的抽象而空洞的形式上去。我甚至不能想像我的那些姿態和態度會有什麼結果，因為它們總是被一個將超越它們的自由重複並且奠定的，還因為它們只有當這個自由把一個意義給予它們時，它們才能有意義。於是，我的表情的意義總是逃離我；我永遠不能準確地知道我是否賦予了我想賦予意義的東西以意義，甚至也不知道我是否是賦予意義者；在這樣一個時刻，我應該察看別人，原則上說，這是不可想像的，而且由於不知道事實上我為他的表情是什麼，我把我的語言構成為逃向我之外的不完整的現象。我一有所表情，我就只能猜測我的表情的意義，一句話，就是只能猜測我所是的東西的意義，因為在這個背景下，表情和**存在**只是一回事。他人總是在那裡，做為把其意義給予語言的東西在場並被體驗。在我看來，任何表情，任何動作，任何詞都是對他人的異化實在的具體體驗。不僅精神變態者能說——正如在易受影響的精神病[3]的情況下——「人們剽竊我的思想」。而表情這事實本身是一種對思想的剽竊，因為思想需要一個異化的自由幫助以把自己構成對象。這就是為什麼語言的這第一種面貌——在我為他地使用語言時——**是神聖的**。事實上，神聖的對象是在世界之外指示著超越性的世界對象。世界向我揭示了安靜地傾聽著我的人的自由，就是說他的超越性。

但是，同時，對別人來說，我仍然是給出意義的對象——即我總已經是的東西。它全然不是從我的對象性出發，能對別人指出我的超越性的途徑。態度，表情和詞永遠只能對他指出別的一些態度，別的表情和別的詞。於是，語言對他人來說仍然是一個神奇對象的單純性質——及神奇的對象本身：它是他人與之有距離地準確地認識其結果的行動。於是，詞，當我使用它的時候，它是**神聖的**，當別人聽見它的時候，是神奇的。於是，我對我的語言並不比我的為他的身體知道得更多。我不能聽見自己說話，也不能看見自己微笑。語言的問題與身體的問題是並行不悖的，並且在某種情況下有效的描述在另一情況下也有效。

然而，迷惑，即使已經在他人中引起一種被迷惑的存在，也不能自己引起愛情。人們能被一個演說家、一個演員、一個雜技演員迷惑：這不意謂著人們愛他。當然人們不能從他那裡移開眼睛；但是，他還是消失在世界這基質中，並且迷惑沒有把使人迷惑的對象當作超越性的終項提出來；恰恰相反，迷惑是超越性。那麼，被愛者什麼時候反過來變成戀愛者呢？

回答很簡單：當他謀劃著被愛的時候，自在的對象—他人，永遠沒有足夠的力量引起愛情。如果理想的愛情是把做為他人的他人，就是說把做為進行注視的主觀性的他人化歸己有，那謀劃這個理想就只能從我與主體—他人而不是從我與對象—他人的相遇出發。誘惑只能以**矯揉造作**的應被「占有」的對象的特性來裝點企圖誘惑我的對象—他人，誘惑也許將決定我去冒大險來征服他；但是，這把沒於世界的對象化歸己有的欲望不能與愛情混淆。因此，在被愛者那裡，愛情只能從對他造成的他的異化和他向別人的流逝的體驗中產生。但是，如果事情就是這樣，被愛者只有在他謀劃被愛時才可被改造為戀人，就是說，只有在他想征服的東西完全不是一個身體而是別人的如此這般的主觀性的時候。事實上，他能設想來實現這種化歸己有的唯一方法，就是使自己被愛。於是，對我們來說，愛就其本質來說就是使自己被愛的謀劃。由此產生了這樣一個新的矛盾和新的衝突：任何一個戀愛者當他要排除一切他人使自己被一個別人愛的時候，都完全是這個別人的俘虜，但是同時，每個人都向別人要求一種不能還原為「被愛之謀劃」的愛情。事實上，他要求的就是別人一開始就不企求使自己被愛，這個別人具有對他的被愛者同時是沉思的和情感的直觀，這個直觀是做為對他的自由的客觀限制，做為他的超越性的不可避免的被選擇的基礎，做為存在的整體和最高的價值。從別人那裡被這樣強求來的愛情不能**要求**任何東西：它是純粹不互惠的介入。但是，顯然，這種愛情如果不是做為戀愛者的要求就不可能存在；而正是完全相反，戀愛者被征服：他是他的要求本身的俘虜，事實上就愛情是被愛的要求而言，他是一個要求自己身體並需要一個外在的自由，因此是一個摹擬向別人逝離的自由，一個做為自由而祈求他的異化的自由。戀愛者努力要使自己做為對象被別人愛，他的自由，在溜進為他的身體時被異化了，就是說，以流向別人的一維被造成為存在；這種自由永遠拒絕做為純粹的自我性被提出，因為這種對做為自身的自我的肯定引起做為注視的他人的傾覆和做為對象的別人的湧現，因此引起一種事物的狀態，在這個狀態中，被愛存在的可能性消失了，因為別人歸結為它的對象性一維。因此這種拒絕把自由構造成依靠別人的自由，而做為主觀性的別人變成了自為的自由的不可逾越的限制，掌握著它的存在的要害的最高目標和目的。我們在這裡又遇到了理想的愛情事業：被異化的自由。但是正是想被愛的人，因為他希望人們愛他而使他的自由異化了。我的自由面對奠定了我的對象性的別人的純粹主觀性而異化。在這種形式下，戀愛者夢想的被愛者的異化事實上是矛盾的，因為被愛者只能通過原則上超越戀愛者走向別的一些世界對象才能奠定戀愛者的存在；因此這種超越性不能把它超越的對象同時構成為被超越的對象和限制了所有超越性的對象。於是，在一對戀人中，任何一方都想成為這樣一個對象，即別人的自由對他而言在原始的直觀中被異化；但是真正說來，這就是愛情的直觀，它只是自為的矛盾的理想，因此，任何一方也只就他要求他人的異化而言被異化。每一方都希望另一方愛他，而並不分析一下愛就是希望被愛，並且這樣，在希望別人愛他時，他只希望別人希望他愛那個別人。於是，戀人們的關係，在「愛情」騙子所創造的理想條件下，是一個類似意識純粹的「反映－被反映」無限定的推移體系，就是說，是融合了那互相保持其相異性來奠定另一方的諸意識的體系。因為，這些意識事實上被一個不可克服的虛無隔開了，因為這虛無同時是互相的內在否定和在這兩個內在否定之間造成的虛無。愛情是要以保持內在的否定來克服事實的否定的矛盾努力。我要求別人愛我並且我埋頭苦幹以便實現我的謀劃：但是如果別人愛我，他就由於他的愛情本身完全使我失望了：我要求他的是，他通過自己保持為對我的純粹主觀性而把我的存在奠定為享有特權的對象；並且他一旦愛我，他就體驗到我是一個主體並且沉沒到他面對我的主觀性的對象性中了。因此，我的為他的存在的難題仍然沒有解決，戀人們的每一方仍然是在完全的主觀性中的自為；沒有任何東西去恢復他們的使自己自為地存在的權力；沒有任何東西去消除他們的偶然性或把他們從人為性中解救出來。至少戀人中的每一方已爭取到不再置身於別人的自由的危險中——而除非他相信這危險：事實上，這不是因為別人使他成為限制了他的超越性的對象，而是因為別人把他體驗為主觀性並且只想把他體驗為這個。還有，勝利永遠是調和：首先，在任何一個時刻，任何一個意識都能從他的鎖鍊中解脫出來並且突然把別人當作**對象**來疑視。當魔魔法中斷的時候，別人變成許多手段中的一個手段，他於是成為一個為他的對象，因為他欲望他人，但是工具－對象是永遠被超越的對象；幻想，使愛情成為具體實在的一套冷冰冰的東西一下子中斷了。然而，在愛情中，每個意識都企圖把他的為他的存在躲藏於別人的自由中。這假設了別人做為純粹主觀性，做為世界賴以來到存在之中的絕對是超乎世界之外的。但是，要使戀人的任何一方都體驗到不僅僅是它自己的，而且是別人的對象化，只需他們在一起被第三者注視就夠了。同時，別人不再在我的存在中為我奠定了我的絕對超越性，相反，他不是被我，而是被一個別人超越的超越性；而且我與他的原始關係，就是說我的被愛與戀愛者的關係被固定在僵死的可能性中。這不再是限制了所有超越性的對象和奠定了它的自由之間被體驗到的關係：而是向著第三者自我異化的對象—愛情。這就是戀愛者們尋求孤獨的真正理由。不管這第三者是什麼人，因為他的顯現，都是他們的愛情的毀滅。但是事實的孤獨（我們獨自在房間裡）完全不是真正的孤獨。事實上，即使沒有任何人看見我們，我們還是為所有意識而存在，並且我們意識到是對所有意識而存在的：因此，愛情做為為他的存在的基本樣式，其解體的根源在於其為他的存在之中。我們剛才定義了愛情的三重可毀滅性；首先，它本質上是一種騙局並且推置無限，因為愛就是希望人們愛我，因此就是希望別人也希望我愛他。對這種騙局的先於本體論的領會在愛戀的衝動本身中被給定：戀愛者永遠的不滿足就是由此而來的。這種不滿足，正如人們特別經常說的，不是來自被愛存在的卑下，而是由於對做為基礎—直觀的愛情的直觀是能及範圍之外的理想這一事實的暗含的理解。人們越愛我，我就越失去我的存在，我就越免除了我自己的責任，越免除了我自己的存在的能力。其次，別人的覺醒總是可能的，他隨時可能使我做為一個對象到案；戀愛者永遠的不安全感就是由此而來的。第三，愛情是永遠被一些別人**相對化**的絕對。應該單獨和被愛者在世界上以便愛情保持它絕對歸屬軸心的特性。戀愛者永遠的羞恥（或傲視——在這裡是一樣的）就是由此而來。

於是我曾徒然地力圖在對象的東西中消失：我的情感不起任何作用；別人把我推回到了——或者以他本身，或者以一些別人——我的無可辯解的主觀性。若要實現他人和我本身的同化，這種看法可能引起一種完全的失望和一種新的企圖。這種看法的理想是要和我們剛才描述過的那個理想相反：不是因為要保持別人的相異性而謀劃吞併別人，而是我謀劃著使自己被別人吞併，並且在主觀性中消失以便使我擺脫我自己的主觀性。**受虐色情狂**的態度將在具體的水平上表述這種事業：因為他人是我的為他的存在的基礎，如果我小心地信賴使我存在的他人，我就只不過是被一個自由在其存在中被奠定的自在的存在。這裡，正是我自己的主觀性被認為是他人將在我的存在中用來奠定我的最初活動的障礙；關鍵首先在於用**我自己的自由**否認的是我自己的主觀性。因此我力圖完全介入我的對象—存在中，我拒絕成為對象之外的任何東西，我在別人中憩息；並且因為我在羞恥中體驗到這個對象—存在，我需要並且我愛我的羞恥這我的對象性的深刻信號；並且因為他人通過**現實的欲望**把我看作對象，我想被欲望，我在羞恥中[4]使自己成為欲望的對象。這種態度很是類似於愛情的態度，如果不力求為別人來做為限制了別人的超越性的對象而存在，我就不熱衷於使我做為別的對象中的一個對象，做為要使用的工具：事實上關鍵在於要否認**我的**超越性，而不是別人的超越性。這一次，我不應該謀劃征服他的自由，而是相反我希冀這個自由是自由的而且它完全希望自己是自由的。於是，我越感到我向著別的目的而被超越，我就越享受放棄我的超越性的快樂。極端地說，我謀劃除了成為**對象**就不再是任何什麼別的東西，就是說完全是一個**自在**。但是因為一個要吞併我的自由的自由將**是**這個自在的基礎，我的存在重新變成了自我本身的基礎。受虐色情狂，像性虐待狂一樣是有罪假定。事實上，只是由於我是對象，我才是有罪的。對我本身是有罪的，因為我同意了我的絕對異化，對他人是有罪的，因為我提供給他一個犯罪的機會，就是說完全失去我的做為自由的自由。受虐色情狂是一種企圖，這種企圖不是要用我的對象性誘惑別人，而是要用我的為他的對象性使自己被誘惑。就是說使我自己構成一個對象，因而通過他人，面對著我在他人眼中代表的自在，我非正題地把我的主觀性當作一個烏有。受虐色情狂表現出一種暈眩的特性：這暈眩不是在石崖或土崖面前，而是在他人的主觀性這深淵面前所表現出來的暈眩。

但是受虐色情狂是而且本身應該是一種失敗：為了使我自己被我的對象—我所誘惑，事實上，我應該能實現對這為他的對象的直觀領會，這在原則上是不可能的。於是，我甚至永遠不能在這被異化的我上面開始使自己迷惑，這個我在原則上仍然是不能把握的。受虐色情狂徒然地跪著爬行，用一些可笑的姿勢表現自己，使自己做為一個簡單的無生命的工具被使用，他正是為了別人而是猥褻的或僅僅是被動的，他為這個別人忍受這些姿勢；對他來說，他永遠被判定自己要表現出這些姿勢。正是在他的超越性中並且通過這個超越性他把自己安排為一個要被超越的存在，他越是企圖領略他的對象性，他就越是被他的主觀性的意識所淹沒，直至淹沒於焦慮之中。尤其是，為了使一位女子鞭打他而酬報她的受虐色情狂，他把這個女人當作工具對待，並因此他是置身於這女人的超越性之中的。於是，受虐色情狂最終把別人當作對象看待並且超越別人走向他自己的對象性。例如，人們記得薩舍．馬佐克的磨難，他為了使自己被輕賤，被辱罵，被歸結到卑賤的地位，被迫使用女子們帶給他的偉大愛情，就是說當她們把自己體驗為是為他的對象時，他被迫作用於她們。於是，無論如何，受虐色情狂的對象性都逃離他並且甚至可能——最經常的可能是，在力求把握他的對象性時，他發現了別人的對象性，這就是並不顧及他而把他的主觀性解救出來的東西。因此受虐色情狂原則上是一種失敗。這沒有什麼可奇怪的，如果我們認為受虐色情狂是一種「惡癖」並且這種惡癖原則上是失敗的愛情。但是我們在這裡毋須描述惡癖的真正結構。我們只需指出，受虐色情狂是一種希望在使主觀性被別人重新同化的過程中消除主觀性或主體的永恆努力，而且這種努力伴隨著對失敗的令人精疲力盡和令人快樂的意識，以致這種失敗本身正是主體最終要追尋的目的[5]。

二、對待他人的第二種態度：冷漠、情慾、憎恨、性虐待狂

對待別人的第一種態度的失敗對我來說可能是採取第二種態度的契機。但是真正說來，這兩種態度

中的任何一種也不真正是第一種：二者都是做為原始處境的為他的存在的基本反應。因此，由於我甚至不能以我對別人而言的對象性為中介與別人的意識同化，就可能導致我斷然地轉向別人並去注視他。在這個意義下，注視他人的注視，就是把他自己本身置於他自己的自由中並且基於自己的自由，力圖與別人的自由對立。於是，我們要研究的衝突的意義就在於闡明了這兩種身為自由的對立自由的鬥爭。但是這種意圖馬上就會使人失望，因為只是由於我面對他人加強了我的自由，我才使別人成為被超越的超越性，就是說成為一個對象。我們現在要描述的正是這種失敗的歷史。人們把握了它的主要圖式：我以我的注視反過來凝思注視我的他人。但是一個注視不能自己注視：我剛一注視一個注視，它就消失了，我只不過看見了眼睛。在這個時刻，他人變成了我所占有的並且承認了我的自由的存在。我的目標似乎達到了，因為我占有了這樣一個存在，他掌握著我的對象性的鑰匙，並且我能以成千種方式使他體驗到我的自由。但是事實上，一切都土崩瓦解了，因為在我手中留下的存在是一個對象—他人。因此，他已失去了我的對象—存在的鑰匙，並且他占有了我的單純的形象，這形象不是別的，只是他的一種客觀情感並且這形象不再涉及我；他之所以體驗到我的自由的結果，我之所以能以上千種方式作用於他的存在，並且用我的一切可能性來超越他的可能性，是因為他是在世的對象，並且因此，他是在承認我的自由這種狀態之外的。我的失望是徹底的，因為我力圖把他人的自由化歸己有，而我突然領悟到我只有在他人的自由在我的注視下崩潰的時候，我才能作用於他人。我後來企圖**通過**他人為我的對象去探求他人的自由，要發現一些能通過把他人的身體完全化歸己有而把他人的自由化歸我有的享有特權的行為，對於這些企圖，上面談到的失望將是一種動力。像人們猜想的，這種企圖原則上講是注定要失敗的。

但是也可能「注視注視」是對我的為他存在的原始反作用。這意謂著，在我對於世界的湧現中，我能把自己選擇成為注視別人的注視的人，並且能把我的主觀性建立在別人的主觀性的崩潰之上。我們正是把這種態度稱為**對他人的冷漠**。那麼關鍵在於對別人的盲目。但是應防止「盲目」一詞使我們犯錯誤：我不是把盲目做為一種狀態而承受下來；我是我自己針對別人的盲目，並且這盲目包含著對為他的存在的隱含的領會，就是說把他人的超越性領會為注視。這種領會只不過是我本身決心去掩蓋的東西。於是我實踐了一種行為的唯我論；別人，就是在路上走過的那些形式，就是那些不可思議的對象，這些對象能相距而行動，並且我能通過被規定的行為作用於他們。我幾乎沒有注意到他們，我就像是獨自一人在世界上那樣行動；我擦著「人們」就像我擦著牆一樣，我躲避他們就像躲避障礙物一樣，他們的對象—自由對我來說只是他們的「敵對係數」；我甚至沒有想像到他們能注視我。也許他們對我有某種認識；但是這種認識沒有觸及我；關鍵在於他們存在的純粹分殊，這些分殊不從他們那裡傳遞到我這裡，它們被我們稱為「被接受的主觀性」或「對象—主觀性」的東西所玷污，就是說，這些分殊表達了人們是什麼，而並非我是什麼，並且這些分殊是我對他們作用的結果。這些「人」是一些職能：車站的剪票員不是別的，只是剪票的職能；咖啡館侍者不是別的，只是為顧客服務的職能。從這點出發，如果我掌握能啟動他們的機械性的鑰匙和「關鍵詞語」，那麼，最大限度地為我的利益而使用他們是可能的。由此十七世紀的法國人向我們提供了這種「道德主義」心理學，由此十八世紀的論著，貝羅阿德．德．維爾維葉的《成功之路》；拉克羅的《危險的交往》（又譯《危險關係》）；希羅特．德．瑟舍爾的《野心的條約》等向我們提供了對別人實踐的認識和作用於他的藝術。在這種盲目的狀態中，我與他人一樣不知道別人的絕對主觀性是我的自在的存在和我的為他的存在、尤其是我的「為他的身體」的基礎。在某種意義上說，我是平靜的；我「臉皮厚」，就是說我完全沒有意識到別人的注視能凝固我的可能性及我的身體；我是處於與人們稱為羞怯的狀態相對立的狀態之中。我怡然自得，我並不為我本身而感到窘迫，因為我不是外在，我沒感到自己被異化。這種盲目狀態能長時間地延續下去，由於合乎我基本的自欺的願望，它可能延伸許多年，甚至整個一生：有些人到死都沒有感到別人是什麼——除了在發生短暫和可怕的感悟的時候。但是，即使人們完全沉浸在盲目中，人們也會不斷地體驗到自己的缺陷。並且，像所有自欺一樣，正是別人給我們提供了脫離他的動機：因為對於別人的盲目同樣使我的**對象性**的所有被體驗的領會消失了。然而，別人做為自由，我的對象性做為被異化的我都在那裡，它們尚未被覺察，未被主題化，而是在我領會了世界和我的在世的存在時表現出來。車站的剪票員，即使他被認為是純粹的職能，由於他的職能本身還是把我推回到一個外在的存在，即使這外在的存在沒有被把握，也不能被把握。由此產生了一種永遠覺得欠缺和不適的感情。因為我對待他人的基本謀劃——無論我採取什麼態度——是雙重的：一方面在於防止我受到我「在他人的自由中的外在存在」的威脅，而另一方面則在於使用他人以最終使我所是的被解體的整體整體化，以封閉開放的圓圈並最終使我成為我本身的基礎。然而，一方面，做為注視的他人的消失把我重新抛入我的無可辯解的主觀性並且把我的存在還原為那種永遠向著不可把握的「自為的自在」的被追求的追求；沒有別人，我便完全地認識到赤裸裸的自由的存在的那種可怕的必然性是我的命運，就是說，認識到我只能信賴關心使我自己存在的我這一事實，即使我沒有選擇存在，即使我**出生**了。但是另一方面，儘管對他人的**盲目**使我表面上擺脫了對於在別人的自由中存在的危險的恐懼，這盲目無論如何還是暗暗包含著對這種自由的領會。因此，在我能相信我是絕對的和唯一的主觀性的那一時刻，這盲目置我於對象性的最低點，因為我被看見而甚至不能體驗到我被看見，也不能用這種體驗防止我的「被看的存在」。我被占有而不能轉向占有我的人。在把他人直接體驗為注視時，我因檢驗了別人而保衛了自己，而可能性則保證我把別人改造為對象。但是，如果當別人注視我時，它是為我的對象，那麼，我就處於危險中而毫無察覺。於是，我的**盲目**是不安，因為它隨時意識到不可把握的「游移不定的注視」，這種注視有在我不知道的情況下使我異化的可能。這種不安應該誘發一種要奪取他人的自由的新企圖。但是這意謂著我將轉向擦我而過的「他人—對象」，並且力圖把它做為工具來使用以觸動他的自由。不過，恰恰因為我是對「他人」這對象講話，我不能用他的超越性責問他，同樣，我本身在他人的對象化的水平上，我甚至不能設想我能化歸己有的是什麼。於是我針對我考察的那種對象持有一種令人惱怒的和矛盾的態度：我不僅不能從它那裡獲得我希望的東西，而且這種搜尋弄得我甚至不再知道我希望的是什麼；我介入了對「別人」的自由的毫無希望的探索。在這個過程中，我感到我介入的是一個失去了意義的探索——我本希望賦予探索以意義，而為此我做的一切努力的結果，事實上只是使它更多地失去意義並且引起我的驚奇和不安，這正像當我試圖回憶起一個夢的時候，這回憶卻給我留下一種對整個認識而且是沒有對象的認識模糊的和令人惱怒的印象，而且從我的手指之間溜走的情況一樣；正好像當我力圖解釋一種錯誤的回憶的內容時，我的解釋本身卻使這回憶變成半透明性的情況一樣。

我的通過他人為我的對象性自己去把握他的自由主觀性的原始企圖是**性慾**。當人們看到，在僅僅表露了我們實現「為他的存在」的原始方式的原始態度的層次上，概括一種通常歸入「心理—生理學反應」的現象，也許會感到吃驚。對大部分心理學家來說，事實上，情慾做為意識的行為緊密地與我們性器官的本性相關；並且只有聯繫對性器官的深入研究，人們才能理解情慾。但是身體是已分化的結構（哺乳動物的，胎生動物的，等），從而性別的特殊結構（子宮、輸卵管、卵巢等）屬於絕對偶然性的領域並且完全不屬於「意識」或「此在」的本體論範圍，對性慾來說，似乎也是如此。性器官是如何成為我們身體的特殊和偶然的信息，相應於它們的情慾就如何是我們的心理生活的偶然模式；就是說它只可能在基於生物學的經驗心理學層次上被描述。人們留給情慾和所有與之相關的心理結構的**性本能**的名稱充分表露的正是這一點。事實上，本能這術語總是表示心理生活的偶然組成，這些組成具有雙重特性，它既與這種生活的整個綿延同外延存在——或者說，無論在什麼情況下，都不是由我們的「歷史」引起的——然而它們又並非不能做為屬於心理本質本身的東西而被推演出來。這就是為什麼存在哲學家認為並不應該注重性徵。尤其是海德格，在他對存在的分析中一點也沒有涉及性徵，以至他的「此在」對我們顯現為無性慾的。也許人們事實上可以認為，「人的實在」表現為「男性」或「女性」是偶然的，也許人們可以說，性的分化的問題與存在的問題毫不相干，因為男人和女人一模一樣地「存在」。

這些理由還不能完全說服人。性的差別應該屬於人為性的領域，我們是被迫接受它的。但是，這是否就應該意謂著，「自為」，由於有身體**這樣**一個純粹偶然性而「碰巧」是有性別的嗎？我們能夠承認性生活這無窮的樂事是附帶地成為人的條件的嗎？然而最初看來，似乎情慾和它的反面性恐懼，都是為他的存在的基本結構。很明顯，如果性徵是起源於做為人的生理學的偶然規定性的**性別**，那它對為他的存在就不可能是必不可少的。但是人們沒有權利自問說，是否碰巧問題不是我們在對感覺和感覺器官進行研究時所遇到的那一類問題。人們會說，人是性別的存在因為他有性別。事情是否可以相反呢？性別是否只是工具以至說是基本性徵的**形象**呢？人有性別是否只是因為他原始地並且基本上是性別存在，而且這樣一個存在是在與別人的聯繫中存在於世的呢？兒童的性徵先於性器官的生理成熟；太監並不因為是太監而不再有情慾，許多老人也一樣。能**擁有**有能力授精並能獲得快感的性器官這一事實只表示我們性生活的一個階段和一個方面。有一種「連同滿足的可能性」的性徵樣式並且被構成的性別表示這種可能性並使之具體化。但是還有不滿足類型的別的性徵樣式，並且如果人們考慮到這些模式，就應該承認，與生俱來顯現出來的性徵，只會隨著死亡而消失。此外，陰莖勃起或任何別的生理現象都永遠不能解釋也不能引起性的欲望——正如瞳孔的血管收縮或擴張（或對這些生理變化的單純意識）也不能解釋或引起恐懼。在上述兩種情況下，儘管身體有重要的作用，為了很好地理解，我們還是應該回到「在世的存在」和「為他的存在」：我對一個人的存在有情慾，而不是對一個昆蟲或軟體動物有情慾，並且我對他有情慾是因為他存在，我在世界的環境中存在，並且因為對我來說他是一個別人而我對他來說也是一個別人。因此性徵這基本問題能夠這樣表述：性徵是與我們的生理本性相關的偶然事故還是「為他的自由存在」的必然結構呢？只是由於問題能用這些術語提出，對人的存在的情慾的問題才又歸於本體論。顯然，除非這個問題致力決定及確定為他的性別的存在的意義，它是不能歸為本體論的。事實上，「是有性別的」意謂著——用我們在前一章中試用過描述身體的術語——對一個為我而有性別地存在的他人而言，有些別的存在——顯而易見，這他人不是一定或首先是**爲我的**，而我也不一定或首先是為他的——即一個異性的存在，只是一個一般的性別的存在。若按自為的觀點來考察這種理解，那這種對他人性徵的理解不能成為對他人的第一或第二性徵的最恰當的思考。他人對我來說**首先**不是有性別的，因為我是從他的毛髮系的分布中，從他粗糙的手和他聲音的音色，他男性的力量中得出結論的。關鍵在於要參考一個原始狀態而做出結論。對被體驗和接受的他人性徵的最初體會，只可能是情慾；正是在對別人的情慾中（或我發現不能欲望他時）或在把握了他對我的情慾時，我發現了他的性別存在；並且情慾**同時**向我顯示**我的**性別存在和**他的**性別存在，我的和他的做為性別的身體。因此，我們被推回到對情慾的研究以便決定性別的本性及其本體論地位。那麼，情慾是什麼呢？

首先，**爲什麼**會有情慾？

我們首先應該放棄情慾是對快感的情慾和使痛苦中止的情慾這種觀念。人們看不到主體將如何從這種內在的狀態中走出來以便把他的情慾系於一個對象。所有主觀和內在解釋我們是欲望一位女子而不是僅僅欲望我們的滿足這一事實時，所有主觀和內在的理論都失敗了。因此應該用情慾的超越的對象來定義它。儘管如此，如果在這裡人們把占有理解為與……做愛的話，說情慾是要「肉體的占有」被欲望對象的情慾，是完全不合適的。也許性行為在某一時刻失去了情慾，並且可能在某種情況下它被做為情慾所希望的結果明確地提出來——當例如情慾是痛苦的和令人厭倦的時候。但是那情慾本身應該是人們提出來「要清除」的對象，並且這是只可能通過反思意識為手段來造成的。然而，情慾不被自我本身反思；因此它本身不可能做為要消除的對象提出來。只有放蕩者才表現他的情慾，把它做為對象來對待、激起它，使其放慢速度，推遲它的滿足等等。但是，那就應該注意，正是情慾變成可欲的東西。這裡的錯誤在於人們已習慣於認為性行為消除了情慾。因此人們把認識和情慾本身結合起來，並且，為了它的本質的一些外在理由（生育、母性的神聖性、通過射精引起的愉快的異常力量，性行為的象徵性價值等）人們從外面把它與做為一般滿足的快感連結起來。同樣，平庸的人由於精神怠惰和因循守舊，不能設想他的情慾除了射精之外還有別的目標。正是這使得我們可以把情慾設想為一種本能，這種本能的起源和目的嚴格地是生理學的，因為，例如，在男人那裡，情慾以陰莖勃起為原因，以射精為終點。但是情慾自己不意謂著性行為，它並不主題地提出這行為，甚至也不設計它，正如當涉及幼童或不懂得性愛「技術」的成年人的情慾時人們所看到那樣。同樣，情慾不是對任何一個特殊的戀愛實踐的欲望；正是這足以證明了這些隨著社會集團而改變的實踐多樣性。按一種一般的方式分析，情慾不是對**作爲**的欲望。「做」在事後介入，從外部添加入情慾之中並且必然招致一種嘗試：有一種有其固有目標和手段的戀愛技術。情慾是不能以消除自身做為它的最高目的，也不能把一個特殊的活動選定為最終目標，因此，情慾只不過是一個超越著的對象的純粹的欲望。這裡我們又發現了我們在前幾章談論過的並且舍勒和胡塞爾也已描述過的情感意向性。但是情慾是對什麼對象而言呢？可以說情慾是對一個身體的情慾嗎？在某種意義下人們不能否認這點。但是還應該再仔細考慮一下。當然，正是身體使人心緒不寧：一條手臂或隱約看見的乳房，也許還會是一隻腳。但是首先應該看到，我們從來只基於做為器官總體的全身的在場對一條手臂或裸露的乳房有情慾的。身體本身做為整體，能夠被掩蓋；我能夠只看見一條裸露的手臂。但是，身體在此；它是我由之把手臂當作手臂的東西，身體是在場的，附著在我看見的手臂上，正像桌腿掩蓋的阿拉伯地毯面對我看見的阿拉伯地毯在場並與它是一體一樣。我的情慾在這一點上並沒有弄錯：它不是與生理成分的總和對等而是與一個完整的形式對等，或不如說，與一個**處境中的**形式對等。我們將在後面看到，態度用極大的努力來激起情慾。然而，周圍的東西，並且最終是世界，與態度一起表現出來的。但是，我們一下子遠離單純的生理瘙癢症：情慾確立了世界並且從世界出發欲望身體，從身體出發欲望一隻美麗的手。嚴格說來，我們只需按我們在前一章表述的推理步驟，從他人的在世的處境出發來把握他人的身體。此外，這絲毫沒有什麼可奇怪的，因為情慾不是別的，只是能揭示他人身體的重要形式之一。但是恰恰為此，我們並沒有把身體做為純粹的物質對象來欲求；純粹物質的對象事實上不是**在處境中的**。於是，這個直接面對情慾在場的器官總體只有當他不僅揭示了生命而且還揭示了相應改變了的意識時，才是可欲的。儘管如此，我們將看到，情慾揭示的這種他人在處境中的存在是一個完全原始的類型。此外，上述的意識還只是被欲望的對象的**屬性**，就是說，它不是別的，只是世界諸種對象分泌出的意義，恰恰這種分泌被圍住，被固定並且是**我的**世界的一部分。當然，人們能欲望一個睡著了的女子，但是這是就這睡眠在意識的基礎上顯現而言的。因此，意識仍然總是處在所欲望的身體的範圍內；它造成這身體的意義和它的統一。一個有生命的身體，是做為在處境中包括意識在內的器官總體：這就是情慾與之**對話**的對象。情慾從這對象中希望得到什麼呢？我們要確切回答這個問題時不能不先回答這個問題：是誰在欲望呢？

無疑，欲望的人就是**我**，並且情慾是我的主觀性特有的形式。情慾是意識，因為它只能是對它本身的非位置的意識。儘管如此，不應相信情慾中的意識只是由於它的對象的本性才有別於認識的意識。自我選擇做為情慾，對自為來說，並不是產生一個仍然是未分化的、未變質的情慾，就像斯多葛派的原因產生它的結果那樣；而是處在一種存在的範圍內，這存在有別於例如自己選擇做為形而上學存在的自為的存在。人們已看到，任何意識都保持與它自己的人為性的某種關係。但是這種關係能使意識的一個樣式變化。例如，痛苦意識的人為性，是在一種永恆逃避中發現的人為性。情慾的人為性並非如此。情慾中的人以一種特殊的方式使它的身體存在，並且，因此，他處於存在的特殊層次上。事實上，任何人都會承認情慾不僅僅是**嫉妒**，通過我們的身體追求某個對象的清楚的和若明若暗的**嫉妒**。情慾被定義為是混濁的。這種混濁的表現使我們能更好地規定它的本性：人們把混濁的水和透明的水對立起來，混濁的目光和清澈的目光對立起來。混濁的水總是水；它保持水的流動性和水的諸種本質特性；但是它的半透明性是被一種使物體與之共存的不可把握的在場「弄混濁了」。這在場無處不在又無處可在，它通過自身表現為水的稠化。當然，人們能用懸在液體中的固體小顆粒的在場來解釋它：但是這種解釋是**學者**的解釋。我們對混濁水的原始把握把它做為看不見的**某種事物**的在場所改變的東西提供給我們，這種事物與它本身沒有區別，並且自己表露為事實的純粹反抗。情慾中的意識之所以是混濁的，是因為它顯得與混濁的水類似。為了明確這種相似，應該把性慾與別的形式的情慾相比較，例如與飢餓相比較，飢餓和性慾一樣，假設了身體的某種狀態，在這裡被定義為血液減少，大量的唾液分泌，腹膜的收縮等。而這些各種各樣的現象是按他人的觀點被描述和歸類的。它們對自為來說表露為純粹的人為性。但是這種人為性沒有**危害**自為的本性本身，因為自為直接逃離它走向它的可能，就是說走向被滿足的飢餓的某種狀態，我們在本書第二卷曾指出這種狀態是飢餓的「自為的自在」。於是，飢餓是對身體人為性的純粹超越，並且就自為在非正題的形式下獲得對這人為性的意識而言，正是直接做為被超越的人為性，自為才獲得了對它的意識。在這裡身體恰好是**過去**，是被**超越**的東西。當然，人們在性慾中能遇到與所有食欲共有的那種結構：即身體的狀態。別人能指出各種各樣的生理變化（陰莖勃起，乳頭凸起，血液循環狀態的改變，溫度昇高等等）。情慾中的意識使這種人為性存在；正是**從這人爲性出發**——我們通常說，通過這人為性——被欲望的身體呈現為可欲的東西。儘管如此，如果我們只限於這樣描述，性慾就會做為**乾巴巴的**、**明白的情慾**而顯現出來，可以與吃喝的欲望相比較。情慾是向著別的可能從人為性那裡的純粹流逝。然而任何人都知道，一道鴻溝分開了性慾和其他的欲念：人們知道這膾炙人口的公式：「人們在需要時與一個漂亮的女人做愛，那就像在口渴時喝到一杯冰水一樣。」而人們也完全知道她在精神上是不能滿足人們的，並且甚至是不知羞恥的。人們不是完全處在情慾之外欲望一個女子，情慾**危害**了我，我與我的情慾同謀。或毋寧說，情慾完全墮入與身體的同謀關係中。對任何人來說它都只聽從他的經驗：人們知道在性慾中意識是變稠了的東西，似乎人們聽任被人為性占滿，人們不再從這人為性那裡逃離並且滑向對情慾的**被動**允諾。在別的時刻，人為性似乎在逃離中侵占了意識並且使意識本身成為不透明的。像**事實上**的糊狀物的翻騰。因此，人們用來說明情慾的表述充分地指出了它的專一性。人們說他**占有你**，他**吞沒你**，他**變成你**。人們是否想像到用一些同樣的詞來說明飢餓呢？人們有一個「要吞沒」的飢餓觀念嗎？嚴格說來，這只在分析虛幻的印象時才有意義。但是相反，最弱的情慾也已經是吞沒。人們不能像飢餓那樣有距離地抓住它，並且不能通過把情慾這非正題意識的未分化色調保持為恰恰是一個做為基礎的身體的徵象來「思想另一事物」。但是**情慾是對情慾的服從**。昏昏沉沉的意識滑向一種類似睡眠的疲憊。此外，每個人都已能觀察情慾在他人那裡的顯現：情慾中的人一下子變得異常驚人地安靜：他的眼睛呆滯地半開半閉，他的動作顯出笨重而又黏滯的柔情，而且許多動作都顯得他似乎入睡了。當人們「與情慾鬥爭」時，人們反抗的顯然正是疲憊。如果人們的反抗獲得成功，情慾在消失之前就將變成乾巴巴的和清楚的了，它類似於飢餓；然後將有一種「甦醒」；人們將感覺到清醒但是伴隨而來的是頭昏和心跳。自然，所有這些描述都是不確切的：毋寧說它們是指出了我們用以解釋情慾的方式。然而，它們指示著情慾的原始事實：在情慾中，意識選擇了在另一種水平上使其人為性存在。它不再逃避人為性，它力圖服從於它自己的偶然性，即它把一個別的身體——就是說一個別的偶然性——把握為可欲的。在這個意義下，情慾不僅僅揭示了他人的身體而且揭示了我自己的身體。而這不是因為這身體是工具或**觀點**，而是因為它是純粹的人為性，就是說我的偶然性的必然性的單純偶然形式。我感覺到我的皮膚、我的肌肉和我的呼吸並且我感覺到它們不是為了超越它們**走向**某種感情或欲念的事物，而是要走向一種活的和惰性的材料（datum），它不僅僅是我作用於世界的溫順而不引人注目的工具，而是一種使我介入世界並處在世界的危險中的**情感**。自為**不是**這種偶然性，它繼續使偶然性存在，但是它承受它自己身體的暈眩，或者可以說，這暈眩恰恰是它用以使它的身體存在的方式。聽任自己走向身體的非正題意識**希望是**身體並且只是身體。在情慾中，身體不只是自為走向其固有的可能而逃避的偶然性，而是同時變成自為的最直接的可能；情慾不僅僅是對他人身體的情慾；在同一活動的統一中，它是陷入身體的被非正題地體驗到的謀劃；於是情慾的最後一級能夠像被允給身體的最後一級一樣是昏迷。正是在這個意義下，情慾對別的身體而言能夠被說成是一個對身體的情慾。事實上正是**對**別人身體的渴望被體驗為自為面對他自己身體的暈眩：並且情慾中的存在，就是正在把自己**變成身體的**意識。

但是，如果情慾真的是正在把自己變成身體的意識，以便把做為處境中的器官總體的他人的身體連同剛誕生的意識一起化歸己有，那情慾的意義何在呢？就是說，為什麼意識要使自己變成——或徒然地努力使自己變成——身體？它希望從自己欲望的對象那裡得到什麼呢？如果人們經過思考就很容易回答說，在情慾中，我變成**面對他人的肉體以便把他人的肉體化歸己有**。這意謂著，重要的不僅僅在於把握雙肩或兩脅或吸引相對於我的身體：還應該使用使意識稠化的身體這特殊工具來把握它們。在這個意義下，當我把握了雙肩時，人們就不僅能說我的身體是接觸這雙肩的手段而且能說他人的雙肩對我來說也是一種手段，它把我的身體顯示為對我的人為性的令人迷惑的揭示。也就是說是肉體。於是情慾是要把一個身體化歸己有的情慾，而這化歸己有把我的身體揭示為肉體。但是這個我想化歸己有的身體，我是想把它做為肉體化歸己有的。然而，對我來說，首先並不是他人的身體顯現為活動中的綜合形式；我們已看到，人們不可能把他人的身體感知為純粹肉體，就是說，是和別的一些「**這個**」有外在關係的孤立對象。他人的身體從根本上說是在處境中的身體；肉體則相反，它顯現為**在場的純粹偶然性**。肉體通常被脂粉、衣服等掩蓋著；尤其是被運動掩蓋著；沒有任何東西比舞女的「肉感」更差的了，即便她是裸體的。情慾企圖把身體從它的運動中剝離出來就像把身體從它的衣服中剝離出來一樣，並且使身體做為一個純粹的肉體存在；情慾是使他人的身體**肉身化**的企圖。正是在這個意義下愛撫是將他人的身體化歸己有：顯然，如果愛撫應該只是輕觸、輕撫，那麼在它們與它們聲稱要滿足的強烈情慾之間就不可能有關係；它們仍然停留在表面上，正像注視一樣，並且不可能把別人化歸我有。人們知道這句名言是多麼讓人洩氣：「兩人皮膚的接觸」。愛撫並不是要求單純的**接觸**；獨自一人似乎能把愛撫還原為接觸，並且似乎接觸就缺乏它真正的意義。因為愛撫不單純是輕撫：它是**造就**。在愛撫他人時，我通過我的愛撫使他的肉體在我的手指之下誕生。愛撫是使他人肉身化的整套儀式。但是，可以說，他不是已經肉身化了嗎？恰恰沒有。他人的肉體並不是明顯地為我存在的，因為我是在處境中把握他人的身體的；肉體同樣也不是為他人存在的，因為他人超越肉體走向他的可能性和對象。愛撫使做為為我和為他人本身的肉體的他人誕生。我們不是把肉體理解為身體的一部分，如同真皮，結締組織或恰恰如同皮膚是身體的一部分那樣；同樣，問題並不必然涉及「休眠的」或半睡的身體，儘管這樣的身體通常更清楚地揭示了它的肉體。但是愛撫通過把身體從它的行動中剝離出來，把身體分成一些包圍著它的可能性而揭示了肉體：進行愛撫是為了在活動下面發現惰性的基質——就是說純粹的「此在」——它支持著活動：例如通過**抓住**和撫摸別人的手，我由於這手**首先**所是的攫握，發現了一個能被抓住的肉體和骨胳的廣延；當我的注視在舞女的首先是跳動的雙腿之下發現了大腿月色的廣延時，它同樣是愛撫。於是愛撫與情慾沒有任何不同：愛撫一雙眼睛或欲望只是一回事；情慾通過愛撫表達出來就像思維通過語言表達出來一樣。顯然，愛撫把他人的肉體揭示為對我本身和對他的肉體。但是愛撫以十分特殊的方式揭示了這種肉體：捕抓住他人正好向他人揭示了他的超越的超越性的惰性和被動性；但是這並不是愛撫的存在。在愛撫中，並不是我的身體這行動中的綜合形式愛撫他人；而是我肉體的身體使他人的肉體誕生。在我的身體使自己變成肉體以便用它自己的被動性觸摸它——就是說，與其說是觸摸他人的身體毋寧說是他人的身體上被觸摸——的情況下，愛撫旨在通過取悅使他人的身體做為**被觸摸**的被動性對他人和我誕生出來。這就是為什麼戀人們的動作有一種人們幾乎可以說它是考究的說法：關鍵完全不在於**獲取**別人身體的一部分，而是用自己的身體貼在別人的身體上。從積極的意義上講關鍵不是推和摸，而是**靠上去**把我自己的胳膊當作一個無生命的東西那樣並且我把它靠在被欲望的女子的一側；似乎我**滑動在**她的胳膊上的手指在我的手末端是惰性。於是，我自己的肉體揭示了他人的肉體；在情慾和表現了它的愛撫中，我為了實現他人的肉身化而自我肉身化；正在**實現**別人的肉身化的愛撫向我顯示了我自己的肉身化；就是說，我使自己變成肉體以便帶動別人**自爲**地並**爲我**地實現他自己的肉體，並且我的愛撫為我地使我的肉體誕生，因為這肉體對他人來說是**使他誕生爲肉體的肉體**：我使他通過他的肉體體味到我的肉體以便迫使他自己感覺到肉體。這樣，**占有**真正顯現為雙重的互相肉身化。於是，在情慾中，意識有一種為實現別人的肉身化而肉身化的企圖（我們剛才正是把這稱為意識的稠化、被弄混濁的意識等）。

還應決定什麼是情慾的動機或可以說情慾的意義是什麼。因為，如果人們接受我們在這裡嘗試進行的描述，人們早就理解到，對自為來說，存在就是在他的此在這絕對偶然性的基礎上選擇它的存在方式。因此情慾到達意識完全不像溫度從靠近火焰的鐵塊那裡到達我那樣。意識自己選擇情慾。為此，當然，意識應該有一個動機：我不是在隨便任何時候欲望任意什麼樣的人。但是在本書的第一部分中我們曾指出，動機從過去中引發出來並且在意識**轉向**過去的過程中意識給予它的重量和價值。因此對情慾動機的選擇和使自身進行欲望的意識的湧現——在綿延的出神三維中——的意義之間沒有任何區別。這情慾，和情感及想像的態度、或一般地說，自為的所有態度一樣，有一種構成情慾並超越它的意義。我們剛才進行的描述，如果不是應該引導我們去提出：「**爲什麼**意識在情慾的形式下自我虛無化？」的問題的話，那是沒有任何意義的。

一個或兩個先決的意見將幫助我們回答這個問題。首先，應該指出情慾中的意識不是在未改變的世界這基礎上欲望它的對象的。或者可以說，關鍵不在於在世界這基礎上使可欲者表現為某種在一個世界基礎上的「這個」，這個世界保持它與我們的工具性關係並保持它工具性復合的組織。情慾和感情都是這樣：我們在別處[6]曾指出，感情不是對在未改變的世界中的一個運動著的對象的把握：相反，因為它相當於意識和他與世界關係的總變化，它通過世界的徹底變異而表達出來。情慾同樣是自為的徹底變化，因為自為是在另一個存在的水平上使自己存在，它決定自己使它的身體異變地存在，決定以其人為性使自己變稠。世界相應應該按一種新的方式為他存在：有一個情慾的世界。如果事實上我的身體不再被感覺為不能被任何工具使用的工具，就是說，被感覺為我在世界中的活動的綜合組織；如果它被體驗為肉體，那麼我就是把諸世界對象當作推回到我的肉體的。這意謂著，我對這些對象而言，我使自己變成被動的，而且它們正是按這被動性的觀點，在它之中並通過它，向我揭示出來（因為被動性是身體並且身體不斷地成為觀點）。那麼對象是向我揭示了我的肉身化的超越著的整體。接觸是**愛撫**，就是說我的感知不是對象的使用和為了一個目的對在場的**超越**；相反，在情慾的立場中感知一個對象，就是面對它愛撫我自己。於是，不只是在對象的形式中並且不只是在它的工具性中，而且在它的質料中（粗糙的，光滑的，溫暖的，滑潤的，粗澀的等）都是可感覺的，並且我在我欲望的感知中是把某種事物揭示為諸對象的一個肉體。我的襯衣摩擦著我的皮膚並且我感覺到了它：通常，它對我來說是最遠的對象，現在卻變成直接可感覺的，氣溫、風的吹拂，太陽的光線等都以某種方式向我表現為無距離地貼靠在我身上並通過它的肉體揭示我的肉體。按這個觀點，情慾不僅僅是由於人為性而造成的意識的變稠，它相應地通過世界黏附身體；並且世界變成**黏滯的**；意識陷入一個陷入世界的身體中[7]。於是，在這裡被提出的理想，就是沒於世界的存在；自為力圖把沒於世界的存在實現為它在世界的存在的最終計畫；這就是為什麼快感如此經常地與死相聯繫——死也是一種化身或「沒於世界的存在」——人們知道，像「假死」這樣的主題，在所有文學中被如此豐富地發揮。

但是情慾首先或尤其不是與世界的關係。世界在這裡只表現為與別人的明顯關係的基礎。通常正是別人在場之際，世界才顯示為是情慾的世界。在**這個**別人不在場之際或甚至**所有**別人**不在場**之際，它能附帶地顯示為是情慾的世界。但是我們已經指出，不在場是在為他的存在的原始基礎上顯現的別人與我之間的具體存在關係。當然，當我在孤獨中發現我的身體時，我能突然地感覺到自己是肉體，感到情慾使我「窒息」並且感到世界是「使人窒息的」。但是，這獨自的情慾是召喚一**個**別人，或召喚一個未分化的別人的在場。我欲望通過別的肉體並對這個別的肉體把自己揭示為肉體。我試圖迷惑別人並使他顯現；並且情慾的世界空泛地指示著我召喚的**別人**。於是情慾完全不是一種生理學的偶性，不是一種能使我們不期而然地固定在別人肉體上的我們肉體的瘙癢症。而是正好相反，為了有我的肉體和別人的肉體，意識應該首先悄悄溜進情慾的模子裡。這情慾是與他人關係的原始樣式，它在情慾世界的基礎上把別人構成為激起情慾的肉體。

我們現在能夠解釋情慾的深刻意義了。在對他人的注視的最初反作用中，事實上，我被構成注視。但是如果我注視注視，為了防範他人的自由並把他人的自由做為自由而超越，自由和他人的注視就崩潰了：我看見**眼睛**，我看見一個沒於世界的存在。從此，別人逃離了我：我想作用於他的自由，把他的自由化歸我有，或至少，使他的自由承認我是自由。但是這自由是僵死的，它絕對不再**現於**我在其中與對象─別人相遇的世界中，因為它的特性就是對世界而言是超越的。當然，我能**把握**別人，抓緊他，推倒他；如果我擁有權力，我就能夠強迫他這樣或那樣地活動，說這樣或那樣的話：但是這一切的發生，就像我要控制一個把他的大衣留在我手中然後逃走了的人一樣。我占有的正是這件大衣，正是這張蛻下來的皮；我控制的永遠只不過是一個身體，沒於世界的心理對象；並且儘管這身體的一切活動都能用自由這術語來解釋，我還是完全失去了進行這種解釋的鑰匙：我只能作用於一個人為性。如果我保持了對他人超越的自由的**知**，這**知**徒然地刺激我，因為它指出了我原則上觸及不到的一個實在並在每一時刻都向我揭示：我**欠缺**實在，我所做的一切都是「摸索著」做的，並且在我原則上被從中排除出的存在的領域內獲得它另外的意義。我能讓他人請求寬恕或要求原諒，但是，我永遠不知道這種順從對別人的自由和在別人的自由中意謂著什麼。此外，與此同時，我的**知**變質了：我失去了對被**注視**的**存在**的準確領會，人們知道，這種存在是我得以體驗別人的自由的唯一方式。於是我介入了一種我甚至忽略了它的意義的事業。面對這個我看見的、我觸摸的、我不再知道把他變成什麼的別人，我迷失所向。這是完全正確的說法，如果我保留了對某種我所看見的和我觸摸到的東西的彼在的記憶的話，而我知道這彼在恰恰是我想要化歸己有的彼在。正因如此，**我變成情慾**，情慾是一種迷惑的行為。因為我只能在別人的對象人為性中把握別人，關鍵在於使他的自由黏滯於這種人為性中：人為性應該使自由「被占據」，就像人們說一塊奶油被占據一樣，關鍵就在於他人的自為去與他身體的外表對等的方式，他人的自為通過他的身體延續，並且由於觸到這身體，我最終觸到了別人的自由主觀性。以上就是「**占有**」這詞的真正意義所在。當然，我想**占有**別人的身體；但是我想占有是一個本身是「被占有者」的身體，就是說與別人的意識同一的身體。這是情慾不可能實現的理想：占有別人的做為純粹超越性的並且又是身體的超越性，把別人簡單歸結為他的**人爲性**，因為他那時是沒於我的世界的，但要使這人為性永遠表現他的虛無化的超越性。

但是真正說來，別人的人為性（他的純粹此在）不可能在不深刻改變我固有存在的情況下而表現於我的直觀。當我超越我個人的人為性走向我固有的諸種可能性的時候，當我在流逝的沖動中使我的人為性存在時，我也超越了別人的人為性，此外，也同樣超越了諸**事物的**純粹**存在**。在我的湧現本身中，我使它們在工具性存在中浮現出來，它們單純的存在被構成了它們的方**便性**和**可用性**的複雜指示性推移所掩蓋。抓住一支筆桿，這就已經是超越了我的此在走向寫作的可能性，但是也就是超越了做為單純存在物的筆桿走向它的潛在性，而且順此類推也就是超越潛在性而走向某些將來的存在物，即「將要被寫出的詞」並且最終是「馬上要寫成的書」。這就是為什麼存在者的存在通常被他們的職能所掩蓋。別人的存在也是一樣：如果別人對我顯現為僕人，雇員，職員或乾脆顯然為我應該躲避的行人或在隔壁房間裡發出的我力圖**理解**的那種聲音（或者，相反，因為妨礙我睡覺我想忘掉的聲音）這就不僅僅是逃離我的超世界的超越性，而且也是他的做為沒於世界中間的純粹偶然存在的「此在」。因為恰恰在我像對辦公室的僕人或雇員那樣對待他的時候，我就通過我賴以超越我自己的人為性並使之虛無化的計畫超越了他而走向他的潛在性（被超越的超越性，僵死的可能性）。如果我想回到他的單純在場並把這**在場**就體味為**在場**，我就應該努力把自己還原為我固有的在場。對我的此在的任何超越事實上都是對別人此在的**超越**。如果世界是做為我超越它而走向我自身的包圍著我的處境，那麼我就從**別人**的處境出發把握住別人，就是說已經把他當作歸屬中心了。當然，被欲望的別人也應該在處境中被把握了；我欲望的，正是一位**在世**的女子，站**在桌子旁邊**，裸露身體站在床上，或坐在我旁邊。但是，如果情慾從處境退向處境中的存在的話，正是為了解除處境並瓦解他人在世界中的關係：從「周圍」走向欲望的個人的情慾運動是**孤立**的運動，它破壞了周圍並包圍了被考察的個人以便使他的純粹人為性突出出來。但是這只有在把我們歸結為個體的任何對象固定在它的純粹偶然性中才有可能，與此同時每個對象都向我指出這點，並且因此，這種回歸於別人的存在的運動就是回到做為純粹此在的我的運動。我破壞了我的可能性以便**破壞**世界的可能性並把世界構成為「情慾的世界」，就是說構成為結構被破壞的世界，這世界已失去了它的意義並且在這個世界中的事物明顯的是純物質的碎塊，原生質。並且因為自為是選擇，這就只有在我自己計畫一種新的可能性時才有可能：「這就是把我自己歸結為我的純粹此在的可能性。這計畫，因為它不僅僅是從主題出發被設想和被提出的，而且還是被體驗的，就是說，因為它的實現與它的概念是同一的，它就是混亂。事實上不應該這樣理解前面的描述，即好像我因打算重新發現別人的純粹此在而斷然處在混亂的狀態中。情慾是不假設任何事先的深思熟慮的被體驗的計畫，但是它在自身中包含著它的意義和它的解釋。我剛一把自己拋向別人的人為性，我剛想排開他的活動和他的職能以便觸及他的肉體，我就使我本身肉身化了，因為如果不是在我自己的肉身化中並通過我自己的肉身化我就既不能希望甚至也不能設想別人的肉身化；並且甚至空洞地設計情慾（如當人們「漫不經心地」以注視來剝脫一位女子的衣服時）就是混亂的空洞的設計，因為我只是以我的混亂而欲望，我只通過使我本身裸露而使別人裸露，我只有以設計我自己的肉體來粗擬並設計別人的肉體。

但是我的**肉身化**不僅僅是別人在**我眼前**顯現為肉體的先決條件。我的目的是使他在自己的眼中肉身化為肉體，我應該把他帶到純粹人為性的地基上，他應該只對他本身歸結為肉體。於是我在一種能在任何時候從各方面超越我的超越性的那些永恆的可能性：前面是寧靜的肉體**只不過是**「這個」；它仍然沒有超出對象的範圍；而且因此我能觸及它，摸到它，占有他。因此，我的肉身化的另一意義同樣——就是說我的混亂的意義——是因為肉體是一種迷惑人的語言。我使自己變成肉體以便用我的裸體迷惑他人並且引起他對我的肉體的情慾，正是因為這情慾在別人那裡不是別的，只是一種類似於我的肉身化的肉身化。於是情慾是對情慾的勸誘。唯有我的肉體能夠找到他人的肉體之路，並且我把我的肉體貼靠於他的肉體之上以便在肉體的意義下喚醒他。事實上，在愛撫中，當我慢慢地把我惰性的手滑向別人的脅下時，我已使他摸到了我的肉體，並且他本身在惰性地依從時所能做的只是這一點；那時傳遍他全身的快感的戰慄顯然喚醒了他對肉體的意識。把我的手放平，推開它或握緊它，就是使身體重新變成活動；但是，同時就是使我的手消解為肉體。聽任手順著他的身體緩慢地移動，把它還原為幾乎沒有感覺的輕撫，還原為純存在，純粹的有點光滑、有點柔軟、有點粗糙的物質，對他自己來說就是不再是建立了定向和拉開了距離的人，就是使自己成為純粹黏滯性的。在這個時刻，情慾的聯合被實現了：每個被肉身化了的意識，都實現了別人的肉身化，每種混亂都使別人的混濁誕生並且同樣使之劇增。通過每一下愛撫，我感覺到我自己的肉體並且通過我自己的肉體感覺到別人的肉體。我意識到，我感覺到並且通過我的肉體化歸己有的這個肉體是「被別人感覺到的肉體」。並且情慾追求整個身體的情慾不是偶然的，它特別是通過最未分化的，最明顯地被神經支配的，最少自發運動能力的肉體團塊而到達身體的，即通過乳房，臀部，大腿，肚腹：這些純粹人為性的形象來觸及它。也正是為此，真正的愛撫就是兩個身體的最肉感部分的接觸，腹部和胸部的接觸：手在愛撫時無論如何是最敏銳的，最接近臻於完善的工具的。但是，肉體的互相對撫和互相使用的快樂是情慾的真正目的。

儘管如此，情慾本身是要歸於失敗的。事實上，我們看到，性交通常是情慾的完結，而不是它的真正目的。當然，我們的性組織的一些成分是情慾本性的必然表達。尤其是陰莖和陰蒂的勃起。事實上，這勃起不是別的，只是肉體被肉體所肯定。因此這勃起不是**自願地**造成的，就是說，我們不能像使用一個工具那樣來使用它，而是相反，關鍵在於一種生物學的獨立現象，它的獨立而非自願的快感伴隨並意謂著使意識陷入身體之中，這些都是絕對必然的。應該很好理解的是，任何敏感的有攫握力的及和橫紋肌聯繫著的器官，都不能成為性器官和**性別**；性別，如果應該顯現為器官，就只能表露植物性的生命。但是，如果我們認為，正好有性別而且是這樣一些性別的話，偶然性就重新出現了。尤其是雄的進入雌的，儘管情慾希望的這種徹底肉身化一致，（事實上人們注意到性交時性器官的被動性：正是整個的身體前進或後退，**帶著**性器官前進或使它退出；正是手幫助陰莖進入；陰莖本身顯現為人們用以觸摸，插入、退出、使用的工具，並且同樣的，陰道的張開和潤滑也不可能是自願地獲得的）它仍然是我們性生活的完全偶然的模式。嚴格意義上的性快感同樣是純粹的偶然性。真正說來，意識黏附於身體有其結果，這是很普通的事，就是說，有一種特殊的出神，意識在其中只是（對）身體（的）意識，並且因此是**對身體性的**反思意識。快樂，事實上——像銘心刻骨的痛苦一樣——引起一種做為「期望快樂」的反思意識的顯現。只是，快樂是情慾的死亡和完結。它是情慾的死是因為它不只是情慾的完成並且是它的終點和它的目的。此外「這個」只是一個器官的偶然性：它**使得**肉身化通過陰莖勃起表露出來而且使勃起因射精而終止。但是此外，快感是情慾的閘門，因為它引起對快感的反思意識的顯現，它的對象變成享樂，就是說它**期望被反思的**自為**的肉身化並忘記別人的肉身化**。「這個」不再屬於偶然性的領域。也許向被迷惑反思的過渡因快感這肉身化的特殊樣式而被造成，仍然是偶然的——反正有許多有向反思的過渡而沒有快感參預的情況——但是情慾要肉身化的企圖遇到的永恆危險就是正在肉身化的意識再也看不見別人的肉身化並且它自己的肉身化吸收別人直到變成他最後的目的。在這種情況下，愛撫的快感被轉化為被愛撫的快樂，自為所要求的東西，就是感到它的身體充分享受快樂直到噁心。接觸一下子中斷了並且情慾失去了它的目標。甚至情慾的失敗經常可能成為向受虐色情狂過渡的動機，就是說，意識在其人為性中被把握，它要求做為「為他的身體」而被別人的意識把握並且超越：在這種情況下對象—別人瓦解崩潰，並且注視—別人顯現出來，而我的意識是在別人的注視下在他的肉體中痴狂的意識。

但是，情慾相反是它自己的失敗的起源，因為它是**獲取**和**化爲己有**的情慾。事實上，混亂不足以造成別人的肉身化：情慾是把這被肉身化的意識化歸己有的情慾。因此它根本不是通過愛撫而是通過攫握和插入的活動延續的。愛撫的目的只在於以意識和自由充滿別人的身體。現在，應該獲取、抓緊、進入這被充滿的身體。但是，只是由於我現在企圖抓住、拖拉、抓緊、撕咬，我的身體就不再是肉體，它重新變成**我所是的**綜合工具；並且同時，**別人**不再是肉身化：他重新變成我從他的處境出發把握的沒於世界的工具。他的意識會掠過他肉體的表面，並且我企圖用我的肉體去體味它[8]，這意識在我的目光下消失：在他的內心中，只留下與對象—形象同在的一個對象。同時我的混亂消失了：這不意謂著我不再欲望，而是情慾失去了它的質料，它變成**抽象的了**；它是掌握和獲取的情慾，我熱衷於獲取，但是我的熱衷本身使我的肉身化消失了：現在，我重新**超越**我的身體走向我自己的可能性（這裡是獲取的可能性），同樣，被**超越**而走向其潛在性的他人的身體，從**肉體**的行列落入純粹對象的行列。這種處境意謂著情慾的真正目的恰恰是與肉身化的相互性一刀兩斷：別人能繼續是混亂的；他仍然能夠是**對他來說**的肉體；我能理解他：但是這是我不再能用我的肉體把握的一個肉體，一個只不過是對象—別人的**性質**而並非是一個做為意識的別人的肉身化的肉體。於是，我是面對一個**肉體**的**身體**（在處境中的綜合整體）。我幾乎又置身於我恰恰企圖通過情慾從中擺脫出來的處境中，就是說，我試圖使用他人—對象來要求他清算他的超越性，並且恰恰因為他完全是對象，他以他**整個的**超越性逃離了我。我甚至又一次失去對我尋求的東西的明確領會，然而我介入這個尋求之中。我獲取並且我發現我正在獲取，但是我獲取在手的東西和我想要獲取的東西**不是一回事**；我感覺到它，我承受它，但是不能說出我想抓住的東西是什麼，因為由於我的混亂，對我的情慾的領會本身逃離了我；我就像一個睡眠者，醒來時發現自己正用手抓著床的邊緣而想不起來是什麼惡夢導致這樣的動作。正是這種情況是性虐待狂的起源。

性虐待狂是激情，冷酷和凶猛。它是凶猛的，因為它是一個自為的狀態，這自為被認為是介入的而不知道它介入的**是什麼**，並且它堅持它的介入而沒有明確地意識到它自己規定的目的，也沒有明確地回憶起他給予這介入的價值。它是冷酷的，是因為當情慾不再是混亂的時候它才顯現出來。性虐待狂把他的身體重新當作綜合整體和行動的中心；他被重新置於對他自己的人為性的永恆逃避中，他面對別人被體驗為純粹的超越性；他厭惡**對他來說的**混亂，認為混亂是一種卑賤的狀態；簡單說，他不能在他之中**實現**混亂。就他熱衷於冷靜而言，就他同時是凶猛的和冷酷的而言，性虐待狂是富於情感的。他的目的，像情慾的目的一樣，在於把握並奴役不僅是對象—別人、而且是做為被肉身化的純粹超越性的別人。但是在性虐待狂中，重點在於被肉身化的別人的工具性的化歸己有。性虐待狂的這個「環節」，在性慾中，事實上就是被肉身化的自為超越它的肉身化來把他人的肉身化化歸己有的環節。因此，性虐待狂拒絕自己肉身化並同時要逃離任何人為性，同時還努力控制別人的人為性。但是，因為他既不能也不願用他自己的肉身化來實現別人的肉身化，鑒於這個事實本身他除了把別人看成工具性對象之外沒有別的辦法，他力圖把別人的**身體**做為工具來使用，以便使別人實現肉身化的存在。性虐待狂是用暴力使他人肉身化的努力並且這「強迫的」肉身化應該已經是把別人化歸己有和對別人的使用。性虐待狂力圖把別人從掩蓋他的活動中剝離出來——正像情慾一樣。他力圖在行動之下發現肉體。但是情慾的自為在它自己的肉體中消失來向他人揭示它是肉體，而性虐待狂則與此相反，他在使用一些工具以便迫使自己向他人揭示自己的肉體的同時否定他自己的肉體。性虐待狂的目的是直接的化歸己有。但是性虐待狂是處境危險的，因為他不僅享受了他人的肉體，而且在與這肉體的直接聯繫中享受了他固有的非肉身化。他**希望**的是性關係的非相互性，他面對一個被肉體征服的自由享有化為己有和自由的權力。這就是為什麼性虐待狂想表現不同於意識的他人的肉體：他想通過把他人表現為一個工具來表現肉體；他通過痛苦來表現肉體。事實上，在痛苦中，人為性漫及意識並且最終，反思意識被非反思的意識的人為性所迷惑。因此恰好有通過痛苦的肉身化。但是同時，痛苦是**通過工具**得到的：折磨人的自為的身體只不過是給出痛苦的工具。於是自為從一開始就能表現工具性地征服了別人的自由的錯覺，就是說用這肉體來表達這自由的錯覺，而不斷成為誘發、抓緊、把握的自為。

至於性虐待狂想實現的肉身化的類型，恰恰就是人們所謂的**猥褻**。猥褻是一種為他的存在，它屬於粗鄙的**類型**。但是粗鄙並不都是猥褻。在優雅中，身體顯現為處境中的心理。它首先把它的超越性揭示為被超越的超越性；它在活動中並且從處境和被追求的目的出發被理解。因此每種運動都是在從將來被帶向現在的知覺過程中被把握的。按這種看法，優雅的活動一方面擁有一種裝配良好的機器的精確；另一方面，又擁有心理的完全不可預測性，因為我們已看到，心理對他人來說是**無法預測的對象**。因此優雅的活動在每時每刻都是完全可以領會的，因為人們觀察考慮過在他那裡流出的是什麼。更明確地說，活動流出的部分被一種來自其完美適應性的美學必然性擴張開了。同時將來的目的使整個活動變得明瞭了；但是活動的整個將來部分仍然是無法預料的，儘管人們根據活動著的身體本身感到，這活動剛一過去就將顯現為必然的和應變的。正是運動的這種必然和自由的形象（做為別人—對象的屬性）構成了嚴格意義上的優雅。柏格森對它進行過出色的描述。在優雅中身體是表露自由的工具。優雅的活動，因為它使身體表現為精確的工具，所以它在每時每刻都給為身體存在的合理提供了證明：手**是爲著**去拿，這首先就表露出它「為去拿的存在」。因為手是從要求攫握的處境出發被把握的，它在它的存在本身中顯現為**被要求的**，它是被**召喚**的。因為它通過它的動作的不可預測性表露了它的自由，它從一開始存在起就表明：似乎它是在處境的正當要求下產生它本身的。因此優雅呈現了一種存在的客觀形象，這個形象是為著某種東西而成為它自身的基礎。因此人為性是被優雅遮蔽和掩蓋著的：肉體的赤裸完全是在場的，但是它不能被**看見**因而優雅、最高雅的姿態和最高極限的挑戰是出示被揭示的身體，除非優雅本身沒有穿任何別的衣服，沒有遮以任何別的帷幕。最優雅的身體是它自己的活動用這看不見的衣服包裹著的赤裸裸的身體，同時完全遮蔽了它的肉體，儘管肉體在目擊者眼中完全是在場的。相反，當優雅的一種成分在它的實現過程中受阻時，粗鄙就顯現出來。運動能變成**機械的**。在這種情況下，身體總是為它辯解的總體的一部分，然而是做為純粹的工具；它的被超越的超越性消失了，並且同時這被超越的超越性迷失在**我的**世界的工具性對象這做為側面的復因決定的**處境**中。這些活動也可能是被觸犯的並是強暴的：在這種情況下，正是對這處境的適應被破壞了；處境仍然在，但是在它和處境中出現了一個虛空，一個間隙。在這種情況下，別人始終是自由的，但是這自由只被當作純粹的**不可預測性**，它和伊壁鳩魯的原子的**偏斜**（clinamen）相似，即和一種非決定論相似。同時，目的仍然是肯定的並且我們總是從將來出發來感知別人的姿勢。但是與這結論不合的是，通過將來感知的解釋總是太泛或太窄：這是一種**大致的**解釋。因此，動作的和別人的存在的證明並沒有完美地實現；極端地說，笨拙的人是無法證明的；他介入處境的整個人為性被處境吸收了，並退回到他身上。笨拙的人不恰當地解放他的人為性並且突然把它置於我們的目光下：我們在其中期望把握處境的關鍵，這是自發地出自處境本身的，我們突然遇見一個不合時宜的在場者的無可證明的偶然性；我們面對一個存在者的實存。儘管如此，如果身體完全在活動中，人為性就還不是肉體。當身體接受了以它的活動完全脫去它的衣服並且揭示了它的肉體惰性的一些姿態的時候，**猥褻**就顯現出來。看見赤裸裸的身體和背部並不是猥褻。但是臀部的某種無故左右搖擺就是猥褻。因為那時在步行者那裡只有腿在活動而臀部似乎是腿帶著的孤立坐墊，並且它的擺動純粹是服從重力的規律的。它不可能用處境來辯解；相反，它完全是整個處境的毀滅，因為它有事物的被動性並且因為它做為事物而使自己被腿帶著。它一下子做為無可辯解的人為性顯示出來，它做為任何偶然的存在而是「多餘」的。它在這個身體中孤立出來，其在場的意義就是行走，它是赤裸裸的，儘管某種織物掩蓋著它，因為它不再分有活動著的身體的被超越的超越性，它的搖擺運動，不是從將來出發被解釋，而是從過去出發做為肉體事實被解釋和認識的。這些看法自然能應用於這樣一些情況，在這些情況中，整個身體都變成肉體，或者是由於我不知道哪些姿勢的柔軟不能用處境來解釋，或者是由於它的結構的改形（例如，脂肪細胞的繁殖），就一個處境要求的確實在場者而言，這改變向我們展示了過多的人為性。這被揭示的肉體當它被某個不在情慾狀態中並且沒有**激起他的情慾**的人發現的時候特定地是猥褻的。一種在把握了處境的同時破壞了處境的特殊失配，一種把肉體的惰性快感做為在那掩蓋著它的運動的薄紗下的粗俗的呈現提供給我——而這時我又不處在對這肉體的情慾狀態中——的特殊的失配，這就是我將稱之為猥褻的東西。

從這時候起，我們看到性虐待狂之要求的意義：優雅把自由揭示為對象—別人的性質，並且，像在柏拉圖式的回憶的情況下，感性世界的矛盾造成的那樣，它難以覺察地推回到超越的彼岸，我們又保持了對它的混亂記憶，並且只能通過我們存在的徹底改變達到它這個超越的彼岸，就是說，通過果斷地擔當起我們的為他的存在。同時，優雅揭示並掩蓋了別人的肉體，或者還可以說，優雅揭示別人的肉體以便立即掩蓋它。在優雅中，肉體是難以接近的別人。性虐待狂者旨在摧毀優雅以便實在地構成別人的另一綜合：他要使他人的肉體表現出來；在他的顯現本身中，肉體是優雅的毀滅，而人為性則使別人的對象—自由消失了。這種消失不是虛無化：對性虐待狂者來說，正是**自由—別人**自己表露為肉體；對象—別人的同一性不是通過這些災變毀滅的；而是肉體和自由的關係被顛倒了：在優雅中，自由包含並掩蓋人為性；在應進行新的綜合中，正是人為性包含並掩蓋了自由。因此，性虐待狂旨在粗暴地和強制地使肉體表現出來，就是說不是通過他自己肉體的協作，而是通過他做為工具的身體的協作使肉體表現出來。他旨在對別人採取一些態度和姿態，就像他的身體是在猥褻的樣子下表現出來一樣。於是他仍然是在工具性地化歸己有的水平上，因為他在把強力施於別人身上的過程中使肉體誕生——並且別人變成他手中的工具——性虐待狂者揉搓（manie）別人的身體，摁住它的肩膀，以使別人的身體向地上彎下去，並且使腰突出來，等。並且另一方面，這樣使用工具的目的對使用本身是內在的：性虐待狂使別人轉化為工具以便使別人的肉體表現出來；性虐待狂是把別人領會為工具的存在，這個工具的功能就是其固有的肉身化。因此，性虐待狂的理想是達到這樣一種時刻：即別人已經是肉體，它不斷地成為工具，這肉體是使肉體誕生的肉體；在這個時刻中，如，大腿已經在一種猥褻的和歡悅的被動性中呈現並且還是人們揉搓、叉開、彎曲，以便使雙臀更加突出並反過來使雙臀肉身化。但是我們沒有弄錯：性虐待狂如此熱衷地追求的東西，就是他想用他的手揉搓並且用他的拳頭去折服的東西，這就是別人的自由：它在那裡，在這個肉體中，別人的自由就是這肉體，因為有別人的人為性存在；因此性虐待狂企圖化歸己有的正是這個自由。於是，性虐待狂的努力就是通過把他人的身體做為要用肉體使之誕生的肉體而把這他人的身體化歸己有，並通過暴力和痛苦把他人誘入他的肉體中；但是，這種化歸己有超越了它化歸己有的身體，因為它只在把別人的自由誘入自身的時候才要占有這個身體。這就是為什麼性虐待狂需要通過別人的自由肉體明確地證明這種奴役：他旨在使人要求寬恕，他通過酷刑和威脅使別人卑躬屈膝，否認他所擁有的更珍貴的東西。人們曾說，這是由於統治癖，由於權力意志。但是這種解釋是含糊的荒謬的。首先應該解釋的正是這統治癖。顯然，這種癖好不可能是先於做為它的基礎的性虐待狂的，因為它同他一樣並且與他在同一水平上，產生於面對別人的不安。事實上，施虐待狂者之所以喜歡用折磨消除一種拒絕，是由於一種與能解釋愛情意義的原因類似的原因。我們事實上已經看到，愛情並不要求取消別人的自由，而是要求他的做為自由的奴役，說是說通過自由本身的奴役。同樣性虐待狂並不力圖消除他所折磨的人的自由而是力圖強迫這種自由自由地與被折磨的肉體同一。這就是為什麼對施虐者來說是快樂的時候，就是受虐者拒絕的或卑躬屈膝的時刻。事實上，不管施於受虐者的壓力是什麼，拒絕仍然是**自由的**，這拒絕是一種自發的產生，是對處境的反應；它表露了人的實在；不管受虐者曾有過什麼樣的反抗，不管受虐者在求饒之前等了多長時間，無論如何；他還能再等十分鐘，一分鐘，一秒鐘。是受虐者決定了不再能忍受痛苦的時刻。受虐者將體驗其拒絕，隨後感到悔恨和恥辱，這就是證明。於是這完全歸咎於受虐者。但是另一方面，性虐待狂同時被認為是受虐者的原因。如果受虐者反抗並拒絕求饒，遊戲就只會更增加快感：把螺絲再緊一圈，格外擰緊，而反抗則以屈從而結束。性虐待狂「有的是時間」。他是平靜的，他不著急，他像一個技術人員那樣安排使用工具，他一個接一個地試它們，就像一個鎖匠試用各種鑰匙去開鎖；他享受這種模棱兩可的矛盾狀況：一方面，事實上，他在普遍決定論內部為一個被**自動地**達到的目的造成了一個耐心地使用工具的人——正像當鎖匠找到了「合適」的鑰匙時鎖自動地啟開一樣——另一方面，這被決定的目的只能通過一個別人的自由而又完全的協作而實現。因此，這目的保持到最後，而且它同時既是可預見的又是不可預見的。對性虐待狂來說，要實現的目的是模棱兩可的、矛盾的、並且是不平衡的，因為他同時是決定論的技術使用的必定結果又是不被制約的自由的表露。在性虐待狂那裡呈現的情景就是與肉體的快感爭鬥的自由的情景，並最終，它自由地選擇使自己被肉體淹沒。被尋求的結果在拒絕的時候達到了；身體完全是抽動著的和猥褻的肉體，它保持著施虐者讓它做出的姿勢，不是它本身要取的姿勢，捆著它的繩子把它做為一種惰性的事物來承受，並且因此，它不再是自發運動的對象。自由通過拒絕而選擇的恰恰就是要與這個「此在的身體」同一；這被扭曲的氣喘吁吁的身體是被粉碎的，被奴役的自由的形象本身。

這樣一些看法不是要窮盡性虐待狂的問題。我們只是想指出在情慾本身中性虐待狂做為情慾的失敗還只在萌芽中。當我力圖去占有我通過我的肉身化而導致的他人的肉身化的身體，我就衝破了肉身化的相互性，我就超越我的身體走向它自己的可能性並且使自己趨向性虐待狂。於是性虐待狂和受虐色情狂是情慾的兩塊暗礁，或者我超越混亂趨向把他人的肉體化歸己有，或者我陶醉於自己的混亂，我只注意我的肉體並且我不再向別人要求任何東西，除非要求他成為注視以幫助我實現我的肉體。正是由於情慾的這種無定見以及它在這兩個暗礁之間的永恆搖擺，人們才習慣以「施虐—受虐狂」的名稱來稱呼「正常」的性慾。

儘管如此，性虐待狂本身，像盲目的冷漠和情慾一樣，包含著它失敗的原則。首先，在把身體領會為肉體和對它的工具性使用之間有一種深刻的不可共存性。如果我把肉體變成一個工具，它就把我推回到別的工具和潛在性上面去，即推到將來。它部分地被在我周圍創造的處境證明為**此在**，正如釘子和釘在牆上的檯布的在場證明錘子的存在一樣。它的肉體本性，即它的不能使用的人為性本性一下子讓位給工具性事物的本性。性虐待狂曾企圖創造的「肉體—工具」複合瓦解了。這種深刻的瓦解之所以能被掩蓋，是因為肉體是揭示肉體的工具，也因為我按內在的目的構成工具。但是當肉身化完成時，當我面前正好有一個氣喘吁吁的身體時，我不再知道如何**使用**這肉體。再也不能賦予它什麼目的，因為我恰恰使它的絕對偶然性表現出來了。這偶然性「在此」，並且它「毫無理由」地在此。在這個意義下，我不可能支配做為肉體的偶然性，我不可能把它歸入工具性的複合體系，而它的物質性，它的「肉色」又不立即逃離我。在沉思的驚異狀態中，我在偶然性面前只能是呆若木雞，或者反過來使我自己肉身化，聽任混亂的擺布，以便至少使自己重新處於這樣的地位，即肉體在其中以它的完全的肉色向肉體顯露出來。於是，性虐待狂正是在它的目標行將達到時，讓位於情慾的。性虐待狂是情慾的失敗而情慾是性虐待狂的失敗。人們只能通過滿足和所謂的「肉體占有」來脫離這個循環。事實上，在所謂的肉體占有中，性虐待狂和情慾的一種新綜合表現出來了：性器官的勃起表露了肉身化，「進入……」或被

「穿透」這一事實象徵性地實現了性虐待狂和受虐色情狂的化歸己有的企圖。但是快樂之所以使離開這循環成為可能，是因為它同時消除了情慾和性虐待狂的激情而又沒有滿足它們。

與此同時，並且在一個完全別樣的水平上，性虐待狂包含著一個新的失敗的契機。事實上，他企圖化歸己有的正是受虐者的超越的自由。但是顯然這自由原則上仍然是觸及不到的。性虐待狂者愈是熱衷於把別人當作工具來對待，這自由就愈是逃離他。他能干涉的自由只是對象—別人的對象性質，即作用於沒於世界的自由以及它僵死的可能性。但是他的目的恰恰是恢復他為他的存在，他原則上欠缺這種存在，因為他感興趣的唯一他人就是這樣一個在世的別人，這個別人對狂熱於他的性虐待狂只有「頭腦中的形象」。

當性虐待狂的受虐者注視他時，就是說，當他在別人的自由中體驗到他的存在的絕對異化時，他發現了自己的錯誤：那時他實現的不僅是不曾恢復他「外表的存在」，而且還做到了：使他賴以力圖恢復「外表的存在」的活動本身做為**體型**和性質連同他的一系列僵死可能性被超越並被固定在「性虐待狂」中，他還做到了：這種改造是通過他想奴役的別人並對這個別人而發生的。於是他發現他甚至在強制別人卑躬屈膝和求饒的時候，也不能作用於別人的自由。因為恰恰正是在別人的絕對自由中並通過這自由，一個世界成為存在，在這個世界中有一個性虐待狂和折磨的工具以及一百個要人謙卑和否認自己的藉口。沒有任何人會比伏沃爾克內在《八月的陽光》的最後部分所描述的能更好地表現被虐者的注視的威力。一些「有教養的人」挑逗黑人基斯瑪斯並且把他閹割。基斯瑪斯處於彌留狀態：

「但是這人，躺在地上一動不動！他睜著雙眼躺在那裡，眼睛裡除了一點知覺外空無所有，有某種東西，一片陰影罩在他的嘴周圍。他用安靜而深邃的，使人難以忍受的目光長久地注視著他們。然後，他的臉，他的身體似乎崩潰了，縮成一團了，從裹著他的髖和臀的破衣服裡，被壓抑的活黑的血流像突然斷氣那樣湧出……從這骯髒的爆發中，這人似乎會在他們的記憶中超升和漂游。無論他們在什麼地方沉思看古老的安寧平靜的小溪，像孩子般的面龐，他們是永遠不會忘記這些的。這將永遠在那裡，**好幻想的**，**平靜的**，**穩沉的**，永遠不會**褪色**的，永遠不曾**表現出有威脅**力的，**而自己是安詳的**，**洋洋自得的**[9]。汽笛的鳴叫再次在城市裡升向難以置信的高空，牆壁使之稍稍減輕了強度，消失在人們的聽覺之外了。[10]」

於是這種在世的他人對性虐待狂的注視的這種爆發，使性虐待狂的意義和目的傾覆了。同時性虐待狂發現：他想奴役的正是**這此在的自由**，並且同時，他明白他的虛浮。現在我們再一次從**進行注視的存在**被推回到**被注視的存在**，我們沒有脫離這個循環。

我不曾想用這樣一些意見來窮盡問題，尤其是對待他人態度的問題。我們只是想指出，性的態度是對待他人的原始行為。這種行為在他人那裡必然地包括為他的存在的原始偶然性以及我們固有的人為性的原始偶然性，這是不言自明的。但是我們不能同意說它一開始就服從於生理的和經驗的結構。從有身體並有別人開始，我們就通過**情慾**、**愛情**及我們提出過的各種派生的態度對之有了反作用。我們的生理結構只是象徵性的在絕對偶然性的基礎上表示了我們互相採取這些態度的永恆可能性。於是我們能說，自為在他面對他人的湧現本身中是有性別的，並且，由於他人，性徵出現在世界上。

我們當然不是說對待他人的態度被歸結為我們剛才描述的那些性的態度。我們之所以首先長篇大論談這些態度，是出於兩個目的：首先，因為它們是基本的並且因為最終，人們互相採取的所有複雜行為只不過是豐富了這兩種原始態度（而第三種態度，憎恨，我們馬上就要談到）。也許，具體的行為（合作、鬥爭、競爭、競賽、介入、服務[11]等）是要更細緻地無限地描述的，因為這些行為取決於歷史處境和自為與別人的每種關係的一些具體的特殊性。但是，這些行為關閉了它們身上的一切性關係，就像對待它們的骨骼一樣。這不是由於某種到處起作用的性慾的存在，而只是因為我們描述過的態度是自為用以實現它的為他的存在及努力超越這事實的處境的基本謀劃。這裡不是指出憐憫、仰慕、厭惡、羨慕、感激等能包含愛情和情慾的態度的地方。但是每個人都能通過參考他自己的經驗，也像參考那些各種各樣本質的遺覺直觀一樣來決定這一點。自然，這不意謂著這些不同的態度是被性徵借用的單純偽裝。而是應該懂得，性徵做為這些態度的基礎與它們合一，它們發展了性徵並且超越了它，就像圓圈的概念發展並超越了總是確定地繞著它的一端轉的環節的概念。這些基礎態度能夠始終被掩蓋著，就像被肉體包圍著的骨架；甚至這就是通常發生的事情：身體的偶然性，我所是的原始謀劃的結構，我的歷史化的歷史，這些都能決定通常總是暗含在更複雜事物內部的性態度：尤其是人們明確欲望「同性別」的別人是不常見的。但是，在道德的禁令和社會的禁忌背後，至少在人們稱之為性厭惡這種特殊形式的混亂之下，情慾的原始結構仍然存在。不應該認為性謀劃的這種永恆性好像應該總是以潛意識狀態「在我們之中」。自為的謀劃只能在意識的形式下存在。只是它是與它融合其中的特殊結構合一地存在的。當精神分析學家們認為把性的易感性變為抽取對個體歷史的所有決定的「白板」時，他們感覺到的正是這點。不過不應該相信，性徵是一開始就**被決定**的：事實上，它是從自為在有別人的世界中湧現時起就包含它的所有那些決定的。被決定的東西和應該被任何一個人的歷史確定的東西，就是與他人關係的類型（情慾—愛情、受虐色情狂—性虐待狂）即性態度在它的純正表現中表露出來的與別人的關係的類型。

顯然因為這些態度是原始的，我們才選擇了它們用以指出與他人關係的**循環**。因為它們事實上是與**所有**對待別人的態度合一的，它們把對待他人的所有行為帶進了它的循環。正像愛情在它自身中發現其失敗，而情慾從愛情的死亡中湧現以便反過來自己崩潰瓦解並讓位於愛情一樣，對待對象—別人的所有行為都意謂著一種暗含的並被掩蓋的對主體—別人的歸屬，並且這種歸屬就是這些態度的死亡；一種新的態度在對待對象—別人的行為的死亡之上湧現出來，這種態度旨在征服主體—別人，並且這種態度反過來揭示主體—別人的不可靠，並自己崩潰瓦解以便讓位於相反的行為。於是我們無窮地從對象—別人被推回到主體—別人，反之亦然；這種過程永不停息，並且正是這個過程方向的突然倒轉，構成我們與他人的關係。在人們考察我們的某一時刻，我們是處在一種或另一種這類態度中——我們對這種或那種態度都不滿意；我們按照我們的自欺或我們的特殊歷史境況，能夠在相當長的時間內保持相適應的態度；但是這態度自身永遠不是自足的；它總是不露聲色地指向別人。因為，事實上我們對他人採取的態度是不可能永恆不變的，除非他人對我們**同時**揭示為主體和對象，同時揭示為進行超越的超越性和被超越的超越性，而這在原則上講是不可能的。於是，我們不停地由注視的存在向被注視的存在搖擺，並由於交替的變革而從這二者中的一個落入另一個，我們總是在對他人而言的不穩定狀態中，不管我們採取的是什麼樣的態度；我們追求同時理解他的自由和他的客觀性這不可能實現的理想；援用讓．華爾的表述就是，在與別人的關係中，我們時而置身於超越性的狀態中（當我們把他理解為對象並且使他與世界合一時），時而又置身於超升的狀態（當我們把他體驗為超越我們的超越性時）；但是這兩種狀態中的任何一種都不是自足的；我們永遠不能具體地置身於平等的水平上，就是說置身於承認他人的自由導致他人承認我們的自由的水平上。他人原則上是不可能把握的：當我尋找他時他逃離了我，而當我逃離他時他又占有了我。我甚至希望按康德的道德箴言，以別人的自由做為不受制約的目標而行動，這種自由只是由於我把它當作我的目的而變成了被超越的超越性；另一方面，我只能在把對象—別人當作工具使用時在他的側面行動來實現這個自由。事實上，我恰恰應該把處境中的別人當作工具性對象；因此，我唯一的權力是改變對別人而言的處境和對處境而言的別人。於是我被引向做為所有自由政治的障礙的悖論，並且盧梭曾以一句話來定義它：我應該「強迫」別人是自由的。儘管這種強迫避免永遠或十分經常地以暴力的形式實施，它仍然支配著人與人之間的關係。我之所以安慰別人，安撫別人，是為了使他人的自由從使之神傷的恐懼或痛苦中解脫出來；但是安慰和使人安心的證據是一種方法體系的組織，目的是為了**作用於**別人，並且因此做為工具性事物使別人與這系統合一。更有甚者，安慰者造成自由和悲痛間的一種任意的區別，安慰者使自己與使用「理由」和尋求「善」相同化，而悲痛於安慰者似乎是一種心理決定論的結果。因此他行動以便把自由和悲痛分離開，正如人們把化學產品的兩種成分互相分離那樣。只是由於他以為自由是能被選擇的，他才超越了自由並訴諸暴力，並且他所處的地位使他不可能把握這種事實：因為正是自由本身**變成**悲痛。並且，因此，為了使自由從悲痛中解放出來而行動就是為反對自由而行動。

然而不應該相信，一個「聽任」（laisser-faire）和寬容的道德更多地是尊重他人的自由：一旦我存在著，事實上我就給他人的自由設置了一個界限，我**是**這個界限，並且我的每一謀劃都圍繞別人勾畫出這種界限：仁慈、聽任、寬容——或所有棄權的態度——是我本身的自我約束並以他人的誓言約束他的謀劃。對他人實行普遍寬容，就是用強力把他人拋進一個寬容的世界。這就是從原則上奪去了他們勇敢反抗，不屈不撓，獨斷獨行之類的自由的可能性。過去在一個不寬容的世界中，他們是有機會發揮這些可能性的。如果人們考察教育的問題，這一點就會更加清楚：嚴厲的教育把孩子們當成工具來對待，因為這種教育企圖用強力使孩子折服於他沒有接受的價值；但是，一種自由化的教育，由於使用了別的方法，仍然是先天地選擇了一些對付孩子的原則和價值。以溫和的說明態度對待孩子，這仍然是強迫他。於是，尊重他人的自由是一句空話：即使我們能假定尊重這種自由的謀劃，我們對「別人」採取的每個態度也都是對於我們打算尊重的那種自由的一次踐踏。在他人面前所表現的完全冷漠的極端的態度同樣不是解決辦法：我們已經被拋進面對別人的世界，我們的湧現是別人的自由的自由限制，沒有任何東西，甚至自殺，都不能改變這種原始處境；不管我們的活動是什麼樣的，事實上，我們總是在這樣一個世界裡完成這些活動的，在這個世界裡別人業已存在，並且我對別人而言是**多餘的**。

有罪和罪孽的概念似乎正是從這種獨特的處境中獲得其起源的。我正是面對別人才是**有罪的**。首先是當我在他的注視之下，把我的異化和我的裸體體驗為我應該擔當的羞恥時，我是有罪的；正如聖經所說的「他們知道他們是裸體的」這句名言的意義所在。此外，當我反過來注視他人，因為我肯定了我本身，我把他構成為對象和工具，並且我使他進入異化，而他是應該承擔這個異化的。於是，原罪，就是我在有別人存在的世界上湧現，並且不管我與別人的關係是什麼樣的，這些關係也只是我有罪這原始主題的多樣化。

但是，這種有罪附帶著一種無能，這種無能並沒能夠洗去我的罪。我們已看到，無論我爲別人的自由做了什麼，我的努力都要淪為把別人做為工具來對待，並且把別人的自由做為被超越的超越性提出來；但是另一方面，不管我施用的是什麼樣的強力，我也只不過能觸及到他的對象的存在。我永遠只能提供給他的自由以自己表露的種種機遇，永遠不能增大或縮小它，引導或控制它。於是，我在我的存在本身中是對他人有罪的，因為我的存在的湧現無論如何給他一維新的存在，並且另一方面，無能利用或補救我的過錯。

一個自為在它的自我歷史化過程中，經驗到那些不同的災變，由於它完全認識到了它以往努力的虛浮，而能決定自己置別人於死地。這種自由決定被稱為憎恨。它包含著一種基本的屈從：自為放棄了它要實現與別人統一的要求；它不再把別人做為工具來使用以便恢復他的自在的存在。它只想找到一種不限制行為的自由；就是說，只想從它的不可把握的「為別人的對象存在」中掙脫出來，並且消除他異化的一維。這就相當於要謀劃著實現一個別人在其中不存在的世界。憎恨的自為願意僅僅是自為；它通過各種各樣的經驗得知它不可能使用它的為他的存在，它寧願只是它的存在的自由虛無化，只是瓦解的整體、對自己目的的追求。憎恨中的自為謀劃完全不再是對象，憎恨表現為一種自為面對別人的自由所採取的絕對立場。這就是為什麼憎恨並不首先貶抑被恨的對象。因為它提出了對那對象的真實基礎的討論：我所憎恨的別人的東西，並不是這樣的面貌，這樣的怪癖，這樣的特殊行動，而就是它的一般的存在，做為被超越的超越性的存在。這就是為什麼憎恨意謂著承認別人的自由。不過，這種承認是抽象的和否定的：憎恨只認識對象—別人，並且只依附於這個對象。它想毀滅的正是這個對象，以便同時消除憎恨它的那個超越性。這超越性只做為不可能接近的彼在，做為憎恨中的自為異化的永恆可能性而被預感到。因此，**它本身**永不**被把握**。此外，它不變成對象就不能存在，但是我把它體驗為逃避他人—對象的永恆性，體驗為它最可接近的經驗品質中的「非既定的」、「非現成」的方面，體驗為一種提醒我「問題不在那裡」的不斷告誡。這就是為什麼人們是**通過**被揭示的心理，而不是通過這心理本身而憎恨的；這也是為什麼通過我們習慣稱為他的罪惡或他的美德的東西來憎恨別人的超越性是無關緊要的。我憎恨的東西，就是把我推回到別人的超越性上去的整個的心理整體：我不至於低下到憎恨這樣的特殊客觀細節。憎恨和厭惡的區分就在於此。憎恨似乎並不必然地因我剛才遭受的疼痛而表現出來。相反，它能在人們有權希望感激的地方產生，就是說在行善之機產生：激起憎恨的契機，這只不過是他人的活動，我通過它而處在承受他的自由的狀態。這種活動本身是使人羞恥的，它所以令人羞恥是因為它具體揭示了我面對他人自由的工具性客觀性。這種揭示立刻變模糊了，融進過去並變成不透明的。但是顯然，它留給我一種感覺，即有某種為了解放我而要摧毀的「事物」。此外，正是如此，感激是如此接近於憎恨：感激一個善行，就是承認別人在行動時完全是自由的，因為他已經完成了善行。沒有一個強迫——即使是義務的強迫——是在這其中規定去行善。他對他的活動及主導這活動完成的價值負有完全責任。我只是成為了藉口；只成為了他的活動據以實施的質料。從這種認識出發，自為能夠按它的選擇去謀劃愛或恨：他再也不能不理睬別人。

這些看法產生的第二個結果，即憎恨是把所有其他人當作一個人來憎恨。我想通過要把這個別人置於死地而象徵地傷害的東西，就是他人存在的一般原則。我所憎恨的別人，事實上代表一**些**別人。我要消滅他的謀劃是消滅一般他人的謀劃，就是說奪回我的自為的非實體性自由的謀劃。在憎恨中，已知體會到我被異化的一維是一些別人對我的**實在**征服。我謀劃著要消除的正是這征服。這就是為什麼憎恨是一種**陰暗的**感情，即旨在消滅一個別人。並且做為謀劃，它自覺地謀劃去反對別人。我反對這別人對於給另一個別人的憎恨，這種憎恨使我擔心，並且我力圖消除它，因為儘管它並不是明確地針對我的，我卻知道它與我有關，並且它的實現是對抗我的。事實上，它旨在毀滅我，這不是因為它力圖消滅我，而是因為它原則上祈求我的反對以便能繼續下去。就憎恨相當於不安地承認憎恨者的自由而言，憎恨祈求被憎恨。

但是，反過來，憎恨是一種失敗。它最初的謀劃事實上是消滅別的一些意識。但是即使這謀劃實現了，就是說，即使它能在現在的一刻消滅別人，它也只能使別人已不存在了。甚至可以說，為了把消滅別人體驗為憎恨的勝利，這種消滅就意謂著明確承認他人曾存在。從那時起，我的在過去行動的「為他的存在」變成了我本身不可救藥的一維。這一維是我做為曾經是的而且應該是的東西。因此我不可能從中解脫出來。人們會說，至少，我現在正在逃避它，將來我將逃離它：但，事情不是這樣。只要有一次曾是為他的人，儘管他完全都被消滅了，在其餘的日子裡，他在他的存在中就都被污染了：他不斷地把他的為他的存在的一維當作他存在的永久可能性。他不可能奪回他已異化了的東西；他甚至喪失了所有干涉這種異化並使這異化轉向有利於他一方的希望，因為被毀滅的別人已把這種異化的鑰匙帶到墳墓中去了。我為他人所是的東西被別人的死凝固了，並且我在過去無可挽回地是這東西；按同樣的方式，我現在也是它，如果我堅持那些已經被別人判處了的態度，謀劃和生活方式的話。別人的死把我構成為無可挽回的對象，準確地說，就是構成我自己的死。於是，憎恨的勝利在它的湧現本身中轉化為失敗。憎恨不可能離開這個循環。它僅僅代表一種最後的企圖，絕望的企圖。在這個企圖失敗後，自為只有重新進入這循環並無限定地任憑自己在這兩種基本態度中來回搖擺[12]。

三、「共在」(mitsein) 和「我們」

人們也許會注意到，我們的描述是不全面的，因為它沒有保留某些具體經驗的地位，我們憑藉經驗不是在與他人的衝突中，而是在與他人的聯合中發現我們自己的。我們經常說「我們」，這是千真萬確的。存在本身和這種語法形式的應用必然歸結為**共在**的實在經驗。「我們」能是主體，並且在這種形式下，「我們」相當於「我」的複數。當然，語法和思想的平行論在許多方面也是令人深疑的；也許甚至應該重新修改問題，並在一種全新的形式下研究語言和思想的關係。有一種說法認為，如果主體「我們」至少不歸屬於眾多主體的思想，而這種主體又同時並依次相互被當作主觀性，就是說，做為進行超越的超越性而不是當作被超越的超越性，則主體「我們」就是不可想像的。如果「我們」一詞不應該單單是「有聲的氣息」，那它就表示一個容納了無限多樣的可能經驗的概念。這些經驗先天地顯得與對我為他的對象—存在的經驗或與他人為我的對象—存在的經驗相矛盾。在主體「我們」中，個人不是對象。**我們**包含互相承認為主觀性的眾多主觀性。儘管如此，這種承認不是一種明確論題的對象：被明確提出的東西，是一種共同的行動或一個共同感知的對象。「我們」反抗，「我們」向上衝，「我們」判處罪犯，「我們」觀看這樣或那樣的表演。於是，承認諸主觀性類似於承認非正題的意識本身；或不如說，這種承認應該是**側面地**被一種非正題的意識引起的，這種非正題意識的正題對象是世界上的這樣或那樣的景象。看戲劇表演的觀眾能給我們提供「我們」的最好說明，他的意識竭力要把握虛構的表演，要通過預先的圖式預見情節，要把虛構的存在當作英雄、叛徒、俘虜等，然而，在使他成為對表演的意識的湧現本身之中，他被非正題地構成（對）是表演的**共同觀眾**（的）意識。事實上，任何人都知道那種在一個半空的大廳裡壓抑著我們的隱隱的拘束感、或相反在一個充滿人的，興奮的大廳裡爆發出來的和壓抑著的興奮。當然，另一方面，對主體—我們的經驗在無論什麼情況下都表露出來。我在咖啡館的露天座上：我觀察著別的顧客並且我知道我也被觀察。我們在這裡仍然置身於與他人衝突的最平常情況中（別人為我的對象—存在）。但是現在，突然，馬路上發生了隨便一件什麼小事：例如，一輛三輪送貨車和出租汽車輕輕地撞了一下。立刻，在我變成這事故的觀眾的那一瞬間，我非正題地體驗到我介入了**我們**之中。競爭，先前的輕度衝突消失了，而提供給這我們的質料的諸意識恰恰是所有顧客的意識：**我們**注視事件，**我們**表態。一個古羅馬人想以「共同生命」或「城邦的白酒」描述的正是這種一致主義（unanimisme）。我們於是又回到海德格的**共在**上去了。那麼，我們在前面進行的批判值得嗎[13]？

我們這裡只是要指出，我們沒有打算懷疑我們的**經驗**。我們只限於指出這種經驗不能成為我們對他人意識的基礎。事實上很清楚，這種經驗不可能構成人的實在的本體論結構：我們已證明，自為在別人之中的存在一開始就是形而上學的和偶然的事實。此外，很清楚，這個**我們**不是主體間的意識，也不是一個以社會學家們所說的集體意識的方式做為一個綜合整體超越並包括意識各部分的新存在。**我們**是通過特殊的意識體驗到的；露天座上的所有顧客都意識到是**我們**，以使我體驗自己是介入一個與他們共在的**我們**之中，這並不是必然的。人們知道這種平常的對話格式：「**我們**非常不滿。」「噢不，親愛的，請替你們自己說話」。這意謂著有對「我們」畸變了的意識——做為意識，這些意識仍然是完全正常的意識。如果事情是這樣，為了使一個意識能意識到自己介入到一個我們中，另一些與這意識聯合為一體的意識就有必要首先以某種別的方式已對它表現出來了；就是說，表現為進行超越的超越性或被超越的超越性。這個我們是在一些特殊情況中，在一般的為他存在基礎上產生的某種特殊經驗。為他的**存在**先於並奠定與別人的**共在**（l'être-avec-l'autre）。

此外，想要研究「我們」的哲學家應該採取一些預防措施並應該知道說什麼。事實上，不僅僅只有一個主語—我們：語法告訴我們還有一個補語—我們，就是說賓語—我們。然而，按到此為止所說的，很容易理解：「我們注視他們」的這個「我們」與「他們注視我們」的這個「我們」不可能在同一本體論水平上。這裡關鍵不可能在於從主觀性到主觀性。在「他們注視我們」這句話中，我想指出我體驗到自己是為他的對象，是被異化的「我」，被超越的超越性。如果「他們注視我們」這句話應該指明一種實在的經驗，我就應該在這種經驗中體驗到我與別人一起介入被異化「我」的「被超越的超越性」的聯合體中。這個**我**們在這裡歸結為一種對共同的對象—存在的經驗。於是，有兩種完全不同的「我們」的經驗的形式，並且這兩種形式嚴格地相當於「進行注視的存在」和「被注視的存在」，這兩種存在構成了自為與別人之間的基本關係。我們現在應該研究的，正是「我們」的這兩種形式。

（A）對象—「我們」

我們以考察這些經驗中的第二種開始我們的研究：事實上把握它的意義更容易，並且這意義也許可給我們當作研究「別人」的手段。首先應該指出，對象—我們把我們投入世界；我們通過羞恥把它體驗為一種團體性異化。搖船苦役犯，因一位盛裝的美麗女子來訪問他們的船，看見他們的破衣服，他們的苦役和貧困，這些苦役犯會感到憤怒、羞恥以至興奮得說不出話來。這件有意義的小事正是指出了上面這點。這裡涉及的恰恰是共同的羞恥和共同的異化。那麼，在與別人共在的團體中如何把自己體驗為一個對象呢？為了弄明白這個，應該回到我們的為他的存在的基本特性。

到此為止，我們已考慮了一種簡單的情況，那就是我面對單個別人獨自存在的情況。在這種情況下，我注視他或他注視我，我力圖超越他的超越性或我把我的超越性體驗為被超越的，並且我感到我的可能性是僵死的可能性。我們構成一個**對子**，並且我們其中的一個對另一個而言都是在處境中的。但是這處境只有為這一個或另一個才擁有對象的存在。事實上並沒有我們互相關係的**顛倒**。不過在我們的描述中，我們沒有分析這一事實：即我們與別人的關係是在**我**與**所有別人**的關係和**他**與**所有**別人的關係這無限基礎上表現出來的。就是說在我和他與意識的準整體的關係中。只是由於這一事實，我剛才把我與**這個**別人的關係體驗為我的為他的存在的基礎，或在任何一個瞬間，別人與我的關係，按照起作用的動機，都能被體驗為一**些爲他的對象**。這正是在一個第三者顯現的情況下清楚地表露出來的東西。例如，假定別人注視我。在這個瞬間，我體驗到自己是完全被異化的，並且我把自己做為完全被異化的東西來擔當。第三者突然出現了。如果他注視我，我通過我的異化把「他們」共同體驗為「他們」（主體—他們）。我們知道，這個「他們」趨向於「人們」。這「他們」絲毫沒有改變我被注視這一事實，它沒有加強——或者是勉強地加強——我的原始異化。但是如果第三者注視著注視我的別人，問題就更複雜了。我事實上能夠**不是直接地**，而是在（通過第三者）變成被注視的別人的別人那裡來把握這第三者的。於是第三者的超越性超越了我的超越性，而因此協助解除這超越性。第三者在這裡成為一種立即要分解的不穩定狀態，或者我聯合第三者來注視那時被轉化為我們的對象的「別人」——並且在這裡我造成了對主體—我們的經驗，我們後邊還要再討論它——或者我注視第三者並且我同樣超越了這超越了「別人」的第三者的超越性。在這種情況下，第三者在我的宇宙中變成對象，他的可能性是僵死的可能性，他不能使我從別人中解脫出來。然而他注視著注視我的別人。一個我們稱之為未定的，而非終結的處境隨之產生了，因為我是對別人而言的對象，這別人是對第三者而言的對象，這第三者是對我而言的對象。建立在這種互相關係上的獨自的自由能提供給這個處境一種結構。

但是，第三者注視著**我所注視著的**「別人」也同樣是可能的。在這種情況下，我能注視他們這兩個人，於是，能消除第三者的注視。第三者和別人那時對我顯現為對象—他們。就沒有看見第三者時我在別人的行為中知道他知道自己被注視而言，我能在別人那裡把握第三者的注視。在這種情況下，我在「別人」那裡並且通過別人**體驗到**第三者的進行超越的超越性。他把別人體驗為別人的完全，絕對的異化。他逃離了我的世界；我不再屬於我，他是另一個超越性的對象。因此，他沒有喪失他的對象特性，而是變成模棱兩可的；他不是通過他自己的超越性，而是通過第三者的超越性逃離了我。不管現在我能在他那裡並且通過他把握了什麼，他總是「別人」；為了感知他和思想他，有一個別人和許多別人是一樣的。我為了重新把別人化歸己有，應該注視第三者，並且應該給他以對象性。一方面，這並不總是可能的，而另一方面，第三者本身能被另外一些第三者注視，就是說它能被我沒有看見的不確定的別人注視。由此可知對象—別人的原始不穩定性及力圖把這對象性重新化歸己有的自為的無限途程。我們看到，這正是戀人們離群索居的理由。當我注視別人時，我能通過第三者把自己體驗為被注視的。在這種情況下，在我設定他人的異化的同時，我非位置地體驗到我的異化。我把別人做為工具來使用的可能性被我體驗為僵死的可能性，而我的準備超越別人走向我真正目的的超越性則重新落入被超越的超越性之中。我放鬆了捕獲物。別人並不為此變成主體，而我不再感到自己有對象性的地位。別人變成**處於中立地位的**；成為單純在此的、我們不能把它造成任何別的什麼的某種事物。例如，如果人們當場看到我正在毆打欺侮一個弱者時，情況就是這樣。第三者的顯現使我「脫離接觸」了；弱者不再是要「挨打」或「受欺侮」的，他只不過是一個純粹的存在，不再是任何什麼東西，甚至不是「弱者」；或者，他之所以重新變成弱者，是由於第三者的使用，**我從第三者那裡得知這是一個弱者**；(「你不知羞恥，你欺侮一個弱者」，等)，弱者的品質通過第三者把自己提供給我的眼睛；這品質不再屬於**我的**世界，而是屬於一個我與那對第三者來說是弱者的人共在其中的宇宙的一部分。

這終於把我們帶進與我們緊密關聯的情況：我們介入了與別人的衝突之中。第三者突然出現並且以他的注視使我們互相結合。我相應地體驗到我的異化和我的對象性。對他人來說，我是「外」，是在一個不是「我的世界」的世界之中的對象。但是，我注視著的或注視著我的別人，接受了同樣的變化並且我發現別人的這種變化與我體驗到的變化是同時性的。別人是沒於第三者的世界的對象。此外，這種對象性不是與我經受的變化平行的他的存在的單純變化，這種對象性是通過對處境的徹底改變而到我和別人身上的，而這個處境就是我在其中、別人也在其中出現的處境。在第三者的注視之前，有一個被別人的可能性限制著並且我以工具的身分存在其中的處境，以及被我自己的可能性限制並包括著別人的相反的處境。這樣一些處境中的任何一個都意謂著別人的死亡，並且我們只能在把別人對象化時把握其中的一個處境。在第三者顯現的同時我體驗到我的可能性被異化了，同時我體驗到別人的可能性是僵死的可能性。處境並沒有因此消失，相反，處境逃到我的世界和別人的世界之外，它在第三者的世界中構成為對象的形式：它在這第三者的世界中被觀察、被判定、被超越、被使用，但是這世界一下子拉平了兩個相反的處境：由我到別人或反過來由別人到我，哪一個也不存在有優先的結構，因為我們的可能性相對**第三者而言**都同樣是僵死的可能性。這意謂著，我突然在一個對象的處境—形式這第三者的世界裡體驗到了：在這個世界中，我和別人一起以**對等的和互相關聯的**結構表現出來。在這個對象處境中，衝突不從我們的超越性的自由湧現中湧現出來，而是一個被第三者當作確定我們的並使我們互相制約的已定事實，同時這個衝突被這第三者超越。別人打我的可能性和我進行自衛的可能性，遠不是互相排斥的，對第三者來說，這些可能性做為僵死的可能性是互相補充、互相帶動、互相包含的，並且這恰恰是我非正題地體驗到的但對之並沒有**認識**的東西。於是，我體驗到的東西就是一個「外表的存在」（un être-dehors），我在其中與別人共同組織為一個不可分割的對象整體，一個我在其中不再與別人有根本區別，而是與別人協同一致使其構成的整體。就我原則上擔當起我對第三者而言的外表存在而言，我同樣應該擔當起別人的外表存在；我所擔當的東西，就是我藉以介入一個我像別人一樣促進它構成的形式而存在的對等團體。總之，我擔當起做為**外表地**介入別人的我，並且我擔當起**外表地**介入我的別人。我正是把對這種介入的基本假定帶到我自己面前而並沒有把握住這種介入，正是這種自由地把我的責任看作是包括了對別人的責任的看法，是對「對象—我們」的體驗。於是，在例如一個反思向我們提供對我們的「我」的認識的意義下，對象—我們永遠未被**認識**；在一個感覺向我們揭示一個具體對象，諸如討厭的東西，可恨的東西、使人不安的東西等的意義下，對象—我們永遠未被**感覺**到。它同樣不是單純被**體驗**到的，因為被體驗的東西就是與別人聯合一致的純粹處境。對象—我們只能通過我由這個處境出發所做的假定而顯示出來，就是說，通過我所屬的必然性，在擔當我自己、也擔當別人的自由之中，由於處境的內在相互性而顯現出來。於是，在第三者不在場時，我能夠說「我與別人相爭」。但是只要他一出現，別人的可能性和我自己的可能性就被拉平為僵死的可能性，關係變成相互的，並且我被迫體驗到「我們相爭」。事實上，「我打他**和**他打我」這敘述顯然是不充分的：事實上，我打他正是因為他打我，並且反之亦然；互打的謀劃正像在我的精神中萌發一樣在他的精神中萌發，並且，對第三者來說，這謀劃被統一成一**個**謀劃，這個謀劃是第三者目光所看到的「**對象—他們**」所共有的，並且這個計畫甚至構成了這個「他們」的統一綜合。因此，正是因為我被第三者領會為「他們」的組成部分，我應該擔當我自己。而這被一個主觀性當作它的為他意義擔當的「他們」變成了「我們」。反思意識不可能把握這個「我們」。相反它的顯現與「我們」的傾覆同時發生；自為表現出來並確定了它的自我性來反對一些別人。事實上應該設想，原來就附屬於對象—我們上的東西使人感到它是一種自為的更加徹底的異化，因為這自為不僅僅是被迫擔當起它為他的所是的東西，而且還是一個它所不是的整體，儘管它是其組成部分。在這個意義下，這「我們」是把人的身分做為介入到一些別人中間的身分的體驗，因為這身分是一**個**被確認的客觀**事實**。即使對象—我們在一個具體的協同一致的時機被體驗到了，並且處在這協調一致的中心（我非常明顯地感到羞恥，因為**我們**突然發現**我們在相互**爭打），這對象—我們還是擁有一個超越了特殊處境的意義，它在這處境中被體驗，並且企圖把我做為對象歸併到同樣被做為對象而被把握的人的整體（除去對第三者的純粹意識）中去。因此，它符合侮辱和無能的經驗：被體驗為構成了一個與別人共在的「我們」的人，感到自己混雜到無數陌生的存在中間，他無可救藥地被徹底異化了。

某些處境看上去比別的一些處境更適宜於體驗到我們。尤其是團體的工作。在幾個人協同一致地作用於同一個對象而體驗到自己是被第三者體會的時候，被加工對象的意義本身歸結到工作的集體，就像歸結到我們身上一樣。我做出的、並且被蒙太奇召喚而實現的動作，只有在我的鄰人的這個動作先於它並且又被另一個別的勞動者的另個動作連續下去的時候才有意義。這就得出了一個更容易理解的「我們」的形式，因為正是對象本身的要求，及其做為敵對係數的潛在性歸結於勞動者們的對象—我們。因此我們通過應該「要創造」的物質對象體驗到自己是做為我們被體會的東西。這物質性確認了我們協同一致的團體並且**我們**被顯現為一個手段的工具性技術性組織，而這手段中的任何一個都有被一種目的確定的地位。但是如果某些處境經驗地表現得更利於這我們的湧現，就不應該放棄這樣的看法，即一**切**人（做為介入諸別人中間的人）的處境只要第三者一顯現，就被體驗為我們。如果我在街上走，在我只看得見他的背的那個人後面，我與他有一種人們能設想出來的最低限度的技術的和實踐的關係。然而，只須一個第三者注視**我**，注視馬路，注視**他**，就足以使我通過我們的協同一致把我和他聯繫起來：我們在七月的一個早晨，一個接一個的在布洛蒙大道上走。總有這樣一個觀點，各種自為能從它出發，被一個注視統一到這個我們中來。反之亦然，注視如何只是具體表露了我的為他存在這原始事實，我就如何在一個注視的完全獨特的顯現之外被體驗為為他的存在者，同樣一個具體的注視固定我們並且刺傷以使我們能把我們體驗為外在地歸併於一個我們，這就並不是必然的。「人類」這鬆散整體存在就足以使大多數任意個體體驗到自己是相對全體或部分其餘的人而言的**我們**，足以使這些人「親自」在場，或足以使他們實在但不在場。於是，在第三者在場或不在場時，我總能把我自己當作一個純粹的自我性，或歸併於一個我們之中。這把我們引向某些特殊的「我們」，尤其是引向人們稱為「階級意識」的「我們」。顯然，「階級意識」是在一種比平常更明顯地是構造起來的集體處境的情況下假定了一個特殊的我們。在這裡，定義這個處境於我們是無關緊要的；我們所關心的，僅僅是這個假定的「我們」的性質。如果一個社會，由於它的經濟和政治結構，分成被壓迫的階級和壓迫的階級，壓迫階級的處境向被壓迫階級提供了一個以其自由考察並超越它們的永恆第三者的形象。這無論如何不是說被壓迫的集體構成階級的是工作的艱辛、生活水平的低下或難以忍受的苦難；事實上，工作的協同一致能夠——我們將在下一節討論它——把勞動集體構成主體—我們，因為這勞動集體——不管此類事物的敵對係數是什麼——被體驗為超越物質世界中的對象走向它真正的目的；生活水平是完全相對的東西，並且隨著不同情況對其估計也不同（它能以共同理想的名義被**忍受**或被**接受**或被要求）；如果人們按照他們所遭受的痛苦本身去考察，那麼，與其說這些痛苦使人們聯合起來，不如說它們會使這些人孤立起來，一般說來，它們是衝突的來源。最後，被壓迫集團的成員在他們條件的艱辛與壓迫階級享受的優裕之間所能進行的單純比較，無論如何不足以構成階級意識；這種比較充其量引起一些個人的嫉妒和一些個人的絕望；它不具有通過任何團結造成統一及協同一致的可能性。但是這些特性的總體因為構成了被壓迫階級**條件**的東西，並不是單純地遭受或接受。然而，如果說這總體一開始就被被壓迫階級當作壓迫階級強加給它的東西，同樣也是錯誤的；相反，需要很長時間來構成，來傳播壓迫的**理論**。這種理論只有說明**的**價值。原始的事實是：正是被壓迫集團的成員，做為單純的個人，介入了與這個集團別的成員的基本衝突（愛、恨、利益的競爭等），他把他的身分和這個集團別的成員的身分當作被一個逃離他的意識注視和思想的東西。「奴隸主」、「封建主」、「資產階級」或「資本家」，不僅表現為有支配權力的人，而且還首先表現為第三者，就是說，處在被壓迫集團之外的第三者，並且這個集團正是**爲他們而**存在。因此，正是**對他們而言並且在他們的自由中**，被壓迫階級的實在性才得以存在。他們用他們的注視使這實在性產生。我的身分和別的被壓迫者的身分的同一性正是通過他們並在他們之中被發現的；正是為了他們，我在與別人一起組成的原始處境中存在，並且我的諸種可能性做為僵死的可能性嚴格對等於別人的可能；我正是相對他們而言而是一**個**工人，並且正是通過他們的做為注視的他人的表現並在這表現中，我被體驗為別人之中的一個。這意謂著在我在第三者的注視中發現了我被歸併其中的**我們**或**外在的**「階級」，並且在說「我們」的時候承擔的正是這集體的異化。按這個觀點，第三者的特權和「我們的」負擔，「我們的」苦難首先只有一種**意義**的價值；它們意謂著第三者對我們而言的獨立；它們向我們更明確地表明了我們的異化；因為它們仍然被忍受，尤其因為我們的勞動，我們仍然遭受著疲勞，正是通過這種遭受著的勞苦我體驗到我的「做為介入諸事物整體中的事物被注視的存在」。正是從我的苦難，從我的貧困出發，我與別人一起集體地被第三者把握，就是說從世界的敵對出發，從我的條件的人為性出發。沒有第三者，不管世界的敵對性是什麼，我就仍然會把自己當作勝利的超越性；由於第三者的顯現，我體驗到我們是從事物出發被把握並且是被世界征服的事物。於是，被壓迫階級在壓迫階級對它的認識中發現它的統一，並且在被壓迫者那裡，階級意識的顯現相當於在羞恥中假定一個對象—我們。在下一節中，我們將要看到，對壓迫階級的一個成員來說，「階級意識」能是什麼。無論如何，對我們來說，重要的是，並且我們剛才選擇的例子充分指明的就是：體驗到對象—我們假設了對為他的存在的（只是其更複雜的模式的）體驗。因此，它做為特殊情況重新回到我們前面的描述的框框之中。此處，它本身之中包含一種瓦解的能力，因為它在羞恥中體驗到自己並且因為一旦自為在面對第三者並反過來注視這第三者時要求他的自我性，這個「我們」就傾覆了。此外，這對自我性的個體要求，只是取消對象—我們的可能方式之一。對「我們」的假定，在某些牢固結構化了的情況下，例如，如果階級意識不再意謂著通過個別地恢復自我性而從我們中解脫出來的謀劃，而是意謂著通過對象性，在把「我們」改造成主體—我們時把整個我們解脫出來的謀劃，這時候，情況就是如此。說到底，關鍵在於已經描述過的各種各樣把注視改造成被注視的謀劃；這就是為他人向別人過渡的通常兩大基本態度之一。事實上，被壓迫階級只能對壓迫階級而言並依賴壓迫階級，就是說，只有通過反過來把它改造為對象—他們才能自我確定為主體—我們。只不過，客觀地介入階級中的**個人**，旨於在他回歸的謀劃中並通過這謀劃驅動整個階級。在這個意義下，對對象—我們的體驗歸結為對主體—我們的體驗，正如對我的「為他人的對象存在」的經驗一樣。同樣，我們在人們稱為「人群心理學」（布朗熱主義等）之中遇到集體迷戀，這心理是愛情的一種特殊形式：言必稱「我們」的這個人，在人群內部恢復了愛情的原始謀劃，但是他並不打算如此；這個人把他的自由奉獻給集體而要求第三者把整個集體在其對象性本身之中解救出來。這裡，如前所述，失望的愛情導致受虐色情狂。這正是人們在集團變成奴隸並且要求做為對象被對待的情況下所看到的情況。那裡，還涉及人群中眾人複雜的個別謀劃：人群已被首領或發言人的注視構成為**人群**；它的統一是做為對象的統一，這個統一中的每個成員都在支配著統一的第三者的目光中察覺到這種對象—統一，並且每個成員都謀劃著在這對象性中消逝，完全放棄他的自我性以便使自己僅止成為首領手中的工具。但是他想融合其中的這個工具，不再是他單純個人的「為他」，而是人群的對象整體。人群這畸形的物質性和它的根深實在，（儘管只是被體驗的）對每一個成員來說都是有迷惑力的；每個成員都要求被首領的注視淹沒在這做為工具的人群中[14]。

在這些不同的情況下，我們總是看到對象—我們是從一種具體的處境出發而被確立的「人類」的一部分鬆散整體排他地陷於這個處境中。我們只在別人眼中是**我們**，並且正是從別人的注視出發，我們才把我們做為我們承擔起來。但是這意謂著可能存在一個自為對它本身和對所有別人的絕對整體化的一種抽象而又不可實現的謀劃。這種恢復人的整體的努力若不確立一個第三者的存在，是不可能發生的；而這第三者的存在原則上是與人類有區別的，在第三者的眼裡，整個人類是對象。這非實在的第三者，只是異化了的極限概念的對象。它是就所有可能的集團而言的第三者，它在任何情況下都不可能成為與任何人的集團的聯合，對這第三者來說，任何別人都不能被構成第三者，這概念與那種絕對不可能被注視的注視的存在的**概念**，即上帝的**觀念**是一回事。但是上帝的特性是完全不在場，是要把人類實現為**我們**

的努力，這種努力不斷更新並不斷地歸於失敗。於是，人類的「我們」——做為對象—我們——在每個個體的意識中都自己規定為一個不可能達到的理想，儘管每個人都保持一個幻想，即能夠逐漸擴大他所屬的那些團體的圈子來達到這理想；這個人類的「我們」仍然是個空洞的概念，純粹是指出通常使用「我們」的外在可能。每當我們在這個意義下使用這個「我們」時（以便在認為人是發展了其潛在性的對象時指出人的苦難和罪惡，並決定歷史的客觀意義）我們只限於指出面對絕對第三者，就是說面對上帝所遭受的某種具體體驗。於是，人類的終極概念（整個對象—我們）和神的終極概念互相包含並且互相聯繫著。

（B）主體—我們

正是世界向我們宣告我們屬於一個主體—團體，尤其是屬於被製造對象的世界中的存在。一些人為了主體—他們而把這些加了工，就是說為了一個非個體化的、不可數的超越性，這個超越性是與我們上面稱為「人」的那個未分化的注視邂逅相遇，因為勞動者——有工作的或沒有工作的——面對一個未分化和不在場的超越性工作，他只限於空洞地根據加工的對象勾勒這超越性的自由可能性。在這個意義下，不管勞動者是什麼人，他在勞動中都體驗到他是為別人的工具存在；當勞動並不是嚴格地針對勞動者的真正目的的時候，勞動就成為一種異化的樣式。異化著的超越性在這裡是消費者，就是說，是勞動者限於預見其謀劃的那個「人」。因此當我使用一個被製造對象時，我在它那裡發現我自己的超越性的藍圖：它向我指明應做的動作，我應該轉、推、拉或壓。此外這涉及一個假定的命令；它把我推回到一個同樣也是世界的目的：如果我想坐下，如果我想打開一個匣子等。這個目的本身在對象的結構中，做為被任意一個超越性所確定的目的，是已預先料定的。它現在做為其最真實的潛在性從屬於對象。於是，真正說來，被製造的對象把我做為一個「人們」顯示給我本身，就是說，把我的超越性的形象做為任意一個超越性的形象推回給我。而如果我任憑這樣構成的工具引導我的可能性，我就自己把自己體驗為任意一個超越性：為了從托卡笛羅地鐵車站到「賽維．巴比羅尼」站去，「人」在拉莫多－比蓋換車。這換車是預先料定的，是在地圖上指明的，等等；如果我在拉莫多－比蓋換車，我就是換車的「人」。但當然，無論是由於我的存在的個別湧現還是由於我追求的遙遠目的，我都不同於地鐵的每次使用。但是，這些最後的目的只是我的活動的最遠界限，我就近的目的是「人」的目的，並且我把自己當作可以與我鄰近的任意一個人互換的。在這個意義下，我們失去我們實在的個體性，因為我們所是的謀劃，恰恰就是別人所是的謀劃。在這地鐵的通道中，只有絕無僅有的一個謀劃，這謀劃長期以來銘刻在物質中，並且一個活生生的、未分化的超越性悄悄溜了進去。就我在孤獨中實現為任意一個超越性而言，我只經驗到未分化的存在（如果，我獨自在我的房間裡用專用罐頭刀打開罐頭盒）；但是，如果這個未分化的超越性把它與其他一些被體驗的超越性相關的任意一些謀劃謀劃為實在的在場，並且這超越性同時被吸收到任意一些同一於我的謀劃中去，那麼我就把我的謀劃實現為被同一個未分化的超越性謀劃同一的上千種謀劃中的一個，那麼我就經驗到一種共同的、走向一個統一目標的超越性，我只是這超越性的暫時的特殊化，我混入一個巨大的人流中，這人流不疲倦地，並且自從地鐵存在以來，就在拉莫多－比蓋車站的通道中流動。但是應該指出，（一）這種經驗是心理學而非本體論範疇的。它完全不相當於上述自為的實在統一。它同樣不是來自於對那些自為的超越性的真實體驗（像在被注視的存在那裡那樣），而毋寧是通過對在團體中的被超越對象和對圍繞著我的身體的那些身體的雙重客觀領會所引起的。尤其是，我與別人共同介入到使其產生的共同節奏中，這一事實是特別能引起我把自己當作介入一個主體－我們之中的動因。這就是士兵們有節奏行進的意義，這也是有節奏的裝配工作的意義。事實上，應該指出，在這種情況下，節奏從我這裡自由地發出；這是我通過我的超越性而實現的謀劃；它把將來，現在和過去綜合在一個有規則的重複的景象中；正是我創造了這節奏；但是同時，這節奏與我周圍的具體團體的勞動或步伐的一般節奏融合了；它只通過這團體獲得它的意義；例如這正是當我採用的節奏是「不合拍的」時所體驗到的。然而，我的節奏被別人的節奏所包含是「從側面」被體會到的；我不把集體的節奏做為一個工具來使用，我同樣不凝視它——在例如我凝視舞台上的舞者的意義下——集體的節奏包圍著我，裹挾著我而不是為我的對象；我沒有超越它走向我真正的可能性，而是使我的超越性流向它的超越性，並且我真正的目的——進行這樣的工作，達到這樣的地方——是與團體的固有目的沒有區別的「人」的目的。於是，我使其產生的節奏在與我的聯繫中並從側面做為集體的節奏而產生；就它是他們的節奏而言它是我的節奏，反之亦然。這恰恰就是經驗到主體—我們的動因：它最終是**我們的節奏**。但是人們看到，只有事前由於接受了一個共同的目的和共同的工具，我們才能在把我個人的目的拋到集體明確追求的目的之外時，把自己確定為未分化的超越性。於是，在為他的存在的體驗中湧現出的具體、實在的存在的一維湧現並非是這體驗本身的條件，而主體—我們的經驗在個人的意識中是一個純粹心理學的和主觀的事件，它相當於這個意識結構的內在變化，但是它不在與別人具體的本體論關係的基礎上顯現，並且不實現任何「共在」。關鍵只在於我在別人之中感覺到我自己的方式。也許，這種經驗能被做為所有超越性的那種絕對的、形而上學的統一象徵而得到研究；事實上，這經驗似乎在使諸超越性匯向世界時消除了這些超越性之間的原始衝突；在這個意義下，理想的主體—我們是一個把大地占為己有的人類的「我們」。但是對我們的經驗仍然停留在個體心理學的基礎上並且仍然不過是諸超越性的可望統一的象徵；這經驗事實上全然不是通過單個的主觀性對諸主觀性側面和實在的領會；這些主觀性仍然是不可達到的，並且是完全分立的。但是，正是這些事物和身體，正是我的超越性的一些物質渠道，使得我準備把我的超越性看作是被別的超越性延續和支持的，而我並沒有脫離自身，別人也沒有脫離他們自身；我知道我由於世界而是「我們」的一部分。這就是為什麼我對主體—我們的經驗絲毫不包括一種與別人經驗相類似並與別人經驗相關的經驗。這也是為什麼這經驗是如此不穩定，因為它假設了在世界之中的特殊組織，並且與這些組織一起消失了。真正說來，在世界上，有把我指示為**隨便什麼人**的人群系：首先所有的工具，從嚴格意義上講的工具一直到房屋，連同房屋的電梯裝置、水氣管道、電，這其中還包括運輸手段、商店等。每個店面、每個櫥窗都把我的形象做為未分化的超越性反射回來。而且，別人與我的職業技術關係還把我顯示為隨便一個人：對咖啡館的侍者來說，我是顧客，對車站的檢票員來說，我是地鐵的乘客。最後，在我就座的咖啡館露天座前的街上突然發生的事件也指出我是一個不知名的觀眾和純粹「使這事件做為外界而**存在**的注視」。我在劇場裡觀看的戲劇或我參觀的油畫展覽指出的正是匿名的觀眾。當然，當我試靴子的時候或拔瓶塞的時候或走進電梯的時候或在劇場中笑的時候，我就使自己成為隨便一個人。但是，對這種未分化超越性的體驗是只與我有關的內心的偶然事件。來自世界的某些特殊情況能加強成為「我們」的印象。但是在任何情況下也只能涉及純粹主觀的印象，並且這印象只與我有關。

（二）對主體—我們的經驗不可能是原始的，它不能確立對待別人的原始態度，因為它相反假設事先對他人存在的雙重承認來實現自身。事實上，首先被製造的對象，除非推回到製造它的生產者，並且推回到被別人確定的使用規則，它才能是被製造的對象。面對一個無生命的未被加工的事物，我本身確定它的使用方式，並且我自己把一種新的用途指定給它（例如，如果我把一塊石頭當錘子用的話），我就有了對我個人的非正題意識，就是說，對我的自我性，我的真正目的和自由創造性的非正題意識。使用被製造對象的規則，「應用的方式」（像一些**禁忌**一樣同時是嚴格的和理想的），以其本質結構使我面對別人；而正是因為別人把我當作未分化的超越性對待，我才能這樣實現我本身。我只想舉這樣一個例子，置於車站和候車室大門之上的那些大的告示牌，人們在上邊寫著「出口」和「入口」字樣，或者還有在布告牌上畫出指示方向的手指，它們指示著一個大樓或一個方向，還涉及假定的命令。但是在這裡表述出來的命令顯然透露了說話的或直接向我講話的別人。印在上面的句子正是針對我的，它恰恰表示了別人與我的直接聯繫：成為了目標。但是別人之所以針對我，正是因為我是未分化的超越性。從那時起，如果我取標著「出口」的道口，我就沒有在我個人謀劃的絕對自由中使用它：我沒有通過創造來確立一種工具，我並沒有超越事物的純粹物質性走向我的可能。但是，人的超越性已經溜進了對象和我之間，它指引著我的超越性；對象已經是**人性化**的，它意謂著「人的統治」。「出口」——把它認作純粹是面向街道的開口——是與入口絕對等同的；並不是它的敵對係數或它可見的使用把它指示為出口。當我把對象當作「出口」來使用的時候，我並不是屈從於對象本身：我是遷就人的秩序；我用我的活動本身**認識**了別人的實存，我建立了與別人的對話。所有這些，海德格已經非常出色地闡述過了。但是，他忘記從中得出一個論斷，即為了使對象顯現為被製造的，別人應該首先以某種別的方式表現出來。誰不曾有對別人的經驗，誰就不可能區別被製造的對象和未加工過的事物的純粹物質性。甚至如果他應該根據廠主預先規定的使用方式使用過它，他仍然是重新創造這種使用方式，並且因而實現了把自然事物自由地化歸己有。從被指定為「出口」的通道走出而沒有看指示牌，或不認識上面的字，這就像斯多葛派的瘋子在大白天說「天亮了」，他不是由於一個客觀驗證，而是依照他的瘋念頭的內在力量一樣。因此如果被製造的對象推回到別人，並由此推回到我的未分化的超越性，這是因為我已經認識了別人。於是，主體—我們的經驗建立在對他人的原始體驗上而只可能是第二級的，從屬的經驗。

但是，此外，我們已看到，把自己當作未分化的超越性，就是說，說到底，把自己當作「人類」的純粹例證，這還不是把自己領會為主體—我們的局部結構。事實上，為此，應該把自己顯露為任意一個人流內部的任意一個人。因此應該被別人包圍。我們也已看到，別人在這種經驗中完全不被體驗為主體，也同樣不被體驗為對象。他們**根本**沒有被確定：當然，我是從他們在世的事實存在和感知他們的活動出發的。但是，我不是**位置地**把握他們的人為性或他們的姿勢的：我對他們與我的身體相關的身體以及他們的活動有一種側面的和非位置性的意識，他們的活動是與我的活動聯繫著進展的。因而，我不能決定是我的活動使他們的活動產生，還是他們的活動使我的活動產生。這些看法已足以使人理解，對我們的經驗不可能在根本上把我做為別人——我們的一部分的別人——來認識。正好相反，首先應該具有對是別人所是的某種知，以便使我與他人關係的經驗能在「共在」的形式下被實現。共在，對那種並不事先認可別人之所是的單獨的某個人來說是**不可能的**：既便可以說「我與……共在」，卻與誰共在？而且，如果即使這種經驗從本體論觀點講是原始的，人們也不知道人們如何能完成一種徹底的轉變——從對一種完全未分化的超越性的那種經驗轉入對特殊個人的體驗。如果別人不在別處被給出，那麼對「我們」的經驗由於自身被粉碎，便只在我的超越性所限定的世界中使得對純粹工具性對象的領會產生。

以上這些考察並不打算去窮盡「**我們**」這個問題。這些考察只是要指出，對主體—我們的經驗於形而上學的發現並沒有價值；這種經驗密切地隨著「為他」的各種不同的形式而轉移並且只以經驗充實了其中的某些形式。顯然，應該把這種經驗的極端不穩定性歸結於此。它任意地產生和消失，它使我們面對對象—別人或者面對注視我們的一個「人」。它顯現為一種在衝突本身之內確立的暫時平靜而不顯現為這衝突的最後結果。人們徒勞地希望一種人類的我們，即在這「我們」之中，主體間的整體意識到它本身是一種被統一的主觀性。這樣的理想只能是由一種在零碎的、嚴格心理經驗的基礎上向著極點和絕對的過渡而產生的夢想。此外，這理想本身意謂著把對超越性的衝突看作是為他的存在的原始狀態。正是這解釋了一種悖論的出現：被壓迫階級的統一，由於它體驗到自己是面對一個未分化的、身為第三者的「人」的對象—我們，人們被要求相信，壓迫階級象徵性地把自己當作面對被壓迫階級的主體—我們。然而，壓迫階級的脆弱在於，儘管它組織起精確、嚴密的壓迫機器，這階級在其自身中的無政府根源是根深柢固的。「布爾喬亞」不是僅僅被定義為在某種類型社會內部組織起明確的權力和特權的某種「經濟人屬」（homo oeconomicus）：它被內在地描述為不承認它附屬於一個階級的一種意識。

事實上，它的處境並不允許它把自己當作是在與資產階級別的成員的共通中介入對象—我們之中的。但是，另一方面，主體—我們的本性本身意謂著，它只短暫地經驗到它，並且沒有形而上學的意義。「布爾喬亞」共同地否認有階級，它把無產階級的存在歸因於煽動者的行動、不幸事件，能用一些瑣細的措施補救的不公正：資產階級肯定資本和勞動之間存在共同利益；他以更廣泛的團結，即工人和老闆在其中統屬於一個壓抑了衝突的「共在」的國家團結——來反對階級團結。那裡關鍵不在於操縱或愚蠢地否認明明白白看見了的處境，這已是老生常談了：相反，壓迫階級的成員在他面前看見了做為「主體—他們」這對象總體的被壓迫階級的整體，而並沒有互相聯繫地實現他與壓迫階級別的成員共在的聯合：這兩種經驗不是互補的；事實上，只需單獨面對被壓迫的集團就是以把它當作工具—對象並把他自己當作對這集團的內在否定，或乾脆可以說，當作公正的第三者。而這一切只有當被壓迫階級通過反抗或它權力的突然膨脹，面對做為注視的人的壓迫階級的諸成員而確立時，只有當壓迫者體驗到自己是**我們**時才是可能的。但是，這是在恐懼和羞恥中，並且做為對象—我們而發生的。

於是，對對象—我們的體驗和對主體—我們的經驗之間完全不對稱。前者揭示實在存在的一維並相當於單純充實著對為他的原始體驗。後者則是被歷史的，沉浸在加工過的宇宙和特定經濟類型的社會中的人所實現的心理經驗；它不揭示任何特殊的東西，這是一個純粹主觀的經歷。

因此，似乎對「我們」的經驗，儘管它是實在的，卻不能夠改變我們前面探索所做出的結論。關鍵在於對象—我們嗎？它是直接依賴第三者的，就是說，依賴我的為他存在的，並且正是在我的為他的外表存在的基礎上它才被構成。關鍵在於主體—我們嗎？正是一種心理經驗按一種或另一種方式設定：在我們面前被揭示的，是別人的存在。因此人的實在無法擺脫這個兩難的處境：或超越別人或被別人所超越。意識間關係的本質不是「共在」，而是衝突。

經過這種對自為和別人關係的詳盡描述，我們因而確信：自為不僅僅是做為它所是的自在的虛無化以及它所不是的自在的內在否定而湧現出來的一個存在。這種虛無化的逃避完全被自在重新抓住，並且從別人一顯現起就被固定在自在中。單獨的自為對世界來說是超越的，它是事物由之而**存在**的無。正是湧現的別人把一種做為混於諸事物中間的一個的沒於世界的自在存在賦予自為。這種在別人的注視之下的自在的僵化就是「梅杜莎」神話的深刻含義。因此，我們的探索已有了進步：事實上，我們想規定自為和自在的原始關係。我們首先知道了，自為是虛無化和對自在的徹底否定；現在，我們看到，只是由於別人的同時出現而沒有任何矛盾地出現，自為也會是完全自在的，它在自在中間出現。但是，自為的這第二個形態代表著他的外表（dehors）：自為，根本上說，是不能與他的自在的存在同時發生的存在。

這些看法能用於建立做為我們所追求的目標的存在的一般理論。儘管如此，現在開始建立這種理論還為時太早：事實上，把自為描述為超乎自在的存在之外簡單地謀劃它的可能性，那還是不夠的。對這些可能性的這種謀劃不是靜止地規定世界的外形：它每時每刻地在改變世界。例如，如果我們按這種觀點讀海德格的書，我們就會對他的解釋學描述的缺陷感到震驚。若採用他的術語，我們可以說，他把「此在」描述為超越一些存在者走向它們的存在的存在者。而存在在這裡意謂著存在者存在的意義或方式。真正說來，自為是諸存在者由之揭示它們的存在方式的存在。但是，海德格偷偷地過渡到一個事實，即，自為不僅是構成存在者的本體論的存在，而且它還是使本體的分殊增益做為存在者的存在者的存在。**行動**的永恆可能性，就是說在其本體論的物質性中，在其「肉體」中改變自在的永恆可能性，顯然應該被看作是自為的本質特性；因此，這可能性應該在我們還沒有弄明白的自為和自在的原始關係中發現它的基礎。這**行動**是什麼？為什麼自為行動？它能如何行動？這些都是我們現在應該回答的問題。我們已擁有回答這些問題的一切要素：虛無化、人為性和身體，為他的存在、自在的固有本性。我們應該重新對之進行考問。

注釋

1 紀德的小說。——譯注

2 這公式是瓦施朗（A. de Wachlens）的《馬丁．海德格的哲學》。盧汶，一九四二年版，第九十九頁。也見海德格題名為：〈Diese Bezeugung meint nicht hier einen nachträglichen und bei her laufenden Ausdruck des Menschseins, sondern sie macht des Dasein des Menschen mit usw.〉的文章。（Hölderlin und das wesen der Dichtung. p.6.）——原注

3 此外，易受影響的精神病，像一般的精神病一樣，獨獨被形而上學的一大事實——這裡是異化這一事實——一些神話驗證並表述出來。一個瘋子除了按他的方式實現人的條件之外絕對做不了什麼。——原注

4 見下一節。——原注

5 在描述的各項中，裸露癖是至少應該被歸入受虐色情狂態度的一種形式，例如當盧梭對一些洗衣婦炫耀「不是猥褻的東西，而是可笑的東西」時。見《懺悔錄》第二章。——原注

6 見我們的《情緒的現象學理論提綱》。——原注

7 當然，這裡像別處一樣應該分析事物的敵對係數。這些對象不僅僅是「愛撫的」。而且，在愛撫的一般表現中，它們也能顯然為「反愛撫」，就是說，粗野的，吵鬧的，生硬的，它們顯然因為我們是在情慾的狀態中，而以一種令人不能忍受的方式傷害了我們。——原注

8《緞子鞋》（*Le soulier de satin*）女主角唐娜：「他不知道我的鑒賞力」。

9 著重點是我加的。——原注

10 伏沃爾克內：《八月的陽光》（*Lumière d'août*），**N. R. F.** 叢書，一九三五年版，第三八五頁。——原注

11 還可見物質的愛情、憐憫、仁慈等。——原注

12 這些考慮不排斥釋放和拯救的道德的可能性。但是這種可能性應該經過徹底改宗而達到，我們在此還不能討論這個問題。——原注

13 指第三卷第一章。——原注

14 見拒絕自我性的多數情況。自為拒絕在我們之外的苦惱中浮現。——原注

第四卷

擁有、作爲和存在

擁有、作為和存在是人的實在的基本範疇。它們把人所有的行為綜合在它們名下。例如，認識就是擁有的樣式。這些範疇之間不是沒有聯繫的。好幾位作家強調過這些關係。當德尼·德·魯日芒在他的論唐·璜的文章中寫「他不足以擁有」（Il n'était pas assez pour avoir）這樣的話時闡明的正是這樣一類關係。當人們指出一位修道者有所作為以便造就自己，而造就自己以便存在時指出的也正是一種類似的聯繫。

然而，由於反實體論傾向在近代哲學中已然克服，大部分思想家就力圖在人類行為的基礎上模仿其前輩思想家，按物理學方式以單純的運動來取代實體。長期以來，道德的目標就是把**存在**的方法提供給人。這就是斯多葛派的道德或斯賓諾莎的倫理學的意義。但是如果人的存在應該消解在他的活動過程中，道德的目的就不再是把人尊崇到本體論的最高尊嚴上去。在這個意義下，康德的道德是第一部偉大的倫理體系，它以作為取代存在而成為行動的最高價值。《希望》一書的大部分英雄是處在「作為」的水平上的，而馬勒侯向我們指出了那些仍然致力於存在的西班牙舊民主主義者與共產主義者之間的衝突，共產主義者們的道德已蛻變為一系列明確詳盡的義務，每項義務指向一種特殊的「作為」。誰有道理呢？人的能動性的最高價值是「作為」還是**存在**呢？不管我們同意什麼結論，「擁有」到哪裡去了呢？本體論應該能為我們就這些問題提供一些消息；此外，這也就是它的一個根本任務，如果自為是由**行動**定義的存在的話。因此，我們應該扼要地概述對一般行動的研究以及對作為，**存在**和**擁有**的本質關係的研究來結束這本書。

第一章 存在與作為：自由

一、行動的首要條件便是自由

人們尚未努力事先去解釋行動這觀念本身內含有的結構就居然能對決定論和自由意識論進行無窮無盡的推理，為了一個或另一個論點舉出一些例子，這真是件奇怪的事。事實上，「活動」（acte）這個概念包含著許多我們將進行組織並分等的從屬概念：行動（agir），就是改變世界的面貌，就是為著某種目的而使用某些手段，就是造成一個工具性的、有機的複合，例如，鄰近一個鍊環的變化由於鍊條和鍊子而在整個鍊條中引起一些變化，並最終造成預定的結果。但是，對我們來說，重要的還不是這個。事實上，應該首先指出，一個活動原則上是意向性的。一位笨手笨腳的抽菸者不留神打翻了菸灰缸，他並沒有行動。反之，當一個受命炸開一處採石場的工人服從命令引燃了預定的爆炸的時候，他是行動了的：他實際上知道他所做的事，或者可以說他意向性地實現了一項有意識的謀劃。當然這並不意謂著，人們應該預測其動作的一切後果：君士坦丁大帝在建立拜占庭時並未預見到將建立一座希臘語文化城，而這座城的出現後來導致了基督教會的分立，並發揮了削弱羅馬帝國的作用。然而就他畢竟實現了他為皇帝們在東方創立一處新行宮的計畫而言，他進行了活動。在這裡，結果和意向的一致性已足以使我們談論行動。但是，如果說應該是這樣的話，那麼我們看到行動必然意謂著它的條件是承認欠缺（desideratum），也就是說，承認對象的欠缺甚或否定性。引起君士坦丁大帝要與羅馬對抗的意向只能由於把握了對象的欠缺：羅馬缺乏抗衡力量，應當有一座在當時缺少的基督教城與這座還完全是異教的城邦對立。只有當一座新城市的概念先於行動本身，或者至少這個概念成為組織後來的所有步驟的主題時，創立君士坦丁堡才能被理解為活動。但是，這概念不能是這座可能的城市的純粹表象。它在這城市的做為欲求而非實現了的可能存在的本質特徵中把握它。這意謂著，從動作這概念開始，意識就能退出他意識到的整個世界並脫離了存在的地基以便明確地靠向非存在的地基。只要存在的東西在其存在之外被考察，意識就永遠從存在返回到存在，而在存在中不可能找到發現非存在的動機。以羅馬做為首都的帝國制度肯定地，按某種很容易被揭示的實在的方式行使職能。人們會說那時稅收困難，會說羅馬不能防禦外來入侵，會說它做為一個受到蠻族威脅的地中海帝國而不具備建都的地理環境，會說道德的墮落使基督教在這裡很難傳播嗎？為什麼不看到所有這些考察都是否定的，就是說它們針對的是不存在的東西而不是存在的東西呢？說預定捐稅的百分之六十已徵收入庫了，最嚴格地說來可以看作是對處境原原本本的肯定的估價。說捐稅收入不好，這就是通過一種做為絕對目的而確定的並且恰恰是不存在的處境來考察處境的。說道德的墮落在這裡阻礙了基督教的傳播，並不是把這傳播看作它所是的東西，就是說看作按教士的講道能使我們得以決定的節奏的蔓延：而是假定這種傳播本身是不充分的，就是說受到了隱祕的虛無的損害。但是，除非超越這傳播走向先天地假定為價值的作為限制的處境——例如走向某種宗教皈依的節奏，走向群眾的某種道德，它才顯現為這樣，這種作為限制的處境從對事物實在狀態簡單考察出發是不可想像的，因為世界上最美的姑娘也只能提供她擁有的東西；同樣，最悲慘的處境本身只能表明它存在著而不涉及任何理想的虛無。既然人被投入到歷史處境中，他有時甚至會不設想被決定的政治經濟組織的缺陷和欠缺。這並不像有人愚蠢地說的那樣，是因為人「習慣於」這樣做，而是因為人在其整個存在中把握處境，並且他甚至不能想像他是別樣的。因為，這裡應該把一般的看法顛倒過來並承認，並不是處境的冷酷或者其強加的苦難引起人去設想事物的另一種狀態，在這種狀態中，任何人都會過得更好一些；而事情正好相反，就從人們能夠設想事物的另一狀態的那天起，一束新的光線就照在了我們的艱難和痛苦之上，我們就決定這些艱難和痛苦是不堪忍受的。一個一八三〇年的工人，如果降低了他的工資，他就會起來反抗，因為他輕而易舉地就能設想他的可憐的生活水平比人們想要強加給他的那一種處境要好一些；但是他並不感到他的痛苦是不可忍受的，他適應這種痛苦並非因為他逆來順受，而是因為他缺乏教養和必要的反思來設想一種在其中將不存在這些痛苦的社會狀態。於是，他便沒有行動。進行了一場騷動之後，里昂的主人——棕十字架（Goix-Rousse）的工人們不知道他們取得勝利後怎麼辦，他們各自回家，毫無組織領導，所以政府軍毫不費事地就把他們鎮壓下去了。他們的痛苦在他們看來不是「習慣的」，毋寧是自然的：這些痛苦存在著，如此而已，它們構成了工人的條件；它們還沒有被擺脫，沒有被光明照亮；因而工人把它們和他的存在視為一體了，他忍受而不是考察他的苦難並且沒有給它以價值：對他來說，受苦和存在是一回事；他的痛苦是他的非位置意識的純粹情感的內容，但是他卻不凝思痛苦。因此這種痛苦本身便不能是他的活動的動力。而是正相反，正是在他要謀劃改變痛苦的時候，痛苦才對他表現為不可忍受的。這意謂著，他應該退後一步，相離痛苦一定的距離，並造成了一個雙重的虛無化：一方面，他事實上應該把理想事物狀態確定為純粹在場的虛無；另一方面，他又應該把現實的處境確定為對這種事物狀態而言的虛無。他應該設想一種與他的階級密切相關的做為純粹可能——即從當下來說是一種虛無——的幸福，另一方面，他又將回到現時的處境，以便在這虛無的啟示下弄清楚它，並反過來以宣告：「我不是幸福的」來把它虛無化由此引出這樣兩個重要結論：（一）任何事實的狀態，不管是什麼樣的（社會政治，經濟結構，心理「狀態」，等等），本身都不可能引起任何一個活動。因為，一個活動就是自為向著不存在的東西的投射，而存在的東西完全不能自己規定不存在的東西。（二）任何事實的狀態都不能規定意識把它當作否定性或欠缺。更確切地說，任何事實的狀態都不能規定意識來給它下定義和給它劃定範圍。因為，正如我們所知，斯賓諾莎「一切規定都是否定」的公式仍然是正確的。然而，一切行動的直接條件不僅是發現事物的一種狀態就是「欠缺……」，即否定性，而且還是——事先地——把所考察的事物的狀態構成為獨立系統。只有通過自為的虛無化能力，才有事實的狀態——不管這種狀態是否令人滿意。但是，這種虛無化能力不能侷限於實現一種對世界而言的簡單後退。事實上，因為意識被存在所「包圍」，因為意識僅僅忍受存在著的東西，它應該被包含在存在之中：正是組織起來的形式：「發現了他自然的痛苦的工人」應當被克服並被否定以便它能成為揭示性凝思的對象。很明顯，這意謂著工人正是由於完全擺脫了自我本身和世界而能將他的苦難確定為不可忍受的，並因而將它變成他的革命活動的動力。因此這就意謂著意識與他自己的過去決裂的永恆可能性，也意謂著從中擺脫出來以便能夠在非存在的啟示下考察它並且能夠從對一個他所沒有的意義的謀劃出發給予過去自身他所擁有的意義的永恆可能性。無論在什麼情況下及採用什麼方式，過去本身都不能產生一個活動，這就是說，轉向過去以便弄清楚它的一個目的的設立。這是黑格爾說「精神是否定物」時已隱約見到了的，儘管當他應該陳述他特有的行動和自由的理論的時候，他似乎忘記了這句話。事實上，從人們將這種否定世界和意識本身的權力賦予意識時起，從虛無化全面參與一個目的的位置的設立時起，就必須承認一切行動的必要和基本的條件就是行動著的存在的自由。

於是，我們開始能把握決定論者和冷漠自由的支持者之間那些令人討厭的爭論的缺陷了。後者忙於尋找沒有任何事先動機的決定的情況，或者忙於找到涉及兩種同樣可能、其動機（和動力）也完全相等的對立活動的決斷。針對這一點，決定論者便大可回答說不存在任何沒有動機的活動，一個最沒有意義的姿式（不舉左手而舉右手，等等。）也要歸結到給予它意義的動機和動力。事情不能是別樣的，因為一切活動都應該是**意向性的**：它事實上應該有一個目的，而這目的反過來又歸屬於一個動機。事實上，這是三種時間性出神的統一：我將來的目的或時間化意謂著一種動機（或動力），也就是說指向我的過去，而現在是活動的湧現。談論一個沒有動機的活動，就是談論一個欠缺一切活動的意向性結構的活動，而自由的支持者在正進行的活動的範圍內去尋找意向結構，這只能使意向結構變得離奇荒誕。但是，決定論者反過來卻自作聰明地一味單純地尋求指明動機和動力。事實上，本質的問題超乎一個複雜的「動機—意向—活動—目的」的組織之外的，我們確實應該想一想，一個動機（或一個動力）何以能成其為動機。然而，我們剛才說過，即使沒有無動機的活動的話，這也完全不意謂著人們可以說沒有無原因的現象。事實上，為了成為動機，動機就應該被**體驗**為動機。當然，這絕不意謂著這種動機應該被主題地設想和解釋，就像在深思熟慮的情況下一樣。但是，這至少是意謂著，自為應該把動力或動機的價值賦予它。我們剛才講過，動機的這種構成不能再歸結為另一實在的和肯定的存在物，就是說不會歸結於在前的動機。否則，活動的意向性地介入非存在的本性就會消逝。動力只能通過目的來理解，就是說通過非存在物來理解；因此，動力本身是一種否定性。如果說我接受低工資待遇，這也許是由於恐懼——而恐懼就是一種動力。但這是**對餓死的恐懼**；也就是說，這種恐懼只有在恐懼本身之外、在保持我認為處於「危險」中的生命而想確定的目的下才有意義。反過來，這種恐懼也只有相對於我暗含地賦予這種生命的**價值**而言才能被理解，就是說，它歸結為把做為價值的理想對象分成等級的那個體系。於是，動力就被認為是依賴「不存在」的存在，理想的存在及將來而存在的。將來是如何回到現在和過去來弄清楚動機，我的所有計畫就如何退回來以便把動力的結構給予動力。僅僅因為我在自己虛無化走向我的諸多可能性時脫離了自在，這自在才能取得動機或動力的價值。動機和動力只能在一個恰恰是非存在物的總體即被謀劃的整體內部才是有意義的。而這個總體，最終就是做為超越性的我本身；就是應該在我以外成為我自身的那個我。如果我們還要提及我們剛才確定的原則，即：正是把革命看作可能的這種理解賦予工人的痛苦以動力的價值，我們就應該由此得出這樣的結論：正是在向著改變一種處境的可能性而逃離這個處境的過程中我們把這種處境組織為動機和動力的複合。我們賴以在處境面前後退的虛無化和我們藉以謀劃改變這種處境的出神合二而一了。由此就使得尋找一個沒有動力的活動實際上是不可能的，但是不能因此下結論說動力是活動的原因：動力完全是活動的一部分。因為，正如堅決地要謀劃一種改變與活動有區別一樣，動力、活動和目的都是在同一個湧現中形成的。這三者中的任何一個結構都要求另外兩項做為它的意義。但是，由這三者組成的整體不再以任何單一的結構來解釋，它的湧現做為自在的時間化的純粹虛無化和自由是同一回事。正是活動決定它的目的和動力，活動是自由的表現。

然而，我們不能停留在這些膚淺的分析上面：如果活動的基本條件是自由，那麼我們就應當試圖更加準確地描述自由。但是我們首先就會遇到一個嚴重的困難：通常，描述是針對某種特殊本質的結構進行解釋的活動。然而，自由沒有本質。它不隸屬任何邏輯必然性；正是在談及自由時，我們應該重複海德格在概括地談到此在時所說的話：「在自由中，存在先於並支配本質。」自由變成活動，在一般情況下，我們通過由自由，用動機、動力以及活動所包含的目的組成的活動來取得自由。但是恰恰因為這種活動有某種本質，它對我們顯現為被構成的東西；如果我們想追溯到構成能力，就必須放棄為它找到某種本質的希望。事實上，這種本質會要求得到一種新的構成能力，如此以至無窮。那麼，究竟怎樣描述這個不斷地形成、拒絕被封閉在一個定義之中的存在呢？「自由」這個詞的名稱本身也是不保險的，如果人們像一般情況下運用字詞那樣要讓這個詞歸結為某種概念的話。無法給它下定義，無法為它命名的自由會不會是不可描述的呢？

我們在打算描述現象的存在和虛無的時候，遇到過同樣的困難。它們並沒有使我們停步。因為事實上，可以有並非對本質而是單獨對存在本身的描述。當然，我不能描述別人和我本身所共有的自由；所以我亦不能考察自由的本質。恰恰相反，自由才是所有本質的基礎，因為人是在超越了世界走向他固有的可能性時揭示出世界內部的本質的。但是，這其實涉及的是**我的**自由。此外，同樣，當我描述了意識的時候，涉及的不能是某些個體的共同本性，而是涉及**我的**獨有的意識，正如我的自由一樣，這意識是在本質之外的，或者——就像我們多次指出的那樣——對這意識來說，**存在**就是已存在。我恰好已擁有一種特殊的經驗：我思來達到這種意識的存在本身。加斯東·貝爾熱曾指出[1]，胡塞爾和笛卡兒要求**我思**給他們提供一種**本質的眞理**：在一個人那裡，我們達到了兩種簡單本性之間的聯繫，在另一個人那裡，我們把握了意識的本相結構。但是，意識在他的存在中應該先於他的本質，那麼，他們兩人便都犯了一個錯誤。我們能要求於**我思**的，僅僅是使我們發現事實的必然性。同樣，我們是向**我思**求救以便把自由規定為**我們**的自由，規定為純粹事實的必然性，就是說偶然的，但我不能不體驗到的存在物。事實上，我是一個通過活動而知曉自身自由的存在者，而我同樣是一個以其個別及單獨的存在做為自由時間化的存在者。這樣，我就必然是（對）自由（的）意識，因為意識中什麼也沒有，除非是對存在的一種非正題意識。於是，我的自由在我的存在中便永遠是在問題中；它不是一種外加品質或者我的本性的一種**屬性**，它完完全全地是構成我的存在的材料；由於我的存在在我的存在中是在問題中，我就應當必然**擁**有對自由的某一種領會。我們現在需要闡明的正是這種領會。

能夠幫助我們深入研究自由的是本書對這個問題所提出過的和現在在這裡要概述的看法。事實上，我們從第一章起就已確定：如果否定是通過人的實在來到世界上的，人的實在就應該是一個能實現與世界以及它自身的虛無化脫離的存在；我們也已確定，這種脫離的永恆可能性和自由是一回事。但是，另一方面，我們還發現這種把我在「已存在」形式下所是的東西虛無化的永恆可能性給人帶來了一種特殊的存在類型。我們於是能夠從類似對自欺的可能性的分析出發，決定人的實在就是他自己的虛無。存在，對於自為來說，就是把他所是的自在虛無化。在這些情況下，自由和這種虛無化只能完全是一回事。正是由於虛無化，自為才像脫離其本質一樣脫離了它的存在，正是由於虛無化，自為才總是異於人們論及它時所**說**的東西，因為至少它是脫離了這個名稱本身的存在，是已經在人們給它取的名字和人們所承認的它的屬性之外的存在。說自為應是其所是，說它在不是其所是時是其所不是，說實存先於本質並是本質的條件，或反過來按黑格爾的公式說「本質是過去的存在」，其實說的都是同樣的一件事，即人是自由的。事實上，只是由於我意識到促使我活動的一些動機，這些動機對我的意識來說就已經是超越的對象，它們是外在的；我要把自己和它們聯在一起的企圖是徒勞的；我由於我的實存本身而脫離了它們。我命定是為著永遠超出我的本質超出我的動作的動力和動機而存在：我命定是自由的，這意謂著，除了自由本身以外，人們不可能在我的自由中找到別的限制，或者可以說，我們沒有停止我們自由的自由。就自為想掩蓋自己的虛無，並加入做為他真正的存在方式的自在而言，他也企圖掩蓋他的自由。決定論深刻的意義在於在我們之中確立了一種沒有自在的存在斷層的連續性。被設想為心理活動的動力，就是說被設想為完全的實在和既定的動力，在決定論者看來，它們與決定和活動的相接是沒有中斷的，這決心和動作同樣地被設想為心理的材料。自在已經占有了所有這些「材料」（data），動力導致了活動，就像原因導致結果那樣，一切都是實在的，一切都是充實的。於是，對自由的否定只能想像為要把自己當作自在的存在來把握的企圖；這兩者是同時並存的；人的實在是一種在他的存在中與他的自由有關的存在，因為他永遠企圖拒絕承認自由。從心理角度來講，這使我們每個人都重新試圖將動力和動機當作**事物**。人們企圖由此賦予它們永恆性；人們試圖不承認它們的本性和分量在每一時刻都取決於我賦予它們的意義，人們把它們當作恆量：這就又回過來考慮我剛才或者昨天給予它們的意義——這種意義是無法挽回的，因為它是過去——並且從中推論出直到現在還是固定的特性。我試圖說服自己堅信動機是做為它**曾經存在而存在**著的。於是，它從頭到尾地從我過去的意識過渡到我現在的意識：它就寓居於意識中。這又重新企圖賦予自為一種本質。人們用同樣的方法把目的做為超越性提出來，這並不是一個錯誤。但是，人們從中不是看到在它們的存在中被我自己的超越性提出和支持的那些超越性，而是會假設我在湧現於世界時碰見它們：它們來自上帝，來自本性，來自「我的」本性，來自社會。因此這些現成的、先於人的目的甚至在我設想之前就將確定我的活動的意義，同樣，動機做為純粹的心理材料會在我沒有察覺它之前就誘發出我的活動的意義。動機、活動、目的構成了一個「連續體」（continum）、一個**充實體**。這些在存在的重壓下要扼殺自由的失敗企圖——它們在焦慮面對自由突然出現時崩潰了——充分表明自由說到底是和處在人的內心中的虛無相吻合的。這是因為人的實在是**不足夠地存在**著即他是自由的，這是因為他不斷脫離他自身，還因為一個虛無把他過去所是的東西和他現在所是的以及他將要是的東西分離了。最後則是因為它現在的存在本身就是在「反映—反映物」的形式下的虛無化。人是自由的，因為他不是自我，而是自我在場，是其所是的存在不可能是自由的。自由，顯然就是在人的內心中**被存在的**、強迫人的實在**自我造就**而不是去**存在**的虛無。我們已經看到，對人的實在來說，存在就是自我選擇：他所能容納和接受的任何東西都不是從外部，也不是從內部而來的，人的實在完全孤立無援，他被完全地拋置於連最小的細節都變成存在這難以忍受的必然性中。於是，自由不是一**個**存在：它是人的存在，也就是說是人的存在的虛無。如果人們首先想像人是充實的，那麼接著要在人身上尋找人在其中是自由的時刻或者心理範圍就將是荒謬的：也可以說就像在一個預先就裝得滿滿的容器中去尋找虛空一樣。人不能時而自由時而受奴役：人或者完全並且永遠是自由的，或者他不存在。

如果我們善於利用這些看法，它們能夠把我們引向新的發現。它們將使我們能首先明確地處理自由和被人們稱為「意志」的東西的關係。事實上，最常見的傾向是力求把自由的動作同化於意志的動作，力求把決定論的解釋留給激情的世界。總體來說，這是笛卡兒的觀點。笛卡兒的意志是自由的，但是還有「靈魂的激情」。笛卡兒還企圖用生理學來解釋這些激情。後來，有人企圖創立一種純粹心理的決定論。例如，普魯斯特其人就企圖對嫉妒和冒充高雅進行理智主義的分析，這些分析能夠為激情的

「機械論」這個概念增光。那麼，應該把人設想為是自由，同時也是被規定的；而主要問題是這種不受制約的自由和心理生活的被規定過程之間的關係問題：自由是怎樣控制激情，又怎樣地為自己的利益而利用激情的呢？有一條很古老的格言——斯多葛的格言——教導人們向他的激情妥協以便能控制它們，簡言之，人們將建議針對情感性行事，就像人在一般意義上的自然面前行事那樣，那時服從自然是為了更好地駕馭它。因此人的實在顯現為被一個被規定的過程整體包圍著的自由能力。人們將區分完全自由的動作，自由意志據以發揮能力的被規定過程以及原則上避開人的意志的過程。

人們看到，我們絕不會接受這樣的概念。但是讓我們進一步去理解使我們否定這樣的概念的理由。我們的反對意見是不言自明的，我們不準備花很多時間去展開它：因為這樣一種被切斷的二元性在心理統一內部是不可想像的。事實上，如何想像，一個存在能是一，然而，一方面，它能被確立為一系列互相規定的事實，因而是此外在的存在物，而另一方面，又能確立為規定自己存在並只從屬於自身的自生性呢？這種自生性先天就不能接受任何根據一種已**確立的**決定論的活動：那它根據什麼行動呢？根據對象本身（現時的心理事實）？但是它怎麼能改變根據定義只是並且只能是其所是的自在呢？是根據過程的法則本身麼？可是它又回過來根據現時的心理事實行動來在自身中改變這個事實或者根據它的行動來改變其結果。而在這兩種情況下，我們都會碰到我們在上面指出過的同樣的不可能性。此外，這種自生性運用的是什麼樣的工具呢？手之所以能抓，是因為它能被抓。根據定義，在**能及**範圍之外的自生性自己**不能去觸及**：它只能自己造就自己。而如果說它應當支配某種專門工具的話，那麼就應該把這工具設想為在自由意志和被規定的激情之間的一種中介的本性，這是不能接受的。當然，換個說法，激情全然不能控制意志。事實上，一種被規定的過程是不可能作用於自生性的，準確地說，這就和對象不能作用於意識一樣。因此，兩種類型的存在物的任何綜合都是不可能的：它們不是同質的，它們中的每一個都固守於它們不可交流的孤獨之中。虛無化的自生性與諸多機械過程之間可能有的唯一聯繫，就是自生性**從這些存在物出發**，通過**內在否定**自己造成自己。但是恰在這個時候，自生性只能自己否認自己是這些激情。從此，被規定的激情（πάθος）的整體就必然會被自生性做為一種純粹超越物來把握，也就是說被當作必然**外在的**東西，當作**不是它**的東西。因此，這種內在的否定性將只做為把「激情」融入**世界**的結果，而對於一種同時是意志和意識的自由自生性而言，激情是做為隱世的某種對象存在的。這種討論表明有兩種，而且只有兩種可能的結論：要麼人是完全地被規定的（這是不能接受的，特別是因為一種被規定的即被外在地產生的意識將成為純粹的外在性本身，而不再是意識了）；要麼人是完全自由的。

但是，這些看法還不是我們特別關心的。它們只具有否定的意義。相反，對意志的研究應該使我們得以更深入地領會自由。所以，首先使我們吃驚的是，如果意志應當是自治的，便不可能認為它是**既定**的心理事實，即自在。它不能屬於被心理學家定義為「意識狀態」的範疇。在這裡和在其他任何地方一樣，我們認為意識狀態是一種純粹實證的心理學的偶像。如果意志應當是自由，那它就必然是否定性和虛無化的能力。但是我們也就不明白為什麼人們還把自治性留給它。事實上，人們很難設想這些虛無化的洞孔能是意志力，並且能在激情和一般意義上的熱情的那種緻密和充實的網板（trame）中湧現。如果意志是虛無化，那麼心理整體也同樣應該是虛無化。此外，——我們將很快回到這問題上——人們是在何處發現激情的**事實**或者單純的欲望不是虛無化的？激情首先不是謀劃和事業麼？它不是恰恰把一種事物的狀態做為不可忍受的東西提出來了麼？它難道不受對狀態而言的後退以及在孤立這一狀態並在一種目的即非存在的啟示下考察這一狀態的時候把狀態虛無化的這一事實所限制麼？激情難道沒有其固有的目的，這些目的是在激情將它們做為非存在物提出來時得到確認的麼？而如果虛無化恰恰是自由的存在，那麼，怎麼能為使它和意志協調一致而否認激情的自治呢？

然而更有甚者：意志遠遠不是自由唯一的、或至少是享有特權的表露，相反，它做為自為的完全的事件假設了原始自由為基礎以便能將自己構成意志。意志事實上是做為相對某些目的而言的反思決定被確立的。但是意志並未創造這些目的。它毋寧是一種對意志而言的存在方式：它宣告這些目的的追求將是反思的和有意識的。激情可以提出同樣的目的。比如說，在某種威脅面前，由於對死亡的恐懼我能夠撒腿逃跑。這種激情的事實還是暗含地把生命的價值做為最高的目的提出來。與此相反，另外一個人在同樣情況下可能會認為應該留在原地，儘管乍看起來抵抗要比逃走更加危險；他「堅持下去」。但是他的目的儘管被更清楚地理解並且被更明確地提了出來，它仍然和在激情反應的情況下是一樣的。只是，為達到此目的的手段更明確地被設想，其中某一些方法做為可疑的或無效的棄置一旁，另一些則被更牢固地組合起來。在這裡，差別表現在手段的選擇及對反思和解釋的程度上，而不是表現在目的上。然而，逃跑者被稱作「激情的人」，而我們把「意志的人」的稱號留給了那個進行抵抗的人。這裡涉及的是主觀態度與一個超越的目的之間的區別。但是，如果我們不願意陷入我們上面指責過的錯誤，不願意把這些超越的目的當作先於人的和先天地是對我們的超越性的限制，我們就不得不承認它們是我們的自由的時間化的投射。我們看到人的實在不會從外部也不會從所謂的內部「本性」那裡獲得它的目的。他選擇這些目的並通過選擇本身，將一種做為其謀劃的外在限制的超越的存在給予它們。根據這種觀點——如果人們把「此在」的存在理解為先於並支配他的本質的——人的實在在他的湧現中，並通過這種湧現決定按照他的目的來給他固有的存在下定義。因此，正是我的最終目的的地位決定了我的存在的特點，並與我的自由的原始爆發同一化了。而這種爆發是一種**存在**，它沒有任何與一種觀念聯姻而產生的存在的本質或者屬性。於是，與我的存在同化了的自由是我或者通過意志或者通過情感的努力力圖達到的目的之基礎。因此它不可能侷限於自願的活動。而是相反，**意志力**和情感一樣，是某些我們據以到達原始自由提出的目的的主觀態度。當然，我們不應該把原始自由理解成一種**先於**意志或激情的活動的自由，而應該理解成與意志或激情完全同時的，而且意志和情感各自以其方式**顯露出**的一個基礎。也不應該像柏格森把「深層自我」與「表層自我」對立起來那樣把自由與意志或激情對立起來：自為完全是自我性，而且不可能有「深層自我」，除非人們並不將這理解成心靈的某些超越的結構。自由只不過是我們的意志或激情，因為這種存在是人為性的虛無化，即一個以應是自己的存在的方式是自己的存在的存在的虛無化。我們以後還要談這一點。我們無論如何要記住，意志是在動力和由自為在其自身向著他的可能的超越的謀劃中已提出的目的的框架中被規定的。否則，人們怎麼能理解決斷是對相關於已經存在著的目的所採取的手段的估價呢？

如果這些目的已經被提出，剩下需要隨時決定的，就是我藉以通向目的的方法，換句話說就是我將來採取的態度。我將是意志的還是激情的？除了我還有誰能決定它呢？事實上，如果我承認對我來說這是境況決定的（例如，我在微小的危險面前能夠是意志的，但是如果危險在增加，我就將陷入激情了），那我們就將因此取消整個自由了：事實上，宣稱意志在顯現時是自治的，而外界的境況嚴格地規定了它顯現的時刻，是荒謬的。但是，另一方面，怎樣說明還不存在的意志能夠突然決定打碎激情的鍊條突然湧現在這鍊條的碎片上呢？一個同樣的概念會導致把意志當作一種**能力**，它時而在意志中表露，時而又隱而不見，但無論如何，還擁有某種屬性的永恆性和「自在」的存在。這恰恰是不能接受的，可是，通常的看法的確是把道德生活設想為意志—物和激情—實體之間的鬥爭。這裡面有一種絕對站不住腳的心理學的善惡二元論（manichéisme）。實際上，單純地要是不夠的，還應該要去要。比方假設一個特定的處境：我能在其中情感地抵抗。我們在別處已指出過，情感不是一種生理性的爆發[2]，而是適應處境的一種反應；正是這種其意義和形式都是意識的意向對象的行為用一些特殊的方法以求達到一種特殊的目的。在害怕時，昏迷，神精錯亂（cataplexie）都是要力求以消除危險的意識來消除危險。有一種企圖喪失意識以便取消那個意識介入其中並通過意識來到存在之中的可怕世界的**意向**。因此這牽涉到那些激起我們欲望的象徵性滿足並同時揭示了世界的不可思議的底層的不可思議的行為。與這些行為相反，意志的和理智的行為將用技術的眼光看待處境，它將否認不可思議的東西，將致力於把握住能解決問題的被規定的系列和那些能夠解決諸多問題的工具複合性。它將在工具的決定論基礎上建立一個方法系統。同時，它將發現一個技術世界，也就是說，一個在其中任何工具性複合都會歸結於另一個更廣泛的複合的世界，如此連續不斷。但是，誰來決定我是選擇世界不可思議的一面呢，還是技術的一面呢？不可能是世界本身——它等候著被發現以便表露自己。因此，自為就應該在他的謀劃中選擇使世界被揭示為不可思議的或是理性的人，也就是說，他做為自我的自由謀劃，應該或表現為不可思議的存在，或表現為理性的存在。他對不可思議的存在和對理性的存在都同樣**負有責任**；因為他只有被選擇了才能存在。因此，他顯現為他的情感的自由基礎，正像是他的意志的基礎一樣。我的恐懼**是**自由的，並表露了我的自由，我把我的整個自由置於恐懼之中，我在這樣或那樣的處境下自我選擇成為是恐懼的，在另外的一種處境下，我將做為意志的和勇敢的人而存在，我將把我的整個自由置於我的勇敢之中。對自由而言，沒有任何享有特權的心理現象。我所有的「存在方式」都同等地表露了它，因為這些方式無例外都是使我成為自己固有的虛無的方式。

正是這點將更清楚地描述人們所謂的行動的「動機和動力」。我們在前面已經概述過這種描述：現在，最好回到這問題上來並更加準確地重新討論它。事實上，人們不是說激情是活動的動力——或者甚至說激情的活動是有激情做為動力的活動嗎？意志不在動力和動機的主體中顯現為隨深思熟慮而至的決心嗎？那麼，什麼是動機呢？什麼是動力呢？

人們通常把**動機**理解成為活動的**理由**；也就是證明活動正確的理性考慮的總體。如果政府決定進行一次公債折換，它就提出其**動機**：削減公債，整頓金庫。同樣，歷史學家們也習慣於用**動機**來解釋廷臣或君王的行動；人們在戰爭宣言中尋找動機；時機是有利的，被進攻的國家由於內部混亂而四分五裂，必須結束有可能無限期延續下去的經濟衝突等等。克羅維斯[3]之所以在許多蠻族國王還信奉阿里烏斯教[4]

的時候皈依了天主教，是因為他從中發現了取得高盧最強有力的主教團的恩寵的機會，等等。人們會提醒說動機的特徵因此表現為對處境的客觀領會。克羅維斯皈依天主教的動機，就是高盧的政治和宗教狀況，是主教團、大領主和平民諸力量之間的關係；引起公債折換的動機，就是公債的狀況。儘管如此，這種客觀領會只有在預先設定的目的指引下，在自為向此目標的謀劃的限制下才可能形成。為了使主教團的力量做為一次皈依的動機向克羅維斯揭示出來，也就是說，為了使他能考慮到這次皈依可能會引起的客觀後果，他首先應該把征服高盧當作目的提出來。如果我們為克羅維斯設想另外一些目的，他就能在主教團的處境中得出要成為阿里烏斯教徒或成為不信教者的動機。他甚至也可能在對宗教狀況進行考慮時，找不到任何用這樣或那樣方式行動的任何動機：因此他在這方面便什麼也不會發現，他任憑主教團的處境處於「未揭露」的狀態，對它一無所知。我們因此將把**動機**叫做對被規定的處境的客觀把握，因為這種處境在某種目的指引下被揭示，表明能做為達到這目的的工具。

相反，動力通常被看作一種主觀的事實。它是欲望、情感和激情的總體，促使我去完成某個活動。歷史學家只有在動機不足以解釋被考察的行動時，不得已才去尋找動力並造成它的狀態。比如，當費爾狄納．羅特在指出了人們通常所提出的君士坦丁皈依的理由是不足的和錯誤的之後寫道：「既然已證實君士坦丁選擇基督教有百弊，而且表面上看並無一利，那麼就只有一個可能的結論，就是他向反常的或神的命令的突然衝擊，讓了步，正如人們所願意的那樣。[5]」他不用在他看來是不說明問題的動機去解釋君士坦丁，而較喜歡用動力去解釋他。那麼，這種解釋就應當到有歷史因素的心理狀況中去尋找——甚至到「心智」狀況中去尋找。其結果自然是這件事完全成了偶然的，因為換一個人帶著另外的激情和欲望就會有不同的行動。與歷史學家相反，心理學家寧願首先尋找動力：事實上，他通常假定動力**包含在**導致活動的意識狀態中。理想的理性活動因此將是完全不承認動力作用的活動，它僅僅是受到對處境的客觀領會啟發的。非理性的或激情的活動則具有相應的相反的特性。還要解釋在其中同時存在著動機和動力的平常情況下二者之間的關係。例如，我能加入社會黨，因為我認為這個黨是為正義和人類的利益服務的，或者因為我相信它在我入黨後的年代中會成為主要的歷史力量，這就是動機。而我同時又能有動力：對某些領域的被壓迫者的憐憫或慈善之心，像紀德所說的為站在「優越的一邊」而感到恥辱，或者甚至是複雜的自卑感，想惹惱周圍的人的欲望，等等。當人們肯定我是由於這些動機和這些動力而加入社會黨時，人們能希望說些什麼呢？很明顯，這裡涉及到兩個完全不同的意義層次，如何將它們加以比較？如何決定它們在上述的決定中各自占的部分呢？這個困難無疑是由通常情況下對動機和動力所進行的區分而引起的困難中最大的，這個困難從來就沒有得到過解決；甚至只有幾個為數不多的人注意到這個問題。因為，它又以另一種形式提出了意志和激情之間衝突的存在。但是，如果說，在動力和動機爭先要施行同一決定的簡單情況下，古典的理論顯得沒有能力規定它們在其中的固有影響，它將完全可能解釋甚至想像動機和動力之間的衝突，每一個動機和動力的組合都將引出一種特殊的決定。因此，一切又重新開始。

當然，動機是客觀的：做為向意識揭示的東西，它是同時性的事物狀態。它是**客觀的**：羅馬的平民和貴族在君士坦丁時代是奢侈腐化的，或天主教勢力準備支持一個在克羅維斯時代幫助它擊敗阿里烏斯教派的君王。儘管如此，這種事物的狀態只能對自為表現出來，因為一般說來，自為是使得「有」一個世界的存在。甚至可以說，這種狀態只能對以這樣或那樣的方式自我選擇的自為——自我造就其個體性的自為——表現出來。它應該按這樣或那樣的方式自我謀劃以便發現工具性事物的工具的內涵。從客觀上講，刀子是以一個刀刃和一個刀柄構成的工具，我能夠客觀地把它把握為切、割的工具；但是，在沒有錘子的情況下，我又可以把它翻過來而當作敲東西的工具：我可以用刀柄敲進一顆釘子，而這種用法也並非是不**客觀**的。當克羅維斯重視基督教會能夠向他提供的幫助時，一個高級教士團或甚至某一位主教是否向他打開大門，甚至教士團的成員是否會明確地想與一個天主教君主聯盟都不確定。僅有的一些嚴格客觀的事實，任何一個自為都可以觀察到的事實，就是教會對高盧居民的巨大權力以及教會對於阿里烏斯異端邪說所引起的焦慮不安。要使這些發現構成皈依的動機，就必須把它們從總體中孤立起來——並為此將它們虛無化——就必須超越它們而奔赴其固有的潛在性：被克羅維斯客觀地掌握了的教會的潛在性就是支持一位皈依了的國王。但是，這種潛在性只有在人們超越處境奔赴還不存在的事物的狀態，簡言之，奔赴一個虛無時才會表現出來。總之，只有當人們向世界考問時世界才提出建議，而人們只能是為了一個已被規定的目的向世界進行考問。因此，遠不是動機決定行動，動機只是在行動的謀劃中並通過這個謀劃顯現出來的。正是在打算統治全高盧的謀劃中並通過這個謀劃，西方教會國家才客觀地對克羅維斯顯現為皈依的動機。換句話說，把動機整個地從世界中分離出來的意識已經擁有他固有的結構，他為自己制定了目標，他向著自己的可能而自我謀劃，他還有其固有的推遲其可能性的方式：這種保持自己的可能的固有方式在這裡就是情感性。意識在非位置的自我的意識的形式下給予自己的這種內部組織與動機在世界中的區分有著非常緊密的聯繫。然而，如果人們仔細思考一下這個問題，人們就應該承認，如果按「非理性的」這個詞歷史上的意義來講，行動的動機賴以在世界上湧現出來的自為的內在結構是一種非理性的。實際上，我們完全可以在假設克羅維斯已經謀劃要征服高盧時，理智地理解他對皈依的技術性的利用。但是關於他的征服計畫，我們不能用同樣的方法去理解。它是不能被「解釋的」。應當把它解釋為克羅維斯**野心**的一種結果嗎？那麼，究竟什麼叫野心呢，如果它不是征服的意圖的話？克羅維斯的野心怎樣區別於征服高盧的確切計畫呢？因此，設想這個原始征服計畫被也許就是野心的那種先前存在的**動力**所「推動」，是徒勞的。野心是一種動力，因為它完全是主觀性的，這一點是千真萬確的。但是由於它與征服計畫並沒有區別開來，那麼我們就可以說，克羅維斯藉以發現了皈依動機的他的可能性的原始計畫就恰恰是**動力**。這樣，一切都明白了，我們就可以想像動機，動力，目的三者之間的關係了。這裡，我們需要討論一下「在世的存在」的特殊情況：同正是自為的湧現使得有了一個世界一樣，在這裡，也正是他的存在本身——因為這存在是純粹對一個目的的謀劃——使得在這目的的指引下**有了**某種無愧於動機這個名稱的世界的客觀結構。因此，自為是**對**這個動機**的**意識。但是**對**動機**的**這種位置的意識原則上是對作為指向一種目的的謀劃的自我的非正題意識。在這個意義上講意識是動力，就是說他在確立自己是把世界組織為動機的揭示性意識那一刻，非正題地體驗到自己是向著一個目的的或多或少激烈的，或多或少激情的謀劃。

於是，動機和動力是相關聯的，正像自我的非正題意識是與對象的正題意識有本體論關聯一樣。正如**對**某事物**的**意識是自我的意識一樣，動力同樣只是對動機的把握，而不能是別的，因為這種把握是自我的意識。但是，由此可見，動機、動力和目的，是向著自己的可能性自我謀劃，並通過這些可能性使自己得到規定的活生生的自由的意識爆發時不可分割的三項。

那麼為什麼動力對心理學家顯現為一種意識行為的情感內容而這內容決定了另一意識行為或決定呢？這是因為，動力只不過是對自我的非正題意識，它與這種意識本身一起悄悄溜回到過去，同時不再像意識那樣是活生生的了。當一個意識被過去化時起，它就是我在「曾是」的形式下應是的東西。從此時起，每當我回到我昨天的意識上時，它都保持著它的意向性意義和主觀性意義，但是我們已經看到，它被凝固了，和物一樣是外在的東西，因為「過去」是自在的。於是動力變成了**具有**動力意識的東西。它能夠以「知」的形式對我顯現；實際上，我們在前面已看到，死去的「過去」以「知」的面目經常糾纏著現在；我也可能又轉向過去以便在使自己知道它現時是為我的同時闡明它並把它表述出來。在這種情況下，它是意識的對象，它是我對其**有**意識的這種意識本身。因此過去——像我一般的回憶那樣——顯現為**我的過去**，同時又顯現為超越物。在一般情況下，我們被我們「不再涉入」的那些動力包圍著，因為我們不但要具體地決定完成這樣或那樣的活動，而且要完成我們先前決定了的行動或者繼續進行我們已經介入的事業；一般說來，意識在它被把握住的某一時刻，會體會到自己被介入，而這種領會本身意謂著對介入的動力的一種知或者甚至是對動機的正題的和位置性的理解。不言而喻，對動力的把握將把其對應物立刻送還給動機，因為動力，即使是在被過去化和固定化為自在的動力也至少仍然意謂著曾經是對動機的意識，就是說發現世界的一種客觀結構。但是，由於動力是自在的，而動機是客觀的，它們是表現為沒有本體論差異的一對；實際上人們已發現我們的過去迷失在世界之中了。所以我們就將它們同等對待，並且可以談論一個行動的動機和動力，就好像它們可以進入衝突或互相協同來下相應的決心。

不過，如果動力是超越的，如果它僅僅是我們按「曾經是」的方式應是的不可挽回的存在，如果它完全做為我們的過去，一層厚厚的虛無把我們與它分隔開，它就只有被**復活**才能行動；它本身是沒有力量的。因此，正是通過介入的意識的爆發本身，一種價值或一種分量才能被賦予先前的動力和動機。這種爆發並不依賴動力和動機所曾經是的意識，而且意識負有為它們保持過去的存在的任務。我曾要過這個或那個：這就是總是不可挽回的東西和甚至構成我的本質的東西，因為我的本質是我曾經是的東西。但是，當我現時地向著我的將來自我謀劃時，只有我自己才能決定這種欲望，這種害怕，這種對世界客觀的考慮對我來說所擁有的意義。而我恰恰只能通過我據以向著我的目的自我謀劃的活動來決定這種意義。復活過去的動力——或拋棄它們或重新評價它們——與我據以確定新目的的謀劃以及我在這些新目的的啟發下據以認為我發現了靠世界支撐著的動機的謀劃沒有區別。過去的動力，過去的動機，現在的動機和動力，將來的目的通過存在於動機、動力和目的之外的自由的爆發本身而組成一個不可分割的統一體。

由此得出的結果是，自願的深思熟慮總是虛幻的。事實上怎樣評價我在整個考慮之前並通過我的自我選擇賦予它們以價值的動機和動力呢？這種幻覺來自於人們努力把動機和動力當作一些完全超越的事物，我把它們做為重量來掂量，而它們擁有一種做為永久的屬性的重量。然而另一方面，人們希望在這裡面看到意識的內容；這就是矛盾的所在。事實上，動機和動力的力量只是我的謀劃，即目的和要求實現的活動的自由產物提供給它們的。當我思考時，決心業已下定。如果說我必須去思考它，那也僅僅因為它進入了我通過思考而不是通過這樣或那樣的發現（比如通過激情或僅通過行動——這行動就像我的語言讓我得知了我的思想那樣揭示出動機和目的的有組織的總體）去分析那些動力的。因此，有一種做為過程的對深思熟慮的選擇將向我預告我所謀劃的東西並隨後向我預告我所是的東西。對深思熟慮的**選擇**是被自由的自生性用動力—動機以及目的的總體組織起來的。當意志參預此事時，決心已經形成，除了預示的價值外它再沒有其他價值。

意志的活動是有別於非意志的自生性的，因為非意志的自生性是通過活動的單純的謀劃對動機的純粹非反思的意識。關於動力，在非反思的活動中，它並不是它自己的對象而僅僅是（對）自我（的）非位置意識。相反，意志的活動的結構要求有一種反思的意識顯現，這種意識要將動力當作準對象，或甚至有通過被反思的意識將動力當作心理對象的意向。對被反思的意識來說，以它為中介而被把握的動機與被反思的意識是分離的；讓我們重提胡塞爾的著名公式：單純意志的反思，通過其反思性的結構，而對動機實行懸擱，他把動機存而不論，把它置於括號內。因此，由於一種更加深刻的虛無化把反思意識和被反思意識或動力分離開，由於動機是存而不論的，動機就能使自己表面看起來像估價性的深思熟慮。儘管如此，人們知道，即使反思的**結果**是擴大了把自為與它自身分開的裂縫，它的**目的**也並不因此就是這樣。我們看到反思的分裂生殖的目的在於構成「自在—自為」這樣一個不可能實現的整體的方式以恢復被反思的東西，這個整體就是自為在他的存在的湧現本身中提出的基本價值。那麼如果意志本質上是反思的，它的目的便不是如此決定哪一個是要達到的目的，因為無論如何，決心業已下定，意志的深刻意向毋寧說是建立在達到這種已經確定的目標的**方式**上。存在的自為以意志的方式要求恢復自身，因為他決定，他行動。他不僅要求被帶向一個目的，也不僅僅是要求成為自己選擇為被帶向一個這樣的目的的人；他還要求做為自發地向著這樣或那樣的目的而形成的謀劃而自我恢復。意志的理想就是做為對某個目標的謀劃而成為「自在—自為」：這很明顯是一種反思的理想，正是一種滿足的體驗伴隨著「我做了我要做的事」這樣一個判斷。但是顯而易見，一般的反思分裂生殖置其基礎於一個比它本身更深刻的謀劃中，我們在本書第二卷第三章中由於沒有找到更好的叫法而稱之為「動機的啟動」。現在，我們已經給動機和動力下了定義，那就應該將這個把反思做為其基礎的謀劃命名為**意向**。因此就意志是反思的一種情況而言，為了行動而處於意志的範圍內的事實，要求有一個更深的意向做為基礎。對心理學來說，把這種主體描繪為以意志性反思的方式實現他的謀劃是不夠的；還應該能夠給我們提供使主體用這種意志的方式而不是用其他方法實現他的謀劃的**深刻意向性**，此外，當然，一旦目的由一種原始謀劃所確立，任何意識方式都會帶來同樣的實現。於是我們便達到了一種比意志更為深刻的自由，只不過是與此同時自由對我們顯得比心理學家更加**苛求**，即提出**爲什麼**的問題，然而心理學家們在這個問題上僅僅侷限於將意識的樣式看作意志力的。

以上簡單的研究並不打算窮盡意志的問題，相反，或許應當嘗試對意志本身做一種現象學描述。但這還不是我們的目的；我們僅僅希望我們已經指明意志不是自由的享有特殊地位的表現，而是一種固有結構的心理事件，它和其他結構在同一水平上形成，它不多不少和其他結構一樣由原始的和本體論的自由所支持。

同時，自由表現為一種不可分析的整體：動機、動力和目的，就和人們用以把握動機、動力和目的的方式一樣，統一地被組織在這種自由的範圍內，並且應該從自由出發被理解。這是不是說應當把自由表現為一個任意中斷的系列，類似於伊壁鳩魯的原子偏斜呢？我在任何時候都能自由地欲求任何事物嗎？當我想解釋這種或那種謀劃時，我應該隨時碰到自由和偶然的選擇這非理性的東西嗎？看來只要對自由的承認有這種危險的、同經驗完全矛盾的概念做為結果，那麼一些好的心靈就離開了對自由的信仰：人們甚至已能肯定說：決定論——如果人們注意不讓它與宿命論相混的話——是比自由意志論「更有人情味」的理論。實際上，如果它突出了對我們動作的嚴格調節，或至少給每一個動作提供**理由**，如果它嚴格地把自己限制在心理的範圍內，如果它放棄在宇宙總體中尋找一種調節，它就是指出了我們動作的理由就在我們之中：我們行動，就像我們存在一樣，我們的活動有助於造就我們。

然而，讓我們進一步考察一下我們的分析使我們能獲得的某些確切的結論。我們指出過，自由和自為的存在是一回事：人的實在嚴格地就他應該是其固有的虛無而言是自由的。我們說過，人的實在在許多領域中應該是這種虛無：首先在時間化中，就是說總是和他本身保持著距離，這意謂著它永遠不能聽任他的過去來規定這樣或那樣的活動——其次在做為對某物的意識或（對）自身（的）意識的湧現中，就是說自我在場並不僅僅是自我，這就意謂著除了對存在的意識外，意識中沒有任何別的東西，並且因而沒有任何意識外的東西能引發意識——最後，他是超越性，就是說他並不是**首先**存在以便**隨後**和這種或那種目的發生聯繫的某物，而是相反，他一開始就是謀劃的存在，就是說是由他的目的所確定的存在。

因此，我們並不準備在這裡多談獨斷或者任意：我們稱之為自由存在者的，是這樣一個存在者，他做為意識，必然獨立於別的一切存在者，因為別的一切存在者只就他們為他存在而言，才與他有聯繫，他在他的將來的啟示下以傳統的形式決定自己的過去，而不是簡單地讓自己的過去決定自己的現在，他通過**異於他的事物**讓人知道他是什麼，也就是說通過他所不是的、從世界的另一邊來謀劃的目的。這絲毫不意謂著我自由地起立或者坐下、進來或出去、逃走或迎戰危險，如果人們把自由理解成為純粹任性的，無法無天的，無緣無故的和不可理解的偶然性的話。當然，在我們剛才明確過的意義上，我的每一個活動，哪怕是最小的活動，都是完全自由的；但是這並不意謂著它可以是**任意的**，甚至也不等於說它是不可預測的。然而有人會說，如果人們既不能從世界的狀態出發也不能從我的被當作不可挽回的事物的全部過去出發來理解這活動，那麼它怎麼可能不是無緣無故的呢？讓我們進一步探討這個問題。

流行的看法認為，是自由的並不僅僅意謂著自我選擇，選擇是在它曾經能夠是它現在所不是的情況下才被說成是自由的。我和同伴們出去遠足：走了幾個小時的路以後，我越來越累了，最後變得寸步難行。我開始還堅持著，可是接著，我突然忍受不住了，我讓步了，我把旅行袋往路邊一丟，聽任自己躺倒在旅行袋旁邊。有人會責備我的活動，並據此理解我是自由的，這不僅僅是說沒有任何東西也沒有任何人決定了我的活動，而且是說我本來是可以頂住疲勞和我的同伴們一樣走到宿營地去的。我為自己辯護說我實在太疲乏了。究竟誰有理呢？或者不如說，這種爭論不是建立在錯誤的基礎上的嗎？毫無疑問，我本來是可以不這樣做的，但是問題不在這裡。問題最好是這樣來表述：我本來是否能另闢蹊徑而不明顯地改變我所是的謀劃的有機整體性？或者，「抗拒我的疲乏」這個事實，倘若不再是我的行為的純粹局部和偶然的一種變化，就只能藉助於我的在世的存在的徹底變化——不過是**可能的**變化——而產生。換句話說，我本可以不這樣做，那好吧，可是以什麼為代價呢？

對這個問題，我們將首先用一種使我們能把握我們論點的原則的**理論**說明來回答。然後我們再來看具體的實在是否表現得並不更為複雜，看看在不與我們的理論探索的結論相矛盾的情況下具體實在是不是會使我們的理論結論更加靈活並更加豐富。

首先我們要看到，疲勞本身是不會誘發出我的決心的。它只是——我們在論及肉體的痛苦時已經看到——我使我的身體存在的方式。首先它不會是一種位置意識的對象，而是我的意識的人為性本身。那麼，如果我在野地裡行走，這時在我面前所被揭示的是周圍世界，它正是我的意識的對象，我正是超越它而奔赴我自己固有的可能性——比如今天晚上我到達我預定的地點的可能性。我用能預測距離的眼睛、用能爬高下低的腿來把握自然風光並且由此，我的眼睛與腿和我背旅行袋的肩膀一起使新的景色和新的障礙顯現並消失，只是就此而言，我就在疲勞的形式下有了（對）這身體（的）非位置意識——

這意識支配我和世界的關係，它意謂著我介入了世界。客觀地並從相應於這種非正題意識的關係的角度講，道路才顯得無窮無盡，陡坡才顯得更加艱險，太陽才顯得更加灼熱，等等。然而，我還沒有**想到我的**疲勞，我還沒有把它當作我的反思的準對象。可是，我力圖考慮它並消除它的時刻到來了：應當給這種意向本身一種解釋。我們仍然將它當作它所是的來看，它並不是對我的疲勞的凝思的領會，而是——我們在談到痛苦時提到過——我忍受我的疲勞。就是說一種反思的意識被引向我的疲勞以便體驗它，並賦予它一種價值以及和我本身的實際關係。僅僅在這個範圍內疲勞才會對我顯得可忍受或不可忍受。疲勞本身永遠不是這樣的，正是反思的自為在湧現中忍受不堪忍受的疲勞。這裡，根本問題便提出來了：我的同伴和我一樣健康；他們受的訓練也和我差不多，因此，儘管不可能將這些在各種不同的主觀性中發生的心理事件做一番**比較**，我仍然可以一般地下結論說——而目擊者是根據對我們的「為他的身體」的客觀考察來下結論的——他們幾乎「和我一樣疲勞」。那麼他們為什麼以不同於我的方式忍受他們的疲勞呢？人們會說我和他們的不同之處是由於「我嬌氣」而他們不嬌氣。但是儘管這種評價有其不可否認的實際意義，人們甚至可以在決定是否要邀請我參加另一次遠足時依靠這評價，然而這種評價在這裡仍然不能使我們滿意。事實上我們講過，野心勃勃，就是謀劃著去獲得王位或榮譽，它不是一種促使人去獲取的材料，而就是獲取本身。同樣，「是嬌氣的」也不能是一種事實的材料，而僅僅是一個按我忍受我的疲勞的公式而提出的名稱。那麼如果我想弄明白我在什麼樣的情況下才能忍受不堪忍受的痛苦，就不應該訴諸於只是表現為一種選擇的所謂事實的材料，而應當盡力考查這種選擇本身，看它在一個它只做為次要結構融合進去的更廣泛的選擇的前景下是不是不可解釋的。實際上，如果我詢問這些同伴中的一個，他肯定會向我說明他疲勞了，但他**喜歡**他的疲勞：他會像沉湎於浴池中一樣沉湎於疲勞，疲勞對他來說似乎是某種用以發現他周圍世界的特殊工具，是用來適應粗石子路以發現山坡的「山的」價值的工具；甚至，正是那射在他頭上的微弱的日光和這輕微的耳鳴使他得以實現與太陽的直接聯繫。

最後，這種努力對他來說就是戰勝了疲勞的感覺。但是，由於他的疲勞不是別的，只是一種激情，即為了道路上的塵土，太陽的灼熱，道路崎嶇的存在他最大限度地做出的努力，也就是說，這種以他所喜歡使自己沉湎於其中的然而仍然盡力控制著的疲勞組成的溫柔親切感表現為將山化歸己有，忍受著它直至最後戰勝它的方式。我們在下一章將要論及，「擁有」這個詞的實際含義和作爲這個詞在什麼範圍內是「化歸己有」的手段。於是，我的同伴的疲勞是在這樣一種廣泛的謀劃之中被體驗到的，這是對深信不疑地沉於本性，對為使疲勞在完全的強力中存在而生的激情的謀劃，同時又是對溫情統治和化歸己有的謀劃。只有在這個謀劃中，並且只有通過這個謀劃，這種疲勞才是可以理解的，疲勞才對謀劃有一種意義。但是，這種意義和這種更廣泛、更深刻的謀劃本身仍然是「非自立的」（Unselbstständig）。它們不是自足的。因為它們恰恰一方面假設了我的同伴和他的身體之間的特殊關係，另一方面假設了他與事物之間的特殊關係。事實上，有多少自為就有多少使其身體存在的方式，這是很容易理解的，儘管在本性上某些原始結構是不變的而且把人的實在構成了每個人：我們將在別處研究人們所不恰當地稱為個體和類的關係的以及普遍真理的諸多條件的東西是什麼。目前，我們能根據成千上萬有意義的事件設想例如在人為性面前有某種逃避的類型，這種逃避恰恰在於沉醉於這種人為性，總之，就是說恢復對這種人為性的信賴，並去愛它，為的是重新恢復它。這種原始的恢復謀劃便是自為本身面對存在的問題所做的某種選擇。它的謀劃仍然是一種虛無化，但是這種虛無化又回到它所虛無化了的並通過人為性的一種特殊增值表現出來的自在上面，成千上萬所謂放棄的行為尤其說明了這一點。沉湎於疲勞、炎熱、飢餓和乾渴，任自己舒舒服服地倒在一把椅子、一張床上，放鬆自己，儘量聽憑自己用自己的身體而不是像在受虐狂中一樣在別人的目光之下喝點什麼東西，但是在自為的原始孤獨中，所有這些態度並不使得自己限制它們本身，我們感到了這一點，因為在另一個人身上，這些態度是刺激性的或誘惑性的，它們的條件是一種恢復身體的最初的謀劃，就是說解決絕對（自為的自在的絕對）問題的企圖。這種最初形式本身可以限制在對人為性的深刻的容忍中：那時「變成身體」的謀劃意謂著向許多小小的貪欲，向許多小願望，向許多小小的弱點愉快地讓步。人們應當記得，在喬伊斯的《尤利西斯》（*Ulysse*）一書中，布魯姆先生[6]在滿足某些自然需要時，滿心歡喜地嗅著「他身下發出的親切的氣味兒」。但是也可能出現這樣的情況，這是我的同伴的情況——通過身體或通過取悅於身體，自為力圖恢復非意識的整體，也就是做為物質事物總體的宇宙。在這種情況下，被追求的自在與自為的綜合將是自在和恢復自在的自為的整體之泛神的準綜合。在這裡，身體就是綜合的工具：比如，它陷入疲勞以便這自在更加強有力地存在。因為自為使得身體做為它自己的身體而存在，身體的這種激情為了自為而和「使自在存在」的謀劃相重合了。這種態度的總體——這種態度就是我的一位同伴的態度——可以通過對某一種使命的模糊體驗而表現出來：他進行這次遠足，是因為他將要爬的山和將要穿過的森林**存在著**，他則負有使山和森林的意義顯露出來的使命。於是，他就力圖成為在這些山和森林的存在本身中奠定它們的人。我們在下一章還要討論這個自為和世界之間化歸己有的關係，我們現在還沒有具備必要的論據以全面闡明這種關係。無論如何，經過我們的分析後已經比較明顯的是，我的同伴用以忍受他的疲勞的方式為了被理解必然地要求一種把我們一直引向最初謀劃的溯逆式分析。我們概述過的這種謀劃這一次還是非自立的嗎？當然——而且很容易確信這樣的觀點：事實上，我們越來越少觸及自為選擇的與其人為性以及與世界的原始關係。但是，這種原始關係只不過是自為的在世的存在本身，因為這種在世的存在是選擇，就是說，我們達到了自為藉以成為他應是的固有的虛無的虛無化的原型。從這裡出發，不可能期待任何解釋，因為任何解釋都暗含地假設自為的在世存在，正如任何歐幾里德公設的證明都暗含地假設了對這種公設的接受一樣。

那麼，如果我運用同一種方法來說明我忍受我的疲勞的公式，我首先就會在我身上把握一種對我的身體的懷疑——比如——一種不願意「用它做」……的方式，一種把身體看得無所謂的方式，它僅僅是許多我使我的身體存在的可能樣式之一。我將毫不費力地發現一種對自在的同樣的懷疑，例如，**通過他人爲中介**，為恢復我所虛無化了的自在的而定的原始謀劃，這使我回到我們在前一卷中所列舉過的最初謀劃之一。從此，我的疲勞就不再是「輕鬆地」忍受，而將是做為一種我想擺脫的令人討厭的現象的「硬挺著的」體會——這僅僅是因為疲勞使我的身體及我沒於世界的原始偶然性降生，那時我的謀劃就是通過他人的注視使我的身體和我在世的在場得救。我也被推回我的原始謀劃，就是說我的在世的存在，因為這種存在是選擇。

我們不否認這種分析的方法多少是有待改進的。因為一切都應該在這個範圍裡做：事實上，問題在於要一個活動——任何一個活動——所包含著的意義揭露出來，由此達到更豐富更深刻的意義，直至人們發現再不含有別的意義而只歸結為自身的那個意義為止。這種溯逆的辯證法被許多人本能地實踐，人們甚至可以指出，在認識自身或在認識他人時，一種自發的領會是由闡明的層次中給出的。一個手勢歸結到一種「世界觀」（Weltanshauung），而我們**感覺**到了這手勢。但是，沒有人嘗試過系統地獲取一個活動包含的意義。只有一種學派是和我們出自同一原始自明性的：這就是佛洛伊德學派。佛洛伊德和我們一樣，認為一個活動不會僅限於它本身：它直接歸結到更深的結構。而精神分析是能夠闡明這些結構的方法。佛洛伊德像我們一樣自問：在什麼條件下這樣的人才可能完成這樣一個特殊的行動呢？他和我們一樣拒絕以在前的時刻來說明行動，就是說拒絕設想一種橫向心理決定論。在他看來活動是**象徵性的**，也就是說他覺得這個活動表示了一種更深的欲望，這種欲望本身只能從主體性慾（libido）的一種最初規定出發來說。只不過佛洛伊德力求這樣來建立一種縱向決定論。而且，他的概念必然將這樣迂迴地返回主體的過去。情感對於他來說是在心理—生理意向性的形式下的活動的基礎。但是，這種情感在我們每個人身上一開始都是一種白板：是外界環境，換句話說，是主體的**歷史**來決定是否有這樣或那樣的傾向作用於這樣那樣的對象上。是孩子在他家庭中的處境決定了在他身上產生了伊底帕斯情結：在另一些以別的類型的家庭組成的社會裡——比如像人們在太平洋上珊瑚群島上的原始人那裡所了解到的那樣——這種情結就不可能形成。而且，如果到了結婚年齡，這種情結「被清除」了或者相反，依舊存在，那就還是外界處境將決定性生活的極（la pôle）。佛洛伊德的縱向決定論就這樣並以歷史為中介仍然轉向橫向決定論這軸心。誠然，這樣一個象徵性的活動表達了一種深層的和同時的欲望，同樣這種欲望顯露了一種更深的情結，並且這是在同一心理過程的統一體中的情結：但是，這種情結仍然先於其象徵性顯露而存在，並且正是過去根據傳統的連接、移情、凝聚等把這種情結確立為現在這樣的，我們不但在精神分析學中，而且在所有要重建心理生活的決定論企圖中都發現這些連接。因此，對於精神分析學來說，將來的一維是不存在的。人的實在喪失了他的出神之一，它應當只通過從現在出發向過去的倒退來得到解釋。同時，由自己的活動賦予意義的主體的基本結構對**主體**來說並無意義，而是對一個使用推論方法來解釋這些意義的客觀見證人包含有意義。任何一種對其活動的意義的前本體論的理解和主體都不一致，這是很容易理解的，因為不管怎樣，這些活動僅僅是過去的一個結果——它原則上是能及範圍之外的——而不是力圖將其目的登錄於將來。

於是，我們應該滿足於從精神分析的**方法**中得到啟示，就是說，我們應該企圖根據一個原則來揭露一個活動的諸多意義。這個原則就是：一個行動，無論它怎樣無意義，它都不是在前的心理狀態的簡單結果，不屬於線性決定論的範疇，而是相反，它做為次級結構融合在總結構中，並最終融合在我所是的整體中。否則，我在事實上就應該認為自己或者是現象橫向的流，這些現象中的每一個都被它的前一個現象外在地制約著——或者是一個實體，承擔著它的樣式的沒有意義的流出。這兩個概念將使我們混淆自為和自在。但是，即使我們接受精神分析學的方法——我們將在下一章裡詳盡地討論這個問題——我們也應該在**相反的意義下**去運用這種方法。事實上，我們設想每一個動作都是**可以理解的**現象，我們並不比佛洛伊德更加承認決定論的「機遇性」。但是，我們不是從過去出發來理解上述現象，而是設想理解的活動是從未來返歸回現在的。我用以忍受疲勞的方式完全不取決於我偶然在爬坡或我已經度過的或多或少令人煩躁的夜晚：這些因素可以有助於構成我的疲勞本身，而並非是我用以忍受疲勞的方式。但是，我們拒絕和阿德勒的一位弟子一起在疲勞裡看到一種自卑情結的表現，例如在這種情結已經先構成的意義上講。但願某種狂怒強硬的與疲勞做鬥爭的方法能夠說明我們稱之為自卑情結的東西，我們不否認它。但是自卑情結本身是我在世固有的自為為對付他人而做的謀劃。因此，它就總是超越性的。也因此，它總是自我選擇的方法。我一開始就**選擇**了這種我與之鬥爭然而又承認它的自卑；也許它是由我的各種「失敗的行為」賦予意義的，但恰恰，做為被謀策的計畫，做為我的存在的預測表，它只不過是由我的失敗的行為組織成的整體，而每個失敗的行為本身都是超越性的，因為每一次我都超越了實在而奔赴我的可能性；比如向疲勞讓步，就是在超越要走的路的同時確立「太難走的路」這個意義。嚴肅地考察自卑感而不從將來和我的可能性出發去規定它是不可能的。甚至諸如「我醜」，「我笨」之類的估計從根本上講都是一些預測。問題不在於關於我的醜的純粹看法，而在於把握婦女或社會對我的舉動所表現出的敵對係數。而這只有通過對這些舉動的選擇並在這些舉動的選擇中才能被發現。於是，自卑情結就是我自己的自由而完整的謀劃，做為在他人面前的自卑，它是我選擇承擔我的為他的存在的方式，是我給予別人的存在的自由的答案，這是不可逾越的醜事。於是，應該從我的自卑的自由雛形出發將我對自卑的反作用和我失敗的行為理解為我在世界上對自己本身的選擇。我們同意精神分析學家關於人的任何反作用都**先天**地是可以理解的看法。但是，我們指責他們，當他們企圖以在前的反作用解釋上述反作用時恰恰低估了這種最初的「可理解性」，這就又引出了因果的機械論：理解這個詞應該另下定義。任何一個做為自我本身向著一個可能的謀劃的行動都是可以理解的。它之所以是可以理解的，首先是由於它提供了可以直接把握的理性內容——我把旅行袋丟在地上以便休息一會兒——也就是說，由於我們直接把握了這行動的謀劃的可能和它追求的目標。它之所以是可以理解的，還由於上述可能回歸於另外一些可能，這另外一些可能又回歸於另一些可能，如此延續不斷一直到我所是的最後的可能性為止。而理解是在兩種相反的意義上形成的：人們藉助予溯逆或精神分析法重新回到上述活動，一直到我的最後可能——人們通過一種綜合漸進，從這種最高的可能一直重降到面對的活動，並在整體的形式下把握住它的整合作用。

這種我們稱之為我們的最後可能性的形式不是其他諸可能中的一**個**——而是如海德格所希望的那樣，是死亡或者「不再實現在世的顯現」的可能性。事實上，每一個特殊的可能性都是一個環接於一個總體之中的。相反，應該設想這種最後的可能是我們所有現實可能的統一綜合：其中的每一個可能都在未分化的狀態下存在於最後的可能性之中，直到一種特殊的處境來突出某一種可能而並不為此取消它在整體中的隸屬關係。事實上，我們在第二卷[7]中已指出，對任何一個對象的感知領會都是基於**世界**的。我們由此認識到心理學家通常稱為「感知」的東西不能侷限於在某一時刻單純「被看見」或「被聽見」等的對象中，而是，上述對象由於各種不同的蘊涵和意義回歸於它們**由之出發**被領會的自在存在者的整體，於是，我並不真是從這張桌子逐漸地走到我所在的房間，然後在出來時又從那裡再走到衣帽間、下台階、最後到街上，也並非為了最終地把做為所有存在物總合的世界設想為向極限過渡的結果。而是恰恰相反，如果不是從所有存在物的絕對整體出發，我就不能感知任何工具性事物，因為我的原始存在是在世的存在。於是，由於「有」事物，我們便在其中發現一種對人而言的向著整體化的永恆要求，這種整體化使我們從整體和直接實現的整體化下降直至一種只有相對這個整體才能被說明的特殊結構來把握這些事物。但是另一方面，之所以有一個世界，是因為我們是一下子整體地湧現於世界的。實際上，我們在研究超越性的一章裡就已經指出，自在單單依靠自己是不能夠取得物質世界的任何統一性的。但是在我們自失於虛無化中以便使一個世界存在的意義下，我們的湧現是一種激情。於是，在世的存在的原始現象就是自在的整體或世界同我固有的被解體的整體之間的原始關係：我在整個世界中進行整個的自我選擇。我從世界來到一個特殊的「這個」，同樣我從做為被瓦解的整體的我本身來到我的一個特殊可能性的藍圖之中，因為我只能利用我自己的特殊謀劃的機會以世界為基礎把握特殊的「這個」。但是在這種情況下，同樣，我只能以世界為基礎，在超越這個世界而奔赴這樣或那樣的可能性的同時把握這樣的「這個」，我也只由此以我最後和完整的可能性為基礎，才能夠在「這個」之外自我謀劃以奔赴這樣或那樣的可能性。於是，做為我的全部特殊可能的原始整體化的我那最後的、完整的可能性和做為通過我對存在的湧現而來到存在物之中的整體的那個世界是兩個緊密相聯的概念。我只能以世界為基礎設想錘子（也就是說開始顯露「錘」的世界）；而反之亦然，我也只能以我本身這個整體為基礎並從這個整體出發開始顯露這個「錘」活動。

於是，自由的基本活動就被找到了；正是這個活動把它的意義賦予那個我能被引去考察的特殊行動：這個經常更新的活動與我的存在沒有區別；它是對在世的我本身的選擇，同時又是對世界的發現。這就可以使我們避免精神分析法開始時碰到的潛意識的障礙。如果在意識中除了存在的意識以外再沒有別的東西，那人們實際上便可反駁說這基本的選擇應當是**有意識的選擇**；然而正好，您是否能肯定說當您向疲勞讓步時，您已意識到了這個活動設定的所有蘊涵了呢？我們將回答說我們完完全全地意識到了。只不過這意識本身應當以一般意識的和我們所做的選擇的結構做為極限。

關於我們所做的選擇，應該注意到，問題不在於一種有意的選擇。這倒不是因為這選擇**不如**一種深思熟慮那樣地有意識，也不如它那樣地明確，而是相反，因為它是一切深思熟慮的基礎，因為正如我們講過的那樣，一種深思熟慮要求一個從原始選擇出發的說明。因此應該防止一種錯覺，即先把原始自由放在做為對象的動機和動力的位置上，然後又從這些動機和動力出發把它變為決心。而是恰恰相反，從有了動機和動力時起，也就是說有了對事物和世界結構的評價時起，就已經有了目的的地位，因此就已經有了選擇。但是這並不意謂著因此深在的選擇便是無意識的。它和我們對我們本身所擁有的意識是同一回事。人們知道，這種意識只能是非位置的；它是意識—我們（conscience-nous）是因為它和我們的存在沒有區別。另外，由於我們的存在恰恰就是我們的原始選擇，那麼（對）選擇（的）意識就和我們擁有的（對）我們本身（的）意識是同一的。為了選擇就必須是有意識的，為了是有意識的就必須選擇。選擇和意識是同一同樣的東西。這就是許多心理學家在宣布意識「是選擇」時所感覺到的。但是，由於沒有把這種選擇重新放回它的本體論基礎上去，這些心理學家還據守著一個地盤，選擇在其中顯現為一種意識——然而是實體性的意識——的無動機的功能。這就是人們特別可以指責柏格森的地方。但是，如果確定意識是虛無化，人們就可設想擁有對我們本身的意識和我們的自我選擇是同一回事。正是這解釋了諸如紀德那樣的倫理學家在打算給純粹的感覺下定義時所碰到的困難。「在**有意的**感覺和被體驗的感覺之間有什麼區別呢？」紀德這樣問道[8]。真正說來，沒有任何區別；「要愛」和愛只能是一回事，因為愛就是在獲取愛的意識的過程中自己選擇去愛。如果激情是自由的，它就是選擇。

我們已經充分指出過——特別是在關於時間性的那一章裡——笛卡兒的我思應該被延伸。事實上我們講過，獲得（對）自我（的）意識絕不意謂著獲得對瞬間的意識，因為瞬間只是精神的一瞥，即使這瞬間是存在的，在這瞬間裡被把握住的意識也將不再會把握住**任何東西**。我只能意識到我是介入了這樣或那樣的事業，期望得到這樣或那樣的成功，為這樣或那樣的出路擔憂並通過這一系列預測的總體完全勾畫出自己面貌輪廓的**這樣一個人**。並且正是這樣，我在我寫的時刻把握住了自己；我並不是我在紙上書寫符號的手的簡單的感知意識，我在生活中遠遠超出了這隻手而直至書的寫成、直至這本書——也可以說是一般意義下的哲理活動——所蘊涵的意義上面去；某些對更細微的可能性的謀劃，比如用這樣或那樣的方式表明這樣的觀念，或停筆一會兒，或翻一翻某本著作以便在其中找到這樣或那樣的參考資料等等，正是鑲嵌在這個謀劃的框架中，就是說在我所是的東西的框架中的。只是，如果相信一種分析的和已分化的意識與這種總的選擇相符合，那是錯誤的。我的最終的和最初的謀劃——因為這個謀劃同時是最終的和最初的——永遠勾勒出存在這難題的結論，我們下面還要談這個問題。但是這個結論並非先構想好然後才實現的：我們就是這個結論，我們通過我們的介入本身使它存在，我們因而只能在體驗到它的時候把握它。於是，我們就永遠整個地面對我們本身在場，但是正因為我們整個地在場，我們便不能期望有一種對我們所是的東西的分析的和詳盡的意識。此外，這種意識只能是非正題的。

但是，另一方面，世界用它的逐條列舉的事實本身把我們是的東西的形象歸回於我們。這並不是因為我們能夠——我們已經多次談到這點——辨認這個形象，就是說能夠將它拆開來進行分析——而是因為既然我們存在，世界就必然地對我們顯現；事實上，正是在超越世界奔赴我們本身時，我們才能使世界顯現為它所是的。我們是通過選擇我們自己來選擇世界的——不是從選擇創造了自在，而是從選擇給予自在意義的角度論。因為，在我們否認我們是世界時，我們賴以使世界表現為世界的內在否定只有當它同時是對一種可能的謀劃時才能存在。這就是我把自己託付給無生氣的東西、把自己的全部投入我的身體的方式——或者相反，是我對抗無生氣的東西和身體的方式——這方式使我的身體和無生氣的世界連同它們固有的價值一起顯現了出來。因此，我在那裡也同樣具有一種對我本身的和對我的基本謀劃的完全意識，而這一次，這種意識是位置的。只不過，恰恰因為它是位置的，它向我提供的才是我所是的東西的超越的形象。事物的價值，它們的工具性作用，它們實在的接近和遠離（這和它們的空間接近和遠離沒有關係）只不過是勾勒我的形象即我的選擇。我的服裝（制服或整套西裝，柔軟的或上了漿的襯衣）——隨便的或考究的，講究的或普通的——我的家具、我居住的街道、我定居的城市、我周圍的書、我進行的各種娛樂，這屬於我的一切歸根結柢也就是說我對它永遠地擁有意識的世界——至少做為由我注視的或運用的對象所包含的意義——這一切都使我得知我的選擇，就是說我的存在。但是，這就是位置意識的結構，我不能將這種認識重新引回到對我自身的主觀把握上去，它還將我推回到我在與在前的對象秩序的聯繫中造成的或組織成的另一些對象上面去，卻不能使我發現我是在一步步地塑造我在世的形象。於是，我們就完全地意識到了我們所是的選擇，而如果有人提出異議說，根據這些意見，應該不是對被選擇的我們而是對我們自我選擇的意識，我們將回答說這種意識是由對焦慮和責任這雙重「體驗」表現出來的。事實上，焦慮、孤立無依和責任悄悄地或突然地組成了我們的意識的質，因為我們的意識是單純的自由。

剛才我們提過一個問題：我們說我向疲勞讓了步，而我們也許**能夠**不這麼做，但是**以什麼爲代價呢**？我現在能夠回答這個問題了。事實上，我們剛才的分析向我們表明這種活動並不是無動機的。當然，它不是由一種被設想為在前的意識的一種「狀態」的內容的動力或者動機來解釋的；而應該從它是其組成部分的一個原始計畫出發得到解釋。從此，很明顯，人們不能假設動作已能被改變而不同假設一種我對我本身的原始選擇的基本改變。我向疲勞讓步和任憑自己躺在路邊的這種方式，表明一種對我的身體及無生氣的自在相抗的某種最初時期的僵持。這種方式被寓於對世界的某種看法的框架中，根據這種看法，那些艱難能夠顯現為「不值得被忍受」，恰恰也是根據這種對世界的看法，由於動力是純粹非正題的意識，而且因此是自我向著一個絕對目的（自在—自為的某種面貌）的最初謀劃，所以動力就把世界（炎熱、遠離城市、虛浮的努力等等）把握為停止我的行進的**動機**。於是，我停止行進的這種可能就只能在我從最終和最初的可能出發所是的可能的階梯中，並通過這階梯才能**在理論上**獲得它的意義。這並不意謂著我**必然應當**停止行進，而僅僅意謂著我只能通過徹底改變我在世的存在、就是說通過突然改變我的最初謀劃、也就是說通過另一個對我本身和我的目的的選擇才能拒絕停止行進。此外，這種改變永遠是可能的。當焦慮被揭示出來時，它對我們的意識表露了我們的自由，它就是我們最初謀劃的這種永恆可改變性的證據。在焦慮中，我們不僅把握了這樣一個事實：我們的謀劃的可能永遠被我們將來的自由侵蝕著，我們還把我們的選擇，也就是說我們本身理解為**不可辯解的**，也就是說我們把我們的選擇當作是離不開任何在前的實在的，而且它相反應該做為構成實在的諸意義的整體的基礎。不可辯解性不僅僅是對我們的存在的絕對偶然性的主觀認識，而且還是對內在化的和對恢復我們對這種偶然性的領會的主觀認識。因為選擇——我們以後還要談到——來自它虛無化了的自在的偶然性。選擇把這偶然性移植到自為自己的無動機決定的範圍內。於是，我們永遠介入我們的選擇，並且永遠意識到我們本身能夠突然倒換這種選擇並來個急剎車，因為我們通過我們的存在本身謀劃將來，而且永遠用我們的存在的自由來侵蝕它：選擇向我宣告我們在未來所是的，卻沒有控制這種總是保持為**可能**而絕不進入實在的**東西**之列的未來。於是，我們就永遠地受我們現實選擇的虛無化的**威脅**，永遠有選擇異於我們所是的自我的危險——因而受到生成的威脅。只是由於我們的選擇是絕對的，它才**是鬆脆的**，也就是說，在我們通過選擇確定了我們的自由的時候，也就同時確定了它為了我將是的那一個彼岸變成過去化了的**此岸**的永恆可能性。

儘管如此，我們要知道，我們現實的選擇是這樣一種選擇：它不會向我們提供任何通過後來的選擇使它過去化的**動機**。事實上，正是它一開始就創造了所有能將我們引向局部行動的動機和動力，正是它以其意義，其工具性複合和其敵對係數來組織世界。這種從我們一出生起直到我們死亡為止都威脅著我們的絕對變化永遠保持為不可預見的和不可理解的。即使我們把其他的基本態度看作是**可能的**，我們也只不過外在地認為它們是別人的行為。而如果我們力圖在其中加進我們的行為，我們的行為也不會因此喪失其外在性和被超越的超越性的特徵。實際上，「理解」它們，就是已經選擇了它們。我們還要回過頭來談論這個問題。

此外，我們不應該想像原始選擇是「隨時產生的」，如果是那樣的話，就重新回到了胡塞爾陷在其中不能自拔的意識的瞬間性的概念上。既然是意識自我時間化，那就應該設想原始選擇展開了時間，並且和三維出神的統一合為一體。我們自我選擇，就是我們自我虛無化，也就是說一個將來在把一個意義賦予我們的過去的時候來告訴我們，我們是什麼。於是，沒有笛卡兒學說裡那樣的被虛無分離了的瞬間的連續，比如我在 t 瞬間的選擇不能對我在 t_1 瞬間的選擇產生影響。選擇，就是因我的介入使某種限定了具體、持續的綿延的廣延湧現出來，這種廣延正是那種將我們和我的原始可能的實現過程分離開的廣延。於是，自由、選擇、虛無化、時間化便只是同一回事。

然而，**瞬間**並不是哲學家們的空幻的虛構。當然，當我介入我的任務中去的時候，並沒有主觀的瞬間；比如，當我在寫作而試圖把握我的觀念並且依次整理它們的時候，對我來說，就不存在瞬間，而只有向著那些規定著我的目的（對應該做為這部著作基礎的觀念的闡述）對我自己的永恆的「被追求的追求」，不過，我們永遠**受著瞬間的威脅**。就是說，由於我們的自由的選擇本身，我們就成了總能夠使瞬間顯現為切斷我們出神的統一的。那麼，瞬間是什麼呢？瞬間在一個具體的謀劃的時間化過程中是不會被切斷的：我們剛才已經指出過這一點。但是，它也不會貫穿於這個過程的開端與尾端（如果它應該存在的話）。因為這兩端中的任何一個都內在地集合到這個過程的整體之中並做為它的組成部分。因此它們就都只有瞬間的某一種特點；開端事實上集合到它是其開端的過程之中，做為**過程的**開始。但是，另一方面，做為一**個**開始，它又受到一種在前的虛無的限制。尾端集合到它結束的過程中，做為**過程的**結尾：最後一個音符是屬於旋律的。但是，由於它是一**個**結尾它後面又跟隨著一個限制它的虛無。瞬間，如果它應當在一切時間化過程之前被給定，這就是完全不可理解的了，我們已經指出過這一點。但是，如果某些過程是在在前的過程的崩潰瓦解之上而湧現，我們就可以在時間化的發展本身中製造出一些瞬間。瞬間於是就將是一個開頭**和**一個結尾。一句話，如果一個謀劃的結尾與另一個謀劃的開頭相吻合，一個兩邊失透的、時間性的實在就會湧現，它由於是開頭而受到一個在前的虛無的限制，由於是結尾而受到一個在後的虛無的限制。但是，這個時間結構只有當開頭自己表現為它過去化了的過程的結尾時才會成為具體的結構。開頭表現為一個在前的謀劃的結尾，瞬間應該是這樣。因此只有當我們本身把同一個活動的開頭和結尾統一起來時，瞬間才會存在。然而，這恰恰是在徹底的改變了我們的基本謀劃的情況下產生的。的確，通過這種變化的自由選擇，我們使我們所是的謀劃時間化，並且我們通過將來顯示了我們選擇的存在；於是，純粹的現在屬於做為開始的新的時間化，它從剛剛湧現的將來那裡得到開始的固有本性。事實上，只有將來才能重新回到純粹的現在以便把它描述為開頭。否則，這個現在就只不過是一種任意的現在。於是，選擇的現在做為被合併的結構已經屬於已經開始的新整體。但是，另一方面，這種選擇的規定是不可能和它應該是的過去相聯繫著的。原則上說，它甚至是要把它要取代的選擇把握為過去的決定。一個皈依了的無神論者不僅僅是一個信教徒，他在自身中把做為無神論者的謀劃過去化了。於是，新的選擇當它是一個結尾時，它表現為開頭，而當它是一個開頭時，它又表現為結尾；它以雙重虛無為界限，因此它在我們存在的出神統一中實現了一種斷裂。然而，瞬間本身只是一種虛無，因為，無論我們的目光往哪裡看，我們也只能抓住一個持續的時間化過程，根據我們注視的方向，這個時間化過程或者是剛剛過去的已完成和封閉的系列，這系列連帶著它的尾端——或者是剛剛開始的活生生的時間化過程，其開端被將來的可能性黏連並連帶著。

於是，任何基本的選擇在自我時間化的同時都決定被追求的追求方向。這並不意謂著**它提**供了最初的衝動，也不意謂著有某種我在這選擇的限制內可以利用的已獲得的東西。虛無化不斷地持續進行，而相反，因此，自由不斷的重新選擇是必不可少的。只不過，只要我自由地重新選擇，這種重新選擇就不是一**個瞬間**一**個瞬間**進行的：因為那時還沒有瞬間；重新選擇和過程的總體是那麼密不可分，以致於這種選擇既沒有也不可能有任何瞬間的意義。但是，正是因為這種選擇是自由的並且是永遠被自由重新進行，我的選擇才做為自由本身的限制；也就是說受到了瞬間這幽靈的糾纏。只是我重新進行我的選擇，過程的過去化就會和現在一起成為本體論的完滿連續體。過去化了的過程以**知**的形式與現在的虛無化保持有機的聯繫，也就是說，是以被體驗到的和內在化的意義的形式，而絕不是做為向著自己固有目標自我謀劃的意識來說的**對象**。但是，恰恰是因為我是自由的，我便總是有可能將我最近的過去確定為對象。這就意謂著，當我在前的意識是（對）過去（的）非位置的純意識時，由於它將自己本身構成為對共同在場的實在的東西的內在否定，由於它使自己的意義被做為：「重新進行」而提出的目標顯示出來，在新的選擇出現時，意識便把它自己的過去當作對象提出來了，也就是說，它評價過去，它相對於過去來定自己的方位。這種最近過去的對象化活動和對其他目的的重新選擇是一回事：這有助於將瞬間做為時間化過程的虛無性斷裂爆發出來。

如果把通過這種分析而獲得的結論和另一個關於自由的理論比較，比方說和萊布尼茨的自由理論做比較，那麼，讀者理解這些結論就會容易很多。萊布尼茨和我們一樣都認為，當亞當吃蘋果時，他不吃它是完全可能的。但是，我們和萊布尼茨都認為，這個動作的內涵是如此紛繁複雜，以致於到了最後，宣布說亞當不吃蘋果是可能的就等於說另一個亞當是可能的。於是，亞當的偶然性和他的自由是一回事，因為偶然性意謂著這個實在的亞當是被無數可能的亞當包圍著的，而相對這個實在的亞當來說，這些可能的亞當中的每一個都是以他所有的屬性，說到底就是他的實體的一種輕微或深刻的變化為特徵的。那麼，對於萊布尼茨來說，人的實在所要求的自由是三個不同的概念的組合：自由的人是這樣的人：（一）他理智地決定去進行一個活動；（二）這樣的活動是通過進行這個活動的人的本性本身而被完全理解的；（三）他是偶然的，也就是說他的存在使得在同樣的處境下進行其他活動的其他個體也是可能的。但是，由於可能性之間的必然聯繫，亞當的另一個活動只有對另一個亞當並通過另一個亞當才是可能的，而另一個亞當的存在又意謂著另一個世界的存在。我們和萊布尼茨一樣承認亞當的活動在另一個亞當的個性的朦朧光照下，在另一個亞當個性的範圍內被理解。但是，當萊布尼茨起初把對亞當的實體表述為一種導致做為其局部結論之一的亞當的活動為前提的時候，也就是說，當他將編年的秩序還原為只是一種邏輯秩序的象徵性表現時，他便重新陷入一種與自由觀念完全對立的必然論。一方面，這事實上導致活動由於亞當的本質本身而完全是必然的這一結論，而按照萊布尼茨的觀點，提供了自由的可能的偶然性也完全處於亞當的本質的內容之中。而這個本質不是由亞當本人選擇的，而是由上帝選擇的。於是，真正說來，由亞當做出的動作必然地是從亞當的本質中引出的，而據此它是取決於亞當本身，而不是取決於任何別人，這當然成為自由的一個條件。但是，亞當的本質對亞當本身來講是被給定的：亞當沒有選擇它，他不能夠選擇成為亞當。因此，他對他的存在不承擔任何責任。因此，當他一旦被給定，人們能否賦予他相對於這個動作的責任則是無關緊要的。我們認為正相反，亞當不是通過一種本質來定義自己的，因為對人的實在來說，本質是後於存在的。他是通過對其目的的選擇來定義自己的，也就是說通過一種與邏輯秩序毫無共同點的出神的時間化的湧現來定義自己的。於是，亞當的偶然性表現了他從自身做出的最終的選擇。但是，從那時起，向他顯示他**這個**人的是將來而並非過去：他通過他為之謀劃的目的——也就是說通過他的**趣味**、癖好、仇恨等等而選擇使別人了解他是什麼，因為有一個主題的構造和對這個整體的一個**意義**。當我們對萊布尼茨說：「當然，亞當選擇了吃蘋果，但他沒有選擇成為亞當」的時候，我們並不會陷入我們對他提出的反對意見之中。事實上，我們認為，自由的問題正是處在亞當自己選擇的水平上，也就是說在存在決定本質的水平上。而且，我們同萊布尼茨一樣承認亞當的另一個動作意謂著另一個亞當，意謂著另一個世界，但是我們並不想說另一個可能的亞當在其中找到自己的位置的一種諸可能的共同組織是「另一個世界」。世界的另一個面目的揭示僅僅是與亞當的另一個在世的存在相符。最後，對萊布尼茨來說，由於另一個亞當的可能的活動是組織在另一個可能的世界中的，所以它做為可能永遠先於偶然的和實在的亞當的實現而存在。這裡，對於萊布尼茨來說本質仍然先於存在、編年秩序取決於邏輯的永恆秩序。對於我們來說則相反，只要可能不被亞當向著新的可能性的新謀劃做為可能而被存在，可能性就只是成為另一個存在的純粹的和未成形的可能性。於是，萊布尼茨的可能永遠停留在抽象的可能上面，而不是像我們認為的那樣，可能只是在自我可能化時顯現出來，也就是說在去告訴亞當他是什麼的時候表現出來。因而，在萊布尼茨那裡，心理學說明的順序是從過去到現在，甚至在這個序列表明本質的永恆順序的範圍內也是如此；一切都最終地固定在邏輯的永恆性中，唯一的偶然性是原則的偶然性，這就意謂著，亞當是神的理智的公設。我們則相反，認為解釋的順序完全是**編年的**，它絲毫不企圖將時間**還原**為純粹邏輯（理性）的或者邏輯－編年的（**原因**，決定論）連接。因此，它是從將來出發被說明的。但是，特別值得強調的是，以上所有的分析都純粹是**理論性的**。僅僅是**在理論上**講，亞當的另一個動作只有在亞當用以選擇成為亞當的目的的一種完全混亂的界限內才是可能的。我們已經介紹過這一類的東西——我們似乎還可以因此是萊布尼茨派——以便首先儘量簡明地闡述我們的看法。實際上，現實還要更加複雜。因為實際上，解釋的順序是純粹編年的，而並非是邏輯的：從被自為的自由提出的原始目的出發，對一個活動的**理解**不是一種**理智活動**。諸可能的下降等級，從最終和最初的可能一直到人們想要理解的派生出來的可能，都與從一個原則到其結論的推論系列毫無共同之處。首先，派生的可能（堅強地頂住疲勞或者向它妥協）與基本的可能之間的聯繫不是**推論性**的聯繫，而是整體與局部結構之間的聯繫。對整個謀劃的了解使人能「理解」上述獨特的結構。但是，格式塔心理學者們告訴過我們，完形的完整傾向不排斥某種次級結構的變異性。我能夠在一個已知的圖形上加上或減去某一些線條而不改變其特性。相反，幾根別的線條的增加會使得這圖形立即消失，並且引起另一個圖形的出現。關於次級的可能和基本的可能或我的可能的完形之間的關係也同樣如此。上述次級可能的意義當然總是歸結到我所是的整個意義上去。但是其他的可能性本來能夠在整個意義不改變的情況下代替這一個可能性，也就是說，它們總是而且同樣明確地指出了這個整體是使人能理解它們的形式——或者，在實現的本體論秩序裡，它們本來完全能夠做為達到整體的方法和在這個整體的啟示中被謀劃出來。一句話，理解是對一種事實的聯繫的解釋，而不是對必然性的把握。於是，對我們的活動的心理學解釋應該經常地回到「無所謂」這斯多葛式的概念上去。我是坐在路邊還是再堅持走一百步以便到我從遠處發現的旅棧去歇息，這對於我減輕疲勞是無所謂的。這意謂著，把握了我選擇來做為我的最終可能的複雜和完整的形式**不足以**說明我為什麼要選擇這一個可能而不選擇另一個。這裡，並不是有一個缺乏動力和動機的活動，而是有一個對動力和動機的自發的發明，這發明在將自己置於我的基本選擇框框內時，同樣多地豐富了我的基本選擇。同樣，每個「這個」都應該以世界為基質並且在我的人為性這背景上顯現，但是，無論是我的人為性還是世界都不能使我理解現在為什麼把這個玻璃杯而不是把這只墨水瓶做為形式從基質中突出出來。就這些無所謂而言，我們的自由是完整的和無條件的。況且選擇一個無所謂的可能，然後放棄它以便得到另一個，這個事實是不會使**瞬間**做為綿延的斷裂湧現的；而是相反，這些自由選擇全部歸並入——即使它們是相繼的和矛盾的——我的基本謀劃的統一體中。這絲毫不意謂著人們應當把它們當作無動機的：事實上，無論它們是怎樣，它們總是從原始選擇出發被解釋的，而且就它們豐富了原始選擇並使原始選擇具體化而言，它們總是會附帶著自己的動力。也就是說附帶著對它們的動機的意識，或者也可以說，附帶著對用這樣或那樣的方式依次連接起來的對處境的領會。

此外，對次級的可能和基本的可能之間的聯繫的精確估價變得特別微妙，這是因為不存在任何**先驗**的計算表使人們在對這種聯繫做出決定時能夠加以參考。而是相反，正是自為本身選擇了把次級的可能看作為是基本可能的意義。這樣，我們有了這樣的印象：自由的主體是與他的基本目的背道而馳的，我們經常引起觀察者的誤差率，也就是說，我們運用我們固有的天秤來衡量預計的活動與最終目的之間的關係。但是，自為在他的自由中不僅僅擬想了他原始的和次級的目的：他還同時擬想了能使這些目的互相連接的整個解釋系統。因此，在任何情況下，建立一套從原始可能出發普遍理解次級可能的系統不會成問題；但是，在每一種情況下，主體都應當提供他的試金石和他個人的標準。

最後，自為可以在同他已經選擇的基本目的相對立的情況下做出自願的決定。這些決定只能是自願的，也就是說反思的。事實上，它們只能來自一種在我追求的目的上真誠地或自欺地犯下的錯誤，這種錯誤只能在我所是的全部動機都被反思的意識揭示為對象時才可能造成。做為自我向著他的可能性而定的自發謀劃的非反思意識永遠不能自己欺騙自己：事實上，應當避免將關於自我的錯誤稱作為涉及客觀處境的估價錯誤——後者能夠在世界上導致絕對地與人們希望達到的結果相反的後果，然而不會產生對被提出的目的的無知。而反思的態度則相反，它帶有無數錯誤的可能性，這不是就它把純粹動力——也就是說反思意識——當作準對象而言的，而是由於它力圖通過這個反思意識構成真正的心理對象，這種心理對象只是一些或然的對象，正如我們在第二卷第三章中講過的那樣，這些心理對象甚至可能是一些虛假的對象。按照有關我本身的錯誤，我便可能反思地——也就是說在自願的水平上——強加給自己一些和我起初的謀劃相矛盾的謀劃，然而卻不從根本上改變起初的謀劃。比如，如果我最初的謀劃旨在選擇自己成為在其他自卑者中間的一個（人們稱之為自卑情結），如果說口吃是一種可以從原始謀劃出發被理解並被解釋的話，我便能夠出於社會的理由並通過對我自己對自卑性的選擇的無知，決心矯正我的口吃。我甚至可以在仍然感覺自卑並願意自己自卑的情況下還是達到矯正口吃的目的。事實上，為了取得一個結果，我只需利用一些技術手段就夠了。這就是人們通常稱之為自願的自我改造。但是，這些結果只能轉移我承受的弱點：另一個弱點將會在它的位置上產生，這另一個弱點將會以它的方式表達我追求的整個目的。由於這個引向自我的自願活動深刻的無效是可能突然出現，我們要去進一步分析選定的例子。

應該首先指出，對所有目的的選擇儘管是完全自由的，但是並不是必然地、甚至也不是經常地快樂地進行的。不應當把我們在其中是自我選擇的必然性與權力意志相混淆。選擇可能是在屈從或不安中進行的，它可以是一種逃避，它可以在自欺中得以實現。我們可以自我選擇為逃遁的、不可把握的、猶豫不決的等等；我們甚至能選擇不進行自我選擇；在這些不同的情況下，目的就在事實的處境之外提出來了，而對這些目的的責任就落到了我們身上：不論我們的存在是什麼，它都是選擇；把我們選擇為「偉大」和「高貴」或「低賤」和「受辱」的人，這是取決於我們自己的。但是，如果我們恰恰選擇了受辱做為我們存在的質料，我們就會自我實現為受辱的，乖戾的，自卑的等等。問題並不在於沒有意義的**材料**，而是在於自我實現為受辱的人由此把自己確立為一種為達到某些目的而採用的手段。比方說，被選擇的受辱能夠像受虐色情狂一樣與一種使我們脫離自為的存在的工具相似，這受辱能夠成為一個謀劃，這個謀劃為他人的利益而使我們脫離令人焦慮的自由，我們的謀劃能夠使得我們的自為存在全部被我們的為他的存在吸收。無論如何，「自卑情結」只能當它建立在我們的為他存在的自由領會之上才能湧現出來。這個為他存在做為**處境**，將是以動機的身分行動的。但是，為此，這為他存在應當是被**動力**發現的，而這動力只不過是我們的自由謀劃。於是，感覺到並體驗到的自卑是被選擇來使我們與一件物件相似的工具，也就是說被選擇來使我們做為沒於世界的純粹的外在而存在的工具。但是，不言而喻，自卑應當按照我們通過這選擇——也就是說在羞恥中，在憤怒和在悲傷中——賦予它的**本性**而被體驗到。於是，選擇自卑不意謂著愜意地滿足於一種「平庸的聲望」（aurea médiocritas），而是產生並擔當揭示這樣的自卑的反抗和失望。比方說，我能堅定不渝地以某種工作和作品來表現自己，**因爲**，我在其中是自卑的，然而在另一個這樣的領域內，我可能毫無困難地達到中等水平。我選擇的正是這毫無結果的努力，因為它是毫無結果的：或者是因為我寧願成為最後一名——也不消失在群眾之中——或者是因為我選擇了氣餒和羞恥做為達到**存在**的最好手段。但是，不言而喻，我不能把我在其中是自卑的領域**選擇**為行動的範圍，除非這選擇包含成為優越的被反思的意志。選擇成為一個自卑的藝術家，就是必然選擇**想**成為一個偉大的藝術家；否則，自卑就既不會被忍受也不會被承認：事實上，選擇成為一個普通的藝術家絲毫不意謂著追求自卑，這是選擇結局的一個簡單的例子。與此相反，選擇自卑意謂著有意識地實現由意志追求的目的和已獲得的目的之間的差距。一個要成為偉大而又自我選擇為自卑的藝術家故意地保留這種差距，他就和珀涅羅珀[9]一樣，把白天做好的東西在夜裡摧毀。從這個意義上說，在他的藝術實現過程中，他經常地保持在**自願**的水平上並由此展示出一種絕望的才能。但是，他的意志本身就是自欺的，也就是說，它避而不承認被自發意識所選擇的真正目的，它把一些虛假的心理對象構成為**動力**以便能夠對這些動力進行思考並從它們（比如愛榮譽，愛美等等）出發做出決定。在這裡，意志一點兒也不和基本選擇相對立，而是正好相反，只有從自卑這基本選擇的背景下，意志才是可以在其目的和原則的自欺中被理解的。更確切地講，如果做為反思意識的意志自欺地把虛假的心理對象構成為動力，則相反，做為非反思和非正題的自我（的）意識的意志就是（對）自欺的（的）意識，並因此又是（對）被自為追求的基本謀劃（的）意識。於是，自發意識和意志之間的分離並不是一種純粹觀察到的事實的材料。相反，這種兩重性開始是由我們的基本自由來謀劃和實現的；這兩重性只有在把我們選擇為自卑者這基本謀劃的深刻統一中並通過這統一才能被設想。但是，確切地說，這種分離意謂著自願的思考自欺地決定用我們的作品去補償或者掩蓋我們的自卑，這些作品的根深目的卻相反地使我們能夠**衡量**這種自卑性。於是，人們已看到，我們的分析使我們能夠接受阿德勒據以確定自卑情結的兩個方面：我們和他一樣，也基本承認這種自卑性，我們和他一樣，也贊同用於補償或掩蓋這深刻感覺的行動、著作和表現的雜亂而且缺少平衡的發展。但是，（一）我們禁止自己將深刻的認識設想成潛意識的，它如此遠離潛意識，以致於它甚至構成了意志的自欺。由此，我們不在上述兩個方面之間確立潛意識與意識之間的差別，這種差別把非反思的基本意識與依靠它的反思意識相分離。（二）自欺的概念——我們已經在第一卷裡確立了它——對我們來說，似乎應該取代阿德勒所使用的潛意識壓抑力、壓抑和無意識的概念。（三）對我思所表現出的那樣的意識的統一，意識的統一性是那樣地深刻，使我們在這個統一沒有通過一個更深刻的綜合意向重新把握時就不能承認這個一分為二的分裂，而這個綜合意向把其中一方面引向另一方面中並且把這二者統一起來。因此我們在自卑情結中又找到了一種意義：自卑情結不僅被認識了，而且這種認識就是**選擇**：意志不僅企圖通過一些不穩定的和脆弱的肯定來掩蓋這種自卑，而且，一種更深的意向貫穿了那種恰恰選擇了這種表現的脆弱性和不穩定性的自卑，這是為了使我們希望逃避的、並且在羞恥和失敗的感覺中體驗到的這種自卑更加敏感。於是為平庸（Minderwertigkeit）所困擾著的人選擇的是自己折磨自己。他選擇了羞恥和痛苦，恰恰相反這並不意謂著，他在羞恥和痛苦最強烈地出現的時候應該體驗到快樂。

但是，為了自欺地由在我們起初的謀劃中產生的意志所選擇，這些新的可能仍然是在某種和起初的謀劃相**對抗的**範圍內實現的。就我們正是為**創造**我們的自卑而想對自己掩蓋它而言，我們能夠指望消除我們的羞怯和口吃這些在自發的水平上表露我們自卑的原始謀劃的東西，那時，我們就將進行一種有系統的和深思熟慮的努力，以便使這些表露消失。我們是在那些前來尋找精神分析學家的病人們的精神狀態中進行這種嘗試的。也就是說，一方面，我們致力於一種實現，另一方面，我們又拒絕它：於是病人自願決定前來找精神分析學家，以便治癒他再也無法掩飾的某些煩擾；而且，僅僅鑒於重新置入醫生的掌心，他冒著被治癒的危險。但是，另一方面，他之所以冒這個險，是為了使自己相信他為被治癒已做的一切努力都是徒勞的。因而他自己是不可救藥的了。因此他帶著一種自欺的相信和意志去接觸精神分析治療。他的所有的努力的目的就是使治療失敗。同樣，雅奈研究過，精神衰弱者**忍受著**他們故意堅持的難以擺脫的煩惱，並且希望從中解脫。但是，恰恰是他們那從中解脫的**意志**的目的把這些難以擺脫的煩惱確定為要忍受的，因而是完全強制地實現它們的。剩下的事人們是知道的：病人不能夠認可那難以擺脫的煩惱，他在地上爬著，哭泣著，然而又不下決心做人們所要求他做的懺悔。在這裡，奢談意志對抗疾病的鬥爭是徒勞的：這些過程在一個是其所不是和不是其所是的存在那裡是在自欺的出神統一中進行的，同樣，當精神分析學家即將把握住病人的原初謀劃的時候，這病人就放棄治療或者開始撒謊。人們用潛意識的抗拒或憂慮來解釋這些反抗將是徒勞無用的：除非潛意識是一種意識，否則潛意識怎麼能得悉精神分析調查的進展情況呢？但是，如果病人將此戲作到底，他就應當得到部分的治癒，也就是說，他應當在自身中消除那些引起他要求醫生幫助的病態現象。於是他就可能會選擇最輕微的病症：他來找醫生就是為了使自己相信自己是不可救藥的，他被迫——為了避免完全清楚地把握他的謀劃，並因此使這個謀劃虛無化和自由地變成另一個人——裝作已痊癒而離去。同樣，我為戰勝口吃和羞怯而使用的那些方法已能自欺地被試用。我仍然能夠被迫承認它們的效力。在這種情況下，羞怯和口吃便都消失了：這就是最輕微的病症。一種矯揉造作的，滔滔不絕的保證便來取代了它們。但是，病症的消除就像用電療消除歇斯底里的症狀一樣。人們知道這種治療措施能夠使大腿上的歇斯底里痙攣消失，但是，人們將會看到，過了不多久，痙攣會在胳膊上重新出現。這是由於歇斯底里的治癒只能完整地產生，因為歇斯底里是自為的一種整體謀劃。局部的治療措施只是將它們的表露換了個地方而已。於是，羞怯或口吃的治癒是在一個去實現另一些困擾的謀劃中，例如，恰恰是在去實現一種徒勞的和同樣精神失常的保證的謀劃中得到允許和選擇的。事實上，由於一種**自願的**決心的湧現在對我的諸目的的自由基本選擇中發現其動力，那麼這決心便不能達到這些目的本身，除非是表面上的；因此，僅僅是在我的基本謀劃的範圍內意志才能夠有其效力；此外，我也只能通過徹底改變我的謀劃才能將我從我的「自卑情結」中「解脫」出來，我的這種謀劃完全不會在在前的謀劃中，甚至不會在我體驗到的痛苦和羞恥中發現其動機和動力，因為，這些痛苦和羞恥被用來**實現**我的對自卑情結的謀劃。這樣，只要我「在」這自卑情結「之中」，我便不可能想像我能夠從中解脫出來，因為，即使我夢想從中解脫，這夢想也有其明確的職能，那就是使我甚至更多地體驗到我狀態的卑劣，因此這夢想只能在自卑的意向中並通過這意向被解釋。然而，我每時每刻都將這最初的選擇當作偶然的和無可辯解的，因此，我每時每刻都準備好突然**對象地**看待這選擇，然後超越它，並在使自由的**瞬間**湧現時使它成為過去。我擔心自己突然被拔除，即徹底地變成另外的人，這樣的焦慮和恐懼就是由此而來的；可是，使我完全改造了原始謀劃的「皈依」經常也是從那裡湧現出來的。這些尚未被哲學家研究過的皈依相反卻經常啟發那些文學家。人們可回想一下紀德的斐洛克代特甚至放棄了他的仇恨，他的基本謀劃、他存在的理由和他的存在的瞬間；人們應回想一下哈斯科爾尼科夫決定進行自我揭露的瞬間。在這些奇特而微妙的瞬間，在前的謀劃由那個在它的廢墟上湧現出來，並且仍然只是初露端倪的新謀劃指引融於過去，受辱，焦慮，快樂和希望在這些瞬間緊密地結合在一起，我們在這些瞬間放鬆是為了抓緊，而抓緊又是為了放鬆，這些瞬間似乎經常給我們的自由提供出最明晰和最生動的形象。但是它們只是我們的自由的在其表現中的一種表現。

這樣一講，自願的決心之無效的「悖論」就顯得更加無害了：這又等於說，我們能夠通過意志完全地建造我們自己，但這也等於說，支配這種建造的意志自己在它似乎能夠否定的原始謀劃中發現它的意義；這還等於說，其次，這種建造有了一種與它所顯出的職能完全不同的職能；就是說，最終，意志只能夠影響到派生的結構，而永遠不會改變它從中脫胎出來的原始謀劃，這就和一種定理的結論不能夠反過來對抗和改變這個定理一樣。

通過這詳細的討論，我們似乎已經能夠明確一些我們對自由的本體論理解。現在，我們應該全面地重複已獲得的不同結果了。

（一）對人的實在的初步觀察告訴我們，對於他來說，存在被歸結為作為。十九世紀的心理學家已指出了意向，態度，知覺等等的主導結構，他們是有道理的。只是，運動本身就是活動。於是，從氣質，個性，激情，理智的原則都會成為一些以事物的方式存在的後天的或天賦的資料的意義上說，我們是不可能在人的實在中發現任何給定物的。人的存在的唯一的經驗論看法指出人的存在是一種由行為或「舉止」構成的統一體。是野心勃勃、還是膽小怕事或暴怒不安的，只不過是在這樣或那樣情況下用這樣或那樣的方式來表現自己。行為主義者們有理由認為唯一積極的心理學研究應該是在精密定義的處境下對行為的研究，同樣，雅奈和格式塔心理學家們的工作使我們能夠發現情感的行為；同樣，人們應該談及知覺的行為，因為知覺從來不是在對世界的態度之外形成的。海德格指出：甚至學者公正的態度，也是對對象採取的一種公正的立場，而且因此是混雜於其他行為中的一種行為。於是，人的實在不是首先為著行動的，而存在對人的實在來說，就是行動，而停止行動，就是不再存在。

（二）但是，如果人的實在是行動，這就明顯地意謂著他對行動的規定本身就是行動。如果我們否認這條原則，如果我們承認人的實在能通過世界和他本身的在前的狀態來決定活動，這就是又回過來在系列的起源裡放進了一個**給定物**。那時這些活動做為活動為了應付一系列的運動而消失了。於是，在雅奈和行為主義者看來，這就是行為的概念本身的毀滅。活動的存在包含著它的自律。

（三）此外，如果活動不是純粹的**運動**的話，它就應當被意向所定義。不管人們用什麼方法看待這種意向，它也只能是超越給定物而奔赴要獲取的結果。事實上，這給定物做為純粹的在場不可能脫離自我，恰恰是因為這給定物存在，它才完全地，僅僅地是其所是。因此它不可能解釋從要達到的結果中，即從一種非存在物中取得其全部意義的現象。比方說，當心理學家們將意向當作一種事實狀態的時候，他們沒有看到，他們就去掉了它的全部**欲念**（ad-petitio）特徵。事實上，比方說，如果性的意向能夠區別於瞌睡的意向，那也只能通過它的目的才有可能，而恰恰這目的卻不存在。心理學家們也許會問，一種現象，比方說，讓由於某種還不存在的事物而存在的東西來顯示自己的現象的本體論的結構能是怎樣的呢。因此做為人的實在的基本結構的意向在任何情況下都不能通過一個被給定的東西來解釋，儘管人們硬說意向是從這給定物中分出的。但是，如果人們想通過它的目的來解釋它，就應該注意不要給予這個目的一種**給定物**的存在。事實上，如果人們能夠承認目的為了達到結果而事前被給定的話，就應該給這目的一種在其虛無內部的自在的存在和一種真正不可思議型的吸引力。況且，我們最終關於一種給定的人的實在和一種在別處給定的目的之間的聯繫所獲得的，不會比關於實體性意識與實體性實在之間在這些實在的正題中的聯繫所獲得的更多。意向或者活動之所以應當通過它的目的來解釋，是因為意向就是在自我之外**設定**它的目的的結構的。於是，意向在選擇顯示它自己的目的時使自己存在了。

（四）由於意向是對目的的選擇而且世界通過我們的行為被揭示，因而，正是對目的的意向性選擇揭示了世界，而世界則是根據選定了的目的而揭示為這樣或那樣的（按這樣或那樣的秩序）。照亮了世界的目的是一種要獲得但尚未存在的世界的狀態。意向是對目的的正題的意識。但是，它只能在使自己非正題地意識到它固有的可能性時才能成為這種意識。於是，如果我肚子餓了，我的目的就會是一頓美餐。但是，這頓在我正在走的塵土瀰漫的道路之外謀劃出來的美餐，做為這路的意義（它通向一座旅社，那裡，桌子已經擺好，飯菜已經準備好，人們已在等著我，等等）只能相應於我非正題地謀劃我自己吃頓美餐的可能性而被把握。於是，意向由於一種雙重然而統一的湧現就從一種尚未存在的目的出發照亮了世界，並且通過對其可能的選擇而自我定義。我的目的是世界的某種對象的狀態，我的可能是我的主觀性的某種結構；一個是向正題的意識顯露，另一個則返回到非正題的意識上以便顯示其特點。

（五）如果給定物不能解釋意向，那麼意向就應該通過它的湧現本身去實現和給定物的分裂，無論這給定物是什麼樣的。這個給定物不會是別樣的，否則，我們就會有一種不斷地跟在完全的現在後面的完全的現在，我們就不能預兆未來。此外，這種分裂對評價給定物是必要的。事實上，如果給定物沒有得到評價，它便永遠不會是一個行動的動機。但是，這種評價只能通過相對給定物的後退、即把給定物置於括號之內才能實現，而這後退恰恰是假設了一種連續性的中斷。另外，如果評價不應當是無動機的，那麼它就應該在某種東西的啟發下形成。這種用於評價給定物的某種東西只能是目的。可是，意向從一個同樣的統一的湧現出發提出了目的，從目的出發而自我選擇並評價給定物。在這些條件下，給定物是根據尚未存在的某種東西來被評價的；自在存在正是被非存在的光明照亮的。這就導致了給定物雙重的虛無化色彩：一方面，它在它的分裂使它對意向的全部效力喪失的時候被虛無化；另一方面，它由於人們從一種虛無出發將這效力還給它而經受著一種新的虛無化，也就是評價。人的實在做為活動，在其存在中只能被設想為與給定物的分裂。他是在與給定物分裂時，在尚未存在者的光明照亮它的時候使得世界上有了給定物的存在。

（六）這種對只在揭示給定物的虛無化的範圍內顯現的給定物的必然性和我們在第二卷中描述的內在否定是一回事。把意識想像為能夠在沒有給定物的情況下存在是徒勞的：那時意識將是做為對烏有的意識也就是說做為對絕對虛無的意識的（對）其本身（的）意識。但是，如果意識從給定物出發而存在，這絕不意謂著給定物制約著它：意識是對給定物單純的否定，是做為從某種存在著的給定物那裡的脫離和對某種尚未存在的目的的介入而存在的。但是另一方面，這種內在否定只能是一個永遠處於對自身的後退中的存在的事實。如果這事實不是對它自己的否定，它就將是其所是，也就是說單純的給定物：因此，它與任何其他「給定物」也就不會有任何聯繫，因為從根本上講，給定物只是其所是。這樣，一個世界顯現的任何可能性就會被排除。為了不**是**一個給定物，自為就應該永遠把自己確定為相對自我的後退，也就是說讓自己處在做為他已經不再是的一個給定物的自我的後面。自為的這種特徵意謂著他是這樣一個存在，他在他**曾是**的東西上面找不到**任何救助**，**任何支撐點**。而是相反，自為是自由的，他可以使一個世界存在，因為他是**在他將要是的東西的啟示下應該是他所已經是的存在**。因此自為的自由顯現為他的**存在**。但是，由於這種自由不是一種給定物，或一種屬性，它只能在自我選擇中存在。自為的自由總是**在介入**；這裡的問題並不涉及一種將做為不被決定的權力和可能先於它的選擇而存在的自由。我們從來只不過把自己理解為正在進行中的選擇。但是，自由之為自由卻僅僅是因為選擇永遠是無條件的。

（七）這樣一種選擇由於它毫無支撐點，由於它向自己規定著自己的動機，所以可能表現為荒謬的，並且事實上也的確是荒謬的，這是由於自由是對其存在的**選擇**，但不是其存在的**基礎**。在本章中，我們還要回到自由和人為性的這種關係上來。目前，我們將只需說，人的實在能夠按照他所希望的去進行自我選擇，但是不能不進行自我選擇，他甚至不能拒絕存在：自殺事實上是選擇和肯定：對存在的選擇和肯定。通過這個**被給予**他的存在，他參與了存在的普遍偶然性，甚至因此，參與了我們所謂荒謬的東西。這個選擇是荒謬的，不是因為它是無理性地存在的，而是因為它沒有不選擇的可能性。不管這選擇是什麼樣的，它也是被存在奠定和重新把握的，因為它是存在著的選擇。但是，在這裡應該提起注意的是，這種選擇在這樣一個意義下不是荒謬的：即在一個理性的宇宙中，一種並不是通過理性與其他現象重新聯繫起來的現象湧現出來：它在這種意義上才是荒謬的，即它是使所有的基礎和所有的理性都成為存在的東西，使荒謬的概念本身得到一種意義的東西。它是荒謬的，由於它在所有的理性之外。於是，自由便不單純地是偶然性，因為它轉回其存在以便用它的目的的光明照亮存在，它是對偶然性永恆的逃離，它是偶然性的內在化、虛無化和主觀化，這種偶然性被這樣改變後，完全過渡到了一種無動機的選擇之中。

（八）對自由的謀劃是基本的，因為它就是我的存在。無論是野心、被愛的激情還是自卑情結都不能被看成是基本的謀劃。相反，它們是從原始的謀劃出發被理解的，這原始謀劃肯定自己不再能從任何別的謀劃出發被解釋，並且是完整的。一種專門的現象學方法對解釋這個原始謀劃是必要的。這就是我們所謂的存在的精神分析法。我們將在下一章裡談及這個問題。從現在開始，我們能夠說，我所是的那個基本謀劃是一個與我和世界這樣或那樣的特殊對象之間的關係無關的謀劃，而是我整個在世的存在，我們還能說——因為世界本身只由一個目的的照亮才被揭示出來——這個謀劃將以與自為想保持的那個存在的某種類型的關係做為目的提出來。這個謀劃不是即時的，因為它不能「在」時間裡存在。它也同樣不是時間化的以便在後來「把」時間給予自己。所以我排斥康德的「心智特徵的選擇」。選擇的結構必然意謂著選擇是在世的選擇。一種**從烏有出發並對抗烏有的**選擇，不是對烏有的選擇，而是會做為選擇自我虛無化。世上只有現象性的選擇，如果人們真正懂得了在這裡現象是絕對的話。但是，在選擇的湧現本身中，它就自己時間化了，因為它使得一個將來照亮了現在，並且在把**過去性**的意義給予自在的「材料」時將現在構成為現在。然而，不應該因此認為基本謀劃是和自為的整個「生命」共存的。由於自由是沒有支撐點又沒有跳板的存在，所以謀劃為了存在就應該不斷地更新。我永遠在進行自我選擇，而且永遠不能做為已被選擇定的存在，否則，我就會重新落入單純的自在的存在中去。永遠進行自我選擇的必然性和我所是的被追求的追求是一回事。但是，恰恰因為涉及到**選擇**，這個選擇就它正在進行的範圍內講，一般地指明其他的選擇是可能的。這些其他選擇的可能性既不明朗也不確定，而是在對無可辯解性的感覺中被體驗到的，這可能性是通過我的選擇的，因此又是我的存在的**荒謬性**這個事實來表述的。於是，我的自由就侵蝕著我的自由。事實上，由於我是自由的，所以我謀劃著我的全部可能，但是我因此提出我是自由的，我總是能夠將這原始謀劃虛無化並使之過去化。於是，在自為想自我選擇並通過一種被謀劃的虛無來顯示他是什麼的時刻，它就逃避了自己，因為他甚至據此肯定他能夠成為異於他的東西。為了使**瞬間湧現**，也就是使一個新謀劃在舊謀劃的崩潰上面顯現，他只消說明他的不可辯解性就夠了。儘管如此，由於這新謀劃的湧現是以舊謀劃的虛無化做為明確條件的，所以自為不能給予自己一個新的存在：從他把舊謀劃推入過去時起，他就應該在「曾經是」的形式下是這個謀劃——這意謂著，這個舊謀劃將從此屬於它的處境。存在的任何法則都不能**先驗地**給我所是的不同謀劃規定一個數目：自為的存在事實上制約著他的本質。但是，應該參考一下每個人的歷史，以便給每一個特殊的自為形式以一個特殊的觀念。我們的那種觸及到特殊目的的在世界中的實現的特殊謀劃與我們所是的那個整體謀劃合成一體了。但是，正是由於我們完全是選擇和活動，這些部分的謀劃便不被整體謀劃所規定：它們本身應該是選擇，而偶然性、不可預見性和荒謬性之外的某種東西便為它們之中的每一個保留了下來，儘管每一個謀劃，做為自己籌劃的謀劃，由於是處境的特殊成分而成為整體謀劃的說明，總是相對我整個在世的存在而被理解的。

通過這些觀察，我們希望已闡明瞭在其原始存在中的自為的自由。但是，人們可能指出這種自由要求給定物並不是做為它的條件，而是要求它做為其名稱以外更多東西：首先，自由只被設想為給定物（§. 5）的虛無化並且就它是內在否定和意識而言，它加入到（§. 6）把意識規定為是**對**某物**的**意識的必然性之中。此外，自由是選擇的自由，而不是不選擇的自由。不選擇，實際上就是選擇了不選擇。因此選擇是被選擇的存在的基礎，而不是選擇的基礎。自由的荒謬性（§. 7）概源於此。也就是由此自由把我們推回到給定物，這給定物只不過是自為的人為性本身。最後，儘管整體謀劃在其整體中照亮了世界，它卻只能因處境的這樣或那樣的因素，因而也就是因世界的偶然性而自我說明。因此所有這些看法將我們推到一個難題中：即自由與人為性的關係問題。自由和人為性還將人們必然會向我們提出的具體反對意見重新聚在一起：如果我是小個子的話，我能夠選擇成為大個子嗎？如果我是獨臂的話，我能選擇有兩個胳膊嗎？等等，這些問題恰恰都提出我的處境事實上給我本身的自由選擇帶來的「限制」。因此應該考查一個自由的另一方面，它的「背面」：它和人為性的關係。

二、自由和人為性：處境

常識用來反對自由的決定性論據在於使我們想起我們的無能。我們遠遠不能按照我們的意願來改變我們的處境，似乎我們自己也不能改變我們自己。我不能**自由地**逃避我的階級、民族和我的家庭的命運，甚至也不能確立我的權力或我的命運，也不能自由地克服我的最無意義的欲念或習慣。我生而為工人、法國人、遺傳性梅毒或者遺傳性肺癆患者。一個生命的歷史，無論它是怎樣的，都是一部失敗的歷史。事物的敵對係數是如此之大以致需要耐心地等待好多年來得到一個最微不足道的結果。還需要「服從自然以便支配自然」，也就是說將我的行動插入決定論的網絡之中。儘管人看起來是「自己造就」的，然而他似乎仍是通過氣候和土地、種族和階級、語言、他所屬的集團的歷史、遺傳、孩提時代的個人境況、後天養成的習慣、生活中的大小事件而「被造成的」。

這種論據從來沒有徹底地使贊成人的自由的人們感到為難：笛卡兒第一個同時承認意志是無限的並應該「先努力克服我們自己而不是命運」的人。因為在這裡應該做一些區別；決定論者陳述的許多事實在考察時是不會被採用的。特別是，事物的敵對係數不可能是反對我們的自由的論據，因為是**由於我們**，也就是說由於目的的先決地位，這種敵對係數才湧現出來。這有如一塊岩石，如果我想搬動它，它便表現為一種深深的抵抗，然而當我想爬到它上面去觀賞風景時，它就反過來成為一種寶貴的援助。從它本身來看──如果甚至有可能觀察它本身能是什麼的話──它是中性的，也就是說它等待著被一個目的照亮，以便表露自己是一個對手還是一個助手。甚至，它只能在一種已經確定了的工具性複合內部才能以這樣或那樣的方式表露自己。如果沒有十字鎬和冰鎬、沒有已經踏出的山路，不掌握攀登的技術，要爬上岩石便不容易，也不艱難；問題可能還沒有提出，岩石和攀登技術還不保持任何類型的任何關係。於是，儘管天然的東西（海德格稱之為「天然存在物」）一開始就能夠限制我們行動的自由，然而正是我們的自由本身應當事先構成它們對之表露為限制的框架、技術和目的。甚至如果岩石被揭示為「難以攀登」的，如果我們打算放棄攀登，我們也要注意，只是由於一開始就已被當作「可攀登的」，它才被揭示為這個樣子；因此正是我們的自由構成了它後來將碰到的限制。當然，經過這些分析後，仍然有一種不可稱謂的而且是不可設想的屬於上述自在的殘留物（residuum），它在被我們的自由照亮了的世界裡使得這一塊岩石更利於攀登而另外一塊則不是這樣。但是，這種**殘留物**遠非一開始就是自由的限制，正是多虧了它──也就是說多虧了如此這般的天然的自在──自由才做為自由湧現出來。事實上，常識與我們一起同意被稱為**自由的**存在是能夠**實現**其謀劃的存在，但是，為了使活動能夠包含**實現**，對一個可能的目的的簡單謀劃就應該**先驗地**和這個目的的實現有所區別。如果為了實現只須設想就夠了，那麼，我現在就沉入了一個與夢相似的世界，這個世界裡，可能與實在就不再有任何區別了。從那時起我就命定要看到這個隨我的意識**的**變化而變化的世界，就我的概念而言，我不能實施「放在括號裡」並把能夠區別一個單純的虛構和實在的選擇的判斷存而不論。從僅僅被設想時起顯現出來的對象將不再被選擇或僅僅被希求。單純的**願望**、我可能選擇的**表現**和被取消的**選擇**之間的區別將和自由一起消失。當我們賴以顯示我們所是的最後一項是**目的**的時候，也就是說不是實在的存在物的時候，就像在我們已經假設過的前來滿足我們的願望的存在物那樣，而又只是一種尚未存在的對象的時候，我們是自由的。但是，從那時候起，這個**目的**就只有當它與我們是分離的同時又是可達到的時候才有可能是超越的。只有一種諸實在存在的總體能使我們和這個目的分開——同樣，這個目的只能被設想為與我分離的實在的存在的未來狀態。這目的只不過是存在物的次序的提綱，也就是說是一系列在現實關係的基礎上被固著在存在物上的安排的提綱。事實上，自為通過內在的否定在存在物的相互關係中通過他提出的目的照亮了存在物，並且他是從他在存在物中把握的決定出發來謀劃這個目的的。我們看到，沒有循環，因為自為的湧現是一下子形成的。但是，如果他是這樣的，存在物的秩序本身對自由本身來說便是必不可少的。正是通過存在物，自由既與其追求的並且顯示出它是什麼的目的分離又可達到這目的。因此，自由在存在物中發現的抵抗對自由來說遠非一種危險，而只是使自由做為自由湧現。只能有介入到抵抗的世界之中去的自由的自為。在這種介入之外，自由、決定論、必然性這些概念都會失去它們的一切意義。

此外，應該和常識相反，明確地說明「是自由的」這種表述不意謂著「獲得人們所要求的東西」，而是「由自己決定（按選擇的廣義）去要求」。換言之，對自由來講，成功與否是無關緊要的。在這裡，用常識來反對哲學家的那種爭論產生於一個誤會：「自由」的經驗的和通俗的概念是歷史情況、政治情況和道德情況的產物，相當於「達到被選擇的目的的能力」。我們在這裡考察的關於自由的技術的和哲學的概念則只不過是這樣一個概念，它意謂著：選擇的自主。不過應當指出，同一於「作為」的選擇設定了實現的開端以便區別於夢幻和願望。於是，我們不說一個俘虜有隨時出獄的自由，這將是荒謬的，我們同樣不說他有隨時希望被釋放的自由，人盡皆知這是沒有意義的，但我們可以說他隨時都有企圖越獄（或企圖使自己得到自由）的自由——也就是說，不管他的處境如何，他都能謀劃他的越獄和通過一個活動的開始使他本人知道他的謀劃的價值。我們對並沒有區別選擇和作為的自由的描述迫使我們同時拋棄了意向和活動之間的區別。人們不能把意向和活動分開，就像不能把思想和表達思想的語言分開一樣，如同我們的話語有時把我們的思想告訴我們一樣，我們的活動也把我們的意向告訴我們，也就是說使我們能獲取意向、將它們模式化並把它們造成對象而不是僅僅侷限於去體驗它們，也就是說從中獲得對它們的非正題意識。這種選擇的自由和獲取的自由之間的本質區別無疑被笛卡兒繼斯多葛主義之後注意過。自由做為一個詞在所有討論中用於直到今天還在使支持自由的人和反對自由的人對立的「願望」和「能力」上。

一點不假，自由由於它超越的或虛無化了的給定物而遇到或者似乎遇到限制。指出事物的敵對係數和其**障礙**的特點（與其工具的特點相融）對一個自由的存在是必不可少的，這就是使用一個會有正反兩面結果的論據，因為如果有可能確定自由不是被給定物所取消的，這就在另一方面指出了某種事物是本體論地制約著自由的。人會不會像某些現代哲學家那樣建立一種理論說沒有障礙就沒有自由呢？由於我們不能承認自由自己為自己製造障礙——這對任何已經理解了什麼是自發性的人來說都是荒謬的——這裡似乎有一種自在對自為的本體論在先。因此應當把前面的意見看作為是清掃地基並重新提出人為性問題的簡單嘗試。

我們已確立自為是自由的。但這並不意謂著他是他自己的基礎。如果是自由的意謂著是自己的基礎，那自由就應當決定他的存在的實存。而這種必然性可以以兩種方式理解。首先，自由應該決定他的自由的存在，就是說不僅僅是對目的的選擇，而且還是對做為自由的對他本身的選擇。因此，這就是設定自由的可能性和不是自由的可能性在自由選擇其中一個可能性之前，也就是說在對自由的自由選擇之前是平等地存在的。但是，由於一個先決的自由必須選擇為是自由的，也就是說，歸根結柢選擇是它已經是的東西，我們就可能會被推到無限，因為自由將需要另一個在前的自由來選擇它，以此類推。實際上，我們是進行選擇的自由，但是我們並不選擇是自由的：我們命定是自由，正如我們在前面說過的，我們被拋進自由，或者像海德格說的那樣是「被遺棄的」。正如人們看到的，這種遺棄的根源只是自由的存在本身。因此，如果人們將自由定義為逃避給定物，逃避事實，就有一種逃避事實的事實。這就是自由的人為性。

但是，自由不是自身的基礎這一事實還能以另一種會引出同樣結論的方式來理解。事實上，如果自由決定它的存在的實存，那麼不僅做為非自由的存在應當是可能的，而且我的絕對非實存也應當是可能的。換句話說，我們已經發現，在自由的最初謀劃中，目的轉向動機，以便確立這些動機；但是，如果自由應該是它自己的基礎，目的就也應該回到實存本身上去以便使實存湧現。人們看到由此而得出的結果：自為本身將會從虛無中掙脫出來以便達到他自己規定的目的。這種被其目的認可的實存將是**權利**的而不是作為（fait）的實存。在自為用以從原始偶然性中掙脫出來的千百種方法中，果真有一種是企圖使自己被他人承認為權利的實存。我們只在一個力圖從我們擔負的職責出發把實存歸屬於我們的廣義的謀劃的範圍內才重視我們的個人權利。這就是為什麼人如此經常地企圖和自己的職務相符並力圖只在自己身上看見「上訴法院主席」、「國庫主計官」等等的原因。事實上，這些職務中的任何一個都有其被他的目的判定的存在。同一於這些職務中的一個，就是將他自己的存在看作是從偶然性中脫身的。但是，這些逃避原始偶然性的努力只是為了更好地確立這原始偶然性的實存。自由不可能通過自己提出的目的來決定自己的實存。無疑，它正由於它從一個目的出發所做出的選擇才能存在，但是它不是主人因為**有**一個通過其目的使自己顯示出自己是什麼的自由。一個使自己本身成為實存的自由就會喪失其自由的意義本身。事實上，自由不簡單是一種不被決定的能力。如果它是這樣的，它就會是虛無或自在；正是通過自在和虛無的一種反常的綜合，人們才得以將它設想為一種赤裸裸的能力並且在其選擇之前就存在了。自由是在「作為」時通過它的湧現本身自我決定的。但是，我們看到**作爲**設定給定物的虛無化。人們**把**某物變成為某物。於是，自由是相對一個給定物的存在而言的存在的欠缺，而不是一個充實存在的湧現。而如果它是這種存在的洞孔即我們剛才說過的這種存在的虛無，它就設想了**整個存在**以便做為一個洞孔在存在內部湧現出來。因此它不是從虛無出發決定自己存在，因為所有從虛無出發的產物都只能是自在的存在。此外，本書第一卷中已證明如果虛無不是在存在內部，它是無法顯現的。這裡，我們與常識的要求不謀而合了。從經驗的觀點來講，我們只有就事物的一種狀態而言，並且不顧及這種事物的狀態才能夠說是自由的。人們可以說，當一種事物的狀態不限制我的時候，我對這種狀態而言是自由的。於是，自由的經驗的和實踐的概念是完全否定的，它從對處境的考慮出發，認為是這種處境讓我**自由**地追求這樣或那樣的目的。人們甚至可以說，這種處境從它**在那裡以便不約束我**的意義上說，制約著我的自由。把在宵禁令發出後禁止通行的禁令除掉吧——對於我來說，在夜裡出外散步的自由（比方說使用安全通行證而給予了我的自由）究竟能意謂著什麼呢？

於是，自由是一個設定了存在以便逃避存在的更低的存在。它既不能自由地不存在也不能自由地不是自由的，我們將同時把握這兩個結構的聯繫：事實上，由於自由是對存在的逃避，它不可能在存在**之外**就好像側面地並在一個粗略的謀劃中產生：人們逃不出人們並未被關禁在其中的一個監獄。在存在之外自我的投射完全不能把自己確立為這個存在的虛無化，自由是逃避介入存在，它是它所**是**的存在的虛無化。這不意謂著人的實在是**首先**存在以便**後來**是自由的。後來和首先是由自由本身所創造出來的兩端。自由的湧現只是通過他所**是的存在**和他沒於其中的存在的雙重虛無化而形成的。自然，在自在的存在的意義下自由並非是這個存在。自由使**屬於**它的又在它之後的那個存在**存在**，而同時在自由的不足狀態中，由於它選擇的目的的啟示而照亮了這個存在：自由應該在它之後**是**它並沒有選擇的那個存在，並且正是在它轉向這個存在以便照亮它的時候，自由使這個屬於它的存在和存在的充實，即沒於世界的存在的聯繫中顯現出來。我們說自由沒有不是自由的自由，也沒有不存在的自由。因為實際上，不能夠不是自由的這一事實就是自由的**人爲性**，而不能夠不存在這一事實就是它的**偶然性**。偶然性和人為性是一回事：有一種自由在**不存在**的形式下（也就是說在虛無化的形式下）應該是的存在。做為自由的行為而存在或者應該是沒於世界的存在，這也是同一回事，而這意謂著自由一開始就是**與給定物的相關的**。

但是，和給定物的關係是什麼呢？是否應該因此而認為給定物（自在）制約著自由呢？我們應該更進一步觀察：給定物不是自由的**原因**（因為它只能產生給定物），也不是自由的理由（因為所有的「理由」都是通過自由才來到世界上的）。它同樣不是自由的**必要條件**，因為我們是在純粹偶然性的地基上。它也不是自由必須使用的**必不可少的質料**，因為這將是設定自由完全做為亞里斯多德的形式或斯多葛的普紐瑪存在，而且尋找一種質料來加工。給定物絲毫不進入自由的構成之中去，因為這種構成使自己內化為對給定物的內在否定。只不過，給定物是自由在做自我選擇時竭力否認的那種純粹的偶然性，它是存在的充實，自由在尚未存在的目的的光輝照亮它時給它染上了不足和否定的色調，它在**自由存在**時就是**自由本身**，無論自由做什麼，都不能脫離它的存在。讀者已經懂得，這個給定物只不過是被那個應成為它的自為虛無化了的自在，只不過是做為對世界的觀點的身體，只不過是做為自為曾經是的本質的過去：這是同一個實在的三個名稱。通過其虛無化的後退，自由使得一個關係的體系根據目的的觀點在「這些」自在中建立起來，也就是說在這時，在被揭示為**世界**的存在的**充實**和它應該是的沒於這個充實並被揭示為一**個**存在、被揭示為一**個**它應該是的存在的存在之間建立起來。於是，自由通過對一個目的的謀劃本身把一個它應該是的特殊給定物構成為一個沒於世界的存在。自由不選擇這給定物，因為這將是選擇它自己的存在，然而它卻通過自己根據目的所做的選擇使得這給定物以這樣或那樣的方式，在這樣或那樣的光照下在與對世界本身的發現的聯繫中被揭示出來。於是，自由的偶然性本身和以自己的偶然性包圍著這個偶然性的世界只是在它自己選擇的目的的光照下才能對它顯現，也就是說，不是做為天然的存在，而是在同一個虛無化的光照的統一體中顯現。而自由永遠不能再將這個總體把握為純粹的**給定物了**，因為那是應該在一切選擇以外，因此自由應該不再是自由。我們將稱之為處境的就是自由在世界存在的充實中的偶然性，因為這個只是**爲了不約束**自由才在此的**給定物**只對這個自由表現為已經被它選擇的目的**照亮了的**。於是，給定物從來不對自為顯現為天然的和自在的存在，它總是**做爲動機**被發現，因為它只是在一個照亮它的目的的光亮下被揭示出來。處境和動機是一回事。自為被發現是介入存在的，是被存在包圍、受到存在威脅的；他發現了由於一種防禦或進攻的反作用而做為動機包圍著他的事物的狀態。但是，他之所以能有這種發現只是因為他自由地提出目的，相對這種目的來說，事物的狀態才是具有威脅性的或者有利的。這些看法應該告訴我們，**處境**這個自在的偶然性和自由的共同產物是一種模棱兩可的現象，自為不可能在這種現象中分辨出自由所帶來的東西和天然存在所帶來的東西。同樣，事實上，自由就是一種對它為了逃避而應該是的偶然性的逃避，同樣，處境是一個不允許隨意定性的天然給定物的自由調整和自由定性。現在我就在那塊對我顯現為「不可攀登」的岩石的腳下。這意謂著這塊岩石是在謀劃攀登的光照下對我顯現——對攀登的謀劃是從一種我在世的存在這最初謀劃出發現其意義的次級謀劃。於是，這塊岩石是以世界為基礎通過我的自由的最初選擇的作用而顯現出來的。但是，另一方面，我的自由所不能決定的東西，就是「要攀登的」岩石是否合於攀登。這是岩石的天然存在的一部分。儘管如此，岩石只能在它被自由納入到一種其一般主題是攀登的「處境」中時才能表露出它對攀登的抵抗。一個不僅只是做為散步者的人從這路上走過，他的自由謀劃只是純粹的從美學觀點出發欣賞風景，對他來說，岩石不表現為可攀登的或不可攀登的：它只是表現為美的或者**醜**的。於是，不可能在任何特殊情況下決定屬於自由的東西和屬於自為的天然存在的東西。做為抵抗或做為幫助的自在給定物只有在謀劃中的自由的光照下才表現出來。但是，謀劃中的自由組成了一種光照，自在因之被顯示**爲它**所是的，也就是說顯示為抵抗的或者是有利的，因為顯而易見，給定物的抵抗並不直接做為給定物的自在性質而僅僅是做為一種徵象，成為可接受的。而這些都是通過一個不可捉摸的**怎麼辦**的自由光線和自由折射。因此，只有在自由的自由湧現中並通過這個湧現，世界才發展和揭示了能使被謀劃的目的的不可實現的抵抗。人只是在其自由的領域裡才碰到障礙。或不如說：先驗地決定屬於天然存在物的和屬於自由的這樣的特別存在物障礙的特性是不可能的。事實上，對我來說是障礙的東西可能對別人來說就不是障礙。沒有絕對的障礙，障礙是通過自由發明的、自由獲得的技術揭示了其敵對係數；它也是根據通過自由提出來的目的的價值揭示敵對係數的。如果我願意不惜代價地到達山頂，這岩石便不成其為障礙；相反，如果我自由地限制我計畫攀登的欲望，它就會使我喪失信心。於是，世界通過敵對係數向我揭示了我達到我自己規定的目的所使用的方法；因而我永遠不能知道世界是否會給我關於我或者它的情報。此外，給定物的敵對係數永遠不簡單地是與我的做為一種純粹虛無化的噴射的自由的關係：它是被自由照亮的岩石所是的給定物和我的自由應該是的給定物之間的關係，也就是說是我的自由所不是的那種偶然性和它的純粹人為性之間的關係。在同樣欲求攀登的情況下，攀登岩石對於一些登山運動員來說是輕而易舉的，而對另一些新手、訓練得很差和身體虛弱的人來講就是困難的。但是，身體反過來只是在相對一種自由的選擇時才表現為是訓練有素還是缺乏訓練。正是因為我在那裡而且我使我成為我所是的，岩石才相對我的身體而展現出一種敵對係數。對於一個長期住在城市裡從事訴訟的、身體藏在律師服下面的律師來講，這塊岩石既不容易攀登也不很難攀登：它融合在「世界」這整體中，並未顯露絲毫。在某種意義下，正是我在使我的身體與我使之（登山運動員、犬儒主義、體育）產生的困難對峙時，選擇了我的身體是虛弱的。如果我沒有選擇去進行體育運動，如果我留在城裡，如果我完全地從事交易事業或腦力勞動，我的身體就絲毫不會從這個角度去被定性。於是，我們開始瞥見關於自由的悖論：只有在處境中的自由，也只有通過自由的處境。人的實在到處都碰到並不是他創造的抵抗和障礙；但是，這些抵抗和障礙只有在人的實在所是的自由選擇中並通過這種選擇才有意義。但是，為了更好地理解這些看法的意義和從中獲得它們包含的益處，現在應該在它們的啟發下分析幾個明確的例子。我們曾稱之為自由的人為性的東西，就是自由應該是的並且以其謀劃照亮了的給定物。這給定物以幾種不同的方式被表露出來，甚至在同一種光照的絕對統一中表露出來，這就是我的位置，**我的身體**，**我的過去**，我的已經被他人的指示決定的立足點，最後是**我與他人的基本關係**。我們將依次根據一些明確的例子來考察處境的這些不同的結構。但是，永遠不應當忘記這些結構中的任何一個都不是單獨地表現出來的，不應當忘記，當人們孤立地考察一個處境的時候，人們就限於使它在其他處境的綜合基礎上出現。

（A）我的位置

我的位置是由空間秩序和在世界的基礎上向我揭示的諸多「這個」的特殊本性定義的。它當然是我「居住」的地方（我的國家，包括其土地，氣候，寶藏，山川地貌），但是，更簡單地說，它也是現在顯現在我眼前的對象的布局和次序（一張桌子，在桌子的那一邊是一扇窗戶，窗戶的左邊是一個大衣櫥，右邊是一把椅子，窗戶後面是街道和大海）。這些對象指示出我是它們的次序的理由本身。我不可能沒有一個位置，否則相對世界來說我就是處在懸空的狀態，世界也就不再以任何方式向我表露，這些我們在前面就已經研究過了。此外，儘管這個現實的位置能夠通過我的自由（我已「來到」這裡）規定我，我卻只能根據我先前占據的位置並根據對象本身踏出的道路來占據這個位置。而這個先前的位置把我送到另一個位置，這另一個位置又把我推至另外一個位置，以此類推，一直到我的位置的純粹偶然性，也就是說，一直推到不再把我推至任何地方的我的諸多位置中的那個位置上去：即誕生為我確定的那個位置。事實上，要通過我母親在把我送到世界上時占據的那個位置來解釋這最後一個位置是毫無用處的：鍊條已斷，我的父母自由地選擇下的位置對解釋**我的**位置是完全無用的；而人們之所以在其與我的原始位置的連繫中來考察一個位置——比如當人們說：我生在波爾多，因為我父親在那裡為官——我生在圖爾，因為我的祖父母有產業在那裡，我的母親在他們身邊棲身，當她懷孕時候，有人告訴她說我父親去世了——是為了更好地證明**對我來說**出生和出生為我確定的位置是多麼偶然的事情。於是，出生，就是在其他的特徵之間**取得其位置**，或者不如按我們剛才說的，接受這個位置。而由於這個原始位置將是我從之出發並根據已定的規則占據新位置的位置，所以這裡面似乎就有一種對我的自由的強制的限制。況且，從人們對此加以思考時起，這個問題就變得混亂了：事實上，贊同自由意志的人們指出，從現在占據的整個位置出發，無數其他的位置可供我選擇；反對自由的人們堅持一個事實，即無數位置因此拒我於門外，而且，一些對象把我沒有選擇的和排斥所有其他面的一面轉向我；他們還說，我的位置和我的存在的其他條件（供養體制，氣候，等等）連結得太深了，以致不協助造就我。在贊同或反對自由的人們之間做決定似乎是不可能的。因為爭論還不是在它真正的基礎上進行。

事實上，如果我們願意得體地提出問題，就應該從這種二律背反出發：人的實在一開始就接受了其沒於事物的位置——人的實在就是某種做為位置的事物賴以來到事物中間的東西。沒有人的實在，就不會有空間或位置——然而這個使位置來到事物中間的人的實在在事物中接受其位置，而它完全不是這位置的主人。真正說來，這並沒有什麼神祕：但是，描述應當從二律背反開始，正是這二律背反將向我們提供自由和人為性的精確關係。

幾何學空間，也就是說空間關係的純粹相互性，是純粹的虛無，這點我們已經討論過了。唯一能夠向我揭示的具體位置，就是絕對廣延，也就是說恰恰是由我的被視為中心的位置來定義的，並且對它來說，距離被絕對地理解為由對象到我的距離，而不是相互的。唯一的絕對廣延就是從我絕對地**存在**的那個地方出發展開的那個廣延。沒有任何另一點能夠被選擇為歸屬的絕對中心，除非立即被帶到普通的相對性中。如果有一種廣延，在這種廣延的界限內，我就把自己當作自由的或不自由的，而且這種廣延對我表現為協助的或敵對的（分離的），這只能是因為首先**是我使我的位置**存在，沒有選擇，也沒有必然性，就如同我的此在的絕對的純粹事實一樣。我此在：不是在這裡，而是在**那裡**。這就是絕對的和不可理解的事實，這種事實起源於廣延，因此也是起源於我和事物（和這些事物而不是和那些事物）的原始關係。這是純粹的偶然性事實——荒謬的事實。

不過，另一方面，**我所是**的這個位置是一種關係。也許是同質的關係，但畢竟是關係。如果我僅限於使我的位置存在，我便不能同時在別處來建立這基本關係，我甚至不能對我的位置相對於它而被定義的對象有模糊的理解。我只能在我不知道的情況下，使諸種內在規定存在，這些規定是那些包圍著我的，不可捉摸又不可思議的對象所能夠在我身上激發起的規定。與此同時，絕對廣延的實在本身就消失，而且我就從類似一個位置的全部東西裡解脫出來了。另一方面，純粹存在物不是自由的，也不是不自由的——毫無約束，卻也沒有任何辦法否認約束。為了某種做為原始地被定義為我的位置的廣延的東西來到世界上，同時嚴格地規定我，我不僅應該使我的位置存在，也就是說，我不僅應該在此：而且我還應該能夠完全不在這裡，以便能夠在那裡，在我放在離我十公尺的對象旁邊，而且從這種對象出發，我使自己顯示出我的位置。定義了我的位置的同質關係事實上表述為我所是的某種東西與我所不是的某種東西之間的關係。這種為揭示自己的關係應該被確立。因此它假設我能夠進行如下活動：（一）**逃離我所是的東西**，**並使之虛無化**，以至於儘管是被**存在**，我所是的東西仍然能夠被揭示為關係項。這種關係事實上不是在對對象的簡單的凝思中（如果我們企圖使空間從純粹的凝思中派生出來，人們可以反駁我們說對象是以絕對的維，而不是以絕對**距離**被給出的）被直接給出的，而是由我們直接的行動（「他朝我們走來」，「我們躲開他吧」，「我去追他」，等等）被直接給出的，因此它包含著對我做為此在所是的東西的理解。但是同時，應該很好地從別的「這個」的此在出發定義我所是的東西。做為此在，我是人們向之跑去的那個人，是還需要一個小時才能登上前面山頂的那個人，等等。所以例如，當我注視山頂的時候，伴隨著我從山頂出發向著我的此在為確定我的**位置**而進行的逆向溯源已有了對我的脫離。於是，僅僅由於脫離了我，我就應該是「我之不得不是」。為了使我能通過我的位置來被定義，我首先應該脫離我本身，以便設置座標，根據這些座標，我將會更加直接地把自己確定為世界的中心。應該指出，我的**此在**絲毫不能規定將要固定和確定事物位置的超越，因為我的此在是**純粹的給定物**，是不可能謀劃的，還應該指出，為了直接地自我定義為這樣或那樣的**此在**，對返程的連續的超越就應當已將我的此在確定了。（二）**通過內在否定脫離——沒於——我所不是的並使我顯示我之所是的世界的**——「這個」。發現這些「這個」並從中脫離，我們已經知道是同一個否定的結果；也是在那裡，相對除去了遮蔽物的「給定物」來說，內在否定是第一位的和自發的。人們不會同意說給定物**引起**了我們的感知；而是相反，為了**有**一個顯示了到我**所是**的此在的距離的「這個」，我恰恰應該通過純粹否定從中逃離出來。虛無化，內在否定，決定向我所是的此在回歸，這三個行動是一回事。它們在使我虛無化時僅僅是朝向一個目的的原始超越性的環節，為的是使我顯示出我之所是。於是，正是我的自由來向我提供了**我的**位置並把它定義為我所處的位置，我只能完全被限制在我所是的那個此在內，因為我的本體論結構就是不是我所是而又是我所不是的。

另一方面，完全假設了超越性的對這個位置的決定只有在相對一個目的的時才能發生。正是在目的光照下我的位置才獲得其意義。因為我從來不會**簡單地在那裡**。但是，顯然，我的位置被當作**流放地**，或相反被當作那種自然的，安逸的，有利的地方，莫里亞克在將其比作受傷的野牛總要回到其中的那個位置時稱之為 quetenci[10]：正是相對我所計畫做的——相對整個世界，由此又相對我的整個在世的存在，我的位置對我顯現為一種協助或者一種阻撓。在位置上首先就是遠離……或者靠近……——也就是說，位置相對某個人們想達到又尚未存在的某種存在而具有一種意義。正是這個目的的可接受性或不可接受性給位置下了定義。因此正是由非存在和未來的光照下，我的處所才能現實地被理解：此在就是只要走一步就能拿到茶壺，就能夠伸出胳膊在墨水瓶裡浸濕羽毛筆尖，如果我想看書又不致使眼睛受累就應該轉身背靠窗戶，如我想看我的朋友皮埃爾，就需要騎著我的自行車忍受下午兩小時的炎熱和勞累，如果我想去看安妮，就應該坐上火車，熬一個通宵。對一位移民來說，此在就是在法國待二十天——更確切地說：如果他是一位官員，他希望免費旅行，此在就是在波爾多或愛塔布爾待六個月又七天。對於一個士兵來說，此在就是在訓練營裡待一百一十天或一百二十天：未來——一種被謀劃的未來——無處不滲入：它就是我在波爾多，在愛塔布爾的未來生活，士兵未來的退伍，我用浸滿了墨水的筆將寫下的未來的字，正是所有這些對我來說意謂著我的位置，並且我在精神緊張中或急躁中或思鄉中使它存在。相反，如果我脫離了人群或公眾意見，我的位置便會被這些人為在我所未棲身的村莊深處發現我並到達這個村子等等所需要的時間所定義。在這種情況下，這種離群索居便為我顯示了我有利的位置。在這裡，在位置上，就意謂著躲藏起來。

對我的目的的這種選擇一直滑到純粹空間的關係之中（高和低，右和左，等等），以便賦於這目的一個存在的意義。山是「要戰勝的」，如果我停留在山腳下，山就顯得是不可戰勝的；反之，如果我在山頂上，它就被我的自尊的謀劃本身所征服，就象徵著我自己比其他的人優越。河流的位置，與海的距離等等都是相關因素，都具有了一種象徵意義：在我的目的光照下而形成的我的位置象徵性地提醒我這個目的，無論是在所有它的細節中還是在它總體聯繫中都是一樣。當我們以後要進一步定義對象和存在的精神分析的方法的時候，我們還要來談這個問題。**距離**和對象的天然關係永遠不能在就是我們確立它們的方法的意義和象徵之外使自己得到理解。因為這個天然的關係本身只相對度量並走完這些距離的技術的選擇才有意義。那座離我的村子二十公里並有軌電車聯結通過的城市離我比一個處於四公里外，滿是石頭且有海拔二千八百公尺高的山頂更近。海德格曾指出日常的成見是怎樣將位置給予那種和純粹幾何學的距離毫無共同點的工具的：他說，我的眼鏡一旦架在了我鼻子上，它對我就比我透過它看到的對象遠得多。

於是應該說，我的位置的人為性只在我以我的目的造成的自由選擇中並通過這種選擇才向我揭示出來。自由對發現我的人為性是必不可少的。我是從我所謀劃的未來的所有的點上知曉這個人為性的。正是從這個被選擇的未來出發，這人為性向我顯示其無能性、偶然性、脆弱性和荒謬性。正是相對我夢想看見紐約，我在瑪爾桑高原的生活才是荒謬的和痛苦的。但是反之亦然，人為性是自由所能發現的唯一實在，是自由能夠通過一個目的的立場所能虛無化的唯一的實在，也只有通過這個實在，提出一個目的才有意義，因為目的之所以能夠照亮處境，是因為目的被確立為**對**這種處境**的**改變的謀劃。位置是從我謀劃的變化出發而顯現出來的。但是，改變恰恰包含著某種就是我的位置要改變的某種事物。於是，自**由是對我的人爲性的領會**。企圖在自由回到人為性以便把它當作被決定的缺陷「之前」給這個人為性的「怎麼辦」下定義並且描繪它是絕對徒勞的。在自由將我的位置做為某種空間的欠缺來限定之前，我的位置嚴格地說來什麼都「不是」，因為一切位置由之出發而被理解的廣延本身——是不存在的。另一方面，問題本身是不可理解的，因為它包含一個沒有意義的「之前」：事實上，正是自由本身依照之前和之後的方向使自己時間化。這種天然且不可設想的，怎麼辦仍然是這樣一種東西，沒有這個東西，自由就不成其為自由。它就是我的自由的人為性本身。

僅僅是在使自由發現了人為性並將其理解為**位置**的活動中，這個被這樣定義的位置才表露為對我的欲望的**束縛**和**障礙**等等。位置怎樣可能不是障礙的呢？是對**什麼的**障礙呢？強迫**做什麼呢**？人們將這個詞用於在其政黨失利後將離開法國去阿根廷的移民：如有人告訴他說阿根廷是「很遠的」：「距離什麼遠呢？」他會問道。而當然，如果說阿根廷對在法國的人來說顯得「遠」，那也是相對一個使他們在法國人中的位置增值的暗含的對國家的謀劃而言的，對於一個國際主義的革命者來說，阿根廷是世界的中心，就像任何其他國家一樣。但是，恰如我們首先通過一個原始謀劃，以法國的土地確立為我們的絕對位置——亦如某種災禍迫使我們流亡——這也是相對那個最初謀劃而言阿根廷才顯現為「很遙遠」，顯現為「流亡地」的；正是相對它而言，我們才有流亡的感覺。於是，自由本身創造了我們遭受的障礙。正是自由本身在提出目的時——並在選擇了不可達到的或很難達到的目的時——使我的位置對我們的謀劃顯現為是不可克服的或很難克服的抵抗。還是自由在建立做為工具性關係的原始類型的對象之間的空間聯繫時，構成了它固有的克制。但是，恰恰只有克制的自由，因為自由是選擇。我們將看到，任何選擇都假設排除和淘汰；任何選擇都是對有限性的選擇。於是，自由只有在將人為性構成它自己的克制時才可能是真正自由的。所以，我說我並不能自由地去紐約是毫無用處的，因為我是蒙·德·瑪爾桑的一個小官員。相反，正是相對我去紐約的謀劃而言我才使自己**置身於**蒙·德·瑪爾桑。我現在置身於世界的位置，蒙·德·瑪爾桑與紐約的關係和與中國的關係一樣都完全是另一回事，如果例如我謀劃成為蒙·德·瑪爾桑的一個富有農戶的話。在第一種情況下，蒙·德·瑪爾桑以世界為基礎在和紐約、梅爾布爾納和上海的有機聯繫中顯現；在第二種情況下，它從未分化的世界的基質上脫穎而出。至於我到紐約去的謀劃的**實在**重要性，是我獨自一人決定的：這正好能夠是一種將我選擇為對蒙·德·瑪爾桑不滿意的方式；而在這種情況下，一切都集中到蒙·德·瑪爾桑，只是我感到需要不斷地將我的位置虛無化，需要在相對我住的城鎮的永遠後退中生活——這也能夠是一種我完全介入其中的謀劃。在第一種情況下，我把我的位置當作不可克服的障礙，我也許僅僅用一種迂迴的方法在世界上間接地定義它；相反，在第二種情況下，障礙將不再存在，我的位置將不是一個聚焦點，而是一個出發點：因為，為了去紐約，必須有一個出發點，不管這出發點是什麼樣的。於是，無論在什麼時候，我都將認為自己在我的偶然位置上介入了世界，但是，恰恰是這種介入將其意義給了我的偶然位置，而這個偶然位置就是我的自由。當然，在誕生時，我**獲得位置**，但是我對我占據的位置是負有責任的。這裡，人們更加清楚地看到了自由和人為性在處境中的錯綜複雜的聯繫，因為沒有人為性，自由便不會存在——做為虛無化和選擇的能力——而沒有自由，人為性便不會被發現，甚至不會有任何意義。

（B）我的過去

我們有一個過去。也許，我們能夠確定，這個過去並不像在前的現象決定在後的現象那樣決定我們的活動，也許，我們已指出，過去沒有力量確立現在和預製未來。逃向未來的自由仍然不可能為了迎合自己的任性而停留於過去，尤其不會在沒有過去的情況下自己製造自己。自由應該是它自己的過去，而這個過去是不可挽回的；乍一看來，甚至自由也似乎不能用任何方法改變它：過去是不可觸及的東西，它在一段距離外糾纏著我們，我們甚至不能回頭面對面地考察它。即使它不決定我們的行動，至少它是我們不**從它出發**就不能做出新決定的東西。如果我準備了航海學校的考試，成了一名海軍軍官，在任何一個重新開始和考慮自己的時刻，我都是被介入的，就在我把握了自己那一瞬間，我正在我任大副的船隻的甲板上值班。我能夠突然憤起反抗這個事實，提出辭職，決定自殺：這些極端措施是就屬於我的過去而採取的；它們之所以旨在摧毀過去，是因為過去存在，而我最徹底的決心只能發展到對我的過去採取否定的態度。但是，說到底這是承認綱領和觀點的無限重要性；所有注定要從我的過去之中掙脫的行動都首先應該從**在此之過去**出發被設想，也就是說應該首先承認行動是從它想要摧毀的這個特殊的過去出發誕生的；有句諺語說：活動隨人。過去是現在的，它不知不覺地融化於現在中：這是我六個月前選擇的服裝，我請人建造的房屋，我去年冬天完成的書，我的妻子，我對她許下的諾言，我的孩子們；我所**是**的這一切，我應該以曾經是的形式是它。於是，過去的重要性就不可能被誇大，因為對我來說，「本質就是曾經是」，存在就是曾經存在。但是，我們在這裡重新發現前面指出過的悖論：沒有過去，我便不能設想自己，或不如說沒有過去我不可能思考有關我的任何東西，因為我思考的是我所**是**的東西並且我是屬於過去的；但是另一方面，我是一個使過去成為自我本身和世界的存在。

讓我們更仔細地考查一下這個悖論：做為選擇的自由就是變化。自由被自己謀劃的目的所定義，也就是說被它應該是的將來所定義。但是恰恰因為將來就是**存在的東西的還不存在的狀態**，所以它只能在與存在著的東西的密切聯繫中設想。存在的東西不可能照亮還不存在的東西：因為**欠缺著**存在的東西只能從它所欠缺的東西出發才能被設想為欠缺的。正是目的照亮了存在的東西。但是，為了去尋求將來的目的以便通過這目的顯示存在的東西是什麼，就應當已經在存在的東西之外，已經在使它清楚地顯現的虛無化後退中，在孤立系統的狀態中。因此，存在的東西只有當它向著將來被超越時才能獲得其意義。因此存在的東西是過去。人們同時看到，過去做為「應該被改變的東西」，對於未來的選擇是多麼地必不可少，因此，任何自由的超越若不是從過去出發將如何地不可能形成——另一方面，人們又看到過去的這種本性本身又是如何地從一種對將來的原始選擇中來到過去的。特別是，不可挽回性從我對未來的選擇本身來到過去之中：如果過去就是我由之出發來設想和謀劃的新事物在將來的一種狀態的東西，它本身就是被留在位置上的東西，因而它本身就是在任何變化的前景之外的東西：於是，為了使將來成為可實現的，過去就應該是不可挽回的。

我完全可以不存在；但是如果我存在，我便不可能沒有一個過去。這就是「我的偶然性的必然性」在這裡採取的形式。但是，另一方面，我們講過，兩種存在的特性首先給自為定了性：

（一）在不是對存在的意識的意識中是空無所有的。

（二）我的存在在我的存在中是在問題中——這意思就是說，沒有任何不被選擇的東西可來到我身上。

事實上，我們已經說過，只成其為「過去」的「過去」將跌入一種名義上的存在，在這種名義上的存在中，它會失去和現實的一切聯繫。為使我們「擁有」一個過去，我們就應該通過我們對將來的謀劃本身將它保持為存在：我們不是接受我們的過去；而是我們的偶然性的必然性意謂著我們不可能不選擇它。這就意謂著「應該是他自己的過去」——人們看到，這種必然性，在這裡是從純粹時間性的觀點考慮的，說到底與自由的原始結構沒有區別，而自由應當是它所是的存在的虛無化，並通過這個虛無化本身使得世上有它所是的存在。

但是，如果自由是根據過去對一種目的的選擇，與此相應，過去便只相對被選擇的目的才是其所是。在過去中有一種恆定的因素——我五歲時曾經患過百日咳——還有一種極其可變因素——就我的存在的整體而言的天然事實的意義。但是，另一方面，過去的事實的意義一點一點地滲透到我的存在中（我不能在確定我孩提時代的百日咳的意義的明確謀劃之外「回憶起」它來），我最終不可能區別恆定的天然存在和它包含的可變意義。說「我五歲時患了百日咳」這句話假設著千百種謀劃，特別是採用日曆做為我的個人存在的定向系統——因此是採取一種對社會的原始態度——在第三者造成的和我的童年的關係中決定的信仰——而這肯定將和一種對我父母的尊重或感情並存，這構成了它的意義，等等。天然事實本身**是**：在他人的見證之外，它的日期之外，疾病的技術名詞之外——取決於我的謀劃的全部意義——它能是什麼呢？於是，這個天然存在，**儘管是必然存在的恆定的**，仍然表現為理想的目的，並在包含在記憶中的所有意義的系統解釋範圍之外表現出來。也許，在柏格森談及純記憶的意義上說，有一種記憶的「純」質料：但是，這種質料的表露永遠只能是在一個包含著這種質料的純粹顯現的謀劃中並通過這個謀劃才有可能。

然而，過去的意義緊密地依賴我現在的謀劃。這絲毫不意謂著我能隨心所欲地改變我以前活動的意義；而是相反，這意謂著我所是的基本謀劃絕對地決定我應該是過去對於我和別人來說所能擁有的意義。事實上，只有單獨的我才能每時每刻決定過去的**意義**：不是在任何情況下討論，磋商和評價以前這樣或那樣的事件的重要性時，而是在我謀劃我的目的時，我拯救了過去和我，並且通過行動**決定**它的意義。誰來決定這個我十五歲時的神祕的危機「是過去了的」青春期的純偶然事故，還是相反地是未來轉變的第一個徵候呢？是我，根據我——在二十歲時，在三十歲時——是否決定改變而定。轉變的謀劃一下子就將我未曾重視的一種預感的價值賦予一個少年時的危機。誰來決定在一次偷竊之後我被囚於監獄裡的日子是有收益的還是可悲的呢？是我，根據我是不再偷竊還是變本加厲地去偷而決定。誰能決定一次旅行的教育價值？誰能決定一個愛情誓言的可靠性？誰能決定一種過去了的意圖的純潔性呢？等等。是我根據我用來照亮它們的目的來決定的。

於是，我的全部過去在那裡，它是現在的刻不容緩的，不可推卻的，然而我選擇它的意義以及它通過我對目的的謀劃本身所給予我的秩序。也許，這些已進行的介入壓迫著我，無疑，我承擔的過去的配偶關係，去年買下的和配齊了家具的房屋限制了我的可能性，左右了我的行為：但是，正是因為我的計畫是我重新擔當起的配偶關係的計畫，也就是說正是因為我不計畫拋棄配偶關係，因為我並沒有把它當成一種「過去的、被超越了的，已經死亡的配偶關係」，而是相反，因為我的謀劃、由於包含著對已進行的介入的忠誠或決心過一種值得尊敬的丈夫和父親的生活，這都必然會來啟示過去的配偶誓言並給予它永遠現實的價值。於是，過去的即刻性是來自未來的。若我突然用希盧蒙貝爾熱的丑角們的方法徹底改變我的基本謀劃[11]，若我企圖，比方說，自已從持續的幸福中脫身出來，我先前的介入便失去了其全部即刻性。我先前的介入只是如同那些人們不可能否認的除了回憶的意義外毫無別的意義的中世紀的箭樓和城牆那樣存在，如同一個過去了的時期，一種文化和一個在今天已經過時的和完全死亡了的政治和經濟的存在階段那樣存在。正是將來決定過去是活著還是死去。事實上，過去一開始就是一種謀劃，就和我的存在的現實湧現一樣。而正是就它是一種謀劃而言，它是一種預測；它的意義是從它預先描繪的將來中得來的。當過去完全地滑到過去中去的時候，它的絕對價值便取決於對它曾經是的那種預測是確認還是否認。但是，過去正是取決於我的現實自由，才確認這些預測的意義，並且同時為了它的利益重提這些預測，也就是同時反過來預測這些預測所預測的將來或者在僅僅預測另一個將來時肯定這些預測。在這種情況下，過去便淪落為被繳了械的和受騙的期待；它是「無力」的。因為過去唯一的力量來自於將來：無論我以怎樣的方式生活或評價我的過去，我都只能在我對將來的謀劃的啟示下去生活、去評價。於是，我對未來的選擇的秩序將規定我的過去的秩序，而這種秩序沒有任何編年性。首先將會有**總是活的**和總被確認的過去：我的愛情的介入，某種生意合同，某種我對之忠實的我自己的形象。然後會有不再使我喜歡的，我間接地記得的模糊的過去：比方說，我穿的這身衣服——是在我尚有興趣趕時髦的某個時期買的——而現在我極端地厭惡它，因此，我在其中「選擇」了它的那個過去是真正死亡了。但是另一方面，我現實的節約謀劃卻使我應該繼續穿這套衣服而不是去買另一套。從那時起，這套衣服便既屬於一個死亡了的過去又屬於活著的過去，就像這些為確定的目的而被建立起來的社會機構一樣，這些社會機構在創建它們的制度死亡後仍然活著，因為人們用它們服務於完全不同的，有時甚至是對抗的目的，活著的過去，半死的過去，遺跡、模糊，二律背反：過去性的這些層次的總體是通過我的計畫的統一而組織起來的。正是通過這個謀劃，這個推移的複雜系統才建立起來了，它將我的過去的某種殘存部分併入，分成等級的和有多種價值的組織，在這種組織中，就和在藝術作品中一樣，每個部分的結構都用不同的方式指出了另一些不同的部分的結構和總的結構。

此外，這種涉及我們的過去的價值，秩序和本性的決定總的來說僅僅是一種一般的**歷史性選擇**。如果人類諸社會是歷史性的，這也並不僅僅是由於人類社會有一個過去，而是由於它們將過去看作是紀念性的。當美國資本主義由於看到了一個獲利的機會而決定參與一九一四—一九一八年歐洲戰爭的時候，它便不是**歷史的**：它只不過是實用的。但是在實用的謀劃之光的照耀下，它恢復美國和法國以前的關係並賦予這些關係為一種美國人償還法國人的一筆損失債務的意義，它就成為歷史的了，特別是，它通過這句著名的口號「拉法耶特，我們來了！」而被歷史化了。自然，如果對他們的現實利益的不同看法使美國人站到德國人一邊，他們不會缺乏在紀念性的水平上復活的過去的因素：比方，人們滿可以做出一種基於「血緣關係」的宣傳，這主要是考慮到十九世紀移居美洲的移民中的德國人的比例。將這種歷史的推移看作純粹的廣告性舉動是徒勞的：事實上，本質的事實是，這些舉動對吸引群眾來參加是**必要的**，還因為群眾要求有一個照亮他們的過去並為之辯解的政治謀劃；此外，過去自然是這樣被**創造的**：就這樣**有了**一種法國和美國共同的過去的結構，這種結構一方面**意謂著**美國人巨大的經濟利益，另一方面意謂著兩個民主資本主義的**現實**姻親關係。人們同樣看到，新的一代在一九三八年即將來臨時，由於對正在蘊釀的國際事件感到擔憂，他們突然用新的光明照亮了一九一八—一九三八這個時期，並甚至在一九三九年戰爭爆發前就把這個時期命名為「兩次大戰之間的時期」。因此上述時期就被構成有限的、被超越的和被否認的形式，而那些在用自己的現在及其最近的過去而謀劃了一個連續的將來時經歷了這個時期的那些人卻把它體驗為一種連續和無限的進展的開端。因此現實的謀劃決定一個過去的確定的時期和現在是否連續，或者決定它是不是一個人們從中浮現的並與之脫離的片斷。於是，就將需要一種**完結了的**人的歷史以便諸如攻占巴士底獄這樣的事件能取得一種決定性的意義。事實上，沒有人否認巴士底獄是於一七八九年被攻占的：這就是恆定的事實。但是，人們是否應該在這個事件中看到一種沒有後果的騷亂呢？是否應該從中看到民眾反對一座半倒塌的城堡的狂熱呢？是否應該從中看到致力為自己創造一種廣告性過去的「國民議會」已知道把這個事件改造為一種光輝的行動？或者應該把它看成是民眾力量的最初表露嗎？通過這種表露，民眾力量增強了，有了信心，甚至開始向「十月的天」的凡爾賽進軍。今天想決定這些的人可能忘記了歷史學家本身是**歷史的**，也就是說，他在他的謀劃和他的社會的謀劃的光照下闡明「歷史」時使自己歷史化了。於是應該說社會的過去的意義永遠是處於「延期的」狀態。

然而，恰恰與社會一樣，一個個人也有一個**紀念碑似的和處在延期狀態的過去**。賢者們很早就感覺到了這種對過去的不斷地質疑，希臘悲劇家也對此有過表現，例如在他們所有的劇中都出現這樣的諺語：「沒有任何人在死前被認為是幸福的」。自為的永恆歷史化是對其自由的永恆肯定。

這就是說，不應該相信過去的「延期的」特性是在其以前歷史的模糊或未完成的面貌的形式下向自為顯現出來的。相反，正像它用自己的方式所表述的自為的選擇一樣，過去的自為的選擇每時每刻都被自為把握為被精確地規定的東西。同樣，提杜斯圓門或特拉加納柱，不管在別人那裡它們的意義發生了什麼歷史變化，在羅馬人或考察它們的旅遊者面前都顯現為一些完全個體化了的實在。而在照亮過去的謀劃的啟示之下，過去被揭示為完全克制的。過去的延期性事實上絲毫不是一種奇蹟，而只是在過去化和自在的水平上表現了人的實在在轉向過去之前所**具有**的謀劃的和「期待中」的面貌。正是因為這種人的實在曾經是一種被不可預見的自由折磨著的自由謀劃，他才會「在過去中」依靠起自為後來的謀劃。他期望從將來的自由那裡得到的那種認可在過去化的過程中迫使自己永遠期待這將來的自由。於是，過去是無限期地延期的，因為人的實在永遠「曾經是」並永遠是「將在」期待中的。而期待和延期一樣，只不過是更加明確地肯定自由是它們的原始構成部分。說自為的過去是延期的，說他的現在是期待，說他的將來是一種自由謀劃，說若沒有將要是的東西他就什麼也不可能是或者說他是一種被瓦解的整體，這些都說的是同一回事。但是，明確地說，這不意謂著在現時對我顯示的我的過去中有任何未規定性：這僅僅是要對我對應該規定的我的過去的現時發現提出疑問。但是，如同我的現在是期待著一個任何東西都不能使人預見到的肯定或者否定一樣，包含在這種期待中的過去僅就這期待是**明確的**而言才是**明確的**。但是其意義儘管完全個別化了，它仍是完全地依賴於這種期待的，這種期待本身又依賴一種絕對的虛無，也就是說依賴一種尚未存在的自由計畫。我的過去因而是一個具體和明確的命題，這個命題**做爲命題**，期望得到認可。這顯然是卡夫卡在《訴訟》一書中企圖弄清楚的意義之一，這是人的實在的永遠**好訴訟**性。是自由的，就是永遠**即將自由**。無論如何，過去——應該堅持著我現實的自由選擇——一旦這個選擇決定了它，就是我的謀劃的不可分割的一部分和必要的條件。有一個例子可使它更明瞭易懂。在王朝復辟時期，一個領一半軍餉的軍官的過去就是曾經是從俄國退役回來的英雄。到此為止，我們已經解釋過了的東西使我們能懂得這個過去本身是對將來的自由選擇。正是在選擇了不與路易十八政府及新風尚合流時，正是在選擇了希望皇帝最終復辟時，正是在選擇了共同促進這種復辟和寧要半餉也不要全餉時，拿破崙的老兵才為自己選擇了一種貝利日那的英雄的過去。而謀劃著要與新政府聯合的人當然不會選擇這樣的過去。但是，反之亦然，他之所以只有半餉，他之所以在勉強過得去的貧困中生活，他之所以變得日益激烈，他之所以希望皇帝復辟，是因為他是從俄國退役回來的英雄。我們可確認：他的這個過去在完全恢復憲制會議之前是沒有任何作用的，而且它與任何決定論無關：但是一旦「王朝軍人」的過去**被選擇了**，自為的行為就**實現**了這個過去。在選擇這個過去和通過其行為來實現這個過去之間幾乎沒有任何區別。於是，自為在極力將其光榮的過去變成主體間的一個實在時，這就在別人面前把這實在構成了為他的對象性（比方省長做的關於這些老兵所代表的危險的報告）。由於受到別人這樣的對待，此後他的行動就是為了使自己無愧於他選擇來補償他現在的窮困潦倒的過去的榮譽。他表現為誓不妥協，他失去了領取撫恤金的一切機會：這是因為他「不能」毀了他的過去。於是，我們在某種目的的啟示下選擇我們的過去，但是從這時起，它就變成必要的並把我們吞沒了：這並非因為它有一種**自我的**並與我們應該是的存在相異的存在，而僅僅是因為：（一）它是我們所是的目的現實地被揭示出來的物質化；（二）對我們和對別人來說它都沒於世界而顯現；它永遠不是孤單的，而是深入到普遍的過去中並因此規定自己受他人的評價。同樣，幾何學家可以自由地畫一個他所喜歡的那樣的圖形，但是他不能設想其中的任何一個圖形會不馬上處於與其他可能的圖形的無限關係中，同樣，我們對我們本身的自由選擇在使我們的過去的某種評價的秩序湧現時，會使這種過去與世界、過去與他人的關係的無限性顯現出來，這種關係的無限性對我們表現為**要堅持的行爲的無限性**，因為我們正是為了將來才評價我們的過去本身。就我們的過去出現在我們的本質謀劃的範圍內而言，我們是**被迫**堅持這些行為的。要求這個謀劃，事實上就是要求過去，要求這個過去，就是要求通過許多次級的行為來實現它。從邏輯上說，對過去的要求是一些假設的命令：「如果你希望有這樣的過去，那你就這樣或那樣地行動吧」。但是，由於第一項是具體的和直言的選擇，所以命令式也就成為直言的命令了。

但是，由於我的過去的強迫力量是從我的自由的和反思的選擇中借來的，是從這種選擇表現出來的能力本身借來的，所以就不可能**先驗地**決定一個過去的強迫能力。我的自由選擇不僅決定過去的內容和這個內容的秩序，而且還決定我的過去和我的現在之間的牽連。如果，在我們還不應該決定的一種基本前景中，我的原則謀劃之一是**發展**，也就是說在我前天夜裡或前一小時還未踏上的某條道路上永遠不惜代價地向前進，那麼這個發展的謀劃就引起了一系列相對我的過去而言的**脫離**。過去於是便成了我從我的發展的高處以某種有些蔑視的同情所注視著的東西，就嚴格地成了道德評價和判斷的**被動對象**了——如「我那時真傻！」或「我曾經多麼壞啊！」——這些只有在我能夠從過去中脫離出來的時候才存在。我不再進入其中，也不願意再進入其中。當然這不是因為過去不再存在，而是因為它僅僅做為**我不再是那個我**而存在，也就是說我應是的做為我**不再是的我的那個存在**。它的功能就是成為我根據我而選擇的東西，為的是使我和它對立，這使得我能夠衡量自己。因此這樣一個自為在與自我沒有關聯的情況下自我選擇，這意謂著，他不是取消他的過去，而是為了與過去脫離關係而提出它，同時，也正是為了肯定他的完全自由（過去了的東西就是某種對過去的介入和某種傳統）。相反，它來自自為，這自為的謀劃意謂著對時間的否定，也意謂著與過去的緊密聯繫。由於想找到一塊堅實的地基，有些人相反把他們的過去選定為是他們所**是**的東西，其餘的人只是無限定地和可鄙地逃避傳統。他們**首先**選擇了拒絕逃避，也就是說**拒絕拒絕**；過去繼而就把要求他們忠實做為自己的功能。於是，人們將看到前一種人倨傲地和輕描淡寫地對他們犯下的錯誤進行懺悔，而這同一種懺悔對別的人來說卻是不可能的，除非他們斷然地改變他們的基本謀劃；他們於是將運用對世界一切自欺和他們所能發明的一切脫身之計以避免在存在的東西中損害這種信念，而這些脫身之計構成他們計畫的一種本質結構。

於是，和位置一樣，當自為通過對未來的選擇賦予其過去的人為性一種價值、一種等級的秩序和一種人為性從之出發而導致自己的活動和行為的即刻性時，過去就和處境融為一體了。

（C）我的周圍

我們不應當把我的「周圍」和前面討論過的我占據的位置相混淆。周圍是包圍著我的工具性事物連同它們的敵對和順從的固有係數。當然，在我占據了我的位置時，我為發現周圍奠定了基礎，而在改變位置時——正如我們研究過的，這是我自由地實現的活動——我為新的周圍的顯現奠定了基礎。但是反之亦然，周圍也能夠改變，或者被別人改變而我並不是毫無結果地處於它們的改變之中。的確，柏格森在**《物質與記憶》**一書中明確指出過，我們位置的變化引起了我的周圍的完全的改變，於是必須考察我的周圍的完全的和同時發生的變化以使人們能夠談論我的位置的變化；然而，周圍的這種完全改變是不可想像的。但是，我的行動場所仍然永恆地被對象的顯現和消失所穿越，我並不是毫無結果地進入其中的。總體說來，複合的敵對和順從係數不唯一地取決於我的位置，也取決於工具固有的潛在性。於是，從我沒於那些異於我的存在而存在時起我就已經被奠定了，這些不同的存在在我周圍或是為了我或是反對我而發展了它們的潛在性；我想儘快地騎車到達鄰近的城市。這個謀劃包含著我的個人目的，對我的位置和城市與我的位置間的距離的估價以及為達到目的所採用的方法（努力）。但是，一隻輪胎漏了氣，太陽光太毒，又是頂風，等等，我事先並未預料到這一切：這就是周圍。的確，周圍是在我的原則謀劃中並通過這個謀劃顯露的；正是由於我的原則謀劃，風才可能顯現為頂風或者「順」風，正是通過它，太陽的光熱才表現為有利或令人討厭。這些永恆的「偶性」的綜合構成形成了我的被德國人稱為我的「環遇」（umwelt）的東西，而這個「環遇」只能在一個自由的謀劃，也就是說在我所是的那些目的的選擇的範圍內才能發現。然而如果只限於我們的分析，那問題就過於簡單化了。如果我周圍的每一對象果真都在已經揭示的處境中顯示自己，而且這些對象就只能做為唯一一個總合構成一種處境；如果每個工具消散於在世處境的基質中，那麼一個工具的突然改變和突然顯現仍然能夠有助於處境的徹底改變：我的車輪胎漏了氣，我與鄰村之間的距離就突然起了變化；現在，這是一段要用步子而不是用車輪的周長來丈量的距離了。這個事實使我能確信我想見到的人在我到達他家之前就已經坐火車離開了，這種確信能夠導致我這方面的另一些決定（回到我的出發地，發一份電報，等等）。比方說由於不能和這一個人確定那筆計畫過的交易，我甚至可能回頭找另一個人並簽定另一個合同。甚至，我還有可能完全地放棄我的意圖，應該使我的計畫完全歸於失敗麼？在這種情況下，我會說我**沒有能夠**及時地通知皮埃爾讓他等著我，等等。這種對我的無能的明確承認，不是最明確地證明了我的自由的限制麼？我們已經討論過，無疑的，我所**選擇**的自由，不能同我所**獲得**的自由混為一談。但是，難道這裡不正關係到我的選擇本身麼？因為在許多情況下，周圍的敵對性正是改變我的謀劃的契機。

在接觸討論的實質之前，應該先確定它並限定它。如果出現在周圍的那些改變能夠引起我的謀劃的變化，這也只能是在兩種情況之下才有可能。第一種情況：那些改變不能導致我放棄原則謀劃，而正是這原則謀劃反過來衡量了這些變化的重要性。如果，事實上，它們被當作放棄這樣或那樣的謀劃的動機，那也只是在一個更加基本的謀劃的啟示下才有可能；否則，它們便絲毫不會是動機，因為動機是通過即為對目的的自由選擇的動力

意識所理解的。布滿天空的烏雲之所以能夠使我放棄郊遊的計畫，是因為它們在一種自由謀劃中被把握住了，在這種自由謀劃中，郊遊的價值是和天氣的某種狀態相關聯的，這又逐步地歸結於郊遊的一般價值，歸結於我與自然的關係和這種關係在我與世界之間保持的總關係中占據的那個位置。第二種情況：顯現的和消失的對象在任何情況下都不能引起對一個計畫的放棄，即使是部分地放棄。事實上，

這個對象應該被理解為原始處境中的一種**欠缺**；因此，屬於它的顯現或者消失的**給定物**必須被虛無化，我就應該「相對它」採取一種後退行動，因而我又應該面對它來自我決定。我們已經指出，就連劊子手的屠刀也沒有免除我們的自由。這並不意謂著繞過困難、彌補損失**永遠是可能的**，而僅僅意謂著繼續向某一個方向前進的不可能性本身應該是自由地構成的；通過我們的放棄自由這種不可能性來到事物之中，而並非要堅持的行為的不可能性導致我們的放棄。

這就是說，應該承認，給定物的在場在這裡還遠不是我們的自由的障礙，而是為其存在本身所需要的。這個自由是**我**所是的某一種自由。但是，我如果不是對自在的內在否定，又是什麼呢？沒有這個我所否定的自在，我將消失而為虛無。在導言裡，我們指出過，意識能用來做為對一個自在的存在的「本體論證明」。事實上，如果**有對**某種事物**的**意識，這「某種事物」一開始就應該有一個**實在的存在**，也就是說，**不是相對於意識的存在**。但是，現在我們看到，這個證明有一個更加廣泛的意義：如果我應該能夠**做**某種一般的事物，那麼我就應該在一些其存在是**不依賴於**我的一般存在的存在上面、特別是那些**不依賴於**我的行動的存在上面進行我的活動。我的活動能夠向我**揭示**這種存在；它並不制約這種存在。是自由的，就是為了改變而「是自由的」。因此自由包含著要改變的那些周圍的存在：要越過的障礙，要使用的工具。的確，正是自由將它們揭示為障礙。但是，自由只能通過其自由選擇來解釋它們的存在的**意義**。它們僅僅應當在那裡，完全是天然的，以便能有自由。是自由的，就是為了做為而**是自由的**，就是「**自由地在世**」。但是，如果事情是這樣的話，自由在承認自己是改變的自由時，就暗含地在其原始謀劃中承認並預示了不依賴於它作用的給定物的存在。正是內在否定將自在揭示為獨立的，又正是這種獨立性構成了自在**物**的特點。但是，從此，自由通過其存在的簡單湧現提出的，就是它在**與異於自身的東西打交道**。作為，恰恰就是改變那個為了存在除了自身不需要任何別的東西，就是作用於原則上對行動漠不關心，能夠沒有行動地繼續其存在和生成的東西。若沒有自在這種外在性的漠不關心，那麼**作爲**這概念本身就會喪失其意義（在前面的關於願望和決心的內容中，我們已經討論過這一點），自由本身亦隨之而崩潰。於是，一種一般的自由的謀劃本身是一種含有預測和接受任何別的抵抗的選擇。這不僅僅因為是自由構成了使別的漠然的自在表現為一些抗拒的那種範圍，還是因為其計畫本身，一般來說，就是在一個抗拒的世界中通過戰勝其抵抗而有所作為的謀劃。整個自由的謀劃在自我設計時由於事物的獨立性而預見不可預測性的空白，這正是因為這種獨立性就是自由由之出發構成自己的東西。從我計畫去鄰村會見皮埃爾時起，輪胎的破裂，「逆風」，數不清的可預測的和不可預測的事故就在我的計畫中被給定並構成了我的計畫的意義。於是，意外地影響了我的計畫的輪胎的漏氣在我的選擇事先設計出輪廓的世界中來**占據它的位置**，因為我從來沒有停止將它**做爲意外的事情來等待**，如果我能這樣說的話。而同樣，如果我的路被某種事物比方說洪水或者坍方阻斷，而這時我還有一百里路要走，在某種意義上說這個不可預測的事物已經被預測：在我的計畫中，某種留給不明確性的餘地已經「做為不可預測的東西」被造成了，就像古羅馬人在他們的廟宇中為陌生的神們留下一個位置一樣，這不是由於「突然打擊」的經驗和毫無根據的謹慎所致，而是因為我的謀劃的本性本身所致。於是，按某種方式，人們能夠說人的實在不對任何東西感到吃驚。以上這些看法使我們能夠將明確自由選擇的一個新特點：一切自由的謀劃都是**開放的謀劃**，而不是封閉的謀劃。儘管謀劃完全個別化了，它在自身中仍然包含著它今後變化的可能性。任何計畫在其結構中都包含著對世界的事物的自立性的理解。正是這種對不可預測性的永恆的預測——就和我所是的謀劃不確定的空白一樣——使人懂得，事故或者災禍不是因是從未出現過的和意外的而使我吃驚，而總是由於某種「已經見過——已經預見到」的面貌由於其自明性本身和一種我們用「這是注定要發生的」這句話來表述的宿命的必然性來壓倒我們。在世界上，沒有任何使人驚訝的和使人詫異的東西，除非我們自己決定自己對某事物要驚訝。而驚訝的原始主題不是這樣或那樣特殊的、存在於世界的限制中的事物，而毋寧說有一種一般的世界，也就是說我應被拋到一種和我根本不相干的存在者的整體中間。這是因為在選擇一個目的時，我就選擇了要擁有和這些存在者的關係，而這些存在者相互之間又有關係；我為了顯示我所是的而選擇要它們組合起來。於是，事物向我證實的敵對性是被我的自由做為它的條件之一事先描述了的，又正是根據一般意義上的被自由謀劃的意義，這樣或那樣的複合才能顯露其個別的敵對係數。

但是，就和每次涉及到處境的問題時一樣，應該強調已經描述過的事物的狀態有一個反面這樣一個事實：即使自由預先描述了一般的敵對性，也是把它描述為承認自在冷漠的外在性的方法。也許，敵對性是通過自由來到事物中的，但是，這是因為自由把他的人為性闡述為「沒於冷漠的自在的存在」，自由將自己給定為做為敵對物的事物，也就是說給予事物一種使事物成為事物的意義；但是，這都是在承擔那個將是有意義的給定物本身時，也就是說在承擔他的沒於冷漠的自在的放逐以便超越那個意義時才有可能發生。而且，反之亦然，被承擔的偶然給定物甚至只能在自為的自由假定中並通過這種假定來支持這原始的、支持著所有其他意義的意義，支持這「在冷漠之中的流放」。事實上，處境的原始結構就是這個樣子；它在這裡異常清晰地顯現出來：自由正是由於他超越了給定物而走向其目的，才使給定物做為**這一個**給定物存在——以前，沒有這個，沒有那個，也沒有這裡——而被這樣地**指定的**給定物不是用隨便哪種方法構成的，它是天然的存在物，它被承擔為的是被超越。但是，在自由是對**這一個給定物**的超越的同時，它的自我選擇為對給定物的**這一個**超越。自由不是對隨便那個給定物的隨便哪一個超越；而是在承擔天然的給定物和給定以意義時一下子自我選擇的：它的目的正是要**改變這一個給定物**，同時，給定物在被選擇的目的的光輝下顯現為這一個給定物。於是，自由的湧現**通過一個給定物**凝聚了一個目的，並在一個目的的**啓示下**發現了一個給定物；這兩種結構是同時和不可分割的。事實上，我們看到被選擇的目的的普通價值遠不是只有通過分析才能顯示出來的；任何選擇都是選擇應給予一個具體的給定物的具體改變。任何處境都是具體的。

因此，一般而言的事物的敵對性和潛在性是被所選擇的目的照亮的。但是，只存在對於一個把自己做為被**拋棄**在冷漠之中的東西來承擔自己的自為來說的目的。通過這種假定，自為沒有帶給這種偶然的和天然的**拋棄任何**新的東西，除了**意義**之外；它從此使得一種棄置存在，使得這個棄置做為外境被發現。

我們在第二卷的第四章中講過，自為通過其湧現，使自在來到世界上；按更加一般的方式說，他是自在，即事物由之而在此的虛無。我們還講過，自在的實在在此在手下面，連同它的性質，沒有任何減少或增添。只是，我們通過我們的湧現本身創立的虛無化的各種不同的花樣而和自在的實在分離開了：世界、空間和時間，潛在性。我們還特別地講過，儘管我們是被**在場**的東西（這個杯子、這只墨水瓶、這張桌子等等）包圍著，這些在場物做為在場物是難以把握的，因為它們只在我們的一個姿勢或在我們謀劃的活動之後，就是說在將來提供給它們任何一點什麼東西。現在，我們能夠理解事物的這種狀態的意義了：**除了我們的自由**，沒有任何東西把我們從事物中分離出來；正是自由使得世上**有了**事物連同它們的冷漠，它們的不可預測性和它們的敵對性，也正是自由使得我們不可避免地和事物相分離，因為，它們正是在虛無化的基礎上顯現並被揭示為互相關聯的。於是，我的自由的謀劃不會在事物中補充**任何東西**：它使得世上**有了**事物，確切地說，也就是說使得世上有了具有一種敵對和順從係數的實在；它使這些事物**在經驗中**被發現，也就是說以世界為基礎在一種時間化的過程中連續地顯現；最後，它使事物表露為不可觸及的，獨立的，被我發出的和我所是的虛無本身分離於我的。這是因為自由命定是自由的，也就是說只能自我選擇為自由才有事物，也就是說才有一種自由本身在其內部就是偶然性的「偶然性的充實」，正是通過假定這種偶然性和它的超越，這裡才能同時有一種**選擇**和**處境**中的事物的結構；又正是自由的偶然性和自在的偶然性通過周圍的不可預測性和敵對表明自己**在處境中**。於是，我絕對是自由的並對我的處境負有責任。但是，同時，我永遠只**在處境中**才是自由的

（D）我的鄰人

在一個受到我的鄰人糾纏的世界中生活，這不僅僅是說在所有道路的拐彎處都能碰到他人，而且也是說介入到一個世界中，這個世界的工具性複合能夠擁有一種並非我的自由謀劃所首先給予它們的意義。這也就是在沒於**已經**具有意義的這個世界中和屬於**我的**然而又不是我給我自己的意義有了關聯，我才發現我已經是「所有者」。因此，當我們自問對於我們的「處境」來說，在一個還有他人存在的世界中存在這一原始和偶然的事實能夠意謂著什麼的時候，這樣提出的問題要求我們依次研究為了組成我的具體處境而起作用的三個層次的實在：**已經**有意義的工具（火車、火車時刻表、藝術作品、徵兵動員告示），我發現的**已經屬於我的**意義（我的國籍、我的血統、我的健康狀況），最後是這些意義歸結到的做為參照中心的他人。

事實上，如果我屬於一個其意義僅僅是在我固有的目的的啟示下被發現的世界的話，一切就都很簡單了。事實上，我將在我自己對我本身的選擇的範圍內把事物組織為工具或工具的復合；正是這個選擇或者使它成為欣賞田野風光的觀點，等等。問題將不在於知道這座山能夠**自在地**擁有什麼樣的意義，因為我是意義由之來到自在的實在中的那個人。如果我是一個既沒有門也沒有窗戶的單子，如果我僅僅以某種方式知道別的單子是存在的或者是可能的，而它們中的任何一個都給予了我看到的事物以新意義，這個問題將會更加簡單化。在這種被哲學家們過於經常地考察的情況下，我只消堅持其他意義是**可能的**就夠了，最後，與紛繁眾多的意識相當的紛繁眾多的意義將僅僅是對我來講而與把我本身變為**另一個選擇**的總是開放的可能性相吻合。但是，我們講過，這種單子的概念包含一種暗藏著的唯我論，這恰恰是因為它將要把我能給予實在的紛繁眾多的意義與其中每一個都返回到我所不是的意識之中的紛繁眾多有意義的系統相混淆。此外，在具體經驗的範圍內，對這種單子的描述顯得不夠充足。事實上，在「我的」世界裡，除了紛繁眾多的可能的意義外還存在著別的事物；存在著做為並沒有被我發現的而對我表現出來的對象的意義。我使意義來到事物中，我介入一個**已經具有意義的**世界中，這個世界思考著我還沒有弄清的我的意義。比方說人們應該去想像能有多少不依賴於**我的**選擇的意義，如果我是在一個城市中生活，我就會發現街道、房屋、商店、有軌電車和公共汽車、指示牌、預警笛聲、無線電的音樂，等等。的確，在**孤獨**中，我將會發現天然的和不可預測的存在物。例如，**這塊**岩石。總之，我侷限於要使一塊岩石存在，也就是說要使**這一個**存在，而除它之外便什麼也沒有。但是，我至少給了它「要攀登」，「要繞過」，「要觀看」等等的意義。當我在一條街道的拐彎處看到一座房子時，我不僅僅是在世界上揭示一個天然存在物，也不僅僅使得街上**有了**一個以這樣或那樣的方式定性了的「這個」：那時表現出來的對象的意義對抗著我並總是**獨立**於我的：我發現這建築物是出租的房屋、煤氣公司的事務所或者監獄，等等，在這裡，意義是偶然的，獨立於我的選擇的，它與自在的實在本身一樣冷漠地出現：它使自己成為**事物**而和自在的**性質**沒有區別。同樣，事物的敵對係數在我體驗到它之前就向我顯露出來了：大量使我提高注意力的指示：「減速，拐彎危險」，「注意、學校」，「生命危險」，「一百公尺前有溝道」，等等。但是，這些意義在深深地被烙印在諸事物中並且參加到它們的冷漠外在性中的時候——至少是在表面上——也不失為一些對與我直接有關的要採取的行動的指標。我將穿過行人穿越道，我將走過**這樣的**商店買**這樣的**工具，這些工具的使用方法都在給顧客的說明書上講得很清楚了，我接著就要使用這些工具，比方說使用一支鉛筆，以在某種規定的條件下填好這樣或那樣的表格。我是否將在那裡發現對我的自由的嚴格的限制？如果我不是絲毫不差地按照別人向我提供的指示行動，我將不再認識那裡，我將會走錯街道，我將會錯過火車，等等。而且，這些指示最經常是命令式：「從那裡進！」，「從那裡出！」這就是寫在門上的進口和出口這些詞所包含的意思。我服從了這些指示；它們在我使之產生於事物之中的敵對係數中又加上了一種純粹人類的敵對係數。此外，如果我服從於這種結構，我就依賴於它：它給我的好處是可能盡絕的；一場內亂，一場戰爭，那裡有變得稀少了的最必須的產品，我不是白白在那裡面的。我被剝奪，我中止我的謀劃，失去了為達到目的所必要的東西。我們尤其注意到，使用方法、商品說明、秩序、防衛設施、指示牌都是對著我的——做為任意一個人的我的；就我服從，我遵循某種手續而言，我屈服於任意一個人的實在的目的；而我就通過任意一個人的技術來實現這些目的：因此，我的存在本身被改變了，因為我就**是**我已選擇的目的和實現這些目的的技術；我屈服於任意一個人的目的，任意一個人的技術，任意一個人的人的實在。同時，既然世界只是通過我所使用的技術才向我顯現，世界也就同樣被改變了。我在自行車上，在汽車上，在火車上看到的那個世界向我顯露了一種與我所使用的手段密切相關的面貌，因此是一**種它向所有的人提供的面貌**。人們會說，這明顯地說明，我的自由全面地離開了我：不再有在我的自發性的自由選擇周圍的做為有意義的世界組織的**處境**，而是有一種人們強加給我的狀態。這就是現在我們應該研究的東西。

毋庸置疑，我對一個有人居住的世界的從屬具有一種**事實**的價值。這價值事實上歸結於他人的世界上的在場這一原始的事實，我們講過，這個事實不能從自為的本體論結構那裡推演出來。而儘管這個事實只會使我們的人為性的根扎得更深，它也不是來源於我們的人為性的，因為我們的人為性表達了自為的偶然性的必然性，但是，毋寧應該說：自為**實際上存在**、也就是說他的存在既不可能同化於按照一個法則而釀成的實在，也不可能同化於一種自由選擇；在這種「人為性」的事實的特點之中，也就是說也不能自我演繹或自我證實，而僅僅是在「聽憑人看」的特點之中，有一種被我們稱為「面對別人的在世的存在」。這種事實上的特點是否應該被我的自由重新採取以便以某種方式成為有效的，這將是我們以後要再討論的東西。仍然是在把世界化歸己有的技術水平上，他人的存在這**事實**本身導致了技術的集體性這一事實。因此，人為性在這個水平上通過我在一個世界中的顯現而表現了自己，這個世界只有通過集體的和已經形成的技術才對我揭示出來，這種手段旨在按一種其意義已經在我之外被定義的樣子使我把握世界。這些技術將決定我屬於一些集體：屬於**人類**、國家集體、職業和家庭團體。甚至應該強調這一點：在我的為他的存在之外——我們以後還要談到這點——我所擁有的、事實上使我對於這集合性的歸屬存在的唯一方式，就是我經常使用隸屬於這些集體的技術。事實上，對**人類**的歸屬是用非常基本的和一般的技術來定義的：會走，會拿，會判斷所察覺到的對象的形狀和相對的大小，會說話，會區別一般的真假，等等。但是，我們不是在這種抽象的和普遍的形式下占有這些技術的：會說，並不是只會稱呼和理解一般的字詞，而是會說某種語言，由此表明了他屬於國家集體層次上的人類。此外，會說一種語言，並不是具有一種由字典和學院式的語法學家們所定義的語言的抽象的和純粹的知識：而是通過地方的，職業的，家庭的篩選和改造而將它變成自己的。於是，人們可以說我們屬於人這一**實在**就意謂著我們的**國籍**，可以說我們的國籍這一實在就意謂著我們屬於家庭，地區，職業，等等，這是從言語這一**實在**是語言、是語言的實在、是方言、是行話和土話等等的意義上說的。反之亦然，方言的**眞理**是語言，語言的**眞理**是言語；這意謂著，使我們的屬於家庭和地方表露出來的具體的技術推回到更抽象和更一般的結構，這種結構把它們構成意義和本質，這意義和本質又歸屬於其他的更加一般的結構，直到人們達到使**任何一個人**的存在把世界化歸己有的**任何一個人的**技術的單純普遍完滿的本質。

於是，比方說，是法國人，只不過是薩瓦人的**眞理**。然而是薩瓦人，這就不僅僅是居住在薩瓦的高山河谷；而是寓於無數其他的事情中，在冬天裡滑雪，將雪橇做為運輸工具。確切地說，就是用法國式的方法滑雪，而不是用阿爾貝格式和挪威式[12]的方法滑雪。但是，既然山頭和雪坡只有通過一種技術才能被領會，這就恰恰暴露了滑雪場的**法國**意義；事實上，根據人們是使用更適用於平緩雪坡的挪威式的方法，還是使用更適用於陡坡的法國式，同樣一個坡將表現得或更崎嶇或更平緩，恰如一個騎自行車者面前的坡顯得陡峭還是緩和取決於這位騎者「用中速還是慢速」一樣。於是，當法國滑雪者用一種法國「速度」滑下雪坡時，這個速度向他展示了一個特有的坡度類型，而不管他在那裡，也就是說不論是瑞士境內還是巴瓦爾瓦斯內的阿爾卑斯山，特爾瑪克山或汝拉山總是要向他提供一種純粹法國式的意義：困難、工具性複合或敵對性。同樣，值得指出的是，大多數企圖給工人階級下定義的嘗試重新要把新生產、消費或某種屬於低級複合範疇的某種類型的「世界觀」做為準則來對待（馬克思—哈爾貝瓦赫—德．曼），也就是說，在任何情況下，通過製造世界或將其化歸己有的某些技術，這準則提供了我們將能稱為「無產階級面貌」的東西以及它的激烈對抗，它的團結的然而和沙漠一樣廣大的群眾，它的蒙昧地帶和光明地帶，以及照亮了它的那簡單而又急迫的目的。

然而，很明顯——儘管我對這樣的階級和這樣的民族的歸屬不是來自做為我的自為的本體論結構的人為性——我的事實的存在，即我的出生和我的位置，通過某種技術引出了我對世界和我本身的領會。然而，這些我並沒有選擇的技術給了世界以意義。似乎不再是我從我的目的出發來決定世界是否連同「無產階級的」世界的簡單明瞭的對抗向我顯現出來，或者連同與「資產階級」世界的不計其數的奸詐舉止向我顯現出來。我不僅被拋到天然存在物面前，我還被拋到了一個工人的、法蘭西的、洛林的或南方的世界中，這個世界向我提供了它的意義，而我並未對要發現這些意義做過任何事情。

讓我們再進一步。剛才我們指出我的國籍只是我對於一個省，一個家庭，一個職業集團的歸屬的**眞理**。但是應該就此為止嗎？如果語言只是方言的**眞理**，那麼方言是絕對具體的實在麼？「人們」所講的職業行話，像某種語言和統計研究所使人能決定其法則的那種阿爾薩斯土語，是原始現象，它是在純事實中、在原始偶然性中發現其基礎的嗎？語言學家們的研究在這裡可能進行了欺騙：他們的統計將一種既定類型的語音的或語義的一些恆常的東西和畸變公諸於世，它們使一個既定時期內的音素和詞素變化得以重新形成，因此似乎**詞**或**句法規則**是帶有其意義和歷史的個別的實在。而其實，諸個體似乎對語言進化的影響不大。諸如侵占，交流的廣泛渠道，商業關係等社會事實似乎是語言變化的本質原因。但是，這是由於人們並未處於具體的東西的真正基礎上：所以人們只根據自己的要求而得到報償。很久以來，心理學家們就使人注意到**詞**不是語言的具體元素——甚至方言的詞，甚至帶有特殊畸變的同族詞也不是——語言的基本結構是句子。事實上，正是在句子之中，詞才能獲得一種指示的實在功能；在句子之外，當它不是一種旨在集合絕對不一致的意義的標題時，它恰恰具有命題功能。在詞孤零零地出現在講話中的地方，它獲得了一種「一詞表達一整句的」特點，人們經常強調這一點；這並不意謂著它能自己把自己限制在一種明確的意義中，而是意謂著它像一個次級形式融合到原則形式中一樣融合到上下文中去。因此，詞只在使它一體化的複雜和活躍的組織之外才有一種純粹**潛在的**存在。因此它不可能在由此形成的運用**之前**在一種意識或者一種潛意識「中」存在：句子不是**用詞造成的**。不應該侷限於此：波朗在《達爾貝斯之花》中指出：完整句嚴格做為諸詞的「共同場所」，並不在先於詞的使用而存在。如果讀者外在地考察句子，一個句子一個句子過渡而組織出段落的意義，那麼句子就是詞的「共同場所」，如果人們處於作者的觀點，通過產生一種指示或者再創造的活動，而不停留在考察這種活動的要素本身，看到了**要表達的事情**並且最急切地去表現，這些句子就失去了它們平常和俗成的特性。如果是這樣的話，無論是詞，句法，還是「現成的句子」，都不能在人們使用它們之前存在[13]。有意義的句子是語言單位，句子是一個只能通過向著一個目的超越一個給定物並使之虛無化而被設想的構造活動。在句子的啟示下理解詞，這嚴格說來**恰恰**就是從處境出發理解任何一個給定物，並且在原始目的啟示下理解處境。理解和我說話的對方所說的一句話，事實上就是理解他所「**要說**」的東西，也就是贊同他的超越性的運動，就是把我連同他一起拋向一些可能，拋向一些目的，隨後又回到為了通過它們的功能和目標來理解的這些被組織起來的諸種手段的整體。而且，口頭語言總是從處境出發來了解的。對時代、時間、位置、周圍以及對城市、省分、國家的處境的參照是在說話之前就已確定了的。我只需讀完報紙並**看見**皮埃爾的好氣色和憂鬱的神態來理解他今天早上對我說的「事情不妙」這句話就夠了。這不是說他的健康「不佳」，因為他的臉色很好，不是說他的生意不妙，也不是說他的家裡情況不佳；而是說我們的城市或者國家的處境不妙。我**已經知道**了；在問他「怎麼樣？」時，我已經勾勒了對他的回答的說明，我已經投身於天涯海角，準備好**重新回到**這皮埃爾的問題上以理解他。聽人講話，就是「與之說話」這不僅因為人們模仿以去理解，而且還因為人們一開始就向著諸多可能去自我設計，人們應該**從世界出發**去理解。

但是，如果句子先於詞而存在，我們就被推回到做為演講的具體基礎的演講者身上。這個詞滿可能由他自己來注入「生命」，如果人家是從不同時代的句子中收集到這個詞的話，這個借來的生命就和幻想電影裡的自己飛插到梨子上的刀子的生命相似；它是用瞬間的並排列置造成的，它是電影術的和宇宙時間裡形成的。但是，如果諸詞在人們放映詞義的或形態學的電影時顯現為有生命的，它們不會發展到構成句子；它們只是一些句子通過時留下的痕跡，就像道路只是進香者和沙漠商隊通過時留下的痕跡一樣。句子是一種只能從給定物的虛無化出發（人們想指出的那個給定物本身）被解釋的謀劃，只能從一個被提出的目的（它的**指出**本身假設了另一些目的，相對這些目的，它只是一種手段）出發來解釋的謀劃。如果說給定物也和詞一樣不能規定句子，而相反，如果說句子對照亮給定物和理解詞是必要的話，句子就是對自我本身的自由選擇的一個環節，也就是這樣句子被和我對話的人理解。如果言語是語言的實在，如果方言和行話是語言的實在，方言的實在則是我用以進行**指示的**自我選擇的那種指示的自由活動。這個自由動作不可能是詞的**堆積**。的確，如果這活動是純粹的按照技術方式（語法規則）組織起來的詞的堆積，我們便能夠談論一種強加給講話者的自由的事實上的限制；這些限制將由詞的質料和音響的本性、所使用語言的詞彙、講話者的個人詞彙（只有他才用的詞），「語言天才」，等等所標示。但是，我們剛才講過，事情並不是這樣。現時[14]人們已能夠認為正如有一種詞彙的，言語動態法則的有生命的秩序一樣，有一種邏各斯的非人格生命。總之，言語是一種自然，人應該服從言語以便在某些地方使用它，就像對待自然那樣。但是這是因為一**旦言語死去**，就是說它一旦**被說出**，人們就已通過給它注入從正在說話的自為的人格自由借來的親和力和排斥力等非人格的生命和力量，考察了言語。不管是對言語還是對一切別的技術來說，這都是不應該犯的錯誤。如果人們使人沒於一些完全獨自應用於自己的技術湧現，沒於一種自己說的語言，一種自己形成的科學，一座按其固有法則自己建成的城市而湧現，如果人們通過把人的超越性保留給意義而使意義凝固在自在中，那麼人們就將把人的作用還原為利用風的、浪的、海潮所決定的力量來駕馭航船的舵手的作用。但是，漸漸地，每一種技術為了被引向某些人的目的都會要求另一種技術：例如，為了指揮一艘船，就要講話。於是，我們就可能會達到技術的技術——這種技術反過來將完全是孤立地應用於自己——但是，我們卻永遠失去了遇見應用技術者的可能性。

與此完全相反，如果正是在說話的同時我們使得詞存在，我們便不會因此取消**必然的**和**技術的**聯繫或者在句子內部依次連結的**事實**的聯繫。或更明確地說：我們建立了這種必然性。但是為了使這種必然性顯現，確切地說，為了使詞保持其相互間的關係，為了使它們相互親和——或者相互排斥——它們就應當統一於一種並非出自它們自身的綜合中；你一取消這個綜合統一，「言語」堆集就會分裂；每個詞就回到自己的孤獨中，同時還在離散各種不可交流的意義時失去其統一性。於是，正是在句子的自由謀劃內部，言語的規則才形成；我正是通過講話造成語法；自由是語言規則的唯一可能的基礎。此外，對於**誰**來說才有語言的規則呢？波朗提供了答案的基本要素：並不是對講話者而是對聽話者而言才有語言規則，講話者只不過是對一種**意義**的選擇，他把握住詞的秩序，只是由於他**造出**了它[15]。他將在這種組織好的複合之中所把握的唯一關係是特定地他所建立起來的關係。如果人們因而發現兩個或好幾個詞相互之間保持著不是一**種**而是好幾種確定的關係，發現從中產生了一種自分等級或對於同一個句子相互對立的意義的多樣性，簡言之，如果人們發現了「奇怪的地方」，這只能在以下兩種條件下：（一）詞應該已經被一種有意義的自由靠近集合並表現出來；（二）這個綜合應當是**從外面看到的**，也就是說被

他人和在假設地了解這種靠近的可能意義的過程中看到的。在這種情況下，事實上，每一個**首先**當作意義的交匯處而被理解的詞都和另一個同樣被理解的詞相連。而這種接近將是多義的。對**眞正的**意義的把握，也就是說講話者所要求的表述能夠把其他意義重新扔進暗處或者服從於它們，它不會取消其他意義。於是，語言這個**爲我的**自由謀劃具有**爲他**的一些專門法則。而這些法則本身又在一種原始綜合內部才能起作用。因此，人們就把握了「句子」這事件和自然事件之間的區別。這自然的事實是按照它表露出的法則而產生的，但是，這種法則是生產的純粹外在的規則，上述事實只是它的一個例子。句子做為事件，在其本身中包含著其結構的法則，正是在**指示**的自由謀劃內部，詞之間法定的關係才能湧現出來。事實上，人們說話之前在句子中是不可能有說話的法則的。而所有的講話都是一種指示的自由謀劃，這個謀劃屬於個別自為的選擇，並應當從這個自為的整體處境出發來說明。首先重要的是處境，我從這處境出發理解句子的**意義**，這個意義本身不應被當作一種材料來考察，而應被當成在手段的自由超越中選擇了的目的。這就是語言學家的工作所能夠碰到的唯一**實在**。從這種實在出發，一種逆退分析的工作能夠將某種法定圖式般的更一般、更簡單的結構闡述清楚。但是，這些譬如做為方言的法則而有價值的圖式本身就是抽象。它們遠沒有支配句子的構成，它們遠不是句子在其中消逝的那種模型，它們只在這個句子中並通過這個句子而存在。在這個意義上說，句子顯現為對其法則的自由發明。這裡，我們只不過重新找到一切處境的原始特點：正是通過對這樣的給定物（語言工具）的超越本身，句子的自由謀劃將使給定物顯現為這個給定物（這些方言的組織和發音規則）。但是，句子的自由謀劃正好是擔當這一**個給定物**的打算，它不是任意一種假定，而是通過它正好給予了它們手段的意義的存在著的手段追求尚未存在的目的的假定。於是，句子是一些詞的組合，這些詞變成為**這些詞**只是通過它們的組合本身。這正是語言學家們和心理學家們感覺到了的東西，他們的困惑在這裡能夠為我們提供反證：事實上，他們相信在講話的組合中發現了一種循環，因為，為了講話，就必須了解其思想。但是，如果不在實際中說出思想，怎麼認識做為以概念來闡明和確定的實在的這個思想呢？於是，言語歸結到思想，而思想又歸結到言語。但是，現在我們明白，沒有循環，或者毋寧說，這個循環——人們以為通過發明純粹心理的偶像從這個循環中脫身出來了，就像語言形象或者沒有形象和沒有詞的思想那樣——尤其不是屬於言語的：它是一般處境的特徵。它除了意謂著現在，將來和過去的出神的聯繫並不意謂著任何其他東西，也就是說意謂著通過尚未存在的東西對存在者的自由決定和通過存在者對尚未存在的東西的自由決定。這之後，就可以發現一些表現為句子法定的真理的抽象的操作的圖式：方言圖式——民族語言圖式——一般語言圖式。但是，這些遠不是在具體的句子之前就存在的圖式，它們是被它們本身規定為不獨立的並且永遠只在它們的肉身化本身中被自由肉身化和支持而存在。當然，言語在這裡只是社會和普遍的技術的例證。對所有其他技術也將是這樣：斧頭在砍時才顯現為斧頭，錘子在錘的時候才顯現為錘子。很容易在一種特殊的滑雪過程中顯示法蘭西式的滑雪方法，在這種方法裡，滑雪的一般技藝是做為人的可能性的。但是，這種人的技藝若單靠自己則永遠什麼也不是，它並不**潛在地**存在，它在滑雪者的**現實的**和具體的技藝中肉身化並且顯露出來。這就使我們能夠粗略地得出個人和人類的關係的答案。若沒有人類，便不會有真理，這是當然的；那將只有一大批個人選擇的非理性的和偶然的東西，沒有任何法則能夠為之確定。如果有某種做為真理的事物存在，它可能統一個人的選擇，這正是人類才能向我們提供的。但是，如果人類是個人的真理，它也不可能是沒有深刻矛盾地在個人之中的一種**給定物**。由於語言的法則是被句子具體的自由謀劃支持和肉身化的，所以，人類——做為定義了人的能動性的固有技術的總體——永遠不是在一個將它表露為一種舉例說明了身體的墮落的那種特殊墮落的個人之前存在的，而是被個人的自由選擇支持的抽象關係的總和。自為，為了自我選擇成為**個人**而使一個內在構造存在，並且向著自身超越這結構，而這個內在技術組織在其自身中是民族的或者人類的。

就算是這樣吧，有人會說，但是，你們迴避了問題。因為自為並沒有創造這些語言的或技術的組織來達到自身：他從他人那裡重新獲得它們。分詞的配合規則是不存在的，為了一種特殊指示的目的，我非常希望這配合在具體的分詞的自由接近之外。但是，當我利用這個規則的時候，我是從別人那裡學到它的，這是因為別人在其個人的謀劃中使它成為我用之於我自身的東西。我的言語因此從屬於他人的語言，最終從屬於民族語言。

我們不企圖否認這一點。況且對我們來說問題不在於指出自為是其存在的自由基礎：自為是自由的，然而是**在處境中**，我們企圖在處境的名下表明的正是這種處境與自由之間的關係。剛才我們確立的事實上只是一部分實在。我們已經指出，不來自自為的意義的存在不能構成對其自由的內在限制。自為並非首先是人然後成為自我，他不是從**先驗地**給定的人的本質出發把自己確立為自我本身；而是完全相反，正是在他要自我選擇為個別自我的努力中，自為才保持某些使他成為一**個人**的社會的和抽象的特點的存在；而追隨人的本質的因素而來的必然聯繫只能在一個自由選擇的基礎上出現；在這個意義上說，每一個自為在其實存的存在中都是對人類負責的。但是，我們還應當指明一個不可否認的事實，自為只能在他不是其起源的某些意義之外自我選擇。事實上，任何自為都只能在國籍和類之外自我選擇時才是自為，同樣，他只能在句法和詞素之外選擇指示時說話。這個「之外」就足以說明他對他超越過的結構而言的完全自立性；但是，他仍然把自己確定為**這一些**結構之外的東西。這意謂著什麼呢？這就是說，自為在一個對其他自為而言的世界中湧現。這樣的東西就是給定物。因此，我們看到了，世界的意義對他來說是被**異化**了。這意思恰恰是說，他面對著不是通過他來到世界上的**意義**。他在這樣一個世界裡湧現，這個世界對他表現為在所有意義中**已經被注意過**、耕犁過、開發過、耙犁過的世界；是其構架本身已經被這些探究定義了的世界；在他用以展開其時間的同一個活動中，他在一個其時間意義已經被別的時間化定義了的世界中自我時間化：這就是同時性的事實。這裡問題不在於自由的限制的問題，而毋寧說，正是**在這個世界裡**，自為應當是自由的，正是在考慮到這些情況時——而不是隨意地——他應當自我選擇。但是，另一方面，湧現中的自為，並**不承受**他人的存在，他被迫以一種選擇的形式自己將這存在表露出來。因為他正是通過一個選擇才會把他人當作主體—他人或客體—他人[16]。只要他人對它來說是他人—注視，這就不可能是**技術**或陌生的意義的問題了；自為在他人的注視下體驗到自己是宇宙中的對象。但是，自為從向著其目的超越他人並把他人變為一種被超越的超越性的時候起，這種向著目的自由超越給定物的東西就對他顯現為在世界中（被固定於自在中）的有意義的既定的行為。對象—他人成為**目的的指示者**，而自為通過其自由謀劃投身到一個世界裡，在這個世界中，對象—行為指示了諸多目的。於是，做為被超越的超越性的他人的在場把手段的**既定的**複合向目的揭示出來。而由於目的決定了手段和目的的手段，自為通過其面對對象—他人的湧現為自己指明在世的目的；他來到一個充滿目的的世界中。但是如果這樣，技術及其目的在自為的注視中湧現，就應當看到正是通過自由面對另一個自為所採取的自由的立場，這些目的才成為**技術**。單獨的別人只能使他的謀劃做為技術向自為顯示出來；而由此，**對於別人來說**，由於他超越自己走向其可能，**所以不存在技術**，而是存在著一種從其個人目的出發自我定義的具體的**作爲**。一個正換鞋底的鞋匠不感覺自己「正在實施一種技術」，他把處境把握為要求這樣或那樣的行動，這一塊牛皮在那裡，要一根釘子，等等。從自為採取針對他人的立場時起，他使技術在世界上**做爲別人這被超越的超越性的行爲**湧現出來。正是在這個時刻並僅僅在這個時刻，資本家和工人，法國人和德國人，最終人們才在世界中顯現。於是，自為要對他人的行為在世界上被揭示為技術的東西負責的。他只能使他湧現其中的世界被這樣或**那樣的技術**耕犁（他只能使他出現在一個「資本主義的」或者「自然經濟統治的」世界裡，或者在一種「寄生的文明」中），但是，被別人體驗為自由謀劃的東西應該做為技術**外在地**存在，而這正是因為他使自己成為使這外在性來到他人中的技術。於是，正是在世界上自我選擇和自我歷史化的時候，自為將世界本身歷史化並使它通過他的技術而**具有時代**意義。由此，正是因為技術表現為對象，自為才能夠選擇把它們化歸己有。皮埃爾和保爾在一個世界中以某種方式講著話，騎著自行車或駕駛著汽車在道路的右側行駛著等等，自為在這個世界中湧現並把這些自由的行為確立為有意義的對象時，使得一個**人們**在其中靠右側行駛，**人們**在其中講法語等等的世界存在；他使由一個介入一謀劃的自由所建立和支持的他人的活動的內在法則變成為對象—行為的客觀規則，這些規則對全部類似行為、行為的承受者或別的任意的對象—施動者都是普遍有效的。這種做為其自由選擇結果的歷史化絲毫不約束他的自由；而是完全相反，正是**在那個世界中**而不是在任何別的世界中，他的自由才起作用；正是相關於他在那個世界中的存在他才在問題中。因為是自由的並不是選擇人們在其中湧現的歷史的世界——這絲毫不會有什麼意義——而是在世界中自我選擇，不管這個世界是什麼樣的。在這個意義上，認為某種技術的**狀態**對人的可能性有約束的假設將是荒謬的。也許，一個鄧斯．司各脫的同時代人不知道運用汽車和飛機；但是，他只是按我們固有的觀點對**我們**這些從有汽車和飛機存在的世界出發否定地把握他的人才顯現為無知的。對於他這個與歸屬於他的對象和技術沒有任何種類關係的人來說，這裡面有一種絕對的，不可思議的和不可揭示的虛無。這樣一種虛無**絲毫**不能**限制**自我選擇的自為：不管人們用什麼方法來考察它，它都不會被當作一種欠缺來把握。因此在鄧斯．司各脫的時代裡，自我歷史化了的自為是在一個存在的充實的中心，也就是說在一個像我們的世界一樣完全是它所能是的世界內自己虛無化。宣稱阿爾比人缺少重砲抵抗西蒙．德．蒙特伏爾，那是荒謬的：因為特昂卡維爾的領主或者圖盧茲伯爵按照他們是在一個大砲還沒有任何地位的世界裡做出這樣的自我選擇的，他們在那個世界裡考慮他們的政策，在那個世界裡策劃軍事抗戰的計畫，他們自我選擇**在這個世界裡**和純潔派接近；由於他們只是他們選擇是的那個東西，所以他們**曾絕對地**在一個和擁有德國裝甲師團或英國皇家空軍的世界一樣是絕對充實的世界中絕對地存在。這對物質的技術和更加微妙的技術都是同樣有價值的：在雷蒙六世時代做為一個朗格多克小領主而存在的事實不是決定性的，如果人們置身於一個這位領主在其中存在並在其中進行自我選擇的**封建世界之中**的話。除非人們錯誤地用現實的法國統一的觀點看待法蘭西島[17]和南部的分裂這才顯得是否定的。封建世界向雷蒙六世的附庸領主提供了無數選擇的可能性；我們擁有的可能性也不會更多。這樣荒謬的問題經常以一種烏托邦夢想的方式提出來：如果笛卡兒懂得現代物理學，那他將成為什麼樣子呢？這是假設笛卡兒具有一種**先驗地**或多或少被他的時代的科學狀態限制和變質了的本性，假設人們能夠將這種天然的本性搬到當代，這時，他的這種本性將對更加豐富和更加精確的知識發生作用。但是，這是忘記了笛卡兒是他自己已選擇成為了的東西，忘記了他從一個知識的和技術的世界出發對自我的絕對選擇，而這個世界是由這個選擇承擔並同時照亮的。笛卡兒是一個具有絕對時代痕跡而對於另一個時代來說是完全不可想像的絕對，因為他在造就了自己的同時，製造了他的時代痕跡。正是他而不是別的人規定了剛剛在他之前的數學知識的嚴格狀態，這不是通過一種能夠以任何觀點和相對任何座標系來做成的空泛的統計，而是通過建立了解析幾何原則，也就是說在精確地發明了能夠使人定義這些知識的狀態的座標系決定了數學知識的具體狀態的。這裡仍然是自由發明和將來使人能夠照亮現在，是根據一個目的的技術的改進使人能夠估價技術的狀態。

於是，當自為面對對象—別人表現出來的時候，他同時就發現了**技術**。從此它便能夠將它們化歸己有，也就是說將它們**內在化**。但是同時：（一）在利用一種技術時，自為向著其目的的超越了這種技術，他總是在他所利用的技術之外；（二）由於技術被內在化了，所以做為有意義的和任意對象—他人所規定了的純行為的技術就失去了其技術的特性，它單純地融合於向著目的對於給定物的自由超越之中；它被奠定它的自由所恢復所支持，正像方言和言語被句子的自由謀劃所支持那樣。做為人與人之間的技術關係的封建性是不存在的，它只是一種純粹的抽象，而這抽象是被這樣忠於其領主的人的許許多多的個人謀劃所支持並超越的。因此，我們絲毫不指望達到一種歷史的唯名論。我們不想說封建性就是君主和廷臣關係的總和。相反，我們認為封建性是這些關係的抽象結構；在這個時代中，一個人的所有謀劃都應當實現為向著這個抽象環節的具體的東西的超越。因此就不必要從細節的眾多經驗出發做概括來建立封建的技術原則：這種技術必然地和完全地存在於每一個個體的行為中，人們可以在任何情況下將它公布出來。但是，它這樣只是為了被超越。用同樣的方式，自為不可能成為個人，也就是說不可能選擇他所是的目的而不成為人、民族集體中的一員，階級、家庭的一員等等。但是，他通過他的謀劃支持和超越的正是這些抽象的結構。他自己造就為法國人、南方人、工人，以便成為在這些規定的視野內的**自爲**。而與此同時，向他揭示出來的世界顯現為具有相關於被採用的技術的某些意義的。它顯現為為法國人的世界、為工人的世界，等等，連同一切人們能夠推測得出的特點。但是，這些特點沒有「獨立性」：這首先是**他**的世界，也就是說那個被**他的**目的照亮的世界使得他發現自己是法國人和無產者，等等。

然而，別人的實存給我的自由帶來了一種事實上的限制。因為事實上，由於別人的湧現，一些在我並未選擇的情況下我所**是**的某些規定便顯現出來。實際上，我在這裡不管是做為猶太人或雅利安人，不管是美的或者是醜的，還是獨臂的，等等，所有這些，我都是**爲他的**，並沒有希望領會這種我**外在地**具有的意義，也沒有希望擁有更充足的改變它的理由。只有語言告訴我我是什麼；而且，這永遠只會是空洞意向的對象：直覺對我永遠是被排斥的。如果我的血統和體貌只是在他人中的形象或者他人關於我的意見，那我們早就可能做結論了：但是我們發現問題在於那些在我的為他的存在中定義了我的對象特性；從一種相異於我的自由面對我而湧現的時候起，我就開始在新的一維存在中存在了，而這一次，對於我來說，問題不在於把一種意義給予天然存在物，也不在於把別人給予某些對象的意義重新算做我的：正是我自己看到有一種意義被賦予我，而我沒有辦法把我所擁有的意義重新算成我的，因為除非它做為空洞的指示，否則就不可能被給予我。於是，我的某種東西——根據這新的一維——以**給定物**的方式，至少是**爲我**的存在，因為我所是的這個存在者被承受，它存在著而不被**存在**。我在我與別人之間保持的關係中並通過這種關係了解了它並忍受了它；在他們對我的行為中並通過這些行為，我在我每時每刻都遇到的無數禁令和無數抵抗的起源中遇到這個存在：因為我是個未成年人，我沒有這樣或那樣的權利——因為我**是個猶太人**，在某種社會中，我將被剝奪某些可能性，等等。然而，我不能**以任何方式**感覺到自己是猶太人、未成年人或者賤民；我正是在這一點上能夠起而反抗這種權利的剝奪，比方說，聲明種族是一種單純集體的想像；只有個人才是存在的。於是，我在這裡就突然碰到了我個人的完全異化：我是我並未選擇去是的某種東西：這對於處境會導致什麼樣的結論呢？

應當承認，我們剛才碰到了一種對我們自由的**實在的限制**，也就是說，一種不是以我們的自由為基礎的強加於我們的存在方式。還應當認識到：強加的限制不是從他人的**行動**中來的。在前面一章裡，我們已經指出，拷打本身並不剝奪我們的自由：我們是在拷打中**自由地**屈服的。按一種更一般的方式說，我在路上碰到的一種禁令：「禁止猶太人入內」，「猶太人餐館，雅利安人禁止入內」，等等，這使我們歸結於前面談論過了的情況（集體的技術）中，而這種禁令只在我的自由選擇的基礎上並由於這種基礎才有意義。事實上，根據所選擇的自由可能性，我能夠違反禁令，把它看成一文不值的，或者相反地給予它一種它只能從我給予的分量中獲得的有強制權的價值。也許，這禁令完整地保持著它的「一種陌生意志的流露」的特性，也許，它被看作是一個**將我看成對象**並因此表露了一種超越了我的超越性的特殊的結構。它仍然在**我的**宇宙裡肉身化，只是在我自己的選擇的限制內並根據我在所有狀況下都喜生惡死，或者相反，我在特殊情況下把死亡看作是某種可取的生活典型，等等，才喪失其固有的強迫力量。對我的自由的真正限制單純在於一個別人把我當成對象—別人這個事實中的，在於我的處境對於別人來說不再是處境，而成為我在其中做為對象結構存在的對象形式這另一個推理事實中。正是我的處境的這種異化的對象化才是我的處境的恆常的和特定的限制，正像我在為他的存在中的自為的存在的對象化是我的存在的限制一樣。而恰恰又是這兩種特別的界限代表了我的自由的侷限。總之，由於他人的存在，我在一個**有一種外在性**並且鑒於這個事實本身而有一種我絲毫不能取消其異化的一維的處境中存在，我也不能直接作用於它。人們看到，對我的自由的這種限制是被他人的單純存在提出的，也就是說，被我的超越性為一個超越性而存在這個**事實**提出的。於是，我們把握了一個非常重要的真理：剛才我們在我們自為實存的範圍內所講的東西中看到，只有我的自由能限制我的自由；現在，我們在使他人的實存回到我們的考慮之中時看到，在這個新的水平上，我的自由也在他人的自由的實存中發現了它的限制。於是，在我們自己所處的某種水平上，一個自由遇到的唯一限制，是他在自由中發現的。按照斯賓諾莎的說法，思想只能被思想所限制，同樣自由只能被自由所限制，他的限制就和內在的有限性一樣，來自於他不能夠不是自由這個**事實**，也就是說，他命定是自由的；而且正如外在的有限性一樣，是由於這限制既然是自由，就是對其他一些自由地在他們自由的光照下理解它的自由而言而存在的。

確定了以上這些之後，就應當首先注意到處境的這種異化既不代表一種內在缺陷也不代表做為天然抵抗的給定物向我所經歷的處境中的引入。完全相反，異化既不是一種內在變化，也不是處境的部分改變；它不在時間化過程中顯現，我在處境中永遠不會與它相遇，而它因此永遠不會把自己提供給我的直覺。但從原則上講，它逃離開我，它就是處境的外在性本身，也就是它的為他的外在存在。因此，這就涉及到所有一般處境的本質特徵，這種特徵不能作用於其內容，而是被**置身於處境中的**人本身接受和恢復的。於是，我們的自由選擇的意義本身就是使一種表現它的、其本質特徵是被**異化**的處境出現，也就是說，做為它的自在形式而存在。我們不可能脫離這個異化，因為企圖在處境之外存在的想法本身是荒謬的。這個特徵不是由內在抵抗來表露。而是相反，它是在其不可把握性本身中並通過這種不可把握性被體驗到的。因此，自由最終碰到的不是對面的障礙，而是他的本性本身中的一種離心力，一種本質的虛弱，這虛弱使他著手進行的所有東西總會有他未來選擇的一面，這一面逃離自由成了為他人的純粹存在。一種自己要求自由的自由將只能同時要求這個特點。然而，這特點並不屬於自由的**本性**，因為這裡沒有本性；再說，就是曾經有過一個本性，人們也不能還原它，因為他人的存在是一個完全偶然的事實；但是，做為面對別的自由來到世界上的自由，就是做為可異化的東西來到世界上，如果自己要求成為自由的，那就是選擇在這一個世界中面對別的一些世界存在，願意成為這樣的人的人也將要求他的自由的激情。

另一方面，被異化的處境和我自己的被異化不是客觀地通過我暴露和驗證的；我們剛才講過，事實上，首要的是，一切被異化了的東西原則上只能**爲他**地存在。但是，此外，一種純粹的驗證，即使是可能的，也會是不充分的。事實上，我不能夠在不同時**承認**別人是超越性的情況下體驗到這種異化。而我們講過，如果這種承認不是對他人自由的**自由**承認，它將不會有任何意義。通過我對我的異化產生的體驗，我自由地承認他人，通過這種承認，我擔當起我的為他的存在，不管這種為他的存在是什麼，我所以擔當它，恰恰因為它是我與他人統一的引線。因此，我只有把他人把握為這樣的（事實上，我總是能自由地把他人當作對象）自由謀劃中才能把他人把握為自由，而承認他人的自由謀劃和自由假定我的為他的存在之間沒有區別。正因為如此，就可以說我的自由恢復了它固有的限制，因為只有當他人為我地存在時，我才能把自己看成是受到他人限制的，我只能在擔當我的為他的存在時使他人做為被承認的主觀性而為我地存在。這裡沒有循環：有的是通過對這種我體驗到了的被異化的自由假定，我突然使他人的超越性做為這樣的超越性而為我地存在了。僅僅是在承認排猶主義者的自由（不管他們用它來做什麼）並擔當起這個是**猶太人**—存在時，我才是為他們地存在的，僅僅是因為如此，**猶太人**—存在才顯現為處境的外部客觀限制；相反，如果我願意把他們看成為純粹的**對象**，我的猶太人—存在立刻消失而讓位於（對）一種無法言傳的自由超越性（的）簡單意識。承認他人，如果我是猶太人，我擔當起我的猶太人—存在，這二者實際上是一回事。於是，別人的自由把限制賦予我的處境，但是，只有在恢復這個我所是的為他的存在時並在我選擇的目的的光輝照耀下給予它意義的時候我才能**體驗**到這些限制。而當然，這個假定本身被**異化了**，它有它的外在性，但是，正是通過它我才能夠體驗到我的外在存在是外在的。

從那時候起，當語言將向我提供有關**我的界限**的情況的時候，我將怎樣體驗我的存在的諸種客觀限制，如是猶太人，雅利安人，醜，美，國王，官員，賤民，等等的呢？不可能是按我直覺地把握美、醜，別人的血統的方法，也不是以我非正題地意識到我謀劃這樣或那樣的可能性的方法。這些客觀特性並不應該必然地是**抽象**的：其中一些是抽象的，另一些則不是抽象的。我面貌的美、醜或無特徵是在其完全的具體化中被他人把握的，而這種具體化是他人的語言將向我指明的：我虛空地企求的正是這種具體化。這就完全不涉及抽象化，而涉及結構的總體，這些結構中的某些是抽象的，而其整體是絕對具體的，是僅向我顯示為從原則上逃離我的總體。這實際上就是我所是；然而我們在第二卷開頭已指出，自為什麼也不可能是。對我來說，我並不因此是美的、醜的或是猶太人、雅利安人，風趣的、平庸的或出色的更加是教師或咖啡館侍者。我們把這些特徵稱作為**不可實現物**。應該避免把它們相混於**想像物**。這涉及的是完全真實的實存，那些把這些特點看作為真正給定物的人並不是這些特徵，而是這些特徵的我，卻不能實現它們：比方說，如果有人說我是**平庸**的，那我常常是通過對他人的直觀來把握平庸的本性的，我於是才能將「平庸」這個字應用於我這個人。但是我不能把這個字的意義和我這個人聯繫起來。那裡恰恰指示出要進行的聯繫（但是這種聯繫只能通過平庸的內在化和主觀化或者通過個人的客觀化來進行，這兩個活動引起了上述實在的直接崩潰）。於是，我們被包圍在不可實現的東西的無限之中，我們強烈地感覺到某些**不可實現的**東西是一些令人惱火的不在場的東西。在長期流亡之後，一個人才對他不能反過來實現「在巴黎」而感到一種深深的失望。對象在那裡，隨便地呈現出來，然而我，我只是一種不在場，只是一種使得世上有巴黎這一事實來說是必要的純粹虛無。當我的朋友，我親近的人對我說：「你終於來了！你可回來了，你在巴黎了！」的時候，他們就向我提供了一個福地的形象。但是，這塊福地的進口完全地把我排斥在外了。而如果大多數人根據是否涉及別人或涉及他們自己而應該受到「不一視同仁」的指責，如果當他們覺得對前一天在他人那裡受到批評的錯誤是負有責任的時候企圖以「那不是一回事」來作回答，那是因為事實上「那不是一回事」。事實上，一種行動是道德評價的**既定對象**，另一種行動是把辯解帶入其存在本身之中的純粹超越性，因為它的存在是選擇，我們能夠通過比較**結果**來說服行動者相信：這兩個活動都是完全同一的「外在的」，但是行動者的最強烈的善良意志不能使他**實現**這個同一性；由此，存在著好大一部分的道德意識的混亂，特別是對不能**眞正**地自我鄙視的失望，對不能把自己實現為罪人的失望，對永久地感覺到在已表達了的意義之間有一種間隔而感到的失望：「我是有罪的，我造了孽」，等等，還有對處境的實在理解。簡言之，由此產生了所有對「內疚」（mauvaise conscience）的焦慮，也就是說對做為自我審判的理想的自欺的意識的焦慮，也就是說對採用別人的觀點看待自我的焦慮。

但是，如果某些**不可實現性**的特別的種類比別的種類更使人震驚，如果它們成為心理學描述的對象，那它們就不應當向我們掩蓋不可實現的東西的數目是無限的這一事實，因為不可實現的東西代表著處境的反面。

然而，這些不可實現的東西不僅僅向我們表現為不可實現的：事實上，為了使他們具有不可實現的特點，它們應該在某種旨在實現它們的謀劃的啟示下被揭示出來。而這事實上，正是在我們剛才指出自為在承認別人的存在的同一個活動中並通過這個活動**擔當**其為他的存在的時候所注意到的。因此與這個假定的謀劃相對應，不可實現的東西做為「要實現的」東西而被揭示。事實上，假定首先是以我的基本計畫為背景形成的：我不侷限於消極地接受「醜」、「虛弱」、「種族」等等的意義，而是相反，我只有在我固有的目的啟示下才能領會這些特點——僅僅做為意義的特點。這就是當人們說某個種族存在的事實能夠決定一種傲氣的反應或者一種自卑情結時所表達的東西——但這是通過完全顛倒的措辭。事實上，種族，虛弱，醜只有在我自己對自卑或者驕傲的選擇[18]的界限中才能**顯現**；換句話說，它們只能和我的自由賦予它們的意義一起顯現；這再一次意謂著，它們是為他**存在**的，但是對於我來說，它們只能在我選擇它們時才存在。我的自由法則使我非自我選擇而不能存在，它在這裡也完全適用：我不是為他的選擇是我所是，而只有在我選擇成為我對別人顯現出的那個樣子時，也就是說通過有選擇性的假定時才能企圖為我地是我為他人所是的東西；一個猶太人並不首先是一個猶太人，然後是羞恥或驕傲的，而是相反，正是猶太人的自豪感，他的羞恥或者冷漠向他揭示了他的猶太人—存在；這個「猶太人—存在」在採用它的自由方式之外則什麼也不是。只是，儘管我擁有無數方式來擔當我的為他存在，**我不能不擔當它**，我們在這裡又發現這個被我們在前面定義為**人爲性**的「命定自由」，我不能對我所是的東西（為他的）完全地克制自己——因為拒絕並不是克制自己，而仍然是擔當——也不能消極地忍受它（在一種意義上說，這是一回事）；在憤怒、仇恨、自豪、羞恥、厭惡的拒絕或者愉快的要求中，我必須選擇我所是的東西。

於是，不可實現的東西向自為表露為「需要實現的不可實現的東西」。它們並不因此而喪失其**限制**的特點；而相反，它們正是做為客觀的和外界的限制而向自為表現為要**內在化的**。它們因此有了一種明顯的**強制性的**特點。事實上，問題並不在於一種在我所是的自由謀劃的運動中表露為「要利用」的工具。而不可實現的東西在這裡**同時**既顯現為對我的處境**先驗**的既定的限制（既然我這樣是為他的），因而又顯現為存在者，而毋須等待我將存在給予它；而同時，又只能在使我擔當它的自由選擇中並通過這種自由選擇而存在——由於假定是明顯地和所有旨在為我地實現不可實現的東西的行為的綜合組織同一的。同時，由於它被給定為不可實現的，它便表露為在我為實現它所能夠做的所有嘗試以外。一種為了存在而要求我去介入的**先驗**的東西在只依靠這種介入和在一開始就置身於所有的嘗試之外以便實現介入時，如果不明確地是**命令**，那又是什麼呢？事實上，命令是需要內在化的，也就是說，它是做為**完全現成**的東西從外界而來的；但是，確切地說，命令，不管它是什麼樣的，也總是被定義為在內在性中恢復的外在性。要使一個命令成為命令——而不是**抱有希望的聲音**或者人們僅僅企圖轉變的事實的純粹已知條件——我就應當和我的自由一起獲得它，就應當把它變為我的自由計畫的一種結構。但是，為了使它成為**命令**而不是向著我自己的目的的一種自由運動，它就應當在我的自由選擇內部保持其外在性的特性。這個外在性甚至在自為使它內在化的企圖中並通過這種企圖時仍保持為外在性。這就恰恰是**要實現的不可實現的東西**的定義，所以它表現為一種命令式。然而，人們在對這種不可實現的東西的描述能夠更進一步：事實上，它是我的限制。但是，正是因為它是**我的**限制，它就不能做為對既定的存在的限制而存在，而是做為對**我的**自由的限制。這意謂著我的自由在自由選擇時選擇了對自己的限制；或者，還可以說，對我的目的的自由選擇，也就是說對我為我所是的東西的自由選擇，這個我所是的東西包含著對這種選擇的限制的假定，無論這些限制會成為什麼樣的。還是在這裡，如同我們在前面講過的那樣，選擇是對有限性的選擇，但是，被選擇的有限性是內在的有限性，也就是說自由通過自己而做的決定，被不可實現的東西的恢復所擔當的有限性是外在的有限性；我選擇了一個有一定距離的、限制了我的所有選擇並構成它們的反面的存在，也就是說，我選擇了我的選擇是受異於它本身的東西所限制的。我會因此而惱怒並用盡一切方式企圖——正如我們在這部書的上一卷中講過的那樣——收回這些限制，收回的最強烈的企圖必需建立在自由恢復做為人們想內在化的限制的**限制**中。於是，當自由選擇成為被別人的自由所限制的自由時，根據他的利益恢復不可實現的限制並使之回到處境中去。因此，處境的諸外在限制變成了**做爲限制的處境**，也就是說，它們和做為「要實現的不可實現的東西」，和做為被選擇的逃離了我的選擇的背面的「不可實現」性一起被吸收到**內在性的**處境中去了，它們成為我為了**存在**而做的絕望努力的一種意義，儘管它們是在這種努力之外**先驗地**被確立的，精確地說，正如死亡——我們暫時還未談及的另一種類型的不可實現的東西——在它被看作是**生命的結局**，甚至是指向我的在場和我的生命不在其中實現的世界，即指向一個生命的彼岸的條件下，變成了作為限制的處境。**有**「生命的彼岸」，它只通過我的生命並在我的生命中獲得意義，然而它對我來說仍舊是不可實現的；還有一種在我的自由之外的自由，一種我的處境之外的處境，對這種處境來說，被我做為處境而經歷的東西被給定為沒於世界的客觀形式：以上兩種事實是兩種類型的作為限制的處境，它們具有一種從各個方面限制了我的自由的，然而除了我的自由給予它們的意義以外再沒有別的意義的悖論特性。對階級、種族、身體、他人、職務，等等來說，有一種「對……來說是自由的存在」。通過它，自為向著其可能之一自我設計，而這個可能永遠是自為的**最終的可能**：因為上述可能性是**看自己**的可能性，也就是說一個異於自我以便從外部來看自己的可能性。在一種情況下和在另一種情況下一樣，有一個向著「終極」的謀劃，它就在那裡被內在化了，變成了正題意義並超出了各等級的可能的可及範圍。人們能夠「為是法國人而存在」，「為是工人而存在」，一個國王的兒子能夠「為了統治而存在」。這裡問題在於我們的存在的限制和否定的**狀態**，在譬如猶太復國主義者在其種族中堅決擔當起自己，即具體而又一勞永逸地擔當起他的存在的永久的**異化**的意義上說，我們應該擔當這種限制和否定的狀態；同樣，革命的工人通過其革命的謀劃本身擔當一個「為是工人的存在」。我們將能夠指出——像海德格那樣——儘管他用的如「事實性的」和「非事實性的」表達法是含糊的並且由於它們暗含的道德內容而變得不那麼真摯——拒絕和逃離的態度永遠是可能的，不管這個態度本身是什麼，它都是它所逃離的東西的自由假定。於是，資產者在否認有階級存在時自我造就為資產者，正如工人在肯定階級存在並且在通過其革命能動性實現其「在階級中的存在」時自我造就為工人一樣。但是，這些對自由的外界限制，恰恰因為是外在的，因為它們只有做為不可實現的東西才能自我內在化，所以永遠不會是自由的一種**實在的**障礙，也不是一種被承受的限制。自由是完全的和無限的，這並不是說它**沒有**限制，而是說它永遠**不會碰到這些限制**。自由每時每刻碰到的唯一限制是它強加給自己的那些限制，在談到過去、周圍和技術的時候我們曾討論過這一點。

（E）我的死亡

死既然是「牆」的另一邊有的東西，在它表現為特別無人性的狀態以後，人們就突然完全以另一種觀點來看待它了。也就是說，人們就把它做為人類生活的一個結局來看待了。這個變化很容易解釋：死是一個極（terme），而任何極（無論它是目的的還是非目的的）都是一種雙面的雅努斯[19]：或者人們把它看作緊附著限制著上述過程的存在的虛無，或者相反，人們發現它和它完成的系列黏連著，屬於一種存在著的過程，這個過程以某種方式確立了它的意義。於是一個旋律的最後的和弦從一個方面考慮是趨向休止，也就是說，趨向跟隨旋律的音響的虛無；在一種意義下，它是和休止一起被造成的，因為隨後的休止已經做為其意義出現在最後的和弦中了。但是，它完全從另一面緊附在就是上述旋律的這個存在的充實上：沒有它這個旋律就會是飄渺無依的，而這種終止音符的猶疑就會一個音符接一個音符地逆向而上，給予每一個音符一種未完成的特徵。死總是──不管是有理還是無理，這正是我們還不能夠決定的──被看作人的生命的終端。因此很自然地，一種特別致力於明確人類對於包圍著它的絕對非人性的東西所持的立場的哲學首先把死看作是一扇通向人的實在的虛無的敞開著的大門，認為這種虛無還是一種存在的絕對終止和一種非人形式下的存在。於是，我們就死顯現為一種和非人的東西直接接觸而言，能夠說有一種──和各種偉大的實在論理論相關──關於死的實在論概念；因此，死脫離了人，同時它用非人的絕對製造了人。當然，關於實在的東西的唯心主義和人道主義概念是不可能容忍人與非人相遇的，即使是做為他的限制。事實上，為了用一種非人的光亮照亮人，他只消根據這種界限的觀點來安置自己就夠了[20]。唯心主義者**收回**死的企圖原先並不是一種哲學思辨活動，而是一種像里爾克那樣的詩人和馬勒侯那樣的小說家的事。只需把死看作屬於一個系列的最終一端就夠了。如果這個系列這樣回收了「趨向謀劃的終點」（Terminus ad quem）恰恰是由於這個「ad」指出了其內在性，那麼死就做為生命的目的內在化並人性化了；人只能碰到人性的東西，不再有生命的**另一面**，死是一種人的現象，是生命的最終現象，但仍然是生命。這樣死是逆向地影響著整個生命的；生命是以部分的生命來限制自己，它和愛因斯坦式的世界一樣變成了「有限而無垠的」（finie mais illimitée）；死變成生命的意義，就像最終的和弦是旋律的意義一樣；那裡沒有任何奇蹟：它是上述系列的一個極，人們知道，序列的每一極都總是面對系列的一切極在場的。但是，這樣收回了的死並不僅僅總是停留在人類的水平上，它變成為**我的**死；在自我內在化時，它自我個體化了；再也不是巨大的不可知之物限制人類，而是**我的**個人**生命**的現象把這種生命變成了單一的生命，也就是說一種再也不會重新開始的生命，人們在其中永不恢復其活動。因此，我對我的死和對我的生命一樣負有責任。不是對我的死亡的經驗的和偶然的現象負責任，而是對這種使我的生命像我的死一樣是**我的**生命的有限性負責任。正是在這種意義上里爾克才力圖指出每個人的結束（fin）都與其生命相似，因為一切個別的生命已是對這個結束的準備；在這種意義上，馬勒侯在《征戰者》[21]一書中指出，歐洲文化在把死的意義給予某些亞洲人的過程中，使他們突然深入到一種絕望的和令人陶醉的真理之中，這就是「生命是唯一的」。海德格對把一種哲學形式賦於這種死的人類化是持有保留意見的，事實上，「**此在」之所以不接受什麼**，恰恰是因為它是謀劃和預測，它應當是對做為不再在世界上實現現在的可能性的它自己的死的預測和謀劃。於是，死成了「此在」的固有可能性，人的實在的存在被定義為走向死的存在（Sein Zum Tode）。由於「此在」決定其對死的謀劃，它實現了「為了死的自由」（la liberté-pour-mourir）並通過對有限性的自由選擇把自己構成為整體。

一種同樣的理論初看起來只能迷惑我們：在使死內在化時，它為我們自己構思的謀劃服務；通過自我內在化，我們的自由表面的限制被自由收回了。然而，無論是這些看法的方便之處還是它們含有的不可辯駁的部分真理都不應當使我們迷途。應該從頭來考查這個問題。

的確，使物質世界成為實在的人的實在不可能碰到非人的東西；非人的東西的概念本身就是人的概念。因此即使自在的死是向一種絕對非人的東西的過渡，也應當拋棄一切把它看成向這個絕對敞開的天窗的希望。死除了揭示我們本身並按人的觀點揭示我們之外，對我們則一無所示。這是否意謂著它**先天地**屬於人的實在呢？

首先應該明確的是死的荒謬性。在這種意義上說，所有想把它看作一種旋律的結尾的最終的和弦的企圖都應當嚴格地被排除。人們曾經常說我們處在一個被判決者的處境中，處在一群不知其被處決日期的被判決者之中，但是他們每天都看見他的難友被處決。這種說法並不完全準確：毋寧應該把我們和勇敢地準備迎接最後的極刑的被判死刑者相比，他竭盡全力使自己在上斷頭臺時有一付從容的面孔而在此期間西班牙流行感冒奪去了他的生命。這就是基督教格言曾包含著的東西，它要求準備去死，就好像死**隨時**都可能到來一樣。於是，人們希望在把死變為「被等待的死」的過程中把它收回。如果我們生命的意義變成了等死，事實上，死在突然到來時，就只能在生命上蓋上自己的印記。其實，這就是說在海德格的「堅定的決心」（Entschlosserheit）中還有更加肯定的東西。可惜，這是一些說起來容易做起來難的建議，這並不是由於人的實在的一種自然的弱點或者不確實的原始謀劃，而是由於死本身。事實上，人們能等待一種特殊的死，而不能等待**死本身**。海德格玩弄的把戲是很容易識破的：他從把我們每個人的死個體化開始，同時告訴我們說死是**個人的**死，是個別的；是「唯一的任何人不能替我做的事情」；然後據此，他用他從「此在」出發給予死不可比較的這種個別性來把「此在」本身個體化：正是在自由謀劃它的最終可能性時，「此在」將會屈從於確實的存在並從日常的平庸中掙脫出來以便達到個人的不可替換的統一性。但是這裡有一個循環：事實上，怎樣證明死有這種個別性以及提供死的能力？當然，如果死被描述為我的死，我便能夠等待它：這是一種個性化了的和被區分開了的可能性。但是，打擊著我的死就是**我的**死麼？首先，說「死去是唯一任何人都不能替我做的事情」是完完全全毫無根據的。或者不如說那裡有一種推論中的明顯的自欺：事實上，如果人們認為死最終的和主觀的可能性只是與自為有關的結局，那麼很明顯，沒有任何東西能夠替我去死。但是由此得出的結論是，我的任何一個可能性按這種觀點——按照我思的觀點——不論是在確實的還是不確實的存在中獲得的，都不能被異於我的任何別人來謀劃。沒有任何人能夠替我去愛，如果人們據此希望發這些就是**我的**誓言的誓言，期待經歷就是**我的**情感的情感的話（儘管它們是如此地平庸）。而這「**我的**」在這裡絲毫不涉及戰勝日常平庸（這使海德格可以反駁我們說我正應當「為了死亡而是自由的」使我體驗到的愛是**我的**愛而不是在我之中的「人家」的愛）的個性，而僅僅只是海德格明確地從所有的「此在」中辨別出來的這個自我性——它以事實的或非事實的方式存在著——當他宣稱「此在是我的此在」（Dasein ist je meines）時。於是，按這個觀點，最平庸的愛和死一樣，是不可替換的和唯一的：沒有任何人能夠替我去愛。相反，倘若人們從我在世界上的活動的功能、效力和結果的觀點來考察我在世界上的活動，那麼當然，別人便總是能夠做我所做的：如果問題在於讓一位婦女幸福，保障她的生命和自由，給予她自救的手段，或者僅僅是和她一起建立一個家庭，讓她「生孩子」，如果這就是人們叫作愛的東西的話：那麼一個別人就能代替我去愛，他甚至能為我去愛，這正是這些犧牲的意義，這種犧牲千百次地在情感小說中被講述，它們告訴我們，一個情人，希望他所愛的女人得到幸福，於是在他的情敵面前隱退了，因為後一個「會比他更愛她」。這裡，情敵被特別地賦予「**愛之所爲……**」的任務，因為愛的定義僅僅是做為「通過別人帶給她的愛而使之幸福」。而我的所有行為就將是這樣的。不過，我的死**也將**歸於這一範疇：如果死去是為了建立，為了證明，為了祖國，等等，那無論是誰都可以替我去死——就像在歌裡唱的那樣，誰抽著短的麥秸，誰就被吃掉。一句話，沒有任何一種個別化的道德對**我的**死來說是特別的。恰恰相反，只有當我已經處於主觀性的角度時，死才變成**我的**死；正是這個被反思前的我思定義的我的主觀性使我的死變成了一種主觀的不可替換的東西，而不是死將把不可替換的自我性給予我的自由。在這種情況下，死就不可能個性化，**因爲它是做爲我的死的死**，因此，死的主要結構不足以把它變成為這個人們能夠**等待**的個人化了的和定了性的結局。

但是，死也絲毫不能被等待，如果它不是特別精確地被指定為**我的**死刑的話（死刑八天以後執行，我知道我的病不久就會發生突然地惡化等等），因為它只不過揭露了一切等待的荒謬性，儘管恰恰就是**它的**等待。事實上，首先應當仔細地區別人們在這裡連續混淆的動詞「等待」（attendre）的兩種意義：預料（s'attendre）死不是等待死。我們只能等待一個決定了的結局，而同樣決定了的過程正在實現它。我能夠等待查爾特來的火車，因為我知道它已經離開了查爾特車站，因為車輪的每一次旋轉會使它靠巴黎火車站近一步。當然，它可能會晚點，甚至也可能發生一次車禍：但是，將會實現的進站這個過程本身仍然「**在進行中**」，那些能夠推遲或者取消這次進站的諸種現象在這裡僅僅意謂著這過程只是一種相對地封閉的和相對地孤立的體系，僅僅意謂著它實際上陷入了一個「纖維結構」的宇宙中，就像梅耶松說的那樣。於是，我能說我等待皮埃爾，也能說「我預料他的火車會誤點」。但是精確地說，我的死的可能性僅僅意謂著我在生物學意義上說是一種相對封閉的系統和相對孤立的系統，它僅僅指出了我的**身體**是歸屬於存在物的整體。這種可能性是火車可能晚點類型的，而不是皮埃爾到達的類型的。它是屬於不可預測的，**意想不到**的應當總是考慮著的障礙方面的，同時保持著障礙的意想不到的方面，但又是人們不能等待的特有特點，因為這障礙消失在未確定性中。事實上，在承認諸因素是嚴格互相制約的時候——這甚至都不用證明而要求一個形而上學的抉擇——因素的數目是無限的，它的蘊涵是永遠無限的；它們的總體不構成一個系統，至少按上述觀點上述結果來說——我的死——它的發生不可能在任何日子裡被驗證，因此也不能夠被等待。也許，當我在這個房間裡平靜地寫作的時候，宇宙的狀態是這樣的：我的死顯然已經非常逼近了；但是也許相反，它已經明顯地遠離了。比方說如果我等待一個徵兵動員令，我能夠認為我的死臨近了，也就是說一種臨近的死的機會大大地增加了；但是也可能恰恰是在這同一時刻，一個國際會議正在祕密召開，它也許已經找到一個維持和平的方法。於是，我不能夠說過去的每一分鐘都在使我更靠近死。如果我完全從整體上來考慮，那麼我可以說流逝的每一分鐘的確是在使我和死亡靠近，我的生命是有限的。但是，在這些非常有彈性的限制之內（我能做為一個百歲老人而死，還可能在三十七歲時死，或在明天就死），我不可能知道在這個期限內死在事實上是向我靠近還是離開我。因為老年人活到年限死去和使我們在成年或青年時期逝去的突然死亡之間有質的巨大區別。等待第一種死，就是承認生命是一種**被限制的**事業，是選擇有限性和在有限性的基礎上挑選我們的目的的方法之一。等待第二種死，就將是等待我的生命成為一項**失敗**的事業。如果只存在老年的死（或者明確判處的死），我將能**等待**我的死。但是，死亡的本義恰恰就是：它總是能提前在這樣或那樣一個日子裡突然出現在等待著它的人們面前。而如果老年的死能夠混同於我們的選擇的有限性，因而能夠像我們生命的最終的和弦那樣自己生存（人們給了我們一個任務並**給了**我們時間來完成這個任務），那麼相反，突然的死就是：它絲毫不能預料，因為它是未確定的，人們不能在任何一個確定的日期上等待它：事實上，它總是包含著我們在一個所等待的日子之前會突然死去的可能性，因此，我們的等待應該是**做為等待的**一種欺騙，或者，我們應該一直**倖存**到這個日期，而由於我們只是這種等待，我們應該在我們本身之後倖存。此外，因為突然的死和另一種死有質的區別只是就我們對兩者而言都**活著**而言的，正如，從生物學意義上講，也就是說按宇宙的觀點來講，兩種死對於它們的原因和決定它們的因素來說才是完全不同的，其中一個的不確定性事實上影響了另一個；這意思就是說，人們只能盲目地和自欺地來**等待**一種老年的死。事實上，我們隨時都有可能在我們完成我們的任務之前死去，或者相反在完成任務之後繼續倖存。因此很少有一些機會使我們的死像索福克勒斯的死那樣，譬如以一種最終的和弦的方式出現。但是，如果僅僅是機會決定我們的死的特點繼而又決定我們的生命，那麼即便是與一種旋律的休止最相似的也不能被做為一個這樣的休止來等待；在決定時，偶遇剝奪了其所有和諧的休止的全部特點。事實上，旋律的休止應當來源於旋律本身以便將其意義給予旋律。因此一種如索福克勒斯的死那樣的死就將與一個最終的和弦**相似**但又和它不會**是**一回事，正如幾個立方體下落形成的字母也許像一個詞但是與它不會是一回事一樣。於是我的謀劃內部偶遇的這種永恆的顯現不能被當作**我的**可能性，但是，相反，就像我的所有可能性的虛無化一樣，這個虛無化應被看作為是**本身再也不屬我的諸可能性的**一部分了。於是，死並不是**我的**不再實現在世的在場的可能性，而是**在我的諸可能性之外的我的諸可能的**一**種總是可能的虛無化**。

此外，這是能夠以稍有區別的方式，從對意義的考察出發來解釋的。我們知道人的實在是**賦予意義者**，這意思是說他通過不存在的東西顯示出自己是什麼，或者，也可說他是他將要成為自己將要成為的東西。因此，如果他永遠介入他自己的未來，這就引導我們說他等待對這個未來的證實。事實上，做為未來，將來是由一種**將是**的現在的提前描繪的；人們完全聽憑這個現在的擺布，只有這個做為現在的現在，應當能夠證實或者否認我所是的那種提前描繪的意義。由於這個現在本身將是在一個新的未來的啟示下對過去的自由恢復，我們也就不可能**規定**它，而僅僅只能謀劃它和等待它。我的現實行為的意義，就是我想使嚴重地傷害了我的那個人受到誡訓。但是，我怎麼能知道這個誡訓是否會變為生氣和羞怯時的結結巴巴，我現時的行為的意義是否會變**爲過去**的呢？自由限制自由，過去從現在獲得其意義。於是，正如我們指出過的那樣，我們現實的行為對我們來說是完全半透明的（反思前的我思）又同時是完全地被一種我們應當等待的自由決定掩蓋著，這樣一個悖論就是這樣解釋的：青少年完全意識到了他的行為的神祕意義而同時又應該完全置身於未來以便決定他是不是正在「渡過一個青春期的危機」或者以便真正地介入一條虔信的道路。於是，我們今後的自由做為自由並不是我們的現實可能性，但是我們還不是的可能性的基礎把就像被巴萊斯叫作「完全光明中的神祕」的某種事物構成一種半透明性中的不透明性，由此產生對我們來說的**預料**的那種必然性。我們的生命只不過是漫長的等待：等待實現我們的目的，首先是（介入一項事業，就是等待它的完結）特別是等待我們本身（即使這個事業實現了，即使我懂得讓人愛，獲取這樣的榮譽，這樣的厚待也仍待決定這個事業本身在我的生活中的位置、意義和價值）。這不是來自人的「本性」的一種偶然的缺陷，不是來自一種阻擾我們將我們限制在現在並能夠通過鍛鍊得到**緩解**的神經質，而是來自在它自我時間化的範圍內「存在」著的自為的本性本身的。因此，應該把我們的生活看作不僅是因等待而造成的，而且是本身等待著等待的對等待的等待造成的。這就是自我性的結構本身所在：是自我，就是走向自我。這些等待很明顯地全都包含著對**被等待**而不再等待任何東西的最終端的一種歸屬。一種將是**存在**而不再等待存在的歇息。整個系列終止於原則上永遠不被給出的並是我們存在的價值的這個最終端，也就是說，顯然，是一種「自在—自為」類型的充實物。由於這個最終端，我們的過去的恢復將一勞永逸地造成了；我們將永遠地知道這樣一種青年時期的體驗是有益的還是不祥的，這樣的青春期的危機是反復無常的還是我的未來介入的真實的預成，我們的生命的曲線將永遠是確定的。一句話，帳將被算清。基督徒曾試圖把死亡當作這種最終端。布瓦斯洛神父在一次和我的私人談話中使我懂得了「最後的審判」恰恰就是這種結清帳目，它使人們不能再恢復行動，使人們最終不可挽回地是其所**曾是**的。

但是，這上面有一個和我們前面談到的萊布尼茨的錯誤類似的錯誤。這錯誤甚至處在存在的另一端。按萊布尼茨的觀點，我們是自由的，因為我們的所有活動都來自我們的本質。然而，為了使全部這種細節的自由掩蓋一種完全的奴隸的地位，我們只需使本質不被我們選擇就夠了：上帝已選擇了亞當的本質。相反，如果正是帳目的清算給予我們的生命以意義和價值，被當作我們生命的情節的一切動作是不是自由的就都沒有什麼關係了：如果我們本身沒有選擇清算自己的帳目的時刻，意義本身就脫離了我們。這正是狄德羅傳播的寫趣事故事的自由化作者所感覺到了的東西。在審判的那天，兄弟倆一同出現在聖庭上，哥哥向上帝說：「你為什麼讓我這麼年輕就死去？」上帝回答說：「為了拯救你。如果你再活長些，你就會犯一次罪，就像你的兄弟一樣。」那麼，輪到他的兄弟來問：「你為什麼讓我這麼老才死？」如果死不是我們的存在的自由決定，那麼它便**不能**決定我們的生命：多活一分鐘或少活一分鐘，一切就可能改變；如果這一分鐘被加到我的帳目中或者被奪走，甚至在承認我能自由地使用它時，我的生命的意義也離開了我。然而，基督教式的死是來自上帝的：上帝選擇我們的死期；按一般的方式，我清楚地知道，即使在我自我時間化時一般地使一些分鐘和一些小時存在，我死的那一分鐘也不是由我確定的：它是由世界的程序決定的。

如果是這樣的話，我們甚至不再能說死從外面把意義給予生命：一個意義只能來自主觀性本身。既然死不是在我們的自由的基礎上出現的，它只能將**全部意義都從生命中去掉**。如果我是等待的等待的等待，如果我的最後的等待的對象和在等待的對象都被取消了，等待就在追溯往事時獲得其**荒謬性**。這個年輕人在三十年的時間裡等待成為一個大作家；但是這個等待本身不是自足的：它將是自負的和荒謬的頑固，或者是根據他寫的書對其價值的深刻理解。他的第一本書出版了，但是這獨自的書意謂著什麼呢？這是第一部著作。讓我們承認它是好的吧：它只是通過未來取得其意義。如果它是唯一的，它就同時是開幕詞和遺囑。他只有一本書要寫，他被他的作品限制和包圍；他將不是「一個大作家」。如果小說在一批人中獲得其地位，這就是一次「事故」。如果在它之後還有其他更好的書出現，它就可以將它的作者列入第一流作家之列。但是死在作家為了要知道自己「是否有才能」而正在焦急地寫另一部著作時，在他期待的時候來打擊作家了。這就足夠使一切落入未確定之中：我不能說那位死去了的作家是一本**唯一的**書（從他曾經只能有唯一一本書要寫的意義上說）的作者，也不能說他寫了好幾本書（因為事實上他只發表了一本書）。我什麼也不能說：假定巴爾扎克在《朱安黨人》一書發表之前死去，那他就只能是一個寫了幾部很糟糕的冒險小說的作家。但是，同時，這個死去的青年所**是**的那個等待本身，這個希望成為一個大人物的等待失去了一切種類的意義：它既不是盲目地頑固的和虛榮的，也不是它自己的價值的真正意義，因為永遠沒有任何東西來決定這個意義。事實上，企圖在評價他樂意為其藝術所做出的犧牲和他樂意過的清苦生活時來決定這個意義是徒勞的：有許多平庸者都有力量做同樣的犧牲。相反，這些行為的最終價值仍然明確地是懸而未決的；或者，可以說，總體——特殊的行為、等待、價值——一下子陷入了荒謬。於是，死永遠不是將其意義給予生命的那種東西：相反，它正是原則上把一切意義從生命那裡去掉的東西。如果我們應當死去，我們的生命便沒有意義，因為它的問題不接受任何解決方法，因為問題的意義本身仍然是不確定的。

求助於自殺來逃避這種必然性是徒勞的。自殺不能被認為是以我做為自己基礎的生命的終止。事實上，做為我的生命的活動，自殺本身要求一種只有將來才能給予它的意義；但是，由於它是我的生命的**最後**一個活動，它排斥了這個將來；因而，它仍然是完全不確定的。如果我事實上逃避了死，或者如果我「自殺未遂」，我後來會不會把我的自殺判斷為一種懦弱呢？結局不能向我表明另外的結果也是可能的麼？但是，由於這些結果、只能是我自己的謀劃，所以它們只能在我活著的時候顯現出來。自殺是一種將我的生命沉入荒謬之中的荒謬性。

人們將看到，這些看法不是從對死亡的考察中得出的，而是相反，是從對生命的考察中得出的；正是因為自為是這樣一種存在，對這種存在來說，存在在其存在中是在問題中的，正是因為自為是總是要求有一種後來的存在，死在自為的存在中沒有任何地位。如果這不是對把所有等待還原為荒謬的一個未確定結局的等待（其中包括對死的等待本身），那麼，一種對死的等待能夠意謂著什麼呢？對死的等待本身毀滅了，因為它將是對一切等待的否定。我向著一**個**死的謀劃是可以理解的（自殺，烈士，英雄主義），但是做為不再在世界上實現其現在的未定可能性的**我的**死的謀劃是不可理解的，因為這個謀劃將是所有謀劃的毀滅。於是，死不能是我固有的可能性，它甚至不能是**我的**可能性之一。

況且，只能向我揭示出來的死不僅僅是我可能的總是可能的虛無化——在我的可能性之外的虛無化——它不僅僅是摧毀了所有的謀劃的謀劃，還是摧毀了自己本身的謀劃，是我的等待的不可能的毀滅：它是他人的觀點對**關於我**對我本身**所是**的觀點的勝利。這也許正是馬勒侯所希望的，當他在《希望》[22]中寫到死亡時，說死「把生命變成命運」。事實上，死只是從其否定的一面成為對我的可能性的虛無化：正如我事實上只通過我應該是的自在的存在的虛無化才是我的可能性一樣，死做為一個虛無化的虛無化，在對黑格爾來說的否定之否定就是肯定的意義上說，是我的做為**自在**的存在的肯定。只要自為「活著」，他就超越其過去而走向其未來，而過去是自為應該是的東西。當自為「不再生存」時，這種過去將會同樣地自己取消：正在虛無化的存在的消失在其按自在類型存在的存在中並不觸及過去，它在自在中自我取消了。我的生命整個地**存在**，這意思不是說它是個和諧的整體，而是說它不再是它自己的緩刑期，是說它不再能通過它對它自身擁有的簡單意識而改變自己。而是完全相反，這個生命的任何現象的意義從此被確定，不是通過它本身，而是通過這就是生命終止的開放的整體確定的，這種意義按最初的和基礎的方式說是**意義的不在場**，我們已經講過這一點。但是，按次級的和引伸的方式，相對意義的千百種閃光和虹彩能夠在一個「死亡的」生命的這個基本的荒謬性上演出。比方說，不論最高的虛榮心是什麼樣的，索福格勒斯的生命仍然曾是幸福的，巴爾扎克的生命仍然是神奇般勤奮的，等等。自然，這些一般的形容還可能進一步的嚴密；我們還可能在講述這個生命的同時進行一個描繪和分析。我們將會獲得更加清晰的特徵，我們將能夠說莫里亞克的女主人公那樣的死是曾經生活在「謹慎的絕望」中的；我們將能夠把帕斯卡爾的「靈魂」的意義（也就是說他的內在「生命」的意義）看作「奢華的和苦澀的」，就像尼采寫過的那樣。我們能夠一直到把這樣一個插曲形容為「懦弱性」或者「不正當手段」，儘管如此，繼續注意到活著的自為所是的這種「永遠延期的存在」的偶然的停止是唯一在徹底荒謬性的基礎上允許將相對的意義給予上述插曲的，而這個意義**本質上是暫時**的意義，其暫時性**碰巧地**過渡到確定的東西上面去。但是，這些對皮埃爾生命的意義的不同解釋是有其作用的，當正是皮埃爾自己把這些作用於他自己的生命之上時，改變其意義和方向，因為當他自己的生命被自為所期望時，對他自己的生命的一切描繪就是這個生命之外的自我的謀劃，如同正在改變的謀劃，同時又被參與到它所改變著的生命中去一樣，正是皮埃爾自己的生命在持續自我時間化過程中改變著它的意義。然而，既然現在他的生命死了，那就只有**別人的回憶**才能阻擋它在割斷了它和現在的一切聯繫時蜷縮在自在的充實中。死去了的生命的特點，就是它是一種由他人做為保管者的生命。這不簡單地意謂著他人在對「死者」的生命進行一種解釋的和認識的重新組合時把「死者」的生命留住。而完全相反，這樣的一種重新組合只是別人的就死去了的生命而言的可能的態度之一，因而，「被重新組合的生命」的特點（在通過親近者的回憶展現的家庭範圍內，在歷史的範圍內）是一種在不包括別人在內的某些生命上留下印記的特殊命運。這必然導致的結論是，「被忘卻的生命」的相反性質也表現一種從他人出發來到某些生命中的特殊的、可描述的命運。被忘記，就是成為一種別人的態度的對象，和暗含的他人決定的對象。被忘記，事實上就是堅決地和永遠地被理解為一個消融於群體中的成分（十八世紀的大封建領主，十八世紀的「資產階級民權主義者」，「蘇聯的官員」等等），這絲毫不是**自行消滅**，而是失去其個人的存在以便和別的人一起被組合成為集體存在。這明確地向我們指出了我們所想證明的東西，那就是別人不可能**首先**不與死人接觸而存在以便**隨後**決定（或者為了使處境做出決定）他將和某些特殊的死人（這些在他們活著時他曾認識的人們，這些「偉大的死者」）之間有這樣或那樣的關係。實際上，和死人的關係——和一**切**死人的關係——是被我們叫作「為他的存在」的基本關係的本質結構。自為在對其存在湧現時，應當相對各種死人採取某種態度；他的最初謀劃將他們組織成為毫無特色的廣義的群體或者獨特的個體；這些集體的群體和這些個體一樣，都是由他決定其後退或者絕對接近的，他在自己時間化時拉開這些群體和個體與他之間的時間性距離，正如他拉開從他的周圍開始的空間距離一樣；在通過其目的來使他所是的東西顯示出來時，他決定了死者的集體或者個體的固有**重要性**；這樣一種對皮埃爾來說將嚴格地是無名的和完全沒有個性的集團對我來說將是被定性的和有一定結構的；對我來說，純粹同樣的另一個這樣的集團將使讓的某種個人的構成部分出現。拜占庭、羅馬、雅典、第二批十字軍、國民公會[23]，根據我採取的和我「是」的那種態度所能夠或遠或近或粗略或詳盡地看到的古代的大公墓——從這不是不可能的角度講——只要人們恰當地理解它——定義「一個人」是通過墓中的死人，也就是說通過他在古墓中所決定的個體或者集體的區域，通過他走過的道路，通過他決定自己受的教育，通過他在其中萌發的「根」。當然，死選擇我們，但是首先我們應該已選擇了死亡。我們在這裡重新遇到了聯結人為性和自由的原始關係；我們選擇我們對各種死的態度，但是，我們不可能不選擇其中一種。對各種死的一概冷漠是一種完全可能的態度（人們在一些「無國籍者」，某些革命者或者某些個人主義者那裡發現了一些例證）。但是這種冷漠——它堅持使死「再一次死去」——是混雜於對各種死的其他行為中的一種行為。於是，根據其人為性本身，自為被拋進了對死者的一種完全的「責任」之中，他被迫自由地決定死的機遇。特別是，當涉及到包圍著我們的死人的時候，我們不可能不決定——明確地或者暗含地——他們的事業的機遇；當涉及到兒子重操父親的事業或者弟子繼承先生的學派和學說的時候，這一點就特別清楚。但是，儘管在相當多的境遇中的聯繫並不是那麼明晰的，這在上述死人和活人屬於同一個歷史的和具體的集體的情況下都是同樣真實的。正是我，正是我的同時代人來決定前一代人的努力和事業的意義，或者我們恢復和繼承他們的社會和政治的企圖，或者我們果斷地實現一種決裂並將死者拋進無效中去。我們看到，正是一九一七年的美洲來確定拉法耶特的事業的價值和意義。於是，根據這種觀點，生和死之間的區別便明顯地出現了：生命決定它自己的意義，因為它總是延期的，它本質上擁有一種自我批評的能力和自我變化的能力，這種能力使得它被定義為「尚未」，或者如果人們願意，可以說它是它所是的東西的變化。因此死去了的生命並未變化，然而它被造**成了**。這意謂著對於它來說，決心已下，它從此將接受其變化而完全不對此負責任。對它來說，這不僅僅涉及一種抽象的確定的總體化；這還涉及到一種徹底的改造；任何東西都不再能夠**達於**它內部，它是完全地封閉的，人們不再能使任何東西進入到裡面；但是它的意義仍然是從外面被改變的。一直到這位和平的使者死去，他的事業（瘋狂或者實在，成功或者失敗）深刻的意義還掌握在他的手中；「只要我還在那裡，那裡就不會有戰爭」。但是，就這種意義超越了一種單純個體性的侷限而言，就個人使他通過一種客觀處境來實現（歐洲的和平）的東西顯示出來而言，死代表著一個完整的剝奪：正是他人**剝奪**了和平的使者他自己承當的努力的意義本身，因此也就是剝奪了他的存在的意義本身，而不管他本身如何，不管通過其湧現本身是失敗的或成功的改變，瘋狂的或天才直觀的改造，也不管個人由之自己顯示出來並且個人在其存在中所是的事業本身。於是，**死**的存在本身在我們自己的生命中為了他人的利益完全將我們異化了。死亡，就是被生者所捕獲。因此這就意謂著企圖把握其未來的死的意義的人應當發現自己是別人的未來的獵獲物。因此，就有一種在我們這本書中專述「為他」的章節中我們沒有論及的異化的情況：事實上，我們曾研究過的異化是我們在把別人改造成被超越的超越性時能夠虛無化的異化，同樣，我們也能夠通過我們的自由的絕對和主觀的態度將我們的**外在性**虛無化；只要我活著，我就能夠逃離我為他所**是**的東西，而這是通過我自由提出的目的把自己揭示為：我什麼也不是，並且我使自己是我所是；只要我活著，我就能通過向著另一些目的自我設計，並且不管怎樣，通過發現我的為我的存在的一維和我的為他的存在的一維之間無法類比而揭穿別人從我這裡發現的東西。於是，我不停地脫離我的外在，我不停地被它把握，而「在這場混戰中」，決定性的勝利不是屬於這一種存在方式就是屬於另一種。但是，**死的事實**在這同一場戰鬥中在並沒有明確地與對手中的這一個或另一個相聯的情況下，從別人的觀點看來是把最後的勝利交了出來。同時把戰鬥和賭博轉移到另一個地盤上，也就是突然取消了戰鬥的一方。在這種意義上說，無論人們從別人那裡取得的勝利是怎樣地短暫，即使在人們利用「別人」來雕刻「自己的塑像」時，死去，就是被判決為只通過別人而存在和被判決從他那裡得到其意義和勝利的意義本身。事實上，如果人們贊同我們在我們的第三卷中陳述的實在論的看法，人們就應該承認**我死後的存在**並不簡單是「在別人的意識中」的鬼魂般的殘存，也不是與我有關的單純表象（形象，回憶，等等）。我的為他的存在是一個實在的存在，如果它像我在我消失後留給他人的錘子一樣留在他的手裡的話，也是做為我的存在的實在的一維——這一維成了我的唯一的一維——而不是無意識的幽靈。黎希留、路易十五、我的祖父，他們絲毫不是我的回憶的總和，甚至也不是所有聽說過這些人的回憶和認識的總和；他們是些客觀的和不透明的存在，但是他們僅僅是被還原為外在性的唯一的一維。以這種名義，它們在人的世界中繼續著自己的歷史，但是它們將只不過是一些沒於世界的被超越的超越性；於是，死不僅在決定性地放棄了**等待**並使顯示我是什麼的目的的實現停留在未定中的時候取消了我的等待——而且，它還從外面將一個意義給予了我主觀地經歷的一切；它重新把握了這種自衛著的主觀的東西，只要這主觀的東西對抗著外在化而「活著」，而且死剝奪了這主觀的東西的一切主觀意義以便相反地將它提供給別人喜歡給予它的一切**客觀**意義。儘管如此，仍然應當指出這樣地賦予**我的生命**的「命運」也仍然是懸而未決的，仍然是延期的，因為回答「羅伯斯庇爾的歷史命運最終是怎樣的？」這個問題取決於「歷史有一種意義麼？」這個先決問題的答案，也就是說「歷史應當是完成（S'achever）還是僅僅是**終止**（terminer）？」這個問題並沒有解決——它可能是不可解決的，因為人們對此所做的所有回答（包括唯心主義的回答：「埃及的歷史是研究埃及的人的歷史」）本身都是歷史的。

於是，在承認我的死能夠在我生命中被發現時，我們看到它將不能是我的主觀性的一種純粹的中止，做為這種主觀性的內在結局，我的主觀性最終只與死有關。如果獨斷的實在論真的錯誤地在死中看見**死的狀態**、也就是說看到一種生命中的超越的話，我能夠發現是屬於**我的**死就仍然會必然地介入到異於我的其他東西之中。事實上，由於我的死總是我的諸可能的可能的虛無化，它在我的諸多可能性之外，而且我因此將不能等待它，也就是說，我不能投身於它，就像投身於我的一種可能性一樣。因此，它不能屬於自為的本體論結構。由於它是別人對我的勝利，它歸結於當然是基本的但又完全是偶然的事實，就像我們說過的，別人存在的事實。如果別人不存在，我們不會認識**這種**死；它將不會對我們表現出來，尤其是不會被構成我們的存在的命運的變化；事實上，死將是自為的和世界的，主觀的和客觀的，賦予意義者和所有的意義的同時消失。死之所以能夠在某種範圍內對我們揭示為就是**我的**意義的那些特殊的意義的改變，那是由於保證對意義和記號的替換的另一個指出意義者的存在所致。正是由於別人，我的死才是我在世界以外的墮落，它做為主觀性，而不是做為意識和世界的消失。因此有一種不可否認的和基本的事實的特點，也就是說在死中間和在他人的存在中一樣有一種根本的偶然性。這種偶然性提前使死逃脫了一切本體論的猜測。而通過從死出發考察我的生命來思索我的生命，這將是通過別人對於死取得觀點來沉思我的主觀性；我們講過這是不可能的。

於是，我們應該得出與海德格相反的結論，即死遠不是固有的可能性，它是一**個偶然性的事實**，做為事實它原則上脫離了我，而一開始就屬於我的人為性。我既不能發現我的死，也不能等待它，也不能對它採取一種態度，因為它是表現為不可發現的東西，是取消了所有等待的東西，是溜進所有的態度特別是溜進人們對它所採取的一些態度以便將這些態度改造為外在化的和固定的行為，這些行為的意義永遠是被給予別人的而不是給予我們自身的。死是一種純粹的事實，就和出生一樣；它從外面來到我們之中，它又將我們改造為外在的。實際上，它和出生沒有絲毫差別，我們正是稱這出生和死亡的同一性為人為性的。

這是否是說死給我們的自由劃出了限制呢？在放棄海德格的為死的存在時，我們是否永遠地放棄了將我們負有責任的一種意義自由地給予我們的存在的可能性了呢？

恰恰相反，我們似乎覺得死在我們發現它真實的樣子的時候，把我們完全地從它那所謂的約束中解放出來。只要人們對此稍加思考，這就將表現得更加清楚。

但是首先應當把死和有限性這兩個通常被結合在一起的觀念從根本上分離開。人們通常似乎相信，正是死構成了我們的有限性並向我們揭示了我們的有限性。正是由於這種看法的傳染導致死顯出本體論必然性的面貌，有限性相互地向死借用其偶然特性。特別是，海德格其人似乎就是在死和有限性是嚴格同一化這一點上奠定了他的整套為死的存在的理論；同樣當馬勒侯告訴我們說死向我們揭示了生命的一度性的時候，他似乎恰恰認為，正因為我們是要死的，所以我們是沒有能力重新活動起來的，因而是有限的。但是，若更仔細一點地來考察事物，我們就會發現他們的錯誤：死是一種屬於人為性的偶然事實；而有限性是決定了自由的自為的本體論結構，它只在對顯示我的存在只有在目的的自由謀劃中並通過這個謀劃才存在。換句話說，人的實在將依然是有限的，即使沒有死也是一樣，因為他在自我選擇為人類時**自我造就爲**有限的了。事實上，是有限的就是自我選擇，也就是說在自己謀劃著一個可能而排斥另一些可能時讓人們顯示著自己所是的。因此自由的活動本身就是對有限性的假定和創造。如果我自我造就，我就把自己造就成為有限的，因此我的生命就是單一的了。從那時刻起，即使我是不死的，我仍被禁止「重新行動」；正是時間性的不可逆轉性禁止我重新行動，而這種不可逆轉性只不過是自我時間化的自由的固有特性。當然，如果我是不死的，如果我應該排除B可能以便實現A可能，對於我來說，實現這種被排斥的可能的機會將會出現。但是，僅僅由於這種機會是在被排斥的機會**之後**出現的，它就將不是同一個機會，從這個時刻起，正是對永恆性而言我才將在無可挽回地排除了第一次機會時將我自己**造就爲有限的**。按照這種觀點，不死的和死的一樣，產生了一些機會而又只為自己造成唯一的一個機會。為了從時間上說是無限的，也就是說無終界的，它的「生命」在其存在本身中將仍然是有限的，因為它把自己造就為單一的。死不應該在生命中看到；它「在此期間」突然出現，而人的實在在揭示自己的有限性時，不會因此發現其死亡性。

於是，死完全不是我的存在的本體論結構，至少在做為自為的存在時是這樣；正是**別人**在其存在中才是要死的。死在自為的存在中沒有任何地位；自為存在既不能等待它，也不能實現它，也不能向著它而自我設計；死絲毫不是他的有限性的基礎，而按一般的方式，它既不能做為原始自由的謀劃從內部被奠定，也不能做為通過自為從外部被設想的一種性質。那麼它到底是什麼呢？它只不過是人為性和為他的存在的某種面貌，也就是說，只是**給定物**，而不是別的什麼東西。我們的出生是荒謬的，我們的死亡也是荒謬的；另一方面，這種荒謬性表現為我的不再是**我的**可能性而是別人的可能性的、「存在—可能性」的永恆異化。因此，這是外在的並由於我的主觀性而限制的！但是，人們在這裡不承認我們在上面一段中嘗試過的描述麼？在一種意義上說，我們應當擔當這事實的限制，因為任何東西也不從外面向我們滲透，從一種意義上說我們應該**體驗到**死，如果我們應該簡單地能夠為它命名的話；但是另一方面，死又從來未被自為遇到過，因為它絲毫不是**他的**，除非是一種他的為他的存在的非限定的永久性，那麼，如果不恰恰是**不可實現的東西**中的一種，這又是什麼呢？如果不是我們的**背**面的一種綜合面貌，這又是什麼呢？「**要死的**」代表著我為他所是的現在的存在；**死**代表著我的現實的自為的為他的未來的意義。因此這正涉及到我的謀劃的永恆限制；而做為這樣一種限制，它是需要擔當的。因此這正是一種外在性，甚至在自為要實現它的企圖中並通過這個企圖它仍然是外在性：這就是我們在前面定義為**要實現的**不可實現的東西。說到底，在自由用從把他的死做為他的主觀性的不可把握和不可想像的限制擔當起來的選擇和自由利用的選擇是被別人的自由所限制的自由的選擇之間並沒有什麼區別。於是，在前面確定的意義上說，死不是**我的**可能性；它是做為界限的處境，就像被選擇的並逃離了我的選擇的背面一樣。在它將是向我顯示我的存在的我的固有目的的意義上說，它不是**我的**可能；但是由於它不可避免地必然在別處做為一種外在性和一種自在的存在，它就內在化為「終結」，也就是說內在化為主題的意義並在等級化了的可能的範圍之外。於是，它在我的每一謀劃之內做為它們不可避免的背面糾纏著我。但是，正是由於這種「背面」需要不是當作**我的**可能性，而是當作對我來說不再有可能性了的這種可能性來擔當，它**沒有切斷我**。是**我的自由**的那個自由仍然是整體的和無限的；這不是由於死沒有限制它，而是因為自由永遠不會碰到這種限制，死絲毫不是我的謀劃的障礙；它僅僅是**這些謀劃的在別處的**一種命運。我不是「為著去死而是自由的」，而是一個要死的自由的人。死逃離了我的謀劃，因為它是不可實現的，我自己在我的謀劃本身中逃離了死。由於死總是在我的主觀性之外的東西，所以它在我的主觀性裡就沒有任何地位。而這種主觀性並不表現為和它**對抗**，而是獨立於它的，儘管這種表現被直接異化了。因此我們不能想死，不能等待它，也不能把自己武裝起來對抗它；而因此，我們的謀劃之成為謀劃——不是通過我們的盲目，就像基督教徒說的那樣，而是原則上——是獨立於它的。而儘管面對這個「協議之外要實現的」不可實現的東西有無數可能的態度，也沒有理由將它們分類為事實性的和非事實性的，因為我們總是死於協議之外的。

這些關於我的位置、我的過去、我的周圍、我的死和我的鄰人的不同描述都不奢望成為透徹的甚至詳盡的描述。它們的目的僅僅是使我們對「**處境**」這種東西有一個較為明確的概念。多虧了它們，我們有可能更加確切地給這種「處境中的存在」下定義，這種處境中的存在表示了自為的特性，因為自為對其存在的方式負責而不是其存在的基礎。

（一）我是沒於其他存在者**中的**一個存在者。但是我不能「實現」這種沒於其他實存的實存，我只有不在我的存在中而在我存在的方式中進行自我選擇時才能將我周圍的存在者當作**對象**，或將我自己當作被**包圍的**存在者，或甚至給這種「沒於」的概念一個意義。對這種目的的選擇是對**尚未存在者**的選擇。我沒於世界中的態度，它被包圍我的實在事物的工具性或敵對性以及我自己的人為性的關係定義，也就是說在根據一種自由地提出的目的的觀點進行的我本身的徹底虛無化以及在對自在的徹底和內在否定的啟示下發現我在世界上所遇到的危險，我在世界上能夠碰到的障礙，我能夠獲得的幫助，這些，就是我們稱之為處境的東西。

（二）處境只相關於給定物向著一個目的的超越而存在。它是我所是的給定物和我所不是的給定物用以向著我以不是它的方式所是的那個自為表露的方式。因此，誰說**處境**，誰就是說「在處境中存在的自為所被領會的立場」。不可能外在地考察一種處境：它是被固定在**自在的形式**中的。因此，處境不能被說成是客觀，也不能說成是主觀的，儘管這種處境的部分結構（我用的這只杯子，我所倚靠的這張桌子，等等）能夠並且應該是嚴格地客觀的。

處境不能是**主觀的**，因為它既不是事物給我們的**印象**的總和，也不是這些印象的統一：它是**事物本身**和事物中的我本身；因為我做為純粹存在的虛無在世界中的湧現只不過是**有**事物這一事實的結果而並未在其中加進**任何東西**。在這種面貌下，處境背叛了我的人為性，也就是說事實上，事物僅僅做為它們所是的在那裡存在，沒有必要也沒有可能是別的，也就是說我在它們之中**此在**。

但是它也同樣不能是**客觀的**，這是因為，在一種意義上講它可能是一種在主體完全未介入到一種這樣地構成的系統中的情況下驗證的純粹給定物。事實上，處境根據給定物的意義本身（沒有這種意義甚至就沒有給定物）反映了自為的自由。處境之所以既不是主觀的又不是客觀的，是因為它沒有通過主體構成對世界狀態的**認識**，甚至沒有構成對世界狀態的有情感的領會；而是一種自為和他所虛無化的自在之間**存在的關係**。處境，完全是主體（主體除了是其處境外，不是別的任何東西），它也完全是「事物」（除了事物之外，沒有別的東西）。如果人們願意，可以說這是以其超越本身照亮了事物的主體，或者說這是將其形象推至主體的事物。這就是全部的人為性，世界的、我的出生的、我的位置的、我的過去的、我的周圍的、我的鄰人的事實的絕對偶然性——這就是我的沒有限制的自由，就像那種使得一種為我的人為性存在的東西一樣。這就是這條塵土瀰漫大坡度的道路，我的火燒一樣的乾渴，就是人們拒絕給我水喝，因為我沒有錢或者因為我不是他們的家鄉人或不是他們一個種族的人；這就是說，我被拋進對我抱敵視態度的人群中間，連同我的也許會阻礙我實現確定目的的**身體**的疲乏。但這也就是這個**目的**，不是因為我明顯地和明確地表述了它，而是因為它在那裡，無處不在地包圍著我，做為統一和解釋這所有的事實的東西，把它們組織成為一種可描述的整體而不是把它們造成一個混亂的惡夢般的東西。

（三）如果自為只不過是其處境，由此可得出結論：處境中的存在在同時考慮到它的**此在**和它的**彼岸存在**時定義了人的實在。事實上，人的實在**是這樣一種存在**，**它總是超出它的此在**。而處境就是在彼岸存在中並通過彼岸的存在被解釋並被體驗的此在的有機整體。因此沒有享有特權的處境；我們因此懂得，沒有這樣一種處境，在其中給定物會以其壓力窒息把那個給定物構成為給定物的自由——或反之亦然，沒有那麼一種處境自為在其中會比在別的處境中**更自由**。這不應當在波利茨爾在《哲學檢閱的目的》一書中所嘲笑的那種柏格森式的「內在自由」的意義下來理解，這種內在自由僅僅導致從奴隸中辨認出內在生命和鎖鍊下的心靈的獨立性。當我們宣稱鎖鍊下的奴隸和他的主人是同樣自由的時候，我們並不是想講一種將總是未確定的自由。鎖鍊下的奴隸是自由的，**為的是砸斷鎖鍊**；這意謂著他的鎖鍊的意義本身在他選擇的目的的光照下向他顯現：繼續當奴隸或者冒最大的危險來跳出奴隸的地位。也許，**奴隸**將不能獲得主人的財富和生活水平；但是，因此這些也不會是**他的謀劃**的對象，他只能夢想擁有這些財富；他的人為性就是那樣的，以致於世界以另一個面貌向他顯示出來，以致於他應該擺一種姿式，應該解決其他問題；特別是，他必須從根本上在**奴隸地位**上自我選擇，甚至因此給這種黑暗壓迫一個意義。舉例說，他選擇了反抗，那麼，奴隸地位對這種反抗來說就不**首先**是一種障礙，它就只能通過反抗才可獲得其意義和敵對係數。這恰恰因為反抗和在反抗過程中死去的奴隸的生命是自由的生命，恰恰因為被一個自由謀劃照亮了的處境是充實的和具體的，恰恰是因為這個生命的緊迫的和首要問題是：「我能否達到我的目的？」恰恰是因為所有這些，奴隸的處境與主人的處境是**不可比較的**。兩者中的任何一種環境事實上都只能對處境中的自為而言並從自為對其目的的自由選擇出發，才可獲得其意義。比較只能通過一位第三者來進行，因此，它只能在沒於世界的兩種客觀形式之間發生；此外它還將在這位第三者自由選擇的謀劃的啟發下確立：沒有任何人們能據此比較這些不同處境的絕對觀點，每個人只能實現一種處境：就是他自己的處境。

（四）處境被一些目的照亮，這些目的只能從它們自己照亮的**此在**出發而被謀劃，因而這處境表現為完全**具體**的。的確，處境包含並保持著抽象的和普遍的結構，但是它應當被理解成世界向我們展示的**特別的面貌**和我們唯一的和個人的機遇。人們還記得卡夫卡的這個寓言：一個商人來到城堡告狀；一個凶惡可怕的衛兵將他擋在門外。他不敢越過那裡，於是等待著並在等待中死去。在死之前，他問衛兵道：「為何只有我一個應該等待？」衛兵答道：「這門是專門為你造的。」如果我們可以添上一句：另外**每個人都爲自己造**自己的門，這就恰恰是自為的情況。事實上，「自為」絕不嚮往那些基本上是抽象的、普遍的目的，這突出地表達了處境的具體性。也許，我們將在下一章裡看到，選擇的深刻意義是普遍的，自為因此使人的實在做為空間存在。還必須**獲取**那種**暗含的**意義；存在的精神分析法就是在這方面為我們服務的。一旦獲取了這種意義，自為那最後的和最初的意義就顯現為一種「非自立的」，這種非自立需要一種特別的具體化來表露自己[24]。但是，自為的目的是在他用以超越和奠定實在的東西的謀劃中被體驗和被追求的，它做為一種他所經歷的處境（砸斷其鎖鍊、成為法蘭克的國王、解放波蘭、為無產階級鬥爭）的特殊變化在它的具體化中向自為表露出來。人們甚至還不是首先為了一般的無產階級而謀劃去鬥爭的，而是無產階級通過**個人**從屬的那種具體的工人團體而被追求到的。這是因為事實上目的照亮給定物只是因為它被選擇為對**這種**給定物的超越。自為並不與一個**完全給定的**目的一起湧現的。而是在「造就處境」的同時，也造就了自己，反之亦然。

（五）處境，就和它不是客觀的或主觀的一樣，不能被看成是一個自由的自由結果或者我所遭受的約束的整體；它起源於通過給它以約束的意義的那種自由的約束的啟示。在天然存在物之間是不可能有聯繫的，正是自由在把存在物組織成為工具性複合時建立起它們之間的聯繫，正是自由謀劃了聯繫的**理**

由，也就是說謀劃了它的目的。但是，正是因為從這時起，我就通過一個**聯繫**的世界向著一個目的自我設計，我現在碰到了秩序、聯繫著的系列、複合，我應當決定自己根據法則行動。這些法則和我使用過的方法決定了我的企圖的失敗或成功。但是，正是通過自由，合法的關係才來到世界上。於是，自由就做為向著目的的自由謀劃被束縛在世界之中。

（六）自為是時間化；這意謂著他不**存在**；他「自我造就」。正是**處境**應當表現這種人們自願地從個人中認出的實體的恆常性（「他沒有改變」，「他總是同一個人」），而個人在許多情況下也正是經驗地把處境體驗為他自己的。在同一個謀劃中的自由堅持事實上不包含任何恆常性，完全相反，我們看到，這是我的介入的永恆不斷的更新。但是被自己發展和自己證實的謀劃所展現和照亮的一切實在相反地代表著自在的恆常性，就它們將我們的形象送還給我們而言，它們用它們的永恆支持著我們；我們甚至經常把它們的恆常性當成我們的。特別是，位置和周圍、鄰人對我們的判斷、我們的過去的永久性**描畫出**我們的日漸墮落的**恆心**的形象。在我自我時間化期間，對他人來講，我總是一個法國人，官員或者無產者，這種不可實現的東西有一種對我的處境的不可改變的限制的特點。同樣，人們稱為一個人的氣質和個性的東西，只不過是他的作為**爲他的**存在的自由謀劃的東西，它對自為來說也顯現為一種永遠不可實現的東西。阿蘭很清楚地看到個性是**誓言**。說「我是不隨和的」人，就是一種對他染上的易怒性格的自由介入，同時又是其過去的某種含糊的細節的自由表達。在這種意義上說，沒有個性——只有一種自我本身的謀劃。但是不應當不承認個性的「給定的」一面。確實對於把我看成對象—別人的別人來說，我**是**易怒的，虛偽的或直率的，懦弱的或者勇敢的。這個面貌通過他人的注視交還給了我：通過對這種注視的體驗，做為被體驗到的和自我（的）意識的自由謀劃的個性成了一種要擔當的不可實現的不變化的東西。於是它不僅依賴於別人，而且還依賴於我對別人所採取的態度，依賴於我的保持這種態度的恆心：只要我任憑受他人的注視的迷惑，我的個性在我自己的眼中就會表現為不可能實現的不變的東西，成為我的存在的實體的恆常性——聽到這樣一些家常話，如「我四十五歲了，我並不是今天才開始變的。」便使這個性可以理解了。個性甚至經常地是自為企圖重新獲得以成為他所謀劃去是的自在—自為的東西。儘管如此仍然應當注意到過去的、周圍的和個性的這種恆常性並不是**給定的**性質；這些性質只由於相關於我的謀劃的繼續才在事物上顯示出來。例如，期望人們在一次戰爭後，在一次很遠的流放後再看到的山景還是原樣保持著惰性狀態，看到這些石頭的明顯的恆常性，復活過去的希望，這些都將是徒勞的。這景致只有通過一個堅持不懈的謀劃表現其恆常性：這些山在我的處境內有一個意義——它們以這樣或那樣的方式顯示了我屬於一個和平的民族，我是這民族本身的主人，這個民族在國際次序中占有某種地位。不管我是否在一次失敗後和在領土的一部分被占領的情況下又發現這些山，它們都完全不可能向我提供同樣的面貌：這是因為我本身有了另外的一些謀劃，我又以另外的方式介入了世界。

最後，我們看到，通過周圍自主的改變而產生的處境的內部動亂總是要預見的。這些改變永遠不能**引起**我的謀劃的改變，而它們能夠在我的自由的基礎上帶來處境的簡化或者複雜化。因此，我的最初謀劃以或多或少的簡化性向我表現出來。因為一個人永遠不是簡單的也不是複雜的：正是他的處境才能是簡單的或者是複雜的。事實上，我只不過是已決定的處境之外的我自己的謀劃，而這種謀劃從具體的處境出發提前描繪了我，就像它還從我的選擇出發照亮了處境一樣。因此，如果處境在其總體中簡化了，如果一些崩塌物、一些傾覆、一些侵蝕以一種激烈的對立將一個切面，一些粗略的輪廓烙印在它之上，那麼我本身就會是簡單的，因為我的選擇——我所是的那種選擇——由於是對這個在那裡的處境的領會只能是簡單的。正在復甦的新的複雜化將是一種複雜處境向我表現的結果，在這種處境之外，我發現自己是複雜的。任何人，只要他注意就能看到：那些戰俘由於他們的處境的極端簡單化回到了某種幾乎是野獸般的簡單性中；這種簡單化不能在其意義中改變他們自己的謀劃本身；但是在我的自由的基礎本身上，它引出了周圍事物的凝聚和統一，這種凝聚和統一是在最明顯、最天然和最概要地領會被俘者的基本目的中並通過這種領會形成的。總體來說，問題在於一種內部的新陳代謝而並非在於也關係到處境的**形式**的一種總的變態。然而我「在我的生命中」就是說在同一個謀劃的統一的範圍內發現的正是這些變化。

三、自由與責任

儘管以下的考慮毋寧是關係到道德家的，但人們曾認為在這些描寫和論證以後回到自為的自由上面並試圖把這種自由的活動理解為人類的命運所表現的東西將不會是無益的。

我們以上的意見的主要的結論，就是人，由於命定是自由，把整個世界的重量擔在肩上：他對做為存在方式的世界和他本身是有責任的。我們是在「（對）是一個事件或者一個對象的無可爭辯的作者（的）意識」這個平常的意義上使用「責任」這個詞的。從這種意義上說，自為的責任是難以承受的，因為他是讓自己使世界**存在**的人；而既然他也是**使自己成爲存在**的人，因此不管是處在什麼樣的處境中，自為都應當完全地擔當這種處境連同其固有的敵對係數，儘管這是難以支持的；自為應當擔當這個處境連同成為其作者的傲氣的意識，因為可能危及到我個人的最惱人的麻煩或者最嚴重的威脅也只有通過我的謀劃才有意義，正是在我所是的介入的基礎上這些麻煩和威脅才顯現出來。因此，企圖抱怨是荒謬的，因為沒有任何陌生的東西決定過我們感覺到的和體驗到的東西，或者決定過我們所是的東西。這種絕對的責任不是從別處接受的：它僅僅是我們的自由的結果的邏輯要求。我所遇到的事情只有通過我才能遇到，我既不能因此感到痛苦，也不能反抗或者屈服於它。此外，所有我遭遇到的東西都是**我的**；因此應當由此認識到：首先做為人，我做為人總是與我遭遇到的事情相稱的，因為一個人通過別的人和通過他自己而遭遇到的事情只能是人的。戰爭的最嚴酷的處境，最殘忍的酷刑沒有創造出非人的事物的狀態：沒有非人的處境；而僅僅是通過害怕，逃避和求助於神奇的行為，我才會決定非人的東西；但是這種決定是人的，我將對之負有完全的責任。但是，處境之所以是**我的**處境，也是因為它是我對我自己的自由選擇的形象，而它向我表現的一切在這一切也是表現我並使我成為象徵的意義上講是**我的**。難道不是我來決定事物的敵對係數，甚至在決定我自己的同時決定它們的不可預見性嗎？於是，在一個生命中就沒有**事故**；一種突然爆發的和驅動我的社會事件並不是來自外部；如果我被徵調去參加一場戰爭，這場戰爭就是**我的**戰爭；它是我的形象並且我與之相稱。我與之相稱，首先是因為我隨時都能夠從中逃出，或者自殺或者開小差：當涉及到面對一種處境的時候，這些極端的可能性就應成為總是面對我們在場的可能性。由於我沒有從中逃離，我便**選擇**了它：這可能是由於在公眾輿論面前的軟弱或者怯懦所致，因為我偏向於某些價值更甚於拒絕進行戰爭的價值（我的親友的議論，我的家庭的榮譽，等等）。無論如何，這是關係到選擇的問題。這種選擇以一種一直延續到戰爭結束的方式在不斷地反覆進行；因此應該承認若爾．羅曼的話：「在戰爭中，沒有無辜的犧牲者」[25]。因此，如果我寧要戰爭而不要死和恥辱，一切就都說明我對這場戰爭是負有完全責任的。也許，戰爭是別人宣布進行的，人們可能試圖將我僅僅看為一個同謀。但是，同謀這個概念只有法律意義；在這裡它是不成立的；因為，這場戰爭只為我而且只通過我而存在是取決於我的，並且我決定了它存在。沒有過任何強制，因為強制對一種自由不可能產生任何作用；我沒有任何託辭，因為，正如我們在這本書裡說過和重複過的那樣，人的實在的本意就是他是沒有任何託辭的。因此，剩下的就只是我要求這場戰爭。但是，戰爭之所以是**我的**還因為，僅僅由於它在我使之存在的及我只能在為了它或反對它而自己介入時暴露它的處境中湧現，我現在不再能區別我對我所做的選擇與我對它所做的選擇：進行這場戰爭，就是我通過它來自我選擇和通過我對我自身的選擇來選擇它。問題不在於把它看成「四年的假期」或者「緩刑期」，看成一種「休會」，因為我的責任的本質的東西不在於此，不在我的夫婦生活、家庭生活和教師生活中。而在我選擇了的這場戰爭中，我每天每日都在自我選擇，我在造就自己的同時把這場戰爭造成**我的**戰爭。如果它應該是空白四年，那麼正是我應對此負責任。最後，正如我們在上一段中講過的那樣，每個人都是對自我的絕對選擇，而這個選擇是從它同時擔當和照亮的認識的和技術的世界出發的；每個人都具有一個絕對的但對另一個日期是完全不可想像的日期。因此，如果我問，「若這場戰爭沒有爆發我將會是什麼樣」，那就是可笑的，因為我已自我選擇成為一種不知不覺引入戰爭的時代的可能意義；我與這個時代本身沒有區別，我不能無矛盾地被轉移到另一個時代去。於是，**我就是**約束、限制並且使人懂得這場戰爭之前的時代的這場戰爭。在這種意義上說，在剛才我們列舉的公式：「沒有無辜的犧牲者」上面為了更加明確地給自為的責任下定義，我們應該加上這樣一個公式：「人們擁有人們與之相稱的戰爭。」於是，我是完全自由的，我與我選擇成為其意義的時代不可分辨，我同樣對戰爭負有深重的責任，就如同是我本人宣告了這場戰爭，我不能不將戰爭並入我的處境之中，我不能不完全地介入到我的處境中並在它上面打上我的印記，否則，我就不存在，我應該是既無悔恨又無遺憾地存在，正如我是沒有託辭地存在一樣，因為，從我在存在中湧現時起，我就把世界的重量放在我一個人身上，而沒有任何東西、任何人能夠減輕這重量。

不過，這種責任是屬於一種特別特殊的類型的。事實上人們會回答我說：「我並沒有要求出生」，這是用以強調我們的人為性的一種幼稚的方法。事實上我對一切都負有責任，除了我的責任本身以外，因為我不是我的存在的基礎。因此一切都似乎仍在說明我是被迫負有責任的。我被**遺棄在**世界中，這不是在我在一個敵對的宇宙裡像一塊漂在水上的木板那樣是被拋棄的和被動的意義下說的。而是相反，這是在我突然發現自己是孤獨的、沒有救助的、介入一個我對其完全負有責任的世界的意義下說的。不論我做什麼，我都不能在那怕是短暫的一刻脫離這種責任，因為我對我的逃離責任的欲望本身也是負有責任的；讓我自己在世界上成為被動的，拒絕干涉事物和別人，這仍然是自我選擇，而自殺則是混於別的在世的存在中的方式之一。然而，我重新發現了對我的人為性，即我的出生是不可直接把握的甚至是不可設想的這一事實的責任，因為我的出生這個事實在我看來永遠不是天然的，而總是通過我的自為的新的謀劃的建立向我顯現的；我或為出生而感到羞恥，或為之驚愕、或為之歡悅，或者在企圖放棄我的生命時，我肯定我是活著的並且我將這個生命當成不好的生命來擔當。於是，在某種意義上說，我**選擇**了出生。這個選擇本身是完全擔負著人為性的，因為我不能不選擇；但是這個人為性反過來只是因為我超越它而走向我的目的才顯現出來的。於是，人為性是無所不在的，然而卻是不可把握的；我從來遇到的只有責任，所以我不能問「我**爲什麼**出生？」，不能詛咒我出生的日子或者聲明我並未要求出生，因為這些對我的出生的不同的態度，也就是說對我在世界中實現我的在場這個**事實**的態度不是別的東西，而恰恰是完全地擔負起這個出生的責任的諸多方式以及將這個出生變為**我的**出生的方式；甚至在這裡，我只遇到我和我的謀劃，以致於最後，我的遺棄，也就是說我的人為性僅僅在於我被判處為完全地對我本身負責任。我是這樣一個存在，這存在**是**做為存在在其存在中關心其存在的存在。而我的存在的這個「存在」是被看作為現時的和不可把握的。

在這種條件下，既然世界的所有的事件只能做為**機會**（**使用的**，**缺乏的**，**被忽視的**機會，等等）向我表現出來，或者可以更明確地說，既然我們遇到的一切事情都能夠被看成一種**運氣**，也就是說只能做為實現這個在我們的存在中是關心其存在的手段向我們顯現出來，既然做為被超越的超越性的別人本身也只是一些**機會**和**運氣**，自為的責任就擴展到做為人民居住的世界的整個世界中。於是，這恰恰是因為自為在焦慮中把握自己，也就是說做為一個既不是其存在的基礎也不是別人的存在的基礎、不是形成世界的自在的存在的基礎，而是他被迫在他之中及在他之外決定存在的意義的存在。那個在焦慮中實現那**種**被拋進一直轉回到其遺棄的責任中的條件的人不再有悔恨，遺憾和託辭；他只不過是一種自由，這種自由完全展現出自身，並且他的存在就寓於這個展現本身之中。但是，人們在本書開頭就注意到，在大多數時間裡，我們在自欺中逃避焦慮。

注釋

1 見加斯東・貝爾熱的《胡塞爾與笛卡兒的「我思」》，一九四〇年版。——原注

2 尚－保羅・沙特：《情緒的現象學理論概述》（「海爾曼」出版社，一九三九年版）。——原注

3 克羅維斯（446-511），法蘭克國王。他約於四九六年為取得羅馬居民的支持而受洗為天主教徒。——譯注

4 阿里烏斯教：在相當一個時期內能和天主教相抗衡的「異端」教派。——譯注

5 見費爾狄納・羅特：《遠古時代的結束和中世紀的開始》第三十五頁。書的復興出版社，一九二七年版。——原注

6 喬伊斯的《尤利西斯》中的主人公（即尤利西斯）。——譯注

7 本書第二卷第三章。——原注

8 見《偽幣製造者的日記》。——原注

9 珀涅羅珀（Pénélope），希臘神話中奧德修斯的妻子。奧德修斯去特洛伊遠征時，她一直守在宮裡，拒絕無數的求婚者，終於等到丈夫歸來。——譯注

10 莫里亞克作品中的主人公常常是一個做惡的人通過一系列事件而變善，回到「人」的位置，像鬥獸場上受傷的野牛總要衝回鬥獸場中心一樣。——譯注

11 希盧蒙貝爾熱：《一個幸福的人》。N. R. F 叢書。——原注

12 我們簡單點說：有技術的影響和干涉；阿爾貝格的方法曾在若干時間內在我國占優勢。讀者將很容易就能明白這些事實的複雜性。——原注

13 我們有意地簡化了：有一些影響和干擾。但讀者很容易重新確立複雜情況下的事實。——原注

14 貝爾斯・巴蘭：《論柏拉圖的邏各斯》。——原注

15 說簡單點：人們也可以通過其句子知道其思想。但這是因為有可能採取某種措施從它獲得他人的觀點，正和關於我們自己的身體一樣。——原注

16 我們將在後面的章節看到，這個問題是更加複雜的。但是現在，這些看法已經足夠了。——原注

17 指中世紀以巴黎為中心的地區。——譯注

18 或者對我的目的的所有別的選擇的選擇。——原注

19 雅努斯：羅馬神話中的兩面神，掌管門戶出入和水陸交通。——譯注

20 參看例如《溪流的閃光》中的摩根的實在論柏拉圖主義。——原注

21 《征戰者》是馬勒侯一九二八年發表的有關亞洲題材的小說。——譯注

22 馬勒侯的以西班牙內戰為背景的行動主義小說。——譯注

23 指法國資產階級革命時期的國民公會。——譯注

24 參看下一章。——原注

25 若爾．羅曼：《善意的人們》中的〈凡爾登序幕〉。——原注

第二章 作為和擁有

一、存在的精神分析法

如果人的實在，正如我們試圖確立的，真的是以他追求的目的顯示和定義的，對這些目的的研究和分類就變成必不可少的了。事實上，在上一章中，我們只是從自為的自由謀劃的角度，就是說，從使自為自己投向他的目的的衝動的角度考察了自為。現在應該考問這目的的本身了，因為它做為絕對主觀性的超越的和客觀的限制是**屬於**絕對的主觀性的。斷言個別人是被他的各種欲望定義的經驗心理學所猜測到的正是這個。但是在這裡我們應該提防兩個錯誤：首先，經驗心理學，在以人的欲望來定義人時，仍然是實體的幻覺的犧牲品。它以為欲望是做為人的意識的「內容」**在人之中**，並且相信欲望的意義固有地在欲望本身之中。於是它避免了一切可能引起一個超越性的觀念的東西。但是如果我欲望一棟房子、一杯水、一個女人的身體，那這身體、這杯子、這房子怎麼能寓於我的欲望之中，並且我的欲望怎麼能不是對這些做為可欲望對象的意識而是別的東西呢？因此我們避免認為這些欲望是居於意識中的一些心理的實體碎片：它們是在謀劃和超越的原始結構中的意識本身，因為意識原則上是**對某物的**意識。

另一個錯誤與第一個有著深刻的聯繫。這錯誤在於認為心理學的探索是一完成人們達到經驗欲望的具體總體的東西。於是，通過經驗的觀察所確立的一堆意向能夠給一個人下定義。從根本上說，心理學不總是滿足於造成這些意向的總和：它喜歡把與這些意向同源、相合而又和諧的東西都公布出來，它企圖表明欲望的總體是綜合的組織，在這組織中任何欲望都作用於另一些欲望並影響這另一些欲望。例如，一位批評者想嘗試對福樓拜做「精神分析」，他寫道，福樓拜「在他的少年時代，平常似乎就總是處在由他崇高的雄心和不可遏制的力量這雙重的感情造成的持續不衰的狂熱狀態之中……他的青春之血的沸騰**因此**使他轉向文學的激情，因而在他將近十八歲時就進入具有早熟心靈的人之列，這些人運用犀利的文筆與縱橫馳騁的想像，表明需要排遣那過多的行動與體驗，這種需要折磨著早熟的心靈。」[1]

在這段行文中，有一種把一位青少年的複雜性格還原為某種原始欲望的努力，就像一位化學家把化合物還原為只是單質的聯合一樣。這些原始材料是崇高的雄心，需要做許多事和需要敏感；這些元素，當它們進入聯合時，就產生了一種永恆的激動。這種激動——正如布爾杰在我們沒有引用的一些話中指出的——由眾多精心挑選出來的讀物所滋養起來的激情，將尋求虛構中的自我解釋來矇騙自己，而這種虛構將象徵性地平息並疏導它。概言之，這就是一種文學「氣質」的源起。

但是首先，一個這樣的精神分析法的**分析**是從這樣一個公設出發的：一個個別事實是由一些抽象的、普遍的法則交叉產生的——這裡是青年福樓拜的文學稟賦——被分解為一些典型性的、抽象的欲望，即人們在「一般的青少年」那裡認識到的那些欲望的聯合。在這裡，具體的東西只是它們的聯合，它們本身只是些模式（Schèmes）。因此抽象的——例如假說——先於具體的，而具體的只是一些抽象的品質的組織；個別的只是普遍的模式的交叉。但是——除了這樣一個公設的邏輯荒謬性之外——我們在一個經過選擇的例子中清楚地看到，對顯然造成了上述謀劃的個別性的東西的解釋是失敗的。「大量體驗的需要」——普遍模式——應該在變成寫作的需要時被排遣及疏導，這不是對福樓拜的「志向」的**解釋**：相反這正是應該解釋的東西。也許人們能夠援引上千種把這種體驗的需要變成行動需要的細小和未知的情況。但是首先這是放棄解釋並顯然是重新回到不可覺察的東西[2]。其次，這是把純粹的個體性——人們把它從福樓拜的主觀性中驅逐出去了——重新拋入他的生活的外在狀態中。最後，福樓拜的書信證明，正是在「青春危機」以前，從他還完全是個孩子時起，福樓拜就被寫作的需要所困擾。

在上邊描述的任何一層中，我們都遇到不嚴密的地方。為什麼雄心和對他的力量的感覺在福樓拜那裡產生的是**狂熱**而不是一種平靜的等待或抑鬱的焦躁呢？為什麼這種狂熱特別需要大量的行為和體驗來表現？在這段的結尾處會看到，這種突然顯現出來的需要不如說會通過一種自發的生長造成。為什麼不尋求在暴力的活動中，在夜遊症、愛情的艷遇中或在放蕩中得到滿足，而恰恰選擇了象徵性地使自己滿足？為什麼這種象徵性的自我滿足，況且還是能不在藝術的秩序中再現出來的（例如，還有神祕主義）象徵性的滿足在於寫作，而不在於繪畫或音樂。福樓拜在某一處寫道：「我曾經能夠是一個大藝術家。」為什麼他沒有努力成為藝術家？總之，我們不明白，我們看見了一個巧合的序列，總是互相支持的一些欲望，把握它們的發生是不可能的。那些過渡，那些生成和變化小心地對我們掩蓋起來，並且人們侷限於在祈求被觀察到的經驗的序列時把秩序安放在這個序列中（在青少年那裡行動的需要先於寫作的需要），但是很難這麼理解書信。然而，那就是人們稱為心理學的東西。請讀者們隨便翻開一部自傳吧，你們在其中發現的正是這類描寫，這類描寫或多或少地通過描述外部事件和對我們的時代的遺傳、教育、階層、生理結構這幾大解釋性偶像而被切割。然而在最好的著作中，建立在前件和後件之間的或同時發生的兩欲望之間的、並且在相互作用的關係中的聯繫有時也可能不僅僅按一種類型的有規則的序列被設想：按雅斯貝爾斯在他的一般心理病理學論文中所理解的意義下，這聯繫往往是「可以理解的」。但是這種理解仍然是對一**般**聯繫的把握。例如，人們把握了貞潔和神祕主義之間、懦弱和偽善之間的聯繫。但是我們總是不知道**這種**貞潔（就這樣或那樣的婦女而言的這種戒絕，反對這樣的明確傾向的這種鬥爭）和神祕主義的個別內容之間的具體關係；此外，嚴格地說，是因為精神病學滿足於弄清譫妄的一般結構而不力圖理解精神病的個別的具體內容（為什麼這個人自以為有這樣一種個人歷史而不是別的無論什麼樣的歷史；為什麼他的補償性譫妄用這樣的高尚觀念而不用別的觀念來滿足，等等）。

但是，尤其是這些「心理學」的解釋使我們最終返回到不能解釋的原始材料。這就是心理的單純身體，例如，人們對我們說，福樓拜有一個「崇高的雄心」，一切明白的描寫都是由這原始的雄心支持的。好，就算是這樣，但是這雄心是一個完全不能使精神滿意的不可還原的事實。因為不可還原性除了拒絕把分析更進一步之外沒有別的理由。上述事實在心理學停步的地方被給定為原始的。正是這說明了閱讀這些心理學論著使我們所處的這種譫妄聽之和不滿意的混亂狀態：人們對自己說：「就是那樣」，福樓拜雄心勃勃。他「是這樣的」。問他為什麼是這樣就和力圖知道他為什麼是高大的和有黃頭髮一樣徒勞；恰恰應該注意某個部分，這就是所有實在存在的偶然性本身。這礁石長滿了苔蘚，相鄰的礁石上則完全沒有苔蘚。居斯塔夫·福樓拜有文學的雄心而他的兄弟阿舍耶則完全沒有。事情就是如此。於是，我們想認識磷的諸性質並且力圖把它們還原為構成磷的化學分子結構。但是為什麼有這種類型的分子呢？事情就是如此，如此而已。如果可能的話，福樓拜的心理學在於再現他的行為，他的感覺和他對某些**性質**——完全相當於化學物質的性質——的癖好的複合。除此之外，都是想重提蠢話。然而我們感到很難理解福樓拜不曾「抱有」他的雄心，雄心是有意義的，因此是自由的。遺傳、布爾喬亞的地位或所受的教育都不能夠闡明這點；它也很少與「神經質」的生理因素有關，神經質是某一時期的樣式：神經不是賦予意義者，它是應該按其本身被描繪的，並且不被超越以便讓別的實在把它顯示為它所是的膠體的實體。因此神經完全不可能建立一個意義。在一種意義上說，福樓拜的雄心是一個帶有他全部偶然性的事實——而且真正說來，重新追溯於這事實之外是不可能的——但是，在另一個意義下，雄心**自我造就**，並且我們的滿足對我們來說保證了我們能在這雄心之外把握別的某種事物，把某種事物當作最後的決心，這決心永遠是偶然的，是心理的真正不可還原的東西。我們要求的——而人們永遠不試圖給與我們的——因此是一種**真正**不可還原的東西。就是說，一種對我們來講具有**明顯的**不可還原性的不可還原的東西，它不被表現為心理學的公設以及它拒絕或它無能進一步發展的結論，而它的發現在我們這裡伴隨著滿足的感覺。而這種要求在我們這裡不是來自對原因的不斷追求，不是來自人們經常描述為理性探求的結構和因此不做為心理學討究的特性而理清所有描述和所有問題的那種無限的推導。這並不是「因為」這個孩子氣的探求不能使任何「為什麼」有理由——而是相反，它是在對人的實在的前本體論領會的基礎上建立起來的一種要求，是建立在認為人是可分析的並是可還原為原始材料的、可還原為被主體決定所支持的依於一個對象的屬性的欲望（或意向）的。事實上，如果我們應該認為他是這樣，就應該選擇：福樓拜，我們能喜愛、厭惡、責備或讚揚的人，他對我們來說是**別**人，而他之所以直接作用於我們固有的存在只是由於他已存在，他根本上是不被這些欲望定性的基質，就是說是應該被動地包含這些欲望的一類不被決定的黏土——或者他被還原為一堆單純不可還原的意向。在這兩種情況下，**人都消失了**，我們再也找不到遭遇到這樣或那樣的偶然事件的「人」：或者，在對**個人**的探索中，我們會發現一個形而上學的，無用的和矛盾的實體——或者我們探索的存在消散於無數被外在的關係聯繫起來的現象之中。然而，我們中的任何一人竭盡全力要求用來理解他人的，首先就是人們應該永遠不再去尋求這種非人的實體觀念、因為它是在人的東西之外的。然而，正是因此，上述存在沒有被碾為粉末，並且人們能在它之中發現這種統一性——它的實體只是一幅漫畫——並且它應該是責任的統一性，可愛的或可恨的、應受指責的和應當讚揚的，總之是**個人的**統一性。上述人的存在的這種統一性是自由的統一。這種統一的來臨不可能在它統一的多樣性**後面**。但是**存在**，對福樓拜正像對「自傳」的所有主體一樣，就是在世界中被統一。因此，我們應該遇到的不可還原的統一，就**是**福樓拜和我們要求自傳向我們所揭示的的統一是一個**原始謀劃**的統一，這統一應該向我們揭示為非實體化的一個絕對的統一。

於是我們應該放棄細節的不可還原；並且在把明顯的事情本身認作標準時，在顯然不能夠也不應該走得更遠之前，我們不應該中斷我們的探索。尤其是，我們不應該停止用個人的傾向來重新構造個人，這更甚於人們不應該力圖按斯賓諾莎的方式用樣式的集合來重新構造實體和它的屬性。所有做為不可還原的東西表現出來的欲望都是荒謬的偶然性並且把在其整體中表現的人的實在捲進荒謬性。舉例說，如果我宣稱我的一位朋友「愛划船」，我就是斷然地設定探索到此為止。但是另一方面，我這樣構成了一個任何東西都不能解釋的偶然事實，並且如果他有無根據的自由決心，這偶然事實就沒有任何自治性。事實上我不能認為這種划船的意圖是皮埃爾的基本謀劃，這意圖自在地具有某種第二位的和派生的東西。這樣用連續的接觸描述一個特性的人們幾乎會引起這樣的理解：這些接觸中的任何一個——上述欲望中的任何一個——都通過純粹偶然的和單純外在性的關係而與別的接觸相聯繫。相反，力圖解釋這種情感的人們將進入孔德稱之為唯物主義的東西的軌道，就是說，通過下位的來解釋上位的軌道。人們會說，例如，上述主體是運動員，喜歡劇烈運動，而且是一個特別喜歡戶外運動的鄉下人。於是，人們在要解釋的欲望下面放上更一般的和更少區別的一些意向，它們對這欲望來說完全像動物的屬之於種。於是，當心理學的解釋不是一下子決定停止的時候，它時而處在純粹相隨或恆常關聯的關係中，時而是一種單純的分類。解釋皮埃爾對划船的愛好，就是使他成為戶外運動愛好者大家庭中的一員，並且就是把這家庭連在愛好一般運動的家庭之上。此外，我們能發現甚至更一般、更貧乏的欄目，如果我們把愛好運動歸於愛好冒險的各類現象之列的話，愛好冒險本身則將表現為對遊戲的基本意向的一個特徵。顯然，這種自稱為解釋的分類比古代的植物學的分類更沒有價值或用處：它和古代的植物學分類一樣假設這種分類是抽象的先於具體的存在——就好像是遊戲的意向首先一般地存在以便然後在這些情況下的活動之下表現為對運動的愛好，對運動的愛好又表現為對划船的愛好，並且最後，這傾向表現為在這條特殊的意向上，在這些條件下並在這個季節中划船的欲望——並且，和古代的植物學分類一樣，這種分類解釋它所考察的抽象意向在每個階段依重的具體的豐富失敗了。然而怎麼相信划船的欲望只是划船的欲望呢？人們真的能斷言它將如此簡單地被還原為它所是的東西呢？最敏銳的道德家指出過一種通過自身對欲望的超越。帕斯卡爾相信，例如，在狩獵中發現了網球賽或上百種別的事務、娛樂的需要——就是說如果人們把一種可能是荒謬的活動還原為它本身，那他就是在這個活動中使一種超越了它的意義顯露出來——就是說發現了歸結到一般人的實在和歸結到它的條件的指示。儘管司湯達與一些觀念論者有聯繫，儘管普魯斯特有理智論和分析論的傾向，他們都沒有指出愛情、嫉妒不可能被還原為僅僅是占有一位女子的欲望，它們追求的是**通過**這位女子征服整個世界：這正是司湯達凝練出的意義，並且恰恰正是由於這凝練，司湯達描寫的那類愛情才顯現為在世的存在方式，就是說顯現為自為通過這位特殊的女子與世界和自我本身（自我性）的基本關係：這女子只代表一個處在這圈子中的導體。這些分析可能是不嚴格或並不完全是真的：但它們仍然使我去揣想一種與純粹的心理描寫不同的方法。天主教小說家們的意見也是同樣的，他們在肉慾的愛情中同時看到它向著神的超越，在唐·璜「不滿足的永恆」中，在罪孽這「神的空著的位置」中都是如此。在這裡，關鍵不在於發現具體背後的抽象：向著神的衝動和向著某個特殊的女子的衝動一樣仍然是具體的。相反，關鍵在於在主體的特殊的、不完全的面貌下發現真正的具體化，這種具體化在**內在**關係和基本謀劃的統一性中，只能是向著存在的衝動，只能是它與自我、世界和他人的原始關係的整體。這種衝動只可能是純粹個別的和單一的；我們遠沒有脫離個人，做為事實，例如，用一般準則的總合構成個體的東西的布爾杰的分析，它沒有使我們在寫作的需要——寫**這樣一些**書的需要——之下發現一般活動的需要：而是相反，由於它同樣排斥順從的黏土的理論和意向之束的理論，我們才在構成個人的原始謀劃中發現了個人。正是由於這個理由，要達到的結果的不可還原性被明確地揭示出來：不是因為衝動是最貧乏和最抽象的，而是因為它是最豐富的，在這裡直觀將是對一個個體性充實整體的把握。

因此問題差不多是用這些話提出來的：如果我們假定個人是整體，我們就不能指望通過對我們經驗地在個體中發現的各種意向進行相加或組織來重新建立個體。而是相反，在任何傾向中，在任何意向中，個體被完全地表現出來，儘管在一個不同的角度下，它不是有點像斯賓諾莎的實體在它的任一屬性中都完全地表現出來一樣。如果是這樣的話，我們在每一個意向中，在主體的每個行為中都應該發現一種超越了它本身的意義。主體在其中就某位女子而言被歷史化的**某日的**和特殊的嫉妒，對能看到它的人來說，**意謂著**與主體據以構成為一個自我本身的世界的總體關係。換個說法，這種經驗的態度本身是「選擇可以理解的個性」的表現。如果是這樣的話，這不是祕密——同樣沒有我們僅僅能想到的可以理解的方案，而是我們單單把握主體的經驗存在的方案並單使之概念化：經驗的態度之所以**意謂著**選擇可以理解的個性，是因為**它本身是**這個選擇。事實上，我們以後還要談到，可以理解的選擇的特殊個性，就是它只可能做為每個具體的和經驗的選擇的超越的意義而存在：它完全不首先按潛意識的方式或在本體的層次上實行以便**然後**在這種可觀察到的態度中表現出來，它對經驗選擇甚至沒有**本體論的**主導地位，而是在原則上它是總應該擺脫做為它的彼岸和它的超越性的無限性的經驗選擇的東西。於是，如果我在河上划槳，我只不過是——在這裡或在另一個世界中——划槳的具體謀劃。但是這謀劃本身，做為我的存在的整體，表示了我在一些特殊情況下的原始選擇，它只不過是我在這些情況下的做為整體的選擇。所以一個特殊的方法應該追求擺脫謀劃所包含著的、並且只能是它的「在世的存在」的個別祕密的這種基本意義。因此，毋寧說是通過一個主體的各種經驗意向的**比較**我們企圖去發現及擺脫對所有的意向來說都是共同的基本謀劃——而這不是通過這些意向的單純組合或重新組織：在每個意向中個體都是完整的。

自然，有無數可能的謀劃，正如有無數可能的人一樣。萬一我們應該承認它們之間的某種共性，並且企圖把它們列入更廣義的一些範疇中，就首先應該把對一些個體的調查建立在我們能夠更容易地研究的情況上。在這些調查中，我們遵循這樣一個原則：只有在自明的不可還原性面前才停止下來，就是說永遠不相信：儘管被謀劃中的目的不顯現為被考察的主體的**存在本身**，人們卻已達到了最初的謀劃。所以我們不能只停留於對「確實的謀劃」和「自我本身的不確實謀劃」進行分類，就像海德格想建立的分類那樣。這樣一種分類不僅被一種倫理的憂慮所玷污，它不顧及它的作者並通過它的術語本身，總之還是被建立在主體對待他自己的死的態度上的。但是如果死是令人焦慮的，如果因此我們能逃避焦慮或者能把我們自己果斷地抛向焦慮，顯而易見，這是因為我們想活著。因此，面對死亡的焦慮，果斷的決心或逃避到非事實性中去，這些都不能被認為是我們的存在的基本謀劃。相反，它們只能在**活著**這原始謀劃的基礎上被理解，就是說，按我們的存在的原始選擇被理解。因此，在任何情況下都應該超越海德格的解釋學的結論而走向仍然是更基本的具體謀劃。事實上這種基本謀劃不應該歸結為任何別的謀劃並且應該被自我所設定。因此，它既不可能涉及死也不能涉及生和人的條件的任何特殊性：一個自為的原始謀劃**只能針對他的存在**；存在的謀劃、存在的欲望或存在的意向事實上不來自心理學的區分或經驗的偶然性；事實上，它與自為的存在是沒有區別的。事實上，自為是這樣一個存在：他的存在在其存在中以存在的謀劃的形式處於問題中。**是自爲的**，就是通過一種可能，在一種價值的影響下讓人們所是的東西顯示自己，可能和價值屬於自為的存在。因為自為按本體論的描述是**存在的欠缺**，可能做為**自爲所欠缺的東西**屬於自為，同樣，價值做為**所欠缺**的整體糾纏著自為。我們在第二卷中以欠缺這術語解釋過的東西同樣能很好地用自由這術語來解釋。自為進行選擇是因為他是欠缺，自由與欠缺是同一回事，他是存在的欠缺的具體存在方式。從本體論的觀點出發，這就相當於說價值和可能，作為只能做為存在的欠缺存在的一個存在的欠缺的內在限制——或者說自由在湧現時決定了它的可能並且由此限定了**它的**價值。於是，當人們達到了存在的謀劃的時候，他不能再昇高，並且遇到了明顯不可還原的東西，因為人們顯然不可能高於**存在**，並且，存在的謀劃，可能、價值，和另一方面的**存在**之間是沒有任何區別的。

人從根本上講是存在的欲望，並且這欲望的存在不應該通過經驗的歸納所確立，這歸納再現了對自為的存在的**先驗**描述，因為欲望是欠缺並且自為對自身來說就是其存在欠缺的存在。因此，在我們的任何一個可觀察到的經驗意向中被表述的原始謀劃都是**存在的謀劃**，或者，還可以說，任何經驗的意向都和存在的原始謀劃一起做為有意識的意向處於表現和象徵性的滿足的關係中，這些意向相當於在佛洛伊德那裡的情慾或原始性慾。此外，完全不是存在的欲望**首先**存在以便**然後**使自己被這些**後天的欲望**所表達，相反除去它在具體的欲望中發現的象徵性的表現之外，它將一無所是。並不是首先有一**個**存在的欲望，然後才有成千上萬種特殊感情，相反，存在的欲望只有在嫉妒、吝嗇，對藝術的愛、卑怯、勇敢以及使人的實在永遠只對我們顯現為被一**個這樣的人**，被一個特殊的個人**表露**的成千上萬偶然的和經驗的表現中、並且通過這些表現才能存在，才能被表露。

至於做為這種欲望對象的存在，我們**先驗地**知道它是什麼。自為是對其自身來說就是他自己的存在的欠缺的存在。自為所欠缺的存在，就是自在。自為做為自在的虛無化而湧現並且這種虛無化被定義為對自在的謀劃：自為是在被虛無化的自在和被謀劃的自在之間的虛無。於是，我所是的虛無化的目標和目的，就是**自在**。於是，人的實在是對自在的存在的欲望。但是，人的實在欲望的自在不可能是純粹偶然的和荒謬的自在，它不能完全與人的實在相遇，也不能與虛無化的那個自在相提並論。我們已看到，虛無化事實上相當於自我虛無化的自在對其偶然性的反抗。說自為使其人為性存在，正如我們在關於身體的一章中看到的，等於說虛無化是一個存在為建立它自己的存在所做的徒然努力，還等於說正是通過它建立的後退引起使虛無進入存在的極小間距。造成自為的欲望對象的存在因此是一個本身是它自己基礎的自在，就是說屬於它的人為性的自在，正如自為是屬於他的動機的一樣。此外，自為，做為對自在的否定，不可能欲望單純返回自在。在這裡，正像黑格爾所認為的，否定的否定不可能再把我們帶回我們的出發點。而是完全相反，自為之所以這樣需要自在，正是因為「被虛無化為自為的自在」這被瓦解的整體；換言之，自為**既是自爲**，他謀劃成為一個是其所是的存在；正因為是做為是其所不是又不是其所是的存在，自為才謀劃成為是其所是，他正是做為意識而希望擁有自在的不可滲透性和無限密度；他正是做為自在的虛無化和對偶然性及人為性的永恆逃避而希望成為他自己的基礎。所以，可能一般地被謀劃為自為為了成為「自在自為」所欠缺的東西；並且支配著這謀劃的基本價值恰恰就是自在自為，就是說，意識由於從其本身獲得的純粹意識而成為自己的自在存在的基礎的理想的意識。人們能夠稱之為上帝的正是這個理想的東西。於是人們能說，表明了人的實在的最可理解的基本謀劃的，就是人是謀劃成為上帝的存在。不管被考察的宗教神話和禮儀是什麼，上帝首先是做為在其最終的基本謀劃中顯示出人並且給他定義的東西在人的「內心體驗到的」。人之所以有對上帝的存在的前本體論的理解，並不是因為自然的偉大景象，也不是社會權力把這理解提供給他：而是上帝這超越性的最高價值和目的，表象了一種永恆的限制，人從之出發使自己顯示出自己是什麼。是人，就是想成為上帝，或者可以說，人從根本上說就是要成為上帝的欲望。

但是，人們會說，如果事情是這樣，如果人在他的湧現中被帶向上帝，就像帶向他的限制一樣，如果他只能選擇成為上帝，那自由會變成什麼呢？因為自由只不過是對自我創造的固有可能性的選擇，而這裡，「決定」人的上帝的這種最初謀劃似乎相當類似於人的「本性」或一種「本質」。我們對這一點的回答恰恰是，如果欲望的**意義**歸根結柢就是成為上帝的謀劃，欲望就絕不是由這意義**構成**的，而是相反，它總表象著它的諸目的的一個**特殊構想**。事實上，這些目的是從一個特殊的經驗處境出發被追求的；並且甚至正是這種追求使周圍的東西構成**處境**。存在的欲望總是被實現為對存在方式的欲望。而這種對存在方式的欲望反過來表現為構成我們的意識生活網絡的無數具體欲望的意義。於是，我們處在非常複雜的象徵性構造面前，這些構造至少有三個等級。在經驗的欲望中，我能夠區分出一個基本的和具體的象徵性欲望，它是**個人**，並且它表象著人用以決定存在在其存在中是有疑問的方式；並且這基本欲望反過來具體地在世界中、在包圍著個人的特殊處境中表現了做為一般存在的欲望的一種抽象而有意義的結構，並且這種結構應該被認為是**在個人中的人的實在**，這成為他與他人共同的東西，這使我們能肯定有一種人的真理而不僅僅有一些不可比較的個體性。絕對的具體化和完備性，做為整體的存在，因此都是屬於自由的和基本的欲望，或屬於**個人**的。經驗的欲望只是它的象徵化。欲望歸結於象徵化，並且由於它總是部分的和可以還原的而從中獲得其意義，因為它是不能自己設想出來的欲望。另一方面，存在的欲望在其抽象的純粹性中是具體的基本欲望的真理，而不做為實在性而存在。於是，基本謀劃或個人、或人的真理的自由實現在所有欲望中（這在上一章中曾扼要地表述過，比如我們就涉及到了「冷漠」的諸種事實）是處處存在的；它只通過欲望而被把握——正如我們只能通過賦予空間形式的形體來把握空間一樣，儘管空間是個別的實在而非概念——或者可以說，它像胡塞爾的**對象**，只通過「影像」（abschattungen）被提供出來，然而並不聽任自己被任何**影像**所吸收。根據這些意見，我們能夠理解，「存在的欲望」這抽象的本體論結構是徒然表象了個人基本的和**人的**結構，它不能束縛他的自由。事實上，我們在上一章中曾指出，自由完全地相同於虛無化：唯一能被說成是自由的存在，就是使它的存在虛無化的存在。此外，我們知道，虛無化是**存在的欠缺**而不能是別的。自由正是使自己成為存在的欠缺的存在。但是，因為我們已經確立的欲望是與存在的欠缺同一的，自由只能做為使自己成為存在的欲望而湧現，就是說做為成為「自在自為」的「自為的謀劃」而湧現。這裡我們已經達到了完全不能被認為是自由的本性或本質的抽象結構，因為自由是存在而存在在存在中是先於本質的；自由是直接具體的湧現，而它與它的選擇沒有區別，就是說與**個人**沒有區別。但是，上述結構能夠被說成是自由的真理，就是說它是自由的人類意義。

個人的人類真理，正如我們試圖做過的，應該能通過本體論的現象學被建立——經驗欲望這術語應該成為真正心理學探索的對象，觀察和歸納，必要時還有經驗都能用來編製這種清單，並且向哲學家指出能夠造成它們的不同欲望、不同行為之間的統一的可以理解的關係，並且弄清某些實驗地定義的「處境」（並且這些處境只在以肯定性的名義帶來的對在世的主體的基本處境的限制的基礎上產生）和經驗的主體之間的某些具體聯繫。但是，對於基本的欲望或**個人**的確立或分類，這兩種方法中的任何一種都不能適用。事實上，問題不可能是**先驗地**和本體論地決定在一個自由活動的完全不可預見性中顯現的東西。這就是為什麼我們在這裡只限於非常粗略地指出這樣一種調查的可能性和它的一些觀點：人們能把隨便那一個人置於一個類似的調查之下，現在它屬於一般人的實在，或者寧可說，這就是能通過一種本體論而被確立的東西。但是，調查本身和它的結論原則上完全是在本體論的諸種可能性之外的。

另一方面，單純的經驗描述只能給我們一些術語，並且使我們面對一些虛假的不可還原的東西（寫作的、划船的欲望，對冒險的愛好、嫉妒等）。事實上，不僅應該編製行為的、意向的和愛好的清單，還應該**辨認**它們，就是說應該懂得對它們提出疑問。這種調查只能根據特殊的方法來進行。我們正是把這種方法稱作存在的精神分析法。

這種精神分析法的**原則**是，人是一個整體而不是一個集合；因此，他在他的行為的最沒有意義和最表面的東西中都完整地表現出來——換言之，沒有任何一種人的愛好、習癖和活動是不具有揭示性的。

這種精神分析法的**目的**是辨認人的經驗行為，就是說完全弄清它們之中的任何一個所包含著的啟示並把它們用概念確定下來。

它的**出發點**是經驗；它的**支點**是人對個人擁有前本體論的和基本的理解。儘管事實上大部分人可能忽略了姿勢、言語、手勢語所包含的指示，並且誤解了它們帶來的啟示，任何個人仍然**先天地**擁有這些表露物所含有的揭示價值的**意義**，仍然能夠辨認它們，如果至少他是藉助手，並通過手動作的話。這裡像在別處一樣，真理不是偶然發現的，它不屬於應該探索它而又永遠不能對之進行預見的領域，就像人們能去探索尼日爾的尼羅河源頭那樣。它先天地屬於人的理解力，並且本質的工作是一種解釋學的工作，就是說一種辨認，一種確定和一種概念化。

它的**方法**是比較：因為，事實上，任何人的行為都按它的方式象徵著應該公布於眾的基本選擇，還因為，同時，任何人的行為都把這種選擇掩蓋在他的偶然個性和歷史機遇之下，正是通過比較這些行為，我們使它們以不同的方式表達出來的唯一啟示突現出來。這種方法的最初雛形是由佛洛伊德和他的弟子們的精神分析法中得到啟示的。所以，這裡應該更確切地指出：存在的精神分析法從本義的精神分析法那裡得到什麼借鑒，又與它有什麼根本不同。

兩者同樣把「心理生活」的所有可客觀觀察到的表露看作為保持了與象徵以及真正構成了**個人**的基本的和總體的結構的象徵化的關係。兩者同樣認為沒有原始的材料——遺傳的癖好、個性等。存在的精神分析法在人的自由的原始湧現**之前**一無所知；經驗的精神分析法提出，個體的原始情感在其歷史之**前**是一種原蠟（une cire vierge）。性慾（libido）在它的具體**固戀**之外什麼也不是，除非是被無論怎樣固定在無論什麼東西上的永恆可能性。兩者同樣認為人的存在是永恆歷史化，並且二者都力圖發現靜止不變的材料，更力圖覺察這種歷史化的意義、方向和顯化（avatars）。因此，兩者同樣考察在世的人，並且不設想人們能向一個人考問他所是的，而不首先分析他的處境。精神分析法的調查追求重新構成在治療的瞬間產生的主體生活；這些調查使用所有它們能找到的所有客觀材料：信、證據、私人日記、各方面的「社會」情報。它們所追求的重新構成的東西是成對的心理事件，而不只是一個純粹心理事件：童年的關鍵性事件和圍繞著這些事件的心理結晶。這裡還涉及一個**處境**。這個觀點的任何一個「歷史」事實都將同時被認為是心理進化的**因素**和這種進化的**象徵**。因為它本身什麼也不是，它只按照它採取的方式行動，並且採取它的方式象徵性地表現個體的內存組織。

經驗的精神分析法和存在的精神分析法同樣探索一種不可能用簡單的邏輯定義來解釋的處境中的基本態度，因為這態度是先於所有邏輯的，並且它要求按照一些特殊的綜合法則重新構成。經驗的精神分析法力圖規定**情緒**，它的名稱本身表明與它聯繫著的所有意義是多價值的。存在的精神分析法力圖決定**原始的選擇**。這種原始的選擇面對世界而進行，並且做為對位置的選擇，它如同情結的整體；它與情結一樣是先於邏輯的；正是它**選擇**了個人面對邏輯和原則所採取的態度；因此問題不在於按照邏輯考問它。它把存在者的整體歸併到一個前邏輯的綜合中，並且同樣，它是無數多重價值意義的歸屬中心。

我們的兩種精神分析法同樣都不認為主體處在支配對他本身的那些調查的優越地位。它們二者都同樣需要一種嚴格客觀的方法，這種方法把反思的材料看成和他人的見證一樣的證據。也許本體能對他本身實行精神分析法的調查。但是他應該一下子放棄所有他的特殊地位的特權，並且就像他是他人那樣嚴格地考問自己。經驗的精神分析法事實上是從一種諧意識機製存在的公設出發的，這種心理機制從原則上講是避開主體的直覺的。而存在的精神分析法拋棄了潛意識的東西這公設：心理的基本事實對存在的精神分析法來說是與意識同外延的。但是即使基本謀劃完全是被主體**體驗**到的，並且因此完全是有意識的，這也不意謂著它應該同時被主體**認識**；而是完全相反；我們的讀者也許留心地記得，我們曾在導言中指出過的意識和認識的區別。當然，我們也曾看到，反思能被認為是一種準認識。但是，在任何時候反思所把握的東西，都不是被反思領會的具體行為象徵性地表現的——並且經常同時有好幾種方法來表現——自為的純粹謀劃：而就是具體行為本身，就是說是在自為的個性的錯綜複雜中特殊的、有特定日子的欲望。反思同時把握了象徵和象徵化；它當然完全是被對基本謀劃的前本體論的領會所確立的，甚至，由於反思**同樣**是對做為反思的自我的非正題意識，它**是**這同一個謀劃，正和非反思的意識一樣。但是，結果不是他安排了工具和必要的技術來使被象徵化的選擇孤立起來，來用概念確定這選擇並把這完全唯一的選擇公布於眾。它被插進這種非常的光明中而不能表明這種光明照亮的是什麼。這完全不涉及一種像佛洛伊德派們相信的那樣的未猜出的謎底：一切都在那裡，明明白白，反思享有一切，把握一切。但是這種「完全在光明中的祕密」毋寧是由於這種享有被通常使**分析**和概念化成為可能的方法剝奪了。它把握了一切，同時，沒有陰影，沒有凸起，沒有重大的關係，不是因為這些陰影、價值、凸起在某處存在，也不是因為它們反對掩藏起來，而毋寧是因為它屬於建立了它們的人的另外一種態度，並且它們只能由於認識並對認識而言存在。因此反思不能做為存在的精神分析法的基礎，而僅僅向精神分析法提供了天然的材料，精神分析者應該對這些材料採取客觀的態度。於是他只能**認識**他**已經理解**了的東西。因此，根深的潛意識這被根除的情結，做為被存在的精神分析法覺察到了的謀劃，是按**他人的觀點**被領會的。因此，這樣被弄清楚了的**對象**將按被超越的超越性的結構被確定，就是說它的存在將是「為他的存在」；此外，即使精神分析者和被精神分析者是一回事。於是被一種或另一種精神分析法弄清楚了的謀劃只能是個人的整體和超越性的不可還原的東西，這些東西**在他們的爲他存在中**。永遠逃避了這些調查方法的東西，就是自為這謀劃，就是在其固有的存在中的情緒這謀劃。這種自為謀劃只能被**享有**；在自為的存在和客觀存在之間有著不相容性。但是精神分析法的對象仍然有一**個存在的實在**；它的通過主體的認識還能有助於**弄清楚**反思，並且反思能因此成為將是準認識的一種享有。

這兩種精神分析法之間的類似到此為止。事實上，就經驗的精神分析法規定了它的不可還原的東西而不讓這東西本身在直觀中顯示出來而言，它們是不同的。事實上，性慾或權力意志構成了心理生理學的殘餘，其本身是不清楚的，並不對我們顯現為**存在之前**探索的不可還原的項。最後，正是實驗確立了情緒的基礎是這種性慾或這種權力意志，並且實驗調查的這些結論完全是偶然的，它們並沒有證實：沒有任何東西阻止去**先天地**設想一個不被權力意志表明的「人的實在」，這人的實在的性慾不構成原始的和未分化的謀劃。相反，做為存在的精神分析法的起始點的選擇，恰恰因為它是選擇，說明了它的原始偶然性，因為選擇的偶然性是它的自由的背面。此外，因為它建立在**存在的欠缺**的基礎上，又被設想為存在的基本特性，所以，它把正當化做為選擇而接受下來，並且我們知道，我們不再需要把這個觀點推得更遠了。因此，任何一個結論都將同時是完全偶然的和正當地不可還原的。此外，它仍然總是**單個的**，就是說，我們沒有達到做為探索的最後目的和所有行為的基礎的抽象而一般的一項，例如性慾，它在主體的外在事實和歷史的行動下被區分並具體化為情結，然後具體化為細節的行為；而是相反，選擇總是唯一的，它從一開始就是絕對的具體化；那些細節行為能表明這選擇或使之**特殊化**，但是它們不能使選擇比它已經是的更加具體化。因為這選擇除了是每個人的實在之外，不再是別的東西，同樣可以說這樣的部分行為**存在**著，或者說這行為表明了這個人的實在的原始選擇，因為，對人的實在來說，存在和自我選擇之間沒有區別。因此，我們懂得了，存在的精神分析法不應該從恰恰是對存在的選擇的基本「情結」追溯直至做為解釋它的性慾的抽象化。情結是最後的選擇，它是對存在的選擇，並**使自己成爲這選擇**。它的出現每次都把它揭示為顯然是不可還原的東西。這必然得出這樣的結論：性慾和權力意志在存在的精神分析法中既不顯現為一些一般的、和所有人共有的特性，也不顯現為一些不可還原的東西。充其量，人們可能在調查之後確認，性慾與權力意志做為特殊的總體在某些主體那裡表明了一種不能互相還原的基本選擇。事實上我們已看到，欲望和一般的性慾表明了自為為恢復他的被他人異化了的存在的原始努力。從根本上說，權力意志同樣假設了為他的存在，對別人的領會和使他被別人拯救的選擇。這種態度應該建立在原始選擇的基礎上，這種選擇使人們理解到「自在自為的存在」與「為他的存在」的徹底同化。

這種存在的調查的最後一項應該是一個**選擇**，這一事實還明確地區別了我們勾勒了其方法和主要原則輪廓的精神分析法：它正是因此不再想在被考察的主體之上假設一個中心的機械行動。這中心只有嚴格地就它理解了主體、就是說在處境中改造了主體而言才能作用於主體。因此，對這中心的任何一個客觀描述都不能對我們有用。從一開始，被設想為處境的中心就歸結於還在進行選擇的自為，恰恰像自為根據他在世的存在歸結於內心一樣。由於放棄了所有機械因果性，我們同時放棄了所有對上述象徵論的一**般**解釋。由於我們的目的不能是建立序列的經驗法則，我們不能構成一個普遍的象徵。而是精神分析者每一次都應該根據他考察的特殊情況重新發明一個象徵。如果存在是整體，事實上就不能想像它能使象徵化的基本聯繫（糞便＝黃金、插針團＝乳房等）存在，這些聯繫在任何情況下都保持確定的意義，就是說它們在人們從一個給出意義的總體過渡到另一個總體時仍然是未變質的。此外，精神分析者將只能看到選擇是活生生的，因此這選擇總能被所研究的主體**消除**。我們在上一章曾經指出瞬間的重要性，它表示了方向的突然改變和面對一個不變的過去所採取的一個新的立場。從這一時刻起，人們總應該準備好去認為象徵改變了意義，並放棄到此為止使用的符號。於是存在的精神分析法應該完全是靈活的並且應該模仿主體中可觀察到那些微小的變化：這裡涉及理解**個體的**甚至經常是**不確定的東西**。用於一個主體的方法因此不能用於另一個主體或以後時期的同一個主體。

正因為調查的目的應該是發現一種選擇，而非一種狀態，這種調查在所有機遇下都應該記得它的對象不是被埋在潛意識的黑暗中的材料，而是一種自由的和有意識的決定——他甚至不是意識的寓客，而是與這種意識本身合二而一。經驗的精神分析法就它的方法比它的原則更有價值而言，經常指點發現存在的道路，儘管它總是半途而廢。當它這樣接近了基本選擇的時候，所分析的對象的反抗一下子傾覆了，並且這個對象突然認出人們對他表述的他的形象，就像他在鏡子中看到的自己一樣。對象的這種無意的見證對精神分析者是寶貴的：他在那裡看到了他已達到其目的的信號；他能從所謂真正的調查過渡到治療。但是在他的原則中或在他最初的公設中都沒有任何東西使他能夠理解或使用這個見證。他的權力是從哪裡來的呢？如果情結真是潛意識的，就是說，如果符號由於阻礙而與意義所指分離，所分析的對象又怎麼能承認它呢？潛意識的情結是自己承認自己的呢？但是它不是被剝奪了理解力的嗎？如果應該承認它有理解符號的權力，不就應該同時使它成為有意識的潛意識物嗎？事實上，如果沒有人們理解了的意識，理解是什麼呢？相反，我們將說，是做為有意識的東西的所分析的對象承認出現的形象嗎？但是，既然形象是從外面帶來的，並且這對象絕沒有認識它，他如何把它與他真正的情感比較呢？充其量他能判定對他的情況的精神分析的解釋是一種**或然**的假設，他從他解釋的行為的數目中獲得它的或然性。因此，就這種解釋而言，他處在第三者的地位上，即精神分析者本身的位置上，他沒有優越的位置。而如果他相信精神分析法理論的或然性，這仍然在他的意識的範圍內的簡單相信能夠消除阻擋無意識意向的障礙。精神分析者也許有有意識的東西和潛意識的東西突然重合的模糊形象。但是他被剝奪了確定地設想這種重合的手段。

然而所分析的對象的靈感是一個事實。那裡恰恰有一個伴隨著明顯事實的直覺。被精神分析者引導的這個對象，做得比他對一個假說予以承認更多更好：他觸到、他看到他是什麼。除非這對象永遠不斷地意識到他的根深意向，更好是說，除非這些意向與他的意識本身沒有區別，這才真正是可以理解的。在這種情況下，正如我們上面指出的，精神分析的解釋不使他**獲得**對其所是的東西的意識：它使他獲得對那東西的認識。因此應該回到存在的精神分析法上去而要求做為決定的這對象的最後直覺。

這種比較使我們能更好地理解存在的精神分析法應該是什麼，如果它應該能夠存在的話。這是一種在嚴格客觀的形式下，旨在闡明每個個人用以自我造就為個人的主觀選擇、就是說個人用以向自身顯示他所是的東西的主觀選擇的方法。它探索的東西是對**存在的選擇**同時是一個存在，它應該把個別的行為還原為基本的關係，不是性慾或權力意志、而是在這些行為中表現出來的**存在**。因此它從一開始就被引向對存在的領會，而且除了發現存在和存在面對這個存在的存在方式之外不應該被分散到別的目的上去。在達到這個目的之前，這目的禁止它停下來。它使用對一種存在的領會，這種領會本身做為人的實在表現出調查者的特徵；並且由於它力圖從它的象徵性表現中獲取存在，它每一次都應該在比較研究一些行為的基礎上重新發明一種旨在辨別它們的象徵。成功的標準對它來說將是它的假說能用來解釋和統一的許多事實，正是通過對所涉及的那項的不可還原性的自明的直觀。在一切這樣做是可能的情況下，所分析對象的決定性見證都將支援這個標準。這樣達到的結論——就是說個體的最後目標——那時能成為一個分類的對象，並且正是根據這些結論的比較，我們能在做為對他自己的目的的經驗選擇的人的實在之上建立一般的考察。被這種精神分析法研究的行為不只是一些夢、一些隱蔽的活動，一些纏繞不散的頑念和神經官能症，而還是、並尤其是清醒的思想、成功的和適宜的活動、風格等等。這種精神分析法還沒有發現它的佛洛伊德；充其量，人們能在完成了的某些特殊自傳中發現它的預兆。我們希望能試圖給出它另外兩個有關福樓拜和杜斯妥也夫斯基的例子。但是，這種分析法是否存在對我們來說並無關緊要：對我們來說重要的是它是否可能。

二、作為和擁有：占有

本體論關於行為和欲望所能獲得的信息應該做為存在的精神分析法的原則。這不是意謂著，抽象的和所有人共同的欲望在一切個別表現之前存在，而是意謂著具體的欲望有屬於本體論研究範疇的結構，因為每個欲望，不論是吃或睡的欲望還是創作藝術作品的欲望，都表明整個人的實在。事實上，正如我們在別的地方曾指出過的[3]，對人的認識應該是整體性的；從這點上講，經驗的和部分的認識是沒有意義的。因此如果我們使用我們到現在為止所獲得的認識，我們就已經能夠完成我們奠定存在精神分析法的基礎的任務。事實上，本體論正是應該在那裡停下來：它的最後發現是精神分析法的最初原則。從那裡開始，必須有另一種方法，因為對象不同了。因為欲望是人的實在的存在，那麼，關於欲望本體論給了我們什麼教益呢？

我們已知道，欲望是存在的欠缺。因此，它直接建立在它所欠缺的存在上。我們已看到，這個存在，就是「自在—自為」，它變成了實體的意識，變成了自因的實體，就是上帝—人。於是，人的實在的存在根本上不是一個實體而是一種被體驗到的關係：這關係的諸項是一原始的、被凝固在它的偶然性和人為性中的自在，而且它的本質特性是：它**存在**，它**實存**，而另一方面，這關係的諸項是「自在—自為」或價值，它是做為偶然的理想的自在，是以超出任何偶然性和存在為特徵的。人既不是這些存在中的這一個也不是另一個，因為他現在一**無所是**：他是其所不是的他又不是其所是，他是偶然的自在的虛無化，因為這種虛無化的自我是向著自因自在的向前流逝。人的實在就是成為上帝的純粹努力，對這種努力來說，不存在任何既定的基質，沒有任何東西是像這樣自己努力著的。而欲望表達了這種努力。

儘管如此，欲望不僅僅是相對於自因的自在定義的。它還同樣相對於人們經常稱之為欲望對象的天然具體的存在者的關係。這個對象時而是一塊麵包，時而是一輛汽車，時而是一位女子，時而又是一個還未實現的然而被定義了的對象：就像一位藝術家要創作一部藝術作品時的情況那樣。於是欲望以它自己的結構本身表現了人與世界上的一種或好幾種對象的關係，它是「在世的存在」的諸方面之一。按這個觀點，首先，這種關係似乎不是唯一的類型。只是因為省略我們才談及「對某物的欲望」。事實上有成千上萬的經驗例證指出，我們要**占有**這種對象或要**做**這件事或要**是**某一個人。如果我欲望這幅畫，這就意謂著我想買它，以便把它化為己有。如果我要寫一本書、散步，這就意謂著，我想**做**這本書，做這次散步。我之所以打扮自己，是因為我要**是**漂亮的；我自我修養是為了**是**有學問的，等等。於是，首先，人的具體存在的三大範疇在它們的原始關係中向我們顯現出來：作為（做）**擁有**，**存在**（是）。

然而，很容易看到，作為的欲望不是不可還原的。人們造成一個對象以便保持與它的某種關係。這種新關係能直接還原到「擁有」。例如，我用樹枝削一根枴杖，（我用樹枝「做」一根枴杖）以便**擁有**這根枴杖。「作為」被還原為「擁有」的手段。這是一種最常見的情況。但是同樣可能發生的是我的活動不馬上顯現為可還原的東西。這個活動就像在科學探索、體育運動、美學創造的情況下一樣，看起來可能是無用的。然而，在這些不同的情況下，「作為」同樣不是不可還原的。我之所以創作一幅畫、一齣戲劇、一首曲子，都是為了從一開始就是具體的存在。這種存在只就我在它與我之間建立的創造關係給予我對它的特殊所有權而言才與我有關。問題不僅僅在於我想到的這幅畫是存在著的；它還應該由**於我**而存在。理想的東西在一個意義下顯然是我通過一種連續的創造保持它的存在並且因此它做為一種永遠更新的流溢成為**我的**理想。但是在另一意義下，它應該完全地區別於我自身以便是**我的**理想而不是我；在這裡正如在笛卡兒的實體理論中一樣，危險在於：它的存在由於缺乏獨立性和客觀性而消融到我的存在中；於是它同樣應該**自在地**存在，就是說它應該永遠更新**它本身的**存在。從那時起，我的作品對我顯現為連續的但凝固在自在中的創造；它無限定地帶著我的「標記」，就是說，它無定限地是「**我的**」思想。所有藝術作品倒是一種思想、一種「觀念」；它的特性是就它只不過是種意義而言明確地是精神的。但是，另一方面，在一個意義下，這種意義，這種思想是永遠處於活動中的，就像我永遠在構造它，就像一種精神不懈地設想著它——一個就是**我的**精神的精神——這種思想只靠存在支持自己，當我沒有現實地想到它時它也仍然在活動中。因此我與它共存於**包含**著它的意識和與它的意識**相遇**的雙重關係中。在我說它是**我的思想**時表明的恰恰正是這種雙重的關係。在我們以後明確「擁有」這範疇的意義的時候，我們會看到它的意義。正是為了把這雙重關係保持在化歸己有的綜合中我才**創造**我的作品，事實上我追求的正是我和非我的這種綜合（思想的內在性，半透明性；自在的不透明性，冷漠性），並且這綜合顯然使作品成為我的所有。在這個意義下，我不僅僅是以這種方式把真正的文藝作品化歸己有了，而且我用樹枝削我的枴杖也將同樣雙重地屬於我：首先，是做為使用對象任我去安排，而我占有這個對象就像我占有我的衣服和書籍一樣，其次是做為我的作品屬於我的。於是，寧可被他們自己製造的使用對象包圍著的人們才珍視這種化歸己有。他們把享用的化歸己有及創造的化歸己有聚合到一個唯一的對象上並且聚合於同一個混濁的思想之中。從藝術創造的情況直到「自己捲的香菸更好抽」的情況，我們都會重新發現同一個謀劃的統一性。我們剛才重新發現了有關一種做為其消耗的並被人們稱為奢侈的特殊的財產的那種謀劃，因為我們將看到，奢侈不是指被占有的對象的性質而是指占有的性質。

甚至**認識**就是化歸己有——我們在第四卷的序言中已經指出過。所以科學的探索只不過是為達到化歸己有的努力。像藝術作品一樣，發現真理是**我的**認識；只有在我形成思想時，思想的做為對象的意識才顯示出來，而且因此，思想按某種方式顯現為是通過我而保持存在的。正是通過我把世界的一種面貌揭示出來，這面貌正是向我揭示的。在這個意義下我是創造者和占有者。並非我認為我發現的存在的外貌是純粹的表象，而是正相反，因為只被我發現的外貌完全地、實在地**存在**著。在紀德對我們說「我們總是應該表露」的意義下，我能說我**表露**了它。但是我在我的思想的**眞理**性中，就是說，在它的主觀性中重新發現了一種類似於藝術作品的獨立性的獨立性。這種思想是我造成的並且從我這裡獲得其存在。同時，就它是**對一切的思想**而言，它通過自身單獨地追求著它的存在。它雙重地是**我**，因為它是向我揭示的世界，一個在別人中間的我，一個構成我的思想以及別人的精神的我，而且這種思想是雙重地向我關閉的東西，因為它是我所不是的存在（當它向我揭示出來的時候）並且因為它是對一切的思想，是從它顯現時起就注定不知其名的思想。我和非我的這種綜合在這裡還能用**我的**這術語來表示。但是，同樣，化歸己有的享用的觀念是被包含在發現、揭示這觀念本身之中。看就是享用，看是**使**對象**失去童貞**。如果人們考察通常用來表達認識和被認識的關係的比較，人們就會看到，它們之間的許多關係表現為某種**被看所強姦**的東西。未被認識的對象被給定為清白的童貞女，類似於一種純**白色**。它還沒有「提供」出它的祕密，人還沒有從它那裡「奪去」這祕密，一切形象都強調無知，各種探索的對象及那些工具所針對的對象就在這無知之中：對象並沒有意識到自己被認識，它忙於它的事務而沒有發覺一種注視，這種注視窺視它就像一個路人突然發現一個正在洗浴的女子那樣。一些更模糊或更清楚的形象做為自然的「未被破壞的深處」的形象更明確地使人想起性交。人們揭去了自然的幃幕，人們把它揭示出來（參看舍勒：「薩伊斯的幃幕」）；一切探索總是包含一個人們通過去掉遮蓋著它的障礙物而置它於光天化日之下的裸體的觀念，正像阿克狄翁[4]扳開樹枝以便更好地看到正在洗澡的狄安娜一樣。此外，認識是一種狩獵。培根把它稱為潘[5]的狩獵。學者是突然發現白色的裸體並以他的注視強姦它的獵人。於是，這些形象的總體向我們揭示了我們稱為阿克狄翁情結的某種東西。此外由於採取了狩獵的觀念做為阿莉阿尼線，我們發現了化歸己有的另一種象徵，甚至可能是更根本的象徵：因為人們是為了吃而狩獵。動物那裡的好奇心總是性慾的或食物的。認識，就是用眼睛吃[6]。事實上，對於通過感官得到的認識來說，我們在這裡能指出一個與對於藝術作品所揭示的過程相反的過程。對這種藝術作品來說，我們事實上指出了它與精神的、被凝固的流出的關係。精神不斷地生產藝術作品，然而它總是完全獨處，並且好像冷漠地對象這個生產。這種關係就像在認識的活動中的關係一樣存在。但是它不排除與之相反的東西：在認識中，意識給自我帶來它的對象，並滲入其中；認識是同化；法國的認識論著作充斥著食喻（吸收、消化、同化）。於是，有一種從對象走向認識主體的分解運動。被認識的東西轉化成了我，它變成了我的思想，並因此同意只是從我這裡獲得它的存在。但是這種分解運動被凝固只是由於被認識的東西仍然在同一個地方，不限定地被吸收，被吃並且無限定地未被觸動的，它完全地被消化，然而又是完全外在地、像石頭一樣難以消化的。人們會注意到「難以消化的被消化物」，如鴕鳥胃裡的石子，鯨胃裡的約拿[7]，這些象徵在天真想像中的重要性。人們指出了非毀滅性同化的夢想，不幸的是——正如黑格爾所指出的——欲望毀滅它的對象（黑格爾說，在這個意義下，欲望是吃的欲望）。通過對這種辯證的必然性的反抗，自為夢想著這樣一個對象：它完全被我同化，它是我，而又由於保留著它自在的結構而沒有溶解在我之中，因為我欲望的東西，恰恰就是**這個**對象。如果我吃了它，我就不再擁有它，我就只不過是與我相遇。同化和被同化物所保持的完整性之間的這種不可能實現的綜合，追其最深的根源是與性慾的基本意向吻合的。肉體的「占有」事實上向我們提供了對永遠被占有及永遠更新的身體的刺激和誘惑的形象，占有在上面不留任何痕跡。「光滑」和「光潔」的性質深刻地象徵的正是這個。光滑的東西能被抓到，被觸摸，並且仍然是不能穿透的，仍然在要把它化歸己有的愛撫下像水一樣逃走的。所以人們在色情的描寫中如此注重女子身體的潔白光滑。光滑：在愛撫下重新形成，就像水在石子擊入的通道上重新形成一樣。同樣，我們已看到，戀人的夢想正好是與被愛的對象同一而又使他保持他的個體性：別人應該是我，而又不斷地成為別人。這就正是我們在科學的探索中遇到的東西：被認識的對象，像鴕鳥胃裡的石子一樣，完全在我之中，在我本身之中被同化，被改造，並且他完全是我；但是同時，在被愛和徒然被愛撫的身體的冷漠的裸體狀態中，他又是不能穿透，不可改造，完全光滑的。他留在外面，認識就是外在而未完成的吃。人們看到互相融合和互相滲透的構成阿克狄翁情結和約拿情結的性和食物的趨向，人們看到被聚合起來使認識的欲望誕生的消化和肉慾的根基。認識同時是**穿透**和對表面的愛撫、消化和與不變形的對象有距離的凝視、通過連續的創造而產生的思想和確認這種思想的完全客觀獨立性。被認識的對象，就是**做爲物件的我的思想**。當我在探索中的時候我最深的欲望的正是這個：把我的思想把握為物並把物把握為我的思想。把如此多樣的意向融合在一起的綜合關係只能是一種**化歸己有**的關係。這就是為什麼認識的欲望儘管能顯得如此無關利害，仍然是化歸己有的關係。**認識**是**擁有**所能採取的形式之一。

剩下的是人們願意說成是完全無用的一種類型的活動：**遊戲**的活動和與之相關的意向。人們能在體育運動中發現化歸己有的意向嗎？當然首先應該指出，遊戲，對立於嚴肅的精神，似乎是最少包含占有的態度，它從實在的東西那裡奪去了它的實在性。當人們從世界出發，並把更多的實在給予自我，而不是給予世界的時候，至少當人們就人們屬於世界而言提供給自己一種實在性的時候，就有嚴肅性。唯物主義是嚴肅的並不是出於偶然，唯物主義總是並處處做為革命者選擇的學說存在同樣也不是出於偶然。因為革命者是嚴肅的。他們首先從壓迫著他們的世界出發認識自己並且他們要改變這壓迫著他們的世界。因此他們是與占有著他們的老對手一致的，對手們同樣從他們在世界上的地位出發認識自己並評價自己。於是所有的嚴肅的思想被世界弄得遲鈍，它凝固了；它為了世界的利益放棄了人的實在。嚴肅的人是「世界的」，並且在自我中不再有任何救助，他甚至不再考慮**擺脫**世界的可能性，因為他把一類沒於世界的存在的堅硬、厚實、惰性、不透明的存在給了他本身。不言而喻，嚴肅的人把對他的自由的意識藏在他自身的最深處，他是**自欺的**，並且他的自欺旨在在他自己眼中把他自己表現為一種結果：對他來說，一切都是後果，永遠沒有原則；所以他是如此期待著他的活動的結果。當馬克思肯定對象先於主體時，他提出過嚴肅性的最初教條，而當一個人把自己當作對象時，他就是嚴肅的。

事實上，齊克果的諷刺一樣解脫了主觀性。事實上，如果遊戲不是人成為其最初起源的活動，不是人本身提出其原則並且只能按這些被提出的原則才有結果的活動，那遊戲又是什麼呢？人一旦把自己看成自由的並要使用他的自由，儘管另一方面他也能是焦慮，他的活動就是遊戲的：事實上，這是他的首要原則，他脫離了被創造的自然（nature naturée），他本身提供了他的活動的價值和尺度，並且只按他本身提出並確定的尺度允給代價。在一種意義上講，由此產生了世界的「少許實在」。因此，專心於在他的行動本身中發現自己是自由的遊戲的人似乎完全不可能關心**占有**一個世界的存在。他的目的，他通過體育運動或滑稽劇或真正說來的遊戲追求的目的，是使本身成為某種存在，這存在正是關心其存在的存在。儘管如此，這些看法不是我們指出**做**的欲望在遊戲中是不可還原的結論。相反它們告訴我們，做的欲望在那裡被還原為某種存在的欲望。活動本身不是它自己的目的；同樣不是它明確的、表示它的目的和它深刻的意義的目標；而是活動的作用是對做為個人的存在本身的絕對自由**自身**表露它的這種自由並使之現今化。這種特殊類型的謀劃把自由做為基礎和目的，值得我們對它進行特別研究。事實上，由於它是追求一種完全不同類型的存在而完全不同於別的一切。事實上應該詳盡地解釋它與向我們顯現人的實在的深層結構的要成為上帝的謀劃的關係。但是這種研究不能在此進行：它事實上引出**倫理學**的結論並且它設定人們事先定義純粹的反思的本性和作用（我們的描述到此為止只是針對「複合的」反思）。它還假設一種對只能是面對糾纏著自為的價值的**道德**的地位的把握。遊戲的欲望從根本上講仍然是存在的欲望。於是，「存在」、「作為」、「擁有」這三個範疇在這裡像在別處一樣被還原為二：「作為」純粹是及物的。一個欲望說到底只能是**存在的**欲望或**擁有的**欲望。另一方面，遊戲純粹是化歸己有的意向的情況是很少見的。我把實現一項體育成勳，打破紀錄的欲望放在一邊，它能起到刺激運動員的作用；我甚至不說要「擁有」一個好身體、勻稱的肌肉這種把他自己的為他的存在客觀地化歸己有的欲望。這些欲望不總是出現，此外也不是基本的。但是在體育活動本身中有一種化歸己有的構成成分。體育運動事實上是把世界的中心自由地改造為支持行動的成分。因此，像藝術一樣，它是創造者。或許是一塊雪地，或許是一塊草場。看到雪地或草場就已經是占有。在其中，雪地或草場已通過看被當作存在的象徵[8]。它代表純粹的外在性，完全的空間性；它的冷漠性，它的無變化，和它的潔白表露了實體的絕對赤裸；它只是自在的自在，是突然在所有現象之外被表露的現象的存在。同時它的**固態**的靜止表達了自在的永恆和客觀反抗，表達了它的不透明性和它的不可入性。然而直覺的這種最初享有不能使我滿意。這種類似笛卡兒的廣延的可理解的絕對實體的純粹的自在，它做為非我的純粹顯現誘惑了我；那時我所希望的恰恰是：這種自在對我而言完全處在仍然保持自在狀態的流溢說（emanation）的關係中。這已經成為孩子們堆雪人和雪球的意義：目的是「用這雪做某種東西」，就是說強加給雪一種形式，這種形式如此根深地附著於這種質料以致這質料似乎是為那種形式而存在，但是如果我接近自己，如果我想建立與雪地的化歸己有的聯繫，一切就都改變了：它的存在的等級被改變了，它一寸接一寸地存在，而不是通過巨大空間而存在；一些斑點、一些桁條栓孔、一些裂縫使每平方公分個別化。同時，它的固體融化成水：我直到膝蓋都插到雪中，如果我把雪抓到我的手上，它就在我的手指之間融化了，它漏走了，什麼也沒有留下：自在被轉化為虛無。我要把雪化歸己有的夢想同時消失了。此外，我只能**做**我走近看見的那些雪：我不能征服雪地，我甚至不能把它重新構成呈現於我的注視並且突然地，雙重地崩潰的這種實體性的整體。**滑**雪的意義不僅僅是使我能夠快速移動並靈活地掌握技術，同樣也不僅僅是隨著按我的意願提高速度和奔跑困難的增長而**遊玩**；而且還是使我能夠**占**有這雪地。現在，**我用它做成某物**。這意謂著，由於我的滑雪者的活動本身，我改變了它的質料和意義。由於它現時在我的滑雪奔跑中顯現為向下的滑坡，它重新獲得了它已失去了的連續性和統一性。它現時是結締組織。它在兩個端點之間被理解，它統一了起點和終點；正如在下降中，我沒有一寸接一寸地考察它本身，而是我總是盯著要達到的，在我占據的位置之外的一個點，它沒有失落在無數個別細節之中，它被**跑完走向**我確定的那個點。這個路程不僅僅是移動的活動，它還是並且尤其是組織和聯繫的一種綜合活動：我在我面前展開了滑雪場，並且如同康德所認為的，幾何學只在拉一條線時才能理解一條直線。再說這種組織是附帶的而非焦點的：雪地不是為了它本身並在它本身中被統一的；被提出的並且被清楚地把握的目的、我期待的對象，都是要達到的終點。雪的空間是從下面，暗含地聚合成的；比方說，當我注視黑色曲線而並沒有明確注意到這條線劃出的面積時，雪的空間的內聚力就是在周線內部包含著的白色空間。正因為我附帶地、不露聲色地、暗示地保持了它，它適應於我，我牢牢地抓住了它，我超越它而奔赴它的目標，正像一個織毯工人超越他使用的錘子而奔赴他的把掛毯釘在牆上的目標一樣。任何化歸己有都不可能比這種工具性化歸己有更完全；化歸己有的綜合活動在這裡是一種使用的技術活動。雪做為我的活動的質料（按錘子的湧現是純粹擔任錘的方式）而湧現。同時，我選擇了某種觀點來領會這雪坡：這觀點是一種被規定的**速度**，這速度來源於我，我能按我的意思提高或降低它，並且速度能把通過的場地構成一個被定義的對象，這個對象完全不同於它在別的速度下所是的東西。速度按其意願組織了一些總體，這樣一個對象是否是特殊群體的一部分，取決於我是否採取這樣或那樣的速度（例如，人們考慮「步行」，「坐汽車」，「騎自行車」去看普羅旺斯；它表現出來的不同面貌同樣取決於納博瓦離貝濟埃的路程是一小時、一上午或是兩天，就是說取決於納博瓦是獨立的還是自為地與其周圍的東西處在一起，或取決於她與例如貝濟埃和西特構成緻密群體。在後一種情況下，納博瓦與**海的關係**是可以直接達於直觀的；在另一種情況下，它被否定，它只能用一個純粹概念來做對象）。因此我是以我自己給定的自由速度**構成**雪地的關係。但是同時，我作用於我的**質料**。速度不限於把一種形式外加地強加給特定的物質；它**創造**一種質料。當我行走時，雪在我的重量之下塌陷，當我要拿它時化成水，而它在我的速度的作用之下突然凝固了；它支撐著我。這不是因為我看不見它的輕、它的非實體性、它永遠的逐漸消失。正好相反：正是這種輕、這種逐漸消失、這種隱蔽的流動性支撐著我，就是說，這些東西為了支撐我而凝結、融化。因為我與這些雪有一種特殊的化歸己有的關係：滑。我們以後還要對這種關係進行更細緻的研究。從現在起，我們能把握它的意義了。人們說，在滑的過程中我仍然在表面。這不正確；當然，我只是輕觸表面，這種輕觸本身完全值得研究。但是我仍然實現了一種深刻的綜合；我感覺到直至最深處本身都組織起來支撐我的雪層；滑是**有距離的行動**，它保障了我對物質的控制，而並非需要我陷入這質料並依附於它以便制服它。滑，就是札根的反面。根已經一半同化在供養它的土地裡，它是土地的活生生的具體化；它只有在使自己成為土地的過程中，就是說在一個意義下，屈從於它要使用的質料才能使用土地。相反，滑實現了深刻的物質性統一而沒有滲過表面：它是做為既不需要強調，也不需要提高聲音來使人服從的令人懼怕的主人。這就是權力的奇妙形象。因此有名的勸告「滑吧，該死的，別撐」，它並不意謂著「待在表面吧，別深鑽」，而是相反，它意謂著「實現深刻的綜合吧，但是不要危害你自己」。滑正是化歸己有，因為被速度實現的支撐的綜合只對滑雪者並在他正在滑雪的時候才是有價值的。雪的固體性只對我才是有價值的，它只對我才是可感覺到的；它只是給予我一個人的祕密並且這祕密**在我**之後已不再是真的了。因此，滑實現了與物質的嚴格的個別的關係，一種歷史的關係；這關係聚集起來並固體化以便支撐我並且發狂似地、分散地在我的後面消散。於是我由於我的通過而**爲我**

地實現了統一。因此，理想的滑是不留痕跡的滑：這就是在水上的滑（小艇、汽艇、尤其是滑水板，儘管出現得較晚，按這種觀點卻代表了水上運動趨向的極限）。滑雪已經是不太完美的；在我後面有痕跡，我被帶累，儘管是如此之輕微。滑冰劃傷了冰並且碰到一種已經完全組織好的物質，它是十分劣質的，並且它之所以無論如何要保全，是為了別的理由。因此，當我們注視我們的雪板在我們後面的雪上留下的印跡時，我們總感到輕微的失望：如果雪在我們的道路上重新形成該多麼好啊！此外，當我們讓自己在坡上滑時，我是被隱藏著的幻想支配了，我們要求雪表現為它隱祕地所是的水。於是滑顯得類似於連續的創造：速度，類似意識並且在這裡就象徵著意識[9]，只要它延續著，就使一種深刻的性質在物質中產生，而這種深刻的性質只有在速度存在著才可保持為一種克服了它冷漠外在性及像運動物體滑動後的束狀物那樣散開的聚合物。提供信息的統一化和雪地的綜合性凝聚——這凝聚是踡縮在一個工具性組織中，就像錘子或鐵砧一樣被**使用**，並且馴順地服從行動的，意謂著並且充實著行動——在雪的**物質**本身上持續並創造的行動；雪的團塊由於滑而固體化；雪和水的同化，這同化似乎馴順而無記憶地帶給一個女子赤裸的身體，那怕是在最強烈的愛撫下這赤裸的身體也保持了它的貞潔和混濁狀態；這些就是滑雪者對實在的東西的行動。但是同時，雪仍然是不可滲透的和不可觸及的；在一個意義下，滑雪者的行動只使得他的權力發展。他把權力能歸還的東西**歸還**給它；均勻的和結實的物質只有通過體育活動才提供了它的固體性和均勻性，但是這種固體性和均勻性仍然是富於物質中的屬性。體育行動在這裡實現的我和非我的這種綜合，像在思辨的認識和藝術作品的情況中一樣是通過肯定滑雪者對雪的權利而表現出來。這是我的雪場：我滑過一百次，我一百次通過我的速度使得這種凝聚和支持的力量在雪場之中產生，雪場屬於我。

應該對這種體育運動的化歸已有補充另一個方面：被戰勝的困難。這是比較普遍能理解的，我們只稍稍地談一下在滑下這個雪坡之前我必須爬上這個雪坡。這種攀登向我顯示了雪的另一種面貌：反抗。

我通過我的疲勞感覺到這種反抗，並且我時時刻刻都能衡量我的勝利的進展。在這裡雪被同化於**別的東西**，並且一些通常的對於「馴服」，「戰勝」，「支配」等的表達法足以指出關鍵在於在我和雪之間建立一種主奴關係。我們在攀登，**划槳**，障礙跑等等，等等中重新發現了化歸己有的這個方面。人們插上旗幟的山峰是人們已化歸己有的山峰。於是體育活動的主要方面——尤其是戶外的體育運動——就是征服似乎先驗地是不可征服和不能使用的大量的水、土和空氣；在每種情況下，問題都在於不是為占有元素本身，而是在於占有以這些元素的手段表現出來的一種類型的自在的存在：人們要在雪的情況下占有的正是實體的均勻性；人們要在大地和岩石等等等的情況下化歸己有的則是自在的不可入性和它非時間的永恆性。藝術，科學和遊戲都是化歸己有的活動，或許是全部地、或許是部分地，而它們想在它們尋求的具體對象之外化歸己有的東西，就是存在本身，自在的絕對存在。

於是，本體論告訴我們，欲望從根本上講是**存在的**欲望，並且它的特性是自由的存在的欠缺。但是本體論同樣告訴我們，欲望是與沒於世界的具體存在物的關係，並且這個存在物被設想為自在的一種類型；本體論告訴我們自為與這個被欲望的自在的關係是化歸己有。因此我們面對對欲望的雙重規定：一方面欲望被規定為要成為某種**自在自爲**的、其存在是理想的存在的欲望；另一方面，在絕大部分情況下[10]欲望被規定為與一個偶然的、具體的、它計畫化歸己有的自在的關係。有超規定嗎？這兩種特性是能夠並存的嗎？只有在本體論事先定義這兩種存在的關係——具體的、偶然的自在或欲望的對象和自在自為或理想的欲望——並且只有在本體論解釋了做為一種類型的與自在、存在本身的關係，做為一種類型的與自在—自為的關係的統一了化歸己有的關係的時候，存在的精神分析法才能確保它的這些原則。這正是我們現在應該嘗試做的事情。

化歸己有是什麼？可以說，一般來講人們通過占有一個對象期待什麼？我們已看到做這個範疇的可還原性，它時而使我們瞥見存在，時而又使我們瞥見擁有；它是否因此同樣是屬於「**擁有**」這個範疇呢？

我看到，在很多情況下，占有一個對象，就是能**使用它**。然而，我並不滿足於這種解釋：在咖啡館裡，我使用這個茶盤和杯子；然而，它們不屬於我；我不能「使用」掛在牆上的這幅畫，然而它**屬於**我。在某種情況下，我有權毀滅我占有的東西，這是無關緊要的；用這種權利來定義財產是抽象的；此外，在一個其經濟是「被指導」的社會裡，一個老闆能占有他的工廠而無權關閉它；在羅馬帝國，主人占有他的奴隸而無權處死他。以外，在這裡毀滅的權利、使用的權利意謂著什麼呢？我看到，這種權利把我歸結到社會並且財產似乎是在社會生活的框框中被定義的。但是我也看到，權利純粹是否定的，它限於阻止他人毀壞屬於我或為我所用的東西。也許，人們想把財產定義為一種社會職能。但是首先，根據社會事實上提供了占有的**權利**，按某些原則，得不出社會創造了化歸己有的關係的結論。充其量不過說社會承認權利合法。正相反，為了使所有權能被提高到**神聖的**高度，它首先應該做為建立在自為和具體自在之間的自發關係而存在。如果我們能預見一種將來的更公正的集體組織，在那裡私人的占有不再——至少在某種限度內——受到保護而變得神聖化，這並不因此意謂著化歸己有的聯繫不再存在；這種聯繫事實上可能至少做為人和事物間的**私人**關係存在。於是，在夫妻關係還沒有合法化及成分的承繼還是依照母系的原始社會中，性關係至少是做為一種類型的姘居存在。因此應該區別占有和占有的權利。根據同樣的理由，我應該重新完全排斥蒲魯東式定義的定義：「財產就是盜竊」，因為財產是在問題（question）一方的。事實上，私有財產可能是盜竊的**產物**，並且維持這種財產可能是掠奪他人的**結果**。但是，不管其起源和結果是什麼，財產在其自身中仍然完全是可以描述和可以定義的。偷盜者自認是他偷來的錢的主人。因此這涉及描述偷盜者與他偷來的東西之間的關係，與合法的財產主與「規矩地獲得的」財產的關係一樣。

如果我考察我占有的對象，就會看到**被占有**這性質不是給了這對象一個表明它與我的外在性關係的純粹外在名稱；正好相反，這性質深刻地規定了它，向我並向別人顯現為是它的存在的部分。所以在原始社會，人們能以說這些人是**被占有者**來定義某些人；他們本身被看作是**屬於**……的。原始的葬禮儀式也指出這一點，在葬禮上人們用屬於死者的物品給死者殉葬。「為了使他們能使用它們」，這理性的解釋顯然是事後才出現的。這類習俗自發出現的時代似乎可逆溯到更早，考問這主題似乎是不必要的。這些物品有**屬於**死者這個特殊性質。它們與他形成一個整體，埋葬死者而不埋它使用的物品，不比例如埋葬他而不埋他的腿更是問題。屍體，他曾用來喝水的杯子、他用過的刀子、**造成同一個死人**，馬拉巴爾人燒死寡婦的習俗其原則是非常好理解的：婦女已被**占有**；因此死者把她帶到他的死之中，她合法地該死；只有幫助她由這種合法的死過渡在事實的死。對埋不埋都無所謂的物體是被鬼魂附體了。鬼魂不是別的，只是「被占有的存在」，房子和家具的具體顯形。說房子鬧鬼，就是說金錢或懲罰都沒有抹去第一個占據者對**它的占有**這一形而上學的、絕對的事實。附體在城堡上的鬼魂真正是被貶黜的家神。但是這些家神本身如果不是一層一層地沉澱在房子的牆上和家具上的若干層次占有又是什麼呢？指出了對象與它的所有者的關係的表現本身足以表明化歸己有的深深滲入：被占有，就是是屬於……的。這意謂著，被占有的對象正是在它的存在中被觸及了。此外我們已看到，占有者的毀滅引起了對被占有物的權利的毀滅，而反之，殘存的被占有物引起了占有者的殘存的權利。占有的聯繫是一種**存在**的內在聯繫。我在占有者占有的對象中並通過這對象碰到占有者。這顯然就是對聖物的重要性的解釋；我們不僅據此理解宗教的聖物，而且同樣並且尤其據此理解名人的所有財產（維克多·雨果博物館，「曾屬於」巴爾扎克、福樓拜等的「物品」），我們盡力在其中發現他們；對被愛的死者的「回憶」似乎使他的名聲「永存」。

被占有物與占有者的這種內在的、本體論的聯繫（像用燒紅的鐵烙印那樣的習俗曾經常試圖使之物質化）不能以化歸己有的「實在論的」理論來解釋。如果真正說來，實在論被定義為使主體和對象成為兩個獨立的、占有自為的和自立的存在的實體的學說，人們就不可能比設想做為其形式之一的認識更多地設想化歸己有；它們都總是在一段時間裡保持為統一主體和對象的外在關係。但是我們看到，實體化的存在應該被歸屬於被認識的對象。對一般的財產來說同樣如此：正是被占有的對象自在地存在，它被永恆性、一般的無時間性、存在的充實、一句話被實體性所定義。因此正是在占有的主體一邊應該放上**非獨立物**（Unselbstsändigkeit）。一個實體不能把別的實體化歸己有，並且我們之所以在一些事物上把握了某種被占有**物的**性質，是因為從根本上講，自為和做為他的屬性的自在的內在關係是從自為存在的不充實性中獲得其起源的。不言而喻，被占有的對象並不實在地被化歸己有的活動所作用，正和被認識的對象不被認識所作用一樣，它保持為未被觸動的（除了在被占有物是一個人類存在，一個奴隸，一個妓女等的情況之外）。但是這種被占有的性質仍然以它的意義**理解地**作用於它：總之，它的意義向自為反映這種占有。

如果占有者和被占有者被以自為的存在的不充實為基礎建立起來的關係所統一，那要提出的問題就是決定它們構成的一**對**的本性和意義。事實上，內在的關係是綜合的，它進行占有者和被占有者的統一工作。這意謂著，占有者和被占有者理想地構成了一個統一的實在。占有，就是在化歸己有的信號下與被占有的對象統一；想要占有，就是想通過這種關係與一個對象統一。於是，對一個特殊對象的欲望不單純是**對**這個對象**的**欲望，而是通過一種內在關係、以與它一起構成一個「占有—被占有」統一的方式和對象統一起來的欲望。**擁有**的欲望說到底就是在某種**存在的關係**中對某個對象而言的可還原為存在的欲望。

為了規定這種關係，前面關於學者、藝術家和運動員的諸種行為的意見對我們是非常有用處的。我們在這些行為的任何一種中都發現了某種化歸己有的態度。化歸己有在任何情況下都由於對象對我們同時顯現為我們本身的主觀流出和在一種和我們之間的冷漠的外在性關係中的這一事實而被打上印記。因此，**我的對象**對我們顯現為是居於**我**的絕對外在性和**非我**的絕對外在性之間的中介存在的關係。在同一種混濁的思想中，我變成非我，而非我變成我。但應該更好地描述這種關係。在占有的計畫中，我們遇到了一個不自立的自為，虛無把他與他所是的可能性分離開了。這種可能性是把對象化歸己有的可能性。我們還遇見了**價値**，這價值糾纏著自為，並且理想地指示著會通過在可能的同一性中的統一以及就是其可能的自為的統一而實現的整體存在，在這裡就是說指示著如果我在同一的東西的不可分割的統一中我就是我自己和我的屬性時會自我實現的存在。於是，化歸己有就會是自為和具體自在之間的一種存在關係，而這關係會被對這個自為及被占有的自在之間的同一化的理想指示所糾纏。

占有，就是為我所有，就是說是對象的存在的固有目的。如果占有完全地具體地被給定，占有者就是被占有對象的**存在的理由**。我占有這筆，就是說這枝筆**爲我地**存在，它為了我而被造成。此外，根本說來，正是我為我自己製造了我想占有的對象。我的弓，我的箭，這意謂著那些我為我地製造的對象。分工使這種原始關係變得淡薄而並沒有使之消失。奢侈品是這種關係的墮落，我在奢侈的原始形式下，通過屬於我的人（奴隸、家裡的僕人）占有一個我讓別人為我製造的對象。因此，奢侈品是最接近原始所有權的所有權形式，正是奢侈品在財產之後最清楚地闡明了從根本上構成了化歸己有的**創造**的關係，在一個分工細到了極點的社會中，這種關係被掩蓋了，但並沒有被消除：我占有的對象**已被**我**買到**了。錢代表我的力量；與其說它是一種通過自身的占有，*毋寧*說它是一種要占有的工具。這就是為什麼除了在吝嗇這十分特殊的情況下，金錢在它的購買的可能性面前被耗去了；它是逐漸消失的，它的造成是為了揭示對象，揭示具體的事物；它只有一種及物的存在。但是**對我**來說，它顯現為一種創造的力量：買一**件**東西，就是一種相當於創造一件東西的象徵性活動。所以金錢是與能力同義的；這不僅是因為它事實上能使我們獲得我們要求的東西，而且尤其因為它代表了我的真實的欲望的效力。正因為它向著事物而被超越，被超出並僅僅是被**暗含著**，所以它代表我與對象的神奇聯繫。金錢取消了主體和對象的**技術性**聯繫並提供出了像傳奇中的願望一樣直接有效的欲望。由於口袋裡有錢，你們在櫥窗前停下來，陳列的對象已經有一半是屬於你們的了。於是金錢在自為和世界的對象的整個集合之間建立起化歸已有的聯繫。由於錢，這樣的欲望已經是提供信息者和創造者。於是，創造的聯繫通過連續的減弱而保持在主體和對象之間。擁有，首先就是**創造**。被建立的所有權關係於是成為一種連續創造的關係：被占有的對象被我插入到一種**我的**周圍的總體形式中，它的存在是被我的處境和它在這種處境本身中的完整化所規定的。我的檯燈不僅僅是這個電燈泡、這個燈罩，這個鐵鑄的支座：它是某種照亮這辦公桌，這些書和這張桌子的能力；它是我夜間工作的某種色調，與我讀寫到很晚的習慣有所聯繫；它是活躍的，有色彩的，通過我對它的使用而被定義的；它**是**這種使用並且只是通過這使用才存在。它獨立於我的辦公桌、我的工作的檯燈，它被放在售賣大廳地上的一堆東西中間，它就完全被「熄滅」了，它不再是**我的**檯燈；甚至不再是一般的檯燈，它重新回到原始的物質性上去。於是，我對在我的占有的人的秩序中的存在負責。通過財產，我把它們提昇為某種類型有職能的存在；我的單純的**生命**在我看來是創造性的，這恰恰因為，通過它的連續性，它使**被占有**的品質永存於我占有的任何一個對象中：我把我周圍東西的集合與我一起帶入存在。如果人們使它們從我之中分離出來，它們就會死去，就像如果人們把我的胳膊砍下來，它就會死去一樣。

但是，創造的原始的和根本的關係是一種流溢的關係。笛卡兒的實體理論遇到的困難就在於使我們發現這種關係。我創造的東西——如果我理解創造是：使質料和形式來到存在之中——就是我。如果絕對創造者的悲劇存在的話，那就是不可能脫離自我，因為它的創造物只可能是它本身：創造物會從他之中抽取出它的客觀性和獨立性。因為它的形式和它的質料都是**來自我**的，只有一類惰性能面對我封閉這創造物；但是為了使這種惰性本身能起作用，我應該用一種連續的創造支持它的存在。於是，既然我覺得我就單憑占有的關係而創立這些對象，就這點而言，這些對象就是**我**。鋼筆和菸斗、衣服、辦公桌、房屋，這些**就是我**。我的占有物的整體反映著我的存在的整體。我就是我擁有的東西。我在這杯子、這小玩意兒上觸摸到的是我。我攀登的這座山，就我征服了它而言它**就是我**；當我在它的頂上時，當我以同樣的一些努力為代價已「獲得」了這種對山谷和周圍山頂的遼闊視野時，我就**是**這個視野；而全景，就是被膨大到地平線的我，因為它只是通過我、為我而存在。

但是創造是一個只能通過它的運動而逐漸消逝的概念。如果我們阻止它，它就消失了。按這個詞的最嚴格詞義，它消滅了；或者我只發現我的純粹主觀性或者我遇到了一個與我不再有任何關係的赤裸裸的、冷漠的物質性。**創造**只能被設想和保持為從一端點到另一端點的連續過渡。在同一個湧現中，對象**應該**完全是我而又完全獨立於我的。這正是我們認為在占有中實現的東西。被占有的對象既是被占有的，它就是連續的創造；然而仍然在那裡，它自己存在，它是自在的；如果我離開了它，它並不為此而停止存在；如果我走了，它就在我的辦公桌上、我的房間裡、在世界的**這個**地點對我**表現出來**。它從一開始就是不可穿透的。這支筆完全是我，甚而至於我在寫的活動中與它完全沒有區別，它是**我的**活動。然而，另一方面，它是來觸動的，我的**所有權**沒有改變它；這只是我與它的一種理想的關係。在某種意義上講，如果我超越我的所有權而去使用，我就享用了我的所有權，但是如果我想凝視它，占有的聯繫就被抹去了，我就不再理解占有意謂著什麼。菸斗在那裡，在桌子上，獨立的，冷漠的。我把它拿在手裡，我摸它，我凝視它**以便**實現這種化歸己有；但是恰恰因為這些動作旨在把對這種化歸己有的**享用**給予我，它們欠缺其目的，在我手指中只有一塊惰性的木頭。只有當我超越了**我的**諸對象而奔赴一個目的時，只有當我使用它們時，我才能享用對它們的占有。於是，連續創造的關係包括在它之中，就如同它的矛盾暗含著這些被創造對象的絕對的和自在的獨立性。占有是一種神奇的關係；我**是**我占有的那些對象，但這時我是外在的，面對著我的；我把它們創造為獨立於我的東西；我所占有的東西，就是我之外的我、所有主觀性之外的我，就如同一個時時刻刻逃避著我並且我時時刻刻永遠在創造著的自在。但是正因為我總是在另一個我之外的，如同一個不完全的、通過其所不是顯示自己存在的東西，當我占有時，我為了被占有的對象而自我異化。在占有的關係中，強有力的一項是被占有的事物，在它之外，我除了是一個占有的虛無之外就什麼也不是，我只不過是一個單純的占有，一個不完全、不充實的東西，它的充實和完整是在這彼岸的對象中的。在占有中，我是我自己的基礎，因為我自在地存在，因為事實上占有是連續的創造，我把被占有的對象當作被我奠定在它的存在中的；但是，另一方面，因為創造是一種流溢，這對象被吸收到我之中，它只是我，並且另一方面，因為它從根本上講是自在的，它是非我，它是面對我的我，客觀的、自在的、永恆的，不可穿透的，對我來說是存在於外在、冷漠的關係之中的。於是，我是我的基礎，因為我對於我而言是冷漠的、自在的。然而，這正是自在自為的謀劃本身。因為這個理想的存在被定義為一個自在，它做為自為是它自己的基礎，或被定義為一個自為，其原始謀劃不是一種存在方式，而是一個存在，正是他所是的自在存在。人們看到，化歸己有和自為的理想的**象徵**或價值只是一回事。占有的自為和被占有的自在這一對對這樣一個存在來說是有價值的：這存在存在著以便自己占有它自己並且它的占有就是它自己的創造，說卻說是上帝。於是，占有者追求享用他的自在的存在，他的外在的存在。通過占有，我收回了類似於我的為他的存在的對象—存在。也是由此，他人不可能使我驚奇：他要使其湧現的並且就是為他的我的存在，我已經占有了，並且享用了它。於是，占有還是一種對**他人**的防禦。我的存在就是做為非主觀的東西的我，因為我是這個「我」的自由基礎。

儘管如此，人們不能過分強調這種關係是**象徵性的和理想的**這一事實。我不滿足於我本身通過化歸己有而成為我自身基礎的原始欲望，更甚於佛洛伊德的病人夢見一個士兵殺死沙皇（即他的父親）時不滿足於他的伊底帕斯情結。這就是為什麼所有權同時向財產主顯現為一下子永恆地被給定物，又顯現為要求一種時間的無限性來實現自身。沒有任何一種**使用**的動作是真正地實現化歸己有的享用；而是歸結於一些別種的化歸己有的動作，其中任何一個動作都只有咒語的價值。占有一輛自行車，首先就是能注視它，然後能夠觸摸它。但是觸摸表現出自我本身是不充實的；應該能夠騎上去。去閒逛。但是這種**無理由的**閒逛本身是不充實的：應該使用自行車來行路。而這把我們推到更長時間、更完全的使用中去，推到穿過法國的長時間旅行。但是，這些旅行本身分解為成千上萬的化歸己有的行為，這些行為中的任何一個都推到其他的行為。最後，因為人們能預見它，只需開一張銀行支票就足以讓自行車化歸我有，但是它需要我的整個生命來實現這種占有；這正是我獲得一個對象時的感覺：占有是一種死亡總使它不能最後完成的事業。現在我們把握了它的意義：那就是通過化歸己有來實現這種被象徵化的關係是不可能的。自在的化歸己有是沒有任何具體東西的。再者，不是實在的活動（如吃、喝、睡等）會用來象徵一種特殊的欲望。相反，實在的活動只做為象徵而存在，正是它的象徵化給予它自身意義、嚴格結構及其存在。因此，人們不可能在它那裡發現它的象徵性價值之外的確實享用；它只是指示著一種最高的享用（指示著就是其自身基礎的存在），這指示總是在注定實現它的化歸己有的所有行為之外的。

這正是承認不可能存在「**占有**一個對象」，占有對象對自為來說連帶著**毀滅**對象的強烈願望。毀滅，就是消滅在我之中，就是與被毀滅對象的自在存在保持一種與在創造中一樣深刻的關係。我點著的焚燒農場的火，逐漸地實現了農場與我本身的融合：由於農場消亡了它變成了**我**。一下子，我又發現了創造的存在關係，但是是被顛倒的關係：我**是**燃燒穀倉的基礎；我就**是**這穀倉，因為我毀滅了它的存在。毀滅實現了——也許比創造更根本地——化歸己有，因為被毀滅的對象不再在那裡顯出自己是不可穿透的。它有它**曾經是**的自在存在的不可穿透性和充實性；但是，同時，它有我所是的虛無的不可見性和半透明性，因它**不再存在**。我弄碎了的並曾**在**這桌子上的杯子，還在那裡，但是它是做為一種絕對透明的東西；我透過它看見了所有的存在；電影工作者通過迭印試圖達到的正是這個：它類似於一個意識，儘管它有一種自在的無可挽回性。同時，它肯定是我的，因為我應是我所曾是的這一唯一的事實攔住了被毀滅對象的消滅：我在重新創造自己時又重新創造了它；因此，毀滅就是通過擔保自己是唯一對完**完全**全曾存在過的東西的存在負責的而重新創造。因此，毀滅應歸入化歸己有的行為之列。此外，許多化歸己有的行為特別具有毀滅性的結構：使用，就是耗用。在**使用**我的自行車時，我耗用了它，就是說化歸己有的連續創造通過部分的毀滅而表現出來。這種磨損出於嚴格實用的理由，可能使人感到不快，但是在大多數情況下，這磨損引起一系列暗暗的喜悅，幾乎是一種享受：因為它**來自我們**，**我們在消費**。人們會像這種「消費」所表達的那樣同時指明化歸己有的毀滅和食用的享受。消費，就是消滅，就是吃；就是在被摻合中毀滅。如果我騎自行車，我就能因耗用這些輪胎感到煩惱，因為找到別的輪胎是很困難的；但是我用我的身體遊戲這一享受的形象是一種毀滅的化歸己有，一種「毀滅—創造」的形象。轉動的載著我的自行車由於其運動本身被創造並被造成是我的；但是這種創造由於它聯繫對象的輕微和連續的磨損而深深地印在對象中，就像燒紅的鐵烙在奴隸身上的印記一樣。對象屬於我，因為正是我耗用了它：**我的東西**的磨損，就是我的生命的背面[11]。

這些意見使人能更好地理解某些感覺的意義或被認為是不可還原的行為的意義；例如**慷慨**。事實上，**餽贈**是毀滅的一種原始形式。人們知道，例如，印地安人贈送衣物的節日允許毀滅大量的物品，這些毀滅是對別人的挑戰，它們與他人連在一起。在這個層次上，物品被毀滅還是給予別人是無所謂的，印第安人按一種或另一種方式都是毀滅別人及與別人連在一起。我在給人物品和消滅它時都是毀滅它。我取消了在它的存在中深刻確立著的「我的」的性質，我從我的視野中去掉它，我把它構成——對於我的桌子、我的房間而言——**不在場的**，唯有我才會保留它的**過去**的對象的**幽靈般**的、透明的存在，因為我就是使這些存在追求一種在它們消滅之後的名義上的存在的。於是，**慷慨**首先是在毀滅的職能。給予的狂熱在某些時刻，對某些人來說，首先是毀滅的狂熱，它**相當**於一種熱衷的態度，一種伴隨著對象的破壞的「愛」。但是這種根本上說是慷慨的毀滅的狂熱不是別的，只是一種占有的狂熱。我拋棄的所有東西，我給予的所有東西，我按一種高級的方式，通過我用它們造成的禮品享受它們；這禮品是貪婪的，短促的，幾乎是性的享用：給予，就是占有地享用人們給予的對象，就是一種化歸己有的毀滅的接觸。但是同時，禮品誘惑了人們給他禮品的那個人，它迫使他重新創造，迫使他通過一個連續的創造保持這個我不再需要的，我剛才甚至以消滅占有的，並且最終只留下一個形象的我。給予，就是奴役。我們在這裡感興趣的不是禮品的這個方面，因為它尤其涉及的是與別人的關係。我們想指出的是，慷慨不是不可還原的：給予，就是以毀滅化歸己有，同時利用這毀滅來奴役別人。因此，慷慨是通過他人的存在構成的感情，並且它指出了一種**以毀滅來化歸己有**的偏好。據此，慷慨更多地把我們引向**虛無**，而不是引向自在（涉及一種本身顯然是自在的自在的虛無，但是，自在的虛無能以一種是它自己的虛無的存在來象徵）。因此，如果存在的精神分析法遇到了一個主體的**慷慨**的證明，它就應該更深入地探索他的原始謀劃並自問主體為什麼選擇通過毀滅而不是通過創造來化歸己有。對這個問題的回答揭露與構成了被研究的**個人**的存在的原始關係。

這些觀察只追求弄清楚化歸己有聯繫的理想特性和所有化歸己有行為的象徵職能。應該補充一點：象徵並不被主體本身識破。這不是由於象徵化是在潛意識中醞釀的，而是由於在世的存在的結構本身。事實上，在討論超越性的一章中我們看到，世界的工具性秩序是在我的可能性的自在中，就是說，在我所是的東西的自在中被謀劃的形象。但是，這就是說我永遠不能識破這物質世界的形象，因為它同樣需要反思的分櫱使我能對我本身做為一個對象的胚胎而存在。於是，由於自我性的圈子是非正題的，並因此，我所是的東西的預兆仍然是非主題的，世界推回給我的這個我本身的「自在的存在」對我的**認識**來說只能是被遮掩著的。我只能在使它產生的近似的活動中並通過這活動來適應它。因此占有完全不意謂著知道人們與被占有的對象處於同一創造—毀滅的關係中，而是意謂著占有就是**在這關係中**，或不如說**就是這關係**。被占有的對象對我們來說有一種直接可以把握的、並且完全改造了對象的性質——是**我的**對象的性質——但是這種性質本身嚴格地講是不可識破的，它是在行動中並通過行動被揭示出來的，它表露出它具有一種特殊的意義，但是從我們想相對一個對象採取一種後退並且凝視它的時候起，它就消逝而並沒有揭示它的深層結構及它的意義。這後退事實上本身就是化歸己有的聯繫的毀滅因素：前一瞬間，我介入到一個理想的整體中，並且正因為我介入到我的存在之中，我不可能認識我的存在；後一瞬間，這整體被打碎了並且我不可能在曾構成它的分離了的碎片上發現它的意義，就像在某些病人所經歷的這種沉思的經驗中可以看見的那樣，不管這些病人是什麼樣的，人們如何稱之為失去個性的。因此，我們是被迫求助於存在的精神分析法以在每個特殊的情況下去揭示我們剛才以本體論規定了其一般抽象意義的這種化歸己有的綜合的意義的。

還應該一般地規定被占有的對象的意義。這種探索應該完成我們對化歸己有的計畫的認識。那麼，我們努力化歸己有的是什麼呢？

一方面，並且在抽象中很容易看到我們一開始追求的不是占有對象存在的方式而是占有這對象的存在本身。事實上，正是做為自在的存在的具體表象看，我們要把它化歸我們所有，就是說把我們把握為它的存在的基礎，因為它理想地是我們本身，另一方面，從經驗角度講，被化歸己有的對象絕不會是完全獨自的，或單獨地使用它。任何單個的化歸己有在它的無定限延伸之外都沒有意義；我占有的一枝筆就相當於所有的筆；我在它的個體中占有的正是筆的類。但是此外，我在它之中占有的正是寫、畫某種形式某種顏色的線的可能性（因為我感染了我使用的工具本身和墨水）：這些線條，它們的顏色，它們的意義，正像紙、它特殊的阻力、它的氣味等等一樣被集中在它自身之中。關於一**切**占有，凝聚式的綜合成了司湯達描述為愛情的唯一情況的東西。消滅到世界基礎中的每一個被占有的對象都表露了整個世界，正像一位被愛的女子當她顯現時表露了在她出現時圍繞著她的天空、海灘和大海一樣。把這對象化歸己有，因此就是象徵性地把世界化歸己有。每個人在回憶他的經驗時都能承認這點；對我來說，我將引用一個個人的例子，不是用來證明而是用來引導讀者去探索。

幾年前，我曾決心不再抽菸。鬥爭是激烈的，並且事實上，我不在乎菸的**滋味**而是在乎我將失去抽菸這活動的**意義**。整個凝聚化就形成了：我在看戲時抽菸，在早上工作時抽菸，在晚飯以後抽菸，如果停止抽菸似乎將使我失去看戲的趣味，失去夜間小吃的味道，失去早上工作的清新活力。儘管會有闖入我眼睛的偶然事件，當我不再能抽著菸做這些事時，它對我似乎就根本上變得乏味了。「可能被我抽著菸感到的存在」：這是普遍散布在事物中的具體性質。對我來說似乎我將從這些事物中把這性質抽出來，並且似乎不太值得在這樣一個乏味的宇宙中間生活。然而，抽菸是一種毀滅式的化歸己有的活動，菸是「被化歸己有」的存在的象徵，因為它通過一種連續毀滅的方式以我呼吸的節奏被毀滅了，因為它在我之中通過並且在它變化成我本身的過程中，通過把被燒的固體改造為菸的過程象徵性地表露出來。抽菸時被看到的風景與用來燒掉這小小的祭品之間的聯繫就是這樣，我們剛才看到，後者是前者的象徵。因此這意謂著，菸的毀滅式的化歸己有的活動象徵性地相當於整個世界的化歸己有式的毀滅。通過我抽的菸，正是世界在燃燒、在冒煙、在煙霧中消失以便回到我之中。為了堅持我的決心，我應該實現一種凝聚化的分裂，就是說我，在並不過分地體會到它的時候把菸還原為只不過是它本身：點著的草；我割斷它與世界的象徵性聯繫，我說服自己說，對劇場的戲、對風景、對我讀的書來說，如果我離開我的菸斗考察它們，就是說，如果我突然轉向與這祭獻的儀式不同的占有這些對象的方式的話，我沒有消除它們那兒的任何東西。我一旦被說服，我的懊惱就差不多沒有了：我對於不再需要聞到菸的氣味而感到惋惜，為不再能感到我手指間菸斗的熱氣而惋惜等等。但是我的懊悔一下子被解除並變得完全可以忍受了。

於是，從根本上說，我們決心在一個對象中化歸己有的東西，就是它的存在，就是世界。化歸己有的這兩個目的實際上只是一回事。我力求在現象背後占有現象的存在。但是我們看到，這個存在非常不同於存在的現象，它就是自在的存在，而不僅僅是這樣的特殊事物的存在。這裡完全不是因為有向宇宙的過渡，而毋寧說是上述存在在它的具體裸體中一下子變成了整體的存在。於是占有的關係清楚地向我們顯現出來：占有，就是想通過一個特殊的對象占有世界。因為占有被定義為要把自己當作一個存在的基礎的努力，而這存在既然從觀念上講是我們本身，一切對占有的謀劃都旨在把自為構成為世界的基礎或自在的具體整體，因為這個整體做為整體就是按自在的方式存在著的自為本身。在世的存在，就是謀劃占有世界，就是說，把整個世界當作自為要變成自在自為所缺少的東西；這就是介入到一個整體之中，這整體恰恰是理想，或者是價值，或者是被整體化的整體，並且是通過自為與世界的融合理想地構成為應該是其所是的被瓦解的整體，構成為總是其所是的自在的整體。事實上，應該明白，自為不是做為建立一個理性的存在的謀劃，就是說一個首先設想——形式和質料——以便然後給它一個實存的存在：事實上這個存在是純粹的抽象，一個普遍的東西；它的概念不可能先於在世的存在，而是相反它會設定在世的存在為前提，同樣它會設定前本體論地理解一個具體卓越的並且首先是現在的存在為前提，這個存在就是自為的原始「在那裡」的「那裡」，即世界的存在。自為不是為首先思維普遍的東西和根據概念自我規定而存在：他是他的選擇並且這選擇不能是抽象的，否則自為的存在本身就會是抽象的。自為的存在是個體的偶然事件並且選擇應該是要成為具體的個體選擇。我們看到，這相當於一般的**處境**。自為的選擇總是在無可比較的個別性中對具體處境的選擇。但是這也相當於這選擇的本體論意義。當我們說自為是**存在**的謀劃的時候，他沒有把他謀劃是的自在的存在設想為對某一類型的所有存在者都共有的結構：我們看到他的謀劃完全不是一個概念。他謀劃是的東西對他顯現為一個卓越地具體的整體：就是**這個**存在。也許，人們能在這個謀劃中預見普遍發展的可能性；但是正是按照人們談論一個戀人的方式，他愛所有的女人或在一個女人中的整個女人。由於他謀劃要成為其基礎的那個具體存在不可能被**設想**——正如我們剛才看到的，因為它是具體的——它同樣不能被**想像**，因為想像力是虛無並且這個存在是卓越的存在。它應該**存在**，就是說它應該被**遇到**，但是它的相遇與自為做出的選擇合二為一了。自為是一個「相遇—選擇」，就是說他被定義為奠定與他相遇的存在的選擇。這意謂著，自為做為個體的事業，是對做為個別存在的整體的**這個世界**的選擇；他並不向著邏輯的普遍性超越這個世界，而是向著同一世界的新的具體「狀態」，在這狀態中存在是被自為奠定的自在，就是說他向著「在具體存在著的存在之外的具體存在」超越它。於是，在世的存在是占有這個世界的謀劃，而糾纏著自為的價值是對被**這個**自為和**這個**世界的綜合作用構成的個體存在的具體指示。事實上，存在無論在什麼地方，無論從那裡來，無論人們用什麼方法觀察它，無論它是自在還是自為，或是成為自為自在的不可實現的理想，它在其原始偶然性中都是一種個體的遭遇。

於是，我們能定義統一了存在的範疇和擁有的範疇的諸種關係。我們已經看到，欲望能夠根本上是存在的欲望或擁有的欲望。但是擁有的欲望不是不可還原的。當存在的欲望完全依賴自為並且謀劃沒有中介地提供給他一種自在自為的尊嚴時，擁有的欲望在世界中並通過世界而追求著自為。正是通過把世界化歸己有，擁有的謀劃旨在實現與存在的欲望同樣的價值。這就是為什麼人們能憑藉分析來區分的那些欲望在實在中是不可分的：人們沒有發現不夾雜著擁有的欲望的存在的欲望，並且反之亦然；說到底這涉及對於同一目的的關注的兩個方向，或者，可以說涉及同一基本處境的兩種估價，前者企圖照直地把存在提供給自為，後者則建立了自我性的圈子，就是說把世界插在自為和他的存在之間。至於原始的處境，就是我所是的存在的欠缺，就是說我使自己存在，但是，正是我用來造成對我自身所欠缺的存在根本上是個別的和具體的：它是**已經實存**的存在，我做為是**它的**欠缺而在其中湧現。於是，我所是的虛無本身由於是**這個**虛無化而非另一個，而是個別的和具體的。

任何自為都是自由選擇；這些活動中的任何一個，最微不足道的和最值得注意的一樣，都表達了這種選擇並來源於它；這就是我們稱之為我們的自由的東西。我們現在已把握了這種選擇的意義：它是存在的選擇，或許是直接地，或許是通過把世界化歸己有或毋寧說是同時直接地並通過把世界化歸己有進行選擇。於是我的自由是選擇成為上帝並且我的所有活動，我的所有謀劃表現了這選擇並以成千上萬的方式反映了它，因為它是無數存在的方式及擁有的方式。存在的精神分析法旨在通過這些經驗的和具體的謀劃發現每個人用來選擇他的存在的原始方式。人們會說，還要解釋為什麼我選擇通過這樣或那樣特殊的「**這個**」來占有世界。我們能回答說，這恰恰就是自由的特性。然而，對象本身不是不可還原的。我們在它之中通過它的存在方式或性質追求它的**存在**。而性質——尤其是物質性質，水的流動性，石頭的緻密性，等——做為存在的方式只是按某一方式使存在現時化。我們所選擇的東西，因此就是存在賴以被發現及使自己被占有的某種方式。黃色和紅色，西紅柿或碎豌豆的味道，粗糙的東西和柔嫩的東西對我們來說完全不是不可還原的材料：它們象徵性地在我們的眼前表現一種存在應該表現出的某種方式，並且我們通過厭惡或欲望，按照我們看見存在用這樣或那樣的方式使自己與上述東西的水平相平的方式而重新行動。存在的精神分析法應該消除性質的**本體論意義**。人們將只有這樣——而不是通過對性慾的考察——解釋例如詩人「想像力」的某種恆定性（韓波的「地質的」東西，愛倫坡的水的流動性）或乾脆解釋每個人的種種**趣味**，即那些人們說不應該討論的經常的趣味，而沒有了解它們以它們的方式象徵整個一種「世界觀」，整個一種存在的選擇並且由此產生了把它們變成他的趣味的那個存在眼中它們的**自明性**。因此我們應該在這裡概述存在的精神分析法的這種特殊的工作，把這做為對最後的探索的意見。因為並不是在甜東西和苦東西的味道的水平上來講自由選擇不是不可還原的，而是在對**通過**並**依賴**甜味、苦味等表現出來的存在的外表的選擇的水平上自由選擇才是不可還原的。

三、論揭示了存在的性質

這裡只涉及嘗試一種對**事物**的精神分析。這就是巴什拉在他最新的一部著作《水和夢》中以非凡的天才論述的。在這部著作中充滿偉大的諾言；尤其是，這是一個和「物質想像力」一樣的真正發現。真正說來，**想像**力這術語我們並不同意，同樣的，也不同意在事物和它們的膠質的固體或液體的質料背後探索我們拋入它們之中的形象的企圖。我們在別的地方曾指出[12]，知覺與想像沒有任何共同之處：相反它嚴格地排斥想像，反之亦然。知覺完全不是把形象和感覺結合在一起：這些來自聯想主義的論點應該完全要排除；因此，精神分析法不應該探索形象而恰恰應該解釋實在地屬於事物的**感覺**。無疑，「人」對黏的，黏滯的等東西的感覺不屬於自在。但是我們看到，潛在性同樣不屬於自在，然而，正是這些潛在性構成了世界。**物質的**意義，人對雪片、穀粒、凹的東西，潤滑的東西等的感覺不多不少地和世界一樣是**實在的**，並且來到世界上，就是在這些意義中湧現。但是也許問題在於一種單純術語學的區別；巴什拉好像更勇敢，並且當他在課上談及對植物進行精神分析或當他給他的一部著作題名為《火的精神分析》的時候似乎提供了他的思想的真諦。事實上，問題在於不是對主體而是對事物實行一種客觀的辨認方法，這種方法不設定任何對主體的事先歸結。例如，當我想規定雪的客觀意義的時候，比方說，我看到它在某種溫度下消融了，雪的這種消融是它的死亡。這裡涉及的只是一種客觀事實。當我想規定這種消融的意義的時候，我應該把它與處於別的存在領域裡但同樣客觀的，同樣超越的別的對象、觀念、友情、個人進行比較，我同樣能談論它們的消融（錢**消融**在我的手中；我在游泳，我**消融**在水中；某些觀念——在社會的客觀這種意義下——成為「雪球」而別的觀念會消融[13]：**正如**他變瘦了一樣，他**消融**了）；也許我因此會獲得某種把存在的某些形式和某些其他的形式聯繫起來的關係。雪的消融與某些別的更加神祕的消融比較（例如與某些古老神話的內容比較：格林童話中的裁縫用他的手抓起一塊奶酪，讓人相信這是一塊石頭，並且用力擠以致一小滴奶從裡邊擠了出來；看的人相信他擠出的是石頭，他把它擠成了液體，在有好主意的奧狄貝爾弟談論奶的隱祕黑色的意義下，能向我們提供固體祕密的液體性。這種液體性本身應該與果汁和人血相比——血對人也是做為我們的祕密的和有生命力的液體性——它把我們推至把**緊密的團粒狀物**（指出了**純粹自在存在**的某種品質）變形為**勻質的和未分化的流質**（指出了純粹的自在存在的另一種性質）的某種永恆可能性。在這裡我們從其起源並且以其整個本體論的意義出發把握了連續和非連續、世界的陰極和陽極的二律背反，我們會隨著它的辯證發展直至量子和波動力學的理論，於是我們能夠辨認雪的隱祕意義，一種本體論的意義。但是在這一切中，與主觀的關係何在呢？與想像的關係又何在呢？我們只是做了諸嚴格客觀的結構間的比較及表述了能統一及集合這些結構的假說。這就是為什麼精神分析法在這裡依賴事物本身而不依賴人。這也是為什麼在這個水平上我比巴什拉更蔑視對於詩人的物質想像的求助，無論是洛特雷阿蒙，韓波還是愛倫坡。當然，研究《洛特雷阿蒙動物寓言集》是令人激動的。但是如果事實上我們在這探索中又回到主觀的東西上去，那隻有在我們認為洛特雷阿蒙是動物性的原始純粹的偏好[14]，而且只有在我們**首先**規定了動物性的客觀意義時才能得出真正有意義的結論。如果事實上洛特雷阿蒙**是他偏好的**，那首先應該知道他偏好的東西的本性。當然，我們知道他「放」到動物性中的東西不同於並多於我放進去的東西。他的這些豐富的提供洛特雷阿蒙情況的主觀的東西被動物性的客觀結構所吸引。這就是為什麼洛特雷阿蒙的存在的精神分析法首先假設對**動物**的客觀意義的辨認。同樣，我長時間以來夢想確立韓波的寶石論（lapidaire），但是如果我們沒有事先建立起一般地質的意義，這寶石論會有什麼意義呢？但是人們會說，一種意義假設了人。我們並不反對這種說法。不過，做為超越性的人，憑藉他的湧現本身確立了賦予意義者，並且來源於超越性的結構本身的賦予意義者被推回到能不求助於建立了它的主觀性而辨認自己的別的一些超越物那裡去。一個身體的潛在的能力是應該在單考慮客觀情況時被客觀地估價的這個身體的客觀性質。然而，這能力只能在一個其顯現相當於一個自為的顯現的世界裡去寓居於一個身體中。同樣，通過一種更嚴格客觀的對另外一些更加深入地介入事物的物質性的潛在性的精神分析，而且這些潛在性完全保持為超越的，儘管它們相當於甚至是人的實在的更基本的一種選擇，人們會發現了一種**存在**的選擇。

這使我們能夠確定我們不同於巴什拉的第二點。事實上，所有精神分析法當然都應該有它**先驗的**原則。尤其是，它應該知道，**它探索的是什麼**，否則，它如何能發現它要探索的東西？但是因為它的探索的目的本身不能被精神分析法所確立，違者落入惡性循環，所以這目的應該是公設的對象——或者人們應該向經驗求索目的——或者人們應該通過某種別的學科的方法來建立它。佛洛伊德的性慾顯然是一個簡單的公設；阿德勒的權力意志似乎是沒有經驗材料的方法的一種概括——這種意志恰恰應該是沒有方法的，因為正是它使得人們能建立一種精神分析方法的基礎。巴什拉先生似乎與這些前人有關係；性慾的公設似乎支配著他的探索，在別的情況下，我們被推到「**死**」、誕生的創傷、權力意志上去；簡言之，他的精神分析法似乎更加相信其方法，而不是它的原則。並且，也許它相信其結論以便根據它探索的明確目標弄清它。但是這是本末倒置；結論絕不可能建立原則，正像完成的樣式的總合不能把握實體。因此對我們來說在這裡似乎應該放棄這些經驗的原則或先驗地把人變為性慾或權力意志的這些公設，並且似乎應該從本體論出發嚴格地建立精神分析法的目的。我們上一段論述中欲求的正是這個。我們看到，人的實在早在能被描述為**性慾**或權力意志之前，就是**存在的選擇**，或者是直接地，或者是通過把世界化歸己有。我們看到——當選擇建立在化歸己有上時——每種**事物**是在分析之後被選擇的，不是由於它的潛在性別，而是由於它**獲得**存在的方式，使存在與其平面相平的方式。因此，**事物**和它們的質料的精神分析法應該首先致力於確立每種事物用以成為存在的客觀象徵和人的實在與這存在的關係的方法。我們不否認以後應該發現自然中的性的整個象徵化，但是這是首先假設了對性慾前的結構的精神分析法的次級的，可以還原的一層。於是，我們將考察巴什拉對水的研究，這研究做為諸多啟示的整體，做為現在應該被意識到其原則的精神分析法使用的一堆寶貴的材料，它充滿精妙而深刻的看法。

本體論能教給精神分析法的東西，事實上首先是事物的意義的**眞正**起源和它們與人的實在的**眞正**關係。事實上，唯有本體論能置身在超越性的水平上並僅從這觀點把握在世的存在連同它的兩端，因為唯有它一開始就處於**我思**的角度上。甚至正是人為性的觀念和處境的觀念使我們能理解事物的存在的象徵。事實上，我們看到，區別人為性和把它構成為處境的謀劃在理論上是可能的，而在實踐中是不可能。這種確認在這裡對我們有用：我們看到，事實上不應該相信，在其存在的冷漠處在性中並且是獨立於一個自為的湧現的「**這個**」會有隨便一個意義。當然，我們看到它的**性質**不是別的，就是它的存在。我們說過，檸檬的黃色並不是一種理解檸檬的主觀樣式：它就**是檸檬**。我們也曾指出[15]整個檸檬是通過它的諸種性質擴展的，並且每一個性質都是通過別的性質擴展的：這就是我們剛才稱之為**這個**的東西。存在的所有性質完全是存在；它是它的絕對偶然性的表現。它是它的冷漠性的不可還原性。儘管如此，從第二卷起，我們就強調了性質本身中計畫和人為性的不可分性。事實上，我們說過：為了有性質，應該**有**對根本上不是存在的虛無而言的存在……性質，就是在**有**（il y a）的範圍內表現出來的整個存在。於是，我們從一開始，就不能根據**自在**存在的意思來處理性質的意義，因為自在存在需要已經「有」，就是說需要自為的虛無化為中介，才能有性質。但是我們很容易從這些看法出發理解性質的意義反過來指出某種事物是對「有」的加強，因為，我們正是取得它對我們的支持以便超越「有」而走向絕對的，自在的存在。在對性質的每一個領會中，在這個意義下都有一種要逃避我們的條件，戳穿「有」的虛無紗罩並要一直深入到純粹的自在的形而上學的努力。但是我們顯然只能把性質當作完全逃離了我們的一個存在的象徵，儘管這存在完全在那裡，在我們面前，就是說，總之，使被揭示為自在存在的象徵的存在發揮作用。這恰恰意謂著「有」一個新結構被構成了，它是意義的層次，儘管這一層次是在同一個基本謀劃的絕對統一中表現出來的。這就是我們稱為存在的所有直觀揭示的形而上學內容的，這恰恰是我們應該通過精神分析法所達到和揭示的東西。黃色、紅色、光滑、粗糙的形而上學內容是什麼呢？什麼是——人們在這些基本問題**之後**提出的問題——檸檬、水、油等的形而上學係數呢？如果精神分析法想在有一天明白為什麼皮埃爾喜愛橘子而懼怕水、為什麼他喜歡吃番茄而拒絕吃蠶豆，為什麼如果他被迫吞下牡蠣或生雞蛋就會嘔吐，這些也就同樣是它應該回答的問題。

不過我們也曾指出了可能會發生的錯誤，例如，相信我們把我們的情感狀況「投影」**在**事物上面以便照亮它或給它染色。首先，事實上，我們早就指出，一個感情完全不是內在的組織，而是客觀的超越的關係，這關係使它的對象知道它是什麼。但是這不是全部：有一個例子將向我們指出，「投射說」的解釋（這裡人人皆知的「風景是心靈的狀態」這句話的意義）是以待決判斷為論據的。那好，例如，人們稱為黏滯（Visqueux）的這種特殊性質。當然，這種性質對成年的歐洲人來說意謂著能夠很容易地還原為存在的諸種關係的許多**人性的和道德上的**特徵。握一次手是黏滯的，一個微笑是黏滯的，一個思想，一個感覺都能是黏滯的。常識以為，我首先有對某些不討我喜歡的、我不贊成的行為和態度的經驗；並且另一方面，我有對黏滯的東西的感性直觀。然後，我才會確立這些感覺和黏滯性之間的聯繫，並且黏滯才做為人的整個一類感覺和態度的象徵起作用。因此我在把涉及人的這種行為範疇的我的知識投射到黏滯的東西上才豐富了它。但是怎麼同意這種投射說的解釋呢？如果我們假設我們已首先把感覺當作純粹心理的性質，我們如何能把握它們與黏滯的東西的聯繫呢？在其性質的純粹性中被把握的感覺只可能表現為某種純粹無廣延的、因其與某些價值、某些結論的關係而應受譴責的組織；如果形象不首先被給定的話，在任何情況下，它都不能「造成形象」，另一方面，如果黏滯的東西不是一開始就承擔著情感的意義，如果它只被給定為某種物質性質，人們就看不到它如何能總是被選作某些心理統一的象徵性表現物。總之，為了有意識地，明確地建立黏滯性和某些個人的黏滯性的卑下之間的象徵性關係，我們應該已經在黏滯性中把握了卑鄙及在某種卑鄙中把握了黏滯性。因此，投射說的解釋什麼也沒有解釋，因為它設定了它應該解釋的東西。此外，它逃避原則的這種客觀化，這是為了遇到原則的另一個客觀化，它來自經驗的並且並非不重要的東西：憑藉投射說進行解釋事實上意謂著：投射的主體憑藉經驗和分析而到達對結構和他稱為黏滯的態度的結果的某種認識上。事實上在這個概念中，對黏滯性的求助完全不會像**認識**一樣使我們對人的卑鄙的經驗豐富起來；充其量，它是主題的統一，對已經獲得的認識的形象化的標題。從另一個方面看，嚴格說來的，在孤立的狀態中考察的黏滯性，實際上只對我們顯得是有害的（因為黏滯的實體因為手和衣服碰到它而黏在上面）。但不是**令人厭惡**的。事實上我們只能通過以某種道德性質傳染這種物理性質來解釋它引起的厭惡。因此應該有諸如開始學黏滯的東西的象徵價值的人。但是觀察告訴我們，最幼小的孩子面對黏滯的東西也表示反感，好像他**已經從**心理上被傳染了一樣。觀察還告訴我們，孩子們從他們知道說話起就**理解了**「軟的」，「矮的」等用於描述感覺的詞。這一切的發生就像我們在一個宇宙中湧現一樣，在這宇宙中感覺和活動充滿了物質性，它們擁有實體性材料，**眞實**地是軟的、平的、黏滯的、矮的、高的等等並且在這宇宙中諸物質實體一開始就擁有使它們令人厭惡、恐怖，使它們具有誘惑力等等的心理意義。投射說或類比的任何解釋在這裡都是不可接受的。為了概括我們所述，我們不可能從「這個」的天然性質中抽出黏滯的東西的心理象徵的價值，就和我們不可能從對上述心理態度的**認識**出發把這種意義投射到**這個**上面一樣。那麼應該如何設想通過我們對一些其物質性原則上應該仍然是無意義的對象的厭惡，憎恨，好感，吸引表達出來的這種普遍無垠的象徵呢？為了進一步發展這種研究，應該放棄一定數目的公設。尤其是，我們不再應該**先天地**設定：把黏滯性賦予這樣或那樣的感覺只是一種形象而並非是一種認識——我們還應該在更充分地調查之前拒絕承認正是心理的東西能象徵性地賦予物理質料以形式並且拒絕承認我們有關人的卑鄙的經驗優先於把黏滯看作有意義的理解。

讓我們回到原始的謀劃上來。它是化歸己有的謀劃。因此它迫使**黏滯的東西**揭示它的存在；自為對要化歸己有的存在湧現，被感知的黏滯的東西是「要被占有的黏滯的東西」，就是說我和黏滯的東西的原始聯繫是我謀劃成為它的存在的基礎，因為它理想地是我本身。因此從一開始，它就顯現為我本身要建立的一種可能；從一開始，它就被**心理化**了。這完全不意謂著我以原始的萬物有靈論方式或以形而上學的道德的方式賦予它一個靈魂，而只是意謂著它的物質性本身對我表現為有一種心理的意義——此外，這種心理的意義與它對於自在的存在擁有的象徵性價值只是一回事。這種**使**所有這些意義**回到**黏滯的東西上去的化歸己有的方式能夠被認為是形式上**先天的東西**，儘管這方式是自由謀劃並且與自為本身的存在是同一的；因為事實上它根本不依賴黏滯的東西存在的方式，而只是依賴它的天然此在、它的被遇到的純粹存在；它和所有別的相遇是相似的，因為它是單純的化歸己有的謀劃，因為它與純粹的「有」(il y a) 沒有區別，並且它按照人們考察它的一種或另一種方式而是純粹的自由或純粹的虛無。但是正是在這種化歸己有的計畫的框架中，黏滯的東西表現出來並發展了它的黏滯性。因此這種黏滯性**已經**——從黏滯的東西的原始化歸己有起——是對一種提問的回答，已經是**自我獻身**；黏滯的東西似乎已經是融合世界和我的開始；它以此告訴我的，它的**吸住我的吸盤**的特性，已經是對一種具體考問的回答；它以它的存在本身、它的存在方式，它的整個質料來回答。而它做出的回答完全是適合於問題的，同時是不透明的和不可辨認的，因為這回答富有它的完全不可言傳的物質性。回答是清楚的，因為它嚴格地適合於回答：黏滯的東西讓自己被當作我所欠缺的東西，它讓自己被化歸己有的詢問觸及；正是在開始這種化歸己有的過程中它讓人發現了他的黏滯性。這回答是不透明的，因為如果有意義的形式在黏滯的東西中被自為喚醒，它恰恰是用它的整個黏滯性去充實回答。因此黏滯的東西使一種充實而緻密的意義回到我們這裡並且這種意義把**自在**的**存在**提供給我們，因為黏滯顯然是表露了世界和**我們本身的**胚胎的東西，因為化歸己有把某種事物勾勒為製造黏滯的東西的活動。這樣，向我們回歸的東西，做為客觀性質，是一種新的本性，它既不是物質的（和物理的）也不是心理的，而是在向我們表現為對整個世界的本體論表述的過程中超越心理和物理的對立，就是說，它呈現為把世界的所有「這個」分類的標籤，涉及的是物質的組織或被超越的超越性。這意謂著把黏滯的東西領會為黏滯的同時創造了把自己給定為世界的自在的特殊方式，領會以它的方法象徵著存在，就是說，只要與黏滯的東西連續接觸，對我們來說，一切的發生就都好像黏滯性是整個世界的意義一樣，就是按對蜥蜴氏族的原始人來說一切對象都是蜥蜴的方式是自在的存在的唯一存在樣式。在我們選擇的例子中，哪一個能成為被黏滯的東西象徵的存在樣式呢？我首先看到，這是均勻性和流動性的模仿。一個黏滯的實體——像樹脂——是一種不正常的流體。它似乎首先對我們表露了向四處流走及處處與自身相似的存在，這存在到處流逝，然而，人們能在其上漂滑，這是沒有危險、沒有永遠在自身中變化的記憶的存在，人們沒有在其上留下印記而它也不可能在我們身上留下印記，它滑動著並且人們也在其上滑動，它能被滑動地占有（小船、汽艇、滑水板等）並且它因為以你們為中心而又永遠不占有這裡永恆的及無限時間性的存在，因為通過這個無限性和時間性的綜合，它永遠變化著而又沒有任何東西改變，也沒有任何東西最真實地象徵著做為純粹的時間性的自為和做為純粹永恆性的自在之間的可能的融合。但是同時黏滯的東西本質地表現為混濁的，因為流動性在它那裡慢速地存在；它是液體性的稠化，就是說它本身表象著固體正在戰勝液體，就是說表象了純粹固體所表象的冷漠自在要凝固液體性的傾向，就是說要吸收應該奠定它的自為的傾向。黏滯的東西是水的末日；它本身表現為一種從水那裡變來的現象，它沒有水的變化中的連續性，而是相反，它的狀態變化是一下子表現出來的。黏滯的東西這種被凝固的變化無常阻止了占有。水是更流動性的，但是人們能在它的流逝本身中把它做為流動的東西占有它。黏滯的東西遲緩地流逝，這流逝類似於水的流逝，這就如同母雞滯重地、緊貼地面的飛行類似鷹的飛行一樣。這種流逝本身不能被占有，因為它做為流逝自我否定。它已經差不多是固態的恆常性。沒有任何東西比黏滯的東西與黏滯的東西融合的緩慢更好地證明「兩狀態間的實體」的混濁的特性了：滴到水面上的水滴立即轉變為水面；我們不把這種作用看作水平幾乎像口腔一樣地吸入水滴，而毋寧是把它看作單個存在的精神化和非個體化，這個存在自己消融在它從之產生的大全中。水面的象徵似乎在泛神論的模式結構中起了非常重要的作用；它揭示了存在與存在之間的一種特殊類型的關係。但是如果我們考察黏滯的東西，我們就看到（儘管它神祕地保持著**整個**流動性，緩慢的流動性；也不應該把它與漿泥相混淆，在漿泥中，泥坯式的流動性是被突然打破的，突然停止的，並且在漿泥中實體像**澆鑄**的泥坯那樣，是突然從下面翻到上面的），它在蛻變為自身的現象中總是表現出一種滯後作用：我匙裡的蜜流向裝在罐子裡的蜜，它是從浮在面上開始流動的，它在蜜的表面上起伏散開，並且與總體的相融合表現為一種塌陷，一種同時顯現為**消癟**的平復（人們可以想到把尿泡「吹」成透明的並讓它發出哀叫而癟掉，對人的孩子式的同情心來說的重要性），就像平躺著的女子的開始成熟的乳房的展開、變平一樣。事實上，在這種融化於黏滯的東西之中的黏滯的東西中有一種明顯的反抗——正像不想消失在存在的整體中的個別成分的拒絕——同時有一種被推到它的最終結果的柔軟：因為**柔軟的東西**不是別的，正是半途而廢的消失；柔軟的東西最出色地把我們自己的破壞能力及其限制的形象歸還給我們。一滴黏滯的東西在總體中消失的緩慢首先是由於**柔軟**而被捕抓到的，因為它像一種減速的消失並且似乎力圖贏得時間；但是這種柔軟走到了終點：這滴東西消失於黏滯的平面中。從這種現象中將產生黏滯的東西的幾種特性：首先就是它在接觸中是柔**軟**的。請把水潑到地上：水**流走了**。請拋一個黏滯的實體：它延伸，它展開，它變扁了，它是**柔軟的**；請碰一下黏滯的東西，它並不流走：它退讓了。在水的不可把握性本身中有一種給了它一種**金屬**的祕密意義的無情綿延性：最終它像**鋼**一樣是不可壓縮的。黏滯的東西是可壓縮的。因此它首先給人一個人們能**占有**的存在的印象。重複一遍：它的黏滯性，它黏附在自我上，這阻止了它流走，因此我能用手抓它，能把一定數量的蜜或樹脂與罐子裡剩下的蜜和樹脂分開，並且因此，我能以一種連續的創造創造一個個別的對象；但是同時，在我手中壓癟的這種實體的柔軟的東西給了我不斷**毀滅**的印象。那裡恰恰有毀滅－創造的形象。黏滯的東西是順從的。不過，在我相信占有了它的同時，由於一種奇怪的顛倒，正是**它**占有了我。這正是它的本質特徵顯現的所在：它的柔軟造成吸盤。我抓在手裡的東西，如果它是固體，當我願意時我就能夠放下它；它的惰性對我來說象徵著我的全部能力：是我奠定了它，全然不是它奠定了我；正是自為由於總是保持著同化和創造的能力而把自在收到他本身之中並且把它提昇到自在的地位而不累及自己；正是因為吸收了自在。換言之，占有肯定了自為在「自在－自為」的綜合存在中的至上地位。但是現在黏滯的東西在這些項顛倒過來了；自為突然**被累及**。我把手拿開，我想放下黏滯的東西，而它黏著我，它吸著我，它貼著我，它存在的方式既不是固體的寧靜惰性，也不是像盡力逃離我的水的存在方式那樣的活動性：這是吸附的柔軟、流涎、女人氣的能動性，它不易覺察地留在我的手指上，我覺得眩暈，它吸引我就像懸崖深處能吸引我一樣。存在一種可能及到的黏滯的東西的誘惑。我不再是**中斷**化歸己有的過程的主人。它持續下去。在一個意義下，這就像狗的忠實正是被給定為被占有的東西的最高順從，儘管人們不再需要它了；而在另一個意義下，正是在這種順從之下，占有者被占有者暗地裡化歸己有。人們在這裡看到了突然被發現的象徵：有一些有害的占有；存在著自在吸收自為的可能性；就是說一種存在是與「自在自為」截然相反地被構成的，在那裡，自在把自為吸進它的偶然性和它冷漠的外在性中，吸收進它的沒有基礎的存在中。在這個時刻我突然把握了黏滯的東西的詭計：正是一種流動性抓住了我並累及了我，我不能在這黏滯的東西上**滑動**，它的所有吸盤都抓住我；它也不可能在我身上滑動：它像一條水蛭那樣附著。然而滑動不僅僅是被固體**排斥**，它還被**減速**：黏滯的東西似乎與它一致，它使我減速，因為一片不動的黏滯的東西與密度非常大的一片液體沒有十分明顯的區別；不過這是一個陷阱：滑動被滑動的實體**吮吸**，它把一些痕跡留在我身上。黏滯的東西顯現為在一種夢魘中看到的液體，它的所有屬性從一種生命中獲得活力並且倒轉過來反對我。黏滯的東西是自在的報復。這是在另一水平上被**甜**的性質象徵著的，令人肉麻的、女人氣的報復。這就是為什麼做為**甜的味道**的甜的東西——去不掉的甜味，無限定地保留在嘴裡並在嚥下去之後還殘留著——完美地補充著黏滯的東西的本質。甜味的黏滯的東西是理想的黏滯的東西；它象徵著自為的甜蜜的死（陷在果醬裡淹死的胡蜂）。但是同時，黏滯的東西就是**我**，這只是由於我打算把黏滯的實體化歸己有。對我覺得在我手上的黏滯的東西的這種吸吮是做為從黏滯的實體向我本身的**延伸**開始顯露的。從我這裡落到一片黏滯的東西上的長而軟的柱形實體（例如當我把手伸進去後拔出來時）象徵著一種從我本身向黏滯的東西的流動。在這些柱子從底部的融合中，我看到了滯後現象，這滯後現象與一片黏滯的東西一起象徵著我的存在對吸收自在的反抗。如果我跳入水中，如果我浸入水中，如果我讓自己在水中沉浮，我完全不感到不舒服，因為我在任何程度上也不用擔心會在其中被稀釋：在它的流動性中我仍然是固體。如果我跳入黏滯的東西中，我就感到我將自失於其中，就是說在黏滯的東西中被稀釋了，這正是因為黏滯的東西即將固體化。按這個觀點，**麵團狀**的東西呈現出和黏滯的東西一樣的面貌，但是它不誘惑，它不牽連人，因為它是惰性的。在對黏滯的東西這柔軟的、牽連人的、不平衡的實體的領會中，似有一種**變形**的煩擾。觸碰黏滯的東西，就有被稀釋為黏滯性的危險。

然而，這種稀釋本身已經是可怕的，因為它是自在對自為的吸收，就像吸墨紙吸墨水那樣。但是，它之所以可怕**還**因為只要是使自己變形為事物，就正是變形**爲**黏滯的東西。甚至如果我能設想我本身的液化，就是說我的存在變成水，我也仍然受它影響，因為水是意識的象徵：它的運動，它的流動性，它的存在非固體的固體性，它的永恆流逝等，它之中的一切都使我想起自為；以致指出意識**綿延**的特性的最初的心理學家（詹姆士、柏格森）十分經常地把這綿延與一條河流相比較。正是河最好地喚起了對保持在一個整體的諸部分間的互相滲透的、它們的永恆離解性、不受約束性的形象。但是黏滯的東西提供了一個可怕的形象：對意識而言，**變成黏滯的**東西自在地是可怕的。因為黏滯的東西的存在是一種柔軟的黏附物，並且通過它的所有部分的吸盤，它的每一部分和每一部分之間被連接並且被狡黠地合流了，它是每一部分為使自己個體化而做的模糊而又軟弱無力的努力，隨之而來的是一種下落，柔軟的黏附物於是陷入缺少個性的扁平化中，並被實體從各個方面吮吸。因此，會**變成黏滯**的意識被它的觀念的稠化改造了。從我們在世界上湧現出來起，就有對意識的這種糾纏，這意識應該投身於未來，投身於自我的謀劃之中，並且在他意識到到達了未來和自我的謀劃的時刻感覺到被過去的吮吸巧妙地、不可覺察地挽留，他應該參與在他流經的這個過去中的緩慢稀釋，參與成千上萬的寄生物對他的計畫的侵入直到最後他完全喪失他本身。效應心理學的「思想的飛躍」給了我們這種可怕條件的最好的形象。但是因此，在本體論的水平上，如果不恰恰是自為的流逝變成人為性的自在，就是說恰恰變成時間性，這種害怕又表達了什麼呢？對黏滯的東西的害怕是害怕時間變成黏滯的，害怕人為性連續地不知不覺地發展並吸收「使它存在」的自為。這並不是對死亡的懼怕、不是對純粹的自在的懼怕，也不是對虛無的懼怕，而是懼怕一種類型的特殊存在，它不多不少只是使自在自為存在並且只被黏滯的東西**表象**。我竭盡全力排斥的、做為在我的存在中糾纏著我的價值的理想的存在在我的存在中糾纏著我：這是一種在其中自在不是先天地建立在自為之上的並且被我們稱之為**反價值的**（antivaleur）理想的存在。

於是，在把黏滯的東西化歸己有的謀劃中，黏滯性突然表現為一種反價值的象徵，就是說一種未被實現但有威脅的存在類型的象徵，這類存在將做為一個意識要逃避的持續的危險永遠糾纏著意識，因為意識突然把化歸己有的謀劃改變為逃避的謀劃。某種東西的顯現不來自任何外在經驗而只來自對自在和自為的本體論前的領會，而且它真正是黏滯的東西的**意義**。在一個意義下，這是一種經驗，因為黏滯性是一種直觀的發現；而在另一個意義下，這像是存在的偶發事件的創造。從這裡出發，對自為來說，顯現了某種新的危險、一種可怕的並應該避開的存在方式，一種自為到處都會發現的具體範疇。黏滯的東西完全不**先驗地**象徵著心理行為：它表露存在與它本身的某種關係並且這種關係一開始就被心理化，因為我在一種化歸己有的打算中發現了它，還因為黏滯性照出了我的形象。於是，從我與黏滯的東西的第一次接觸起，我在心理和非心理的區別之外依靠有效的本體論模式豐富了自己以便說明某一範疇的所有存在者的存在的意義，此外這個範疇是做為黏滯的東西的各種不同的經驗**之前**的虛空的框架而湧現的。我以面對黏滯的東西的原始計畫把這範疇拋入世界，它是世界的客觀結構，同時是反價值，就是說它規定了一個領域，黏滯的對象來到這個領域中排列起來。從那時起，每當一個對象對我表露了這種存在的關係，每當涉及握手、微笑和思想時，它就通過定義被當作黏滯的，就是說在它的對象的結構之外，它對我顯現為把黏滯性的本體論的廣大領域與樹脂、膠水、蜂蜜等構成一個整體。反之亦然，就我想化歸己有的「**這個**」表象了整個世界而言，黏滯的東西，從我直觀地第一次的接觸起，對我顯現出富有許許多多超越了它自己的模糊的意義及反射。黏滯的東西本身被發現是「多於黏滯的東西」的；從它的顯現開始，它就超越了心理和物理之間的、天然的存在物和世界的意義之間的區別：它是存在的一種可能意義。因此，孩子從黏滯的東西中所能得出的最初經驗從心理上及道德上充實了它：他不需要等到成人的年齡來發現一類人們形象地稱之為「黏滯」的膠黏的卑下，這卑下就在那裡，在他旁邊，在蜂蜜和黏鳥膠的黏滯性本身之中。我們關於黏滯的東西所說的東西對孩子周圍的一切對象都是有效的：它們的質料的簡單昭示使他的視野一直擴展到存在的極限並且突然供給他一組**鑰匙**來辨認人的所有行為的存在。這一點也不意謂著他一開始就**認識**了生活的「醜惡」和諸種「個性」或相反，存在的種種「美好」。他只是占有了所有**存在的意義**，這些存在的醜惡和美好、行為、心理特徵，性的關係等等，都只不過是一些特殊的例證。黏的東西、麵團似的東西、霧氣騰騰的東西等、沙坑和土坑、巖穴、白天、黑夜等等都向他揭示了前心理的，前性慾的存在方式，表明他將度過他的生命，然後去解釋它。沒有「天真」的孩子。尤其是，我們與佛洛伊德者們一樣樂於承認無數完全用性慾包圍著孩子們的某些質料和某些形式的關係。但是我們並不據此認為已經構成的一種性本能以性的意義充滿了他們。相反，對我們來說似乎這些質料和形式被當作它們本身並且它們對孩子顯露存在的樣式及自為與存在的關係，它們將挑明並培養他的性慾。為了只引述一個例子，許多心理分析家都注意到各種各樣的洞（沙坑、土坑、山洞、巖穴、坑窪）對孩子的誘惑力，並且他們解釋這種誘惑力或者是由於孩子的性慾的肛門特性，或者是由於產前的打擊，或者甚至由於所謂真正的性活動的前感覺。我們完全不能同意這些解釋：「分娩的創傷」的解釋無疑是異想天開的。把洞比作女人的性器官的解釋假設了在孩子那裡有他不可能有的經驗或人們不可能證明的前感覺。至於孩子的「肛門」性慾，我們不打算否認它，但是為了使這種性慾來說明並負責象徵他在感知的範圍內所遇到的一切洞，孩子應該把他的肛門當作一個洞；更確切地說：對洞、孔的本質的把握應當相應於他從他的肛門所得到的感覺。但是，為了使人們懂得孩子不可能把他的身體的隨便一部分當作宇宙的客觀結構，我們曾充分地指出過「為我的身體」的主觀特性。肛門正是為他地顯現為孔。它不可能被體驗為孔；甚至母親對孩子的悉心照料也不能發現它的這個面貌，因為肛門、動情區、疼痛區都不具有觸覺神經末梢。相反，正是通過他人，通過母親用來指示孩子的身體的詞語——孩子知道了他的肛門是洞。因此正是在世界上被感知的洞的客觀本性將為他挑明肛門區的客觀結構和意義，正是這本性將把一種超越的意義給予至此還侷限於「存在」的動情的感覺。然而，**洞**本身是存在的精神分析法應該弄清楚的一種存在方式的象徵。我們在這裡還不能繼續討論這個問題。然而人們立即會看到，它從根本上表現為一種要用我自己的肉體「充滿」的虛無：孩子不能堅持把他的手指或整條胳膊放進洞裡。因此它對我表示出我本身的空洞形象；我只應該把自己塞在裡面以便使自己在等待著我的世界中存在。因此理想的洞是以在裹著我、緊緊地擠著我時我能使在世的存在的充實存在的方式，精密地合乎我的肉體模式的坑穴，於是，填洞，一開始就是犧牲我的身體以便使存在的充實存在，就是說接受自為的激情來使自在的整體成形、完美並得到拯救[16]。在那裡，我們從其起源把握了人的實在的最基本的傾向之一：要去**填滿**的傾向。我們在青春期和成年期都發現這種傾向；我們一生中的很大一部分時光是在填洞、充實虛谷、象徵性地實現及奠定充實中度過的。孩子從最初的經驗出發認識到他本身被打了洞。當他把手指放到嘴裡時，他是試圖堵住他臉上的洞，他希望手指與嘴、唇和顎融為一體並且**堵住**嘴的口子，就像人們用水泥堵牆的裂縫一樣，他尋求巴門尼德的存在的均勻球形的密度和充實；他之所以吮吸他的手指，正是為了稀釋它，為了把它變成一個塞住他的嘴這個洞的柔軟的柱子。這種傾向確實是那些用來做吃這個活動的基礎的傾向中間最基本的傾向之一：食物是塞住嘴的「填料」；吃，尤其是填充。只是從這裡出發，我們才能過渡到性慾：女人的性的猥褻是所有**張開的**東西的猥褻：像別的所有的洞一樣，這是**存在的要求**；女人自在地要求一個應該通過穿入和稀釋把她改造成充實的存在的外來的肉體。反之亦然，女人之所以感覺到她的條件是一種要求，正是因為她被「打了洞」。這就是阿德勒情緒的真正起源。無疑女性器官是入口，吞下陰莖的貪婪入口——恰好能引起閹割的觀念的東西：性交活動是對男人的閹割——但是這首先是因為女性器官是洞。因為這裡涉及**前性慾**帶來的東西，它將變成做為經驗的和複雜的人生態度的性慾的組成成分，但是，它遠不是從性的存在獲得它的起源的，它與我們在本書第三部分解釋過其本性的基本性慾沒有絲毫共同之處。當孩子看到實在時，洞的經驗仍然包含對一般的性經驗的本體論的前感覺；孩子正是用他的肉體堵洞，而在一切性的例證之前，洞是猥褻的等待，肉體的要求。

由於存在的精神分析法，人們把握了對這些存在的、直接的和具體的範疇的解釋的重要性。從這裡出發，我們把握了人的實在的最一般的謀劃。但是，首先使精神分析者感興趣的，是從使個人與存在的這些象徵性原則統一的個別關係出發規定單個人的自由謀劃，我能喜歡接觸黏滯的東西；害怕洞，等。這絕不意謂著黏滯的東西、潤滑的東西、洞等對我來說失去了它們一般本體論的意義，而是相反，由於這種意義，我對它們而言以這樣或那樣的方式規定自己。如果黏滯的東西恰好是一種在其中自為被自在吞飲了的存在的象徵，那麼與別人相反喜愛黏滯東西的我是什麼呢？如果我想解釋對這樣一種使人塌陷、混濁的自在的這種愛，我被推至我本身的一種什麼樣的基本謀劃中去呢？於是，味道並不總是些不可還原的材料；如果人們能考問它們，它們就對我們揭示出個人的基本謀劃。就是對食物的偏好也都不會沒有一種意義。如果人們真正想認為任何味道不是表現為人們應該辨解的荒謬的素材而是表現為一種明確的價值，人們就會了解它。如果我喜愛大蒜的味道，那別人能不喜愛它對我似乎就是不合理的。吃，事實上就是通過毀滅化歸己有，就是同時用某種存在來填充自己。這種存在被給定為嚴格說來的溫度、密度、滋味的綜合。總之，這種綜合意謂著某一存在：當我們吃的時候，我們通過味道並不侷限於認識這種存在的某些性質；而是在品嚐中，我們把它們化歸己有了。味道是同化；牙齒通過咀嚼的活動本身揭示了被它改造為裝食物的容器的身體的密度。因此對食物的綜合直觀本身是同化性毀滅。它向我揭示了我將用來造成我的肉體的存在。從那時起，我接受或因噁心吐出的東西，是這存在物的存在本身，或者可以說，食物的整體向我提出了我接受或拒絕的存在的存在方式。這整體被組織為一種形式，在這形式中更模糊的密度與溫度的性質最終在那表示了它們的確切地說是味道的後面消失了。例如當我們吃一勺蜜或廢糖蜜時，「甜味」表示了黏滯的東西，就像分析作用表示了幾何曲線一樣。這意謂著，嚴格說來並不是滋味的所有被聚集、融化、沉浸在滋味中的性質表現為滋味的物質（這塊巧克力餅乾首先在牙齒之中反抗，然後突然讓了步並被嚼碎，它的反抗，隨後是它的變碎，就是巧克力）。此外，這些性質與滋味的某些時間特性，就是說，與它的時間化方式統一起來。某些味道是一下子表現出來的，另一些是緩慢地散發的，還有一些逐步地提供出來，還有一些慢慢減弱直至消失，而另一些在人們相信占有它的那一刻消失了。這些品質與濃度和溫度組織在一起；而且它們在另一水平上表示了食物的視覺形象。如果我吃一塊玫瑰色的蛋糕，味道就是蛋糕的玫瑰色的；白脫奶油的甜而膩的淡淡清香就是玫瑰色的。因此，我吃了玫瑰色正像我看見甜味一樣。人們懂得，因此，滋味包含著一個複雜的構造及分化的質料；正是這些構成的質料——它告訴我們一種特殊的存在——我們能按我們的原始謀劃同化它或由於噁心而吐出它。只要我們能稍微分清這些食物的存在的意義，喜愛牡蠣或綴綿蛤、蝸牛或蝦，就不是完全無所謂的。按一般的方式，沒有不可還原的趣味或愛好。它們全都表象了某一把存在化歸己有的選擇。這就是把它們進行比較和分類的存在的精神分析法。本體論把我們拋置於此：它僅僅使我們能規定人的實在的最後目的、他的基本可能和糾纏著他的價值。每個人的實在都同時是把他自己的自為改造為自在自為的直接謀劃及在一個基本性質的幾個類之下把做為自在存在的整個世界化歸己有的謀劃。所有人的實在都是一種激情，因為他謀劃自失以便建立存在並同時確立在成為自己固有基礎時逃避偶然性的自在，宗教稱為上帝的自因的存在。因此人的激情與基督教的激情是相反的，因為人做為人自失以便上帝誕生。但是上帝的觀念是矛盾的，而我們徒然地自失。人是一種無用的激情。

注釋

1 引自保爾・布爾杰（Paul Pourget）：《論現代心理學：居・福樓拜》。——原注

2 正像事實上我們因此能認識的福樓拜的青少年期在這個方面沒有提出個人一樣，應該假設原則上逃避了批評的不可估價的事實的活動。——原注

3 《情緒的現象學理論綱要》：Herman Paul，一九三三年版。——原注

4 希臘神話中的一位獵人。他碰見獵神狄安娜在洗澡，被女神發現。生氣的女神把他變成雄鹿，他立刻被他自己的獵犬吞食了。

5 潘（Pan），希臘神話中的畜牧神。——譯注

6 對孩子來說，認識確實就是吃。他嘗試他看見的東西。——原注

7 約拿（Jonas）：希伯來先知，曾在大魚中待了三天三夜。——譯注

8 參看第三章。──原注

9 我們在第三卷中看到了運動與「自為」的關係。──原注

10 除明確它是簡單的存在的欲望的情況之外：是幸福的欲望、是健康的欲望等。──原注

11 布魯麥爾（**Brummel, 1778-1840**），英國著名的花花公子，以只用有些磨損的衣服而表現他的優雅。他有新之快樂：新的東西「節日穿」，因為它不屬於個人。──原注

12 見《想像物》**N. R. F.**，一九三九年版。──原注

13 人們也會記得達拉第（**Édouard Daladier**）的「消融的硬幣」。──原注

14 某一種動物性，這恰恰就是舍勒稱為活生生的價值的東西。──原注

15 見第二卷第三章第三節。──原注

16 也應該指出相反的傾向，挖洞的傾向的重要性，它將只是向這傾向要求一種存在的分析。──原注

結論

一、自在和自為：形而上學概要

現在我們可以做結論了。從導言起，我們就發現意識是存在的要求，並且我們就指出了，**我思**直接把意識的**對象**推到自在的存在。但是，在對自在和自為進行描述之後，我們似乎很難確立它們之間的聯繫，我們還恐怕陷入一種無法克服的二元論。這種二元論還以另一種方式威脅著我們：事實上，就人們已能談論自為他存在而言，我們發現自己面對著兩種根本不同的存在方式，應該是其所是的自為的存在方式，就是說，是其所不是和不是其所是的自為的存在方式，還有是其所是的自在的存在方式。於是我們要問，這兩種類型的存在的發現是否導致建立起一道鴻溝，把存在這屬於一切存在者的一般範疇劃分成兩個不通往來的領域並且在每個領域內存在的概念都應該按原始的、特有的用法被採用。

我們的探索使我們能回答這些問題中的第一個：自為和自在是由一個綜合聯繫重新統一起來的，這綜合聯繫不是別的，就是自為本身。事實上，自為不是別的，只不過是自在的純粹虛無化；他做為「存在」的洞孔包含在存在之中。人們知道某些通俗化者慣用這種有趣的虛構來說明能量守恆原理：他們說，如果構成宇宙的原子中有一個被消滅了，那麼結果就是擴展到整個宇宙的一切浩劫，尤其會成為地球和太陽系的末日。在這裡我們可以使用這個形象：自為顯現為起源於「存在」內部的一個細微的虛無化；而這個虛無化足以**達到**自在的極度動盪。這種動盪，就是世界。自為除了是存在的虛無化之外，沒有別的實在。他的唯一定性來自他是個別特殊的自在的虛無化而不是來自一般的存在的虛無化。自為不是一般的虛無而是個別的缺少；它被構成為「缺少**這個存在**」。因此我們毋須考問自為可以用什麼方式與自在統一，因為自為根本不是一個自主的實體。**自爲**做為虛無化，是憑藉自在而**被存在**的：做為內在的否定，他通過自在而使自己顯示他不是什麼，並且因此顯示他應是什麼。我思之所以必然引向自身之外，意識之所以是一座滑梯，人們不可能停留在上面而不立即滑出去，滑向自在的存在上去那是因為意識本身沒有像絕對主觀性那樣充實的存在，他一開始就要回到事物那裡。意識顯然必須是揭示某種事物的直觀，除此之外，對意識而言，是沒有什麼存在的。意識如果不是柏拉圖式的**異在**（l' Autre），他是說的什麼呢？人們知道《智者篇》中的異鄉人對這個異在給予的美妙的描述，它只能像「在夢中」那樣被把握，它只是「異在」（être-autre），就是說它只享有一個借來的存在，就其本身來考察，它自行消失了並且只是當人們把他的注視固定在存在上時它才恢復了邊緣的存在，它完全是異於它本身的和異於存在的。柏拉圖甚至似乎看到了異在就其本身而言的與他人的相異性代表的動力學時性，因為在某些章節中，他從異在那裡看到了運動的起源。但是他還能走得更遠：他於是會看到，異在或相對的非存在只能有一個身為意識的存在的外表。是異於存在的，就是在時間化的出神的統一中是對自我（的）意識。事實上相異性如果不是我們描述過的在自為內部被反映和反映間的對調的話又會是什麼呢？因為異在能構做為異在存在的唯一方式，就是（對）是異在（的）意識。相異性事實上就是內在的否定並且只有一種意識能構成為內在的否定。相異性的所有別的概念都回到把它做為一個自在提出，就是說，回到在它和存在之間建立一種外在的關係，這就必然需要一個見證者的在場來證實異在是異於自在的。另一方面，異在不能是不來源於存在的異在；因此，它是相對於自在的，但是它同樣不能是不**被造成**異在的異在，否則它的相異性就變成一個給定的東西，因此，變成一個可以被認為是自在的**存在**。因為它是相對於自在的，異在就具有人為性；因為它自己造就它本身，它就是一個絕對。當我們說自為不是其「做為存在的虛無的存在」的基礎，而是永遠建立其「存在的虛無」時，我們已經指出的正是這一點。於是，自為是一個「非自立的」（unselbständig）絕對，我們曾稱之為非實體的絕對。它的實在純粹是考問性的。它之所以能提出問題，是因為他本身總是**處在問題中**；它的存在永遠不被**給定**，而是被考問的，因為相異性的虛無總是把他與他本身分開；自為永遠是懸而未決的，因為它的存在是一種永恆的延期。如果它一旦與這延期會合，相異性就一下子消失了並且與相異性一起，可能、認識、世界都消失了。於是，認識的**本體論**問題是通過肯定自在對於自為的本體論的優先地位而解決的。但是，這是為了使一個**形而上學的**考問儘早產生。事實上自為從自在出發的湧現，完全不能與柏拉圖的從存在出發的異在的**辯證法**起源相比較。事實上，對柏拉圖來說，存在和異在都是一些**類**。但是我們已看到，正相反，存在是個體的偶發事件。同樣，自為的顯現是走向存在的絕對事件。因此在這裡，有能這樣表述的形而上學問題的地位：為什麼自為從存在出發湧現？事實上，我們把形而上學稱為對使**這個**世界做為具體的特有的整體產生的諸個別過程的研究。在這個意義下，形而上學之於本體論，猶之乎歷史之於社會學。我們看到，要問為什麼存在是異在是荒謬的，問題只在自為的範圍內才能有意義，並且當我們已指出了存在對虛無的優先地位時，問題甚至假設了虛無對存在的本體論在先；問題只能由於一個外表類似然而非常不同的問題：「為什麼有（il y a）存在？」的感染而被提出。但是我們現在知道，應該仔細地區別這兩個問題。第一個問題缺乏意義：一切「為什麼」事實上都在存在之後並且設定了存在。存在是沒有理由、沒有原因並且是沒有必然性的；存在的定義本身向我們提供了它原始的偶然性。對第二個問題，我們已經做了回答，因為它不是在形而上學的水平上提出的，而是在本體論的水平上提出來的：「有」存在，因為自為像「有」存在一樣地存在。**現象**的特性憑藉自為來到存在之中。但是如果關於存在的起源或世界的起源的問題缺乏意義或在本體論的領域本身中獲得了答案，對自為的起源來說，事情就不一樣了。事實上，自為是這樣的，即他有權轉向他自己的起源。為什麼賴以成為存在的存在有權提出它自己的為什麼，因為它本身是一個考問，一個為什麼。本體論不可能回答這個問題，因為這裡涉及解釋一個事件而不是描述一個存在的結構。本體論至多能夠使我們指出，通過自在而**被存在**的虛無，並不是缺乏意義的單純虛空。虛無化的虛無的意義，就是被存在以便奠定存在。本體論向我們提供了兩種能用來奠定形而上學基礎的情況：首先，所有以自我為基礎的過程，都是與自在的同一性存在的決裂，是存在相當於本身而言的後退和自我面呈與意識的顯現。存在只是在自我造就成為自為時，才可能指望成為自因的。做為存在的虛無化的意識因此顯現為走向因果內在性的發展階段，就是說走向自因存在的發展階段。不過，由於自為的存在的不充實，發展到這裡就停止了。意識的時間化不是升向「自因」（causa sui）的神聖之鄉的進程，而是一種表面的傾流，其起源正相反，是成為自因的不可能性。於是，「自因的存在」（l'ens causa sui）做為所**欠缺物**，仍然昭示了在用它的非存在本身制約了意識的平面運動的**高度上**的一種不可能的**超越**；於是月亮對海洋所施的垂直的吸力產生了潮汐的橫向移動。形而上學能在本體論中窮盡的另一昭示，就是自為實際上是自我奠定為存在的不間斷的謀劃以及這個謀劃的不斷失敗。自我面呈以及它的虛無化的不同的方向（時間三維的出神的虛無化，一對被反映—反映的孿生的虛無化）表現了這謀劃的第一次湧現，反思表示謀劃的重複，這謀劃轉向它本身以便至少做為謀劃建立自身，並且表示由於這謀劃本身的失敗，虛無化的罅隙的加深；「做為」和「擁有」，這兩個人的實在的主要範疇被直接或間接地還原為存在的謀劃；最後，這兩者的大多數都**能**把自己解釋為建立自身的最後企圖，結果是存在和對存在的意識的徹底分裂。

於是本體論告訴我們：（一）**如果**自在應該奠定自身的基礎，它就甚至只能在把自己造成意識時嘗試這麼做，就是說，「自因」的概念自在地包含自我面呈的概念，就是說，虛無化的存在減壓的概念；（二）意識**事實上**是奠定自身基礎的謀劃，就是說達到自在自為或自因的自在的神聖之鄉。但是我們不能從這裡得到更多的東西了。沒有任何東西能使我們在本體論水平上肯定：自在變成為自為的虛無化從一開始並在自在的內部本身中具有要成為自因的謀劃的意義。恰恰相反，本體論在這裡遇到了深刻的矛盾，因為正是由於自為，一個基礎的可能性出現在世界上。為了成為奠定**自身**基礎的計畫，自在應該一開始就自我在場，就是說，它已經是意識。因此，本體論只限於宣布一**切**的發生就如同自在在一個要自己奠定自身基礎的謀劃中表現為自為的樣式。正是形而上學應該設立一些**假說**，這些假說使我們能夠把這個過程設想為絕對事件，它絕對事件前來給存在的實存（existence）這個別的偶發事件加冕。不言而喻，這些假說仍然是假說，因為我們既不能期望證實或最後的否決。造成它們效力的東西只是它們給予我們的統一本體論材料的可能性。這種統一自然不應該在歷史生成的前景中被構成，因為時間性是由於自為而來到存在之中的。因此要問在自為顯現之前存在是什麼是沒有任何意義的。但是形而上學仍然應該試圖規定這歷史前過程的本性和意義以及連結著個體的偶發事件（或自在的實存）與絕對事件（或自為的湧現）的整個歷史的源泉。尤其是，要決定運動是否是自為建立自身的第一個「企圖」，要決定做為「存在的病態」的運動和做為更深刻的並一直被推到虛無化的病態的自為之間的關係是什麼，這正是形而上學者的任務。

剩下的問題是還要考察我們從導言起就已表述過的第二個問題：如果自在和自為是**存在**的兩種形態，存在的觀念內部本身就沒有一道鴻溝，並且由於它的外延是被兩個根本異質的等級構成的，那對它的領會不也將劃分成不可交流的兩個部分嗎？事實上，是其所是的存在和是其所不是及不是其所是的存在之間會有什麼共同之處嗎？然而，在這裡能幫助我們的，就是我們前面探索的結論；事實上我們剛才指出了，自在和自為並不是雙峰對峙的。恰好相反，自為沒有自在就是某種抽象的東西：它就會像一種沒有形狀的顏色，一種沒有音高和音色的聲音一樣不可能存在；一種意識如果是對於烏有的意識，那就是一個絕對的烏有。但是，如果意識憑著一種**內在的**關係與自在相聯繫，那豈不意謂著他與自在結合在一起構成一個總體，並且**存在**或實在的名稱豈不正是指的這個整體嗎？也許，自為是虛無化，但是，他是做為虛無化而**存在**；並且他與自在處在**先天的**統一之中。因此，希臘人習慣於把他們稱之為「全」（τὸ πᾶν）的宇宙實在和被這個全及圍繞著它的無限虛空所構成的總體區別開來——他們稱這個總體為大全（τὸ ὅλον）。當然，我們能夠稱自為為烏有並且宣告，「在自在之外」，一**無所有**，或除非就是對本身被自在極化及規定的這個**烏有**的反映，因為它恰恰是**這個自在**的虛無。但是在這裡正像在希臘哲學中一樣，一個問題就提出來了：我們稱**實在的**東西為什麼呢？我們將存在歸屬於什麼呢？歸屬於宇宙還是我們上面稱為大全的東西呢？歸屬於純粹的自在還是歸屬於我們以自為的名義指示的被一圈虛無圍繞的自在呢？

但是，如果我們應該認為整個存在是被自在和自為的綜合組織構成的，我們不又重新遇到我們曾要避免的困難嗎？我們在存在的概念中發現的那個鴻溝，不就是現在在存在者本身中重新遇到的嗎？事實上，一個存在者，做為自在，是其所是，而做為自為，又是其所不是，那麼對這樣一個存在者，怎樣下定義呢？

如果要解決這些困難，我們就應該了解我們要求一個存在者的東西以便把他認作一個整體：他的各種結構應該保持為一個統一的綜合，以致其中任何一種在單獨被考察時都只是一個抽象。當然，被單獨考察的意識只是一種抽象化，但是自在本身為了存在並不需要自為：自為的「激情」僅僅造成**有**自在。自在的**現象**就是一種沒有意識的抽象而不是它的存在。

如果我們想設想一個這樣的綜合組織，即自為與自在是不可分的，反過來說，自在又不可分割地與自為相聯繫著，那就應該這樣設想：自在從使它獲得對它的意識的虛無化那裡獲得它的存在。這如果不是說自在和自為這不可分的整體只有在「自因」存在的形式下才是可以設想的，又是說的什麼呢？正是這個存在而不是別的東西能絕對相當於我們剛才說過的大全（Τὸ ὅλον）。而我們之所以能提出與自在環接的自為的存在的問題，是因為我們通過對「**自因的存在**」的本體論前的理解**先天地**定義了我們自己。也許，這自因的存在是**不可能的**，並且我們已看到它的概念包含著矛盾。然而，既然我們位於自因存在的觀點提出**大全**的存在的問題，我們就仍然應該從這個觀點出發來考察這個**大全**的全權證書。事實上，它的顯現不就只是因為自為的湧現嗎？自為一開始不就是成為自因的計畫嗎？於是，我們開始把握了整個實在的本性。整個存在的概念沒有被一道鴻溝截然分開，然而，它不排除自為的被虛無化的虛無化存在，它的存在是自在和意識的統一綜合，這種理想的存在是被自為建立並同一於建立它的自為的自在，就是說，**自因的存在**。但是正因為我們置身於這種理想的存在的觀點來判斷我們稱之為大全的**實在的**存在，我們應該體會到，實在的東西是一種達到自因的神聖之鄉的流於失敗的努力。一切的發生就好像世界、人和在世的人，都只是去實現一個所欠缺的上帝。因此一切都好像是自在和自為都在就一個理想的綜合而言的一種**解體**的狀態中表現出來。不是曾經**有過**整體化，而恰恰相反，這整體化總是被指出而又總是不可能的。正是這永恆的失敗同時解釋了自在與自為的不可分性和它們的相對獨立性。同樣，當腦功能的統一性被破壞時，產生了一些現象，它們同時表現了相對的自主和只能在一個整體的瓦解的基礎上表露出來。正是這種失敗解釋了我們同時在存在的概念和存在者中遇到的鴻溝。從自在存在的概念過渡到自為存在的概念，並且把它們重新統一於一個共同的類之所以是不可能的，是因為它們互相間**事實上的過渡**和它們的重新統一不可能進行。人們知道，例如，對斯賓諾莎和黑格爾來說，一個合題如果在把各項固定在相對依存同時又相對獨立中時止步於完全的綜合化面前，那就一定發生錯誤。例如，對斯賓諾莎來說，一個半圓繞著它的直徑旋轉，就正是在球形的概念中找到它的理由和意義，但是如果我們想像球體的概念原則上是達不到的，半圓旋轉的現象就變成**虛假**的了；人們把它斬首了；旋轉的觀念和圓的觀念互相對峙而不能統一在超越了它們並給它們理由的合題中：其中一個仍然不能還原為另一個。這就是已發生的一切。因此我們說，上述「大全」像被斬首的概念一樣，是在永恆的解體中。它正是做為一個被解體的總體模稜兩可地呈現給我們的，就是說，人們可以隨意堅持上述諸存在的依存性或它們的獨立性。這裡有一個並未進行的過渡，一種電流短路。我們在這個水平上重新遇到了我們關於自為本身和關於對他人的意識曾經遇到過的被瓦解的整體的概念。但是這是非整體化的第三類，在反思的單純瓦解的總體中，反思的東西應是被反思的東西，而被反思的東西應是反思的東西。雙重的否定仍然是漸趨消失的。在為他的情況下，（反映—反映者）被反映的，區別於（反映—反映者）反映者，是因為任何人**應不是**別人。於是，自為和自為的別人構成一個存在，在那裡，任何一方都在把自己造成別人時把他在給予別人。至於自為和自在的整體，它的特性是，自為就自在而言變成**別人**，而自在不是別的，只不過是在其存在中的自為：自在單純地存在，如果自在與自為的關係對應於自為和自在的關係，我們就重新落入為它的存在的情況。但是情況恰恰不是如此，成為我們剛才說過的「大全」的特性正是對應性的不在場。在這個範圍內，提出整體性問題不是荒謬的。事實上，當我們已經研究了為他時，我們可以體會，應該有一種是對為他的反思的分裂生殖的「我—他人」的存在。但是同時，這個「我—他人」的存在對我們顯現為好像是只有當它包含一個不能把握的外在的非存在時才可能存在的。那我們要問整體的這個二律背反的特性本身是否是不可還原的，我們是否應該提出精神是既存在的又不存在的存在。但是，對我們來說，意識的綜合統一性問題似乎沒有意義，因為它假設我們有對整體採取一種觀點的可能性；然而，我們在這個整體的基礎上並且介入這整體而存在。

但是我們之所以不能「採取關於整體的觀點」，是因為別人在原則上否認我正如我自己否認他一樣。正是關係的對應性永遠阻止我在別人的總體中把握他。完全相反，在自為自在的內在否定的情況下，關係不是對應的，並且我同時是關係項和關係本身。我把握存在，我**是**對存在的把握，我**只**是對存在的把握；我把握的存在不是**反對**我被提出來的以便反過來把握我的；它是被把握的東西。不過它的存在完全不符合它的被把握的存在。因此在一個意義下我能提出總體性問題。當然，我在這裡是做為**介入**這整體的存在，但是我能夠**透澈地意識到它**，因為我同時是**對**存在的意識和對我（的）意識。只不過，整體性這個問題不屬於本體論的領域。對本體論來說，僅有的能夠說明的存在的領域是自在、自為的領域和自因的理想領域。對本體論來說，認為與自在絞結的自為是截然劃分的二元還是一個被解體的存在是無所謂的。應是對形而上學決定對認識來說（尤其是對現象學的精神分析法，對人類學等來說，是否更有利的是把我們稱為**現象**的東西稱為存在，並且它具備存在的兩維，自在的一維和自為的一維（按這個觀點，只有一種現象：世界），就像在愛因斯坦的物理學中，人們很輕便地把被設想的事件說成是有空間的維度和世界的維度的或在時—空中規定其位置的，或者，保留「存在—意識」這古老的二元論是否無論如何仍然是更可取的、唯一可以指出的是，本體論在這裡能夠冒險的，就是在使用做為被瓦解整體的現象的新概念似乎有用的情況下，應該**同時**在內在性和超越性的限度內談論它。事實上，麻煩在於落入純粹的內在論（胡塞爾的唯心主義）或落入純粹認為現象是一類新對象的超越論。但是，內在性總是在現象的自在一維的範圍之內，而超越性又在其自為一維的範圍內。

正是在決定了自為的起源和世界的現象本性之後，形而上學才能涉足頭等重要的各種問題，尤其是行動的問題。事實上，行動是要**同時**在自為的層次上和自在的層次上考察的，因為這涉及內在起源的謀劃，這謀劃在超越的東西的存在中規定了一種變化。事實上，聲明行動只改變事物的表面現象是毫無用處的：如果一隻杯子的表面現象能被改變，直到做為杯子的杯子消失，並且如果杯子的存在不是別的，只是它的**性質**，上述行動就應該能夠改變杯子的存在本身。因此行動的問題設定了對意識的超越能力的清楚解釋，並且置我們於它真正的存在與存在的關係之中。由於世界中的活動的影響，這問題還向我們揭示了存在與存在的一種關係，這種關係儘管被物理學家外在地把握，卻既不是純粹外在性也不是內在性的，而是把我們推回到完形的概念。因此，正是從這裡出發，人們能夠嘗試一種自然的形而上學。

二、道德的前景

本體論本身不能進行道德的描述。它只研究存在的東西，並且，從它的那些直陳是不可能引申出律令的。然而它讓人隱約看到一種**面對處境中的人的實在**而負有責任的倫理學將是什麼。事實上，本體論向我們揭示了**價值**的起源和本性；我們已看到，那就是**欠缺**，自為就是比照著這種欠缺而在其存在中把自己規定為**欠缺的**。我們看到，由於自為**存在著**，價值湧現出來以便糾纏它的自為存在。於是，自為的各種不同的任務能成為存在的精神分析法的對象，因為它們的目的全都是在價值或自因的影響下提供出**所欠缺**的那種意識與存在的綜合。於是，存在的精神分析法是一種**道德的描述**，因為它把人的各種計畫的倫理學意義提供給我們；它在向我們揭示了人的所有態度的理想意義時向我們指出必須摒棄從利益著眼的心理學，摒棄一切對人的行為的功利主義解釋。這些意義是處在利己主義和利他主義之外的，也是在所謂公正的行為之外的。人為了成為上帝而自我造就為人，人們能說：按這個觀點考察的自我性能夠表現一種利己主義；但是正因為人的實在和這實在想成為的自因之間沒有任何共同的尺度，所以也同樣可以說，人自失以便自因存在。這時人們會把所有人的存在看作一種激情，那種過分出名的「自愛」只不過是在許多手段中自由選擇出的一種實現這種激情的手段而已。存在的精神分析法的主要結論應該是使我們放棄嚴肅的精神，嚴肅的精神事實上有雙重的特性，一方面是認為價值是超越的，獨立於人的主觀性的給定物，另一方面又把「可慾的」特性從事物的本體論結構裡挪到事物的簡單物質結構上去。事實上，對嚴肅的精神來說，例如，**麵包**是可慾的，因為必須活著（這是寫在可知的天上的價值）同時也因為**麵包是**有營養的，正如人們所知，嚴肅的精神統治世界的結果，就是使人像用一張吸墨紙吸字跡那樣，用事物的經驗特質來吸乾事物象徵的價值；它把被欲望的對象的不透明性放在面前並且在它本身中把對象做為不可還原的可欲望的東西提出來。於是，我們已經處在道德的水平上，但是連帶地處在自欺的水平上，因為這是一種以自身為恥並且不敢說出自己名字的道德；這種道德把它所有的目的都隱蔽起來以便解脫焦慮。人摸索著尋求存在，而對自己掩藏起這種探索這自由的計畫，他做出一種姿態，好像他的道路上已經安放下種種任務，**等待著**自己去完成。對象是無言的要求，而人自身不是別的，只不過是對這些要求的消極服從。

存在的精神分析法將向人揭示他追求的真正目的，即成為自在與自為綜合起來融合為一體的存在；存在的精神分析法將用人的激情來教導人。真正說來，有許多人曾在他們自己身上運用過這種精神分析法，而沒有期望認識它的原則，以把這些原則當作解脫和得救的手段來使用。事實上，許多人知道，他們尋求的目標就是存在；在他們擁有的這種認識的範圍內，他們不注意把事物做為事物本身來化歸己有，而且企圖實現對事物的自在的存在的象徵性的化歸己有。但是，就這種企圖還具有嚴肅的精神、並且他們還能相信他們使自在自為存在的使命銘刻於事物之中而言，他們命定要絕望，因為，他們同時揭示了，人的所有活動是等價值的——因為這些活動都企圖犧牲人以使自因湧現——人的所有活動原則上都是注定要失敗的。於是，沉迷於孤獨或駕馭人民到頭來都是一樣。如果這些活動之一戰勝了另一個，那不是由於它的實在目的，而是由於這活動擁有的對它的理想的目標的意識的程度；並且，在這種情況下，沉醉於孤獨的人的寂靜主義將戰勝人民的駕馭者的徒勞繁忙。

但是，本體論和存在的精神分析法（或人們總是以這些描述造成的自發的經驗的應用）應該向道德主體揭示，他就是**各種價值賴以實存的那個存在**。這樣，他的自由就會進而獲得對自由本身的意識並且在焦慮中發現自己是價值的唯一源泉，是世界賴以實存的虛無。對存在的搜尋和把自在化歸己有一旦被他發現為是**他**的諸種可能，他就通過焦慮並在焦慮中認識到，這些可能只有在別的可能性的基礎上才是可能的。但是到此為止，儘管可能能夠被任意地選擇和廢棄，造成所有這些可能的選擇的統一的主題，就是價值或自因的存在的理想的在場。如果自由重新轉向這種價值，自由會變成了什麼呢？不管它做什麼，它將把價值一起帶走嗎？並且在他轉向自在自為時，它會被它想凝思的價值從後面把握住嗎？或者，只是由於自由被當作就其本身而言的自由，它就能中止價值的統治嗎？尤其是，它可能把自己本身當作做為所有價值的泉源的價值，或它應該必然地就一種糾纏著它的超越的價值而言而被定義。在自由能希望自己本身是它自己的可能和它的決定的價值的情況下，應該據此理解什麼呢？一個要求自由的自由，事實上就是不是其所是和是其所不是的存在，這個存在把是其所不是的存在和不是其所是的存在選擇為理想的存在。因此，這存在不是選擇使自己復活，而是選擇的自我逃避，不是選擇與自我合一，而選擇了總是與自我保持距離。通過這想使自己敬畏、與本身保持距離的存在，應該理解什麼呢？這涉及自欺或別的基本態度嗎？人們能使存在的這種新的面貌活起來嗎？尤其是，自由由於把本身當作目的，它逃避了一切處境嗎？或者，相反，它仍然在處境中？或者，它越是做為有條件的自由把自己投入焦慮中、越是做為世界賴以存在的存在者收回它的責任，它就越是明確地、個別地處在處境中嗎？所有這些問題，都把我們推到純粹的而非複合的反思，這些問題只可能在道德的基礎上找到答案。我們將在下一部著作中研究這些問題。

附錄

譯後記

《存在與虛無》一書是根據 Gallimard 書店法文一九八一年版翻譯的。沙特在法國是一位比較特別的哲學家，他的哲學受到德國哲學深刻的影響，比一般法國哲學家的哲學著作要艱澀得多。因此，《存在與虛無》在法國人看來也是一本相當難讀的書。哲學著作的翻譯第一要求的是準確，為忠實原義，我們基本上採取了直譯的方式，因此，我們的譯文讀起來也就顯得不是那麼流暢。當然，譯文不能令人滿意，更重要的原因也許在於我們的外語、翻譯及哲學理解力水平太低。雖然如此，我們在翻譯過程中為揣摩他的許多概念術語的意思，實在也花了不少腦筋。儘管是直譯，翻譯總是一種再創造，因此，裡邊總是包含著許多我們自己的理解。為了幫助讀者理解譯文，進而理解沙特的原義，我們想，把翻譯中遇到的一些比較特殊的詞抽出來，說明一下為什麼對它們這樣翻譯，也許不是多餘的。

沙特的哲學中有一些術語原本是一些很普通的詞，但他賦予那些詞一些特定的含義，這樣一來，當我們也以一些比較普通的概念來翻譯時，發現就不能很好表達他的意思了。有些法語中的近義詞，用中文表達時不好區分，即使字面上區分了一下，那種微妙的差別仍難顯示出來。除盡力在譯文中做了努力之外，有些實在難辨的，也想在此做些說明，尤其是有些術語還是相當關鍵的。還有些詞，中文連字面也不易區分，只能靠上下文去理解，也是必須交待清楚的。另外，任何民族都有些詞是在他國語言中找不到對應概念的，對這種情況，我們或以意譯，或索性創造一些新概念，雖然有不少弊端，但在解釋之後也許更利於理解原義。

但是，有兩點要說明一下，第一，這只是我們的理解，錯誤在所難免，還望讀者批評指正。第二，為了查找方便，我們說明的順序不根據它們在書中出現的次序，而根據它們在主要術語對照表中出現的次序。當然，非必要的我們就不加說明。

apparence，我們譯為顯象。在國內的哲學著作中，有將它譯為「浮象」，「虛象」或「表面現象」的。由於沙特把它與 apparition 一詞相照應使用，後者我們譯為「顯現」，有動作意味，故將前者譯「顯象」以示聯繫和區別。至於「表象」（présentation）一詞，中文與「顯象」似難區別，但表象在哲學史著作中一直作如此譯法，慎勿弄錯。

conscience positionnelle，位置的意識。這個詞以及「非位置的意識」，「正題的意識」及「非正題的意識」等都顯得很怪。「位置的」一詞表明的大約有兩層意思，一層是指意識自身的無內容，一層指意識與對象的對峙。「正題的」更強調後一層意思。其實這裡就是指「對象意識」。反之，「非位置的意識」和「非正題的意識」則是指「自我意識」。

contingence，偶然性，與 absurde，荒謬的，在沙特那裡是同義詞。

corps，身體。西文中「身體」及「物體」常為一詞。因此，有時為表明雙重意義，我們將其譯為「形體」。反過來，沙特有時為特指皮膚之內的身體，用 chair 一詞，原義為肌肉，我們為示區別，將其譯為「肉體」。

dimension，維。此詞有譯作「方面」，「方向」或「面」的。我們採用數學中的用法將其譯為「維」。

être，存在。這是本書最基本的概念之一，書名的第一個詞即是它。但也是最難譯的詞之一。國內有譯為「在」、「有」或直譯為「是」的。譯為「在」本無不可，但「在」與「虛無」或「無」在中文中並不是對應概念，「無」之反義為「有」。因此，本書有譯為「有與無」的。但「有」一詞與

avoir 一詞無法區別，後者意為「擁有」。而且，「有」一詞不含本體意味，而 être 一詞在沙特那裡有強烈的本體意味。由於同樣的道理，我們不將其譯為「是」。當然，當 être 一詞後邊跟有賓詞或表語時，我們仍譯為「是」。因此，有些地方在行文中無法統一，讀者在閱讀時應當注意此點。

但是，在本文中譯為「存在」的，不僅是 être 一詞，還有 existence 及其同根詞，還有 il y a，有時也都譯為「存在」。應該指出，它們之間的區別還是相當大的，不能以中文中有區別的詞來表示，不能不說是一大缺陷。existence 一詞與 être 一詞當然意義有相通處，沙特有時也不對它們作太嚴格的區分。但有時他又十分強調區別，在它們同時出現在一個段落中時，我們有時就將 existence 譯為「實在」。existence 一詞本可譯為「生存」或「實存」。但第一，être 也可有生存之義；第二，存在主義一詞在中國已經通行，存在主義（existentialisme）一詞與 existence 既然同根，我們也就傾向於一般援例，將其譯為存在了。總不好改稱「實存主義」或「生存主義」。至於 il y a 一詞，絕對不帶本體意味，有時我們也譯作「有」，只有在中文行文中太彆扭的地方，我們才以「存在」來譯。如果注意上下文的意思，這三個詞仍然是可以區分開的。

l' être-dans-le-monde，在世的存在和 l' être-dans-le-monde、沒於世界的存在。這兩個詞就一般法語而言沒有什麼區別，但沙特使用這兩個詞組意義差異卻很大。雖然就是說在世界中存在，但前者指人是給世界以意義者，他雖在世界中，但又「湧現」（surgir）於世界之上。而後者則指人做為一種泛泛一般的對象混雜在世界上一般的對象之中，不再做為提供意義者存在。故前者我們既已譯為「在世」，為示區別，後者我們就譯為「沒於世界的存在」。

être-là，此在。這是德文 dasein 一詞的法文直譯詞。我們一般套用對德文此詞的譯法譯為此在，但有個別時候也就按意思譯為「在那裡」。

interrogation，考問。就是疑問，詢問的意思。為強調主動作用於對象的意思而用「考問」。注意並非指暴力逼供的「拷問」。

mauvaise foi，自欺。這是沙特一個相當重要的術語，自欺是意譯的。mauvaise foi 直譯為「壞的相信」，從中文看則根本無法理解。mauvaise foi 是一種介乎真誠（bonne foi，直譯為好的相信）和欺騙之間的狀態。我們雖譯為「自欺」，但第一，「欺」不應理解為欺騙，沙特說，「自欺」是「真誠」的，事情的真象並不明白展現，而是處在一種「半透明」的含混之中。第二，「自欺」本身包含著對他人的態度。因此，我們本擬譯為「自欺之人」或「欺人自欺」，終因表達的「欺騙」意義太強烈而捨棄了。將 mauvaise foi 譯為「自欺」終究未能將原詞「相信」的意思表達出來，而「自」字又似無來歷，因此，這個詞的意思經說明後與原義雖相去不遠，但的確不能很好表達原義，是我們殊感不滿意的。

mobile，動力；motif，動機。沙特用前一詞指內在的動因，以後一詞指外在的動因。

monde，世界。不同於自在的存在，而是指已有了意義的存在。

noème，noèse，原是胡塞爾現象學的術語，表明意識活動中自身的一種結構。我們將前者譯為「做為對象的意識」，將後者譯為「做為活動的意識」，是意譯，由於太長，不像術語，倒像詞組。但中文及現代外文中都無此相應概念。國內有按日本方式音譯為「那愛瑪」、「那愛斯」的。似也不妥。姑且存之，以待來者。

présenceàsoi，面對自我在場。présence 一詞是出席到場，現場存在的意思。présenceàsoi 被沙特用來說明意識的內在結構。由於意識就是自我意識，因此，在他看來，意識在活動中呈現出兩個自我對峙的局面。我們原擬譯「自我呈現」或「自我顯現」，但沒有了「面對」的意味。於是譯為「面對自我在場」。

projet，謀劃，計畫。是存在主義一個比較重要的術語。在日常語言中，將其譯為計畫、謀劃並無不妥。但從沙特的原義看，這種譯法顯然有不妥當之處。沙特常將 projet 寫成 pro-jet，前綴「pro」是「向前」的意思，而詞根的意思是拋擲、噴射。因此，projet 一詞的本義就是向前拋，向前噴射。沙特強調，projet 就是動作、活動的開始。而中文中計畫、謀劃卻含有動作，活動之前的意識活動的意思。但第一，國內已常以計畫、謀劃來表明存在主義人是生活在將來的這層意思，第二，也實在抓不到相應的概念來更好表達沙特的原義，我們也就援例譯為謀劃、計畫了。

rien，烏有。這是在翻譯中最不好處理的詞之一。在日常法語中，它就是「沒有什麼」，「什麼也沒有」的意思。但沙特把它顯然當作一個術語來使用。rien 不同於 néant（虛無），néant 是存在的虛無，而 rien 有時則表明是虛無的虛無。甚至不能說它不存在，因為不存在就是虛無。更不能說它存在，不能按兩個否定就是肯定的意思把虛無的虛無理解為存在。我們其實也不妨把這看成沙特哲學的某種困境。但要表明這種意思，尤其用譯文的形式，而不是說明的形式，卻也顯得很困難。我們在行文中未能將它統一，實是出於中文表義方便的考慮。在有些地方，我們就將原文標出了。

另外，還有兩個詞我們覺得也必須提出來說一說。

第一是 estété，所謂「被存在」。這個概念在法文中像在中文中一樣不通。est 是法語中繫詞 être 的單數第三人稱形式，été 是它的過去分詞。從語法形式上說，est été 構成 être 的單數第三人稱被動態。但被動語態是只有及物動詞才有的語態，而 être 一詞顯係非及物動詞。沙特用這種方式表明意識等自身不存在的東西從外方借來存在，而不是依賴自身的能力等存在的意思。既然在法語中它也是不通的詞，我們也就用一個中文中也不通的詞來與之相應了。

第二是 exister，動詞「存在」。這個詞本是不及物動詞，但沙特聲明有時將它做及物動詞用，例如：Jéxiste mon corps. 直譯則為「我存在我的身體」。這樣的文字顯然不可理解。照法語一般規律，同時可為及物動詞及不及物動詞的動詞，及物動詞義常含「使動」的意味。因此，上例我們就譯為「我使我的身體存在」。但這其中顯然包含比較多的我們自己的理解。因為不及物動詞表使動意味，可以在動詞前加動詞 faire 的方式來完成，例如「我使我的身體存在」一詞可復譯為「Je fais exister mon corps」。因此，沙特將 existér 一詞做及物動詞用，到底是否是「使存在」，或是否有「使存在」之外的含義，仍是一個可以進一步研究的問題。

本書的翻譯工作始於一九八〇年，參加初稿翻譯的有：陳宣良、何建南、羅國祥、于問陶諸同志，後由陳宣良統一加工整理成稿，並由杜小真統校定稿。全書的迻譯工作前後幾歷六年，並數易其稿，但儘管如此，缺點錯誤仍在所難免，懇切希望廣大讀者提出寶貴意見，以便本書再版時作進一步修訂。

一九八六年六月於北京

人名對照表

左岸 | 哲學172

存在與虛無

L'être et le néant

作　　者　尚—保羅・沙特（Jean-Paul Sartre）
譯　　者　陳宣良等
校　　對　杜小真
總 編 輯　黃秀如
特約編輯　劉伯姬
封面設計　黃暐鵬
電腦排版　宸遠彩藝

出　　版　左岸文化／左岸文化事業有限公司
發　　行　遠足文化事業股份有限公司
231新北市新店區民權路108-3號8樓
電話：02–2218–1417
傳真：02–2218–8057
客服專線：0800–221–029
E-Mail：rivegauche2002@gmail.com
臉書專頁：https://facebook.com/RiveGauchePublishingHouse/
團購專線：讀書共和國業務部02-22181417分機1124
法律顧問　華洋法律事務所　蘇文生律師
印　　刷　成陽印刷股份有限公司
初版一刷　2006年9月
二版一刷　2012年7月
二版十四刷　2023年8月
定　　價　650元
I S B N　978-986-6723-70-4

國家圖書館出版品預行編目資料

存在與虛無
尚—保羅・沙特（Jean-Paul Sartre）著；陳宣良等譯.
-- 二版. -- 新北市：左岸文化出版：遠足文化發行, 2012.07
面；公分. -- (左岸哲學；172)
譯自：L'être et le néant
ISBN 978-986-6723-70-4 (平裝)

1. 存在主義

143.46　　101011895